Alexandra Manske
Kapitalistische Geister in der Kultur- und Kreativwirtschaft

**Gesellschaft der Unterschiede** | Band 7

**Alexandra Manske** (Dr. phil.), Soziologin, forscht und lehrt an der Universität Hamburg. Sie lebt in Hamburg und Berlin.
Ihr Arbeitsschwerpunkt ist der Wandel der Arbeitsgesellschaft (Arbeits- und Ungleichheitssoziologie).

ALEXANDRA MANSKE

# Kapitalistische Geister
# in der Kultur- und Kreativwirtschaft

**Kreative zwischen wirtschaftlichem Zwang
und künstlerischem Drang**

unter Mitarbeit von Angela Berger, Theresa Silberstein
und Julian Wenz

[transcript]

Die Studie wurde vom Bundesministerium für Forschung und Wissenschaft (BMBF, Förderkenzeichen: 01FH09062) und von der Hans-Böckler-Stiftung (HBS, Pj.Nr. 2010-356-3) gefördert.
Die Publikation wurde aus Mitteln der Hans-Böckler-Stiftung finanziert.

**Bibliografische Information der Deutschen Nationalbibliothek**
Die Deutsche Nationalbibliothek verzeichnet diese Publikation in der Deutschen Nationalbibliografie; detaillierte bibliografische Daten sind im Internet über http://dnb.d-nb.de abrufbar.

**© 2016 transcript Verlag, Bielefeld**

Die Verwertung der Texte und Bilder ist ohne Zustimmung des Verlages urheberrechtswidrig und strafbar. Das gilt auch für Vervielfältigungen, Übersetzungen, Mikroverfilmungen und für die Verarbeitung mit elektronischen Systemen.

Umschlagkonzept: Kordula Röckenhaus, Bielefeld
Umschlagabbildung: dancerP / photocase.com
Satz: Mark-Sebastian Schneider, Bielefeld
Printed in Germany
Print-ISBN 978-3-8376-2088-7
PDF-ISBN 978-3-8394-2088-1

Gedruckt auf alterungsbeständigem Papier mit chlorfrei gebleichtem Zellstoff.
Besuchen Sie uns im Internet: *http://www.transcript-verlag.de*
Bitte fordern Sie unser Gesamtverzeichnis und andere Broschüren an unter:
*info@transcript-verlag.de*

# Inhalt

Vorwort | 9

## EINLEITUNG

1. **Künstlerisch-kreative Arbeit als Untersuchungsgegenstand** | 13
1.1 Problemaufriss | 13
1.2 Untersuchungsanlage und Aufbau | 25

## UNTERSUCHUNGSRAHMEN

2. **Künstlerisch-kreative Arbeit im arbeitsgesellschaftlichen Strukturwandel** | 35
2.1 Was ist künstlerisch-kreative Arbeit? | 37
2.2 Künstlerisch-kreative Arbeit im sozialstrukturellen Zwischenraum | 52
2.3 Künstlerisch-kreative Arbeit als Effekt sozialstruktureller Umstellungen | 65
2.4 Künstlerisch-kreative Arbeit als Zone arbeitsgesellschaftlicher Prekarisierung | 93
2.5 Künstler und Kreative im Dienst eines neuen kapitalistischen Geistes | 113

3. **Konzeptioneller Zugang: Soziale Felder als Regierungsverhältnisse** | 137
3.1 Das Konzept sozialer Felder | 137
3.2 Feldverhältnisse und Machtbeziehungen | 142
3.3 Entunterwerfung als soziale Praxis | 151
3.4 Untersuchungsebenen | 156

# Empirische Einsichten und feldsoziologische Befunde

**4. Methodische Anlage** | 163
4.1 Feldorientierte Untersuchungsstrategie | 165
4.2 Datenerhebung | 167
4.3 Auswertungsstrategie und Darstellung der Befunde | 170
4.4 Soziologische Porträts als methodische Darstellungsform | 173

**5. Regierungsverhältnisse
von künstlerisch-kreativer Arbeit** | 179
5.1 Kultur- und Kreativwirtschaft –
ein erwerbswirtschaftlicher Regierungsmodus | 180
5.2 Arbeits- und Beschäftigungsverhältnisse | 192
5.3 Wohlfahrtsstaatliche Regierung | 204
5.4 Zwischenfazit: Erwerbsstruktureller Wandel
von künstlerisch-kreativer Arbeit | 214

**6. Berlin als Ort für künstlerisch-kreative Arbeit**
Ein Rückblick in die Gegenwart | 221
6.1 Berlin als Untersuchungsort oder:
Besonderheiten im allgemein Möglichen | 222
6.2 Die 1970er und 1980er Jahre –
Kreuzung von Sozial- und Künstlerkritik | 228
6.3 Die 1990er bis 2000er Jahre – Der Glaube an »arm aber sexy« | 243
6.4 Künstlerkritik nach 2010 –
Formierung neuer interessenpolitischer Koalitionen | 258

**7. Arbeits- und Produktionsbedingungen in
der Designbranche** | 267
7.1 Soziodemografische Merkmale im Überblick | 268
7.2 Kommunikationsdesign | 270
7.3 Modedesign | 283

**8. Die Designbranche als ein Ort von Status-Arbeit** | 301
8.1 Strategische Feldverortungen im Überblick | 302
8.2 »*Cooles Zeug für Hinz und Kunz.*«
(Michael, Kommunikationsdesigner) | 304
8.3 »*Ich mach keine Werbung – ich mach Kunst!*«
(Ines, Kommunikationsdesignerin) | 312
8.4 »*Ich mag die Freiheit.*« (Katharina, Modedesignerin) | 318
8.5 »*Wäre schön, wenn ich mehr bewegen könnte.*«
(Doris, Modedesignerin) | 324

**9. Möglichkeitsräume der Designbranche** | 333
9.1 Eine Zwitterbranche zwischen Warenproduktion und Symbolökonomie | 334
9.2 Erwerbsstrategien zwischen wirtschaftlicher und künstlerischer Selbstbestimmung | 342
9.3 Arbeits-Lebens-Arrangements als Strukturierungszusammenhang | 351

# FAZIT & AUSBLICK

**10. Hybride Status-Arbeit** | 359
10.1 Gebrochene Teilhabeversprechen und habituelle Irritationen | 362
10.2 Kritik an einseitig überspitzten Leitbildannahmen | 368
10.3 Hybride Konstellationen im Feld gesellschaftlicher Arbeit | 376
10.4 Ausblick: Herausforderungen für Arbeits- und Ungleichheitssoziologie | 392

**Literatur** | 401

**Internetquellen** | 449

**Abbildungsverzeichnis** | 451

# Vorwort

Das vorliegende Buch ist das Ergebnis von umfassenden und langjährigen, empirischen Beobachtungen sowie theoretischen Deutungen zum Thema künstlerisch-kreative Arbeit im arbeitsgesellschaftlichen Strukturwandel, exemplarisch durchgeführt in der Kultur- und Kreativwirtschaft unter besonderer Berücksichtigung der Designbranche. Es beruht auf umfangreichen, qualitativen Feldforschungen, die in verschiedenen Projektkontexten seit dem Jahr 2007 durchgeführt worden sind.

Gefördert wurden die Studien vom Bundesministerium für Bildung und Forschung (BMBF) und von der Hans-Böckler-Stiftung. Angesiedelt waren die Projekte am Institut für Soziologie der Humboldt-Universität zu Berlin am Lehrbereich »Arbeit und Geschlechterverhältnisse«. Alle drei Institutionen haben meine Forschungsarbeit großzügig unterstützt. Ich danke dafür Hildegard Maria Nickel, Claudius Riegler vom DLR und Sebastian Brandl (jetzt Hochschule Schwerin) sowie Gunther Begenau von der HBS. Die Publikation wurde mit Mitteln der HBS ermöglicht. Für die gute Betreuung seitens des Verlags danke ich Jörg Burkhard vom transcript-Verlag.

Das BMBF hat die Forschungsarbeit zum einen im Jahr 2007 in Form eines Stipendiums im Jahr der Geisteswissenschaften gefördert. Hieraus ist die Studie ›Kreative in Berlin‹ hervor gegangen (Manske/Merkel 2008; Manske/Merkel 2009). Zum anderen handelt es sich um ein BMBF-Projekt, das ich zwischen September 2009 und Mai 2013 an der Humboldt-Universität zu Berlin im Rahmen des Verbundvorhabens »EFIS – Externe Flexibilität und interne Stabilität im Wertschöpfungssystem Automobil« mit der FSU Jena (Lehrstuhl Klaus Dörre/Verbundkoordination: Hajo Holst; Förderkennzeichen: 01FH09062) zum Thema »Freie Mitarbeit in der Wertschöpfungskette Kreativwirtschaft« durchgeführt habe (studentische Mitarbeit: Norman Ludwig und Hendrik Brunsen). Schließlich hat die Hans-Böckler-Stiftung im Jahr 2010/2011 meine Forschung mit dem Projekt »Zum erwerbsstrukturellen Wandel der Kultur- und Kreativwirtschaft am Beispiel der Designbranche« gefördert (Pj.Nr. 2010-356-3) (studentische Mitarbeit: Angela Berger, Julian Wenz, Theresa Silberstein). Außerdem habe ich verschiedene Seminare sowie ein zweisemestriges Projektseminar an der Humboldt-Universität zu Berlin im Studienjahr 2010/2011 durchgeführt, in dem Arbeitsverhältnisse in der Designbranche im Rahmen empirischer Qualifizierungsprojekte von Studierenden untersucht worden sind.

Die hier präsentierten, wissenschaftlichen Erkenntnisse sind auch ein Produkt einer vielfältigen, teils jahrelangen Kooperation und Zusammenarbeit in verschiedenen, personellen und organisatorischen Konstellationen. Bedanken möchte ich mich bei den Kollegen Hajo Holst, Ingo Matuschek und Ingo Singe für unsere anregenden Diskussionen im Projekt-Verbund EFIS. Ich danke Janet Merkel für unsere gute Zusammenarbeit im Projekt »Kreative in Berlin«. Mein Dank geht an die Kolleg_innen Hildegard Maria Nickel, Andreas Heilmann, Petra Ahrens, Jana Günther, Irem Günay des Doktoranden- und Habilitationskolloquiums an der Humboldt-Universität zu Berlin. Mit den studentischen Mitarbeiter_innen der verschiedenen Projekte verbinden mich unterschiedlich lange Zeiten der Zusammenarbeit. Hendrik Brunsen danke ich für unsere Projektzeit an der HU. Die studentische Mitarbeit von Angela Berger, Theresa Silberstein und Julian Wenz entwickelte sich aus einem von mir geleiteten MA-Seminar an der Humboldt-Universität Berlin im WS 2010 zum Thema ›Kreativarbeit und der Strukturwandel von Arbeit‹. Im Rahmen von Werkverträgen haben sie an dem von der Hans-Böckler-Stiftung geförderten Projekt mitgearbeitet und mich in der empirischen Erhebungsphase, bei der Dokumentenanalyse der verschiedenen Kultur- und Kreativwirtschaftsberichte sowie bei der Auswertung ausgewählter Interviews unterstützt und zum Gelingen des HBS-Projektes beigetragen. Für weiterführende Diskussionen danke ich Angela McRobbie, Annette und Dietrich Mühlberg, Daniela Schiek, Hasko Hüning, Jochen Steinbicker, Katja Kullmann, Katrin Vogler, Michael Frey, Wolfgang Ruppert. Das Lektorat hat Matthias Fischer gemacht. Ganz besonders danke ich Günter Voß.

*Berlin und Hamburg im Juli 2015*

# Einleitung

> Heute ist der Tag, jetzt geht es endlich los
> Sie erreichen Ihre Ziele – Denken Sie groß
> Ein bisschen Größenwahnsinn kann nicht schaden
> Und auf einmal könn'n Sie fliegen – Denken Sie groß
> Geben Sie nicht auf und leben Sie den Traum
> Dafür muss man kein Genie sein – Denken Sie groß
>
> (Deichkind, 2015).[1]

---

[1] | Deichkind ist eine Hamburger Hip Hop- und Electropop-Formation, die bekannt ist für ihre ironischen Texte. In gewisser Weise könnte man ihre Musik als diskursiven Electropop bezeichnen, der sich mit der subjektiven Verarbeitung flexibler Arbeitsverhältnisse im neuen Kapitalismus auseinander setzt, so.z.B. im Lied »Bück Dich hoch«. Dabei werden Subjektpositionen als mitunter irritierend widersprüchliche Stellungnahmen beleuchtet, etwa in »Leider geil«. Entsprechend zweischneidig ist die Zeile »Denken Sie groß« gemeint: als ironische Dekonstruktion neoliberaler Anrufungen, die auf die Modellierung und (trügerische) Selbst-Optimierung als unternehmerisches Selbst abzielen.

# 1. Künstlerisch-kreative Arbeit als Untersuchungsgegenstand

## 1.1 Problemaufriss

»Ich mach keine Werbung, ich mach Kunst«.

Das sagt eine von uns interviewte Designerin fast ein wenig trotzig. Damit spricht sie eine grundlegende Frage an, die sich bei der Betrachtung von künstlerisch-kreativer Arbeit stellt: Sie steht im Spannungsfeld von kommerzieller Verwertung und künstlerisch-symbolischer Idealisierung. Dementsprechend ist diese Designerin zerrissen, welche Prioritäten sie in ihrem Arbeitsleben setzen sollte. Fortlaufend sucht sie nach Kompromissen zwischen einer wirtschaftlichen und einer künstlerischen Logik. Sie pendelt zwischen verschiedenen Branchen und Erwerbsformen, genießt etwa zwischenzeitlich die soziale Sicherheit als Angestellte in einer Werbeagentur. Nur, um sodann wiederholt festzustellen, dass sie lieber selbstbestimmt arbeiten möchte und dafür die damit verbundene Unsicherheit einer freiberuflichen Existenz in Kauf nimmt.

Dieses Buch handelt von einer gesellschaftlich bedeutsamer werdenden sowie politisch hochgelobten, sozialen Gruppe: von Künstlern und Kreativen – und welche Rolle sie in der gegenwärtigen Arbeitsgesellschaft spielen. Die längste Zeit galten Künstler als geniale Sonderlinge und als Außenseiter der (Arbeits-)Gesellschaft. Und tatsächlich war künstlerisch-kreative Arbeit zur Hochzeit der Industriegesellschaft eine absolute Erwerbsnische. In den 1960er Jahren drängte noch die Mehrheit der Erwerbstätigen in den Industriebereich und zunehmend in den öffentlichen Dienst. Die zwar prestigeträchtige, aber dennoch gesellschaftliche Randlage von künstlerisch-kreativer Arbeit spiegelte sich auch darin wider, welche Bedeutung diesem Thema in der Wissenschaft und in der Politik beigemessen wurde: nahezu keine.

Heute hingegen steht der Kultur- und Kreativsektor im Scheinwerfer der öffentlichen Aufmerksamkeit. Sowohl Wissenschaft als auch Politik haben das Thema künstlerisch-kreative Arbeit für sich entdeckt. Deren Konjunktur als wissenschaftliches Untersuchungsfeld wie aber auch das steigende politische Interesse erklärt sich zentral daraus, dass die einst unangefochtene westdeutsche Arbeitsgesellschaft schon länger an ihre Grenzen gekommen ist.[1] Demgegenüber hat das künstlerische Arbeits- und Lebensmodell seine Grenzen erweitert. Künstlerisch-kreative Arbeit erfreut sich einer wachsenden Beliebtheit. Insbesondere in Großstädten steigt die Erwerbstätigenzahl in diesen Branchen kontinuierlich und überdurchschnittlich (Söndermann 2012).[2] Doch nicht nur deshalb scheinen künstlerisch-kreative Erwerbsfelder zu einer Art Seismograf für arbeitsgesellschaftliche Entwicklungstendenzen geworden zu sein. Vielfach wird gar angenommen, dass dieser Bereich eine Schlüsselrolle im Wandel zu einer wissensgeprägten Dienstleistungsgesellschaft spielt, so u.a. Bögenhold/Fachinger (2010) oder Rosemann/Koch (2012).

Zwar gibt es in der Literatur wenig Zweifel, dass künstlerisch-kreative Erwerbsfelder respektive die Kultur- und Kreativwirtschaft einen Modellcharakter von hoch subjektivierter Arbeit einerseits und hoch riskanter Arbeit andererseits abgeben. Exemplarisch diskutieren lassen sich anhand dessen etwa soziale Sicherungsfragen oder Fragen einer projektorientierten Arbeitsorganisation. Bei näherem Hinsehen zeigt sich jedoch, dass sich hinter den Diskussionen zum Modellcharakter dieses Arbeitsfeldes heterogene Annahmen verbergen. Im Kern lässt sich dahinter ein Streit um die Frage nach dem Subjektideal der gegenwärtigen Arbeitsgesellschaft ausmachen; als solcher identifiziert, aufeinander bezogen und systematisch zueinander ins Verhältnis gesetzt wurde er bislang jedoch noch nicht. Zu konstatieren ist daher zunächst, dass sich dieser Streit aus unterschiedlichen Theoriebezügen und fachspezifisch getrennten Rezeptionen speist, die in freundlicher Indifferenz koexistieren und das arbeitsgesellschaftliche Subjektideal weitgehend unbenommen voneinander charakterisieren.

So werden Kreative einerseits als Inbegriff der marktorientierten Variante des klassischen Künstlers und in dieser Eigenschaft als gesellschaftliche Hoffnungsträger für eine moderne Wissensökonomie beansprucht: als (Kultur-) Unternehmer. Andererseits wird behauptet, dass die traditionell wenig abgesicherten und flexiblen Arbeitsverhältnisse in künstlerisch-kreativen Erwerbsfeldern als kulturelles Leitformat der allgemeinen Deregulierung und Ent-Sicherung von Arbeits- und Sozialverhältnissen dienen würden und dass

---

1 | Allgemein wird der Ausgangspunkt des aktuellen Transformationsprozesses der Arbeitsgesellschaft in den 1970er Jahren ausgemacht (vgl. z.B. Vester et al. 2001).

2 | So arbeiteten etwa in Hamburg im Jahr 2010 ca. sieben Prozent aller Erwerbstätigen und in Berlin ca. zehn Prozent aller Erwerbstätigen in künstlerisch-kreativen Feldern. Im Zeitraum von 2003 bis 2008 sind deren Erwerbstätigenzahlen vor allem in den vier größten bundesdeutschen Städten deutlich gestiegen. In München um 22,2 Prozent, in Berlin um 21,1 Prozent, in Köln um 13,6 Prozent und in Hamburg um 9,7 Prozent (Kreativwirtschaftsbericht Hamburg 2012: 43).

Künstler hierbei als Role Model dienen (z.B. Boltanski/Chiapello 2003; Haak/ Schmid 1999; Menger 2006; Reckwitz 2012; Söndermann 2009a). Kommen also in den verschiedenen, teildisziplinären sowie fachübergreifenden Diskussionen unterschiedliche Akzentuierungen dieses Subjektideals zum Tragen, möchte ich deren konzeptionelle Ausprägungen als *Opfer-, Komplizen- und Unternehmer-These* pointieren. Mittels dieser drei Lesarten lassen sich einschlägige Diagnosen zum Thema in notwendig zugespitzter Weise zunächst grob identifizieren und schließlich differenzieren. Allerdings scheint es äußerst schwierig zu sein auszumachen, von welcher sozialen Gruppe die Rede ist und worin deren Vorreiterfunktion genau besteht. Auch der Streit um ein arbeitsgesellschaftliches Subjektideal changiert in diesem Punkt, wie wir noch sehen werden. Dabei scheint es jedoch eine Frage der theoretischen Vorliebe zu sein, wie dieser angenommene Modellfall perspektiviert und gedeutet wird.

Für die Unternehmer-These steht zentral der US-Amerikanische Ökonom Richard Florida mit seinem Buch »The Rise of the Creative Class« Pate (Flordia 2002). Sie entstammt somit originär dem angloamerikanischen Kontext und ist ein Bestandteil der Diskussion um eine sogenannte »Creative Economy« (Howkins 2001; vgl. auch Flew 2002; Pratt 2004). Hierzulande werden Floridas Ausführungen zur »Creative Class« heran gezogen, um die besondere Stellung von kreativen Unternehmern für deren volkswirtschaftliche Produktivität im Sinne Schumpeters zu untermauern (vgl. Schumpeter 2005). In diesem Horizont gilt die Kultur- und Kreativwirtschaft als ein dynamisches wirtschaftspolitisches Feld und deren Akteur_innen als soziale und wirtschaftlich innovative Unternehmer. Passend dazu wird in etlichen Studien immer wieder konstatiert, dass ökonomische und kulturelle Wertschöpfung in der Kultur- und Kreativwirtschaft stark korrespondieren und zum Standortvorteil werden (Enquete-Bericht 2007; Söndermann 2009a). Von ihr würden nicht nur starke wirtschaftliche Impulse ausgehen, sondern auch zukünftige Arbeitsformen und Geschäftsmodelle erprobt werden. Die in dieser Weise als kapitalistische Erneuerer adressierten Akteur_innen werden als »Culturepreneurs« oder als »Kulturunternehmer« konzipiert (Euteneuer 2011; Lange 2007; Mandel 2007). Konstatiert wird, dass sie sich durch innovative, wirtschaftliche Verfahrensweisen auszeichnen und einen wichtigen kulturell-symbolischen Beitrag für die Entwicklung einer kreativen Wissensökonomie leisten würden. Kreative werden insofern und vornehmlich in wirtschaftswissenschaftlich inspirierten Kontexten als wirtschaftlicher Stimulus sowie als Modernisierer kulturhistorischer Traditionen annonciert.

Dagegen herrscht in soziologischen Diskussionen eine (herrschafts)kritische Einschätzung derselben Prozesse vor. Im Anschluss an soziologische Befunde, die gezeigt haben, dass der Wandel der Arbeitsgesellschaft seit den 1970er Jahren zu einer Prekarisierung der industriegesellschaftlich geprägten Ordnung von Arbeit geführt hat, dass er spätestens in den 1990er Jahren als Selbstverwirklichungszwang und als Flexibilitätsdiktat auf der Handlungsebene angekommen ist³, oszillieren hier die Deutungsangebote zwischen zwei Annahmen. Ein wichtiger Impulsgeber für die »Opfer-These« war der französische Soziologe Pierre-Michel Menger (2006) sowie Pierre Bourdieus Thesen zu Prekarität als Herrschaftsform (Bourdieu 2004). In diesem Deutungsangebot steht die Diagnose im Mittelpunkt, dass sich Prekarität als neue Herrschaftsform durchgesetzt habe (Castel/Dörre 2009). Gegenstandsbezogen wird darin angenommen, dass Künstler Vorreiter für eine prekäre Arbeitswelt sind und dass sie strukturell in sozial unsichere, eben prekäre Arbeits- und Lebensverhältnisse gedrängt werden (vgl. z.B. Menger 2006; Dangel-Vornbäumen 2010; Loacker 2010). In dieser Deutungsvariante werden Akteur_innen künstlerisch-kreativer Erwerbsfelder mithin als Opfer einer Herrschaftsform der Prekarität annonciert, da davon ausgegangen wird, dass ihnen unsichere Arbeits- und Sozialverhältnisse als Herrschaftsform auferlegt, gewissermaßen strukturell oktroyiert würden – und sie dieser Herrschaftsform im Grunde hilflos gegenüber stehen.⁴

Die »Komplizen-These« nährt sich wesentlich aus der Analyse »Der neue Geist des Kapitalismus« der zwei französischen Sozialwissenschaftler_innen Luc Boltanski und Eve Chiapello (Boltanski/Chiapello 2003) und aus Michel Foucaults Gouvernementalitätsstudien (Foucault 2004). In Anlehnung an diese theoretischen Vorlagen wird davon ausgegangen, dass Künstler *und* Kreative im Kontext der Künstlerkritik nach »1968« und mit ihrer Forderung nach einer authentischen, nicht-entfremdeten Arbeit zu Gewährsleuten des flexiblen Kapitalismus geworden sind. Aufgrund einer Bereitschaft zur Selbst-Prekarisierung (Lorey 2007) würden sie diesen moralisch legitimieren sowie kulturell festigen und somit die voranschreitende Prekarisierung der Arbeitswelt unterstützen (z.B. Birenheide 2010; Eikhof/Haunschild 2006; Koppetsch 2006a, 2013). Zwar wird auch hier von strukturellen Zwängen, aber nicht von Prekarität als Herrschaftsform gesprochen. Ausgegangen wird in dieser Deutungsvariante vielmehr davon, dass Akteur_innen künstlerisch-kreativer Erwerbsfelder mittels einer Selbst-Unterwerfung unter neue kulturelle sowie ökonomische Imperative maßgeblich dazu beitragen, soziale Unsicherheiten gesellschaftsfähig zu machen. Nach dieser Lesart würden die als Komplizen

---

**3** | Vgl. z.B. Bröckling (2007); Castel/Dörre (2009); Dörre/Lessenich/Rosa (2009); Honneth (2010); Voß/Pongratz (1998).

**4** | Bisweilen wird auch von einem »Opfer-Narrativ« (Groh-Samberg/Mau/Schimank 2014: 220) gesprochen, in das die Krisenrhetorik der Analyse der Ursachen und Phänomene einer verunsicherten sozialen Mitte gekleidet sei. Diese Krisenrhetorik drückt sich beispielsweise in den Zeitdiagnosen von Heinz Bude (2014) über eine »Gesellschaft der Angst« und deren »Status-Panik« oder in Cornelia Koppetschs »Streifzügen durch die soziale Mitte« aus, derzufolge soziale Abstiegsängste mittels eines Selbstverwirklichungsdrangs kompensiert würden (Koppetsch 2013).

## 1. Künstlerisch-kreative Arbeit als Untersuchungsgegenstand 17

adressierten Akteur_innen ihre Leitbildfunktion in der sozialen Praxis auch erfüllen, indem sie sich als unternehmerisches Selbst respektive als kreatives Subjekt (Bröckling 2007; Reckwitz 2012) modellieren und den strukturellen Zwang zur Selbstverwirklichung als Künstlerkritik im Sinne von Boltanski/ Chiapello (2003) verblümen. So wird eine ideologische Vereinnahmung der Subjekte dergestalt konstatiert, dass sie den Glaubenssatz der von Boltanski/ Chiapello (2003) analysierten »Selbstverwirklichungsprojekte« internalisiert haben und ökonomische Fragen camouflieren.

Ausgestattet mit diesem bunten Strauß an theoretischen Vorannahmen und einer wissenschaftlichen Neugierde, wie sich diese in der sozialen Praxis darstellen würden, begannen im Jahr 2007 unsere empirischen Untersuchungen zu Arbeits- und Sozialverhältnissen in der Kultur- und Kreativwirtschaft.[5] Im Verlauf des Forschungsprozesses in verschiedenen künstlerisch-kreativen Erwerbsfeldern, insbesondere in der Designbranche und in den Interviews mit vorwiegend freiberuflich arbeitenden (Kommunikations- und Mode-)Designer_innen sowie ebensolchen Radioredakteur_innen, Kunstkurator_innen und anderen tauchte allerdings zunehmend ein Unbehagen gegenüber den oben skizzierten Deutungsangeboten auf. Sind diese und mit ihnen der Streit um ein Subjektideal für sich genommen geeignet, um die soziale Praxis von künstlerisch-kreativer Arbeit adäquat, d.h. wirklichkeitsnah und mit all ihren Widersprüchen einzuholen? Oder sind sie womöglich eher dienlich, um deren Widersprüche und Eigensinnigkeit zugunsten eindeutiger theoretischer Schlüsse zu glätten – und sie dadurch je nach theoretischer Verortung in die eine oder in die andere Richtung zeitdiagnostisch zu verzerren?

---

5 | Dass im Titel dieses Buchs von »Geistern« gesprochen wird, ist gleichfalls eine ironische Anspielung auf Goethes Ballade vom Zauberlehrling. Der Zauberlehrling nutzt, befreit von der Anwesenheit seines Meisters, die Gelegenheit aus, um auf spielerische Weise und für eine begrenzte Zeit sein Machtpotenzial zu steigern. Einmal möchte er so viel Macht haben wie sein Meister und den Lauf der Dinge selbstbestimmt dirigieren. Doch entgleitet dem Zauberlehrling sein Spiel mit der Freiheit. Er wird die Geister, die er rief, nicht mehr aus eigener Kraft los. Anders als in der Ballade, sind Akteur_innen künstlerisch-kreativer Erwerbsfelder aber nur noch selten einem Meister unterstellt, der sie aus der Not »retten« könnte. Retten müssen sie sich angesichts der Ökonomisierung sowie Privatisierung von künstlerisch-kreativen Erwerbsfeldern zunehmend in sogenannter Eigenverantwortung. Ein wesentlicher Unterschied ist zudem, dass die Betroffenen oft genug nicht von einer höheren Macht gerettet werden wollen. Die Rechnung Sicherheit gegen Freiheit geht in Feldern künstlerisch-kreativer Arbeit nicht ohne Weiteres auf. Aus historischen Gründen nicht. Aber auch nicht tagesaktuell. Denn die überwiegende Anzahl künstlerisch-kreativ arbeitender Menschen ist im Großen und Ganzen mit ihrer Arbeit zufrieden (Steiner/Schneider 2012).

Ausgangspunkt dieser Studie ist die Frage, inwieweit die sozialen Verhältnisse in künstlerisch-kreativen Erwerbsfeldern sowie folglich die praktischen Stellungnahmen von den vorhandenen Deutungsangeboten adäquat erfasst werden. Auszuloten ist, an welchen Punkten es sie zu relativieren, miteinander zu verschränken und konzeptionell zu öffnen gilt, um schließlich unter Preisgabe von deren jeweils einseitig überspitzten, theoretischen Klassifizierungen ambivalente, uneindeutige Konstellationen der gegenwärtigen Arbeitsgesellschaft und deren Praxisformen am Beispiel von künstlerisch-kreativer Arbeit heraus zu arbeiten. Diesem Vorgehen liegt die Einschätzung zugrunde, dass die soziale Praxis von künstlerisch-kreativer Arbeit und damit auch ihre Erzeugungsbedingungen sowie Ausdrucksformen sehr viel weniger eindeutig und deutlich ambivalenter sind, als bisweilen nahegelegt wird.

Mein zentrales Anliegen ist es, ein empirieorientiertes Deutungsangebot zur gegenwärtigen, sozialen Situierung von künstlerisch-kreativer Arbeit anzubieten. Folgende drei Fragen bilden den erkenntnistheoretischen Leitfaden dieser Arbeit.

1. Wie ist künstlerisch-kreative Arbeit im arbeitsgesellschaftlichen Strukturwandel sozial situiert und welche Veränderungsdynamiken lassen sich im Zeitverlauf ausmachen?
2. Wie stellen sich die Arbeits- und Sozialverhältnisse in künstlerisch-kreativen Erwerbsfeldern aus einer Perspektive der sozialen Praxis dar und auf welche Weise verschränken sie sich mit den Interessen und Ideen[6] von deren Akteur_innen?
3. Wie lassen sich die sozialen Statuskämpfe[7] von Akteur_innen künstle-

---

6 | Interessen und Ideen als Erzeugungsprinzip von sozialer Praxis (vgl. dazu Bourdieu 1998: 141) werden im Folgenden grundlegend im Sinne Webers verstanden: »Interessen (materielle und ideelle), nicht: Ideen, beherrschen unmittelbar das Handeln der Menschen. Aber: die ›Weltbilder‹, welche durch ›Ideen‹ geschaffen wurden, haben sehr oft als Weichensteller die Bahnen bestimmt, in denen die Dynamik der Interessen das Handeln fortbewegte.« (Weber 1988: 252)

7 | Der Begriff »Status« wird hier als eine Dimension von sozialer Ungleichheit verstanden, die die relative, d.h. die bessere oder die schlechtere Stellung von Menschen in der Gesellschaft umschreibt, wie z.B. deren Wohlstandsstatus oder allgemeiner deren Machtstatus. Innerhalb der einzelnen Dimensionen sozialer Ungleichheit haben nicht alle Menschen den gleichen, aber auch nicht alle einen verschiedenen Status. Vielmehr existieren relative Unterschiede zwischen den sozialen Gruppen und auf den einzelnen Statusebenen, z.B. im Hinblick auf Bildungs- oder Ewerbsstatus. Das Ergebnis dieser ungleichen Status-Einstufung wird »Statusverteilung« genannt. Eine Anzahl von Menschen mit vergleichbarem Status heißt »Statusgruppe«. Von »Statusinkonsistenz« wird

## 1. Künstlerisch-kreative Arbeit als Untersuchungsgegenstand

risch-kreativer Erwerbsfelder sowohl in Bezug auf soziale Fragen[8] respektive soziale Teilhaberechte als auch im Hinblick auf arbeitsethische Aspekte soziologisch fassen?

Damit werden zwei Ziele verfolgt. Zum einen gilt es mit einem zeitdiagnostischen Zugriff analytisch zu rekonstruieren, welche ökonomischen und sozialen Konditionen die Struktur- und Praxisbedingungen von künstlerisch-kreativer Arbeit gesellschaftlich abstecken. Damit verbunden ist eine ungleichheitssoziologisch angeleitete Perspektive auf den Wandel der Arbeitswelt, die künstlerisch-kreative Arbeit im Kontext von Umstellungsprozessen im sozialen Raum betrachtet. Zum anderen ist es das Ziel das Verhältnis gegenwärtiger Ungleichheitsverhältnisse, deren Reproduktion und Wandel auch auf der Ebene von Erfahrungen einzelner sozialer Gruppen und Individuen herauszuarbeiten. Diese Herangehensweise will neben strukturellen Konstellationen der sozialen Statuszuweisung die bisweilen eigensinnigen, individuellen und/oder kollektiven Auseinandersetzungsformen mit erfahrenen, sozialen Ungleichheiten soziologisch aufschließen helfen. Anders formuliert: Welche Subjektivierungsweisen bringen die Akteur_innen in Anschlag, um ihre Ideen und Interessen von künstlerisch-kreativer Arbeit zu verwirklichen, auf welche strukturellen Bedingungskonstellationen und Hindernisse stoßen sie hierbei und vor allem: welche handlungsstrategischen Kompromisse machen sie, um sich mittels Arbeit einen bestimmten sozialen Status zu erarbeiten?

Das in dieser Studie vorgebrachte Plädoyer für Differenzierung argumentiert im Kern aus einer Perspektive der sozialen Praxis (Bourdieu 1998). Es beruht auf der Grundannahme, dass die Soziologie die Realität nicht nur beschreibt und analytisch aufschlüsselt, sondern dass sie ihrerseits eine Art der »Welterzeugung« ist und diese praktisch mit hervor bringt (Bourdieu 2001b: 18ff.). Denn indem sie die soziale Welt mit analytischen Instrumentarien und Begrifflichkeiten aufschließt, gibt sie selbst eine Stellungnahme dazu ab, wie diese zu verstehen sein sollte. In diesem Sinne wird hier Soziologie als eine Wissenschaft von der Gesellschaft verstanden, die immer auch die kritische Analyse der gesellschaftlichen Macht- und Ungleichheitsverhältnisse ihrer Zeit beinhaltet, die insofern an eine zeithistorisch informierte Perspektive, aber vor allem systematisch an eine empirisch fundierte Analyse rückgebunden wird – und die sich im Klaren darüber ist, dass sie nicht nur eine analytisch-beschreibende Funktion hat, »sondern selbst in den Prozess der Herstellung sozialer Ungleichheiten verstrickt« ist (Barlösius 2004: 229). Eingedenk dessen

---

gesprochen, wenn der Status eines Menschen auseinander klafft, z.B. der sprichwörtlich gewordene Taxifahrer Dr. phil (Hradil 2001: 33).
**8** | Vgl. zum Begriff der sozialen Frage Kaufmann (2003); Castel (2000) und aus zeitdiagnostischer Perspektive Castel/Dörre (2009).

besteht die wissenschaftliche Aufgabe darin, die soziale Wirklichkeit mit möglichst eindeutigen und klaren Kategorien begrifflich sowie analytisch zu fassen und entsprechende Interpretationsangebote zu formulieren. Allein die soziale Praxis ist bisweilen nichts weniger als eindeutig, trennscharf und klar. Sie verläuft, wie Weber (1972: 10) schreibt, zumeist »in dumpfer Halbbewußtheit oder Unbewußtheit«. Sie folgt somit einer Logik des Ungefähren, ist eigensinnig sowie zeitlich und räumlich gebunden, ergänzt Bourdieu (1993b: 159). Da es jedoch für die praktisch handelnden Menschen darum geht, konkrete Handlungsvollzüge und bisweilen diffuse Anforderungen der Alltagspraxis aufeinander abzustimmen, bringen sie widersprüchliche Dinge in Einklang. Deren soziale Praktiken laufen insofern den oben genannten, wissenschaftlichen Kriterien mitunter zuwider oder entziehen sich gar ihren theoretischen Klassifikationen – nichtsdestoweniger gilt es diese wissenschaftlich zu erklären.

So lässt sich etwa die »doppelte Wahrheit der Arbeit«, von der Pierre Bourdieu (2001b: 259ff.) spricht, einerseits zweifelsohne in einem herrschaftskritischen Sinne interpretieren, wie er in den letzten Jahren vielfach vertreten wurde. Dass nämlich die Neigung eine Arbeit affektiv zu besetzen und ihre Herrschaftsmomente zu verkennen, umso größer wird, je stärker sich der/die Arbeitende_r mit ihr identifiziert – und dass sich eben darin ein Handlungsvollzug zeigt, der als markantes Herrschaftsmoment im flexiblen Kapitalismus zu deuten sei (Boltanski/Chiapello 2003). Auf der anderen Seite gilt es aber, wenn kritische Gesellschaftsanalyse nicht zur self-fulfilling prophecy werden will, diese »doppelte Wahrheit« auch auf der Ebene der individuellsozialen Erfahrungswelt ernst zu nehmen; und zwar selbst dann, wenn die soziale Praxis die Ordnung sozialwissenschaftlicher Klassifizierungen und Erklärungsmodelle scheinbar nicht bestätigt, sondern sie vielmehr irritiert und mit praktischen Widersprüchen konfrontiert. Der Vorzug eines solch soziologischen Ernstnehmens der individuellen Alltagswirklichkeiten von sozialen Ungleichheiten, auch auf die Gefahr einer theoretischen Irritation hin, wird hier darin gesehen, dass dieses Vorgehen dabei behilflich sein kann, scheinbar epistemologisch abgesicherte Wissensbestände, mithin deren alltagsweltliche Bedeutungsverschiebungen zu entschlüsseln. Um das Verhältnis gegenwärtiger Ungleichheitsverhältnisse, deren Reproduktion und Wandel auch anhand von Erfahrungen einzelner sozialer Gruppen und Individuen zu beleuchten, sollen deren Arten der »Welterzeugung« mit den sie ermöglichenden ökonomischen und sozialen Bedingungen vermittelt werden. Deren Dynamiken werfen zugleich die Frage nach strukturellen Problemkonstellationen und den gesellschaftlichen Kräfteverhältnissen im sozialen Raum auf. Sie werden hier sowohl in Bezug auf soziale Fragen von künstlerisch-kreativer Arbeit als auch im Hinblick auf ihre arbeitsethischen Aspekte zu diskutieren sein. So können Erfahrungen wie aber auch individuelle Wahrnehmungen von sozialer Ungleichheit schließlich Aufschluss geben über die gesellschaftlichen Formierungsbedingungen der praktisch-individuellen Erfahrungswelt und sich insofern als Ausdruck gegenwärtiger Ungleichheitsverhältnisse deuten lassen (Berger 2009/1987: 373f.; Bröckling 2013a: 318ff.; Lessenich 2008: 138ff.).

Die Chance der hier favorisierten, praxeologisch angelegten Forschungsperspektive besteht nun darin, wie gezeigt werden soll, diese sozialen Prozesse auch, aber nicht nur unter dem Aspekt der Herrschafts(re)produktion zu betrachten, sondern auf die paradoxen Dynamiken von Macht- und Ungleichheitsverhältnissen hinzuweisen. Dieses Erkenntnisinteresse macht es erforderlich, das im Eigensinn der Individuen gelegentlich aufscheinende Widerspruchspotenzial soziologisch erkennbar zu machen. Um etwaig eigensinnige Auseinandersetzungen als subjektive Stellungnahmen auf den Begriff zu bringen, wird der Foucault'sche Terminus der *Entunterwerfung* heran gezogen (Foucault 1992).[9] Galten ihm Praktiken der Subjektivierung die längste Zeit als »disziplinierende Übungen« (Rieger-Ladich 2004: 214), die einer Selbst-Unterwerfung unter die Verhältnisse gleichkamen, begann er sich spät für dieses Thema auch jenseits einer disziplinierenden Kraft zu interessieren. Subjektive Handlungsspielräume wurden nicht mehr nur als disziplinarisches Moment begriffen. Vielmehr werden den Menschen nun Handlungsspielräume zugebilligt, die sich nicht umstandslos einem herrschaftsstabilisierenden Zirkel subsumieren lassen. Foucault indes versteht unter Entunterwerfung eine philosophisch grundierte und folglich intellektuelle Praxis der Freiheit, die er in diesem Sinne als widerständige Praxisform skizziert. Dagegen wird der Begriff in der vorliegenden Studie in zeitdiagnostischer Absicht genutzt und aus einer Perspektive der sozialen Praxis verhandelt.

Entunterwerfung wird im Folgenden im Kern als eine *eigensinnige Auseinandersetzung mit subjektiv erfahrenen Bedingungskonstellationen* aufgefasst, die sich als hinderlich für die Realisierung eigener Ideen und Interessen erweisen. Angesprochen ist damit nicht notwendigerweise ein explizit gemachter, sozialer Protest. Was im Folgenden vielmehr akzentuiert werden soll, sind konkrete soziale Praktiken, die auf die Erschließung von feldspezifischen Handlungskorridoren zielen und darüber bisweilen herrschende Regeln, Anforderungen, Normen oder Konventionen episodisch oder nachhaltig unterlaufen und sich auf diese Weise kritisch von (Subjektivierungs)Zumutungen distanzieren (vgl. Graefe 2010).

Der empirische Befund einer eigenwilligen Auseinandersetzung mit subjektiv erfahrenen Bedingungskonstellationen erscheint vor dem Hintergrund des aktuellen Forschungsstandes zunächst als unverständlich und erklärungs-

---

9 | Michel Foucault hat den Begriff theoretisch nicht ausgefeilt, sondern ihn im Jahr 1978 im Rahmen einer lebensphilosophischen Vorlesung vor der Société française de philosophie eingeführt. In diesem Vortrag legt er seine diesbezüglichen Überlegungen dar, die in der »Kunst nicht dermaßen regiert zu werden« (ebd.: 12) gipfeln.

bedürftig. Er markiert insofern eine Forschungslücke, der es im Folgenden nachzugehen gilt. Deutlich werden soll, dass sich insbesondere freiberuflich agierende Akteur_innen in künstlerisch-kreativen Erwerbsfeldern in Form von teilweise in sich widersprüchlichen, analytisch aber voneinander abgrenzbaren Strategien im sozialen Raum positionieren und sich auf diese Weise ambivalente Freiräume, gewissermaßen sozialstrukturelle Zwischenräume, erschließen, die nicht notwendigerweise, aber häufig prekär sind. Angenommen wird, dass herkömmliche Widersprüche (und analytische Dualismen) in den subjektiven Suchbewegungen insofern teils aufgehoben werden, als sie sich als eine spezifische, handlungsstrategische Vermittlungsform und in diesem Sinne als wirklichkeitsnahe Widersprüche artikulieren. Zu vermuten ist weiter, dass sich in diesen handlungsstrategischen Vermittlungsformen Auseinandersetzungsformen zeigen, die sich weder eindeutig den Koordinaten eines künstlerischen respektive kreativen Selbst noch jenen eines unternehmerischen Selbst subsumieren lassen, sondern sich vielmehr durch Konzessionen und Kompromisse, durch eine eigenwillige Gratwanderung zwischen künstlerischer und wirtschaftlicher Selbstbestimmung auszeichnen.

Im Ergebnis scheint sich in den neuen, kreativen Berufen der sonstigen Kulturberufe ein Arbeitstypus herauszukristallisieren, der eine hybride Status-Arbeit praktiziert; verstanden als strategische Platzsuche im sozialen Raum, deren zentraler gesellschaftlicher Ort die Erwerbsarbeit ist (Groh-Samberg/Mau/Schimank 2014: 231). Im hier verhandelten Untersuchungsfall zeichnet sich diese Status-Arbeit durch eine eigensinnige Bezugnahme auf unternehmerische sowie künstlerische Subjektideale ebenso wie durch dynamische Wechsel zwischen den verschiedenen Erwerbsformen, aber auch zwischen öffentlichen und privatwirtschaftlichen Auftraggebern aus.

Der Begriff »hybride« verlangt an dieser Stelle eine kurze Erläuterung. Bereits seit Ende der 1990er Jahre wird insbesondere für den Kulturbereich von einer Ausweitung semi-abhängiger Arbeitsverhältnisse, von »hybrider Selbständigkeit und einem hybriden Regulationstypus« gesprochen (Betzelt/Gottschall 2003; Egbringhoff 2003; Gottschall 1999). »Hybride« wurde bislang allerdings als entweder semi-abhängiger Erwerbsstatus von z.B. Beschäftigten der Fernseh- und Medienbranche klassifiziert, die als »feste Freie« im Sinne der 1970er Jahre angestellt sind/waren oder von hybrider Selbständigkeit als »Selbständigkeit auf Zeit« (Egbringhoff 2007: 345). Diese jüngere Lesart versteht hybride Muster von Selbständigkeit als befristete Erwerbspassage, die für die Individuen eine Alternative zur Arbeitslosigkeit sei und daher zumeist als Notlösung aus einer prekär gewordenen oder verlustig gegangenen, abhängigen Beschäftigung erscheine (vgl. Brenke 2013; Bührmann/Pongratz 2010). Diese Lesart als Übergangsstatus fügt sich in der einschlägigen Forschung über Solo-Selbständige zu der Frage, ob diese soziale Gruppe ihren augenblicklichen Erwerbsstatus eher als Übergang in eine andere Beschäftigungsform oder als dauerhafte Erwerbsform deklarieren (vgl. Manske/Scheffelmeier 2015). Hinter einer solch eher deskriptiven Verwendung des Begriffs steht ein allgemeines Verständnis, demzufolge als hybride soziale Dinge, Sachverhalte oder Formen bezeichnet werden, die nicht eindeutig zu klassifizieren sind, weil sie aus einer Vermischung verschiedener Entitäten oder Fragmenten bestehen. Als theoretisches Konzept jedoch ist der Terminus »Hybridität« ein ursprünglich in den Postcolonial Studies verwandter, maßgeblich auf den US-Literaturwissenschaftler und Kulturtheoretiker Homi K. Bhabha zurückgehender Begriff (Bhabha 2000).[10] Für die soziologische Diskussion hat das Konzept der hybriden Orientierungen insbesondere Susanne Völker (2004) produktiv aufgeschlossen.[11]

10 | Bhabha ist, »einer der wichtigsten postkolonialen Literatur- und Kulturtheoretiker unserer Zeit. [ ]. [S]eine Analysen zeugen von einem neuartigen Denken kolonialer Machtstrukturen und kultureller Repräsentationsformen.«, schreibt Karen Struve (2013: 9) zur Aktualität dieses US-Amerikanischen Wissenschaftlers. Im Zentrum seines Konzepts der Hybridität steht die Annahme, dass sich aufgrund von dialektischen Herrschaftsverhältnissen die kulturelle Identität von Kolonialherren und Kolonialisierten gegenseitig befruchteten, sodass von einer hybriden kulturellen Identität gesprochen werden müsse. Ziel dieser kritischen Analyse kolonialer Diskurse ist es, »Zwischenraum-Phänomene in den Blick zu nehmen und ihr Potenzial« (Struve 2013: 18) auszuloten. In der poststrukturalistischen Diskussion schillert der Hybriditäts-Begriff hervor, hat sehr viel Zustimmung, aber auch Kritik erfahren, kurzum heftige Debatten ausgelöst. Ha (2005) resümiert, dass Bhabha nicht nur für Furore gesorgt habe, sondern ebenso viel Unklarheit produziere (Ha 2005: 12). Unter anderem lautet die Kritik, dass er den Begriff nicht hinreichend klar definiere, ihn nur als kulturelles, aber nicht als ökonomisches Machtverhältnis fasse und dass er aufgrund einer tendenziell biologistischen Anlage zu einer Apolitisierung der Postcolonial Studies beitrage (Struve 2013: 156f.). Schließlich kulminiert Marchart (2007) die Einwände dergestalt, dass sich »Hybridität« nicht als Leitbegriff für die postkoloniale Theorie eigne.
11 | In einer Studie über Erwerbsorientierungen ost-deutscher Frauen hat Völker hybride Geschlechterpraktiken heraus gearbeitet. Bestandteil einer hybriden Geschlechterpraktik im deutsch-deutschen Transformationsprozess sei, dass sich ostdeutsche Frauen durch Doppel-Orientierungen auszeichnen, die durch das Zusammentreffen von in der DDR erworbenen, habituellen Dispositionen und gegenwärtigen, gesellschaftlichen Anforderungen entstehen würden. In einer an Bourdieu geschärften Perspektive beleuchtet Völker insgesamt das »Verhältnis von zwischen der Wiederholung erworbener Dispositionen und der Differenz in der Wiederholung als Ausdruck von Wandel.« (Völker 2004: 161). Indem Völker das poststrukturalistische Konzept der hybriden Identitäten mit dem Habitus-Konzept von Bourdieu zusammen führt, kann sie erwerbsstrategische Orientierungsmuster im Spannungsfeld von gegenwärtigen, situativen Verortungen und gewissermaßen vergangenen Deutungsmustern identifizieren, die sich aus vorgängi-

Wenn im Folgenden in weiterführender Anknüpfung an die zwei genannten Begriffshorizonte von hybriden Konstellationen im Feld gesellschaftlicher Arbeit gesprochen wird, dann meint das eine Hybridisierung auf zwei Ebenen; nämlich auf einer Orientierungs- und auf einer arbeitsorganisatorischen Ebene. Auf der Orientierungsebene zeigen hybride Erwerbsstrategien, kurz gesagt, eine Mischung aus alten und neuen Prägungen an. Schöpfend aus habituellen Prägungen, um sich mit gegenwärtigen Bedingungen zu arrangieren, stellen sie sich oftmals als uneindeutige, scheinbar widersprüchliche soziale Praktiken dar. In ihrer Uneindeutigkeit und Ambivalenz bringen sie Uneindeutigkeiten und Widersprüche von sozialen Wandlungsprozessen zum Vorschein. Sie stehen somit gleichsam für die Prozessualität sozialen Wandels. Auf der arbeitsorganisatorischen Ebene meint Hybridisierung eine Kombination aus unterschiedlichen arbeitsorganisatorischen Versatzstücken und eine sequenzielle oder zeitgleiche Mischung von verschiedenen Erwerbsformen. Im Kern verweist dies auf einen instabilen Erwerbsstatus; mitunter auch auf eine flexible Überbrückung unterschiedlicher Felder der Kulturproduktion. Diese Erscheinungsformen bündeln arbeits- und ungleichheitssoziologisch hochgradig relevante Transformationsprozesse von Arbeit. Betrachtet aus einer ungleichheitssoziologischen Perspektive offenbaren sich darin eigensinnige, subjektive Muster der sozialen Feldverortung. Sie werden im weiteren Verlauf anhand von typologisch zugespitzen Porträts vorgestellt.

Aus dem empirischen Material erschließen sich zwei idealtypisch zugespitzte Varianten von eigensinnigen, hybriden Erwerbsstrategien. Zum einen handelt es sich um einen *Rückzug auf den künstlerischen Wert der Arbeit*, in dessen Zuge die Arbeit in der Designbranche symbolisch stark als künstlerische Arbeit aufgeladen ist, und der primär künstlerische Selbstbestimmung anstrebt. Zum anderen geht es um eine *Praxis von »entzauberter« Arbeit*, die stärker bürokratisch-rationalisiert angegangen wird und primär auf wirtschaftliche Selbstbestimmung ausgelegt ist. Angeordnet auf diesem idealtypischen Spektrum, lassen sich die Positionierungsstrategien realtypisch differenziert erfassen. Im Sinne einer eigensinnigen, subjektiven Verortung im Feld der Designbranche lassen sie sich wie folgt voneinander unterscheiden und an dieser Stelle zunächst einmal benennen.

(1) Lustgewinn eines unternehmerischen Selbst,
(2) Selbstoptimierung als Zumutung,
(3) Künstlerkritischen Distanzierung sowie
(4) Kampf um respektable Feldzugehörigkeit.

---

gen, unter anderen gesellschaftlichen und kulturellen Bedingungen erworbenen ergeben (ebd.: 162).

Diese hoch ambivalenten Muster, in denen Zumutungen und Optionen in Feldern der Kulturproduktion zutage treten, werden hier als Strategien gelesen, habituell disponierte, soziale Positionen zu erreichen. Umgekehrt erscheinen sie als Strategien, um eine (potenzielle) soziale Kluft zwischen habituell vorgezeichneten sozialen Flugbahnen und einer gegenwärtig erfahrenen, unsicheren sozialen Wirklichkeit zu überbrücken bzw. einen sozial und ökonomisch hochgradig unsicheren Erfahrungszusammenhang individuell zu bearbeiten.

Die hier diagnostizierte Hybridisierung wird insofern als Ausdruck von sozialen Stellungskämpfen, als eine empirisch nachvollziehbare, eigensinnige Statusarbeit von Abkömmlingen der sozialen Aufsteigermilieus der 1960er und 1970er Jahre in einem kulturell attraktiven, aber ökonomisch prekären Feld interpretiert. Einem Erwerbsfeld, in dem im mittelfristigen, sozialhistorischen Vergleich nicht nur eine Verunsicherung von Statuspositionen und Lebenslagen sichtbar wird, sondern sich auch potenzielle, soziale Abstiegsszenarien weitgehend jenseits institutionalisierter Verlaufsbahnen abspielen.

Hybridisierung als eine spezifische Form von Statusarbeit zielt somit auf die soziale Bewältigung habituell unerwarteter Unsicherheiten und letztlich auf die Reproduktion eines ökonomisch individuell akzeptablen und kulturelle Freiheiten ermöglichenden, sozialen Status ab. Diese Leitthese wird im weiteren Verlauf ausgeführt und am Beispiel der Designbranche vertiefend analysiert.

## 1.2 Untersuchungsanlage und Aufbau

Die vorliegende Studie zielt auf eine Analyse von künstlerisch-kreativer Arbeit im arbeitsgesellschaftlichen Strukturwandel ab.[12] Der Fokus liegt auf künstlerisch-kreativer Arbeit, die als Erwerbsarbeit ausgeführt wird.

Die nachfolgend präsentierten empirischen Einsichten und theoretischen Deutungen sind das Ergebnis einer langjährigen Forschungsarbeit im Feld. Sie wird hier als eine Kombination von theoretischen Deutungen des Phänomens künstlerisch-kreative Arbeit und empirischen Befunden im engeren

---

12 | Die Rede vom sozialen Wandel ist insoweit trivial, als dass mit Norbert Elias angenommen werden kann, dass sich Gesellschaften in einem permanenten Wandel befinden, »in der jeweils eine spätere Gestalt aus der früheren [...] hervorgeht.« (Elias 1991: 127). So kommt es vielmehr darauf an, die Spezifik aktuellen Wandels heraus zu arbeiten. Die Anforderungen an eine in diesem Sinne verstandene Zeitdiagnose sind mit Gudrun-Axeli Knapp anhand von drei Punkten aufgefädelt. Sie beziehen sich 1. auf einen zeitlich und räumlich eingebundenen sozialen Wandel, 2. müssen die Dimensionen der theoretischen Reflektion benannt werden und 3. sollte klar formuliert werden, welche empirischen Indikatoren heran gezogen werden (Knapp 2001: 21).

Sinne, nämlich einer Untersuchung der Kultur- und Kreativwirtschaft unter besonderer Berücksichtigung der Designbranche dargelegt. Konzipiert ist diese Studie als ein empirieorientiertes Erklärungsangebot, das in Anlehnung an die Grundlagen einer Feldanalyse nach Bourdieu verfährt (Bourdieu 1997a; Bourdieu/Waquant 1996). Methodisch ist die Studie im Sinne einer ethnografisch inspirierten Feldforschung angelegt, in der verschiedene, qualitative Verfahrensweisen – Interviews mit Akteur_innen, Expertengespräche, Dokumentenanalysen, teilnehmende Feldbeobachtungen – miteinander kombiniert (trianguliert) und eingesetzt wurden (Przyborski/Wohlrab-Sahr 2010: 53ff.).

In der Tradition des Weber'schen Ungleichheitsparadigmas stehend (Weber 1980: 177ff., 531ff., vgl. auch Kreckel 1992: 52ff.), werden im Folgenden die Struktur- und Praxisbedingungen von künstlerisch-kreativer Arbeit untersucht. Darüber hinaus wird zu diesem Zweck auf unterschiedliche Theoriebestände rekurriert, die sich mit der Analyse von künstlerisch-kreativer Arbeit befassen – zu nennen sind hier kultur- und wirtschaftssoziologische sowie poststrukturalistische Ansätze, aber auch eine stadtsoziologisch inspirierte Perspektive –, sodass Fragen sozialer Ungleichheit im Zusammenhang mit politischen Subjektivierungsweisen und kulturellen Formierungspraktiken auch in ihrer zeitlich-räumlichen Eingebundenheit erörtert werden können. So betrachtet die vorliegende Studie künstlerisch-kreative Arbeit aus unterschiedlichen theoretischen, aber räumlich und zeitlich eingegrenzten Perspektiven. Gleichwohl wird sie im Folgenden nicht im Rahmen von sogenannten »Großtheorien« (Gottschall 2000: 188), sondern aus einer Perspektive mittlerer Reichweite beleuchtet. Für diesen Zweck bietet es sich an, auf den Bourdieu'schen Begriff des sozialen Raums sowie in diesem Rahmen auf das Milieukonzept als Vermittlung zwischen gesamtgesellschaftlichen Strukturen und individueller Betroffenheit zu rekurrieren (Bourdieu 1985; Vester et al. 2001; auch Hradil 2001).[13] Das gesellschaftliche Zusammenleben wird dabei

---

**13** | Der Begriff »Milieu« geht auf Emile Durkheim (1897/1983) zurück. Demnach setzt sich ein Milieu aus sozialen Gruppen zusammen, die aufgrund von Beziehungen wie Verwandtschaft, Nachbarschaft oder Arbeit einen gemeinsamen Korpus an moralischen Regeln entwickeln (Solga/Berger/Powell 2009: 39). Ein Milieu bezeichnet insofern den sozialen Nahbereich, in dem sich die Menschen bewegen, wo sie wohnen, leben und u.U. auch arbeiten. Der sozialräumliche sowie habituelle Zusammenhang eines Milieus ist folglich nicht nur einer der Weltsicht, sondern auch einer der praktischen sozialen Kohäsion. Sie ergibt sich nicht nur territorial, sondern aus der umfassenderen gesellschaftlichen Arbeitsteilung (Vester et al. 2001: 169). Vester et al. verstehen das Milieu als einen Ausschnitt des sozialen Raums, der durch eine vertikale Schichtungsachse sowie eine horizontale Achse (Werthaltungen) aufgespannt wird. Sie reichern den Begriff des Milieus zudem mit einem an Bourdieu angelehnten Habitus-Begriff an. Sodann verstehen sie Milieus mit Weber als einen sozialen Zusammenhang, in dem sich auch die

als ein gesellschaftliches Kräfteverhältnis verstanden, deren sozialer Raum in vertikale und horizontale Dimensionen differenziert ist und sich lebensweltlich in den verschiedenen Milieus artikuliert (Vester et al. 2001).[14]

So wird ein Verständnis der Arbeitsgesellschaft als arbeitsteilig differenzierter, relationaler Struktur- und Praxiszusammenhang zugrunde gelegt, deren Analyse auf einem erweiterten Verständnis von sozialer Ungleichheit fußt (Bourdieu 1987; Kreckel 1983; Gottschall 2000). Ungleichheitsverhältnisse werden insofern nicht auf eine einzige Konfliktlinie »Erwerbslage« reduziert, sondern sind als übergreifender und gesellschaftspolitischer Zusammenhang der gesellschaftlichen Ordnung von Arbeit zu denken. In diesem Rahmen werden die Produktions- und Arbeitsstrukturen, Formen der sozialstaatlichen Absicherung und des gesellschaftlichen Zusammenlebens geregelt (Baethge 2000; Kaufmann 1997). Die Stellung innerhalb der gesellschaftlichen Ordnung von Arbeit strukturiert somit die Verteilung von materiellen und immateriellen, als allgemein erstrebenswert betrachteten, gesellschaftlichen Ressourcen und Positionen und vermittelt sich insofern als strukturelle Begünstigungs- bzw. Benachteiligungskonstellationen »für autonomes Handeln« (Kreckel 1992: 43; vgl. auch Barlösius 2004; Burzan 2004; Hradil 2001). Unverzichtbar für die hier vorgenommene arbeitssoziologische Ungleichheitsanalyse von künstlerisch-kreativer Arbeit ist es daher, wohlfahrtsstaatlich erzeugte Disparitäten sowie individuelle Lebenspraxen zu betrachten und deren Wechselwirkungen zu untersuchen (vgl. Gottschall 2000: 345ff.). Auf dieser theoretischen Basis gehe ich davon aus, dass sich die schöpferische Beweglichkeit des arbeitsgesellschaftlichen Strukturwandels nicht zuletzt in den Widersprüchen der sozialen Praxis artikuliert und somit auch in den sozialen Kämpfen zeigt, die Akteur_innen künstlerisch-kreativer Erwerbsfelder im sozialen Raum ausfechten.

---

»Ethik der Lebensführung« ausdrückt (ebd.: 16). Dieses Milieu-Verständnis als ein praktischer Zusammenhang sozialer Kohäsion liegt den folgenden Ausführungen zugrunde.

**14** | Hier wird einer Konzeption des sozialen Raums gefolgt, die grundlegend Bourdieu (z.B. 1985, 1987) entworfen hat, und die die Forschergruppe um Michael Vester für die Bundesrepublik aufbereitet hat (Vester et al. 2001). Bourdieu verarbeitet in seiner Konzeption des sozialen Raums die Klassentheorien von Karl Marx und Max Weber. Aus dieser theoretischen Zusammenschau erstellt er eine Synthese von ökonomisch induzierten gesellschaftlichen Kräfteverhältnissen und der sozialen Klassentheorie. So besteht nach Bourdieu der soziale Raum aus mehreren Dimensionen, die er als drei sich überlagernde Schemata konzipiert: Kapitalvolumen, Kapitalarten (ökonomisches, kulturelles, soziales), soziale Laufbahnen (vgl. Schwingel 2000: 104). Entlang der beiden Dimensionen Kapitalvolumen und Kapitalstruktur werden soziale Positionen im sozialen Raum ermittelt und deren Ressourcenstärke darin verdeutlicht. »Die Akteure oder Gruppen von Akteuren sind anhand ihrer *relativen Stellung* innerhalb dieses Raums definiert.« (Bourdieu 1985: 9f.)

Gegliedert ist der Text gemäß einer soziologischen Feldanalyse in Anlehnung an Bourdieu (vgl. Bourdieu 1997a: 36). Dieses Vorgehen erlaubt eine systematische Verknüpfung von theoretischen Konzeptualisierungen und empirischen Untersuchungen, um das Phänomen künstlerisch-kreativer Arbeit soziologisch einordnen und erklären zu können. Der Untersuchungsgegenstand wird dementsprechend auf drei Ebenen diskutiert.

1. Konzeptualisierung der allgemeinen, sozialräumlichen Position von künstlerisch-kreativen Erwerbsfeldern innerhalb der Arbeitsgesellschaft.
2. Analyse der inneren Strukturen in einem ausgewählten Feld von künstlerisch-kreativer Arbeit.
3. Analyse feldspezifischer Strategien der Akteur_innen, verstanden als Suche nach ihrer Position im sozialen Raum.

Entlang dieser Untersuchungsanlage ist das Buch in drei Teile gegliedert. Nach der Einleitung werden in einem ersten Teil theoretische, zeitdiagnostische und konzeptionelle Überlegungen angestellt. Der zweite Teil umfasst den empirischen Kern dieser Studie. Es folgt in einem drittel Teil ein Fazit mit weitergehenden Überlegungen und Schlussfolgerungen.

Im Einzelnen finden sich folgende Kapitel: Zunächst wird ein zeitdiagnostischer sowie konzeptioneller Rahmen entwickelt. So wird die Diskussion in Kapitel 2 mit Reflektionen über künstlerisch-kreative Arbeit im Strukturwandel der Arbeitsgesellschaft eröffnet. Ziel dieses Kapitels ist es, einen zeitdiagnostischen Zugriff zu entwickeln, der das Phänomen künstlerisch-kreative Arbeit ins Verhältnis zum allgemeinen sozialen Wandel der Arbeitsgesellschaft setzt. Der hier gewählte sozialhistorische Einstieg erscheint lohnend, weil es zwar als wissenschaftlicher Common Sense gilt, dass die Anziehungskraft von künstlerisch-kreativer Arbeit im Zuge von allgemeinen Individualisierungsprozessen und der Verbreitung eines romantischen Subjektideals in Anlehnung an die Sozialfigur des modernen Künstlers gestiegen ist (vgl. z.B. Betzelt 2006; Honneth 2010; Reckwitz 2006, 2012). Doch fehlt es bislang an einer genaueren analytischen Rekonstruktion dieser Prozesse, zumal an einer, die sich mit diesem Thema aus einer ungleichheitssoziologischen Perspektive mittlerer Reichweite befasst. Ein besonderes Augenmerk dieses Kapitels liegt insofern auf der Frage, unter welchen (erwerbs)wirtschaftlichen, wohlfahrtsstaatlichen sowie kulturellen Bedingungen sich künstlerisch-kreative Arbeit entfaltet, wie sie sich im Kontext gesellschaftlicher Wandlungsprozesse seit den 1960er Jahren bis in die heutige Zeit entwickelt hat sowie last but not least wie sich die damaligen sozialstrukturellen Wandlungsprozesse in einer Neu-Konstellierung von Mentalitäten und Milieus artikuliert haben und bis heute fortwirken.

In Kapitel 3 wird der konzeptionelle Zugriff dargelegt. Hierfür wird zentral auf Pierre Bourdieus Ansatz einer Feldanalyse zurückgegriffen. Kombiniert wird dieser methodologische Zugang zum Untersuchungsfeld mit einem Rekurs auf Michel Foucaults späte Schaffensphase. Als sich ergänzender, teils konkurrierender konzeptioneller Bezugsrahmen bieten diese beiden Ansätze konstruktive Anknüpfungspunkte. Denn sie erhellen mit je eigener Akzentuierung den Zusammenhang zwischen strukturellen Konditionen und der Ebene der sozialen Praxis. Bourdieu stellt dabei ein grundlegendes Instrumentarium für die empirische Analyse zur Verfügung. Mit Bezug auf die Grundlagen seiner Feldanalyse lässt sich das Untersuchungsfeld sehr konkret als Ort sozialer Verortungskämpfe betrachten. Unter Rückgriff auf Foucaults »Spätwerk«[15], kann hingegen den Akteur_innen mit einer größeren empirischen Offenheit begegnet werden, als dies allein mit Bourdieu möglich scheint. Denn letzterer fasst die subjektiven Handlungsspielräume in einer sozialen Ordnung relativ eng. Sie würden, wie Bourdieu an verschiedenen Stellen ausführt, auf einer internalisierten Unterwerfung beruhen (z.B. Bourdieu 1997b: 165). Um diese gewissermaßen strukturdeterministischen Begrenzungen aufzuweichen und methodologisch zu öffnen, wird auf die späte Werkphase von Foucault zurückgegriffen. In dieser Schaffensphase hat er sich verstärkt Fragen der Lebenskunst zugewandt (vgl. z.B. Foucault 1993, 2007c). Subjektivierungsweisen respektive Selbstverhältnisse werden darin nicht mehr theoretisch vorentschieden, sondern als irritierende Gegenläufigkeit zwischen Unterwerfung und Entunterwerfung aufgefasst. Den Individuen wird nun eine gewisse Wahl gelassen, welche Form sie sich selbst und ihrem Leben geben (Schmid 1996: 21). Der theoretische Mehrwert, den Foucault bietet, liegt folglich vorrangig darin, dass er den Menschen Handlungsspielräume jenseits einer »doxischen Unterwerfung« (Bourdieu 1998: 119) zugesteht, sodass sich eine Vielfalt von sozialen Praxisformen soziologisch abbilden lässt, ohne einem strukturblinden Voluntarismus zu verfallen. Um allerdings den Terminus Entunterwerfung im feldsoziologischen Sinn als empirisches Analyseinstrument nutzen zu können, wende ich den Begriff schließlich praxeologisch, da sich mit Foucault eine Ebene der alltäglichen Praxis nicht erreichen lässt.

Der zweite Teil beleuchtet Arbeits- und Sozialverhältnisse in der Kultur- und Kreativwirtschaft (KuK) und analysiert diese vertiefend am Beispiel der

---

15 | Die Einteilung in Werkphasen eines »frühen« oder »späten« Foucault ist im Grunde nicht richtig, insistiert etwa Wilhelm Schmid (1996: 8). Foucaults ganze Arbeit war vielmehr durchzogen von der Frage nach dem Subjekt, auch wenn er im Laufe der Zeit eine perspektivische Verschiebung in seiner Beurteilung zu subjektiven Handlungsspielräumen vorgenommen hat. Eingedenk dessen wird im Folgenden dennoch von »Spätwerk« u.s.w. gesprochen, allein um deutlich zu machen, auf welchen Schaffens-Schwerpunkt sich die Ausführungen gerade beziehen.

Designbranche. Im Mittelpunkt der Untersuchung steht jene Fraktion, die sich in deren Positionsgefüge auf den eher unsicheren Posten findet, aber einen signifikant wachsenden Anteil der dort Erwerbstätigen ausmacht: überwiegend freiberuflich tätige bzw. in wechselnden Erwerbsformen beschäftigte Designer_innen.

In Kapitel 4 werden die methodischen Grundlagen dieser Studie erörtert. In Kapitel 5 erfolgt eine allgemeine, empirische Bestandsaufnahme zu den Arbeits- und Sozialverhältnissen in der Kultur- und Kreativwirtschaft (KuK), eingebettet in eine Analyse ihrer politökonomischen Installierung. So wird hier zum einen aus einer diskursanalytisch informierten Perspektive analysiert, auf welche Weise und unter welchen gesellschaftspolitischen Grundannahmen die KuK als Ort von künstlerisch-kreativer Arbeit perspektiviert wird. Zudem wird auch auf der Basis von eigenständig erhobenen, empirischen Befunden beleuchtet, inwieweit Kreative darin als Unternehmer konstruiert sowie als gesellschaftliche Schrittmacher annonciert werden. Zum anderen werden die einschlägigen Kulturwirtschaftsberichte ausgewertet und erörtert, wie sich die Erwerbstätigenzahlen sowie Erwerbsformen entwickelt haben und wie sich die wohlfahrtsstaatliche sowie arbeitspolitische Verfassung von künstlerisch-kreativer Arbeit darstellt. Wie sich zeigen wird, besteht eine deutliche Diskrepanz zwischen der politökonomischen Installierung der KuK und ihren real existierenden Arbeitsverhältnissen.

Kapitel 6 verortet die empirische Untersuchung auch räumlich. Die eingangs beispielhaft angeführten, steigenden Erwerbstätigenzahlen in künstlerisch-kreativen Feldern unterstreichen, dass künstlerisch-kreative Arbeit ein Großstadtphänomen ist. Berlin als Untersuchungsort auszuwählen, ist daher aus verschiedenen Gründen naheliegend. Ziel dieses Kapitels ist es, die spezifischen Koordinaten von künstlerisch-kreativer Arbeit am Untersuchungsort heraus zu arbeiten und somit die soziale Welt, in der diese Untersuchung lokalisiert ist, als Feld zu charakterisieren. Zu klären ist, welche sozialstrukturellen Zwischenräume sich in Berlin seit den 1970er Jahren bis in die Gegenwart entwickelt haben und wie sich diese Zwischenräume in jüngerer Zeit verändern und verengen.

Die Designbranche ist aus verschiedenen Gründen ein interessantes Untersuchungsfeld. Sie gilt als ein angewandter Beruf der Bildenden Kunst und gehört zu einem der beliebtesten Kulturberufe (Söndermann 2012). Darüber hinaus bietet sie ein Beispiel für die soziale Entgrenzung von künstlerisch-kreativer Arbeit seit den 1970er Jahren und steht für die Durchlässigkeit zwischen Kunst und Kommerz. Insgesamt, so soll deutlich werden, ist dieses künstlerisch-kreative Erwerbsfeld ein Resultat eines arbeitsgesellschaftlichen Wandels, in dem sich sowohl sozialstrukturelle Umstellungsprozesse seit den 1960er Jahren verdeutlichen als sich auch die Widersprüche aufzeigen lassen, in denen künstlerisch-kreative Arbeit steht: im Spannungsfeld von unternehmerischem und künstlerischem Selbst, geprägt von Arbeits- und Produktionsbedingungen, die seit den 1990er Jahren einer verschärften Prekarisierung unterliegen. Allerdings ist die Designbranche kein einheitliches Feld. Sie besteht aus verschiedenen, unterschiedlich ausdifferenzierten Subfeldern mit je eigenen Dynamiken. Das macht in der Folge eine methodische Differenzierung erforderlich, die das Untersuchungsfeld genauer zu bestimmen hilft.

Im 7. Kapitel werden die Erwerbsfelder *Kommunikationsdesign* und *Modedesign* exemplarisch für die Designbranche und empirisch vergleichend betrachtet. Im Falle von Kommunikationsdesign handelt es sich um eine künstlerisch-kreative Arbeit, die sich als ein Residuum der Werbebrache entwickelt hat, mittlerweile aber als ein eigenständiges soziales Feld zu betrachten ist (vgl. Koppetsch 2006a+b; Krämer 2014). Modearbeit hingegen beruht auf einer kunsthandwerklichen Arbeit. Genealogisch ist sie den traditionellen Künsten näher als Kommunikationsdesign (Reckwitz 2012). Dies gilt insbesondere für den Beginn der modespezifischen Wertschöpfungskette, der in dieser Studie betrachtet wird: das Modedesign. Wodurch sich allerdings die Arbeit von Modedesigner_innen auszeichnet und unter welchen Arbeits- und Produktionsbedingungen in der kleinteilig organisierten Modebranche Berlins gearbeitet wird, ist bislang eine wissenschaftliche Forschungslücke. Es existieren kaum belastbare Makrodaten über die Verfasstheit ihrer Beschäftigungsverhältnisse und bislang keine deutschsprachige Untersuchung, die sich mit diesem Erwerbsfeld aus einer arbeits- und ungleichheitssoziologischen Perspektive befasst. Zur Schließung dieser Wissenslücke möchte diese Untersuchung beitragen.

In Kapitel 8 werden die Arbeits- und Sozialverhältnisse der Designbranche in Form von vier exemplarischen, typologischen Einzelporträts von Designer_innen analysiert (vgl. Bude 2007). Ziel dieser methodischen Darstellung der Befunde ist es, Besonderheiten der Arbeits- und Produktionsbedingungen in den beiden exemplarisch herangezogenen Feldern der Designbranche heraus zu arbeiten und die Felderfahrungen von freiberuflichen Designer_innen in den Vordergrund zu stellen. Diese Porträts geben Auskunft über konkrete Handlungsorientierungen sowie die Arbeitsweise und -organisation der Akteur_innen, ihre Stellung im Feld, welche Faktoren und lebensweltlichen Umstände ihre sozioökonomische Lage determinieren und wie sich ihre Einstellung zu sozialen Sicherungsinstitutionen und Interessenverbänden darstellt. Diese grundlegenden Fragen sind ebenso zu erhellen wie etwa auch die Frage, ob Kommunikations- und Modedesigner_innen ihre Arbeit eher ökonomisch oder kulturell-symbolisch rationalisieren und nach welchen Kriterien ihre Positionierungstrategien im Feld dekliniert sind. Praxisbezogen formuliert: Können Designer_innen von ihrer Arbeit leben und wenn ja, wie? Anhaltspunkte dazu liefert diese Studie.

Kapitel 9 reflektiert die Designbranche zunächst unter den Aspekten ihrer Beschäftigungslogiken und arbeitspolitischen Strukturmerkmale. Es wird das Deutungsangebot formuliert, dass es sich um eine *Zwitterbranche zwischen wirtschaftlicher Warenproduktion und künstlerischer Symbolökonomie* mit je feldspezifischen Logiken handelt (Kap. 9.1). Weiter werden die in Kap. 7 destillierten Fallogiken als Ausdruck dieser Feldlogik verstanden und zu hybriden Erwerbsstrategien auf einem Kontinuum zwischen einem *Rückzug auf den künstlerischen Wert von Arbeit* und einer *Praxis entzauberte Arbeit* angeordnet und verdichtet (Kap. 9.2), im Kontext des Lebenszusammenhangs betrachtet (Kap. 9.3) und schließlich die Suche nach sozialstrukturellen Zwischenräumen als ein wesentliches Interesse der Akteur_innen interpretiert (Kap. 9.4).

Kapitel 10 resümiert die Befunde und zielt auf empirisch fundierte Anregungen für ein vertieftes Verständnis des Untersuchungsgegenstandes ab. Im Mittelpunkt steht der Befund einer hybriden Status-Arbeit, ihre empirischen Konturen und sozialstrukturellen Implikationen. Diese werden sowohl aus arbeits- und industriesoziologischer wie auch aus einer ungleichheitssoziologischen Perspektive reflektiert. Darüber hinaus wird der Streit um das gegenwärtige Subjektideal der Arbeitsgesellschaft in seinen unterschiedlichen Vorreiterthesen resümierend aufgegriffen und zu den Befunden dieser Studie ins Verhältnis gesetzt. Abzuwägen ist außerdem, inwieweit der Erklärungswert der vorliegenden Deutungsangebote für die nachfolgend zu entfaltenden empirischen Befunde möglicherweise darin liegen könnte, punktuell an sie anzuknüpfen, sie insofern zu relativieren, um sie für empirisch fundierte Analysen aufzuschließen. Denn dies scheint die Voraussetzung dafür zu sein, nicht nur Spielarten von (Selbst-)Unterwerfung, sondern auch von Entunterwerfung wahrzunehmen.

# Untersuchungsrahmen

## 2. Künstlerisch-kreative Arbeit im arbeitsgesellschaftlichen Strukturwandel

Der arbeitsgesellschaftliche Strukturwandel ist durch eine uneinheitliche und vielgestaltige Dynamik gekennzeichnet.[1] Weitgehende Einigkeit herrscht allerdings darin, dass wir es mit einem fundamentalen gesellschaftlichen Umbruch zu tun haben, der bisweilen als Übergang zu einer kapitalistischen Arbeitsgesellschaft »neuen Typs« bezeichnet wird (Dörre/Lessenich/Rosa 2009). Diese Arbeitsgesellschaft neuen Typs zeichnet sich unter anderem durch eine flexibilisierte Produktionsweise, durch die Deregulierung von arbeits- und sozialrechtlichen Standards sowie durch eine allgemeine Verschärfung sozialer Ungleichheiten aus, die sich nicht zuletzt durch eine Verfestigung von Armutslagen sowie durch eine Statusverunsicherung weiter Teile der Mittelschicht vermittelt (vgl. z.B. Boltanski/Chiapello 2003; Bourdieu 2004; Burzan/Berger 2010; Castel 2000, 2009; Castel/Dörre 2009; Lohr/Nickel 2005; Mau 2012).

Vor diesem Hintergrund werden in diesem Kapitel zeitdiagnostische Perspektiven auf den Untersuchungsgegenstand diskutiert sowie konzeptuelle Überlegungen für die empirische Analyse angestellt. Hilfreich ist es hierfür zunächst einen kurzen, sozialhistorischen Blick auf künstlerisch-kreative Arbeit zu werfen. Denn wie sich noch zeigen wird, ist die Sozialfigur des modernen Künstlers etwa bei der diskursiven Konstruktion der Kultur- und Kreativwirtschaft (KuK) sowie bei der wohlfahrtsstaatlichen Rahmung von künstlerisch-kreativer Arbeit ein zentraler Referenzpunkt. In groben Strichen wird daher die soziale Lage von Künstlern in der Arbeitsgesellschaft des ausgehenden 19. Jahrhunderts skizziert (Kap. 2.2). In Kap. 2.3 wird die Frage diskutiert, warum seit den 1970er Jahren immer mehr Menschen künstlerisch-kreativ arbeiten wollen und auf welche sozialstrukturellen Dynamiken diese soziale Tatsache

---

[1] | Für einen Überblick der arbeitsgesellschaftlichen Umbrüche vgl. z.B. Loacker 2010; Kraemer 2014 sowie umfassend die Beiträge im »Handbuch Arbeitssoziologie«, das im Jahr 2010 von Voß/Böhle/Wachtler herausgegeben wurde.

verweist. Denn bis in die 1960er Jahre hinein war künstlerisch-kreative Arbeit nur für ausgewählte soziale Kreise attraktiv. Spätestens ab den 1970er Jahren veränderte sich das. Im Horizont von wegweisenden, gesellschaftlichen Wandlungsprozessen wurde künstlerisch-kreative Arbeit zunehmend nicht mehr nur in sozial vergleichsweise eingegrenzten Milieus praktiziert. Vielmehr entwickelte sie eine weitreichende Anziehungskraft. Als Lebens-, Arbeits- und als Selbstverwirklichungsmodell sowie als Gegenentwurf zu einer festangestellten Tätigkeit mit entfremdeter Arbeit. Das gilt bis heute. Und zwar, obwohl seit den 1980er Jahren »Probleme der Knappheit, der Unsicherheit und der Flexibilisierung« (Müller 2012: 210) vermehrt auftreten. Ausgelotet wird daher im anschließenden Abschnitt, welche theoretischen und zeitdiagnostischen Anknüpfungspunkte die Diskussionen um die Prekarisierung der Arbeitsgesellschaft bieten, um den jüngeren Wandel von künstlerisch-kreativer Arbeit zu verstehen. Dabei wird hier ein Begriff von Prekarisierung favorisiert, der in Anlehnung an die wegweisende Studie von Robert Castel (2000) sowie etwa an Oliver Marchart (2013) davon ausgeht, dass es sich dabei nicht allein um die Ausbreitung von prekärer Arbeit und damit verbundener Verunsicherungen auch der sozialen Absicherung handelt. Wird hier von Prekarisierung gesprochen, dann auch über eine gesellschaftliche Ära, die sich durch den Abschied von den drei zentralen Legitimationsnarrativen auszeichnet, von denen die industriegesellschaftlich geprägte Arbeitsgesellschaft der 1950er bis 1970er Jahre gekennzeichnet war; nämlich materieller Wohlstand, soziale Sicherheit und Teilhabe nach dem Motto »Wohlstand für Alle« sowie soziale Aufstiegsoptionen. Gerahmt von einer zunehmenden, sozialen Polarisierung und einer verstärkten Spaltung der Gesellschaft (und damit auch einer zunehmenden vertikalen Strukturierung des sozialen Raums) unterliegen die allgemeinen Vergesellschaftungsmodi und die gesellschaftlichen Positionierungsprozesse der sozialen Gruppen einer zunehmenden Unsicherheit, wodurch Erwerbsarbeit und die Lebensführung durch Arbeit (Müller 2005) eine individuelle sowie gesamtgesellschaftliche Aufwertung erfährt. Wie sich diese Prozesse in künstlerisch-kreativen Erwerbsfeldern artikulieren, ist Gegenstand von Kap. 2.4

Danach wechseln wir die Beobachtungsebene und versuchen uns in Kap. 2.5 – zunächst theoretisch – ein Bild von den arbeitsethisch-moralischen Grundlagen zu machen, auf denen Akteur_innen künstlerisch-kreativer Erwerbsfelder agieren. Gegenstand dieses Unterkapitels ist die Frage oder vielmehr der über die wissenschaftlichen Grenzen hinaus verbreitete Diskurs[2],

---

2 | Unter »Diskurs« wird im Folgenden eine (wissenschaftliche) Sprechpraxis und ihr Beitrag zur kollektiven Sinnproduktion verstanden. Es geht darum, wie gesellschaftliche Phänome (als wissenschaftlicher Untersuchungsgegenstand) definiert werden und wie ihnen ein übergreifender Sinn verliehen wird, indem ein bestimmtes Thema verhan-

dass Künstler und Kreative Komplizen des neuen, flexiblen Kapitalismus[3] sind. Erörtert wird, auf welcher theoretischen Basis diese Annahme beruht, welche Anknüpfungspunkte, aber auch Engführungen sie birgt und welche Schlüsse für das weitere Vorgehen daraus gezogen werden. Doch im nächsten Schritt erfolgt zunächst eine begriffstheoretische Annäherung an das Untersuchungsfeld (Kap. 2.1).

## 2.1 WAS IST KÜNSTLERISCH-KREATIVE ARBEIT?

In vielen Diskussionen innerhalb wie außerhalb der Wissenschaft wird künstlerisch-kreative Arbeit ein prototypischer Charakter für künftige Arbeits- und Erwerbsformen zugeschrieben, weil sie (a) Eigenschaften aufweise, die auf künftigen Arbeitsmärkten als relevant betrachtet werden, wie ein überdurchschnittlich hoher Bildungsgrad, Flexibilität, die Bereitschaft zur Weiterbildung, eine hohe Arbeitsmotivation, die finanzielle Einschränkungen zugunsten einer intrinsischen Motivation hinnimmt (vgl. Menger 1999); (b) weil auf

---

delt und dieser Sinn als Bezugspunkt für den Fortgang der (wissenschaftlichen) Diskussion angesehen wird. Diskurse bestehen nicht aus einem einzelnen Text, sondern aus einem Ensemble von Texten, die in Beziehung zueinander stehen und sich zu spezifischen Diskursformationen verschränken. Diskursive Formationen erzeugen somit die Gegenstände, die sie behandeln. Sie sind Gegenstand von Deutungskonflikten, weil in und mit ihnen Deutungsvorgaben für politische und soziale Ereignis- und Handlungszusammenhänge produziert werden, die darüber entscheiden, wie diese Ereignis- und Handlungszusammenhänge wahrgenommen und bewertet werden (vgl. Schwab-Trapp 2006: 264ff.).
3 | In Anlehnung an Weber (1988: 4) wird ein kapitalistischer Wirtschaftsakt als ein renditeorientierter Tauschakt im Rahmen (formell) friedlicher Erwerbschancen begriffen, der nach Schumpeter (2005) einem permanenten Innovationsdruck unterliegt und insofern als ein unstillbarer Prozess der wirtschaftlichen Profitmaximierung (Boltanski/Chiapello 2003: 39) zu verstehen ist. Zentrale Eigenschaften sind demnach Profitorientierung, Lohnarbeit, Konkurrenz (ebd.: 39ff, 2010: 18; vgl. auch Dörre/Lessenich/Rosa (2009)). Kocka (2013) definiert Kapitalismus anhand von drei Aspekten. 1. Er beruht auf individuellen Eigentumsrechten und dezentralen Entscheidungen, 2. Die Koordinierung der wirtschaftlichen Akteure findet über Märkte, Preise, Wettbewerb und Zusammenarbeit statt, 3. Kapitalistisches Wirtschaften impliziert die Reinvestition von Erträgen in der Gegenwart im Streben nach Vorteilen in der Zukunft. In sozialer Hinsicht seien einerseits die Beziehungen zwischen Kapital und Arbeit durch Tauschbeziehungen nach Marktprinzipien sowie durch ein asymmetrisches Herrschaftsverhältnis geprägt. Andererseits zeichne sich der Kapitalismus durch einen systematisch ausgreifenden Charakter in andere gesellschaftliche Bereiche aus (ebd.: 20ff.).

Künstlerarbeitsmärkten »selbstbestimmte Eigenarbeit« (Haak/Schmidt 1999: 2) besonders ausgeprägt ist. Diese subjektiven Faktoren würden das »Funktionieren« des flexiblen Erwerbsmodells im Kulturbereich überhaupt erst ermöglichen (Betzelt 2006: 3). Was darüber hinaus jedoch als künstlerisch-kreative Arbeit gilt, ist weder theoretisch noch statistisch klar abgegrenzt.

Da man jedoch keine wissenschaftliche Analyse vornehmen kann, ohne zunächst das behandelte Problem in Begriffe zu fassen, soll hier eine klärende Annäherung an den Gegenstand vorgenommen werden. Damit wird nicht der Anspruch erhoben, eine letztgültige Definition von künstlerisch-kreativer Arbeit zu formulieren. Vielmehr sollen die folgenden Ausführungen einer ersten, begrifflichen Annäherung an den Untersuchungsgegenstand dienen. Allerdings ist der zu behandelnde Gegenstand nicht das einzige Kriterium für die Begriffsbildung, da er sich mit seiner zeitgeschichtlichen Einbettung verändert, also einem sozialen Wandel unterliegt. Im Hinblick auf künstlerisch-kreative Arbeit war dieser soziale Wandel in den vergangenen Jahrzehnten beträchtlich, wie in diesem einführenden Überblick deutlich werden soll. Verschiedene Traditionen, nationalspezifische Kulturverständnisse und deren Gestaltveränderungen spielen hierbei eine Rolle. In der sozialen Bedeutungszuschreibung an künstlerisch-kreative Arbeit zeigt sich aber auch die für diese Begriffsklärung vorrangig interessante Frage. Seit wann gilt künstlerisch-kreative Arbeit überhaupt als (Erwerbs)Arbeit?

### 2.1.1 Eine Arbeitsdefinition

In dieser Studie liegt der Fokus auf künstlerisch-kreativer Arbeit, die als Erwerbsarbeit fungiert. Im Folgenden wird also jene künstlerisch-kreative Arbeit betrachtet, die auf einer zu Erwerbszwecken erbrachte und auf dem Markt zum Tausch angebotene Arbeitsleistung beruht, sei es in Form eines Produkts oder einer Dienstleistung, und mit der ein Einkommen erzielt wird, das dem Lebensunterhalt dient (vgl. Kocka 2001: 10). In Bezug auf die feldspezifische Kategorisierung der empirischen Untersuchung im engeren Sinne steht jene künstlerisch-kreative Arbeit im Fokus, die nach dem Mikrozensus als sonstige Kulturberufe klassifiziert wird und insbesondere die der angewandten Bildenden Kunst zugehörige Designbranche (vgl. Söndermann 2012).

Diese Felder sind hier von vorrangigem Interesse, weil sich an deren Beispiel der in allgemeine, arbeitsgesellschaftliche Transformationsdynamiken eingewobene Strukturwandel von künstlerisch-kreativer Arbeit sehr gut und auf unterschiedlichen Ebenen nachvollziehen lässt, wie im weiteren Verlauf deutlich werden soll.

## Ein instrumenteller und intuitiver Arbeitsprozess

Neben einer instrumentellen Prägung umschließt die folgende Betrachtung Arbeitsprozesse, die auf einer künstlerischen Verausgabung der subjektiven Arbeitskraft beruhen. Ihre Bestandteile sind stets instrumenteller und rationaler Art, enthalten aber auch intuitive und expressive Aspekte (vgl. Hauskeller 1998: 63ff.; Reckwitz 2012: 20ff.). Folglich ist bei der Analyse von künstlerisch-kreativer Arbeit analog zum erweiterten Arbeitsbegriff in Anlehnung an Böhle (2010a) zwischen einem instrumentellen Arbeitshandeln (was wird getan ...) und einer ideellen, arbeitsethischen Ebene (... und wie wird das getan?) zu unterscheiden. So kann man im Kern zwar von einer instrumentell-gegenstandsbezogenen Arbeitspraxis ausgehen, doch an die Stelle eines vereinseitigenden Dualismus, wonach jedwedes intuitive Handeln nicht als Arbeit gelte, tritt ein Sowohl-als-auch: Arbeit ist planmäßig-instrumentell *und* intuitiv. Dies gilt insbesondere im Falle von künstlerisch-kreativer Arbeit. »Intuitiv« meint hier jedoch nicht einfach emotional gesteuert. »Intuition« bezieht sich vielmehr auf »eine aktive, geistige Formung eines Stoffes« (Hauskeller 1998: 65), die zweckgerichtet erfolgt und sich praktisch zu einem expressiven Ausdruck, dem Arbeitsprodukt verdichtet (vgl. Böhle 2010a: 170; vgl. Krämer 2014).[4]

## Ein heterogener Arbeitsmarkt

Schulz/Zimmermann/Hufnagel (2013) weisen in ihrer empirischen Bestandsaufnahme zum »Arbeitsmarkt Kultur« darauf hin, dass es sich dabei um mehr als um einen Arbeitsmarkt für Künstler handelt. Denn er umfasst äußerst unterschiedliche Branchen, Rechtsformen, Ausbildungen und Beschäftigungsverhältnisse (ebd.: 328). Ausgehend von den vier klassischen Disziplinen Wort, Musik, Darstellende und Bildende Kunst schlagen sie vor, zwischen der im engeren Sinne künstlerischen Arbeit und den künstlerischen Berufen auf der einen Seite und denjenigen Beschäftigten auf der anderen Seite zu unterscheiden, die Kunst und Kultur lehren, vermitteln, verkaufen, verbreiten. Dieser Definition von primären und sekundären Kulturberufen (Betzelt 2006) folgend, steht im Fokus dieser Studie jene künstlerisch-kreative Arbeit, die sich

---

4 | Die Differenzierung nach zwei Formen des Arbeitshandelns folgt im Wesentlichen der Entwicklungslinie der Arbeits- und Industriesoziologie zur Bestimmung des Arbeitsbegriffs. Während bis in die 1980er Jahre eine Definition von Arbeit als ein instrumentell-gegenstandsbezogenes und planmäßig-rationales Handeln vorherrscht, wird seit den späten 1980er, frühen 1990er Jahren eine Debatte um einen erweiterten Arbeitsbegriff geführt, welcher über die bisherige Abgrenzung von Arbeit hinausgeht. Neu aufkommende Tätigkeitsformen wie situatives, subjektiviertes oder auch kooperatives Arbeitshandeln, sowie die steigende Relevanz von Erfahrungswissen und Sinnlichkeit finden ihre Berücksichtigung in einem erweiterten Arbeitsbegriff (Stichwort »Subjektivierung von Arbeit«; vgl. z.B. Baethge 1994; Böhle 2010a; Kleemann/Voß 2010).

dem Grunde nach einer der vier klassischen Disziplinen zuordnen lässt, und die sich mit der Schaffung sowie Produktion von kulturellen/kreativen Gütern sowie Dienstleistungen zu erwerbswirtschaftlichen Zwecken befasst. So wird im Folgenden mit einer Minimaldefinition von künstlerisch-kreativer Arbeit in Anlehnung an die Definition des Künstlersozialversicherungsgesetzes operiert (§ 2 KSVG). Als künstlerisch-kreative Erwerbsfelder werden darüber hinaus im Folgenden jene Bereiche von künstlerisch-kreativer Arbeit eingeschlossen, die auf der Berufsklassifikation des Mikrozensus« beruhen und die künstlerischen Kulturberufe, die publizistischen Kulturberufe und die weiteren Kulturberufe einschließen (Söndermann 2012: 26).[5]

**Ungewisse soziale Verlaufsbahnen**
Betrachtet man nun künstlerisch-kreative Arbeit aus einer Perspektive arbeitssoziologischer Ungleichheitstheorie und versucht sie sozialstrukturell zu verorten, fällt zuerst ins Auge, dass sie in einem sozialstrukturellen Zwischenraum (Castel 2000) und somit in einer »Ungewissheitszone« (Bourdieu 1987: 249) siedelt. Vergleichsweise unberührt von einer institutionellen sowie organisatorischen Infrastruktur zeichnen sich ihre Felder durch fließende und weitgehend offene Grenzen mit schwer vorhersagbaren sozialen Verlaufsbahnen aus. Sie haben sich als eine Zone des sozialen Raums entwickelt, in der die beteiligten Akteur_innen unter Bedingungen großer sozialer und ökonomischer Unsicherheit um die verfügbaren Güter und Positionen ringen (vgl. ebd.: 195ff.). Ganz allgemein handelt es sich dabei »um einen jener unsicheren Orte im sozialen Raum [...], die unscharf umrissene, eher auszubildende als bereits ausgebildete, gleichzeitig äußerst dehnbare und wenig anspruchsvolle, auch [...] mit sehr unsicherer und außerordentlich gestreuter Zukunft ausgestattete Posten bietet« (Bourdieu 1997a: 62).

Obgleich viele Künstler traditionell aus bürgerlichen Familien stammen, ist deren soziale Lage »positional ungenau festgelegt, [sodass sie, A.M.] *innerhalb der Sozialstruktur* gewissermaßen *zwischen den Stühlen* sitzen.« (Bourdieu 1987: 191f., H.i.O.).[6] Deren sozialräumliche Platzierung beruht daher auf einer qua sozialer Herkunft in der Regel prestigeträchtigen und im Bourdieu'schen

---

**5** | Nach Söndermann (2012) umfassen die *künstlerischen Kulturberufe:* Musiker/innen, darstellende Künstler/innen, bildende Künstler/innen, Film-/Fernsehkünstler/innen, Fotografen/innen und Artisten/innen; die *publizistischen Kulturberufe* umschließen Publizisten/innen, Dolmetscher-/Übersetzer/innen und Bibliothekare/Museumsfachleute; die *weiteren Kulturberufe* sind Architekten/innen, Werbefachleute, Lehrer/innen für musische Fächer, Geisteswissenschaftler/innen sowie ausgewählte handwerkliche Kulturberufe (ebd.: 26).
**6** | Ein weiteres Spezifikum von Ungewissheitszonen erkennt Bourdieu in den Eigenschaften ihrer Akteure. Diese seien, was etwa das Herkunftsmilieu sowie den Bildungs-

Sinne (Bourdieu 1983) kapitalstarken sozialen Verortung, auf einem hohen, wenngleich ambivalent unterlegten, sozialen Status, der sich gleichsam als ein Zustand der sozialen Verwundbarkeit und insofern sozial unsicheren, da symbolisch verschleierten Platz in der Sozialstruktur artikuliert (vgl. Castel 2000: 12). Macht die Situierung in einem sozialstrukturellen Zwischenraum ihre Akteur_innen einerseits sozial verwundbar, bietet sie andererseits gewisse Spielräume, um dessen wenig abgegrenzte und gering abgesicherte, dafür jedoch vergleichsweise »offene« soziale Posten nach Maßgabe subjektiver Interessen zu gestalten.

Wie nachfolgend deutlich werden soll, entspinnt sich die soziale Verortung in einem sozialstrukturellen Zwischenraum bis in die heutige Zeit, während sich die sozialstrukturelle Zusammensetzung seines Personals im Verlaufe der Zeit verändert. Denn ein wesentliches Kennzeichen des Strukturwandels von künstlerisch-kreativer Arbeit ist, dass insbesondere in jenen Kulturberufen, die landläufig als »kreativ« bezeichnet werden, nicht mehr in erster Linie sozial hochstehende »Bürgerkinder« aufeinander treffen. Es findet sich dort vielmehr ein Kaleidoskop der sozialen Mitte zusammen, das sich vornehmlich aus Kindern der sozialen Aufsteigermilieus der 1960er und 1970er Jahre rekrutiert.

### 2.1.2 (K)ein Gegenstand soziologischer Forschung

Dass künstlerisch-kreative Arbeit zu einem Gegenstand der soziologischen Forschung geworden ist, ist angesichts ihres jüngsten, gesellschaftlichen Bedeutungsgewinns einerseits nicht verwunderlich. Andererseits handelt es sich dabei um ein relativ neues Phänomen. Noch in den 1960er Jahren handelte es sich um eine Erwerbsnische. Bevölkert wurde sie von »wahren« Künstlern, denen ein gesellschaftskritischer Habitus und bald auch eine kulturzersetzende, die bürgerlich-protestantische Ethik zerstörende Wirkung unterstellt wurde, sofern ihnen überhaupt soziologische Aufmerksamkeit zuteil wurde (vgl. Adorno/Horkheimer 1969; Bell 1991).

**Künstlerisch-kreative Arbeit als kontemplativer Schonraum**
In der erblühenden, modernen Arbeitsgesellschaft des 19. Jahrhunderts wurde künstlerisch-kreative Arbeit vielfach als kontemplativer Schonraum verstanden, der kommerziellen Zwängen enthoben zu sein schien (Ruppert 1998). Entsprechend der spezifisch deutschen, geisteswissenschaftlichen Tradition wurden Kultur und Wirtschaft als funktional differenzierte Sphären betrachtet (Wiesand 2006). Das idealistische Konzept von Originalität betrachtete das

---

grad betrifft, auf der vertikalen Achse des sozialen Raumes relativ weit oben zu verorten (Bourdieu 1987: 248f.).

Kunstwerk als höchst subjektiven Ausdruck seines Autors und schrieb ihm höhere Weihen einer künstlerischen Aura zu (Benjamin 1936). Diese quasi religiöse Sichtweise auf künstlerisch-kreative Arbeit wurzelt in ihrem Verständnis als Talentberuf, das sich im 19. Jahrhundert verfestigte. Deren Erzeugnisse würden von einem Genie geschaffen und sollten das Gemüt der geneigten Rezipienten des Bürgertums beleben (Hauskeller 1998: 33ff.; Kris/Kurz 1995: 125ff.).

Analog einer sozialen Konstruktion von künstlerisch-kreativer Arbeit zum Zweck der schöngeistigen Erbauung wurde diese im lange auf die Arbeiterfrage konzentrierten Wohlfahrtsstaat Bismarck'scher Prägung nicht von den allgemeinen Strukturen wohlfahrtsstaatlicher Regulierung erfasst (Müller-Jentsch 2005). Im Artikel 5 des nach dem zweiten Weltkrieg geschaffenen Grundgesetzes der Bundesrepublik Deutschland wurde indes die Freiheit der Kunst festgelegt. Diese verfassungspolitisch garantierte Freiheit war nicht zuletzt eine Antwort auf den politischen Missbrauch der Künste und Künstler durch das NS-Regime. Im Nachkriegsdeutschland etablierte sich somit ein Paradigma staatlicher Enthaltsamkeit gegenüber den Künsten. Dieses Paradigma bestimmte bis in die 1960er Jahre die politische Auffassung von künstlerisch-kreativer Arbeit (Manske/Schnell 2010: 701; vgl. Göschel 1997; Schnell 2007).

**Künstlerisch-kreative Arbeit als sozialpolitisch regulierungsbedürftiges Feld**

Im Kontext des sorgenden Wohlfahrtsstaates (Vogel 2009) veränderte sich seit den 1960er Jahren die politische Perspektive auf künstlerisch-kreative Arbeit. In den 1970er Jahren setzte sich schließlich die Auffassung durch, dass auch diese als Erwerbsarbeit zu betrachten sei. Die in der ersten Hälfte der 1970er Jahre erschienenen Künstlerreporte gaben erstmals einen empirisch fundierten Einblick in die sozioökonomische Lage ihrer Akteur_innen (Fohrbeck/Wiesand 1972, 1975). Sie untermauerten eine Perspektive, die von der Sorge um deren soziales Auskommen getragen war. In dieser Zeit wurde erstmals die soziale Frage im Zusammenhang mit künstlerisch-kreativer Arbeit zu einem gesellschaftspolitischen Thema. Somit rückten soziale Absicherungsfragen in den Fokus, zu differenzieren nach Stellung im Produktionsprozess, Interessenvertretung, Existenzsicherung (vgl. Kaufmann 2003: 262f.). Die Künstlerreporte rundeten folglich einen arbeitsgesellschaftlichen Diskurs empirisch ab, demzufolge allgemein Kulturschaffende als schutzbedürftige soziale Gruppe anzusehen seien. Ihren vorläufigen Höhepunkt fand diese Entwicklung 1981 mit dem Künstlersozialversicherungsgesetz (KSVG) und mit der Einführung der Künstlersozialkasse (KSK) im Jahr 1983 (Schnell 2007). Die KSK sichert seitdem freiberuflich tätige Akteur_innen künstlerisch-kreativer Erwerbsfelder sozial ab, wenn auch nicht im gleichen Ausmaß wie abhängig Beschäftigte

(Gottschall/Schnell 2000). Zudem wurde im Kontext damaliger, sozialräumlicher Öffnungsprozesse (vgl. Vester et al. 2001: 65ff.) auch der Künstlerbegriff auf Kulturschaffende erweitert bzw. prägte sich unter dem Eindruck des Wandels zur Dienstleistungsgesellschaft (Fourastié 1954; vgl. Häußermann/Siebel 1995) der Begriff »Kulturdienstleister« aus. Neben den traditionellen Kunstformen Wort, Musik, Darstellende Kunst und Bildende Kunst (Haak 2008: 11), wurden fortan auch anverwandte Bereiche wie z.b. publizistische Berufe oder Bereiche der angewandten Bildenden Kunst als künstlerisch-kreative Arbeit gefasst (Haak/Schmid 1999).

## Die Krise der Arbeitsgesellschaft als Katalysator wissenschaftlicher Neugierde

In der deutschsprachigen, arbeits- und industriesoziologischen Diskussion wurde der »Arbeitsmarkt Kultur« (Schulz/Zimmermann/Hufnagel 2013; Stooß 1999) bis in die 1980er Jahre und entsprechend deren Schwerpunktsetzung auf »Lohnarbeit im kapitalistischen Betrieb« (Voß 2010: 30) nicht als Arbeit im industriegesellschaftlichen Sinne betrachtet. Künstlerisch-kreative Arbeit wurde in der idealistischen Tradition der romantischen Künste verortet (vgl. ebd: 28ff.). Erst die Diskussionen um die Krise und um den Strukturwandel der Arbeitsgesellschaft seit den 1980er Jahren (Dahrendorf 1983; Beck 1983) haben seit den 1990er Jahren ein breiteres Forschungsinteresse an künstlerisch-kreativer Arbeit geweckt. Gesellschaftlich eingebettet ist es in die Zeitdiagnose, dass sich die sozialen Sicherheits- und Aufstiegsversprechen der wohlfahrtsstaatlich-fordistisch gerahmten Arbeitsgesellschaft verflüchtigen. Ab Mitte der 1990er Jahre kam vor diesem Hintergrund die Frage auf, inwiefern künstlerisch-kreative Erwerbsfelder ein zukunftsweisendes Erwerbsmodell abgeben. Im Kern lautete die damalige Lesart, dass sich in Künstler-Arbeitsmärkten nicht nur die Probleme des arbeitsgesellschaftlichen Strukturwandels, sondern gleichsam auch nachhaltige Strukturen für die künftige Arbeitsgesellschaft studieren ließen (Haak/Schmid 1999). Anlass dazu gab die Erkenntnis, dass sich in künstlerisch-kreativen Erwerbsfeldern nahezu sämtliche fordistische Transformationsphänomene wie z.B. die Flexibilisierung von Arbeit, neue Verknüpfungsformen von Arbeit und Leben sowie neue und unsichere Arbeits- und Beschäftigungsverhältnisse abzeichnen. Daran anschließend wurde in der Arbeitsmarktforschung zunehmend angenommen, dass sich die Merkmale von Künstlerarbeitsmärkten auch auf andere Arbeitsbereiche und Industrien ausweiten würden (z.B. Haak/Schmid 1991; Haak 2008). Inzwischen gelten künstlerisch-kreative Erwerbsfelder unabhängig von ihrer Bezeichnung als ein Bereich, in dem sich die Abkehr von der fordistischen Produktionslogik und der industriegesellschaftlich geprägten Beschäftigungsform des »Normalarbeitsverhältnisses« in zugespitzter Form beobachten lässt, so beispielsweise Kraemer (2012: 167).

### 2.1.3 Künstlerarbeitsmarkt oder Kultur- und Kreativwirtschaft?

Seit den 1990er Jahren sind eine Reihe von Begriffen und Konzepten im Umlauf, die künstlerisch-kreative Arbeit anders als bis dato rahmen (Wiesand 2006). Seitdem vollzieht sich erneut ein Perspektivwechsel auf künstlerisch-kreative Arbeit; zunächst im politischen Feld, von dort aus aber auch bald in die deutschsprachige, wissenschaftlichen Diskussionen einziehend (Vötsch/Weiskopf 2009; vgl. z.B. Euteneuer 2011; Lange 2007; Mandel 2007). Als Inspirationsquelle dient hierbei die traditionell weniger vom Konzept der Nationalkultur geprägte, angelsächsische Diskussion. In Begriffen wie »Creative Economy« (Howkins 2001), »Creative Industries« (Flew 2002), »Cultural Economy« (Pratt 2004) verschmelzen die Bereiche der Künste mit denen der Kultur- und Medienindustrien. In der deutschen Fassung von »Kultur- und Kreativwirtschaft« tun sie dies analog zur angelsächsisch geprägten Diskussion (vgl. Söndermann 2009a). In diesem Konzept werden beispielhaft die bislang getrennt betrachteten Sphären Kunst und Kultur mit wirtschaftspolitischen Fragen verknüpft (Hartley 2007: 6).

In der politischen Berichterstattung gelten als Kultur- und Kreativwirtschaft »diejenigen Kultur- bzw. Kreativunternehmen, [...] welche überwiegend erwerbswirtschaftlich orientiert sind und sich mit der Schaffung, Produktion, Verteilung und/oder medialen Verbreitung von kulturellen/kreativen Gütern und Dienstleistungen befassen« (Enquete-Bericht 2007: 340ff.). Ein zentrales Merkmal der gängigen Definitionen und Abgrenzungen wird darin gesehen, dass die darin laut Enquete-Bericht (2007) zugrunde gelegten elf Teilbereiche außerordentlich heterogene Branchen und Tätigkeiten zusammenfassen, so etwa Rosemann/Koch (2012: 7; vgl. auch Mundelius 2009). Dominiert von sogenannten »Einzel- und Kleinstunternehmen« wird im Bericht über die volkswirtschaftlichen Potenziale der KuK der Bundesregierung aus dem Jahr 2009 angenommen, dass solche Arbeitsorganisationsformen besonders innovativ, dynamisch und anpassungsfähig seien (vgl. Söndermann 2009a: 28f.).

**Abgrenzungskriterien zwischen Arbeitsmarktsegmenten, Berufsgruppen und Branchen**

Ob indes von Künstlerarbeitsmärkten (Haak 2008), Kulturberufen (Söndermann 2012; Schulz/Zimmermann/Hufnagel 2013) oder von der Kultur- und Kreativwirtschaft (Enquete-Bericht 2007; Söndermann 2009a) gesprochen wird, ist kein Problem von Abgrenzungskriterien zwischen Arbeitsmarktsegmenten, Berufsgruppen oder Branchen. Denn bereits die klassischen Künste umschließen sehr unterschiedliche Felder mit je eigenen Branchenlogiken in Bezug auf Eintrittsbarrieren, Institutionalisierungsgrad, Verdienstchancen etc. So ist etwa der klassischste aller Künstlerberufe, die Bildende Kunst, sehr viel freier organisiert und ein deutlich riskanterer Beruf als etwa die Arbeit im

## 2. Künstlerisch-kreative Arbeit im arbeitsgesellschaftlichen Strukturwandel 45

Rahmen eines klassischen Orchestermusikensembles (vgl. Haak 2008). In Bezug auf die erfassten Berufsgruppen unterscheidet sich die Kultur- und Kreativwirtschaft zudem nicht kategorisch von jenen, die heute als »Kulturberufe« gelten (Söndermann 2012: 26).

Dennoch ist zwischen den verschiedenen künstlerisch-kreativen Tätigkeiten, d.h. zwischen verschiedenen Kulturberufen und ihren Zwecken zu differenzieren. Das zunächst augenfälligste Unterscheidungskriterium ist die Frage, ob die jeweiligen Güter oder Dienstleistungen zum Zwecke ihrer Vermarktung erstellt werden oder ob es sich um marktferne Kunstobjekte handelt. So reklamiert etwa Walther Müller-Jentsch, dass »[a]uthentische Kunstwerke« weder als Ware geplant noch unter dem Aspekt einer profitablen Verwertung produziert würden (Müller-Jentsch 2012b: 277). Zugleich konzediert er, dass das Prinzip eines l'art pour l'art heutzutage immer seltener greife; und zwar nicht nur in Bezug auf die von ihm angeführten internationalen Superstars wie etwa Damien Hirst oder Jeff Koons. Auch weniger erfolgreiche Bildende Künstler produzieren Kunst – korrespondierend mit der zunehmenden Ökonomisierung dieses Kunstfeldes, von der etwa Isabelle Graw (2008) spricht – durchaus auch unter wirtschaftlichen Aspekten, wie etwa die Untersuchung des IFSE (2011) zeigt. Wenngleich die symbolische Anerkennung, d.h. die Statuszuweisung durch Kunstkritiker, Kuratoren etc. seit der Herausbildung des modernen Kunstmarkts ab der zweiten Hälfte des 19. Jahrhunderts sicherlich vor allem in der Bildenden Kunst ein zentraler Maßstab für die Reputation der Einzelnen ist (Ruppert 1998: 78ff.), stellt mittlerweile, wenn nicht von jeher der Dualismus zwischen Kunst und Markt eher eine idealtypische Grenze zwischen den verschiedenen Feldern von künstlerisch-kreativer Arbeit dar (Graw 2008: 314).

Weiter ist zwischen den Tätigkeiten im Hinblick auf ihre Organisationsweisen zu unterscheiden. Hier wird häufig zwischen einer freiwillig gewählten Prekarität jenseits einer betrieblichen Einbindung, etwa von Bildenden Künstler_innen und Schriftsteller_innen, und einer aufgezwungenen Prekarität, etwa bei Projektbeschäftigten der Kulturwirtschaft unterschieden (Müller-Jentsch 2012b). Doch wird diese Unterscheidung angesichts einer zunehmenden Kommodifizierung von künstlerisch-kreativer Arbeit z.B. auch bei Schriftsteller_innen immer dann schwammig, wenn sie sich in ihrer materiellen Not oder aus anderen Gründen dafür entscheiden, sich ausschließlich oder im Rahmen einer Standbein-Spielbein-Strategie etwa als freiberufliche Journalist_innen oder als Drehbuchautor_innen zu verdingen. Wenngleich die Themenwahl etwa bei freiberuflichen Journalist_innen – im Print- sowie auch im Rundfunk- und Fernsehbereich – oftmals deren Entscheidung ist, werden doch Abgabetermine oder Zeichenanzahl bzw. Beitragslänge von außen vorgegeben. Unter diesen Umständen lässt sich nur noch bedingt von einer selbstbestimmten und hierarchiefreien Arbeit sprechen. Allerdings unterscheidet sich die Arbeit von Bildenden Künstler_innen historisch und strukturell deutlich von etwa der Arbeit von Darstellenden Künstler_innen. Während der Beruf des Bildenden Künstlers traditionell auf freiberuflicher Basis ausgeführt wird, haben Schauspieler_innen ihren Beruf (in Deutschland) traditionell in abhängiger Beschäftigung ausgeübt (Haak 2005). Doch insbesondere seit der Privatisierung des öffentlichen Rundfunks (vgl. Marrs 2007; Schnell 2007) und den Rentabilitätsanforderungen an den öffentlichen geförderten Theaterbetrieb ist auch in diesem Feld ein steigender Anteil von freiberuflichen Erwerbsformen sowie von projektbezogenen Arbeitsverhältnissen und somit eine steigende Marktabhängigkeit von Darstellenden Künstler_innen zu verzeichnen (Haak 2005: 6f.; vgl. auch Ebert et al. 2012; Eikhof/Haunschild 2004).

Umgekehrt vermehren sich in vielen per se marktorientierten Feldern, die sich traditionell durch einen hohen Anteil von sozialversicherungspflichtigen Beschäftigungsverhältnissen auszeichnen wie z.B. die Werbebranche, die freiberuflichen Erwerbsverhältnisse; einesteils ist diese Entwicklung neben technologischen Innovationen auf Reorganisationen der Branche und auf die Auslagerung von Tätigkeiten zurückzuführen. Andernteils ist der Trend zu freiberuflicher Arbeit aber auch auf einen Mentalitätswandel und auf den steigenden Wert von selbstbestimmter Arbeit, d.h. im Sinne Webers auf eine stärker wertrational geprägte Arbeitshaltung zurück zu führen, wie in Kap. 2.3 näher auszuführen sein wird. Wie allerdings Haak/Schmid (1999) in ihrer Untersuchung von Künstlerarbeitsmärkten bereits Ende der 1990er Jahre zeigen konnten, gehört ein gewisses wirtschaftliches Handeln im Sinne des Weber'schen zweckrationalen Handelns, das nach Zweck, Mittel und Nebenfolgen orientiert ist, für alle Akteur_innen in künstlerisch-kreativen Erwerbsfeldern zum Anforderungsprofil dazu (vgl. auch Euteneuer 2011).

**Künstlerisch-kreative Arbeit als wirtschaftliche Innovation**
Eine wichtige Referenzgröße für die Konstruktion der und für die Diskussionen über die Kultur- und Kreativwirtschaft ist hierzulande der bereits erwähnte US-Amerikanische Ökonom Richard Florida (Florida 2002). Interessant sind die Ausführungen zur Creative Class für die hier vorliegende Studie, weil Florida zwei soziologisch äußerst relevante Aspekte in den Vordergrund gerückt hat. Zum einen weist er auf Dimensionen des arbeitsgesellschaftlichen Strukturwandels hin, die in einer weitreichenden Transformation des Sozialraums seit den 1960er Jahren begründet sind, wie in Kap. 2.3 näher beleuchtet werden soll. Ein Phänomen dieses sozialen Wandels ist die zunehmende Attraktivität von Kulturberufen im weiten Sinne. Zum anderen hat Florida ein folgen- bzw. einflussreiches Agenda-Setting für die Diskussionen um die wirtschaftlichen Potenziale der Kultur- und Kreativwirtschaft bewirkt und somit unterstrichen, dass sich in diesem expandierenden Bereich ein umfassender

## 2. Künstlerisch-kreative Arbeit im arbeitsgesellschaftlichen Strukturwandel

Wandel von Wirtschaft und Gesellschaft vollzieht (Krämer 2014: 37). Diese Frage wird später an geeigneter Stelle wieder aufgegriffen (Kap. 5.1, 5.2).

Florida hat anschaulich und leicht verständlich gezeigt, dass die künftigen Prosperitätschancen in Städten günstig beeinflusst werden, wenn sie eine hohe Agglomeration der sogenannten »Creative Class« aufweisen. Allerdings betrachtet er nicht künstlerisch-kreative Arbeit im Besonderen. Im Fokus steht vielmehr eine Ökonomie, in der Wertschöpfung über Kreativität stattfindet und diese zum Innovationsfaktor ökonomischer Verhältnisse erklärt (vgl. Bröckling 2007: 152ff.). Die diesen Prozess auslösende soziale Gruppe sei nach Florida eine »Creative Class«, bestehend aus dem »Super Creative Core« wie z.B. Ingenieure, Universitätsprofessoren, Finanzmakler, Schriftsteller und andere »Meinungsmacher« sowie »Creative Professionals«, die in wissensintensiven Wirtschaftsbereichen arbeiten. Als Inspirationsquelle und Zulieferer werden sogenannte »Bohemiens« betrachtet, also Künstler im engeren Sinne (Florida 2002: 68f.). Diese *kreative Klasse*, die im Grunde sämtliche hochqualifizierte Gesellschaftsmitglieder umfasst, würde künftig immer stärker zum wirtschaftlichen Wohlstand einer Gesellschaft beitragen, da von ihnen entscheidende Impulse für das ökonomische Wachstum ausgehen würden. Angesichts der Vielzahl an hochrangigen Berufsgruppen, die Florida betrachtet, kann man seiner Wachstumseinschätzung nur beipflichten. Für eine Eingrenzung des hier zu behandelnden Untersuchungsgegenstandes ist dieser Ansatz jedoch nicht sonderlich hilfreich, weil er auf eine kreative Klasse eher als Synonym und als Oberbegriff für generell »white collar-Berufe«, aber nicht explizit auf künstlerisch-kreative Arbeit fokussiert (Göschel 2007: 41; auch Peck 2005).

Der Perspektivwechsel auf künstlerisch-kreative Arbeit und die (in wirtschaftswissenschaftlich inspirierten Kontexten) gebetsmühlenartige Preisung der innovativen, kultur- und kreativwirtschaftlichen Wirtschaftskraft ist in Teilen schlichtweg ein Deutungseffekt. Er geht aber auch auf realwirtschaftlich steigende, ökonomische Kennziffern des Kultursektors zurück, was wiederum eng an die medialen und technologischen Innovationen der 1990er Jahre gekoppelt ist (Schnell 2007: 2). Seitdem in den 1990er Jahren Kommerzialität und Marktrationalität unabweisbar in den Kultursektor eingewandert sind, findet nicht nur eine Strukturverschiebung, nämlich eine Privatisierung von Teilsektoren der Kulturwirtschaft statt. Zudem führt dieser Kommerzialisierungsprozess – flankiert von einem steigenden Arbeitskräfteangebot – zu einer Zunahme von befristeten, selbständigen und insofern sozial äußerst ungewissen und wirtschaftlich prekären Arbeitsverhältnissen (Manske/Schnell 2010: 706f.).

### Ein Berufstypus der flexiblen Wissensarbeit

Anders als in der wirtschaftwissenschaftlich inspirierten Diskussion wird in der arbeits- und industriesoziologischen Diskussion eher auf die Risikostrukturen dieser Erwerbsfelder hingewiesen (vgl. z.B. Apitzsch/Schiek 2013; Manske/Schnell 2010). Hier wird die Einbindung von künstlerisch-kreativen Erwerbsfeldern in die Arbeitsgesellschaft als eine historisch gewachsene, prekäre Soziallage beschrieben, deretwegen Kulturschaffende nicht umfassend in die für das deutsche Erwerbssystem typische wohlfahrtsstaatliche und arbeitspolitische Sicherungsinstitutionen einbezogen sind (Betzelt 2006: 27).

In ihren Untersuchungen zum sekundären Kulturdienstleistungsbereich[7] erkennt Betzelt (2006) einen neuen Berufstypus der flexiblen Wissensarbeit, der vom Idealtypus der klassischen Professionen wie vom Typus des verberuflichten Arbeitnehmers abweiche (ebd.: 66). Entlang der Unterscheidung von primären und sekundären Kulturberufen identifiziert sie den Typus des »Alleindienstleisters« (Gottschall/Betzelt 2001). Diese neue Berufsform sei von einem institutionellen Regulationsmodus gerahmt, der nicht in korporatistische Strukturen eingebunden und wegen mangelnder Zertifikate wohlfahrtstaatlich nicht eingehegt ist. Dementsprechend sei der Zugang in diese Erwerbsfelder nicht professionell kanalisiert, sodass in ihnen der sogenannte Quereinsteig ein übliches Einmündungsmuster darstellt. Der individuelle Markterfolg hängt folglich auch von der Integration in informelle Netzwerke ab (Haak/Schmid 1999). Die Berufsverläufe seien demzufolge durch erwerbsbiografische Unsicherheit, aber gleichwohl durch kontinuierliche Verlaufsmuster geprägt. Sozialstrukturelle Kennzeichen seien ein überdurchschnittliches Bildungsniveau und eine sozioökonomische Lage, die von schwankenden Einkommen getragen werde. Die damit verbundene marktradikale soziale Lage würden Alleindienstleister durch eine wertrationale Arbeitshaltung kompensieren, die aus einer hohen intrinsischen Berufsmotivation stamme und auf Basis hoher formaler Bildungsqualifikationen die Voraussetzung für eine individuelle Marktbehauptung sei (Betzelt 2006: 66ff.). Ebenso sieht Mandel (2007) einen wesentlichen Grund für den Boom kleiner Kulturunternehmen in den strukturellen Veränderungen des Kulturarbeitsmarktes, der einzelunternehmerisch tätige Kulturunternehmer hervor bringe. Im öffentlichen

---

7 | Betzelt bezieht sich auf eine Klassifizierung zwischen primären und sekundären Kulturberufen, die aus den 1970er Jahren stammt. Damals wurde zwischen Kunstproduktion im engeren Sinne und der dienstleistungsorientierten Vermarktung von Kulturprodukten unterschieden. Vor dem Hintergrund der Expansion von Kreativarbeitsmärkten und veränderter Arbeits- und Produktionsverhältnisse wird die Grenze zwischen primären und sekundären Kulturdienstleistungen zunehmend perforiert, weil z.B. Produktion und Vermarktung kaum mehr arbeitsteilig erstellt werden, sondern zunehmend in einen komplexen Arbeitsprozess konvergieren (Manske/Merkel 2009; Steets 2008).

Kultursektor werden Stellen abgebaut und Aufgaben an externe Dienstleister vergeben. Insgesamt sei eine zunehmende Ökonomisierung und zugleich Professionalisierung des Kultursektors zu beobachten. Ein Mangel an Festanstellungen bei gleichzeitig hohem Bedarf an professionellen Serviceleistungen im Kultursektor fordere selbstständige Tätigkeiten heraus, nicht nur bei arbeitslosen Kulturschaffenden, sondern auch bei jungen Absolventen kultur- und geisteswissenschaftlicher Studiengänge (vgl. Manske/Merkel 2008). Statt sich in ein oft prognostiziertes Arbeitslosenschicksal zu fügen, werden viele Absolventen initiativ und gründen, häufig schon während ihres Studiums, Unternehmungen, in denen sie eigene Ideen verwirklichen und ihr Wissen und ihre Kompetenzen dem Markt anbieten können (Mandel 2007: 8f.).

Obgleich die Akteur_innen dieser (neuen wie alten) künstlerisch-kreativen Erwerbsfelder in der Regel weder den traditionellen Professionen noch dem das Normalarbeitsverhältnis konturierenden Typus des verberuflichten Arbeitnehmers oder den Semi-Professionen wie bspw. den Erziehungsberufen (Krüger 2001) mit institutionellen Regulierungen auf niedrigem Niveau angehören (Schulz/Zimmermann/Hufnagel 2013: 59)[8], werden sie sowohl im wissenschaftlichen als auch im Alltags-Jargon in der Regel als »Freiberufler« bezeichnet. Allerdings ist es nur bedingt richtig sie den freien Berufen zuzuschlagen. Da deren Berufsausübung in der Regel *keinen* »spezifischen berufsrechtlichen Bindungen nach Maßgabe der staatlichen Gesetzgebung oder des von der jeweiligen Berufsvertretung autonom gesetzten Rechts unterliegt, welches die Professionalität, Qualität und das zum Auftraggeber bestehende Vertrauensverhältnis gewährleistet und fortentwickelt« (ebenda), gehören freiberufliche Künstler weder der privilegierten Gruppe der Professionen an noch erhalten sie per se den steuerrechtlich günstigen Status eines Freiberuflers (Gottschall 1999; Vanselow 2001).[9] Vielmehr gelten Free Lancer als formell selbständig, obwohl sie sich »trotz der formellen Selbständigkeit noch in mehr oder minder

---

8 | Definiert man den professionellen Beruf als hochqualifiziert und ständisch eingehegt (vgl. Müller-Jentsch 2012a: 85), dann trifft auf viele, aber nicht auf alle Akteur_innen künstlerisch-kreativer Erwerbsfelder erstes Kriterium zu, da es sich hierbei um akademisch geprägte Milieus handelt. Ständisch eingehegt mit den dazugehörigen Merkmalen professioneller Schließung wie z.B. verkammerte Sozialsicherungssysteme, die ein zweites zentrales Merkmal einer Profession deutschen Zuschnitts darstellen, ist künstlerisch-kreative Arbeit jedoch in der Regel nicht (Gottschall/Betzelt 2003). Müller-Jentsch (2005, 2012a) spricht deshalb von einer prekären Profession.
9 | Auch die Profession Architektur wird in den gängigen Statistiken den Kulturberufen bzw. der Kultur- und Kreativwirtschaft subsumiert (Söndermann 2009a, 2012). Als professionell reguliertes Feld stellt sie allerdings die Ausnahme von der Regel in künstlerisch-kreativen Erwerbsfeldern dar (vgl. dazu Apitzsch 2010).

weitreichender Abhängigkeit vom auftraggebenden Unternehmen befinden« (Voß/Pongratz 1998: 136).

Der Terminus »freiberuflich« ist daher in künstlerisch-kreativen Erwerbsfeldern in der Regel kein Ausdruck für eine professionalisierte Erwerbsarbeit (vgl. Betzelt/Gottschall 2001; Schnell 2007). Er dient eher der Umschreibung für einen sozialen Status, der sich in Kulturfeldern des öffentlichen Rundfunkbereichs seit Mitte der 1970er Jahre ausbreitete, damals noch eine eingeschränkte betriebliche Zugehörigkeit (z.b. durch eine lockere Tarifbindung der Honorare) der freien Mitarbeiter_innen signalisierte, während sich inzwischen der Terminus »frei frei« eingebürgert hat (vgl. Gottschall 1999). Auf diese Weise wurden freie Mitarbeiter_innen auf den formalen Status eines Unternehmers befördert. In Anlehnung an Bührmann/Pongratz (2010: 9) sind darunter all jene Erwerbspersonen zu verstehen, die nicht in einem abhängigen Beschäftigungsverhältnis stehen, sondern in erwerbswirtschaftlicher Absicht und zum Zweck der Existenzsicherung in einem bestimmten Wirtschafts- und Arbeitsfeld agieren, indem sie zu Erwerbs- und Gewinnzwecken auf eigene Rechnung und in eigener Verantwortung Güter oder Dienstleistungen produzieren und sie zu vermarkten suchen. Inwieweit sich damit die von Voß/Pongratz (1998) beschriebenen Abhängigkeiten aufgelöst haben, ist strittig (vgl. Euteneuer 2011).

Festzuhalten ist an dieser Stelle, dass die verschiedenen Formen von künstlerisch-kreativer Arbeit kategorial nicht trennscharf zu unterscheiden sind. Einen zwar groben sowie historisch variablen Anhaltspunkt bietet die (vermeintliche) Gretchenfrage, ob es sich um ein Arbeitsprodukt oder um eine kulturelle Dienstleistung mit Tauschwert, die in kommerzieller Absicht produziert wird und damit einer zweckrationalen Handlungsorientierung unterliegt respektive um ein Kunstwerk handelt, dessen Gebrauchswert nicht kommodifizierbar sei und einer wertrationalen Handlungsorientierung folgt. Zweifellos indes hat sich seit den 1990er Jahren der Trend verstetigt, dass künstlerisch-kreative Arbeit unter den Bedingungen verstärkt marktabhängiger Soziallagen und inzwischen überwiegend im Rahmen selbständiger Erwerbsformen stattfindet: insbesondere in den sonstigen Kulturberufen bildet sich ein neuer Erwerbstypus heraus, der als wirtschaftlich wertvolle Ressource gilt. Denn was in den 1990er Jahren noch nicht derart absehbar war, ist ein deutlicher sozialer Wandel der epistemologischen Einbettung von künstlerisch-kreativer Arbeit (vgl. Manske/Schnell 2010).

### 2.1.4 Kultur- und Kreativwirtschaft oder: »How People make Money from Ideas«

Sprachregelungen und Definitionen tragen immer auch zu einer kollektiven Sinnproduktion bei. Sie definieren den Gegenstand innerhalb eines bestimm-

## 2. Künstlerisch-kreative Arbeit im arbeitsgesellschaftlichen Strukturwandel

ten, begrifflichen Horizonts (vgl. Schwab-Trapp 2006: 264ff.). Im Falle von künstlerisch-kreativer Arbeit sind sie in erster Linie Anhaltspunkte dafür, ob künstlerisch-kreative Arbeit aus einer eher sozialpolitisch unterlegten, eher arbeits- und/oder ungleicheits- sowie kultursoziologischen Perspektive oder aus einer eher wirtschaftswissenschaftlichen Perspektive betrachtet wird.

Als forschungsleitende Annahme für die weitere Analyse ist an dieser Stelle Folgendes festzuhalten. Mit der semantischen Installierung der Kultur- und Kreativwirtschaft gewinnt ein arbeitsgesellschaftlicher Modernisierungsdiskurs an Bedeutung, der die einstmals bürgerliche Idee einer Opposition zwischen Wirtschaft und Kunst in eine strukturelle Wahlverwandtschaft verwandelt. Im Kern geht es darin um die Frage »How People Make Money From Ideas« (Howkins 2001). Auch in den vielen *Kulturwirtschaftsberichten*, die seit den frühen 1990er Jahren regelmäßig erscheinen, findet diese Idee ihren Ausdruck (vgl. exemplarisch Söndermann 2009a). Die dergestalt volks- bzw. betriebswirtschaftliche Sichtweise auf künstlerisch-kreative Arbeit wurzelt in einem gesellschaftlichen Klimawandel, in deren Zuge der Markt zunehmend zu einem Ort der objektiven und subjektiven Wahrheitsbildung wurde (vgl. Foucault 2004: 55).[10] In der gesellschaftskritischen Soziologie wird dies bisweilen unter dem Leitbegriff des »Neoliberalismus« mit dem Etikett einer Markt- und Wettbewerbsgesellschaft belegt sowie als Auswüchse eines flexiblen Kapitalismus diskutiert (z.B. Boltanski/Chiapello 2003; Bourdieu 1998; Dörre/Lessenich/Rosa 2009; Sennett 1998, 2000; Neckel 2002; Neckel/Wagner 2013).

Die verschiedenen Definitionen von künstlerisch-kreativer Arbeit geben insofern Auskunft darüber, welcher übergreifende Sinn ihr zu einem spezifischen Zeitpunkt verliehen wird, in welchem Deutungsrahmen dieser Gegen-

---

**10** | Mit Bourdieu sowie im Anschluss an Georg Simmel (1983) ist davon auszugehen, dass Märkte Orte der sozialen Praxis sind, an denen die Akteure um die Verteilung kultureller, sozialer und ökonomischer Güter bzw. Positionen konkurrieren. Sie bauen insofern auf sozial ungleichen Relationen auf, welche unter den Bedingungen direkter sowie indirekter Konkurrenz ausgefochten werden und auf direktem oder indirektem Wege sozial ungleiche Verhältnisse produzieren. Kurz, strukturell ungleiche Ausgangsbedingungen werden mittels des Wettbewerbs, verstanden im Bourdieu'schen Sinne als Kampf um soziale Stellungen, in ungleiche Leistungen, Positionen und Erträge umgesetzt. Insofern wird hier davon ausgegangen, dass es keinen gleichen oder idealen Markt in den Begriffen der ökonomischen Theorie gibt (Swedberg 2008). Vielmehr handelt es sich bei einem künstlerisch-kreativen Erwerbsfeld um einen Ort wirtschaftlicher, sozialer und kultureller Handlungen und Deutungen, an dem soziale und historisch situierte Akteure über eine feldspezifische und mithin gesellschaftliche Ordnung verhandeln und somit um die Durchsetzung ihrer Interessen und Ideen kämpfen (Foucault 2004; Bourdieu 1987; Swedberg 1994, 2008; vgl. auch Granovetter 1973).

stand verhandelt wird und welcher historisch variable, gesellschaftliche Stellenwert ihm beigemessen wird. Mit anderen Worten erzeugen die jeweiligen Begrifflichkeiten diskursiv das, was jeweils unter künstlerisch-kreativer Arbeit verstanden wird. Sie legen nahe, welche Handlungsvorgaben daraus erwachsen, wie z.b. eher eine sozialpolitische Regulierung in den 1970er Jahren oder die politische Schaffung eines unternehmerischen Rahmens seit den 1990er Jahren. Sie scheinen auch einen Einfluss darauf zu haben, als welche soziale Gestalt Akteur_innen künstlerisch-kreativer Erwerbsfelder klassifiziert werden: ob eher als Repräsentant_innen prekärer Erwerbskonstellationen oder als Vertreter_innen eines dynamischen und innovativen Unternehmergeistes. Zugleich sind die verschiedenen Definitionsversuche ihrerseits ein Ausdruck von Kämpfen um die Deutungshoheit von künstlerisch-kreativer Arbeit. Sie kreisen auf verschiedenen Ebenen um die Frage, was sie im Kern ist.

Am Ende dieser Studie wird es keine eindeutige Antwort auf die Frage geben, was künstlerisch-kreative Arbeit letztgültig ist. Unter Berücksichtigung sich wandelnder, gesellschaftlicher Bedingungen wird vielmehr davon ausgegangen, dass es sich in Bezug auf die Differenzierung nach Tätigkeiten und Arbeitsorganisationsweisen sowohl bei der Kultur- und Kreativwirtschaft als auch bei den Kulturberufen um eine erweiterte Form der klassischen Künstlerarbeitsmärkte handelt, die nicht zuletzt Resultat eines sozialstrukturellen Wandels der industriegesellschaftlich geprägten Arbeitsgesellschaft sind. Der oben genannten Arbeitsdefinition folgend, werden neben diesen empirischen Wandlungsprozessen auch unterschiedliche Auffassungen sowie praktische Deutungs- sowie soziale Verortungskämpfe von Akteur_innen künstlerisch-kreativer Erwerbsfelder vornehmlich aus dem Feld der sonstigen Kulturberufe rekonstruiert.

## 2.2 Künstlerisch-kreative Arbeit im sozialstrukturellen Zwischenraum

Im vorangegangenen Kapitel 2.1 wurde eine begriffliche Annäherung an den Gegenstand dieser Studie vorgenommen. Einführend wurde ein knapper, (sozial)historischer Überblick zur sozialen Situierung von künstlerisch-kreativer Arbeit gegeben. Im Folgenden wird die Sozialfigur des modernen Künstlers in groben Zügen sozialhistorisch rekonstruiert.[11] Dies ist erforderlich, da al-

---

**11** | Historisch-kulturwissenschaftlich wird von drei Sozialfiguren des Künstlers gesprochen: der Künstler als mittelalterlicher Handwerker, anschließend bis zum 18. Jahrhundert als Hofkünstler, dann gegen Mitte des 19. Jahrhunderts der moderne Künstler, der vorwiegend in Großstädten lebt (Müller-Jentsch 2005; Ruppert 1998; Haak/Schmid 1999).

lenthalben konstatiert wird, dass ein romantisch verklärtes Bild »des« Künstlers als Subjektideal für zeitgenössische Akteur_innen künstlerisch-kreativer Erwerbsfelder dient (vgl. z.B. Eikhof/Haunschild 2006; Euteneuer 2011; Koppetsch 2006a; Reckwitz 2006, 2012). Gleichzeitig wird »der« Künstler als eine charismatisch aufgeladene Kunstfigur betrachtet, die vorrangig bürgerliche, aus dem 19. Jahrhundert stammende Zuschreibungen bündelt (Kris/Kurz 1995; Luhmann 1995; Röbke 2000; Ruppert 1998). Ist, mit anderen Worten, ein gegenwärtig zentrales Subjektideal der Arbeitsgesellschaft eine bürgerliche Projektion des 19. Jahrhunderts? Und falls ja: welche empirische Gestalt steht dahinter?

Die folgenden Ausführungen haben das Ziel, diese »Kunstfigur« in ihren sozialstrukturellen Umrissen zu rekonstruieren und empirisch auszudifferenzieren. Damit soll nicht »der« Künstler in all seinen soziologischen Facetten analysiert werden.[12] Vielmehr geht es darum, sich der sozialen Lage und den arbeitsethischen Dispositionen von Akteur_innen künstlerisch-kreativer Erwerbsfelder aus einer sozialhistorischen Perspektive anzunähern.

### 2.2.1 Zum Streit um Sinn und Zweck von künstlerisch-kreativer Arbeit

Das Arbeits- und Lebensmodell von Künstlern gilt traditionell als Gegenmodell zur bürgerlichen Existenzweise. Tatsache ist, dass mit der Etablierung der bürgerlich-kapitalistischen Arbeitsgesellschaft ein epochaler Wandel von künstlerisch-kreativer Arbeit verknüpft war. Denn seitdem wird sie als »Erwerbsarbeit zu den Bedingungen des Marktes« durchgeführt, womit das ökonomische Gesetz von Angebot und Nachfrage gemeint ist (Ruppert 1998: 77ff.). Angesichts der Ausweitung von künstlerisch-kreativer Arbeit als *Erwerbs*arbeit und ihrer damit verbundenen, sozialen Restrukturierungsprozesse analysiert die Sozialgeschichtsschreibung die soziale Gruppe der Künstler als ambivalente Repräsentanten der bürgerlichen Klasse einerseits und andererseits als deren Kritiker (vgl. Müller-Jentsch 2012a; Ruppert 1998). Pierre Bourdieu klassifiziert sie als »beherrschte Fraktion« der herrschenden Klasse (Bourdieu 2001a: 342). Denn mit dem entstehenden, modernen Kunstbetrieb (und dem damit einhergehenden Kunstmarkt) seit Mitte des 19. Jahrhunderts sowie mit der sich heraus bildenden bürgerlichen Öffentlichkeit als ein Derivat funktionaler Differenzierung der bürgerlich-kapitalistischen Arbeitsgesellschaft entwickelte sich eine eigene Wertsphäre, die sich von anderen gesellschaftlichen Teilbereichen

---

**12** | Vgl. dazu insbesondere Müller-Jentsch (2005, 2012a); Ruppert (1998) und für Frankreich Bourdieu (1997a; 2001a).

grundsätzlich abgrenzen lässt (Müller-Jentsch 2012a: 32; vgl. Luhmann 1995).[13] Diese historische Entwicklung konstituierte das Kunstfeld als ein eigenes soziales Feld der Produktion und Distribution symbolischer Artefakte (Bourdieu 2001a: 227). Wenngleich auch vorher manche Künstler »den Handel mit ihren eigenen Werken als Unternehmer betrieben«[14] (Müller-Jentsch 2012a: 185) hatten, wandelten sich unter den neuen Bedingungen die sozialen Voraussetzungen von künstlerisch-kreativer Arbeit. Der Kunstbetrieb und der Kunstmarkt machten Künstler zu »freien Künstlern« (Müller-Jentsch 2005: 170).[15] Damit veränderte sich auch der Zweck der künstlerischen Tätigkeit: Kunst wurde vielfach zu Erwerbsarbeit. Sie wurde folglich unter gewissermaßen doppelt freien Bedingungen zum Zwecke der Existenzsicherung und als selbständige »Lohnarbeit« ausgeführt. Bestandteil dieses Strukturwandels war ebenfalls, dass nicht nur ökonomische Parameter, sondern auch eine neue Form marktvermittelter Konkurrenz zum grundlegenden Bestandteil von künstlerisch-kreativer Arbeit wurde. Fortan entwickelten sich Felder künstlerisch-kreativer Arbeit als ein von spezifischen sozialen Ungleichheiten durchzogenes und von sozialen Kämpfen geprägtes »Ensemble von sozialen Praktiken und Konventionen« (Reckwitz 2012: 55; vgl. Becker 1982; Bourdieu 2001a).[16]

Mit der marktförmigen Organisation von künstlerisch-kreativer Arbeit öffnete sich allerdings das Feld. Nun entstanden auch Erwerbsmöglichkeiten für eine Vielzahl von Künstlern aus Schichten nicht-bürgerlicher Herkunft

---

13 | Das Kunstfeld der sogenannten reinen Kunst besteht nach Bourdieu aus zwei Subfeldern mit je eigener Logik, aus dem Kunstbetrieb und dem Kunstmarkt (Bourdieu 2001a). Das Kunstfeld als solches ist nicht das Thema dieser Studie. Es ist vielmehr ein eigenständiger Forschungsgegenstand (vgl. z.B. Beckert/Rössel 2004; Glauser 2008; Moser 2013, sowie die beiden Bände »Kunst der Kritik«, hg. im Jahr 2010 von Mennel/Nowotny/Raunig sowie »Nach Bourdieu: Visualität, Kunst, Politik«, hg. im Jahr 2008 von von Bismarck/Kaufmann/Wuggenig).

14 | Beispielhaft für eine unternehmerische Herangehensweise steht der Maler Rembrandt, der gar den »Kunstmarkt als Grundlage künstlerischer Freiheit begrüßt (hat, AM.), weil er ein Ende sowohl der einengenden Vorschriften der Handwerkerzünfte als auch des Patronagesystems« bedeutete (Müller-Jentsch 2012a: 185).

15 | Deren Grundriss setzt sich aus der Konstruktion des Künstlers als schöpferischem Genie, den Kunstwerken, die nun zunehmend dem Prinzip von Angebot und Nachfrage unterlagen, dem bürgerlichen Publikum sowie Institutionen der Aufmerksamkeitsregulierung in Form des Marktes und akademisch-staatlicher Institutionen zusammen (Reckwitz 2012: 54f.).

16 | Ein Effekt der Ökonomisierung von künstlerisch-kreativer Arbeit war auch die Herausbildung einer konkurrenzgeprägten, kulturellen Bewährungsordnung. Positionen entfalten sich seitdem entlang einer Winner-takes-all-Logik. Diese Logik differenziert künstlerisch-kreative Erwerbsfelder sozial vertikal (z.B. Storper/Christopherson 1987).

## 2. Künstlerisch-kreative Arbeit im arbeitsgesellschaftlichen Strukturwandel

(Bourdieu 2001a: 93). Sie drängten als Aufsteiger, gewissermaßen als »Künstler-Proletariat« (Ruppert 1998: 198) hinein, so Ruppert (1998) in seiner sozial- und kulturgeschichtlichen Analyse »Der moderne Künstler«. Dass ein solches Künstler-Proletariat den Weg in diese bürgerlich geprägten Milieus fand, hängt wesentlich auch mit der enormen, wirtschaftlichen Wachstumsphase ab etwa 1890 und den damit verbundenen Bevölkerungszuwächsen in den Städten, sprich mit der sogenannten Verstädterung zusammen. Und so ist damals wie heute die Großstadt der bevorzugte Arbeits- und Lebensort von Künstlern (Simmel 1903/2006: 38; vgl. Haak/Schmid 1999; Sennett 1991).

Seit Beginn der Industrialisierung wuchsen die Städte »zu Laboratorien der Moderne« (Häußermann/Kapphan 2004: 205) an. Sie entstanden aus Zuwanderung und wurden, wie Häußermann/Kapphan schreiben, aufgrund ihres enormen ökonomischen Wachstums »zu einem Integrationsmodell, weil sie jeden mitnahmen auf dem Weg zu Fortschritt und Reichtum« (ebd.: 203). Neben der starken Zuwanderung aus der ländlichen Bevölkerung, die sich im aufblühenden Industriekapitalismus als Arbeiter oder proletaroide Selbständige (Geiger 1932; Schmidt 2014) verdingten, stieg auch die Anzahl der in Städten lebenden Künstler an. Innerhalb der deutschen Grenzen waren damals München und Berlin herausragende Laboratorien für künstlerisch-kreative Arbeit (Ruppert 1998: 205). Ruppert führt in seiner Fallstudie über München an, dass dort etwa im Jahr 1882 960 Maler und Bildhauer lebten. Knapp 20 Jahre später, im Jahr 1907 waren es bereits 1.447, während in Berlin im gleichen Jahr 1.225 Maler und Bildhauer gezählt wurden (ebd.: 128).[17]

Auch die feldspezifischen Machtbalancen blieben von der erwerbswirtschaftlichen Öffnung des Kunstfeldes nicht unberührt. Denn mit dem Zustrom des »Künstler-Proletariats« (Ruppert) – heute würde man sie wohl »Quereinsteiger« nennen –, kam es zu neuen sozialen Kämpfen um die Vorherrschaft im Feld. Gegenstand dieser Kämpfe war im wesentlichen die Frage, ob »wahre« Künstler eher auf symbolische oder eher auf wirtschaftliche Belohnung abzielen sollten. Vermittels dieses Streits steckten die beteiligten sozialen Gruppen eine aufeinander angewiesene und zugleich antagonistische Machtbalance ab (vgl. Bourdieu 2001b: 130ff.). Sie zeichnet sich durch ein Differenzierungsprinzip aus, das Bourdieu (2001a) als objektive und subjektive Distanz der Kulturproduktion zum Markt fasst. Bourdieus zentraler Punkt in seinen Ausführungen über die neu entstehenden Regeln im Feld der Kunst ist sei-

---

**17 |** Zum Vergleich: Im Jahr 2008 sind im Bereich des Kunstmarkts für München 939 Erwerbstätige ausgewiesen, für Berlin 1725 Erwerbstätige (Kreativwirtschaftsbericht Hamburg 2012: 42). Diese Daten darauf hin, dass es vor gut einhundert Jahren in München mehr Bildende Künstler gab als heute, während deren Anzahl in Berlin heute etwa doppelt so hoch ist wie in München und in Berlin um etwa 25 Prozent höher liegt als vor einhundert Jahren.

ne Annahme, dass sich an dem einen Pol die »anti-›ökonomische‹ Ökonomie der reinen Kunst« findet (Bourdieu 2001a: 228). Sie setze auf symbolische Anerkennung, während am anderen Pol »die ›ökonomische‹ Logik« herrsche, die auf wirtschaftlichen Erfolg abziele (ebd.: 228f.). Felder der Kulturproduktion seien je autonomer, desto stärker das Prinzip der internen Hierarchisierung, also die anti-ökonomische Ökonomie wirke. Je weniger sich die Akteur_innen an Marktanforderungen und am Geschmack des Massenpublikums bzw. an den Kundenerwartungen ausrichten, desto freier könnten sie sich folglich der Kunstproduktion widmen (ebd.: 344). Der darin ausgemachte Grundkonflikt liegt grob gesagt in dem Konkurrenzkampf zwischen künstlerischer Freiheit, nicht *nur* aber *auch* als kritisches gesellschaftliches Gegengewicht und wirtschaftlicher Instrumentalisierung und daher in der Ökonomisierung von Kunst. Die antreibende Frage ist demnach, inwieweit die Kultur und folglich auch künstlerisch-kreative Arbeit ein »Instrument der Freiheit« (ebd.: 524) sei oder gewissermaßen ökonomisch versklavt werde. Positionskämpfe in Feldern der Kulturproduktion deklinieren sich nach Bourdieu folglich entlang »der totalen und zynischen Unterordnung unter die Nachfrage [versus, A.M.] der absoluten Unabhängigkeit vom Markt und seinen Ansprüchen« (ebd.: 228).

Als heuristisches Ordnungsprinzip der Kulturproduktionsfelder konstruiert er also zwei idealtypische Hierarchisierungsprinzipien, das externe und das interne Hierarchisierungsprinzip. Er formuliert apodiktisch: »Wer in sie [in diese Ordung des Kunstfeldes, A.M.] eintritt, hat an Interesselosigkeit Interesse« (ebd.: 342). Dieses Interesse an Interesselosigkeit mache Felder der Kulturproduktion zu einer Welt, in der eine *umgekehrte ökonomische Logik* herrsche.[18] Indem sich also Künstler von den marktlichen Prinzipien von Angebot und Nachfrage lösen und sich als »Luxusarbeiter« (ebd.: 135) deklarieren, würden sie, im Sinne einer umgekehrten ökonomischen Logik, den Markt zum Verschwinden bringen.

Als paradigmatischen Vertreter einer solchen umgekehrten ökonomischen Logik führt Bourdieu den Literaten Gustave Flaubert an. Einem Brief von Flaubert an den Grafen René des Maricourt entnimmt er den Begriff der »Luxusarbeiter«. Bourdieu zitiert Flaubert weiter, dass er, Flaubert, auch dann noch an dem »Axiom« festhalte, dass der Künstler ohne wirtschaftliche Ambitionen sehr viel freier sei als jener mit wirtschaftlichen Interessen, »wenn mein Kopf unter der Guillotine liegt.« Wer hingegen »mit seiner Feder Geld machen« wolle, solle »ins Journalistengeschäft, Fortsetzungsromane oder Theaterstü-

---

**18** | Die Dominanz des internen Hierarchisierungsprinzips und die Feldlogik einer l'art pour l'art findet Bourdieu in der Konstellation des Literaturbetriebs des 19. Jahrhunderts (ebd.: 360). Damals habe das Feld der Kunst eine größtmögliche Autonomie gegenüber vor allem wirtschaftlichen Einflüssen bewiesen, weil darin mit dem ökonomisch dominierten Blick der bürgerlichen Kultur gebrochen worden sei (ebd.: 124f.).

## 2. Künstlerisch-kreative Arbeit im arbeitsgesellschaftlichen Strukturwandel 57

cke schreiben«, empfahl Flaubert im Jahr 1867 (ebenda).[19] Entsprechend dieser Lesart verspielen Künstler mit primär oder offenkundig wirtschaftlichen Interessen ihre Glaubwürdigkeit (ebd.: 126). Die Ordnung des Literaturbetriebs des späten 19. Jahrhunderts habe sich insofern zu einem spiegelverkehrten Gegenbild der ökonomischen Welt entwickelt.

Die Perspektivierung des Kunstfeldes als verkehrte, ökonomische Welt entspricht mithin einer idealistischen Entgegensetzung von Kunst versus Wirtschaft, wie sie auch in der deutschen Diskussion in der Tradition einer bürgerlich-romantischen Kulturkonstruktion lange Zeit als strukturprägendes Moment zugrunde gelegt wurde (vgl. z.B. Wiesand 2006). Freilich folgt diese Sichtweise einem Kulturverständnis, das sich auf sogenannte Hochkultur, insofern auf Formen reiner, schöngeistiger Kunst kapriziert. Jegliche (subjektive) Wirtschaftsorientierung wird darin als Gegenkraft der Kunstproduktion aufgefasst. Sich diese Haltung als Produzenten leisten zu können, setzt allerdings einen wirtschaftlich privilegierten, sozialen Status voraus. Erst dieser versetzt Vertreter_innen einer umgekehrten ökonomischen Logik in den Stand, wirtschaftliche Motive zum strukturell zersetzenden Gift von Kulturproduktion zu erklären (vgl. Schumacher 2011: 195). Künstlern mit auch wirtschaftlichen Motiven haften in dieser Logik hingegen buchstäblich proletarische Züge an. Eine indes autonome und avantgardistische Haltung sei, konzediert Bourdieu, ökonomisch nur auszuhalten gewesen, sofern ererbtes ökonomisches Kapital die soziale Existenz absicherte. Die Einnahmen aus Kapital und Besitz seien daher die Voraussetzung »für das Überleben bei fehlendem Markt.« (Bourdieu 2001a: 137)[20]

Der Streit um die Frage, woran sich ein »wahres« künstlerisches Selbstverständnis festmache, spiegelt auch heute noch das ambivalente Verhältnis vieler, wenngleich nicht aller Künstler zum bürgerlichen Pflicht- und Leistungsethos sowie seiner wirtschaftlichen Obligationen wider. Gleichwohl ist diese dualistische Konzeption von Wirtschaft versus Kunst (damals wie heute) wohl eher als idealtypische Analyse von Kräften und Gegenkräften im Feld zu verstehen. So vertritt Ruppert (1998) die These, dass die von Bourdieu angenommene, machtvolle Auseinandersetzung in dieser Radikalität nicht stattgefunden habe, zumindest nicht im deutschen Kunstbetrieb des 19. Jahrhunderts. Vielmehr sei diese Sichtweise ihrerseits Ausdruck der bürgerlich-idealistischen

---

**19** | Flaubert konnte damals natürlich nicht ahnen, wie viel, vielmehr wie wenig Geld freiberufliche Journalist_innen und freie Theaterschaffende heutzutage machen (vgl. Söndermann 2012).

**20** | Ebendarin liege nach Bourdieu aber das Potenzial avantgardistischer Kunst: »Auf symbolischem Terrain vermag der Künstler nur zu gewinnen, wenn er auf wirtschaftlichem Terrain verliert (zumindest kurzfristig), und umgekehrt (zumindest langfristig).« (Bourdieu 2001a: 136).

Konstruktion des Kunstfeldes. Der Kunstbetrieb sei seit seiner Entstehungsphase stets von einer wirtschaftlichen Logik durchdrungen, Künstler mit hoher, symbolischer Reputation häufig zugleich Geschäftsmänner[21] gewesen.

Ob also künstlerisch-kreative Erwerbsfelder jemals derart autonom waren, wie Bourdieu dies annimmt, und inwieweit sich »wahre« Künstler primär einer umgekehrten ökonomischen Logik hingaben, ist historisch wenigstens umstritten. Realistisch erscheint unterdessen eine Lesart, derzufolge sich künstlerisch-kreative Arbeit seit der Etablierung künstlerischen Schaffens als Erwerbsarbeit im Spannungsfeld von Marktanforderungen und dem antagonistischen Prinzip des l'art pour l'art bewegt hat. Je nach Ressourcenausstattung und sozialer Herkunft standen den Akteur_innen entsprechende Strategien zur Verfügung, um dieses Spannungsfeld zu gestalten.

Zusammenfassend lässt sich an diesem Punkt festhalten, dass sich das Feld der Kunst mit der erwerbswirtschaftlichen Ordnung von künstlerisch-kreativer Arbeit sozialstrukturell öffnete. Zugleich zogen neue Marktabhängigkeiten sowie Konkurrenzverhältnisse in den Arbeitsalltag von Künstlern ein. Diese Entwicklung brachte im Verein mit dem Wachstum der städtischen Bevölkerung räumliche Knotenpunkte von künstlerisch-kreativer Arbeit hervor (innerhalb der deutschen Grenzen München und Berlin). Dies trieb einerseits die soziale Öffnung des Kunstfeldes auch räumlich voran und lokalisierte andererseits seine sozialstrukturelle Polarisierung. Insbesondere die vielen Neuzugänge mit einer weniger begüterten, sozialen Herkunft mussten sich mit Fragen ihrer wirtschaftlichen Existenzsicherung unter prekären Bedingungen auseinander setzen.

### 2.2.2 Künstler als bürgerliche Projektionsfläche

Mit der Entfaltung der bürgerlichen Industriegesellschaft setzte sich einerseits das Berufsbild des Künstlers als Talentberuf durch. Andererseits wurde er zum gesellschaftlichen Außenseiter stilisiert. Dennoch waren Künstler ein unverzichtbarer Bestandteil des kulturellen Lebens und eines auf niveauvolle Kultiviertheit beflissenen Bildungsbürgertums (Kocka 1987; Mayerhofer 2003; Ruppert 1998).

Seit dem frühen 19. Jahrhundert entwickelte sich »Bürgerlichkeit« zu einem sozialen Statusbegriff, der unterschiedliche Berufsgruppen umfasste (Kaschu-

---

21 | Den Künstler als Geschäftsmann porträtiert Ruppert am Beispiel des Münchner Malers Franz Lenbach (1836 - 1904). Als Gegenpol und als ein Repräsentant, der für die Freiheit der schöpferischen Phantasie eintritt, führt er Wassily Kandinsky (1866 - 1944) an (Ruppert 1998: 340ff., 582ff.).

## 2. Künstlerisch-kreative Arbeit im arbeitsgesellschaftlichen Strukturwandel 59

ba 1995: 93ff.).[22] Bürgerliche Statusmerkmale – vom Besitz bis zum Beruf, vom Geschmack bis zur Bildung – wurden »in eine angemessene Form bürgerlichen Kultur- und Lebensstils« übersetzt (ebd.: 93). Seinen Zusammenhalt wie seine Distanz zu anderen sozialen Schichten habe sich das deutsche Bürgertum des 19. Jahrhunderts durch Normen, Einstellungen und Lebensweisen, durch »Deutungen und Definitionen des Lebens« (Kocka 1987: 24f.) geschaffen. Dieser »Distinktionsfähigkeit« der bürgerlichen Klasse schreibt Kaschuba (1995: 101) eine wichtige Bedeutung für deren Selbstverständnis zu. Denn eine kulturelle Abgrenzung ermöglichte ihr, trotz der historisch verlorenen Ständeprivilegien, soziale Schranken und Grenzen gegenüber anderen sozialen Gruppen zu errichten. Umgekehrt erhob das bürgerliche Selbstverständnis als Lebenskultur einen Anspruch auf Allgemeingültigkeit. Die bürgerliche Klasse wollte gesellschaftlicher »Leithorizont« (ebd.: 100) sein. Insofern, so Kaschuba, lebte die bürgerliche Kultur gewissermaßen von ihrer Auseinandersetzung mit und von der Abgrenzung zu anderen sozialen Gruppen (ebenda).[23]

Zu dieser distinktiven Auseinandersetzung gehörte, dass Künstler ab der zweiten Hälfte des 19. Jahrhunderts zum Antipoden der bürgerlichen Existenzweise erklärt wurden (Menger 2006: 10; Müller-Jentsch 2005: 170). In dieser Zeitspanne verfestigte sich die Kant'sche Idee, dass Künstler kein bürgerlicher Beruf, sondern ein Talentberuf sei und einer genialen, häufig melancholischen Geisteskraft entspringe (Kris/Kurz 1995).[24] Demnach bestehe der Zweck von Kunst darin, ästhetische Ideen hervor zu bringen. Diese seien

---

**22** | Zu Bürgerlichkeit als historisch gewachsene, soziale Praxis, die sich als konkreter sozialer Handlungskontext konkretisierte, s. Kaschuba (1995). U.a. anhand von schriftlichen Quellen wie Briefen und Zeitungsausschnitten zeigt er verschiedene Strömungen sowie Gruppierungen bürgerlichen Lebens und deren kulturelle Praxis auf. Als privilegierte Bürgergruppen führt er Fabrikbesitzer, Kaufmannsfamilien, beamtete Bildungsbürger in Staatsverwaltung, Universität und Schule auf, sowie einige Freie Berufe wie Anwälte, Schriftsteller, Journalisten, aber auch Künstler (ebd.: 96).

**23** | Die von Kaschuba (1995) analysierte Distinktionsfähigkeit der bürgerlichen Klasse gegenüber der sozialen Gruppe der Künstler ist ein stabiles, soziales Muster in wechselnden Formen. Heute zeigt sich ein Selbstverständigungsprozess der sozialen Mitte etwa in sozialen Differenzsetzungen gegenüber dem sogenannten Prekariat, wie Magdalena Freudenschuss (2010) in ihrer Diskursanalyse über prekäre Subjektkonstruktionen im medialen Diskurs heraus gearbeitet hat.

**24** | Dass der Künstler ein autonomes Subjekt sei, das sich vorwiegend in ästhetischen Kategorien ausdrückt, wurde von Immanuel Kant (1724-1804) und Friedrich Schiller (1759-1805) bereits vor 1800 entworfen und seither als normative Vorstellung der Kunsttheorie vermittelt. Der Beruf des Künstlers hingegen, der sich in einem spezifischen Habitus und in eigenständigen sozialen Organisationsformen manifestiert, kristallisierte sich in der zweiten Hälfte des 19. Jahrhunderts heraus (Ruppert 1998: 577).

jedoch mit Vernunft nicht zu fassen. Vielmehr seien sie Resultat der Einbildungskraft und hätten die Aufgabe, das Gemüt zu beleben (Hauskeller 1998: 38). Ausgeübt von einem Genie, diene künstlerisch-kreative Arbeit insofern der kulturellen Bildung bürgerlicher Schichten, so lautete die selbstbezogene, bürgerliche Konstruktion. Dem kamen die hierzulande Diskurshoheit beanspruchenden Bildungsbürger durch eine demonstrative Förderung der Künste entgegen (Mühlberg 2013). Neben Tischsitten, Konventionen, Titeln und feiner Lebensart »wurden so die bildende Kunst, die Literatur, das Theater und die Musik zu zitierbaren, zu kommunizierbaren symbolischen Formen, zu *der* Kultur. Und der Künstler wurde – so schon Immanuel Kant in der »Kritik der Urteilskraft« – zum Genie stilisiert, zu der Instanz, durch die die Natur der Kunst die Regeln vorschreibt« (ebd.: 12; vgl. Kocka 1987: 24f.).

Da sich der Wirtschaftsbürger durch eine Hochachtung vor individueller Leistung sowie durch einen Anspruch auf wirtschaftliche Belohnung auszeichnete und damit eine positive Grundhaltung gegenüber regelmäßiger Arbeit und einer methodischen Lebensführung im Sinne Webers (1988) verband (Kocka 1995: 27ff.), stand, wie sich leicht vorstellen lässt, künstlerisch-kreative Arbeit in einem ambivalenten Ansehen. Das maßgeblich in literarischen Texten, aber auch in der Selbstdarstellung skizzierte Bild vom armen Poeten (Spitzweg) typisierte Künstler als Außenseiter der Gesellschaft und als Melancholiker mit besonderen Geisteskräften (Kris/Kurz 1995). Doch geriet vor allem der freie, aber brotlose Künstler mit sporadischen und schwer kalkulierbaren Einkünften in eine zugespitzte Außenseiterrolle im Verhältnis zur auf verstetigte Erwerbsbiografien abzielenden, bürgerlichen Klasse (Ruppert 1998: 189). Vor der Folie der bürgerlichen Denk- und Lebensweisen des 19. Jahrhunderts wurde der Künstler »als ein Gegenbild zur eigenen bürgerlichen Lebensführung mit dem Streben nach Sicherheit um den Preis von mentalen Verzichtsleistungen« (ebd.: 196) identifiziert (vgl. auch Müller-Jentsch 2005: 170).

Zur Konstruktion vom Künstler als Antipode zur eigenen, nämlich bürgerlichen Existenzweise gehörte auch, dass diesem eine flexible und ungebundene Lebensweise in »Unmoral« attestiert, diese als »Luxus« deklariert und vielfach mit der Lebensführung der Bohème[25] gleichgesetzt wurde (Ruppert 1998: 192). In dieser Idee vom Künstler als Repräsentanten eines Lebensstils, der von Eigenwilligkeit, gar Ausschweifung und geringem Erwerbseinkommen geprägt ist, kristallisierte sich der Künstler nachhaltig als kulturell Anderes heraus. Galt die Hingabe zum Gelderwerb als Ausgangspunkt einer bürger-

---

**25** | Die Entstehung der Bohème wird in den 1830er Jahren in Paris lokalisiert. Deren Sozialleben wird als anti-bürgerlich und großstädtisch eingeschätzt. In den 1860 - 1880er Jahren galt das Café Guerbois als Treffpunkt der Bohème, wie z.B. der Impressionisten Degas, Renoir, Monet u.a. (Ruppert 1998).

lichen Berufsmoral (Weber 1988: 55), verkörperte vorrangig die künstlerische Bohème eine gesellschaftliche Außenseiterrolle, die in zweifelhafter Weise doch begehrenswert erschien. Und tatsächlich brachte sich ja der in künstlerischen Milieus gepflegte Lebensstil als ein unkonventionelles Leben im Sinne eines »extravaganten« Lebensstils abseits der bürgerlichen Norm in Stellung (Ruppert 1998: 189).

Seit den 1890er Jahren festigten sich mit der Verbreitung des Bohèmebegriffs auch in Deutschland, insbesondere in den genannten, großstädtischen Zentren des Künstlerlebens, soziale Kreise, die sich ihrerseits distinktiv von der bürgerlich-kapitalistischen Normalität durch abweichende Normen, Verhaltens- und Kleiderstile absetzten. Die für die künstlerische Produktion reklamierten Prinzipien wie Autonomie und Originalität wurden so auch auf die allgemeine Lebensweise von Künstlern bezogen. Gleichwohl war die von Künstlern gepflegte Distinktion gegenüber dem bürgerlichen Arbeits- und Lebensmodell nicht allein von einem anti-bürgerlichen Reflex getragen. Sie war auch von der Schiller'schen Idee von einer »schönen« im Sinne von subjektiv befriedigenden Arbeitsleistung sowie »schönen« im Sinne von ästhetisch ansprechenden Lebensführung durchdrungen, um sich eine eigene Wirklichkeit zu schaffen.[26] Sie bildet die Grundlage für einen Subjektivierungsmodus, in dem Produzent und Werk förmlich verschmelzen (Thomä 2010: 165). »Darum«, fasst Hauskeller (1998) diese moralische Grundlage zusammen, »zeugt nichts so sehr von innerer wie äußerer Freiheit wie die Freude am schönen Schein« (ebd.: 44). Ihre Vertreter_innen sorgten mit ihrer ästhetisch motivierten, spielerischen Herangehensweise an die nach protestantischer Lesart Mühsal der Arbeit für eine »Übersetzung der Genieästhetik in die Soziokultur« (Reckwitz 2012: 75).

---

26 | Friedrich Schiller (1759 - 1805) griff in seiner Abhandlung »Über die ästhetische Erziehung des Menschen in einer Reihe von Briefen« das vernunfttheoretische Problem von Immanuel Kant (1724 - 1804) auf. Schiller vertrat indes die Auffassung, dass Gefühl und Vernunft gleichermaßen zu ihrem Recht kommen müssen. Dass es also eines Ausgleichs zwischen Pflicht und Neigung bedürfe. Seine Antwort auf die Frage, wie sich die Vernunft auch in den Gefühlen der Menschen verankern ließe, lautete, dass dies durch die schöne Kunst gelingen könne. Sich im Erleben von Kunst sinnlich zu erfahren, errege Schiller zufolge einen »Spieltrieb«. In ebendiesem Spieltrieb würden sich die Menschen vollständig und insofern frei fühlen. Ein spielerischer im Sinne eines *ästhetisch* erfahrenen Zustands drücke ein ausgewogenes Verhältnis von Vernunft und Gefühl aus. Denn darin höben sich sinnliche und geistige Spannung gegenseitig auf. Die daraus gewonnene Gleichmütigkeit sei ein untrügliches Kennzeichen von wahrer Kunst, sofern sich der Betrachter durch seine Anschauung seine eigene Wirklichkeit schaffe (Hauskeller 1998: 39ff.).

Seine Spezifik im großstädtischen Raum schöpfte der künstlerische Berufshabitus gegenüber anderen bürgerlichen Berufen somit gleichfalls aus der ästhetischen Ausdrucks- und Genussfähigkeit. Sie war der Idee verpflichtet, nicht nur einen ästhetisch ansprechenden, sondern auch einen selbstbestimmten und dem protestantisch-bürgerlichen Pflichtethos entgegengesetzten, freien Arbeits- und Lebensstil zu pflegen. Reckwitz schreibt: »Dieser Bohèmelebensstil verfährt im Modus der *Subversion* [...] Immer geht es um die Markierung einer symbolischen Differenz zur etablierten Lebensform« (2012: 75, H.i.O.). Ruppert betont demgegenüber, dass insbesondere die erfolgreichen Künstler-Fraktionen an den Werten der bürgerlichen Gesellschaft wie Leistungsverständnis und Erfolgsstreben partizipierten.

Dementsprechend war die Ethik der Lebensführung des Bohèmiens selbstverständlich nicht allgemeingültig. Sie stand sogar im Gegensatz zum Lebens- und Arbeitsstil der damals erfolgreichen Künstler. Denn diese folgten eher einem bürgerlichen Arbeitsethos. Fernab der Künstlerkritik, die sich, wie Chiapello (2010) konstatiert, im Namen von Freiheit und Selbstverwirklichung gegen die bürgerlich-kapitalistische Industriegesellschaft und ihre Konventionen richtete, praktizierten wirtschaftlich erfolgreiche Künstler eher ein an Webers methodische Lebensführung erinnerndes Leistungsverständnis. Indem sie konkurrenzorientiert und rational an ihrem Marktwert arbeiteten, vollführten auch sie eine Lebensführung im wirtschaftsbürgerlichen Sinne (Ruppert 1998: 151, 191).

Jene Künstler hingegen, die gegen Ende des 19. Jahrhunderts als Quereinsteiger ins Feld mündeten, ihr Glück in München oder in Berlin suchten und dort eine Art von »Künstler-Proletariat« abgaben, konnten meist kaum von ihrer Kunst leben.[27] Denn die neue marktabhängige Erwerbslage von Künstlern differenzierte deren Einkommenssituation außerordentlich. Eine kleine Anzahl war mittels künstlerisch-kreativer Arbeit zu Wohlstand gekommen oder konnte sich herkunftsbedingt ein Künstlerleben abseits ökonomischer Verbindlichkeiten leisten. Eine weit größere Anzahl existierte, von denen manche in auskömmlichen Verhältnissen lebten, viele fanden sich aber in einer pauperisierten Lebensführung wieder (Ruppert 1998: 579f.). Sie mussten daher einen ökonomisch prekären Balanceakt zwischen wirtschaftlichen Erfordernissen und der Idee künstlerisch inspirierter Arbeit vollführen. Deren angespannte, ökonomische Existenz fand im Gegenzug in einer ästhetisch entgrenzten Arbeitshaltung, in einer affektuellen Sublimierung ihren mentalen Ort. Thomä (2010: 164) spricht gar von »Ekstase« als Voraussetzung für eine künstlerische Verausgabung der Arbeitskraft. So bildete sich mit dem künstlerischen Arbeitsethos ein Modus der umfassenden Hingabe an künstlerisch-kreative

---

**27** | In den seltensten Fällen verfügten Künstler, die zum Künstler-Proletariat gerechnet wurden, auch nur über einen eigenen Arbeitsraum (Ruppert 1998: 198).

Arbeit heraus. Mittels dieser Hingabe verankerte sich die schöpferische Aura von Kunstwerken (Benjamin 1936), ihre gewissermaßen höheren Weihen bis in die letzte Pore der künstlerischen Persönlichkeit, nach dem Motto: das Werk bin ich. Auf diese Weise wurde deren materiell knappe Ökonomie des Alltags sodann zu einem kulturellen Code, um nicht zu sagen: zu einer distinktiven Selbst-Ermächtigungsstrategie umgearbeitet, die wirtschaftlichen Erfolg und das bürgerliche Berufsstreben als sozial verachtenswert klassifizierte.

Das kulturelle Selbstverständnis, sich als frei von bürgerlichen Zwängen zu inszenieren, artikulierte sich folglich in zwei sozialen Gruppen. Zum einen in der bürgerlich gut situierten Gruppe, deren Vertreter_innen sich qua sozialer Herkunft eine Orientierung am Prinzip des l'art pour l'art leisten konnten. Zum anderen zeigte sich in der sozial schwachen Bohème ein Berufsstolz gemäß einer Weltanschauung fernab jeglicher wirtschaftlichen Rationalität. Materielle Zwänge und nur mäßiger künstlerischer Erfolg forcierten eine erwerbswirtschaftliche Gelegenheitsorientierung, die sodann von den Betreffenden als eine Praxis der Freiheit aufgewertet wurde (Chiapello 2010: 141). Die Vorstellungen, die sich mit der Bohème verbanden, bezogen sich daher einerseits auf privilegierte soziale Gruppen, die als Privatier von den Erträgen des eigenen Besitzes leben konnten (vgl. auch Bourdieu 2001a: 137). Andererseits kam die soziale Konstruktion der »Bohème« dem Lebensstil ökonomisch deprivierter Künstler nahe, die »sich am Rande der Erwerbsfähigkeit mit gelegentlichen Verkäufen bewegten.« (Ruppert 1998: 191).

### 2.2.3 Verschmelzung von ökonomischen und kulturellen Rationalitäten

Insgesamt wurde bislang argumentiert, dass Künstler in der Arbeitsgesellschaft des späten 19. Jahrhunderts einen spezifischen Bürgertypus repräsentierten, der keine geschlossene Sektion bildete, sondern sich aus heterogenen Fraktionen zusammensetzte. Gleichzeitig avancierte diese soziale Gruppe insgesamt zu einer ambivalenten Sozialfigur und diente als bürgerliches Abgrenzungsmodell (vgl. Reckwitz 2012: 62). Einerseits dienten die Produkte künstlerisch-kreativer Arbeit der schöngeistigen Erbauung des Bürgertums und demonstrierten deren ästhetisches Verhältnis zur Hochkultur (Kunst, Literatur, Musik) (Kocka 1995). Andererseits wurde die Künstlerfigur zu einer, zugespitzt formuliert, mit einer faszinierten Abscheu konnotierten Projektionsfläche. Sie wurde zum Gegenmodell der bürgerlichen Existenzweise erhoben, entsprach aber der ihr zugeschriebenen, anti-bürgerlichen Arbeits- und Lebensweise nur bedingt (Ruppert 1998). Vielmehr zeigen insbesondere die Ausführungen von Ruppert (1998) und von Bourdieu (2001a), wenn man sie gewissermaßen übereinander legt, dass deren oppositionelle Haltung auch Ausdruck eines neuen Ungleichheitsgefüges war. Figurierte also einerseits die Sozialfigur des modernen Künstlers als ein Gegenmodell zum pflichtbewussten Arbeitsbürger, kristallisierte sich andererseits – und dies sollte betont werden – in dieser historischen Phase ein künstlerisches Arbeitsethos heraus, in dem eine bohèmienhafte Weltanschauung und die bürgerliche, protestantische Ethik (Weber 1988) eine spannungsreiche Verbindung eingehen – und sich abhängig von der sozialräumlichen Verortung je spezifisch ausprägte.

Gleichwohl antworteten insbesondere jene Künstler, die in der Großstadt nicht von ihrer Kunst leben konnten, mit der Kultivierung einer erwerbswirtschaftlichen Gelegenheitsorientierung, die von einer habituellen Distanzierung von bürgerlichen Konventionen der Lebensführung geprägt war. Für eine solche Lebensführung hat sich die Metapher vom Stand- und Spielbein eingebürgert (vgl. Betzelt 2006). Während das ökonomische Standbein der materiellen Bestreitung des Lebens diente, wurde das Spielbein als künstlerische Selbstverausgabung konstruiert. Insofern spiegelt diese Strategie eine ökonomisch induzierte Mischform verschiedener Handlungsrationalitäten wider. Praktisch stellte sie eine bedingte Anpassung der sozial schwächeren Fraktionen an sowie eine Inkaufnahme der neuen, marktvermittelten Ungleichheiten im Feld dar. Denn es war nicht zuletzt eine Situation materieller Knappheit, die die sozial schwächeren Gruppen im Kunstfeld schlichtweg zwang, sich mit erwerbsmäßigen Gelegenheitsoptionen durchzuschlagen. Diese Soziallage wurde sodann im Sinne eines »Notwendigkeitsgeschmacks« (Bourdieu 1987: 290) zu einem erstrebenswerten Lebensstil erklärt. Er wurde zu einem aus freier Wahl geborenen Geschmack stilisiert, während seine Entstehungsbedingungen weitgehend ausgeblendet wurden. Mit dieser distinktiven Haltung opponierte jene anti-bürgerlich gepolte Künstlerfraktion zwar gewissermaßen gegen das von Weber (1988) beschriebene, protestantische Arbeitssubjekt. Darüber hinaus drängt sich aber noch eine weitere Schlussfolgerung auf.

Insofern die soziale Praxis von »Standbein-Spielbein« einem Kompromiss entspricht als Künstler zu überleben und darin ökonomische Abstriche zugunsten einer mittels künstlerischer Arbeit anvisierten Selbstverwirklichung gemacht werden, beruht dieser Kompromiss zwischen zweck- und wertrationalem Handeln einerseits auf einer Form der »Selbst-Prekarisierung« (vgl. Lorey 2007). Andererseits bildeten die mit der erwerbswirtschaftlichen Organisation von künstlerisch-kreativer Arbeit vertauten, alltäglich prekären Bedingungen der Lebensführung in einem sozialstrukturellen Zwischenraum im Umkehrschluß wohl die gesellschaftliche Voraussetzung für eine distinktive Strategie der ambivalenten Selbstermächtigung seitens der anti-bürgerlichen Bohème. Sie artikulierte sich nicht zuletzt im Kontext bürgerlicher Zuschreibungen, gruppenspezifischer anti-bürgerlicher Selbstkonstruktionen, sowie in einer Gemengelage großer, sozialer Gegensätze und somit im Rahmen einer neuen Ungleichheitsordnung von künstlerischen Erwerbsfeldern.

Folgendes ist zu unterstreichen: Dass sich Akteur_innen künstlerisch-kreativer Erwerbsfelder in einem Spannungsfeld von ökonomischen und kulturellen Rationalitäten befinden und diesen Druck weitgehend eigenverantwortlich ausbalancieren müssen, ist ein historisches Muster, das sich mit der Etablierung von künstlerisch-kreativer Arbeit als Erwerbsarbeit durchgesetzt hat. Die damit verknüpften, kulturellen sowie ökonomischen Widersprüche sind es, die deren Praxisbedingungen sozialhistorisch konturieren. Im Zusammenwirken mit einer marktförmigen Organisation von künstlerisch-kreativer Arbeit bei ihrer gleichzeitigen Exklusion aus dem entstehenden Wohlfahrtsstaat verdichteten sich diese widersprüchlichen Konstruktionsbedingungen zu einem *sozialstrukturellen Zwischenraum* in der bürgerlich-kapitalistischen Industriegesellschaft. Analog dazu bildete sich eine habituelle Grundlage für die Künstlern zugeschriebene, wertorientierte Kompensation materieller Knappheit, wie dies bspw. Abbing (2010) in seiner Studie »Why are Artists poor?« ausführt. Dass in diesen Feldern aus heutiger Sicht zwischen dem Streben nach Selbstverwirklichung und dem Streben nach wirtschaftlichem Erfolg »nicht länger ein unversöhnlicher Gegensatz« (Bröckling 2007: 52) klafft, ist daher und insofern unstrittig, da altbekannt. Damit ist freilich noch nichts darüber gesagt, auf welche Weise dieser Gegensatz versöhnt wird bzw. welches Selbstverwirklichungspotenzial und Sinnstiftung wirtschaftliches Erfolgsstreben bietet.

Offen ist bislang, wie sich das Streben nach sinnhafter Arbeit und wirtschaftlichem Erfolg heute und in den hier ausgewählten Unteruchungsfeldern der sonstigen Kulturberufe zueinander verhalten. Ebenso ist fraglich, inwieweit jene sozialen Gruppen, die unter ökonomisch prekären Bedingungen agieren, zum Geschäftsmann bzw. zur Geschäftsfrau werden. Geht man von einer relativen Stabilität dieser Muster im Zeitverlauf aus und somit davon, dass sie jeweils zeitgeschichtlich geprägt sind, ist angesichts des Spannungsfeldes von künstlerisch-kreativer Arbeit zwischen erwerbswirtschaftlicher Strukturierung und symbolisch-idealistischer Überhöhung als gewissermaßen magische Arbeit ebenso zu klären, wie sich künstlerisch-kreative Arbeit als Geschäft darstellt, mit welcher arbeitsethischen Haltung es betrieben wird und welche Praxisformen dieser Prozess hervor bringt.

## 2.3 KÜNSTLERISCH-KREATIVE ARBEIT ALS EFFEKT SOZIALSTRUKTURELLER UMSTELLUNGEN

In diesem Abschnitt machen wir einen Zeitsprung in die jüngere Vergangenheit. Nachfolgend geht es um den Attraktivitätsgewinn von künstlerisch-kreativer Arbeit seit den 1960er Jahren. Denn in dieser Zeit wurden zentrale gesellschaftliche Voraussetzungen geschaffen, die dazu führten, dass die Erwerbstätigenzahlen in künstlerisch-kreativen Feldern so stark wachsen wie in kaum einem anderen Bereich. Zwischen Ende der 1970er und Mitte der 1990er Jahre sind sie um 70 Prozent gestiegen (Haak/Schmid 1999). Und seit der ersten gesamtdeutschen Berufsstatistik im Jahr 1993 hat sich die Zahl der Erwerbstätigen in künstlerisch-kreativen Feldern nochmals fast verdoppelt (Söndermann 2014: 39). Im Jahr 2012 umfassten die Kulturberufe eine Anzahl von knapp 1,4 Millionen Personen, was einem Anteil von ca. 3,3 Prozent aller Erwerbstätigen in Deutschland umfasst (Söndermann 2014: 39)[28]

Wie sind diese steigenden Zahlen zu erklären? Dass sich ein künstlertypisches Subjektideal ausbreitete, wird bisweilen als eine quasi religiöse Aufwertung von identitären Selbstunterwürfen betrachtet, so z.b. Koppetsch (2006a) und Reckwitz (2012) in Anlehnung an Campbell (1987). Aber natürlich handelt es sich dabei nicht um einen nur kulturellen Wandel. Vielmehr ist die zunehmend positive Konnotation eines künstlerischen Arbeits- und Lebensmodells ein Effekt einer komplexen Transformation des Sozialraums[29] der alten Bundesrepublik. Im Hinblick auf künstlerisch-kreative Arbeit, so wird hier argumentiert, beruht dieser soziale Wandel auf einem Zusammenspiel von sozialstrukturellen Öffnungsprozessen, einem relativen Umbau von Mentalitäten und Milieus sowie auf der in den 1960er Jahren einsetzenden, wohlfahrtstaatlichen Anerkennung von künstlerisch-kreativer Arbeit als sozial schutzbedürftige Erwerbsarbeit. Diese Prozesse führten, indem sie den Weg von sozialen Aufsteigermilieus in künstlerisch-kreative Erwerbsfelder ebneten, zu einer gewissen Entzauberung von künstlerisch-kreativer Arbeit (vgl. Weber 2002: 488). In diesem Zuge wurde deren idealistische Überhöhung als magische Arbeit ein Stück weit abgeschwächt, gewissermaßen veralltäglicht. Sie wandelte sich zu einem Arbeits- und Lebenskonzept, das nicht nur einer kleinen Elite vorbehalten war, sondern sich weiteren sozialen Kreisen öffnete. Diese trugen nun ihrerseits zur Prägung von künstlerisch-kreativer Arbeit bei. Dieser Prozess resultierte zum einen (erneut) auf einer sozialstrukturellen Öffnung künstlerisch-kreativer Erwerbsfelder. Zum anderen allerdings (re-)formierten sich diese gleichfalls als eine vertikale Koalition. Diese bislang eher wenig berücksichtigte Kombination von horizontalen *und* vertikalen Differenzierungsprozessen zeigen insofern Binnendifferenzierungsprozesse von künstlerisch-kreativer Arbeit an, die sich in den 1990er Jahren in den vormals neu entstandenen, künstlerisch-kreativen Erwerbsfeldern als verschärfte Prekarisierung von Arbeits- und Sozialverhältnissen manifestieren.

---

**28** | Zum Vergleich: Im Jahr 2010 waren in der Leiharbeitsbranche 775.703 Menschen tätig (Manske/Scheffelmeier 2014).

**29** | Vgl. allgemein zum Sozialraum und seiner Transformationen Bourdieu (1987: 171ff.) und für die Transformation des Arbeits- und Sozialmodells der BRD insbesondere Vester et al. (2001).

Dass künstlerisch-kreative Arbeit seit den 1970er Jahren nicht mehr auf ein relativ übersichtliches, bürgerliches Milieu beschränkt ist, hängt also unmittelbar mit den Dynamiken des arbeitsgesellschaftlichen Strukturwandels seit den 1960er Jahren zusammen. Dieser wird nun in gebotener Kürze beleuchtet.

### 2.3.1 Sozialstrukturelle Öffnung des sozialen Raums seit den 1960er Jahren

Das nach 1945 in Westdeutschland[30] entstandene Arbeits- und Sozialmodell der Bundesrepublik einer arbeitnehmerorientierten Arbeitsgesellschaft knüpfte kulturell an die konservativ-autoritäre deutsche Tradition an, förderte besonders den konservativen Mittelstand und ein bürgerlich-restauratives Modell der geschlechtsspezifischen Arbeitsteilung. Unter der Ägide eines kulturell disziplinierenden Restaurationsklimas war das gesellschaftliche Zusammenleben bis Mitte der 1960er Jahre dennoch vergleichsweise sozial konfliktfrei (Vester et al. 68ff.).[31] Die späten 1960er und 1970er Jahre waren hingegen eine Zeit,

---

**30** | Die folgenden Ausführungen beziehen sich auf die Wandlungsprozesse im westdeutschen Arbeits- und Sozialmodell. Für die DDR als eine spezifische, sozialistisch geprägte Klassengesellschaft s. Vester/Hofmann/Zierke (1995). Michael Hofmann spricht von einer »soziale[n] Kernstruktur der späten DDR als vom sozialistischen Establishment überwölbte traditionelle Volksmilieus [...], an deren linkem lebensweltlichen Rand modernisierte Milieus von jungen Facharbeitern und alternativen Intellektuellen entstanden waren.« (Hofmann 2009: o.S.). Er hat heraus gearbeitet, dass in der DDR neue Funktionseliten als Ersatz für die entmachtete, bürgerliche Klasse von der sozialistischen Regierung gefördert wurden. So seien in den 1950er und 1960er Jahren eine neue Lehrerschaft, neue Techniker und Wirtschafter sowie führende Verwalter, Sicherheitsleute und politische Funktionäre herangebildet worden. Dieses sozialistische Establishment sei die sozialstrukturelle Besonderheit der DDR, da sie ihrem Staat dankbar für den Bildungsaufstieg gewesen sei und es bis in die 1980er Jahre blieb. Demgegenüber wurden insbesondere die Arbeitermilieus, aber auch die kleinbürgerlichen Lebenswelten konserviert. Dennoch entwickelten sich in der DDR infolge von steigenden Konsummöglichkeiten und durch die Konsumierung westlicher Kulturgüter ab den 1970er Jahren neue soziale Milieus. Diese musikorientierten, subkulturellen Lebensstile verband kaum etwas mit der DDR (ebenda). Sie bildeten subkulturelle Nischen, in denen sie in einem von der Gesellschaft abgeschotteten Raum einen Lebensstil der Künstlerkritik entwickelt haben, wie sich etwa in den Sammelbänden, hg. von Frank Willmann (2012) oder Uwe Warnke und Ingeborg Quass (2009) nachlesen lässt (vgl. auch Zierke 1995).

**31** | Gleichwohl baute die »Arbeitnehmergesellschaft« der 1960er Jahre auf sozial ungleichen, z.B. geschlechtsspezifisch strukturierten Teilhabe- und Lebenschancen auf (Gottschall 2000; Kreckel 1992; Vester et al. 2001). Im Windschatten des »Wirt-

die im Zeichen gesellschaftspolitischer und stark auch kultureller Umbrüche sowie eines beginnenden Transformationsprozesses der Arbeitsgesellschaft standen, in dessen Zuge sich auch der Arbeitsbegriff veränderte (vgl. Böhle 2010a; Voß 2010).[32]

Das sich seit den 1960er Jahren milieuübergreifend verbeitende, »postmaterialistische«, affektiv aufgeladene Arbeitsethos und damit die kulturelle Aufwertung von Expressivität, Authentizität, Originalität etc. wird als das Ergebnis eines mit Individualisierungsprozessen verbundenen gesamtgesellschaftlichen Wertewandels gesehen.[33] Ganz allgemein lässt sich diese historische Phase der Arbeitsgesellschaft, die unter dem Kürzel »Wertewandel« firmiert, als eine Verschiebung des gesellschaftlichen Wertehaushalts von »Pflicht- und Akzeptanzwerten« hin zu »Selbstentfaltungswerten« beschreiben (Kleemann/Matuschek/Voß 2002: 85; Inglehart 1977; Klages 1993). Eine wichtige Voraussetzung dafür sowie für den Wandel von Arbeit und seiner kulturellen Implikationen bildeten fraglos die Wohlstands- und Sicherheitszuwächse zu Zeiten des »Wirtschaftswunders« der 1950er und 1960er Jahre.

---

schaftswunders« prägte sich das Normalarbeitsverhältnis aus (Mückenberger 1985). Untrennbar war es an ein Familienmodell der »Hausfrauenehe« gekoppelt (Kaufmann 1997; Ostner 1995). Obwohl die Frauenerwerbsquote bereits in den 1950er Jahren bei fast 48 Prozent lag, durften Frauen bis zum Jahr 1958 ohne Zustimmung des Ehemanns nicht erwerbstätig sein (Leicht Scholten 2000). Mit dem ersten Bericht der Bundesregierung über die Situation der Frauen in Beruf, Familie und Geschlecht aus dem Jahr 1966 wurde – zwar weit entfernt sich vom traditionellen Frauenbild zu verabschieden – doch langsam anerkannt, dass Frauen häufig einer Lebensorientierung auf Familie und Beruf folgen (Leicht Scholten 2000; Knapp/Becker-Schmidt 2000). In den 1960er Jahren fasste nicht zuletzt aufgrund des Ausbaus des Dienstleistungsbereichs langsam das heute noch gültige Zuverdienermodell – der Ehemann als Versorger, die Frau als Zuverdienerin – gesellschaftspolitisch Fuß (Pfau-Effinger 2000). Seit den 1960er Jahren halten sich jedoch die damals ausgebildeten, geschlechtsspezifischen Arbeitsmarktstrukturen hartnäckig (Gleichstellungsbericht 2011). Sie reflektieren das Muster »einer begrenzten Integration von Frauen in den Arbeitsmarkt« (Gottschall 1995). Die ab den 1960er Jahren diagnostizierten Individualisierungsprozesse beruhen daher auf einer geschlechtsspezifischen Arbeitsmarktindividualisierung (Diezinger 1991).

32 | In der Arbeits- und Industriesoziologie zeichnete sich in den 1980er Jahren eine Neuorientierung des Arbeitsbegriffes ab. Das von Fritz Böhle, G. Günter Voß und Günther Wachtler herausgegebene »Handbuch für Arbeitssoziologie« (2010) betrachtet den Wandel von Arbeit aus unterschiedlichen Perspektiven sowie im Kontext zeitdiagnostischer Bestandsaufnahmen.

33 | Zum Zusammenhang von sozialstrukturellem und kulturellem Wandel vgl. z.B. Beck 1986; Baethge 1994; Müller 1992; Schulze 1992; Vester et al. 2001.

Mit dem Leben in einer materiell eher sorglosen und sozial abgesicherten »Komfortzone« (Mau 2012: 13), veränderten sich die objektiven Lebensbedingungen für die Mehrheitsgesellschaft im Arbeits- und Sozialmodell der alten Bundesrepublik. Der synchrone Ausbau des sorgenden Wohlfahrtsstaates führte zu einer vergleichsweise umfassenden, sozialen Absicherung breiter Gesellschaftsschichten. Es kam zu einer Standarisierung von Lebenslagen, ohne soziale Klassenunterschiede verdampfen zu lassen (vgl. Beck 1983; Kohli 1985).[34] Die gleichwohl damit einhergehende Erweiterung von Lebensführungsoptionen bildete die materielle Grundlage für weitreichende Individualisierungsprozesse, was Mitte der 1980er Jahre von Ulrich Beck in die treffende Metapher des »Fahrstuhleffekts« gegossen wurde (Beck 1986).[35] Im Bild des »Fahrstuhleffekts« werden neue materielle und zeitliche Entfaltungsmöglichkeiten beschrieben: ein »Freisetzungsschub [...] unter Voraussetzung der Teilhabe an Erwerbsarbeit« (ebd.: 124). Erwerbsarbeit wurde auf eine veränderte Weise subjektiviert und kulturell wahrgenommen. Sie wurde als Ressource für die Befriedigung auch soziokultureller Bedürfnisse bedeutsamer (vgl. Baethge 1994; Hörning et al. 1990; Kronauer 2002).

Innerhalb des Horizonts dieses Wertewandels fransten die Konturen traditioneller Lebensformen und Sozialmilieus aus. Die Integration ins Erwerbssystem[36] schuf somit infolge der materiellen Zugewinne die Voraussetzung für einen postmateriellen Wertewandel (Inglehart 1977). Deskriptiv sind diese Prozesse auf wenige empirische Merkmale zuzuspitzen.

---

**34** | Der Wohlfahrtsstaat deutscher Prägung verteilt traditionell nicht zwischen den sozialen Klassen um. Seit den 1960er Jahren sorgte er vielmehr horizontal, d.h. innerhalb einer bestimmten sozialen Klasse für die Lebensstandardsicherung (Kaufmann 1997). Soziale Aufstiegsmobilität war deshalb im Sozialmodell Deutschland einerseits an die klassenspezifische Verortung der sozialen Gruppen in der Sozialstruktur gebunden, wurde andererseits aber durch den Ausbau des Sozialstaates und durch den institutionalisierten Klassenkonflikt (Kreckel 1992) ermöglicht. In eben dieser statusgebundenen plus gerechtigkeitsorientierten Sozialstaatskonzeption liegt wohl die Verlockung, den sorgenden Wohlfahrtsstaat (Vogel 2009) bisweilen normativ zu überhöhen und sozialromantisch zu verklären (Lessenich 2009b: 231).

**35** | »Auch wenn man im Einzelnen«, resümiert etwa Wagner (2008: 317) »viele kritische Einwände gegen die ›Risikogesellschaft‹ vorbringen kann, so hat Beck (1986) dennoch mit diesem Buch einen Weg aufgezeigt, wie man die Wechselwirkungen zwischen dem sozialstrukturellen Wandel der (deutschen) Nachkriegsgesellschaft und der Entstehung neuer kultureller Orientierungshorizonte analytisch fassen kann« (vgl. auch Honneth 2010; Neckel 2005).

**36** | Allerdings war die Integration ins Erwerbssystem geschlechterasymmetrisch strukturiert (Gottschall 1995; Ostner 1995).

1. Materielle Verbesserungen führten dazu, dass sich ständisch geprägte Klassenlagen ein Stück weit enttraditionalisierten und auch die Arbeiterschaft Anschluss an eine kleinbürgerliche Lebensführung erhielt.[37] Arbeitszeitverkürzungen bescherten den vollerwerbstätigen männlichen Industriearbeitern – dem paradigmatischen Subjekt in der wissenschaftlichen sowie politischen Konstruktion als industriegesellschaftlich geprägte Aufstiegsgesellschaft – mehr Zeit (vgl. Vester et al. 2001). In dieser konnten sie ihren eigenen Interessen nachgehen, vom Hobby bis zum politischen Engagement oder Weiterbildung; zum Leidwesen vieler Ehefrauen zählte Hausarbeit in der Regel nicht dazu (vgl. Pross 1984).
2. Der Ausbau des Staats als öffentlicher Arbeitgeber im Dienstleistungs-Sektor erzeugte in den 1960er Jahren eine breite, wenngleich relative, soziale Aufwärtsmobilität. Zudem brachte er die Modernisierung des Hausfrauenmodells und die Etablierung des Zuverdienermodells in Gang, da viele Frauen fortan auf Teilzeitbasis und vorwiegend im öffentlichen Dienst erwerbstätig wurden.
3. Durch die Bildungsexpansion in den 1970er Jahren stieg das allgemeine Bildungsniveau. Dies führte dazu, dass Vertreter_innen modernisierter Arbeitnehmermilieus der mittleren sozialen Mitte und/oder deren Kinder höhere Schulen besuchten oder sogar studierten (vgl. Hillmert 2010; Müller 1998).
4. Auf der Basis einer ausreichenden materiellen Absicherung wurden diese Prozesse von vielen Menschen als sozialer Aufstieg erlebt (Mau 2012: 23).

Gewinner_innen der sozialstrukturellen Öffnung waren vor allem Arbeiter- und Angestelltenkinder. Sie nutzen die neuen Bildungschancen, um andere und oftmals höherqualifizierte Berufe als ihre Eltern zu ergreifen. Damit trugen sie zu einer Herausbildung modernisierter Arbeitnehmermilieus bei (Vester et al. 2001: 387). Durch diese Prozesse hatte sich die soziale Mitte ausgedehnt und strukturell verschiedene Sozialmilieus integriert. Wenngleich sich die klassenkulturell geprägte, kollektive Zugehörigkeit relational *nicht*

---

**37** | In den 1950er und 1960er Jahren konnten sich die Arbeitnehmer die Teilhabe am »Wirtschaftswunder« der Nachkriegszeit durch Arbeitszeitverkürzung, durch höhere Lohn-, Konsum-, Sozial- und Bildungsstandards erkämpfen. Im Rahmen einer konservativ-restaurativen gesellschaftlichen Ordnung wuchs die soziale Mitte und mit ihr das Selbstverständnis einer nivellierten Mittelstandsgesellschaft (Bolte 1966; Schelsky 1953). Die soziale Lage der Facharbeiter und Angestellte stabilisierte sich und auch soziale Gruppen, die traditionell eher dem Arbeiter-Milieu angehörten, konnten in die soziale Mitte aufsteigen (Vester et al. 2001: 72).

verändert hatte, führte dieser sozialstrukturelle Wandel zu einer historisch neuartigen Öffnung des sozialen Raums (Bolte 1966; vgl. Beck 1986: 122).[38] Parallel zu diesen sozialstrukturellen Öffnungen wurde eine beträchtliche Anzahl von Menschen ermutigt, ihre womöglich schon vorher angelegten Lebensentwürfe jenseits einer fordistischen Normalexistenz[39] zu verwirklichen.

### 2.3.2 Relativer Umbau von Mentalitäten und Milieus

In der arbeitnehmerorientierten Arbeitsgesellschaft der 1960er bis 1980er Jahre vollzog sich, korrespondierend mit der Erweiterung von Lebensführungsoptionen und einem sich sukzessive verändernden kulturellen Wertgefüge innerhalb der sozialen Gruppen, ein relativer Umbau von Mentalitäten und Milieus. Dieser relative Umbau blieb nicht ohne Auswirkungen auf »die Lebensführung der Mittelschichten« (Groh-Samberg/Mau/Schimank 2014). Lässt sich grundsätzlich konstatieren, dass diese sich durch eine »investive Statusarbeit« (ebd.: 223) auszeichnet, die durch ein planvolles und vorsichtiges Investitionskalkül gekennzeichnet ist und unter dem kulturellen Verdikt des bürgerlichen, leistungsorientierten sowie planenden Arbeitsethos stattfindet(ebd.: 225), wurde ebendieses Ethos ab den späten 1960er und mehr noch ab den 1970er Jahren in bestimmten Milieus in Frage gestellt. Doch selbstredend folgte dieser Wertewandel »keiner evolutionären Gesetzlichkeit« (Vester et al. 2001: 78ff.). Er führte auch nicht einfach »zur Herausbildung eines neuen Persönlichkeitsideals« (Honneth 2010: 71), das dem des Künstlers nacheifert. Vielmehr ermöglichte die Pluralisierung von Lebensführungsmustern eine milieuspezifische Aneignung von Deutungsschemata, die mit Werten von Selbstbestimmung und Selbstverwirklichung verknüpft wurden (Vester et al. 2001: 79).

---

38 | Kennzeichen dieses Wandels ist auch, dass ab der zweiten Hälfte der 1960er Jahre mehr als zwei Drittel der Bevölkerung in der dicken Mitte der »Bolte-Zwiebel« siedelten. Die sogenannte »Bolte-Zwiebel« wurde in den 1960er Jahren von dem Soziologen Karl Martin Bolte nach den drei Kriterien der meritokratischen Triade Bildung, Beruf, Einkommen entworfen, um die verschiedenen sozialen Schichten darzustellen. Sie wurde unterteilt in Oberschicht, Mittelschicht, Unterschicht und die »sozial Verachteten«. Seitdem steht die »Bolte-Zwiebel« sinnbildlich für das Anwachsen der sozialen Mitte im Sozialmodell Deutschland der Nachkriegszeit. Das Modell wird häufig heran gezogen, um das Schrumpfen der sozialen Mitte seit den 1980er Jahren nachzuzeichnen (Bolte 1966; vgl. z.B. Grabka/Frick 2008; Mau 2012).

39 | Die typische Lebensführung in der fordistisch geprägten Industriegesellschaft lässt sich mit folgenden Stichworten umreißen: Kleinfamilie mit männlichem Alleinverdiener; Betriebstreue und bescheidene Aufstiegsaspirationen; standardisierter Konsum (z.B. Schimank 2012: 24; Mau 2012: 19ff.; Häußermann/Siebel 1987: 14; vgl. auch Baethge 2001; Kaufmann 1997; Schmidt 2010).

Welche gruppenspezifischen Effekte diese Prozesse gesellschaftlicher Enttraditionalisierung im Detail hatten, ist dennoch ein ungleichheitssoziologischer Streitfall.[40] Auf der sozialstrukturellen Ebene ist mithin evident, dass die vorhandenen sozialen Ungleichheiten durch die Erfahrung eines kollektiven »Immer besser«, durch den Ausbau sozialer Sicherheit, durch die Optionen auf einen (gefühlten) sozialen Aufstieg und durch die Verheißungen einer stärker selbstbestimmten Lebensführung legitimiert wurden (vgl. z.b. Mau 2012; Schimank 2012).

Eine lauthalse Rolle für den relativen Umbau von Mentalitäten und Milieus spielten die jugendlichen Protestbewegungen im Umfeld der sogenannten »1968er-Generation« (Siegfried 2008). In diesen Milieus tobten seit der zweiten Hälfte der 1960er Jahre offene Emanzipationskämpfe, die sich nicht nur um die Bewältigung der nationalsozialistischen Vergangenheit drehten. Deren Kämpfe im Spannungsfeld von politischem und kulturellem Aufbruch haben etliche Transformationen angestoßen. Sie spielten eine herausragende Rolle im sozial-moralischen Transformationsprozess der alten Bundesrepublik, und nicht nur dort (Siegfried 2010: 17; Vester et al. 2001: 79; vgl. Sennett 2005: 143ff.).[41] Deren Einstellungsmuster fanden sich vornehmlich in jenen

---

**40** | So erkennt etwa Müller (1992: 33ff.) drei unterschiedliche Individualisierungsthesen, nämlich Individualisierung als biografische Selbstthematisierung, als Spannung zwischen konventioneller Normalbiografie und biografischer Einzigartigkeit sowie als Standardisierung und Differenzierung. Vester et al. (2001) betrachten die ungleichheitssoziologische Diskussion im Spannungsfeld von vertikalen versus horizontalen Ungleichheitsparametern, während Knapp/Klinger (2005) beklagen, dass seit Ende der 1980er Jahren eine »subjektivierte Sozialstrukturanalyse« dominiert habe, so dass strukturelle Konstellationen zu kurz gekommen seien. Seit den 2000er Jahren hat dieser Streit in der deutschen Ungleichheitssoziologie etwas an Schärfe verloren. Die einstmals unversöhnlich scheinenden vertikalen und horizontalen Modelle sind durch die Reaktualisierung der sozialen Frage und ihrer theoretischen Modelle von Teilhabe versus Exklusion um eine weitere Perspektive, nämlich um ein gesellschaftliches Zonenmodell ergänzt worden (v.a. Castel 2000; Kronauer 2002; vgl. Manske 2007a: 17).

**41** | Das Arbeits- und Herrschaftsverständnis, wie es in der Künstlerkritik (Boltanski/Chiapello 2003) gebündelt wird, wurde in der deutschsprachigen arbeits- und industriesoziologischen Literatur zu Beginn der 1990er Jahre als eine ausgeprägt normative Subjektivierung von Arbeit beschrieben (Baethge 1994). Demnach wurden offensive Ansprüche der Persönlichkeitsentfaltung und des emotionalen Bezugs auf Arbeit seitens qualifizierter Arbeitskräfte reklamiert (ebd.: 246, 249), auf die das Management mittels neuer, subjektivierter Steuerungsmodi eingegangen sei, um die Leistungsbereitschaft der Arbeitenden weiter zu nutzen und zu optimieren (vgl. Moldaschl/Voß 2002). In den 1980er Jahren galt eine subjektivierte Arbeitshaltung als »postmaterialistisch« und als Widerstand gegen entfremdete Arbeit. Ihren Akteuren wurde wahlweise ein Status

Berufsgruppen, die Vester et al. (2001) als Bestandteil neuer sozialer Milieus ausmachen. Gemeinsam ist ihnen, dass sie ein Produkt horizontaler Pluralisierungen seit den 1960er Jahren sind (Vester et al. 2001: 386).

Während für die Elterngeneration die Öffnung des Sozialraums seit den 1960er Jahren vor allem das Ende von Mangel und Unsicherheit der Kriegs- und Nachkriegserfahrungen bedeutete, erlebten deren Kinder den gleichen Prozess eher als Emanzipation von klassenspezifischen Bevormundungen und von entsprechenden Restriktionen in der Gestaltung des Lebenszusammenhangs. In deren Selbstverständnis wurde eine Erosion konventioneller bzw. konformitätsorientierter Verhaltensmuster deutlich. Sie zeigte sich in vielfältigen Autonomiebestrebungen, erweiterten Selbstverwirklichungsansprüchen und in der Hinwendung zu neuen, mit im Bourdieu'schen Sinne (Bourdieu 1983) hohem kulturellen Kapital ausgestatteten Berufen (vgl. Vester et al. 2001: 324f., 423). In diesen Milieus ging es darum, ein Leben nach eigenen Maßstäben zu führen, eine autonome, nicht-entfremdete, eben authentische Seinsweise zu erleben. Kritisch eingestellt gegenüber der industriegesellschaftlichen Ordnung von Zeit sowie deren Arbeitsdisziplin entwickelte sich in diesem Zuge auch ein alternativer Begriff von Leistung, »der sich aus subjektiven Bestimmungen speiste und mit hedonistischen Vorstellungen kompatibel war.« (Siegfried 2008: 22).

Phänomenologisch haben diese sozialen Milieus zur Ausdehnung sowie zugleich zur Ausdifferenzierung der sozialen Mitte beigetragen.[42] Deren Eltern stammen aus den mittleren Dienstklassen wie z.B. Händler, mittelständische Unternehmer oder Beamte ebenso wie aus Arbeitnehmermilieus des öffentlichen Dienstes oder Facharbeiter (vgl. Vester et al. 2001: 365). Die Entstehung eines in sich durchaus heterogenen, künstlerisch-kreativen Milieus, aus dem sich bis heute und insbesondere die seit dieser Zeit entstandenen und stark expandierenden Kulturberufe rekrutieren, reflektiert insofern eine Pluralisierung des klassenmilieuspezischen Gefüges des Arbeits- und Sozialmodells der alten Bundesrepublik (vgl. Siegfried 2008: 30). Im hier interessierenden Zusammenhang führte dieser Prozess sukzessive zu einer (Neu-) Formierung künstlerisch-kreativer Milieus, die lange als »postmaterialistisch« eingestellt galten. Genau genommen handelt es sich dabei aber nicht um eine

---

als Zeitpioniere und als Vorreiter einer damals als emanzipatorisch verstandenen Subjektivierung von Arbeit und somit ein Individualisierungszugewinn zugewiesen (vgl. Inglehart 1977; Hörning et al. 1990).

**42** | Vester et al. (2001) identifizieren in ihren Untersuchungen zum Milieuwandel in Westdeutschland fünf verschiedene neue soziale Milieus, die aus der Verschmelzung traditioneller Sozialmilieus hervor gegangen sind: Die Ganzheitlichen, Humanistisch-Aktive, Erfolgsorientierte, neuer traditionsloser Arbeiter-Typus und neuer Arbeiter-Typus (ebd.: 331ff.).

homogene soziale Gruppe, sondern eher um einen Schmelztiegel verschiedener Gruppen mit einem hohen Anteil von Kindern aus modernisierten Arbeitnehmermilieus.

Im Zuge dieser sozialstrukturellen Ausdifferenzierung wurde der bislang auf soziale Nischen beschränkte, anti-bürgerliche, bohemienhafte Habitus[43] der Künstlerfigur von angrenzenden Milieus gleichsam aufgeschlossen. Er wurde indes nicht schlicht übernommen. Vielmehr ist die Tatsache, dass sich ein künstlerähnliches Subjektideal verbreiten konnte, ein soziokultureller Aspekt der umfänglichen Transformationsdynamiken der damals auch in kultureller Hinsicht industriegesellschaftlich geprägten Arbeitsgesellschaft. Martin Baethge hat diesen Aspekt sozialen Wandels in dem Konzept einer normativen Subjektivierung von Arbeit auf den Punkt gebracht (Baethge 1994). Seiner Ansicht sei die Suche nach Selbstverwirklichung im Berufsleben ein Ergebnis gestiegener Bildungsniveaus und längerer Bildungszeiten; kurz gesagt, ein Resultat transformierter Investitionsanstrengungen in die Akkumulation kulturellen Kapitals und insofern Ausdruck neu konstellierter Status-Arbeit. Folge seien gestiegene Ansprüche an (Erwerbs)Arbeit, die in einer Erhöhung der arbeitsbezogenen Sinnansprüche mündet.

»Man will innerlich an der Arbeit beteiligt sein, sich als Person einbringen können und über sie eine Bestätigung eigener Kompetenzen erfahren. Man will sich in der Arbeit nicht wie ein Jedermann, sondern als Subjekt mit besonderen Fähigkeiten, Neigungen und Begabungen verhalten können und die Tätigkeit in der Dimension persönlicher Entfaltung und Selbstverwirklichung interpretieren können.« (Baethge 1994: 262).

Ziel dieser gestiegenen Sinnansprüche an Arbeit sei es, den lohnarbeitstypischen Entfremdungserfahrungen zu entkommen. Insofern wurde der künstlerische Habitus als Alternative zu den vorherrschenden kleinbürgerlichen Lebensweisen und zur fordistischen Normalexistenz neu besetzt. Er

---

**43 |** Habitus wird hier in Anlehnung an Bourdieu als ein Wahrnehmungs-, Denk- und Handlungsschema definiert (Bourdieu 1993a: 101). Er ist ein Erzeugungsprinzip von sozialer Praxis, in dem sich strukturelle Konditionen im Handeln vermitteln. Wie Bourdieu betont, ist der Habitus ein Erzeugungsprinzip neben anderen wie bspw. der ausdrücklichen Norm oder dem rationalen Kalkül (Bourdieu 1992: 99). Unter den Erzeugungsprinzipien von sozialer Praxis ragt der Habitus jedoch als eine »leibhaft gewordene Geschichte« heraus (Bourdieu 1985: 69). Denn in ihm drückt sich die ganze, innere sowie äußere Haltung eines Menschen aus (Vester et al. 2001: 16). Das Konzept des Habitus als Vermittlung von Struktur und Praxis beruht auf vier Momenten. 1.) Inkorporationsannahme, als er unbewusst die Praxisstrategien von Akteuren anleitet. 2.) Unbewusstheitsannahme, als die Menschen 3.) ihren eigenen, sozialisatorisch bedingten Strategien folgen, 4.) Stabilitätsannahme, als die heraus gebildeten Dispositionen über die Zeit hinweg stabil bleiben (Müller 1992: 258).

wurde im Sinne einer normativen Subjektivierung von Arbeit adaptiert, die infolge der lebensweltlichen Ansprüche an Erwerbsarbeit zugleich mit einer Forderung nach mehr Selbstkontrolle einherging.

So wuchsen jene Gesellschaftsmitglieder, die in den 1970er und 1980er Jahren einen künstlerisch-kreativen Beruf ergriffen und zu den steigenden Erwerbstätigenzahlen in diesen Feldern beitrugen, sukzessive in seine sozialen Koordinaten hinein und formten ihn zugleich um. Die erlernten und von Zuhause bzw. die aus dem Herkunftsmilieu mitgegebenen Wahrnehmungs- und Verhaltensmuster wurden auf eine Bewährungsprobe gestellt, die herkunftsbedingten, habituellen Dispositionen ins neue Feld mit hinüber genommen – Bourdieu (1987) beschreibt diesen Mechanismus als Hysteresis-Effekt[44], was entsprechend unterschiedliche Praxisformen erzeugt, da der Wechsel von einem Milieu ins andere eine mentale Umstellung abfordert.[45] Er provoziert bei jenen sozialen Gruppen, die diesen vollziehen, eine »Habitus-Metamorphose« (Vester et al. 2001: 365): Die Betreffenden müssen sich mit ihren Einstellungsmustern und kulturellen Gepflogenheiten um- und auf die neuen Milieugegebenheiten einstellen.[46] Doch da sich die »Traditionslinien der Mentalität«

---

**44** | Der Hysteresis-Effekt umschreibt die Trägheit des Habitus, die dazu führt, dass alte Mentalitätsmuster auch dann noch zur Anwendung streben, wenn sie eigentlich nicht mehr angemessen sind. Bourdieu verdeutlicht diesen Effekt anhand auftretender Diskrepanzen zwischen Erwartungen und Chancen in Bezug auf den Wert von Bildungstiteln. Er formuliert, dass durch »den Hysteresis-Effekt des Habitus, demzufolge auch einem veränderten Stand des Titel-Marktes noch die Wahrnehmungs- und Bewertungskategorien appliziert werden, die einem früheren Stand der objektiven Chancen der Einschätzung entsprachen, sowie die Existenz relativ eigenständiger Märkte, auf denen die Wertminderung der Bildungstitel sich weniger rasch vollzieht.« (Bourdieu 1987: 238).

**45** | Ein Milieuwechsel, in welchen »sozialen Flugbahnen« (Bourdieu 1987) er auch verlaufen mag, entspricht dem Versuch der Individuen, sich auf eine andere Weise als bisher im sozialen Raum zu verorten, was insofern eine Umstellung in dessen Ordnung widerspiegelt. Indikator für eine solche strategische Umstellung ist z.B. die Umstellung von einer ökonomisch-praktischen auf eine ›schöngeistige‹ Bildung (ebd.: 220).

**46** | Diese »transversalen Verlagerungen« (Bourdieu 1987: 220) im sozialen Raum können sowohl auf derselben horizontalen Ebene (z.B. wenn ein Volksschullehrer oder seine Tochter auf eine Modeschule geht und anschließend eine kleine Modewerkstatt eröffnet) als auch auf verschiedenen Ebenen des sozialen Raums vor sich gehen (wenn der Volksschullehrer oder seine Tochter Modedesign an einer Fachhochschule studiert und später ein florierendes Modeunternehmen mit etlichen Angestellten besitzt). Wie der Begriff »Metamorphose« bereits andeutet, handelt es sich dabei nicht um einen voluntaristisch vollzogenen Wechsel von Einstellungsmustern. Man braucht »Zeit um zu begreifen«, wie Bourdieu anmerkt (ebd.: 237). Daher ist eine habituelle Metamorphose immer »gekennzeichnet durch eine Spannung zwischen […] ursprünglich erworbenen

(Vester et al. 2001: 16) nicht einfach abstreifen lassen, trägt der praktische Ausdruck einer habituellen Metamorphose eher Züge aus dem Herkunfts- oder dem Ankunftsmilieu und bildet erst sukzessive Mischformen aus; und das in Abhängigkeit davon, wie gut der Übergang von einem Feld ins andere glückt.

### 2.3.3 Horizontale Differenzierungen und vertikale Koalitionen

Die massive Zunahme von Erwerbstätigenzahlen in künstlerisch-kreativen Erwerbsfeldern ist nicht zuletzt ein Ausdruck einer weitreichenden »Milieu-Mobilität« (Vester et al. 2001: 365), die auch die Lebensführungsmuster ausgewählter Milieus der Mittelschichten veränderte. Denn die Attraktivitätssteigerung von künstlerisch-kreativer Arbeit war von habituellen Übergangsprozessen begleitet, die auf einer partiellen Entkopplung bzw. auf einer veränderten Verkopplung von sozialen Lagen und Mentalitäten beruhen. Ausgehend davon, dass mentale Traditionslinien gewissermaßen mitgeschleppt werden, ist daher zu vermuten, dass künstlerisch-kreative Arbeit bzw. insbesondere jene Felder, in welche die Neuzugänge einströmten, zunehmend auch mit jenen Werten aufgeladen wurde, die diese Neuzugänge von Zuhause mitbrachten – nämlich mit dem von Groh-Samberg/Mau/Schimank (2014) benannten Investitionskalkül, das sich in einer spezifisch investiven Status-Arbeit äußert und von der Option auf sozialen Aufstieg wie gleichermaßen von der Befürchtung eines Statusverlustes angetrieben ist. In der alten Bundesrepublik spielte sich indes jedwede Milieu-Mobilität im Rahmen der damals geltenden Glaubenssätze der industriegesellschaftlichen Arbeitnehmergesellschaft – Wohlstand und Prosperität, Teilhabe sowie ein soziales Aufstiegsversprechen (vgl. Vogel 2009: 11) – ab. Soziale Umstellungsstrategien waren daher gleichfalls Ausdruck einer angestrebten sozialen Aufwärtsmobilität, die sich in dem damaligen gesellschaftlichen Klima entfalten konnte. Insofern war die Expansion künstlerisch-kreativer Erwerbsfelder in dieser Zeit nicht nur Ausdruck einer Verbreitung eines romantischen Subjektideals, sondern angesichts des hohen Prestiges der Künstlerfigur schlicht auch ein spezifisches Abbild des sozialen Aufstiegsversprechens dieser Zeit.

So wurden damals entstehende Formen von künstlerisch-kreativer Arbeit, die sich auf der Grenze von Kunst- und Warenproduktion befinden wie z.B. die Designbranche als Feld der angewandten Bildenden Kunst mit einem künstlerischen Symbolgehalt aufgeladen, obwohl sie eigentlich eine wirtschaftliche Nutzleistung erbringen und als marktgängige Güter formatiert werden

---

Dispositionen und den Idealen und Werten [der, A.M.] neuen Milieuzugehörigkeit.« (Vester et al. 2001: 325). Es handelt sich also um einen allmählich vonstatten gehenden, mentalen Übergang, währenddessen die innere wie äußere Haltung eines Menschen respektive sozialer Gruppen einen Wandel durchläuft.

(Krämer 2014: 380). Zur symbolischen Aufladung von künstlerisch-kreativer Arbeit wie aber auch zu ihrer Kommerzialisierung und zur Veralltäglichung sowie zur Entidealisierung der Sozialfigur des Künstlers trug das neue Personal einer wachsenden Anzahl von künstlerisch-kreativen Erwerbsfeldern bei. Zugleich wurden dadurch die traditionellen Grenzen künstlerisch-kreativer Arbeit nicht nur strukturell erweitert, sondern auch kulturell verschoben.

Allerdings formierten sich die neuen künstlerisch-kreativen Milieus auch als eine vertikale Koalition. Wenngleich in der Regel zurecht auf das überdurchschnittliche Bildungsniveau in künstlerisch-kreativen Erwerbsfeldern hingewiesen wird (z.b. Betzelt 2006; Henninger/Mayer-Ahuja 2005; Manske 2007a), wird in diesen Feldern ebenso die in der Öffentlichkeit allgemein breit diskutierte Verkopplung von Bildungsverläufen und sozialer Herkunft deutlich; freilich beziehen sich die allgemeinen Diskussionen nicht auf soziale Differenzierungen in künstlerisch-kreativen Erwerbsfeldern (vgl. Allmendinger/Nikolai 2006).[47] Nichtsdestoweniger kristallisierte sich der Kulturberuf namens »angewandte bildende Kunst« in den 1970er Jahren heraus. Heute verbirgt sich dahinter im Wesentlichen das Berufsbild »Designer_in«. Sie ist eine marktorientierte *und* statusniedere Variante des mit hohen künstlerischen Weihen versehenen, freien Bildenden Künstlers. Die Ausdifferenzierung des Berufsbildes von Bildenden Künstler_innen verweist daher auf bereits in den 1970er Jahren beginnende, vertikale Ordnungsprozesse von künstlerisch-kreativer Arbeit in Abhängigkeit von der sozialen Herkunft. In gewisser Weise werden darin die traditionellen Konstellationen und insofern jeweils die soziale Herkunft ihrer Repräsentant_innen reproduziert, unabhängig davon, ob es sich dabei um einen relativen Aufstieg oder um einen relativen Abstieg handelt. Heute äußern sich die langen Wellen dieser Konstellationen nicht zuletzt in der zwar akademisch geprägten, aber dennoch eher mittleren kulturellen Kapitalausstattung vieler Designer_innen. Zudem ist deren kulturelle Kapitalausstattung von sozialen Gegensätzen geprägt. Während zwar der größte Anteil ihrer Akteur_innen einen Fachhochschulabschluss aufweist und insofern gleichsam auf bildungspolitische Öffnungsprozesse respektive auf vertikale soziale Mobilitätsprozesse seit den 1970er Jahren verweist, mündet ein beträchtlicher Teil ihrer Akteur_innen per Quereinstieg oder gar ohne akademische Ausbildung ins Feld (Schaffrina 2014: 6).

Sozialerhebungen haben zudem wiederholt unterstrichen, dass die Eltern von Studierenden an Universitäten beruflich höher qualifiziert sind, als die Eltern von Studierenden an Fachhochschulen. Aktuelle Berichterstattungen zeigen, dass gut 40 Prozent der Studierenden an Universitäten aus Haushal-

---

**47** | Dass Bildungs- und Arbeitsmarkterfolg in Deutschland anhaltend vom familiären Hintergrund der Einzelnen abhängen, hat in jüngerer Zeit erneut etwa Daniel Schnitzlein auf Basis von SOEP-Daten belegt (Schnitzlein 2013).

ten mit einem ebenfalls universitären Bildungsabschluss kommen, während nur 14 Prozent aus einem Elternhaus stammen, in dem ein Fachhochschulabschluss der höchste Bildungsabschluss ist. Umgekehrt ist zwar auch bei Fachhochschulstudierenden der höchste elterliche Bildungsabschluss ein Universitätsabschluss; er liegt aber mit 23 Prozent deutlich unter jenem von Studierenden an Universitäten, während 15 Prozent aller FH-Studierenden aus einem Elternhaus stammen, in dem ein FH-Abschluss der höchste Bildungsgrad ist. Zudem werden 61 Prozent aller Studierenden an Fachhochschulen die berufliche Qualifikationsstufe ihrer Eltern übertreffen, sofern sie ihr Studium erfolgreich abschließen (Middendorff et al. 2013: 83ff.).

Untersuchungen zum Zusammenhang von Bildungserfolg und soziale Herkunft legen daher die Schlussfolgerung nahe, dass sich insbesondere in jenen »neuen« kreativen Berufen, die wie die Designbranche stärker von einer FH-Ausbildung z.B. im Studienbereich »Gestaltung« als von einer universitären Ausbildung an einer Kunsthochschule geprägt sind, eher die Kinder der sogenannten Bildungsaufsteiger finden als Abkömmlinge der Bildungs- und Wirtschaftselite (vgl. Schulz/Zimmermann/Hufnagel 2013: 76). Die Tatsache, dass fast zwei Drittel aller FH-Absolvent_innen das Bildungsniveau ihrer Eltern übertreffen werden, zeugt zudem von dem allseits bekannten Muster, dass sich Aufstiegshoffnungen dann erfüllen, wenn die Aneignung kulturellen Kapitals in eine gegenüber der Ausgangslage höhere Statusposition mündet – oder zumindest diese Erwartungen schürt (Kraemer 2010: 205). Insofern lässt sich weiter schlussfolgern, dass sich gerade in den ab den 1970er Jahren neu entstandenen, kreativen Berufen die Glaubensvorstellung an einen meritokratischen, herkunftsunabhängigen Zugang zu begehrten Ressourcen und attraktiven sozialen Positionen widerspiegelt (vgl. Kreckel 1992). Offen muss an dieser Stelle zunächst bleiben, ob diese Bildungsanstrengungen heute noch von einem sozialen Aufstiegswillen angetrieben sind oder ob sie im Falle von Vertreter_innen der neuen sozialen Milieus, d.h. angesichts von deren Herkunft aus einer recht komfortablen Position der sozialen Mitte möglicherweise eher auf eine »intergenerationale Statusreproduktion« (Kraemer 2010: 223) ausgerichtet sind.

Dass sich künstlerisch-kreative Arbeit in dieser arbeitsgesellschaftlichen Phase, d.h. seit den 1970er Jahren auch als eine vertikale Koalition formiert hat, scheint mir ein bislang unterschätzter Faktor bei der Betrachtung neuer kreativer Berufe wie z.B. der angewandten Bildenden Kunst zu sein. Dies ist aber insofern von Relevanz, als dass es sich bei der Designbranche um einen der beliebtesten Kulturberufe handelt und zugleich um einen, der sich auch mit binnendifferenziertem Blick durch eine überdurchschnittliche Quote von freiberuflichen und insofern strukturell prekären Erwerbsformen auszeichnet. Im sozialhistorischen Horizont zeigen sich in diesen Prozessen durchaus Parallelen zur sozialen Re-Formierung des Kunstfeldes im 19. Jahrhundert.

Denn auch damals pluralisierte sich dessen Klientel und kristallisierten sich parallel zur Öffnung des Feldes neue Ungleichheitskonstellationen heraus, wie in Kap. 2.2 gezeigt wurde. Wenngleich sich die Entwicklungen seit den 1970er Jahren aus zeithistorisch spezifischen Dynamiken speisen, lässt sich doch in Anlehnung an Ruppert (1998) konstatieren, dass sich die hier exemplarisch betrachtete Designbranche durch einen recht hohen Anteil eines »Künstler-Proletariats« (ebd.: 198), d.h. durch Quereinsteiger_innen ohne jeglichen Berufsabschluss und mit einem von Hause aus eher arbeitnehmerorientierten Habitus ausweist.

Festzuhalten ist: Die Ausdehnung von künstlerisch-kreativer Arbeit in den sozialen Raum ist durchaus bezeichnend für den sozialen Wandel des Arbeits- und Sozialmodells der alten Bundesrepublik. Aus einer sozialstrukturellen Perspektive besehen, sind die Akteur_innen künstlerisch-kreativer Erwerbsfelder daher nicht in erster Linie Vorreiter für neue Arbeits- und Lebensmodelle, wie etwa Haak/Schmid (1999) reklamieren, sondern eher Resultat *und* Akteur_innen von allgemeinen, aber weitreichenden sozialen Wandlungsprozessen. Zugleich geben künstlerisch-kreative Erwerbsfelder ein Bild »strukturierter Heterogenität« (Vester et a. 2001: 364) ab, insbesondere seitdem sie sich in alle möglichen Richtungen ausdehnen. Ab den 1960er/1970er Jahren mussten sich jedoch die Vertreter_innen dieser neu entstehenden, künstlerisch-kreativen Milieus zunächst einmal mit der von sozialen Unsicherheiten und dem bis dato wohlfahrtsstaatlich nicht regulierten Status von künstlerisch-kreativer Arbeit vertraut machen; und zwar nicht nur kulturell. Vielmehr waren die Neuzugänge in diese Milieus mit einer alltäglichen Ökonomie konfrontiert, welche künstlerisch-kreative Arbeit aufgrund ihres bis dato sozial völlig unabgesicherten Charakters mit sich brachte. Ab Mitte der 1960er Jahre indes wurde deren habituelle Umstellung wohlfahrtsstaatlich abgestützt.

Ein begünstigendes Moment für den sozialstrukturellen Bedeutungsgewinn von künstlerisch-kreativer Arbeit liegt daher in einem sukzessive einsetzenden, wohlfahrtsstaatlichen Engagement zur sozialpolitischen Absicherung von im weiten Sinne Kulturschaffenden.

### 2.3.4 Eine wohlfahrtsstaatlich schutzbedürftige Arbeit

Künstlerisch-kreative Arbeit war bis in die 1960er Jahre kein Gegenstand der deutschen Sozialpolitik. Aus historischen Gründen gilt die Arbeiterfrage als ihr Leitproblem (Kaufmann 2003: 259). Sozialpolitik deutschen Zuschnitts war traditionell auf die soziale Sicherung des industriellen, männlich geprägten Normalarbeitsverhältnis' ausgerichtet. Sie war dem normativen Ziel verpflichtet, den Sozialbürger (Marshall 1992) zu versorgen und durch die staatliche Umverteilung ungleicher Markteinkommen sowie durch De-Kommodifizierungsmaßnahmen von materieller Not zu befreien (Dingeldey 2006: 4, vgl.

Esping-Andersen 1985). Die industriegesellschaftlich geprägte, (west)deutsche Sozialpolitik zeichnete sich also vorrangig durch einen Ausbau kompensatorischer sozialer Sicherungsmaßnahmen und arbeitsrechtlicher Schutzbestimmungen des individuellen Arbeitsverhältnisses im Industriesektor aus. Akteur_innen künstlerisch-kreativer Erwerbsfelder führten demgegenüber lange ein sozialpolitisches Schattendasein. Im Kontext eines kulturellen Leitbildes der Industriegesellschaft galt künstlerisch-kreative Arbeit, wie wir sahen, als Schonraum der bürgerlich-kapitalistischen Gesellschaft, in dem ökonomische Verwertungszwänge vermeintlich außer Kraft gesetzt waren (vgl. dazu Kap. 2.1). Zudem wurde sie analog des Paradigmas der staatlichen Enthaltsamkeit gegenüber den Künsten nicht als Arbeit im industriegesellschaftlichen Sinne betrachtet (Voß 2010: 29). Nichtsdestoweniger gilt die Hochphase des sorgenden Wohlfahrtsregimes der Nachkriegsjahrzehnte manchen als der Inbegriff sozialer Sicherheit sowie der erfolgreichen politischen Bearbeitung der sozialen Frage (vgl. z.B. Castel 2000; Dörre 2009c; Kaufmann 1997; Kronauer 2002; Lessenich 2009a).

Doch Mitte der 1960er Jahre, und damit in der Hochphase des sorgenden Wohlfahrtsstaats[48], wurde eine paradigmatische Wende eingeleitet. Künstlerisch-kreative Arbeit wurde als ein sozialpolitisch regulierungsbedürftiges Politikfeld entdeckt und wohlfahrtsstaatlich als Erwerbsarbeit anerkannt (Schnell 2007: 58ff.). Die zudem in den 1970er Jahren vom Bundesarbeitsministerium beauftragten Untersuchungen zur Soziallage von Künstlern beförderten ihrerseits deren sozialpolitische Inklusion, wie in Kap. 2.1 bereits angerissen wurde (vgl. Fohrbeck/Wiesand 1972, 1975). Kunst wurde nun als Erwerbsarbeit anerkannt.

Mit der Entdeckung von künstlerisch-kreativer Arbeit als wohlfahrtsstaatlich schutzbedürftige Arbeit ging aufgrund der engen Verknüpfung von Erwerbsarbeit und sozialer Absicherung im deutschen Wohlfahrtsregime (Lessenich/Ostner 1998) also ein Perspektivwechsel einher. Mit dem steigenden, wohlfahrtsstaatlichen Engagement veränderten sich synchron die Arbeits- und Produktionsbedingungen. Es begann der Ausbau kompensatorischer sozialer Sicherungsmaßnahmen und arbeitsrechtlicher Schutzbestimmungen künstlerisch-kreativer Arbeitsverhältnisse. Analog zur Ausweitung des öffentlich regulierten Dienstleistungssektors und unter der normativen Annahme eines Wandels zur Dienstleistungsgesellschaft (Fourastié 1954; Häußermann/Siebel

---

**48** | Der Wohlfahrtsstaat wird hier als ein gesellschaftlicher Akteur und geschichtliches Produkt konflikthaft geordneter, gesellschaftlicher Verhältnisse im Spannungsfeld von Markt-Staat-Familie verstanden, in dessen Rahmen soziale Beziehungen, Lebensführungsmuster sowie soziale Konflikte um Anrechte und Benachteiligungen von gesellschaftlicher Teilhabe strukturiert werden (vgl. Esping-Andersen 1985; de Swaan 1993; Kaufmann 1997, 2003; Kronauer 2002; Lessenich 2008, 2009; Vogel 2009).

## 2. Künstlerisch-kreative Arbeit im arbeitsgesellschaftlichen Strukturwandel

1995) wurde dieses Feld auch um die soziale Gruppe der Publizisten erweitert und die sozialpolitische Hilfskonstruktion der »Kulturdienstleister« eingeführt, auf dessen Basis Kulturschaffende in besonderer Weise als arbeitnehmerähnlich definiert wurden (vgl. Fohrbeck/Wiesand 1975). Gleichfalls wurde ihnen sowohl gegenüber anderen Selbstständigen als auch gegenüber abhängig Beschäftigten ein Sonderstatus eingeräumt.[49] Darüber hinaus gewann auch im Kulturbereich »der Staat als Arbeitgeber [...] an Bedeutung« (Vogel 2010: 921). Der öffentlich geförderte Kulturbereich expandierte in dieser Phase sorgender Wohlfahrtsstaatlichkeit. Er schuf in einem bislang unbekannten Ausmaß sozialversicherungspflichtige Beschäftigungsverhältnisse, obgleich in wesentlich kleinerer Größenordnung als der öffentliche Dienst und bei einem traditionell hohen Anteil Selbstständiger/freiberuflicher Arbeitsverhältnisse (vgl. Haak/Schmid 1999).

Als wesentliche Etappen bzw. Zäsuren wohlfahrtsstaatlicher Intervention zur sozialpolitischen Absicherung von künstlerisch-kreativer Arbeit erkennt Schnell (2007)

1. Die Reform des Urheberrechts im Jahr 1965, wodurch kreative (Arbeits-) Leistungen zu einem klagefähigen Tatbestand wurden.
2. Die Anerkennung der Tariffähigkeit arbeitnehmerähnlicher Künstler im Jahr 1974, was im öffentlichen Rundfunkbereich den Status des festen freien Mitarbeiters tarifpolitisch verankerte und arbeitsrechtlich einhegte (Gottschall 1999).
3. Die wichtigste sozialpolitische Reform war die Einführung der Künstlersozialversicherung (KSK) im Jahr 1981. Damit wurden freiberuflich arbeitende Künstler und Publizisten erstmals in das allgemeine System der Sozialversicherung integriert und damit ein Stück weit aus dem sozialpolitischen Abseits heraus in den Wohlfahrtsstaat hinein geholt (vgl. Schnell 2007; Kap. 2.1). Kernstück dieser Konstruktion bleibt aber die aus dem 19. Jahrhundert stammende Definition des Künstlers als individuelles Talent mit schöpferischem Anteil (Manske/Schnell 2010).[50]

---

**49** | Dieser Sonderstatus bezog sich etwa im Falle von sozialversicherungspflichtig Beschäftigten auf verkürzte Anwartschaftsfristen bei der Erwerbslosenunterstützung sowie darauf, dass die KSK von Beginn an eine Pflichtversicherung für Selbstständige Kulturschaffende war, allerdings mit institutionell eingebauter, einkommensabhängiger Befreiungsoption von der Versicherungspflicht (§ 7 KSVG). Für freiberuflich tätige Kulturschaffende stellt seitdem die Mitgliedschaft in der KSK das entscheidende Bindeglied, quasi die Nabelschnur zum Sozialversicherungsstaat dar.

**50** | Die Künstlersozialkasse umfasst die Kranken-, Renten- und Pflegeversicherung, aber keine Arbeitslosenversicherung. Sozialversicherungsrechtlich ist die KSK eine bedingte Pflichtversicherung auf Antrag. »Bedingt«, weil die KSK mit Beitragsbemes-

Im Vergleich zur sozialen Absicherung des Industriearbeiters blieb die soziale Absicherung von Kulturschaffenden in der Bundesrepublik zwar auch in dieser Phase weitgehend in die Eigenverantwortung und Selbstregulation der Akteur_innen verwiesen. Gleichwohl wurden Kulturschaffende im weiten Sinne zu schutzbedürftigen Sozialbürgern erklärt (Manske 2013; vgl. Marshall 1992), was auf die damals typische Verschränkung von sozialen und ökonomischen Handlungsrationalitäten im deutschen Wohlfahrtsregime verweist; zeichnete sich der keynesianisch geprägte Interventionsstaat doch durch »eine doppelte – ökonomisch-soziale – Verantwortungsübernahme« aus, welche die Ausweitung der Staatstätigkeit normativ erforderte (Lessenich 2009a: 157). Allerdings war diese doppelte Verantwortungsübernahme insoweit eingeschränkt, als der KSK-Versicherungsschutz nicht allein durch einen arbeitsrechtlichen Arbeitsstatus gewährleistet war und ist; die sozialpolitische Inklusion war von Beginn an ein institutionell anzuerkennendes, durch künstlerisch-kreative Arbeit erzieltes Einkommen gebunden. Die ökonomisch-soziale Verantwortungsübernahme für Kulturschaffende war insofern zwar sowohl eingeschränkt als auch an die klassifizierende Architektur deutscher Wohlfahrtsstaatlichkeit gekoppelt.[51] Das historische Spezifikum der sozialpolitischen Absicherung von

---

sungssätzen und daher mit einer Ausstiegsklausel ab einer bestimmten Einkommenshöhe operiert. »Auf Antrag«, weil Versicherungsberechtigte einen Aufnahmeantrag stellen müssen. Aufnahmekriterium ist nach §2 KSVG, dass die künstlerische Tätigkeit selbstständig und erwerbsmäßig ausgeführt wird. Als erwerbsmäßig gilt eine Tätigkeit dann, wenn mit ihr auf der Basis einer eigenschöpferischen Tätigkeit ein Mindesteinkommen von derzeit 3.900 Euro jährlich erzielt wird. Berufsanfänger werden auch dann versichert, wenn sie dieses Mindesteinkommen nicht erzielen. Diese Vergünstigung ist auf die ersten drei Jahre seit erstmaliger Aufnahme der selbstständigen künstlerischen oder publizistischen Tätigkeit begrenzt. Die Finanzierungsstruktur der KSK beruht auf drei Säulen, nämlich auf den Versicherungsbeiträgen (20%) und als Pendant zum Arbeitgeberanteil auf der Künstlersozialgabe (30%), die von den Verwertern künstlerischer und publizistischer Leistungen zu entrichten ist sowie den staatlichen Zuschüssen (20%) (Enquete-Bericht 2007: 298).

**51** | Die institutionelle Ausgestaltung der KSK baut auf der industriegesellschaftlichen Normalitätsannahme einer lebenslang kontinuierlichen Erwerbsform auf. Zudem war sie von der Annahme geprägt, dass auch künftig nur ein verschwindend kleiner Anteil der Erwerbsbevölkerung seine Existenz mit künstlerisch-kreativer Arbeit bestreitet und der Kulturarbeitsmarkt eine Nische bleibe. Auf dieser institutionellen und semantischen Basis wurde die Arbeitsmarktlage von Kulturschaffenden seit den 1960er Jahren wohlfahrtsstaatlich eingehegt sowie die historische Gestalt des deutschen Wohlfahrtsregimes einerseits flexibilisiert und auf selbstständig tätige Kulturschaffende ausgeweitet. Akteur_innen künstlerisch-kreativer Erwerbsfelder wurden somit historisch erstmalig wohlfahrtsstaatlich inkludiert. Zugleich entsprechen die

Kulturschaffenden im sorgenden Wohlfahrtsstaat liegt gleichwohl darin, freischaffende Künstler und Publizisten in der Gruppe der *Kulturberufe* zusammenzufassen, »sie in einem wirtschaftlichen Abhängigkeitsverhältnis zu verorten und von einer gesellschaftsfernen Symbiose in eine wohlfahrtsstaatliche Solidargemeinschaft« zu überführen (Schnell 2007: 232).

Die Anziehungskraft von künstlerisch-kreativer Arbeit ab den 1970er Jahren wurde daher von der wohlfahrtsstaatlichen Bearbeitung von zwei zentralen moralischen Problemlagen einer kapitalistisch organisierten Gesellschaft flankiert – wie nämlich Bedürfnisse nach Autonomie und sozialer Sicherheit in Einklang gebracht werden können (vgl. Boltanski/Chiapello 2003: 53). Indem sich infolge des Ausbaus öffentlicher Kulturinstitutionen inklusive der Schaffung abhängiger Beschäftigungsverhältnisse und steigender Kuluretats im Verlauf der 1970er Jahre im öffentlich finanzierten Kultursektor Erwerbsoptionen entwickelten, die nicht nur künstlerische Freiheit, sondern auch sozial relativ abgesicherte Arbeit boten (vgl. Gottschall 1999), wurden gewissermaßen die Autonomieerwartungen von künstlerisch-kreativen Akteur_innen mit deren Wünschen nach sozialer Sicherheit versöhnt.

Vor diesem Hintergrund also einer Kombination einer allgemein guten Wirtschaftslage und insbesondere im Zusammenhang von sozialen Aufstiegsoptionen oder zumindest -versprechen und der ab den 1980er Jahren vollendeten, berufsgruppenspezifischen Einbeziehung in die wohlfahrtsstaatliche Absicherung sind die Erwerbstätigenzahlen im Kunst- und Kulturbereich in der alten Bundesrepublik zwischen 1978 und 1995 um 70 Prozent gestiegen.

### 2.3.5 Zur Entzauberung von künstlerisch-kreativer Arbeit

Bis hierhin wurde deutlich, dass der Strukturwandel von künstlerisch-kreativer Arbeit seit den 1960er Jahren auf einer synchron ablaufenden horizontalen *und* vertikalen Strukturierung des Feldes beruhte, die sukzessive wohlfahrtsstaatlich abgefedert wurde. Doch erst aus heutiger Sicht wird offensichtlich, dass der Strukturwandel von künstlerisch-kreativer Arbeit seit den 1960er Jahren nicht nur mit einer sozialen Öffnung ihrer Felder einherging. Ausdruck der synchron ablaufenden horizontalen und vertikalen Differenzierungsprozesse ist auch, dass in dieser Zeit grenzüberschreitende Felder entstanden, wie z.B. Werbung und Kunst[52] sowie Erwerbsbereiche, die sich nicht nur einem,

---

institutionellen Konstruktionsprinzipien der KSK aufgrund der einkommensabhängigen Option auf Befreiung von der KSK-Versicherungspflicht der klassifizierenden Architektur deutscher Wohlfahrtsstaatlichkeit (vgl. Schnell 2007).

**52** | In der Werbebranche ist die Spannung, inwieweit Werbung einen künstlerischen Anspruch hat oder ausschließlich ökonomischen Verwertungsmaßstäben unterliegt, einer der feldkonstituierenden Streitpunkte. Institutionell wird dieser Konflikt differen-

sondern zwei oder mehr Feldern zuordnen lassen, wie z.B. Architektur oder Design (Reckwitz 2012: 123). Akteur_innen künstlerisch-kreativer Erwerbsfelder sind insofern heute nicht mehr nur in den klassischen Kunstfeldern Bildende und Darstellende Kunst, Musik und Schrift, sondern auch in angrenzenden Feldern wie z.b. der angewandten Bildenden Kunst tätig (Wiesand 2006: 12). Dort produzieren sie nicht notwendigerweise im herkömmlichen Sinne »reine« Kunst, die ökonomisch zweckfrei ist und vorrangig der idealistischen Erbauung eines bürgerlichen Publikums dient (vgl. Kap. 2.1, 2.2). Vielmehr stehen diese Arbeitsformen in einer Grenzzone von wirtschaftlicher Warenproduktion und künstlerischem Tun. Infolge dieser strukturellen Veränderungen und der damit einhergehende Transformation der Künstlerfigur wird auch die klassische, bürgerliche Klassifizierung von Hoch- und Unterhaltungskultur prekär bzw. durchlässig (Söndermann 2007).[53]

Ève Chiapello beschreibt diesen Prozess aus einem Blickwinkel des Prestigeverlusts klassischer Künstler als »Trivialisierung« als eine wesentliche Grundlage für die normative Krise der Künstlerkritik. Sie habe zu einer »Zerstörung des früheren Künstlerbildes« geführt (Chiapello 2010: 48). An dieser Zerstörung hätten die Akteur_innen ihren Anteil, denn viele zeitgenössische Künstler würden es ablehnen, »ihre Arbeit als das Produkt einer spontanen Inspiration zu charakterisieren« (ebd.: 45). Vielmehr würden sie die Mühsal und Plage betonen, die Arbeit gleichfalls mit sich bringt. In Frage gestellt, und zwar von den Akteur_innen selbst, würde damit die religiös überhöhte Anschauung, die künstlerisches Schaffen und künstlerisch-kreative Arbeit seit Kant zukommt. Reckwitz (2010) spricht im gleichen Zusammenhang von einer »Entmythologisierung des Künstlers als kreativem Subjekt« (ebd.: 99).[54]

---

ziert bearbeitet. So existieren etwa verschiedene, unterschiedliches Renommée einbringende Wettbewerbe. Es werden in der Werbebranche sowohl ökonomisch orientierte als auch künstlerisch motivierte Awards vergeben (vgl. Koppetsch 2006a).

53 | So erklärt sich beispielsweise, warum der Künstlerkatalog der Künstlersozialkasse, d.h. jener Katalog, in dem die versicherungsfähigen Berufe der Künstlersozialkasse verzeichnet sind, inzwischen auf mehr als 110 Berufe angewachsen ist (vgl. »Satzung« der KSK, bzw. Schulz/Zimmermann/Hufnagel 2013: 176ff.).

54 | Am Beispiel eines Films über den US-Amerikanischen Maler Jackson Pollock aus dem Jahr 1951 verdeutlicht Reckwitz (2010) den sozialen Wandel des Künstlerbildes, der sich als eine Veralltäglichung des Arbeitsprozesses beschreiben lässt, nach Chiapello (2001) eine »Trivialisierung« und insofern pejorativ als Prozess beschrieben, während dem Künstler ihre gesellschaftskritische Kraft aufgeben (noch dazu freiwillig!). Dagegen verarbeitet Reckwitz (2010) den gleichen Vorgang vergleichsweise unaufgeregt. Einerseits würde das Bild vom Künstler zwischen Genie und Wahnsinn zerstört, da der Künstler auch als »Arbeiter« (ebd.: 102) inszeniert wird, der nicht nur kontemplativ, sondern auch körperlich äußerst aktiv in den Produktionsprozess eingebunden ist.

## 2. Künstlerisch-kreative Arbeit im arbeitsgesellschaftlichen Strukturwandel 85

Chiapello hingegen ist auf der Suche nach dem »widerständigen Kern« (Chiapello 2010: 50) von Künstlern. Ein Wiedererstarken der Künstlerkritik hält sie nur dann für möglich, sofern sich Künstler_innen gesellschaftspolitisch einmischen und »gegen die Kommodifizierung von Werten, die sich der Logik des Geldes eigentlich entziehen« (ebd.: 50) protestieren. Wenngleich beide Autor_innen aus völlig unterschiedlichen Richtungen und mit quasi diametralen Absichten auf die Sozialfigur »Künstler« blicken, kommen sie doch zu einem identischen Ergebnis, das sich als Umkodierung von einer anti-bürgerlichen Ausnahmefigur zum performativen Marktsubjekt pointieren lässt (vgl. auch Bröckling 2010)

Über diese Umkodierung hinaus entspricht der hier und oben beschriebene Strukturwandel von künstlerisch-kreativer Arbeit einer *Entzauberung* im Weber'schen Sinne. Und zwar sowohl von der Idee, dass künstlerisch-kreative Arbeit einem Geistesblitz des Künstlergenies entspringt, das weniger talentierte Menschen nicht schaffen können als auch eine Entkräftung der Idee vom Künstler als intellektuellem Ausnahmesubjekt, der sich in einer grundsätzlichen, oppositionellen Haltung gegenüber der Gesellschaft befinde und dessen Position nicht allgemein zugänglich sei.[55]

Insgesamt büßte künstlerisch-kreative Arbeit, beginnend in den 1970er Jahren einen Teil ihres elitären und religiös aufgeladenen Nimbus ein. Dass

---

Indem ein Künstler, exemplarisch diskutiert am Beispiel des Malers Pollock, nicht nur sinnierend vor einer Staffelei steht, sondern sich einer Technik bedient, die als »drip« bzw. »action painting« bekannt wurde, verausgabt er sich auch körperlich, bekommt auf diese Weise Attribute eines körperlich arbeitenden Arbeiters und entzaubert auf diese Weise gewissermaßen die Idee vom künstlerischen Genie (vgl. Reckwitz 2010: 100). Neben einem industriegesellschaftlich angehauchten Arbeitsbegriff wird andererseits aber auch eine expressive, intuitive Verausgabung von Arbeitskraft betont. Diese gebrochene, expressive Inszenierung – man könnte auch von einer Performance als Künstler sprechen – schließt einerseits an das klassische Künstlerbild an und öffnet es andererseits, trivialisiert es. Während indes Chiapello (2010) die Zerstörung des klassischen Künstlerbildes bedauert, weil sie darin eine Ursache für die »Schwächung der Künstlerkritik« (ebd. 38ff.) sieht, ist es Reckwitz weniger um eine praktische Gesellschaftskritik zu tun, als um die theoretische Frage von Subjekt-Formationen (vgl. Reckwitz 2006, 2012). Er diagnostiziert eine »postmoderne Normalisierung« (Reckwitz 2010: 110) der kreativen Praxis.

**55** | In seinem Vortrag über Wissenschaft als Beruf im Jahr 1919 hat Weber die Entzauberung der Welt durch Intellektualisierung und Rationalisierung beschrieben (Weber 2002). »daß man, wenn man n u r w o l l t e, es jederzeit erfahren k ö n n t e, daß es also prinzipiell keine geheimnisvollen unberechenbaren Mächte gebe, die da hineinspielen, daß man vielmehr alle Dinge – im Prinzip – durch B e r e c h n e n b e h e r r s c h e n könne. Das aber bedeutet: die Entzauberung der Welt.« (Weber 2002: 488, H.i.O.).

der künstlerische Schaffensprozess durchaus rational-methodisch geplant, handwerklich unterlegt ist und zugleich in einer gewissen »Ekstase« (Thomä 2010: 164) ausgeführt werden kann, ist zudem offenbar kein unversöhnlicher Widerspruch, sondern Teil dieser Entzauberung. Ein weiterer Aspekt dieser Entzauberung ist, dass sich die Tätigkeiten ebenso wie die Akteur_innen nicht mehr unbedingt eindeutig differenzierten Funktionsgruppen zuordnen lassen, sondern eben auch hybride Formen hervorbringen (Steets 2008: 53). Aber ebenso mündet die Entgrenzung der verschiedenen künstlerisch-kreativen Erwerbsfelder und die semantische Ausdehnung auf sogenannte »Kulturdienstleister« (Betzelt 2006) in den 1980er Jahren in einen sozialpolitisch relevanten, insofern rational zugänglichen, weiten Begriff von künstlerisch-kreativer Arbeit. Dieser weite Begriff ist auch auch heute noch die definitorische Grundlage für ihre wohlfahrtsstaatliche Regulierung.

Dass heute von der »Kultur- und Kreativwirtschaft« gesprochen und darunter sämtliche künstlerisch-kreative Arbeit subsumiert wird, ist insofern nicht allein die rhetorische Erfindung eines (regierungs-)politischen Diskurses seit den 1990er Jahren (vgl. Loacker 2010: 93ff.). Vielmehr bildet sich darin eine Entgrenzung und Pluralisierung, eine Entzauberung von künstlerisch-kreativer Arbeit ab, die im arbeitsgesellschaftlichen Strukturwandel und der weitreichenden Transformation des Sozialraums seit den 1960er Jahren angelegt ist. In der Konsequenz trugen diese Prozesse, anknüpfend an sozialhistorische Traditionen der sozialstrukturell positional ungenauen Lage von künstlerisch-kreativen Erwerbsfeldern, zu einer weiteren »Ausdehnung einer Sphäre *sozialstruktureller Unbestimmheit*« (Berger 2009: 369, H.i.O.) bei. Wenngleich die längste Zeit nicht im soziologischen Fokus stehend, hat der Strukturwandel von künstlerisch-kreativer Arbeit und die damit korrespondierenden, habituellen Metamorphosen in den damaligen Individualisierungsgewinner-Milieus insofern ihren Teil zu den gegen Ende der 1980er Jahre beschriebenen »neuen« sozialen Ungleichheiten beigetragen, in deren Zuge sich Lebenslagen vervielfältigt haben und neue Arbeits- und Lebensstile in den Vordergrund getreten sind (Berger 2009: 365ff.; Müller 2001: 19ff.).

Als Fazit der vorangegangenen Diskussion sind an dieser Stelle sechs Punkte festzuhalten.

1. Die Wahlverwandtschaft von sozialstrukturellem und soziokulturellem Transformationsprozess bildete eine gesellschaftliche Möglichkeitsbedingung für den auch subjektiven Attraktivitätsgewinn von künstlerisch-kreativer Arbeit.
2. Die strukturelle Ausweitung von künstlerisch-kreativer Arbeit ist Ausdruck einer habituellen Metamorphose in ausgewählten Milieus und spiegelt damals übliche, soziale Aufstiegsverlangen wider. Im Wertehaushalt der neuen, zu Kulturberufen neigenden Milieus zeichneten sich insofern

folgenreiche Brüche habitueller Dispositionen ab. Diese Brüche wurden in die neuen Arbeits- und Lebenswelten mit hinüber genommen.
3. Infolgedessen erleben und stilisieren nun auch manche Vertreter_innen bzw. Abkömmlinge der Individualisierungsgewinnermilieus der 1960er Jahre künstlerisch-kreative Arbeit zum Inbegriff einer subjektiv befriedigenden Erwerbsarbeit. Sie verknüpfen die Sinnfrage des Lebens mit selbstbestimmten Arbeitsformen, was in neue, bisweilen hybride, also uneindeutige und in unterschiedlichen sozialen Milieus geprägte Einstellungen gegenüber der sozialen Welt mündete. Hybride Einstellungen verweisen also auf Doppelorientierungen der Individuen, die sowohl in dem einen wie im anderen Milieu verankert sind und sich dementsprechend uneindeutig reaktualisieren (können). Der künstlerische Habitus wurde insofern gesellschaftlich umgeformt.
4. Als übergreifendes kulturelles Selbstverständnis und in diesem Sinne als klassenrelativierendes Merkmal habitualisierte sich fortan, zunächst noch in einem gesellschaftlichen Klima der sozialen Sicherheit, eine Distanzierung vom kulturellen Paradigma der industriegesellschaftlich geprägten Arbeitsgesellschaft (Hörning et al. 1990: 99).[56]
5. Die Ausweitung von künstlerisch-kreativer Arbeit entspann sich auch als vertikale Koalition. Insofern sind die neu entstandenen künstlerisch-kreativen Erwerbsfelder sowohl ein Resultat sozialräumlicher Öffnungsprozesse seit den 1960er Jahren als auch ein Phänomen, das auf deren soziale Ungleichheiten produzierenden, sozialen Konstellationen beruht.
6. Insgesamt trug dieser gesellschaftliche Strukturwandel von künstlerisch-kreativer Arbeit zu ihrer »Entzauberung« bei.

### 2.3.6 Kreativ um jeden Preis? Möglichkeiten und Grenzen

Angesichts der zunehmenden Popularität von künstlerisch-kreativer Arbeit stellt sich die Frage, inwieweit sie sich zu einem sozialen Integrationsmodus entwickelt hat, das gesellschaftliche Teilhabe verspricht bzw. jene Menschen ausgrenzt, die nicht künstlerisch-kreativ arbeiten wollen oder können. Dieses Problem wird pointiert in den kultursoziologischen Analysen von Andreas Reckwitz (2006, 2012) aufgeworfen. Demnach leben wir in einem »ästhetischen Kapitalismus« (Reckwitz 2012). In ihm sei Ästhetik zum organisieren-

---

56 | Die damit verbundenen Einstellungsmuster umfassen eine Abneigung gegen den Konformitätszwang traditionaler Milieus, das Streben nach Authentizät sowie sinnstiftender Arbeit und folglich einen Widerwillen gegen sogenannte entfremdete Arbeit. Mithin ist damit die Suche nach Selbstbestätigung, der Wunsch nach Entpflichtung von verordneten Solidaritäten sowie eine hohe Wertschätzung kulturellen Kapitals eingeschlossen (Vester et al. 2001: 367; vgl. auch Koppetsch 2004).

den Prinzip von Wirtschaft und Gesellschaft geworden. Seit Mitte der 1970er Jahre sei ein Kreativitätsdispositiv in alle Bereiche der »Lebensführung der postmaterialistischen Mittelschicht *(und darüber hinaus)*« (ebd.: 12, H. von A.M.) eingezogen – also im Grunde überall. Dieses in Anlehnung an Foucault beschriebene Dispositiv beruhe darauf, dass es positive Effekte wie ästhetische Befriedigung und Ansprüche an eine authentische Existenz hervorlocke. Eine ästhetisch anspruchsvolle Lebensführung sei heute zu einem Dreh- und Angelpunkt der Gegenwart geworden: »man will kreativ sein und soll es sein« (ebd.: 10). Die dominante Subjektform sei ein ent-normativiertes »Kreativsubjekt« (Reckwitz 2006), also eines, dem es nurmehr um eine affektiv ansprechende Erfahrung geht (Reckwitz 2012: 70). Reckwitz beleuchtet dieses Kreativitätsdispositiv aus unterschiedlichen Perspektiven (z.B. Kunst, Design, Psychologie, Stadtforschung). Seinen epistemologischen Blickwinkel nennt er einen der »post-empiristische[n, A.M.] Wissenschaftstheorie« (Reckwitz 2010: 740).

Aus arbeits- und ungleichheitssoziologischer Perspektive erscheint ein Grundbegriff von Gesellschaft als zweckfreier, ästhetischer Zusammenhang zunächst einmal ungewohnt. Dass nun ein »gesellschaftliches Regime des ästhetisch Neuen« (Reckwitz 2012: 40) zum strukturierenden Moment der Gegenwartsgesellschaft geworden sein sollen soll, ist in der vorgebrachten Absolutheit recht überraschend und wirft einige Fragen auf. Denn bereits die damals noch neuen Umstände, auf die sich die jüngeren und zunehmend an einer künstlerisch-kreativen Lebensführung orientierten Milieus in den 1970er Jahren einstellen mussten, waren nicht allein mit einer Steigerung sozialer Chancen, sondern bald auch mit gegenläufigen Tendenzen sowie mit einem Prekarisierungsszenario verbunden (vgl. Haak 2008).

Eine Neukonstellierung und Zuspitzung sozialer Ungleichheiten zeigt sich bereits seit Mitte der 1970er Jahre (z.B. Kronauer 2002: 97; Vester et al. 2001: 81ff.). Denn nicht nur zeichnete sich vor dem Hintergrund enormer Wohlstandszuwächse seit den 1950er und 1960er Jahren eine horizontale Differenzierung ab. Vielmehr wurde das Sozialmodell West-Deutschlands seit Mitte der 1970er Jahre durch die ersten Krisenphänomene der fordistisch geprägten Arbeitnehmergesellschaft, der sich auswachsenden Arbeitslosigkeit und der nachfolgend beginnenden Destabilisierung sozialer Lebenslagen sukzessive labilisiert. Als ersten Kulminationspunkt datiert etwa Martin Kronauer (2002) die 1980er Jahre, da die damalige krisenhafte Prosperitätskonstellation vertikale Struktur- und Ungleichheitsprinzipien auch lebensweltlich wieder aufleben ließ (Vester et al. 2001: 81). Ihren Ausdruck finden diese Umbrüche nicht zuletzt in den Metamorphosen der sozialen Frage, die Robert Castel eindringlich beschrieben und auf den Begriff gebracht hat (Castel 2000, 2005, 2009; Castel/Dörre 2009). Diese Ungleichheitskonstellationen haben seit den 1970er Jahren an Aktualität gewonnen. Heute bestehen sie gleichzeitig und kumuliert

## 2. Künstlerisch-kreative Arbeit im arbeitsgesellschaftlichen Strukturwandel

nebeneinander – und somit auch (im doppelten Sinne) neben dem von Reckwitz (2012) diagnostizierten Kreativitätsdispositiv.[57]

Gleichwohl bieten sich aus arbeitssoziologischem Blickwinkel einige Anknüpfungspunkte. Denn Reckwitz greift die seit den 1980er Jahren geführten Diskussionen um ein zunehmend affektiv aufgeladenes Arbeitsethos auf, wobei ihm das Konzept der romantischen Selbstentwürfe (Campbell 1987) sowie die Künstlerkritik nach Boltanski/Chiapello (2003) als explizite Argumentationsfolie dient, die er mit einer poststrukturalistischen Perspektive, namentlich Foucault verkoppelt: Entscheidend scheint die doppelte Wirkung des Dispositivs, gleichzeitig Wunsch und Imperativ zu sein. Das Ideal der ästhetischen Selbstverwirklichung habe sich demnach auch in einen »Zwang zur organisierten Selbstverwirklichung« verkehrt, so mahnend Honneth (2010). Der Schritt vom Gegenentwurf zum Zwang illustriert im Kern die soziologische Zeitdiagnostik im Anschluss an Boltanski/Chiapello (2003) mit ihrer gerechtfertigten Annahme, dass Ökonomie und Kultur respektive Rationalisierung und Affektivität ein neues Verhältnis eingehen. Kulturelle Phänomene werden dabei jedoch nicht lediglich ökonomisiert. Vielmehr finde auch eine Kulturalisierung der Ökonomie statt, so unter vielen auch Lash/Urry (1994). Die einstmalige Protest- und Gegenkultur wird folglich nicht einfach vom Kapitalismus gefressen, sondern trägt zu einem zweischneidigen kulturellen Wertewandel bei (Boltanski/Chiapello 2003).[58] Das »Nicht-Kreative« sei nun »zum kulturel-

---

**57** | Seit den 1970er Jahren: Diskriminierung bestimmter Personengruppen und verminderte Aufstiegschancen von Kindern aus den neuen Bildungsschichten oder aus unterprivilegierten Milieus. Seit den 1980er Jahren: diskontinuierliche Lebensläufe, die auch Vertretern der sozialen Mitte eine steigende Flexibilität abverlangen. Seit den 1990er Jahren: Verfestigung eines »Wohlstands auf Widerruf« für zunehmende Bevölkerungsgruppen sowie schließlich zunehmende Exklusionstendenzen und sozialmoralische Ausgrenzung von sozial schwachen Gruppen (Vester et al. 2001: 81).

**58** | Die Kehrseite und somit die sozialen Kosten dieses Kreativitätsdispositivs macht Reckwitz in »Dissonanzerfahrungen« in der Lebensführung aus; dazu zählt er insbesondere depressive Erkrankungen und Erschöpfungssymptome (Reckwitz 2012: 345; vgl. Menke/Rebentisch 2010). Die Gründe für Phänomene subjektiver Erschöpfung sieht er in einem Leistungs- und Steigerungszwang begründet, der seinerseits im Kreativitätsdispositiv wurzele (Reckwitz 2012: 345). So wird das Konzept vom homo aestheticus mit aktuellen Studien, insbesondere mit der Kapitalismuskritik von Boltanski/ Chiapello (2003), aber auch etwa mit Ehrenbergs Diskussionsbeitrag zum erschöpften Selbst zusammengeführt (Ehrenberg 2008). Denn dass der Wandel der Arbeit auch mit einem »Wandel von Belastungen« einhergeht (Ulich 2013), ist eine Frage, die erst in jüngerer Zeit wissenschaftlich beobachtet wird. Insbesondere in flexiblen und prekären Arbeitszusammenhängen, wie sie für künstlerisch-kreative Arbeit typisch sind, paart sich wohl besonders deutlich »die Möglichkeit einer erweiterten Selbstentfaltung mit

len Außen der kreativen Lebensführung geworden« (ebd.: 348).[59] Anders formuliert: ehemalige soziale, mit hohem Prestige ausgestattete Nischen haben sich in die Mitte der Gesellschaft ausgedehnt und den homo aestheticus vom gesellschaftlichen Außenseiter zum sozialen Role Model befördert.

Weitergehend könnte man den homo aestheticus als den emotionalen Bruder von Ulrich Bröcklings unternehmerischem Selbst betrachten, nicht nur da sich die Ansätze auf einer vergleichbaren theoretischen Ebene bewegen – beide reklamieren ein neues gesellschaftliches Dispositiv – und von daher zueinander passen (vgl. Bröckling 2007: 126). Doch während sich das unternehmerische Selbst um seinen Markterfolg und um seine marktlichen Selbstoptimierungsstrategien sorgt, kümmert sich der homo aestheticus um seine affektive Versorgung mit Sinnesreizen – und schafft insofern die ästhetischen Voraussetzungen für den Markterfolg des unternehmerischen Selbst. Diese ästhetische Selbst-Sorge jedoch ist potenziell, wie Reckwitz (2012) treffend mutmaßt, mit der Gefahr sozialer und mentaler Erschöpfungszustände verbunden, also keine Selbst-Sorge, sondern eine erschöpfende Selbst-Optimierung (vgl. auch Bröckling 2013b). So synthetisiert Reckwitz die nach seinem Dafürhalten romantischen (Selbst)Entwürfe der Künstlerfigur und des unternehmerischen Selbst zur Sozialfigur des kreativen Subjekts, befindet etwa Schimank (2010: 768).

Fragen sozialer Ungleichheit werden in den Ausführungen zum »ästhetischen Kapitalismus« nicht berührt (Rosa 2010: 738). Dies erscheint aufgrund seiner theoretischen Anlage zunächst nachvollziehbar. Trotzdem bleibt es eine theoretische Herausforderung, sich Kapitalismus ohne strukturelle Asymmetrien und Machtbeziehungen vorzustellen. Vielmehr drängt sich die Frage auf, in welche Ungleichheitsverhältnisse diese zweckfreie Sinnlichkeit eingebettet ist bzw. wie sie die (übrigen) gesellschaftlichen Macht- und Kräfteverhältnisse tangiert. Dementsprechend monieren etwa Walter Siebel (2013: 36) sowie Uwe Schimank (2010: 770), dass Reckwitz nicht auslotet, welchen ungleichheitsstiftenden Effekten das Kreativsubjekt unterliegt, welche seinerseits das Kreativi-

---

der Gefahr der sozialen Entbindung, Selbstüberforderung und Selbstausbeutung« (Voß et al. 2013: 89). Vgl. hierzu auch instruktiv Rosa 2010; Koppetsch 2004, 2006a; Neckel 2005.

59 | Damit spricht Reckwitz implizit das Kardinalthema der feministischen (Arbeits) Soziologie an. Seit den 1970er Jahren konnte immer wieder gezeigt werden, dass die idealtypische Annahme von der Arbeitssphäre als rationalisiert und leistungsorientiert versus der Familien(Reproduktions-)sphäre als emotionalisiert und reproduktiv zu kurz greift (vgl. exemplarisch Becker-Schmidt/Knapp 2000). Die Ausdehnung eines Leistungszwangs in die Privatsphäre hat aus gendersensibler Perspektive einschlägig Arlie R. Hochschild in ihrem Buch »Keine Zeit. Wenn die Firma zum Zuhause wird und zu Hause nur Arbeit wartet« diskutiert (Hochschild 2002).

tätsdispositiv entfaltet und für wen es überhaupt gilt. Offen bleibt indes auch am Ende dieser Studie, wie sich der Zwang und der Wille zur Kreativität z.B. bei der steigenden Anzahl der im Niedriglohnsektor Beschäftigten äußert bzw. worin deren drohende »soziale Herabstufung und Marginalisierung« (Reckwitz 2012: 346) genau besteht. Eine ungleichheitssoziologisch interessante Frage wäre hier beispielsweise, welche sozialen Austauschprozesse es zwischen den sozialen Milieus in ästhetischer Hinsicht gibt und wie sich diese gegebenenfalls erklären ließen.

So ist etwa die in der sozialen Mitte grassierende Tattoo-Mode ein Accessoire der Ästhetisierung, das von deklassierten sozialen Milieus übernommen wurde (vgl. z.B. Diez 2005).[60] Ähnliches gilt für diverse Sportarten wie z.B. Boxen (vgl. Wacquant 2003). Wie sich diese sozialen Adaptionen von den unteren in die oberen Etagen der Gesellschaft erklären lassen, ist indes für Reckwitz (2012) keine Fragerichtung, weil er ästhetische Wandlungsprozesse als trickledown-Effekt beschreibt. Weitgehend ungeklärt bleibt aber auch, so Siebel (2013: 36), wie sich der Zusammenhang von ästhetischer Lebensführung und der »Ausweitung prekärer Beschäftigung gerade im Segment der sog. Kreativen«, darstellt. Kurzum, die sozialen Verhältnisse des Kreativsubjekts, wie sich das Kreativitätsdispositiv in verschiedenen Zonen des sozialen Raumes artikuliert, wer wie daran partizipiert und warum sind Fragen, die in »Die Erfindung der Kreativität« offen bleiben.[61]

Sofern jedoch das Paradigma einer arbeits- und lebensweltlichen Ästhetisierung ein Vergesellschaftungmoment in künstlerisch-kreativen Erwerbsfeldern ist und insoweit Felder künstlerisch-kreativer Arbeit auf strukturell prekäre Weise in die gesellschaftliche Ordnung von Arbeit eingebunden sind, müsste das Kreativitätsdispositiv auch und gerade in diesen Feldern von Unsicherheitserfahrungen, Flexibilisierungsanforderungen und Prekarisierungsprozessen konterkariert werden. Weiterhin kann angenommen werden, dass der Anspruch an eine ästhetisch wertvolle Lebensführung davon nicht unberührt bleibt.

Festzuhalten ist nun Folgendes. Die Diskussion um einen »ästhetischen Kapitalismus« und das darin wirkende »Kreativitätsdispositiv« steht weitgehend unverbunden neben ungleichheitstheoretischen Erkenntnissen zur

---

60 | Vgl. Kap. 6 zur Stilisierung einer sozialen »Underdogkultur« in Berlins künstlerisch-kreativer Szene. Dort wird anhand eines empirischen Beispiels illustriert, dass die soziale Adaption von kulturellen Accessoires aus deprivilegierten, sozialen Schichten durchaus zu einer Ressource für denjenigen werden kann, der sie gekonnt inszeniert.

61 | So wäre es etwa auch eine interessante empirische Untersuchungsfrage, inwieweit sich eine ästhetisch anspruchsvolle Existenzweise in die private Lebensführung von z.B. einem ehemaligen Zechenarbeiter im Ruhrgebiet oder das Selbstverhältnis einer Mini-Jobberin in einem beliebigen Discounter eingegraben hat.

Transformation des Sozialraums. Aufgrund dessen wird zum einen die sozial ungleiche Topografie der Gegenwartsgesellschaft vernachlässigt. Dementsprechend bleiben zum anderen auch strukturelle Umbrüche unberücksichtigt, die sich seit den mittleren 1980er Jahren in Feldern künstlerisch-kreativer Arbeit vollziehen. Aktuelle Verteilungsdisparitäten und der sozial ungleiche Zugang zu einem bestimmten kulturellen Lebensstil werden in Reckwitz' Entwurf einer kapitalistischen Gesellschaft auf eine »zweckfreie Sinnlichkeit« (Reckwitz 2012: 23) reduziert. Diese wiederum wird in einem gesellschaftlichen Leithorizont der gut situierten, sozialen Mitte mit einem implizit vorgebrachten Anspruch auf Allgemeingültigkeit verhandelt.

So erfordern sowohl die konstruktiven Anschlusspunkte als auch die vorgebrachten Einwände eine milieuspezifische Zuspitzung des homo aestheticus. Denn seine besondere Überzeugungskraft und empirische Anschlussfähigkeit für das hier verfolgte Untersuchungsinteresse gewinnt dieses Konzept, sobald es aus seiner argumentativen Verortung im ungleichheitssoziologischen Niemandsland ein Stück weit heraus gelöst wird. Insofern soll es in einem Rahmen interpretiert werden, in dem *nicht* davon ausgegangen wird, dass eine zweckfreie Sinnlichkeit zum organisierenden Prinzip von Wirtschaft und Gesellschaft geworden ist. Auch in einer zunehmend ästhetisch durchdrungenen Arbeitsgesellschaft, so steht zu befürchten, ist die Position im Erwerbs- und Wohlfahrtssystem nach wie vor ein wesentliches Strukturierungsmoment von Lebenschancen. Ob daher die Idee einer ent-normativierten, ästhetischen Selbstverwirklichung so strukturbestimmend geworden ist, wie Reckwitz annimmt, kann bezweifelt werden (vgl. auch Siebel 2013). Wie zudem die Ausführungen in Kap. 2.3.2 verdeutlicht haben, wurde die Idee der anti-bürgerlichen Lebensform des Künstlers abseits kleinbürgerlicher Konventionen vornehmlich in den sozialen Kreisen der Individualisierungsgewinner der 1960er Jahre, vor allem in den modernisierten und leistungsorientierten Arbeitnehmermilieus zu einem Stereotyp gelungener Lebensführung stilisiert und nicht überall gleichermaßen (vgl. auch Häußermann/Siebel 1987). Zweifellos plausibel ist insofern, dass der *Idealtypus* einer künstlerisch-kreativen, d.h. ästhetisch anspruchsvollen Lebensführung in ausgewählten Milieus praktiziert wird und dass bestimmte soziale Gruppen darauf aus sind, ihr Leben nach ästhetischen Ansprüchen zu führen und ein stark subjektiviertes, ästhetisch anspruchsvolles Arbeitsethos haben (vgl. auch Koppetsch 2006a).

Das inspirierende Moment eines milieuspezifisch relativierten Konzepts vom homo aestheticus besteht folglich darin, dass damit eine Beobachtungskategorie zur Verfügung gestellt wird, mit deren Hilfe sozialräumlich gebundene, ästhetisch durchdrungene Subjektivierungsprozesse respektive Selbstverhältnisse in den Blick genommen werden können. So animiert die These vom ästhetischen Kapitalismus zu folgenden für diese Studie interessanten Fragen:

- Wie findet sich der homo aestheticus unter den Bedingungen einer prekären Transformation der Arbeitsgesellschaft zurecht?
- Welche Handlungsstrategien entwickelt er/sie, um ein affektiv ansprechendes Arbeits- und Lebensmodell zu verwirklichen?

Dies wirft mithin die Frage auf, wie sich diese Zusammenhänge empirisch ausbuchstabieren lassen. Doch bevor im weiteren Verlauf auch der Konnex von unsicherer und affektiv affizierender Arbeit auf Basis empirischer Befunde diskutiert wird, gilt es im nächsten Unterkapitel zunächst einmal strukturprägende Entwicklungen in den Blick zu nehmen, die in künstlerisch-kreativen Erwerbsfeldern in den mittleren 1980er Jahren ihren Ausgang nehmen, die sich seit den 1990er Jahren verdichtet haben und insofern auf gegenwärtige Möglichkeitsbedingungen von künstlerisch-kreativer Arbeit einwirken.

## 2.4 KÜNSTLERISCH-KREATIVE ARBEIT ALS ZONE ARBEITSGESELLSCHAFTLICHER PREKARISIERUNG

Die sozialen Gewissheiten der industriegesellschaftlich geprägten Arbeitsgesellschaft der 1950er bis 1970er Jahre sind seit den 1980er Jahren sichtbar brüchig geworden (vgl. z.B. Kaufmann 1997; Kronauer 2002; Mau 2012). Die übereinstimmende Diagnose der Arbeits- und Ungleichheitssoziologie lautet daher, dass die Arbeitsgesellschaft seit den 1980er Jahren einem tiefgreifenden Strukturwandel unterliegt. Um diesen Wandel zu erfassen, hat sich in jüngerer Zeit der Begriff der Prekarisierung durchgesetzt, der in verschiedenen Diskursen auch als Ausgangspunkt für Kapitalismuskritik genutzt wird (Aulenbacher/Riegraf/Völker 2015: 126).[62] Im Mittelpunkt steht dabei die Feststellung, dass Unsicherheit zu einem allgemeinen Vergesellschaftungsmodus geworden ist. Abhängig von der epistemologischen, theoretisch-politischen und empirischen Perspektive wird mit unterschiedlichen Akzentsetzungen von einer veränderten Herrschaftslogik und von neuen Formen der Subjektivierung gesprochen, die als Deregulierung, neoliberale (Selbst-)Regierung, aber auch als Zuwachs von sozialen Unbestimmtheiten kenntlich gemacht werden (ebd.: 126ff.). Die Rede ist gar von einer Prekarisierungsgesellschaft (Marchart 2010, 2013).

---

62 | Vgl. zu den theoretischen und zeitdiagnostischen Grundlagen sowie zu ihrer kritischen Würdigung Bourdieu (2004); Boltanski/Chiapello (2003); Castel (2000); Castel/Dörre (2009); Manske/Pühl (2010); siehe auch das Schwerpunktheft der WSI-Mitteilungen Heft 8/2011 mit Klenner (2011); Jürgens (2011); Dörre (2011); Schier et al. (2011); Amacker (2011); Klenner et al. (2011); Völker (2011).

Unabhängig von der jeweiligen Akzentuierung bündelt die Diagnose von Unsicherheit als Vergesellschaftungsmodus Problemstellungen, die sich mit veränderten Mustern von Lebensführungen, mit Fragen der sozialen (Des-)Integration und neuen Formen der sozialen Einbindung sowie mit dem Wandel von institutionellen Arrangements der sozialen Daseinssorge befassen. Das empirisch auffälligste Phänomen der Prekarisierung von Arbeit ist sicherlich der überproportionale Anstieg von sogenannten atypischen und befristeten Arbeits- und Beschäftigungsverhältnissen.[63] Weitgehende Einigkeit besteht darüber hinaus in der Auffassung, dass der Terminus hilfreich ist, um den gegenwärtigen Transformationsprozess der Arbeitsgesellschaft auf drei Ebenen zu beleuchten.

1. Wandel der Arbeitswelt und Formwandel des Erwerbssystems.
2. Dieser Wandel ist nicht nur ökonomisch bedingt, sondern auch Resultat eines wohlfahrtsstaatlichen Paradigmenwandels.
3. Es können neue soziale Zumutungen an die Lebensführung von sozialen Gruppen erfasst werden (Manske/Pühl 2010: 10).

---

63 | Während auf der einen Seite die Zahl der Erwerbspersonen wächst, ist seit vielen Jahren eine massive Zunahme von Formen atypischer Beschäftigung und insbesondere eine Ausweitung des Niedriglohnbereiches zu beobachten (Dörre 2009a: 66; Mau 2012: 86; vgl. Bartelheimer 2009; Keller/Seifert 2006; Kronauer 2002; Manske/Scheffelmeier 2014; Mayer-Ahuja 2003). Sogenannte »Abwertungskarrieren« (Vester et al. 2001: 85) breiten sich bis in die soziale Mitte aus. Diese zeichnen sich durch wiederholte Phasen von Erwerbslosigkeit und infolgedessen durch einen Wohlstand auf Widerruf aus. Inwieweit soziale Abstiegsszenarien für die Mittelschichten insgesamt gelten und strukturell erklärbar sind, ist allerdings umstritten. Die Diagnosen sind uneindeutig (vgl. Böhnke 2010; Burzan/Berger 2010; Lengfeld/Hirschle 2010). Vieles spricht dafür, dass insbesondere die respektablen Volksmilieus mit einfacher praktischer Ausbildung an sozialem Boden verlieren, zunehmend aber auch Facharbeiter, Fachangestellten sowie die Bildungsaufsteiger der 1970er Jahre (Vester et al. 2001: 85; vgl. Vester et al. 2007; Vester 2009). Demgegenüber fallen die Urteile im Hinblick auf die sozial schwächeren Schichten und deren gesellschaftliche Position eindeutig aus. Denn sowohl die Armut als auch der Niedriglohnsektor ist seit dem Jahr 2000 in Deutschland unter allen OECD-Ländern am stärksten gewachsen (Schäfer 2008: 592). Unstritig ist insofern, dass eine strukturelle Verfestigung von Armut am unteren Rand der Gesellschaft stattfindet,die vor allem auf einer zunehmenden Armutsdauer beruht (Groh-Samberg/Hertel 2010:154; vgl. Böhnke 2010; Kraemer 2009). Neben handfesten Statusverunsicherungen führt die Prekarisierung der Arbeitsgesellschaft auch zu einer mentalen Verunsicherung (Kraemer 2009: 247). Insgesamt weisen die sozialstrukturellen Dynamiken darauf hin, dass sozialer Aufstieg vom unteren gesellschaftlichen Rand in die soziale Mitte kaum mehr möglich ist (Groh-Samberg/Hertel 2010).

## 2. Künstlerisch-kreative Arbeit im arbeitsgesellschaftlichen Strukturwandel 95

Im Folgenden werden zunächst empirische Trends in künstlerisch-kreativen Erwerbsfeldern geschildert, um sodann vor diesem Hintergrund zu diskutieren, welche theoretischen sowie zeitdiagnostischen Anknüpfungspunkte die Diagnose »Prekarisierung« bietet, um die Dynamiken in künstlerisch-kreativen Erwerbsfeldern besser zu verstehen. Die folgenden Ausführungen werden von der Annahme geleitet, dass Prekarisierung ein transversales Phänomen ist, das nicht nur eine bestimmte Zone des sozialen Raums betrifft (vgl. Castel 2000; Castel/Dörre 2009; Kronauer 2002). Vielmehr ist Prekarisierung als »ein die Gesamtheit der Sozialbeziehungen umfassendes Phänomen zu verstehen, das in keiner bestimmten Zone oder gar ausschließlich im Beschäftigungssystem beheimatet« (Marchart 2010: 422) ist. Daran anknüpfend kann davon ausgegangen werden, dass Prekarisierung auch in künstlerisch-kreativen Erwerbsfeldern anzutreffen ist, wenngleich sie hier vorderhand nicht ein ehemals umfassend gültiges Normalarbeitsverhältnis unterhöhlt, sondern ihren Ausgangspunkt in ohnehin vergleichsweise unsicheren Arbeits- und Sozialverhältnissen nimmt.

### 2.4.1 Ein Modellfall für prekäre Arbeit?

Künstlerisch-kreative Erwerbsfelder stellen eine Zone der Arbeitsgesellschaft mit eigenen Strukturmerkmalen dar. Kennzeichen sind geringe Beschäftigungssicherheit, geringe arbeitsmarktpolitische Regulierung, ein traditionell hoher Anteil an freiberuflichen Erwerbsformen, hohe Einkommensrisiken (mit enormen Ausschlägen nach oben!) und eingeschränkte, wenngleich berufsgruppenspezifische sozialpolitische Absicherung (Haak/Schmid 1999: 15ff.). Die Soziallagen zeichnen sich also durch eine historisch gewachsene, strukturell prekäre Lage der Offenheit und Marktdominanz aus (Betzelt 2006; Müller-Jentsch 2005). Spätestens seit den frühen 1990er Jahren wird eine Zuspitzung und Ausdifferenzierung dieser strukturell prekären Lage sichtbar. Doch schon in den 1970er Jahren waren ihre Arbeitsverhältnisse von einer größeren Vielfalt an Erwerbsformen und Beschäftigungsverhältnissen geprägt als das arbeits- und sozialpolitisch regulierte Lohnarbeitsverhältnis. Ende der 1970er Jahre belief sich der Anteil freiberuflicher Arbeitsverhältnisse in künstlerisch-kreativen Erwerbsfeldern auf etwa 30 Prozent (Haak/Schmid 1999). Heute ist von einem Anteil freiberuflicher Erwerbsverhältnisse von mindestens 60 Prozent auszugehen (Söndermann 2012).

Geschärft am Maßstab der Norm eines Normalarbeitsverhältnisses, scheint ein Anteil von einem Drittel freiberuflicher Arbeitsverhältnisse bereits in den 1970er Jahren auf einen destrukturierten und höchst unsicheren Arbeitsmarkt zu verweisen. Aus heutiger Sicht und aus einer feldimmanenten Perspektive erscheint indes ein Verhältnis von einem Drittel freiberuflich versus zwei Drittel abhängig Beschäftigten als eine historische Phase, in der künstlerisch-kreative Arbeit vergleichsweise gut sozial abgesichert war. Denn dieses Verhältnis zeigt, dass die Option auf eine sozial abgesicherte Arbeit damals auch in künstlerisch-kreativen Erwerbsfeldern für Viele in realistischer Reichweite war. Für sie lautete daher in den 1970er Jahren die Gleichung »ein bisschen Sicherheit plus viel Freiheit«. In den 1980er Jahren begann sich der Wind zu drehen – nicht nur in künstlerisch-kreativen Erwerbsfeldern, sondern auch in den ehemals umfänglich abgesicherten Zonen der männlich dominierten Industriearbeit, auf die allein bekanntlich die Norm des Normalarbeitsverhältnisses traditionell zutraf (Kocka 2001).

So bezieht sich ein zentraler empirischer Befund der Prekarisierungsdiskussion auf die für die soziale Gruppe der Industriearbeiter zutreffende Metamorphosen der sozialen Frage[64] (Castel 2000; Castel/Dörre 2009). Sie bestehe darin, dass sich eine Zone der sozialen Verwundbarkeit in Bereiche ausdehnt, welche zur Blüte der Industriegesellschaft sozialstaatlich und arbeitsrechtlich umfänglich abgesichert war (Castel 2000: 13; vgl. Dörre 2009c; Boltanski/Chiapello 2003). Als Indikator für das dort gemessene Ausmaß von Prekarisierung hat sich im Anschluss an Castel (2000) und Bourdieu (2004) als zentrales Kennzeichen für die Metamorphose der sozialen Frage die von Dörre (2005) eingeführte Differenzierung nach drei Dimensionen bewährt. Als prekär gilt Erwerbsarbeit in *ökonomischer Hinsicht*, wenn sie als Haupteinnahmequelle nicht Existenz sichernd ist und/oder eine Tätigkeit unsicher, da zeitlich befristet ist; in *institutionell-rechtlicher Hinsicht*, wenn die Arbeit von tariflichen Schutzbestimmungen ausgeschlossen ist und keinen ausreichenden sozialen Schutz vor den Wechselfällen des Lebens sowie im Alter bietet, sowie in *sozial-kommunikativer Hinsicht*, wenn die Arbeit nicht gleichberechtigt in soziale Netze am Arbeitsplatz integriert ist und den Betroffenen materielle und soziale Teilhabe sowie eine

---

**64** | Die »soziale Frage« bezieht sich in der Prekarisierungs-Diskussion im Anschluss an Castel (2000) auf soziale Absicherungsfragen der abhängig beschäftigten Arbeiter- und Arbeitnehmerklassen. Sozialhistorisch ist die soziale Frage eine »zusammenfassende Kennzeichnung von sozialen Folgen der tiefgreifenden wirtschaftlichen Transformationen« (Kaufmann 2003: 259) seit Mitte des 19. Jahrhunderts. Zunächst bezog sie sich jedoch nicht auf die Industriearbeiter, sondern auf die vermögenslosen vorindustriellen Armen (ebd.: 260f.). Mit der voranschreitenden Industrialisierung und den entstehenden sozialen Absicherungsfragen der Arbeiterklasse wurde der Terminus zunehmend auch auf das Industrieproletariat ausgedehnt und als »Arbeiterfrage« gefasst. Nach Kaufmann (2003) umfasste sie im Kern vier Problemkreise. 1. Stellung der Arbeiter im Produktionsprozess, 2. Interessenvertretung, 3. Existenzsicherung, 4. Politische Rechte (ebd.: 262f.). Auf dieser Basis betrachte ich die ersten drei von Kaufmann angesprochenen Aspekte der sozialen Frage in Bezug auf künstlerisch-kreative Arbeit, was angesichts der engen Verflechtung von Erwerbsarbeit und sozialer Absicherung im deutschen Wohlfahrtsregime (vgl. z.B. Lessenich/Ostner 1998) auch sozialpolitische Aspekte einschließt.

## 2. Künstlerisch-kreative Arbeit im arbeitsgesellschaftlichen Strukturwandel 97

Zukunftsplanung erschweren. Hinzuzufügen ist darüber hinaus die Frage nach dem *Arbeits- und Lebenszusammenhang*, da beide Sphären untrennbar miteinander verzahnt sind bzw. in den hier zur Debatte stehenden Feldern einer spezifischen Entgrenzung unterliegen (Becker-Schmidt 2000; Gottschall/Voß 2003).

Eine Metamorphose der sozialen Frage ist aber nicht nur in den zentralen Zonen der Arbeitsgesellschaft, sondern selbstredend auch in künstlerisch-kreativen Erwerbsfeldern zu beobachten. Sie vollzieht sich in einer anderen Zone des sozialen Raums, im Rahmen sozialhistorisch heraus gebildeter, mit unterschiedlichem Unsicherheitspotenzial versehener Arbeits- und Beschäftigungsverhältnisse und sattelt daher auf anderen strukturellen Bedingungen auf, als die Prekarisierungsdiskussion im Anschluss an Castel (2000), Bourdieu (2004) und Boltanski/Chiapello (2003) im Blick hat. Insofern trifft die Prekarisierung von Erwerbsarbeit in künstlerisch-kreativen Erwerbsfeldern auf andere soziale Voraussetzungen als beispielsweise die Einführung von Leiharbeit in der Automobilindustrie (vgl. Holst/Matuschek 2013). Dennoch werden künstlerisch-kreative Arbeitsverhältnisse zum »role model« für prekäre Beschäftigungs- und Lebensverhältnisse erklärt, so etwa Isabell Loacker (2010: 414) oder Caroline Dangel-Vornbäumen (2010: 159). Ihnen wird insofern eine Vorreiterfunktion für die Prekarisierungsgesellschaft zugeschrieben.

In Anknüpfung an den französischen Soziologen Pierre-Michel Menger (2006) konstatieren sie, dass künstlerische Arbeitsverhältnisse eine Vorreiterfunktion »bei der Erprobung (hyper-)flexibler Arbeitsweisen« aufweisen (Menger 2006: 70). Denn nach Menger sind Künstler ein Prototyp von Beschäftigten, die sich durch ungewisse Wirtschaftskontexte bewegen und starker Konkurrenz und soziobiografischer Unsicherheit (Planungsunsicherheiten) ausgesetzt sind (Loacker 2011: 381). Sie würden zu einem Vorbild für die »Metamorphosen der Arbeitnehmers«, so die These von Menger. Mit der auch normativ schwindenden Prägekraft des Normalarbeitsverhältnisses werde »[d]er schöpferische und kreative Mensch [zur] modellhafte[n] Figur des neuen Arbeitnehmers« (Menger 2006: 10) stilisiert.

In diesem Leitbild, hier pointiert als »Opfer-These«, zeigen sich gewisse Parallelen zu der Diskussion um die Metamorphosen der sozialen Frage nach Robert Castel (2000). Denn hüben wie drüben geht es im Kern um »den Arbeitnehmer« und um dessen Status- sowie Sicherheitseinbußen und insofern um einen drohenden Verlust seiner sozialen Position in der Gesellschaft. Doch während die Diskussionen in Anlehnung an Castel dieses Problem direkt behandeln, spielt Menger gewissermaßen über Bande. Über die Analyse der sozialen Lage von Künstlern in der flexiblen Arbeitsgesellschaft zieht er Rückschlüsse auf die Metamorphose des Arbeitnehmers.

Mit anderen Worten wird auch bei Menger die von ihm diagnostizierte Vorreiter-Funktion von Künstlern aus einer traditionell geprägten, arbeits- und industriesoziologischen Perspektive der Sozialkritik verhandelt, um prekäre Umbauprozesse der industriegesellschaftlich geprägten Arbeitswelt zu kritisieren. In diesem Rahmen werden Akteur_innen künstlerisch-kreativer Erwerbsfelder, insbesondere Schauspieler_innen und Projektmitarbeiter_innen der Kulturwirtschaft, als prototypisches Modell für prekäre Beschäftigungs- und Lebensverhältnisse und für den Verlust an sozialer Sicherheit betrachtet (vgl. z.B. Dangel-Vornbäumen 2010; Menger 2006; Müller-Jentsch 2012b; Loacker 2010). Projektbeschäftigte Kulturschaffende werden insofern als Leidtragende einer voranschreitenden Prekarisierung der Arbeitswelt angesehen, als sie der Herrschaftsform der Prekarität ausgesetzt sind und ihnen prekäre Arbeitsverhältnisse und Einkommen nahe der Armutsgrenze strukturell oktroyiert werden.

### 2.4.2 Reaktualisierung der sozialen Frage seit den 1980er Jahren

Im Kontext der allgemeinen Flexibilisierung von Arbeit entfaltet sich künstlerisch-kreative Arbeit seit den späten 1980er Jahren zunehmend im Rahmen eines Bedingungsgefüges, das sich durch eine steigende ökonomische und sozialpolitische Ungewissheit auszeichnet. Es dominieren befristete Arbeitsverträge, Teilzeitbeschäftigung und freiberufliche Arbeitsverhältnisse, die sozialpolitisch nur gering bis gar nicht reguliert sind. Das Normalarbeitsverhältnis stellt selbst in Bereichen, in denen sein Anteil noch in den 1980er Jahren vergleichsweise hoch war, ein Auslaufmodell dar, wie z.B. in Werbeagenturen (Henninger/Mayer-Ahuja 2005: 110). Wechselnde und projektbestimmte Arbeitsverhältnisse sowie Einkommensverhältnisse nahe der Armutsschwelle sind an der Tagesordnung. In manchen Feldern wie z.B. in der Designbranche machen geringfügige Beschäftigungsverhältnisse inzwischen einen Anteil von bundesweit ca. 30 Prozent aller Beschäftigungsverhältnisse aus (Söndermann 2012: 20; vgl. auch Ebert et al. 2012: 53). Deregulierungen des öffentlichen Kultur- und Medienbetriebs, aber auch Outsourcingprozesse in den privatwirtschaftlich organisierten Kreativbranchen haben dazu beigetragen (Ebert et al. 2012; Schnell 2010).[65]

Wesentlich voran getrieben wird der Prekarisierungsprozess von künstlerisch-kreativer Arbeit im Kontext sozialer, technischer und wirtschaftlicher Transformationsprozesse. Durch die Privatisierung und Ökonomisierung und somit durch die Ausdehnung einer kapitalistischen Handlungslogik auf immer weitere Lebensbereiche (Lessenich 2009a: 133) wird auch diese Arbeit zunehmend »den Anforderungen des ökonomischen Marktes unterworfen« (Bour-

---

65 | Vgl. zur Ausdehnung sozialer Unsicherheit in unterschiedlichen Feldern von künstlerisch-kreativer Arbeit die Befunde von z.B. Betzelt (2006); Dangel-Vornbäumen (2010); Haak (2008); Koppetsch (2006a); Manske (2007a); Marrs (2007); Schnell (2007); Vogl (2007).

## 2. Künstlerisch-kreative Arbeit im arbeitsgesellschaftlichen Strukturwandel 99

dieu 2001a: 530). Denn der künstlerisch-kreative Arbeitsmarkt zeichnet sich in den vergangenen Jahren durch eine Expansion privatwirtschaftlich organisierter Kreativarbeitsmärkte sowie durch eine voranschreitende, interdependente Verkopplung von öffentlichen und diesen privatwirtschaftlich organisierten Arbeits- und Beschäftigungsverhältnissen aus (Ebert et al. 2012; Enquete-Bericht 2007).[66] Im Verein mit Reorganisationsprozessen z.b. des öffentlichen Rundfunks oder der Werbewirtschaft hat dies aber auch eine Zunahme von Erwerbsoptionen in den verschiedensten Feldern nach sich gezogen.

So zeigen Ebert et al. (2012) Interdependenzen von öffentlichem und privatem Sektor u.a. am Beispiel der Verflechtung des öffentlichen und privaten Fernseh- und Rundfunkbetriebs untereinander sowie mit der Filmindustrie auf. »Interdependenz« heißt hier, dass die subjektiven Erwerbsstrategien sowohl auf den privatwirtschaftlich organisierten wie auch auf den öffentlichen und nicht-kommerziellen Bereich gerichtet sind. Während dies einerseits zu einer Prekarisierung von künstlerisch-kreativer Arbeit und zu einer Zunahme sogenannter »atypischer« Beschäftigungsverhältnisse geführt hat, haben sich andererseits die Tätigkeitsprofile und Beschäftigungschancen erweitert. Wer z.B. als freier Redakteur für den öffentlichen Rundfunk arbeitet, hat oftmals ebenfalls Aufträge aus dem Privatfunk. Auch bei den Darstellenden Künsten gibt es derlei. Wer als Kostümausstatterin am Theater tätig ist, ist dies häufig an öffentlichen *und* freien Theatern und/oder arbeitet freiberuflich als Modedesigner_in (vgl. Kap. 7). Insofern erfolgte das Beschäftigungswachstum in den verschiedenen künstlerisch-kreativen Erwerbsfeldern überwiegend an deren unsicheren Rändern, während sich zugleich Erwerbsstrategien heraus kristallisierten, die verschiedene Erwerbsfelder sowie deren unterschiedliche Organisationsweisen überbrücken.

Zudem haben sich die prekären Beschäftigungszonen ausdifferenziert. Freiberuflich zu sein ist kein fester Erwerbsstatus mehr, wovon in den 1970er und 1980er Jahren noch ausgegangen werden konnte. Vielmehr sind wechselnde Arbeitsverhältnisse und Erwerbsformen alltäglich geworden (vgl. Eichmann/Schiffbänker 2008: 9; Menger 2006: 64). Das bedeutet für eine zunehmende Anzahl von Akteur_innen künstlerisch-kreativer Erwerbsfelder, dass sich eine Bewährungsprobe an die nächste reiht. Unstete Erwerbsformen füh-

---

66 | Seit den 1990er Jahren haben sich die organisatorischen Rahmenbedingungen für viele kulturbezogene Einrichtungen, Veranstaltungen und Ausbildungseinrichtungen verändert. Im Rahmen des »New Public Managements« wurden für zahlreiche öffentlich geförderte Kulturinstitutionen die Rechtsformen verändert, indem sie in Eigenbetriebe, Stiftungen, GmbHs etc. umgewidmet wurden. Verknüpft ist damit eine stärkere betriebswirtschaftliche Organisation der Arbeit, deren Kostendeckung zunehmend durch finanzielle Einnahmen der Kulturinstitutionen gewährleistet werden soll (Ebert et al. 2012: 6).

ren außerdem zu sozialen Absicherungsproblemen in der eigens für freiberufliche (selbstständige) Künstler und Publizisten in den 1980er Jahren geschaffenen Künstlersozialkasse (KSK). Denn wechselnde Erwerbsformen sind in den Statuten der Künstlersozialversicherung nicht vorgesehen (Bieback 2012; Manske 2013). So ist eine steigende Anzahl von Akteur_innen in künstlerisch-kreativen Erwerbsfeldern auch von sozialpolitischen Sicherungsinstitutionen ausgeschlossen bzw. auf die sogenannte soziale Grundsicherung (Hartz IV) angewiesen, sodass sich die Akteur_innen sowohl in materiell-reproduktiver als auch in institutionell-rechtlicher Hinsicht in prekären Lagen befinden (vgl. Manske/Merkel 2009).

Global betrachtet, hat sich in künstlerisch-kreativen Erwerbsfeldern um einen relativ schrumpfenden Kern von sozialversicherungspflichtiger Beschäftigung eine neue Zone ungeschützter und instabiler Beschäftigung etabliert. Eine prekäre Form der Freiberuflichkeit ist nun zur dominierenden Erwerbsform geworden (Söndermann 2012: 33; vgl. Betzelt 2006). Besonders davon betroffen ist die steigende Anzahl jener mit labilem Erwerbsstatus, die zwar überwiegend freiberuflich, aber je nach Auftragslage abhängig beschäftigt arbeiten und/oder zeitweilig auf sozialstaatliche Transferleistungen angewiesen sind.[67] Keuchel (2009) bezeichnet diese soziale Gruppe als Wanderer zwischen den Welten. Zwar ist es schwierig, hierzu eindeutige und statistisch valide Aussagen zu treffen; beruhend auf der Einschätzung von Berufsfachverbänden ist indes davon auszugehen, dass etwa ein Drittel aller Akteur_innen in künstlerisch-kreativen Erwerbsfeldern mit einem *hybriden* Erwerbsstatus agieren oder Mehrfachbeschäftigungen nachgehen (Bögenhold/Fachinger 2012; Keuchel 2009; Krause 2010).

### 2.4.3 Vom sorgenden zum aktivierenden Wohlfahrtsstaat

Parallel zum beginnenden Umbau des deutschen Wohlfahrtsregimes (vgl. Borchert 1995), der die Flexibilisierung und Deregulierung von Arbeit institutionell gefördert hat (vgl. Vogel 2009), formiert sich seit den späten 1980er Jahren auch eine paradigmatisch neue wohlfahrtsstaatliche Regulierung von künstlerisch-kreativer Arbeit. Wurde künstlerisch-kreative Arbeit zwischen den mittleren 1960er und frühen 1980er Jahren als sozialpolitisch regulierungsbedürftiger Arbeitsmarkt konstruiert (s. Kap. 2.3.3), wird sie seither von politischer

---

**67** | Verschärft werde diese Entwicklung, zu diesem Schluss kommt ein Forschungsgutachten für den Beauftragten der Bundesregierung für Kultur und Medien (BKM), »durch eine Kulturpolitik, die Kultureinrichtungen, [...] dazu auffordert, den erwirtschafteten Eigenanteil weiter zu erhöhen und breiteren Publikumsgruppen populäre Angebote zu offerieren (z.B. Musicals in öffentlichen Theatern oder »Blockbuster«-Ausstellungen in Kunstmuseen).« (Ebert et al. 2012: 6).

## 2. Künstlerisch-kreative Arbeit im arbeitsgesellschaftlichen Strukturwandel 101

Seite zunehmend als wirtschaftspolitisches Versprechen mit arbeitsmarktpolitischen Potenzialen betrachtet. Dieser Perspektivwechsel bettet sich in ein gesellschaftliches Klima ein, das als wohlfahrtsstaatlicher Paradigmenwechsel vom sorgenden zum aktivierenden Wohlfahrtsstaat – vom *welfare* zum *workfare* – charakterisiert wird (z.b. Dingeldey 2006; Gohr/Seeleib-Kaiser 2003; Lessenich 2008, 2009a; Trube/Wohlfahrt 2001).

Zeichnete sich der seit Ende des 19. Jahrhunderts entstandene, erwerbszentrierte, korporatistisch organisierte Sozialversicherungsstaat dadurch aus, dass er im Windschatten des westdeutschen Wirtschaftswunders ausgebaut worden war, wurde seit den 1980er Jahren unter der christlich-liberalen Regierung Helmut Kohls der wohlfahrtsstaatliche Umbau begonnen. Der eingeleitete Paradigmenwechsel hin zum aktivierenden Sozialstaat wurde in der Rot-Grünen Ära unter Gerhard Schröder vollzogen und von den christlich-sozialdemokratischen bzw. -liberalen Regierungen unter Angela Merkels weiter geführt (vgl. z.B. Gohr/Seeleib-Kaiser 2003; Lahusen/Stark 2003; Leitner/Ostner/Schratzenstaller 2004; Lessenich 2008, 2009; Manske 2005; Trube/Wohlfahrt 2001).

Im Zentrum des wohlfahrtsstaatlichen Paradigmenwechsels vom sorgenden zum aktivierenden Wohlfahrtsstaat, so resümiert Vogel (2009), stehe der Verzicht auf universale Integrationsansprüche, die Privatisierung wohlfahrtsstaatlicher Leistungen und der tendenzielle Übergang »vom gesellschaftlichen zum individuellen Risikomanagement, von der Sozialversicherung zur Selbstsorge« (ebd.: 89ff.; vgl. Dingeldey 2006; Leitner/Ostner/Schratzenstaller 2004). So haben sich die wohlfahrtsstaatlichen Grundlagen der Sozialpolitik verschoben (Lessenich 2008; Vogel 2010: 922).

Die von Vogel pointierte, veränderte wohlfahrtsstaatliche Programmatik beschreibt Stephan Lessenich mit Bezugnahme auf Foucault (2004) als eine minimale Regierung der ambivalenten Freiheit, die zu einer Neuerfindung des Sozialen geführt habe (Lessenich 2003a, 2008, 2009a). Ein wesentlicher Bestandteil des wohlfahrtsstaatlichen Paradigmenwechsels sei die wohlfahrtsstaatliche Konstruktion der widersprüchlichen Sozialfigur eines »aktiven Selbst«, welches »die Vermittlung von ökonomischer und sozialer Handlungsrationalität – gewissermaßen stellvertretend für den Wohlfahrtsstaat – in die Praxis seiner Lebensführung integriert«, habe (Lessenich 2009a: 168). Als widersprüchlich kann dieses Aktivierungsparadigma gelten, da es einerseits darauf abzielt, die Sozialfigur des *aktiven Selbst* durch politische Interventionen und mittels einer Aktivierungsprogrammatik politökonomisch herzustellen. Andererseits operiert das Aktivierungsparadigma mit dem Konstrukt einer Als-ob-Anthropologie. Es stilisiert die Menschen zu jenen beweglichen ökonomischen und sozialen Subjekten, zu denen sie eigentlich erst gemacht werden sollen. Das konstitutive Paradoxon der wohlfahrtsstaatlichen Aktivierungsprogrammatik besteht also darin, »eine soziale Realität herzustellen, die es zugleich als bereits existierend voraussetzt.« (Lemke/Krasmann/Bröckling 2000: 9).

Angefeuert wird der wohlfahrtsstaatliche Paradigmenwechsel sowohl durch einen institutionellen Umbau (z.B. Hartz IV) als auch durch eine entsprechende politökonomische Adressierung der Menschen, die einen Appell ans unternehmerische, wohlfahrtsstaatlich aktivierte Selbst beinhaltet (Bröckling 2007; Lessenich 2009a). Der eigenverantwortliche Sozialbürger werde sozialpolitisch als ein Subjekt konstruiert, das nicht nur sich selbst, sondern auch gegenüber der Gesellschaft in moralischer *und* ökonomischer Hinsicht verantwortlich sei (Lessenich 2003a: 86). Damit verbunden geht es um eine arbeitsmarktliche Integration, welche die Zielgruppen der wohlfahrtsstaatlichen Aktivierung zu *produktiven* Gesellschaftsmitgliedern machen wolle und Arbeit zum moralischen Imperativ stilisiere (Lahusen/Stark 2003; Offe 2003). Infolge einer durch dieses wohlfahrtsstaatliche Aktivierungsparadigma (Klenner/Menke/Pfahl 2012) zunehmend in Anspruch genommenen Eigenverantwortung der Subjekte würden soziale und ökonomische Handlungsrationalitäten im aktivierenden Wohlfahrtsstaat neu verschränkt: die individuelle Daseinsvorsorge wird zu einer »volkswirtschaftlichen Pflicht« moralisiert (Lessenich 2009a: 157). Da die individuelle Daseinsvorsorge folglich zum einen »stärker privatisiert« und zum anderen »stärker sozialisiert« werde, werden die Subjekte anders als bislang in die Pflicht genommen, so Lessenich gemäß Foucaults weitsichtiger Analyse (Lessenich 2008, 2009a; vgl. Foucault 2004).

Wie später genauer auszuführen sein wird, hat sich auch die wohlfahrtsstaatliche Regulierung von künstlerisch-kreativer Arbeit verschoben. Eingebettet in eine zunehmend marktliberale Perspektive auf künstlerisch-kreative Arbeit entzündet sich dort eine spezifische sozialpolitische Aktivierungsprogrammatik. Sie orientiert sich zwar am allgemeinen wohlfahrtsstaatlichen Umbau und seinem Aktivierungsparadigma, weist jedoch pfadabhängige Eigenheiten auf. Die aktivierungsprogrammatische Eigenheit besteht in einer Aktivierung, die nicht mehr in erster Linie den sozial schutzbedürftigen Künstler adressiert, sondern Kreative als Wirtschaftsbürger respektive als ein betriebswirtschaftlich zu disziplinierendes, unternehmerisches Kreativsubjekt anruft (Manske 2013). Die wohlfahrtsstaatlichen Strukturveränderungen korrespondieren insofern auch hier mit einer diskursiv konstruierten Ordnung, die einen Wandel vom schutzbedürftigen Sozialbürger hin zum *eigenverantwortlichen Hybrid* aus Sozial- und Wirtschaftsbürger signalisiert.

### 2.4.4 Prekarisierung – Unterwerfung oder Chance?

Obgleich die Diagnose in der Arbeits- und Ungleichheitssoziologie im Kern unstrittig ist, dass die industriegesellschaftlich geprägte Ordnung von Arbeit seit den 1980er Jahren einer prekären Transformation unterliegt, gibt es unterschiedliche Auffassungen über die sozialen Folgen von Prekarisierung. Die Pole der Diskussion lassen sich als strukturelle Unterwerfung versus soziale Chance pointieren. Sie werden nun zusammenfassend referiert. Im anschließenden Abschnitt (2.4.4) werden deren Erträge und Grenzen für vorliegende Studie diskutiert.

Auf der einen Seite wird Prekarisierung aus einer Perspektive der Sozialkritik als neue *Herrschaftsform* gefasst. Diese führe zu einer »Wiederkehr der sozialen Unsicherheit« (Castel 2009: 21) und insofern zu einer »Reaktualisierung der sozialen Frage« (Castel/Dörre 2009: 15). Zeitdiagnostischer Kernpunkt dieser Fraktion ist die Diagnose, dass wir an dem Übergang zu einer kapitalistischen Arbeitsgesellschaft »neuen Typs« leben, in der Arbeitnehmer zur Hinnahme ihrer verschärften Ausbeutung gleichsam gezwungen werden, z.B. mittels befristeter Erwerbs- oder Leiharbeit.[68] Prekarisierung wird in dieser Deutungsvariante primär als Ausschluss von den industriegesellschaftlich geprägten Standards des Normalarbeitsverhältnis' und generell als »Niedergang der institutionellen Arbeitermacht« (Dörre 2009a: 65) verstanden (vgl. Bartelheimer 2009; Mayer-Ahuja 2003).

Operiert wird mit einer »Gewinner-Verlierer-Semantik« (vgl. Neckel 2006). Während das deutsche Sozialmodell der 1960er Jahre als »Gewinnergeschichte« (ebd.: 355) der Arbeitnehmer beschrieben wird[69], werden diese im flexiblen Kapitalismus als Verlierer ausgemacht. Denn an die Stelle verlässlicher und langfristiger Arbeitsverhältnisse seien unsichere und ökonomisch kaum berechenbare Arbeitsverhältnisse getreten. So lässt sich der von Sozialromantik nicht ganz freie Rückblick von Boltanski/Chiapello (2003) wie ebenso von Castel (2000) grob zusammenfassen (vgl. auch Castel/Dörre 2009).[70]

---

**68** | Ursprünglich eine Krisendiagnose der französischen Gesellschaft, deren vergleichsweise weitreichendes, staatliches Arbeitsregime seit den 1970er Jahren dereguliert wurde, nahm die Diskussion um die Prekarisierung der Arbeitsgesellschaft mit der deutschen Übersetzung von Robert Castel (2000) auch hierzulande an Fahrt auf. Castel wurde neben Bourdieu (2004) und Boltanski/Chiapello (2003) ein zentraler konzeptioneller Bezugspunkt der Diskussion (Manske/Pühl 2010: 7; vgl. Bartelheimer 2009; Brinkmann et al. 2006; Castel/Dörre 2009; Dörre/Lessenich/Rosa 2009).

**69** | Die Rede von einer »Gewinnergeschichte« (Neckel 2006) kann als eine idealtypisch zugespitzte Beschreibung der industriegesellschaftlichen Ordnung der Arbeitsgesellschaft verstanden werden. Deren konstitutiv ungleichheitsstiftenden Momente haben zusammenfassend Kreckel (1992) und Gottschall (2000) analysiert.

**70** | Sozialromantische Facetten hat deren Analyse insofern, als sie in ihrer sozialkritischen Empörung über das zunehmend prekäre Arbeitsregime die ungleichheitsstiftenden Effekte der industriegesellschaftlichen Ordnung von Arbeit vernachlässigen und demgegenüber das Normalarbeitsverhältnis zum Hort der sozialen Sicherheit stilisieren (vgl. auch Vogel 2009).

Eine Spannung erfährt dieser Zweig der Prekarisierungs-Debatte indes aus den konkurrierenden Deutungen in Bezug auf ihren kulturellen Geist und folglich im Hinblick auf ihre Folgen für die Lebensführung. Einerseits wird Prekarität als struktureller Zwang präsentiert, der im Rahmen traditionell antagonistischer Interessen von Kapital und Arbeit gegen die Interessen der Betroffenen durchgesetzt werde. Der hier ausgemachte kulturelle Geist von Prekarisierungsprozessen bezieht sich im wesentlichen auf die Einordnung in eine »Kultur des Zufalls« (Castel 2000: 12, 358). Für eine wachsende Anzahl von Menschen nehme das Sozialleben den Charakter eines »Glücksspiels« an (Bourdieu 2001b: 283), weil sie sich von einem geringfügigen Job zum nächsten »hangeln« (Castel 2000: 358). Diese Annahme veranlasste Bourdieu sodann von einer Erfahrung der »mehr oder minder dauerhafte[n] Ohnmacht« (Bourdieu 2001b: 284) zu sprechen, weil den Menschen eine zukunftsorientierte Lebensplanung verunmöglicht werde und sie sich stattdessen an der Gegenwart abkämpfen. Subjektive Vergesellschaftung in der gegenwärtigen Arbeitswelt spiegelt demnach eine strukturelle Unterwerfung wider, die in einen »negativen Individualismus« münden kann und von einer »gesellschaftlichen Dissoziierung« kündet, so Castel (2000: 401ff.).

Demgegenüber reklamieren Boltanski/Chiapello (2003), dass die grundlegende Verunsicherung von Arbeits- und Lebensverhältnissen nicht nur ökonomisch induziert sei. Vielmehr sei sie auch Ausdruck eines veränderten moralisch-sittlichen Gefüges. Boltanski/Chiapello (2003) resümieren, dass sich die Transformation der Arbeitswelt durch eine Inszenierung von Herrschaft als »Selbstverwirklichungsprojekt« (ebd.: 261) auszeichne. Mittels dieser emanzipatorisch gelagerten Versprechung werde gewissermaßen die Zustimmung der Betroffenen zu einem Umbau der industriegesellschaftlich geprägten, berechenbaren Arbeitswelt eingeholt.[71] Sie fassen Prekarisierung daher nur bedingt als strukturelles Unterwerfungsverhältnis. Vielmehr beschreiben sie diese als ein ideologisch abgesichertes Herrschaftsverhältnis, das auch unter asymmetrischen Machtbedingungen den Einzelnen Handlungsoptionen zugestehe. Die neue soziale Ordnung der Arbeitsgesellschaft baue insofern weniger auf einer hierarchischen Unterwerfung auf, sondern impliziere sogar ein gewisses Maß an Freiheitszugewinnen, da projektbestimmte Arbeitsverhältnisse durch ein vergleichsweise hohes Maß an Freiheit z.B. in der Auftragsgestaltung und Arbeitsorganisation geprägt sind. Motiviert durch solchermaßen

---

**71** | Als Symptome führen die Autoren die drastische Zunahme von temporären Anstellungsformen in den 1980er Jahren an. Auf der Ebene der ideologischen Anrufungen nennen sie eine stilisierte »Künstlerfigur« (vgl. Kap. 2.2) als bindungslosen Projektmenschen. Diesen hat Bröckling später in die Sozialfigur des unternehmerischen Selbst übersetzt (Boltanski/Chiapello 2003: 157, 271; Bröckling 2007). Darauf wird in Kap. 2.5 genauer eingegangen.

## 2. Künstlerisch-kreative Arbeit im arbeitsgesellschaftlichen Strukturwandel

zeitliche und kulturelle Spielräume sowie durch steigende Ungewissheiten in einem projektorientierten Arbeitsregime setze sich der Projektarbeiter im flexiblen Kapitalismus bedingt freiwillig einem erhöhten Arbeitsdruck aus (vgl. auch Voß/Pongratz 1998). Auf diese Weise würden neue, flexibilisierte Herrschaftsverhältnisse installiert *und* zugleich verschleiert. In einer ambivalent verfassten Freiheit, die gleichwohl zu einer erschöpfenden Veräusgabung der Arbeitskraft führe und dazu angetan sei soziale Bindungen zu zerstören, sehen diese beiden Franzosen die strukturelle Erklärung dafür, dass die Menschen die neue, prekarisierungsfördernde Sozialordnung des Kapitalismus [er]tragen (vgl. Boltanski/Chiapello 2003: 205ff.).[72]

Trotz dieser Unterschiede liegt das verbindende Moment der am Konzept der Sozialkritik orientierten Diskussionsfraktion in der normativen Bezugnahme auf die Lohnarbeitsgesellschaft. Das Lohnarbeitsverhältnis wird hier zum geradezu alternativlos guten Arbeitsverhältnis stilisiert. Einigkeit besteht zudem in der zeitdiagnostischen Schlussfolgerung über die sozialen Folgen des arbeitsgesellschaftlichen Strukturwandels. So wird eine strukturelle Dynamik des gegenwärtigen arbeitsgesellschaftlichen Wandels auf drei Ebenen konstatiert, die zu einer Zuspitzung von sozialen Ungleichheitsverhältnissen führt. 1) *Deregulierung und Ent-Sicherung* der Arbeitsverhältnisse, 2) *Umbau* der Sozialsysteme, 3) *Entkoppelung* von sozial marginalisierten Bevölkerungsgruppen sowie eine Statusverunsicherung in der sozialen Mitte.

---

72 | In der Argumentation von Boltanski/Chiapello (2003) zeigen sich unverkennbare Parallelen zur deutschen arbeits- und industriesoziologischen Subjektivierungsdebatte (vgl. Moldaschl/Voß 2002; Lohr/Nickel 2005). Wurde das subjektive Verhältnis zur Arbeit Ende der 1990er Jahre als »doppelter Zwang« (Moldaschl/Voß 2002: 14) und somit vorwiegend als Ausdruck von ökonomisch rationalisierten Herrschaftsverhältnissen akzentuiert, werden nun mehr ambivalente Effekte unterstrichen. Ausgehend von einem Spannungsfeld zwischen Selbstentfaltung und Anforderungsstrukturen werden Selbst- und Fremdbestimmung nun als komplementäre Bestandteile des gleichen Prozesses betrachtet (vgl. Lohr 2003; Lohr/Nickel 2005; Voswinkel 2002). Analog dazu betonen Boltanski/Chiapello (2003), dass die Modifizierung von »Herrschaftstechnologien« aufgrund ihrer ambivalenten Auswirkungen für arbeitspolitische Interessenvertreter nicht ohne Weiteres erkennbar, also sozial verschwommen war, sodass die Gewerkschaften nicht wussten, was sie von den Neuerungen halten sollten: die »Reaktionen reichten von scharfer Kritik bis zu aktiver Unterstützung« (ebd.: 326). So umschreiben sie die Entsicherungsprozesse der Arbeitswelt wie etwa den Bedeutungsverlust der französischen Gewerkschaften und die Auswirkungen neuer betrieblicher Managementmethoden als ein ambivalentes Wechselspiel von steigenden Anforderungs- und Möglichkeitsbedingungen, nämlich als »Konkurrenz, Aufwertung der persönlichen Leistung, sportliches Wettkampfdenken« (ebd.: 328).

Der gesellschaftskritische Impetus dieser Diskussionsfraktion nährt sich also aus der Erkenntnis, dass die Prekarisierung der Arbeitsgesellschaft sozial verderbliche Ungleichheitsverhältnisse verschärft. Auf Basis der von Emile Durkheim (1983) geerbten Annahme eines drohenden Verlusts von gesellschaftlichem Zusammenhalt stimmen die Autoren daher in der Forderung nach einer Renaissance der Sozialkritik überein (Dörre 2011: 400; Dörre/Lessenich/Rosa 2009; Castel 2005).

Auf der anderen Seite steht eine Diskussionspartei[73], die Prekarisierung nicht nur als Restriktion, sondern auch als Öffnungsprozess etablierter Macht- und Herrschaftsverhältnisse betrachtet. In diesem Deutungsangebot wird dafür plädiert, Prekarisierung »nicht nur in ihren repressiven Formen« (Lorey 2010: 70) zu betrachten, sondern auch ihre emanzipatorischen Aspekte zu berücksichtigen (Völker 2009: 222). Der Fokus liegt nicht allein auf den ausgrenzenden Effekten von prekärer Arbeit, sondern stärker auf der praktischen Aneignung prekärer Erwerbskonstellationen im Lebenszusammenhang (Hark/Völker 2010: 36; Klenner/Menke/Pfahl 2012). Statt einer strukturellen Unterwerfung würden Prekarisierungsprozesse »veränderte Dynamiken sozialer Ein- und Entbindung« (Völker 2009: 219) mit sich bringen, die nicht notwendigerweise sozial zerstörerisch wirken, obgleich sie durch Prozesse der Entsicherung von Erwerbsarbeit erzwungen werden (Aulenbacher 2009: 76). Prekarisierungsprozesse seien insofern ambivalent, als sie sowohl mit emanzipatorischen Effekten verknüpft sind als auch neue soziale Widersprüche hervor bringen. In Übereinstimmung definieren Pieper et al. (2009: 345) Prekarisierung als »permanente Subjektwerdung«. Eine Strategie im Umgang mit Unsicherheit sei, sich den Zumutungen dieses neuen Unsicherheitsregimes zu entziehen (Pieper 2013). In diesem Sinne könne die Anerkennung der Prekarisierung als vermachtetes soziales Konfliktfeld somit zu einer »Neuerfindung sozialer Praxen« führen.

Während die Diskussion im Anschluss an die oben Genannten aktuelle Prekarisierungsprozesse von Erwerbsarbeit als Bedrohung der Sozialordnung auffasst, wird von der zuletzt beleuchteten Diskussionsfraktion eine ungleichheitssoziologische Perspektive eingenommen, die die industriegesellschaftliche Ordnung der Arbeitsgesellschaft nicht als »Gewinnergeschichte« (Neckel 2006: 355) der Arbeitnehmer auffasst. Sie begreift sie vielmehr als eine Geschichte, die kategorial auf sozialen Ungleichheiten aufbaut, was in der Regel anhand von Geschlechterfragen exemplifiziert wird (vgl. z.B. Amacker/Völker 2015). Vertreterinnen dieser zweiten Position machen insofern auch auf sozial

---

**73** | Vertreter_innen dieses Deutungsangebots sind vornehmlich in der deutschsprachigen, feministischen arbeits- und industriesoziologischen Sektion verortet und/oder Vertreter_innen poststrukturalistischer Positionen (z.B. Aulenbacher 2009; Freudenschuss 2010, 2012; Hark/Völker 2010; Lorey 2010; Klenner/Menke/Pfahl 2012; Manske/Pühl 2010; Nickel 2009; Völker 2007, 2009).

klassifizierende Mechanismen der industriegesellschaftlichen Ordnung von Arbeit aufmerksam, die mit der Prekarisierung der Arbeitsgesellschaft brüchig werden. Diese Fraktion problematisiert daher eine übergreifende Perspektive der Sozialkritik. Zum einen aufgrund ihrer normativen Ausrichtung am Normalarbeitsverhältnis.[74] Zum anderen wird kritisch beanstandet, dass der ausschließliche Blick auf den Bedrohungscharakter von Prekarität die Hauptbetroffenen zu Opfern stilisiere »statt zunächst offen zu fragen, welche neuen Praktiken, Anschlüsse, Assoziationen generiert werden« (Hark/Völker 2010: 33; Völker 2007: 177).[75]

Den Ertrag einer solchen Herangehensweise sehen diese Autor_innen darin zu reflektieren, dass gleiche Phänomene historisch auf andere Weise konstelliert werden und sodann unvorhersehbare Effekte haben können. Die Analyse von Sozial- und Lebenslagen sollte daher deren Eigenlogiken und Eigensinn rekonstruieren. Denn nur so gelinge es, prekäre Arbeits- und Lebenslagen nicht vorschnell als Ausfluss einer »Herrschaftsform« zu betrachten (vgl. auch Lorey 2010: 72). Aus dieser Sichtweise wird die arbeitsgesellschaftliche Prekarisierung also gewissermaßen als Chance betrachtet (Völker 2011: 427), jedenfalls als ein Prozess gekennzeichnet, der mit (ambivalenten) Individualisierungsgewinnen verbunden ist.

Um Prekarisierung sodann als kontingentes und insofern als zeitgeschichtlich dynamisches und labiles Herrschaftsverhältnis zu erfassen, schlägt Christina Klenner (2011) ähnlich wie Klaus Kraemer (2009) vor, die Perspektive auf die Prekarisierung der Arbeitsgesellschaft um vier Dimensionen zu erweitern:

---

**74** | Dass die der Sozialkritik verpflichteten Zugänge das Normalarbeitsverhältnis zum Normalfall erklären und darüber vernachlässigen, dass eben dieses in der industriegesellschaftlichen Ordnung von Arbeit untrennbar an ein Familienmodell gekoppelt war, das Frauen die Care- und Familienarbeit zuwies und ihre Arbeitsmarktteilhabe auf das Muster einer begrenzten Integration fixierte und immer noch fixiert (vgl. Gottschall 1995; Lewis/Ostner 1994; Gleichstellungsbericht der Bundesregierung 2011), wurde in den vergangenen Jahren eingehend kritisch diskutiert (vgl. v.a. Aulenbacher 2009 und den Sammelband Manske/Pühl 2010). An dieser Stelle wird deshalb auf eine Reproduktion dieser Diskussion verzichtet und nurmehr an ihre Befunde angeknüpft.

**75** | Nichtsdestotrotz vereint auch diese Position differente Deutungen auf sich. Klenner/Menke/Pfahl (2012) etwa lehnen sich explizit an Bourdieu (2004) an, wenn sie den Disziplinierungscharakter von Prekarisierungsprozessen hervorheben. Sie gehen von einer geringen, subjekten Gestaltungsmacht aus, die »einen Verlust an Zukunft sowie eine Bedrohung der Handlungsfähigkeit mit sich bringen kann« (Klenner/Menke/Pfahl 2012: 325). Demgegenüber betont etwa Susanne Völker, dass es sich empirisch eher im Rückblick rekonstruieren lasse, ob sich die Individuen den Herrschaftsverhältnissen unterwerfen oder sie unterlaufen (Völker 2010: 311).

1. Es sollten nicht nur strukturelle Bedingungen, sondern auch zentrale Eigenschaften von Erwerbsarbeit in den Blick genommen werden, wie z.B. das Subjektivierungspotenzial von Arbeit (vgl. z.B. Böhle 2010b; Kleemann/Voß 2010; Baethge 1994).
2. Zu beachten seien die Verflechtungen von Erwerbsarbeit mit anderen Lebensbereichen in zeitlicher, räumlicher, organisatorischer Hinsicht.
3. Es sollte analysiert werden, welche Ressourcen die Menschen mobilisieren, um ihre prekäre Soziallage zu bearbeiten.
4. Zu berücksichtigen sei, in welcher erwerbsbiografischen Phase eine prekären Soziallage auftritt (Klenner/Menke/Pfahl 2012: 214f.).

Der Unterschied zwischen den beiden erläuterten Zugängen in der Analyse von Umbrüchen in Ökonomie, Arbeit und Wohlfahrtsstaat liegt resümierend darin, dass sie auf der einen Seite von einem normativen Standpunkt der Sozialkritik betrachtet werden. Die Metamorphose der sozialen Frage wird darin als Ausfluss einer neuen Herrschaftsform und diese von Bourdieu sowie Castel/Dörre als strukturelle und von Boltanski/Chiapello als ideologische (Selbst-)Unterwerfung interpretiert. Auf der anderen Seite werden die gesellschaftlichen Umbrüche nicht allein als Resultat einer neuen Herrschaftsform annonciert. Vielmehr werden hier die Wechselwirkungen zwischen struktureller und individueller Ebene mit einer größeren empirischen Offenheit perspektiviert. So wird in Betracht gezogen, dass Prekarisierungsprozesse neben oder vielmehr trotz veränderter Herrschaftslogik gleichsam herrschaftsirritierende Öffnungsmomente und Handlungsoptionen impliziert, die sich aus der Labilisierung von industriegesellschaftlich geprägten Macht- und Herrschaftsverhältnissen (auch) ergeben.

### 2.4.5 Erträge und Grenzen der Prekarisierungs-Debatte

Prekarisierung – um die Diskussion an dieser Stelle zusammenzufassen – beschreibt den Wandel der sozialen Organisation von Arbeit als Verbreitung von erneut aufflammender, aber sich teils in neuer Gestalt präsentierender, existenzieller Unsicherheit. Als Vergesellschaftungsmodus lässt sich der Prozess des Prekärwerdens der industriegesellschaftlich geprägten, gesellschaftlichen Ordnung nicht auf eine spezifische soziale Zone oder auf ein gesellschaftliches Teilfeld reduzieren. Als komplexes Gefüge ist daher Prekarisierung, aber nicht unbedingt Prekarität überall (vgl. auch Lorey 2010). In welchem Ausmaß Prekarisierung zu einem Zustand der Prekarität wird, hängt vielmehr davon ab, welche sozialen Verhältnisse wie etwa die Form der Erwerbsarbeit im Zusammenhang mit deren sozialen Absicherungsmodi, sowie aber auch private Lebensformen und –verpflichtungen (Care- und Sorgearbeiten) aus ihr hervor gehen bzw. wie sich diese unter den Bedingungen von Prekarisierung darstellen.

## 2. Künstlerisch-kreative Arbeit im arbeitsgesellschaftlichen Strukturwandel

Im Hinblick auf die prekäre Transformation von künstlerisch-kreativer Arbeit ist festzuhalten, dass die Dynamiken in künstlerisch-kreativen Erwerbsfeldern mit arbeitsgesellschaftlichen Prekarisierungsprozessen und der in diesem Zusammenhang diagnostizierten Metamorphose der sozialen Frage strukturell und ideologisch verwoben sind. Doch weder lässt sich Prekarisierung in künstlerisch-kreativen Erwerbsfeldern eindeutig als strukturelle Unterwerfung noch als Befreiung aus hergebrachten Macht- und Herrschaftsverhältnissen interpretieren.

Das produktive Moment der Prekarisierungsdiskussion für die vorliegende Studie liegt vielmehr in folgenden Punkten begründet.

1. Die Prekarisierungsforschung hat die Umbrüche in Ökonomie, Arbeit und Wohlfahrtsstaat in den Mittelpunkt gerückt. Sie hat, indem sie widersprüchliche Soziallagen, um sich greifende Verwundbarkeit und Prekarität fokussiert, die soziologische Ungleichheitsforschung für neue konzeptionelle Denkrichtungen geöffnet (Burzan 2009; Kreamer 2010; Vogel 2009). Dadurch wird zum einen die Lage am und zum Arbeitsmarkt im Sinne von Offe/Hinrichs (1984) mit der Position im sozialen Raum vermittelt. Zum anderen wird die *ungleichheitsrelevante Bedeutung von Erwerbsarbeit* unmissverständlich aufgezeigt. Im Folgenden wird Prekarisierung indes nicht primär als ein Zustand verstanden, der zuvorderst einen Ausschluss von den industriegesellschaftlich geprägten Standards des Normalarbeitsverhältnis' bedeutet. Vielmehr signalisieren Prekarisierungsprozesse eine Restrukturierung der gesellschaftlichen Ordnung von Arbeit und letztlich von sozialen Teilhabeoptionen. Prekarisierung von Arbeit hat insofern immer Rückwirkungen auf den ganzen Lebenszusammenhang, wenngleich die damit steigenden Ungewissheiten nicht notwendigerweise gleichbedeutend mit einer Kultur des Zufalls sind (Böhnke 2010; Bartelheimer 2009; Klenner 2011; Kraemer 2009; Völker 2008).
2. Es werden relationale Ungleichheitsverhältnisse hervorgehoben. Somit wird ein *Blick auf sozialstrukturelle Zwischenräume* eröffnet, die gleichwohl eigenen Regeln folgen (vgl. Kap. 2.2). Zudem wird der Lebenszusammenhang und die Ebene der Lebensführung berücksichtigt. Der Terminus »Prekarisierung« ist daher mit milieuorientierten Konzepten des sozialen Raums (Bourdieu 1987; Vester et al. 2001) kompatibel. Er ist geeignet, »das Passungsverhältnis zwischen der sozialen Position und dem [...] klassen- oder milieuspezifischen Habitus« (Burzan 2009: 313ff.) systematisch zu untersuchen. So ermöglicht diese ebenendifferenzierte Herangehensweise die scheinbar widersprüchliche Soziallage von Akteur_innen künstlerisch-kreativer Erwerbsfelder terminologisch als »Prekarisierung auf hohem Niveau« zu fassen (Manske 2007a).

3. Jene Diskussionsfraktion, die für eine »Rückkehr der Kritik in die Soziologie« (Dörre/Lessenich/Rosa 2009: 12) eintritt, bietet mit ihrer Forderung nach einer *Renaissance der Sozialkritik* einen normativen Bezugspunkt. Die Metamorphose der sozialen Frage erscheint dann nicht nur als eine Neu-Konstellierung, sondern als eine Quelle von Ungleichheit und Ausbeutung (vgl. Boltanski/Chiapello 2003: 80; Dörre/Lessenich/Rosa 2009: 16).

Was einen allzu überschwänglichen Rekurs auf jenen Zugang, der für eine Renaissance der Sozialkritik eintritt, ein Stück weit ausbremst, ist sein »methodologischer Fordismus« (Holst 2012). Denn die breit geteilte Diagnose, dass wir an dem Übergang zu einer kapitalistischen Arbeitsgesellschaft »neuen Typs« leben (vgl. Dörre 2009), ist auch ein Effekt von Deutungsmustern, die sich mehr oder weniger explizit auf das gesellschaftliche Zusammenleben als industriegesellschaftliche Sozialordnung im Geiste der Industriegesellschaft stützen. Die zentral diskutierten Ansätze orientieren sich, wenngleich mit diskrepanten theoretischen Konzepten und Schlussfolgerungen, an der traditionellen industriegesellschaftlichen Problematik der Arbeiterfrage und deren sozialen Ungleichheits- und Gerechtigkeitsproblemen. Deren Grundannahmen sind jedoch teilweise veraltet (vgl. Baethge 2000; Kaufmann 1997), liegen indes als gesellschaftspolitisch normativer Bezugspunkt den impulsgebenden Diskussionsbeiträgen zugrunde. Das heißt aber nicht, dass damit die traditionelle, auf den Kapital-Arbeit-Gegensatz fokussierte arbeits- und industriesoziologische Perspektive völlig über Bord geworfen werden sollte (das wäre geradezu absurd!). Sie führt aber bisweilen zu einer gewissen Verkürzung in der Problembeschreibung. Etwa wenn erwerbsstrukturelle Differenzierungs- und Pluralisierungsprozesse, wie sie sich markant in an Relevanz zunehmenden Erwerbsformen wie den sogenannten neuen Selbständigen niederschlagen (Bögenhold/Leicht 2000; Dietrich 1998; Schulze Buschoff 2010), summarisch dem »Niedergang institutioneller Arbeitsmacht« (Dörre 2009a: 65) angelastet werden. Vielmehr zeigen vor allem Arbeitsverhältnisse zwischen »Normalarbeit und Normalunternehmertum« (Bührmann/Pongratz 2010), dass sich in der Arbeitswelt nicht nur neue ökonomische Modi durchsetzen.

So wäre es verkürzt, diese Arbeitsverhältnisse nur als Ausdruck einer Prekarisierung der Arbeitsgesellschaft zu verstehen, wie Gather et al. (2014: 8) zurecht reklamieren. Denn das hieße zu vernachlässigen, dass sich in diesem Phänomen ebenso stark gestiegene Ansprüche an eine selbstbestimmte Gestaltung des Arbeits- und Lebenszusammenhangs widerspiegeln. Zudem besteht diese soziale Gruppe nicht nur aus sogenannten »sozial abgehängten« Prekariern, die sich verzweifelt von einem geringfügigen Job zum nächsten hangeln. Vielmehr weisen verschiedene Auswertungen des Mikrozensus nicht nur auf einen auch im internationalen Vergleich überdurchschnittliches Bildungsniveau wie aber jüngst auch auf eine soziale Polarisierung solo-selbstän-

## 2. Künstlerisch-kreative Arbeit im arbeitsgesellschaftlichen Strukturwandel

diger Erwerbsformen in hoch- und niedrigqualifizierte Tätigkeiten hin (Brenke 2013: 9). So baut diese soziale Zone der Prekarität folglich auf einer recht differenzierten Sozialstruktur auf, in der sich gesamtgesellschaftliche Wandlungsprozesse abzeichnen, die sich nicht allein durch verschärfte Herrschaftsverhältnisse infolge einer geschwächten, institutionellen Arbeitermacht erklären lassen, und in denen sich die soziale Frage im Hinblick auf die Stellung im Produktionsprozess, Interessenvertretung sowie in Bezug auf Fragen der Existenzsicherung trotzdem brisant stellt (vgl. z.b. Bögenhold/Fachinger 2010; Egbringhoff 2007; Manske 2007a). Zu unterstreichen ist, dass Prekarisierungsprozesse in künstlerisch-kreativen Erwerbsfeldern einen besonderen, strukturellen »Status der Unschärfe« (Lazzarato 2007: 202) forcieren – etwa synchron erwerbslos und beschäftigt oder freiberuflich *und* Lohn- bzw. Honorarempfänger_in gleichzeitig zu sein. Zugleich haben sich Typen von befristeten Arbeitsverträgen (die oftmals nicht einmal vertraglich fixiert sind) vervielfacht; sie präsentieren sich beispielsweise als projektorientierter Auftrag oder als zeitlich befristete Beschäftigung.

Doch die meisten Analysen, die sich explizit (!) mit der Metamorphose der sozialen Frage befassen, gehen nach wie vor von einem vergleichsweise traditionellen, wohlfahrtsstaatlich geprägten Verhältnis von Kapital und Arbeit bzw. von dessen prekärer Transformation aus. Eine an der traditionellen sozialen Frage orientierte Sozialkritik und die damit verknüpfte normative Bezugnahme auf ein normalarbeitsähnliches Lohnarbeitsverhältnis als gutes Arbeitsverhältnis erweist sich für den hier verhandelten Gegenstand aber als zu eng. Denn auf dieser Basis lässt sich die paradoxe Verknüpfung von Freiheit und Unfreiheit, die der sozialen Frage im Feld künstlerisch-kreativer Arbeit sozialhistorisch eingeschrieben ist, nicht fassen. Vielmehr kann eingedenk des wahlverwandtschaftlichen Zusammenspiels von sozialstrukturellen Umstellungen seit den 1960er Jahren einerseits und kulturellen Modernisierungsprozessen andererseits nicht allein angenommen werden, dass Prekarität eine »Herrschaftsform« sei, die Künstler_innen und Kreative zur Hinnahme ihrer verschärften Ausbeutung zwinge (s. Kap. 2.4). Vielmehr trifft die prekäre Transformation von künstlerisch-kreativer Arbeit auf eine milieuspezifische Mentalität, die sich unter den Bedingungen industriegesellschaftlich geprägter sozialer Aufstiegs- und Sicherheitserfahrungen herausgebildet hat und inzwischen habituell eingelagert sein dürfte. Hierzu gehört wesentlich, dass Selbstverwirklichung durch Arbeit für künstlerisch-kreativ Erwerbstätige ein hohes Gut darstellt (Steiner/Schneider 2012).

Die Metamorphose der sozialen Frage in künstlerisch-kreativen Erwerbsfeldern ist daher einerseits mit den Prekarisierungsprozessen in der Zone der sozialen Integration trotz mancher Parallelen und Koinzidenzen nur bedingt vergleichbar. Denn in diesen Feldern verfängt der normative Bezug auf eine klar und deutlich abgegrenzte Trennung zwischen Lohnempfänger_innen und Unternehmer_innen bzw. zwischen Arbeit und Kapital nicht. Andererseits zeigen sich durchaus strukturelle Homologien in den jeweiligen Entwicklungsdynamiken der verschiedenen sozialen Zonen. So werfen die Entwicklungstendenzen in künstlerisch-kreativen Erwerbsfeldern die soziale Frage ausgesprochen drängend auf. Und zwar einerseits ganz im Sinne von Boltanski/Chiapello (2003: 80) als »Quelle von Elend, Ungleichheit und Ausbeutung«. Andererseits handelt es sich dabei um eine soziale Frage, die sich zu einem Gutteil jenseits des Kapital-Arbeit-Gegensatzes abspielt, auf den sich diese traditionell bezieht (vgl. Castel/Dörre 2009). Die sozialen Fragen, die sich in künstlerisch-kreativen Erwerbsfeldern stellen, sind also spezielle. Sie beziehen ihre empirische Evidenz daraus, dass sie sich vielfach und zunehmend jenseits sozialer Absicherungsfragen der Arbeiter- und Angestelltenklasse entfalten und sich daher nur bedingt einer Lohnarbeitslogik subsumieren lassen.

Mit Blick auf diese milieuspezifische Einbettung und differenzierte Situierung der Metamorphose der sozialen Frage gilt es an jene Ansätze anzuknüpfen, die die prekäre Transformation des arbeitsgesellschaftlichen Strukturzusammenhangs nicht nur als sozial und mental zerstörerische Bedrohung sehen. Vielmehr folge ich hier einer Lesart, die die prekäre Transformation von künstlerisch-kreativer Arbeit als ein *bewegliches und zugleich symbolisch verschleiertes Machtverhältnis* betrachtet (vgl. Bourdieu 1993b: 244; Foucault 2007c: 267). Dies ist paradoxerweise als Quelle verschärfter Ausbeutungsverhältnisse zu betrachten, die zwar nicht notwendigerweise sozial destruktiv wirken müssen (aber können), sondern mit ambivalenten Freiheiten in der Lebensführung einer gehen können (aber nicht müssen) und insofern durchaus soziale und mentale Erschöpfungszuständen bedingen kann (vgl. Voß et al. 2010). Freiheiten sind hier also eng gebunden an einen Status der Unschärfe, der sich zentral durch soziale Verwundbarkeit auszeichnet. Diese Ambivalenz macht eine eindeutige Verortung der Soziallagen in künstlerisch-kreativen Erwerbsfeldern analog einer traditionellen Sozialkritik nicht möglich.

Was folgt daraus für die hier eingenommene Perspektive der Sozialkritik? Prekarisierungsprozesse werden im Folgenden einerseits als Quelle von Ungleichheit und Ausbeutung betrachtet, andererseits aber nicht schlichtweg als strukturelle Unterwerfung interpretiert. Dies zuvorderst deshalb nicht, weil die soziale Situierung von künstlerisch-kreativer Arbeit auf einem strukturellen Status der Unschärfe beruht, der möglicherweise gewisse Spielräume für die praktische Gestaltung von prekären Erwerbskonstellationen zulässt. Angesichts dieser widersprüchlichen sowie sozial verschleierten Verquickung von Chancen und Risiken wird vielmehr die Frage aufgeworfen, inwieweit es sich bei der Ausübung und Gestaltung von prekärer, künstlerisch-kreativer Arbeit um eine *bedingt freiwillige* Flexibilisierung des Arbeits- und Lebenszusammenhangs handelt.

Wenn Erwerbstätige in künstlerisch-kreativen Erwerbsfeldern insofern eine »hybride Figur« (Lazzarato 2007: 201) abgeben, dann ist das empirische Material daraufhin zu befragen, wodurch sich diese auszeichnet und inwieweit sich auch in diesem Zusammenhang ein »hybrides Einstellungssystem« (Bourdieu) gegenüber der sozialen Welt offenbart, sprich sich dieses auch in subjektiven Handlungsstrategien im Sinne einer Doppelorientierung niederschlägt.

## 2.5 KÜNSTLER UND KREATIVE IM DIENST EINES NEUEN KAPITALISTISCHEN GEISTES

Seit der Zeitdiagnose von Boltanski und Chiapello über den neuen Geist des Kapitalismus werden Künstler und Kreative gerne als Kronzeugen herangezogen, wenn es darum geht, die kulturellen und lebensweltlichen Effekte der flexiblen Arbeitsgesellschaft zu erörtern (Boltanski/Chiapello 2003). Allenthalben liest und hört man, dass sie vom Gegenbild zum Vorbild im flexiblen, projektgesteuerten Kapitalismus avanciert seien (vgl. Müller-Jentsch 2012b).

Die Diagnose lautet im Kern, dass die auf Selbstverwirklichung abzielende ›Künstlerkritik‹ der flexibel und unsicher gewordenen Ordnung der Arbeitswelt zum Durchbruch verholfen habe, da Künstler und Kreative trotz ihrer häufig prekären Soziallage individuelle Selbstentfaltung oftmals über Fragen der sozialen Absicherung stellen. Denn obgleich sich die Hinweise darauf verdichten, dass die Projektifizierung der Arbeitsverhältnisse als biografisch belastendes Sicherheitsrisiko wahrgenommen wird, verweisen sämtliche Studien auf eine hohe Arbeitszufriedenheit und auf einen Berufsethos, in dem Kreativität und Selbstverwirklichung handlungsleitende Orientierungen sind (Betzelt 2006; Eichmann/Schiffbänker 2008; Koppetsch 2006; Manske 2007; Marrs 2007; Steiner/Schneider 2012). Zu diesem Ethos trägt nicht nicht nur das »Was«, sondern auch das »Wie« der Arbeit bei. Ausschlaggebend sei ein Gefühl der Autonomie, das viele Akteur_innen sowohl auf arbeitsinhaltlicher Ebene – die Arbeit wird als sinnvoll empfunden, bietet ein hohes Selbstentfaltungs- und Identifikationspotenzial – als auch in arbeitsorganisatorischer Hinsicht verspüren, z.B. in puncto Arbeitszeiten. Ein Drittel lehnt eine angestellte Tätigkeit ab. Die Hoffnung auf einen höheren Verdienst treibt nur 15 Prozent der freiberuflichen Künstlerisch-Kreativen an (Enquete-Bericht 2007: 294). Auf diese Weise tragen sie, so die weit verbreitete Annahme, zum kulturellen Erfolg des neuen Kapitalismus bei (vgl. z.B. Eickhof/Haunschild 2006; Koppetsch 2006a+b; Loacker 2010; Lorey 2007). Erhoben zum post-fordistischen Subjektideal wird somit eine soziale Gruppe konstruiert, die den prekären Umbau der Arbeitswelt teilweise begeistert unterstützt, aber zumindest moralisch zu legitimieren scheint.

Zentrale Referenzpunkte, um die Weltanschauung von Akteur_innen künstlerisch-kreativer Erwerbsfelder sowie deren Selbstverhältnisse als Kristallisationspunkt des neuen Geist des Kapitalismus zu deuten, sind neben der Studie von Boltanski/Chiapello (2003) Erkenntnisse aus Michel Foucaults Gouvernementalitätsstudien (Foucault 2004) und die Sozialfigur des *unternehmerischen Selbst* von Ulrich Bröckling (2007). Poststrukturalistische Ansätze, explizit Foucault (2004), werden insofern mit Webers bahnbrechender These zusammen geführt, dass der Kapitalismus ethische Motive benötigt, um die Menschen an sich zu binden (Boltanski/Chiapello 2007: 167ff.).[76]

In den folgenden Abschnitten soll ausgelotet werden, welche theoretischen Anschlussmöglichkeiten diese Ansätze bieten, um die moralisch-ideellen Grundlagen von künstlerisch-kreativer Arbeit zu durchdringen (2.5.1, 2.5.2). Argumentiert wird, dass diese Deutungsangebote hilfreich sind, um die politökonomische (und ideologische) Beanspruchung von Künstlern und Kreativen zu dekonstruieren. Für eine zeitdiagnostische Analyse implizieren sie aber gewisse theoretische Engführungen. Diese führen im Kern dazu, dass arbeitsethische Selbstverhältnisse und somit auch Prozesse einer Subjektivierung von Arbeit nurmehr als strukturell ausweglose Selbst-Disziplinierung reflektiert werden (können). Welche analytischen und forschungspraktischen Konsequenzen daraus gezogen werden, wird im Abschnitt 2.5.4 erläutert.

### 2.5.1 Selbstverwirklichung als Herrschaftsideologie

»Kapitalismus« ist ein umstrittener Begriff. Er ist theoretisch voraussetzungsvoll, verführt zu Subsumtion und verleiht jedem Text eine »klassengesellschaftlich-kritische Einfärbung.« (Kocka 2013: 7). Zumindest in der deutschsprachigen und der französischen Wissenschaftslandschaft ist das so (Dörre/Lessenich/Rosa 2009: 10). Der Begriff hat jedenfalls eine Doppelfunktion (Kocka 2013: 9). Manchen dient er als Konzept, um unterschiedliche institutionelle Regime marktwirtschaftlichen Handelns in spätindustriellen Gesellschaften miteinander zu vergleichen (vgl. z.B. Hall/Soskice 2001). Anderen ist er Kernstück einer wissenschaftlichen Analyse, die von vornherein erklärt, dass sie

---

[76] | In einem Gespräch mit Yann Moulier Boutang erläutern Boltanski/Chiapello (2007) ihre theoretischen Inspirationsquellen und nennen hier auch den poststrukturalistischen Ansatz von Foucault. Diese Verquickung liegt in ihrer Studie »Der neue Geist des Kapitalismus« zwar auf der Hand, kommt aber ohne eine explizite Nennung von Foucault aus, sondern geht explizit auf Luc Boltanskis Zusammenarbeit mit Laurent Thevenot zurück (Boltanski/Thevenot 1991/2007).

## 2. Künstlerisch-kreative Arbeit im arbeitsgesellschaftlichen Strukturwandel

»Kritik als eine der Hauptaufgaben der Soziologie begreift.« (Dörre/Lessenich/ Rosa 2009: 12). Zu dieser Fraktion gehören auch Boltanski/Chiapello (2003). Das französische Autorenduo interessiert sich für die »normativen Grundlagen des zeitgenössischen Kapitalismus« (Kocyba/Voswinkel 2008: 59). Sie betrachten den *Geist* des Kapitalismus – also sein sittlich-moralisches Gefüge – als wesentliche Triebfeder gesellschaftlicher Dynamiken. Seine kulturellnormativen Grundlagen auszumachen und darüber eine Kritik an gegenwärtigen Macht- und Kräfteverhältnissen zu formulieren, ist ihr zentrales Anliegen. Als Gesellschaftsform sei der (wohlfahrtsstaatlich geprägte) Kapitalismus auf überzeugende moralische Gründe angewiesen, damit sich die Menschen der kapitalistischen Herrschaftsordnung anschließen, so Boltanski/Chiapello (ebd.: 45) rekurrierend auf Webers Schriften zur Religionssoziologie (vgl. Weber 1988; Boltanski/Chiapello 2010: 18). Der Kapitalismus müsse daher »einerseits attraktive und aufregende Lebensperspektiven, andererseits aber auch Sicherheitsgarantien und sittliche Gründe für das eigene Tun bieten«, um seine Wirkmächtigkeit beizubehalten (Boltanski/Chiapello 2003: 64).[77]

Kardinalpunkt ihrer Kritik am gegenwärtigen Kapitalismus ist, dass sein Geist im Vergleich zu jenem der 1960-1980er Jahren sozial zerstörerisch wirkt. Wie, so fragen sie also, ist der gegenwärtige kapitalistische Geist dennoch beschaffen, damit die Menschen »ihr Lebensumfeld nicht als unerträglich wahrnehmen?« (ebd.: 46). Bei Boltanski/Chiapello (2003) hat der »Geist des Kapitalismus« allerdings wenig bis gar nichts mit der sozialen Praxis der Lebensführung zu tun (vgl. Weber 1988: 12). Er diene vielmehr der kulturellen Legitimierung für »ein absurdes System« (Boltanski/Chiapello 2003: 42). Bestandteil seiner legitimatorischen Funktion sei ebenfalls, dass er von der herrschenden Klasse genutzt werde, um Kritik an der kapitalistischen Gesellschaftsform zu neutralisieren. »Demgemäß wollen wir als Geist des Kapitalismus eine *Ideologie* bezeichnen, *die das Engagement für den Kapitalismus rechtfertigt*« (ebd.: 43, H.i.O.). Entsprechend wird künstlerisch-kreative Arbeit und deren soziale Praxis in »Der neue Geist des Kapitalismus« nicht empirisch beleuchtet, sondern *ideologiekritisch* thematisiert (Bröckling 2007: 266; Koppetsch 2006: 105).

Die Ausführungen von Boltanski/Chiapello (2003) spielen eine herausragende Rolle, um die soziale Stellung von Künstlern und Kreativen im gegenwärtigen Transformationsprozess der Arbeitsgesellschaft zu analysieren. Dafür gibt es gute Gründe. Denn nicht nur haben die beiden französischen

---

**77** | Boltanski/Chiapello (2003) knüpfen somit einerseits an Max Webers Ausführungen zur protestantischen Ethik des Kapitalismus an und drehen andererseits, in der französischen Tradition im Anschluss an Durkheim (1988) stehend, Webers Logik gewissermaßen um (vgl. Weber 1988), indem sie primär nach einer moralischen Ordnung suchen und daraus deren Rückwirkungen auf die Lebensführung extrapolieren.

Sozialwissenschaftler_innen neben Pierre-Michel Menger (2006) pointiert illustriert, dass Künstler zum Vorbild in der flexiblen und projektbestimmten Arbeitswelt geworden sind. Vielmehr hat deren Buch, darin ist sich die soziologische Fachwelt einig, insgesamt einen überragenden Stellenwert (z.b. Schultheis 2003: iii).[78] »Der neue Geist des Kapitalismus« zeigt unmissverständlich auf, dass die Arbeitswelt keine von kulturellen Mustern unberührte Zone ist. Vielmehr lebt auch sie von kulturellen Werten, verändert sich mit deren Wandel und instrumentalisiert diese im Zweifel. Boltanski/Chiapello bieten somit eine Perspektive an, die, inspiriert von Max Weber, kulturelle Dynamiken mit der Arbeits- und Wirtschaftsordnung einer Gesellschaft als untrennbar verwoben betrachtet.[79]

In ihrem Werk konzentriert sich das französische Autorenduo wesentlich auf die Frage, wie die »Künstlerkritik« und damit die Kapitalismus- und Entfremdungskritik seit »1968« kapitalistisch einverleibt und in den kulturellen Anforderungskatalog betrieblicher Rationalisierung integriert wurde (vgl. Boltanski/Chiapello 2010; Chiapello 2010). Unter den zahlreichen Diskussionen, die das Buch angestoßen hat, sind in dem hiesigen Zusammenhang die Ausführungen zum Verhältnis von *Sozial-* und *Künstlerkritik* besonders interessant, anregend – und reizen zudem zu Widerspruch. Dieser im Folgenden zu entfaltende bezieht sich im Kern auf die Frage, ob das Konzept der Künstlerkritik im Verhältnis zur Sozialkritik ein empirisch tragfähiges Gerüst und insofern eine methodologische Grundlage für die vorliegende Studie bietet. Wie

---

[78] | »Der neue Geist des Kapitalismus« hat fraglos nicht nur eine zeitdiagnostische Relevanz. Diese kommt z.B. in der Diskussion über die Aussagekraft von Managementliteratur zum Tragen, wenngleich die symbolisch überhöhten Schlussfolgerungen und die damit verbundene, zum kulturellen Leithorizont erhobene, soziale Wirklichkeit von Managern beanstandet werden, die das Autorenduo aus der ideologiekritischen Analyse von Managementliteratur zieht (z.B Wagner 2008; Wolf 2008). Nichtsdestoweniger haben Boltanski/Chiapello (2003) mit ihren Thesen zur »Projekt-Polis im Netzwerkkapitalismus« oder zur Rolle der Kritik als gesellschaftlicher Antreiber wesentliche Impulse für die (Weiter-)Entwicklung soziologischer Theorie gegeben (z.B. Bröckling (2013a); Dörre/Lessenich/Rosa (2009); Dörre/Sauer/Wittke (2012); Henning (2013); van Dyk (2010)).

[79] | Denn (spätestens) seit Weber wissen wir, dass die kapitalistische Wirtschaftsform ideelle Grundlagen braucht (Weber 1988). Weber allerdings hielt eine rational temperierte Wirtschaftsgesinnung für das Fortkommen des Kapitalismus für unabdingbar (ebd.: 4). Gleichwohl befürchtete er ihre Erstarrung durch organisatorischen und bürokratischen Übereifer. In Anknüpfung an Webers grundlegende Annahme hat demgegenüber die Studie von Boltanski/Chiapello (2003) die Wandlungsfähigkeit dieser sittlichen Grundlagen vorgeführt.

sich hier bereits andeutet, fällt die Antwort skeptisch aus. Doch zunächst zu Folgendem.

### Was verstehen Boltanski/Chiapello (2003) nun unter *Künstlerkritik*?

Grundsätzlich gehen sie davon aus, dass zwei Kritikformen den moralischen Wandel der Arbeitsgesellschaft vorantreiben: Sozial- und Künstlerkritik. Während die Sozialkritik vorrangig von gewerkschaftlicher Seite bzw. historisch von der Arbeiterbewegung repräsentiert wurde, soziale Gerechtigkeits- und Verteilungskonflikte im Blick habe und den Kapitalismus als Quelle von Elend, Ungleichheit und Ausbeutung anprangere, wurzele die Künstlerkritik in Bohème-Kreisen des 19. Jahrhunderts. Sie beklage vor allem den Mangel an Authentizität, Fremdbestimmung, Disziplinierung und den daraus folgenden Sinnverlust der Lebensführung in der sich etablierenden modernen Arbeitsgesellschaft (Boltanski/Chiapello 2003: 80; Chiapello 2010: 40).

Künstlerkritik als die eine Seite der Kapitalismuskritik trete ein »für die Freiheit des Künstlers« (Boltanski/Chiapello 2003: 82). Historisch wurzele sie in dem Vermarktlichungs- und Prekarisierungsdruck, der sich mit der Etablierung des modernen Kunstbetriebs im 19. Jahrhundert und daraus folgender wirtschaftlicher Ungleichheiten in Feldern der Kulturproduktion eingestellt hatte (Chiapello 2010; vgl. Kap. 2.2). Die damit vertauten Umstände einer wirtschaftlich prekären Existenzweise und die soziale Empörung der antibürgerlichen Boheme, aufgrund wirtschaftlicher Erfordernisse künstlerische Kompromisse eingehen zu müssen, um den Lebensunterhalt zu sichern (Ruppert 1998), bereiteten den Weg zu einer Geisteshaltung, die sich in der 1968er-Generation als Künstlerkritik artikuliert habe. Hier geht es demnach um die Erfahrung der Entfremdung von einer als authentisch erlebten Arbeits- und Lebensform aufgrund einer drohenden Ökonomisierung (Chiapello 2010: 41).

Diese Definition von Künstlerkritik kreist um den Begriff der »Selbstverwirklichung«. In deren Zentrum steht eine spezifische Entfremdungskritik als »das verloren gegangene Bewusstsein für das Schöne und Große als Folge der Standardisierung und der triumphierenden Warengesellschaft.« (Boltanski/Chiapello 2003: 81f.). Künstlerkritik meint also eine kulturelle Kritik an der bürgerlichen Industriegesellschaft, die zu einer »Entzauberung« (Weber 1919/2002) und zu einem »Sinnverlust« des Daseins durch methodisch-rationale, hoch arbeitsteilige und bürokratische Organisationsformen von Arbeit geführt hat.[80]

---

**80** | Die Künstlerkritik, wie Boltanski/Chiapello (2003) sie verstehen, ist demnach nicht zu verwechseln mit einer Kritik *an* Künstlern und meint auch nicht Kunstkritik. Der Bezug zu Künstlern besteht vielmehr darin, dass diese Kritik ursprünglich, nämlich ab Mitte des 19. Jahrhunderts *von* Künstlern geübt wurde, die sich damit von der bürgerli-

Künstlerkritik zielt demnach nicht in erster Linie auf eine Korrektur von sozial ungerechten Verteilungsverhältnissen – das sei Aufgabe der Sozialkritik –, sondern auf eine symbolische Anerkennung eines bestimmten Arbeits- und Lebensstils. Die Grundlagen der Künstlerkritik – Autonomie, Kreativität, Authentizität und die Emanzipation von einer bürgerlichen Berufsmoral (Boltanski/Chiapello 2003: 375f.) – identifizieren sie als ehemals kapitalismusfeindliche Ideologie. Seit den 1980er Jahren jedoch sei diese Form der Kapitalismuskritik »in eine schwere Krise geraten.« (Chiapello 2010: 44). Ausdruck dessen sei, dass sie ihre »gesellschaftliche Funktion einer im Namen der Freiheit oder des Widerstands gegen die Kommodifizierung vorgebrachten Kritik [...] immer weniger erfüllt.« (ebenda). Mehr noch, seitdem sich der gegenwärtige Kapitalismus eben jene ästhetische Künstlerkritik einverleibt habe, trete sie primär als Herrschaftsideologie der Selbstverwirklichung auf (vgl. Boltanski/Chiapello 2003: 261).

Boltanski/Chiapellos Ideologiekritik[81] besteht nun in dem Argument, dass die Künstlerkritik zur Zerstörung der industriegesellschaftlichen Sozialordnung beigetragen und der flexibel und unsicher gewordenen Ordnung der Arbeitswelt zum Durchbruch verholfen habe. Dies geschah dadurch, dass sie zunächst die vorhergehende »Sozialkritik« ideologisch verdrängt habe und anschließend kapitalistisch vereinnahmt wurde. Da die Künstlerkritik im Kern »antimodernistisch« (Boltanski/Chiapello 2003: 84) sei und diese im Gefolge der jugendlichen Protestbewegung seit 1968 »das Spiel eines besonders zerstörerischen Liberalismus« (Boltanski/Chiapello 2007: 171) bedient habe, habe sie »eine ideologische Lähmung« (Boltanski/Chiapello 2003: 86) der Kritik an sozial ungerechten Verteilungsverhältnissen hervorgerufen. Sie habe folglich nicht nur sich selbst samit ihrer Kritik an der »Verwarenförmigung [...] des Menschen und seiner Arbeit« (Boltanski/Chiapello 2007: 175) zum Verschwinden gebracht, sondern jegliche Kritik stillgelegt.

Wichtig ist hierbei: Sozial- und Künstlerkritik seien insofern »weitgehend unvereinbare« (Boltanski/Chiapello 2007: 168ff.) Konzepte. Sie würden ungleiche Ziele verfolgen und von unterschiedlichen sozialen Gruppen vertreten. Manager, die Boltanski/Chiapello als herrschende Klasse betrachten, würden

---

chen Realität des protestantischen Arbeitssubjekts im Sinne Webers absetzen wollten (vgl. Weber 1988).

81 | Entsprechend der von Boltanski/Chiapello (2003) vorgenommenen Analyse von ideologischen Herrschaftskonstruktionen, hat auch ihre Differenzierung von Kritik eine entsprechende Konnotation. Denn sie stabilisiere oder verändere »kapitalistische Rechtfertigungsordnungen« (vgl. Boltanski/Thevenot 1991). Im Kern handelt es sich also um ein Konzept, das darauf abzielt, kapitalistische Rechtfertigungsordnungen im Sinne einer moralischen Ordnung auszubuchstabieren (Bogusz 2010; Peetz/Lohr/ Hilbich 2013).

## 2. Künstlerisch-kreative Arbeit im arbeitsgesellschaftlichen Strukturwandel

heute auch von ihren Angestellten und Mitarbeitern verlangen, dass sie für ihre Arbeit brennen, Arbeitszeiten nicht so genau nehmen, Geld nicht ganz so wichtig, Selbstverwirklichung dafür umso wichtiger. Es werden von Angestellten also all jene Eigenschaften erwartet, die gemeinhin Künstlern zugeschrieben werden, schlussfolgern Boltanski/Chiapello aus der vergleichenden Analyse von Managementliteratur der 1960er und 1990er Jahre. Das Perfide daran sei, dass diese seit den 1990er Jahren verbriefte, moralische Rechtfertigungsordnung dem Leben trotz aller Mühsal und zunehmender Deprivierung seiner schwächsten Glieder einen Sinn verleihe, obwohl sie in Wahrheit die Grundlage für die zeitgenössische Ausbeutung der Arbeiter- und Angestelltenklasse sei.

In Weiterführung von Boltanski/Chiapello (2003) sowie im Rekurs auf Foucault (2004) hat sich vor allem Ulrich Bröckling mit den »Sozial- und Selbsttechnologien« des bindungslosen Projektmenschen befasst. Bröcklings Ziel ist es zu analysieren, in welche »konkreten Handlungsanweisungen« die Ratio des neuen Kapitalismus mündet (Bröckling 2007: 266). Er hat das subjektive Leitbild des flexiblen Kapitalismus in Anlehnung an Foucaults Konzept des homo oeconomicus[82] als unternehmerisches Selbst konturiert. Im Anschluss an Boltanski/Chiapello sowie im Rekurs auf Foucault (v.a. 2004) formuliert er also, wie sich seines Erachtens der neue Geist des Kapitalismus im *unternehmerischen Selbst* verkörpert: als eine marktbezogene Selbstoptimierung (vgl. Bröckling 2007: 125).

Ähnlich wie Boltanski/Chiapello verbleibt auch Bröckling auf der Ebene ideologischer Anrufungen. Er untersucht diskursive Wissensordnungen des unternehmerischen Selbst. Als Leitbild stehe es »für ein Bündel aus Deutungsschemata, mit denen heute Menschen sich selbst und ihre Existenzweisen verstehen, aus normativen Anforderungen und Rollenangeboten, an denen sie ihr Tun und Lassen orientieren, sowie aus Arrangements, Sozial- und Selbsttechnologien, die und mit denen sie ihr Verhalten regulieren sollen« (Bröckling 2007: 7). Übereinstimmend mit Foucault (2004) erkennt Bröckling eine Gesellschaft der Unternehmer. Nach Foucaults Auffassung ist der homo oeconomicus gewissermaßen ein Unternehmen in Menschengestalt (ebd.: 208), und das zentrale Subjekt der westdeutschen, von ihm als neoliberal bezeichneten, deutschen Nachkriegsgesellschaft. Der homo oeconomicus sei zugleich »ein Mensch, der seinen Interessen gehorcht. Es ist der Mensch, dessen Interesse

---

**82** | Das Akteursmodell des homo oeconomicus von Foucault (2004) ist nicht gleichzusetzen mit dem homo oeconomicus der ökonomischen Theoriebildung. Allgemein formuliert, unterstellt die Ökonomik zur Erklärung menschlichen Verhaltens dem Individuum eine egoistische Interessenverfolgung und rationale Kalkulation von Handlungsalternativen zur Maximierung des eigenen Nutzens (vgl. ausführlich Kirchgässner 2008).

derart ist, dass es spontan mit dem Interesse der anderen usw. konvergiert« (ebd.: 371).[83]

Das einstmals, insbesondere im Jahre 1947 von Joseph Schumpeter[84] (2005) herausgearbeitete, dynamische Moment unternehmerischen Handelns habe sich Bröckling zufolge verallgemeinert und radikalisiert. Der homo oeconomicus respektive das unternehmerische Selbst ist also die idealtypische Figur einer »Unternehmergesellschaft«, in der der Markt zum primären Regierungsprinzip von Staat und Gesellschaft, zu einem Dispositiv und insofern zum »Ort der Wahrheitsbildung« (Foucault 2004: 55) geworden sei (ebd.: 119ff.; vgl. Lemke/Krasmann/Bröckling 2000: 15). An diesem, nun verallge-

---

**83** | Foucault (2004) zufolge sei die (west)deutsche Nachkriegsgesellschaft nicht zuletzt als Reaktion auf die verheerende Herrschaft des Nationalsozialismus zu verstehen. Mittels einer wirtschaftspolitisch ausgerichteten »Vitalpolitik« (ebd.: 210) sei sie zu einer Gesellschaft transformiert worden, in der das Prinzip des Wettbewerbs als gesellschaftliche Ordnungsgrundlage herrsche, »eine Gesellschaft, die der Dynamik des Wettbewerbs untersteht« (ebd.: 208). Darin seien der Markt, der Wettbewerb und folglich die Unternehmen zu einer »informierenden Kraft« (ebd.: 211) geworden. Der *homo oeconomicus* trägt in diesem Rahmen für die Dynamik des Wettbewerbs Sorge und erhält den Markt als gesellschaftliches Ordnungsprinzip mithilfe der Politik am Leben. Umgekehrt die die neoliberale Kunst des Regierens auf die allgemeine Herstellung des *homo oeconomicus* ausgerichtet und biete ihm als Anreiz große, unternehmerische Freiheiten (ebd.: 206ff.).

**84** | Joseph Schumpeter ging ähnlich wie Max Weber davon aus, dass sich der damalige Kapitalismus »im Wege der ökonomischen Auslese die Wirtschaftssubjekte« (Weber 1988: 37), derer er bedarf, heranziehe. Schumpeter hatte den für die Phase des Industriekapitalismus typischen Unternehmer – wie z.B. Werner von Siemens oder Robert Bosch – vor Augen. Und ähnlich wie Weber bereits drei Dekaden zuvor, prognostizierte Schumpeter Ende der 1940er Jahre die bürokratische Zähmung des schöpferischen und kreativ zerstörerischen Unternehmers. Obgleich Schumpeter mit Webers religionssoziologischem Erklärungsansatz zur Entwicklung der bürgerlich-kapitalistischen Gesellschaft mitnichten überein stimmt – Schumpeter betrachtet Webers These als unterkomplex, da zu idealistisch angelegt – sind sich beide einig in dem Punkt, dass sich der kapitalistische Geist mit der zunehmenden Etablierung der bürgerlich-kapitalistischen Gesellschaft in Gestalt eines »stahlharten Gehäuses« der bürokratisch-rationalen Herrschaft erschöpft habe (ebd.: 204). Allerdings kommen diese beiden wegweisenden Autoren zu unterschiedlichen Schlüssen. Denn während Weber prognostiziert, dass »[d]er siegreiche Kapitalismus [...] dieser Stütze nicht mehr [bedarf]« (ebenda), dass die kapitalistische Gesellschaft nunmehr auch geistig-moralisch auf Dauer gestellt sei, fällt Schumpeters Urteil skeptisch aus. Vor dem Hintergrund der entwickelten industriekapitalistischen Gesellschaft sah er den Unternehmer vom Aussterben bedroht (Schumpeter 2005: 216).

## 2. Künstlerisch-kreative Arbeit im arbeitsgesellschaftlichen Strukturwandel 121

meinerten Ort würden sich die Sozial- und Selbstverhältnisse der Menschen dem tauschwertorientieren Prinzip von Angebot und Nachfrage fügen. Was damit also beschrieben wird, ist eine Ökonomisierung des Sozialen, verstanden als eine im Kern zweckfreie Übertragung von ökonomischen Prinzipien auf außer-wirtschaftliche Bereiche (Reckwitz 2012: 335; vgl. Honneth 2002; Neckel 2002, 2006).

Der homo oeconomicus des 21. Jahrhunderts hingegen sei ein unternehmerisches Kreativsubjekt (Bröckling 2010; Reckwitz 2006, 2012). Die »einzige Chance, der eigenen Ausmusterung zu entgehen« (Bröckling 2007: 124), bestehe darin, sich den diskursiven Appellen ans unternehmerische Kreativsubjekt zu beugen und sich selbst entsprechend zu modellieren. Mehr noch, vermutet Bröckling ebenso wie Reckwitz, die Maxime des unternehmerischen Kreativsubjekts sei unerbittlich: Wer nicht bereit sei, sich in diesen Kampf zu stürzen, der habe ihn schon verloren (Bröckling 2007: 124; Reckwitz 2012: 10). Diese Appelle seien praktisch unbezwingbar. Daraus gebe es keinen denkbaren Ausweg. Denn es handele sich um ein gesellschaftliches Dispositiv: ein Fluchtpunkt, dem alle zustreben, den aber niemand erreicht (Bröckling 2007: 126; Reckwitz 2012: 49ff.).

Dieser populären Lesart zufolge sind jene sozialen Eigenschaften, die seit dem 19. Jahrhundert Künstlern zugeschrieben wurden, zu Beginn des 21. Jahrhunderts radikal ökonomisiert und der Herrschaft des versachlichten Marktprinzips zum Opfer gefallen. Ihrer ideologischen Überhöhung entkleidet, sei Kreativität und insofern auch der Drang künstlerisch-kreativ zu arbeiten eine »Antwort auf die Innovationszwänge kapitalistischer Modernisierung« (Bröckling 2007: 153). Hier schließt sich der Kreis zu Boltanski/Chiapellos Geist des neuen Kapitalismus und ihrer These, dass sich der neue Kapitalismus durch einen Selbstverwirklichungszwang auszeichnet. Während Boltanski/Chiapello einen Ausweg aus dieser Malaise in einer Wiederentdeckung der Solidarität und in einem Wiedererstarken der Entfremdungskritik sehen (Boltanski/Chiapello 2003; Chiapello 2010), macht Bröckling auf einer Subjektebene Fluchtlinien aus, die aus dieser Selbst-Unterwerfung herausführen könnten.

Immerhin konzediert er, dass sich »die Strategien der Zurichtung und Selbst-Zurichtung« (Bröckling 2007: 283) niemals bruchlos auf die Ebene der sozialen Praxis übersetzen könnten. Im Rekurs auf Foucaults Frage, wie Kritik möglich sein kann (Foucault 1992) – darauf wird ausführlich in Kap. 3 eingegangen – weist Bröckling auf mögliche Gegenbewegungen zum unternehmerischen Selbst hin. Sie bestünden in der »Kunst, anders anders zu sein.« (Bröckling 2007: 283ff.). Sich kritisch zum unternehmerischen Selbst zu positionieren, beruhe auf der Anstrengung, sich diesem Sog wenigstens zeitweise zu entziehen. Ziel sei dabei eine Form der Ent-Subjektivierung (Foucault 1996: 27), verstanden als eine Taktik, sich vom unternehmerischen Selbst zu distanzieren. Dieser Ent-Subjektivierungsprozess setze dem Distinktionszwang eine

Indifferenz entgegen, die sich sowohl der Nötigung entziehe ein unternehmerisches Selbst zu sein als auch dem Zwang entziehe, es nicht sein zu dürfen (Bröckling 2007: 286). Eine gewisse Gleichgültigkeit verspricht demnach anders anders sein zu können. Freilich schlussfolgert er daraus, schließlich handele es sich beim unternehmerischen Selbst um ein Dispositiv, dass »die Optimierung des Regierens den Verwerfungen des Regiertwerdens« folge; das Zurückbleiben der Programme hinter den selbst gesetzten Zielen sei mithin kein Anzeichen eines möglichen sozialen Wandels, sondern ein »konstitutives Moment ihres Funktionierens.« (ebd.: 284). Mit anderen Worten: jede Form der Ent-Subjektivierung bietet nur einen Anlass für deren erneute Disziplinierung.

Eine solche Gesellschaftskritik, räumt Bröckling an anderer Stelle ein, »hat immer recht, weil sie dem System die Fähigkeit unterstellt, jeden, aber auch wirklich jeden Widerspruch zu integrieren und zur Quelle seiner Kraft zu machen [...] Soziologische Aufklärung schlägt so um in *self-fulfilling prophecy*« (Bröckling 2013a: 320, H.i.O.). Jedwede soziale Praxis erhält aus dieser Perspektive den Charakter einer disziplinarischen und systemerhaltenden Ertüchtigung. Soweit das von Bröckling in Anknüpfung an Boltanski/Chiapello und Foucault entworfene subjektive Leitbild für die flexible, (neo)kapitalistisch verfasste Arbeitsgesellschaft.

### 2.5.2 Kreative als Komplizen des flexiblen Kapitalismus

Auf der erläuterten, theoretischen Basis sticht bei vielen vorliegenden Untersuchungen ein Deutungsangebot hervor, in dem Künstlern und Kreativen, bisweilen gar allgemein »KulturproduzentInnen« (Lorey 2007: 122) eine paradigmatische »Kulturbedeutung« (Weber 1988: 30) im Sinne von Boltanski/Chiapello (2003) zugeschrieben wird. Obgleich sich damit zweifelsohne gewisse neuralgische Punkte benennen lassen, ist diese Interpretationsfolie in letzter Zeit überstrapaziert worden (vgl. auch Koppetsch 2013). Denn im Rekurs auf Boltanski/Chiapello lässt sich die Frage nach der gesellschaftlichen Bedeutung von Künstlern und Kreativen im arbeitsgesellschaftlichen Strukturwandel verblüffend einfach beantworten: nämlich als lebendige Verkörperung der Ideologie eines Zwangs zur Selbstverwirklichung (Boltanski/Chiapello 2003: 43). Das allerdings ist mit spezifischen Engführungen für die empirische Analyse verbunden und stellt sich letztlich wie ein theoretisches Hase-Igel-Spiel dar: Die Deutung, dass Kreative den neuen Geist des Kapitalismus legitimieren, ist immer schon da.

Mittels eines künstlerisch-kreativen Arbeitsethos' seien beispielsweise Beschäftigte der Werbebranche ein »Motor für die Deregulierung von Arbeitsmärkten«, so Cornelia Koppetsch (Koppetsch 2006a: 9). Nach dieser Lesart würden Künstler und Kreative eine Sozialordnung, die sich durch projektge-

## 2. Künstlerisch-kreative Arbeit im arbeitsgesellschaftlichen Strukturwandel 123

triebene Selbstverwirklichungszwänge auszeichnet, nicht nur legitimieren, sondern *initiieren* und *hervor bringen*. Ihnen wird insofern die praktische Zuspitzung eines Arbeits- und Lebensstils zugeschrieben, wie er in der diskursiven Leitfigur des unternehmerischen Kreativsubjekts angelegt ist (Bröckling 2007; Reckwitz 2006). Das einstmalige »Ausnahmesubjekt« – der Künstler – ist somit in die Rolle einer/s ökonomischen Akteur_in verwandelt worden (Loacker 2010; Lorey 2007; von Osten 2007). Auf Basis eines Subjektideals, das sich an einem Lebensstil abseits bürgerlicher Normen orientiert, würden Beschäftigte der Werbebranche die wettbewerbsgeprägten Konditionen der Werbebranche subjektiv synchronisieren. Koppetsch klassifiziert Beschäftigte der Werbebranche insofern als eine Mischform von Bourdieus neuem Kleinbürgertum (Bourdieu 1987: 500ff.) und Boltanski/Chiapellos ökonomisch kolonialisierter Künstlerkritik als »neue ökonomische Kulturvermittler«.[85] Indem Beschäftigte der Werbebranche insofern Fremderwartungen an eine allseits verfügbare sowie leidenschaftliche Arbeitskraft friktionslos in Selbstanforderungen umwandeln würden, sei das »Ethos der Kreativen« Bestandteil einer erfolgreichen »Selbstprogrammierung« (Koppetsch 2006b: 165; vgl. Foucault 2004: 371). Es helfe, deren marktkonformes Verhalten zu verschleiern. Darüber hinaus sei es »für die Entwicklungsdynamik des modernen Kapitalismus« (Koppetsch 2006a: 9) nicht zuletzt deshalb zentral, weil es den »kulturellen Erfolg des Kapitalismus« gewährleiste (ebenda). Die Beschäftigten würden folglich nicht nur eine »Selbst-Ausbeutung« betreiben und dies vor sich selbst mittels eines künstlerisch-kreativen Arbeitsethos legitimieren. Künstler und Kreative bzw. im weiten Sinne Kulturschaffende werden hier nicht nur als

---

**85** | Das von Koppetsch in der Werbebranche ausgemachte »Subjektideal«, das die neue ökonomische Kultur festige, beruhe auf drei Komponenten; erstens darauf, dass Beschäftigte ihr Arbeitshandeln als eine berufliche Fähigkeit und ein Anliegen betrachten würden (Koppetsch 2006a: 158). Damit werden Beschäftigte der Werbebranche vom Bild des Künstlers abgehoben, das auf der Annahme und Zuschreibung eines Ausnahmetalents beruht (vgl. Kris/Kurz 1995). Zweitens sei das Subjektideal von Werbern durch den Anspruch einer großen persönlichen Hingabe an die Sache geprägt. Diese Hingabe manifestiere sich im überdurchschnittlichen Arbeitseinsatz und im Perfektionsanspruch, der die Kundenwünsche übersteige (Koppetsch 2006a: 159). Zum dritten sei Kreativität als Subjektideal nicht nur ein berufliches Selbstverständnis, sondern umfasse vielmehr einen Lebensentwurf. Dieser impliziere, dass »Kreativsein« unkonventionelle Lebensläufe umfasse, den Bruch mit gesellschaftlichen Normen anstrebe und daher auch auf einer unbestimmten Zukunft aufbaue (Koppetsch 2006a: 159). Mit dieser Beschreibung als ökonomische Kulturvermittler differenziert sie Kreative von den künstlerischen Berufen als Begabungsberufe (Kräuter 1998; Röbke 2000).

ideologisch vereinahmt betrachtet. Sie nehmen diese Rolle sogar bereitwillig an und führen sie aus.

Die dazu gehörigen Selbstverhältnisse würden einer spezifischen Form der »Selbst-Prekarisierung« unterliegen, argumentiert Isabell Lorey (2007). Sie definiert den Terminus der »Selbst-Prekarisierung« in expliziter Anlehnung an Foucault (2004) als »Bedingung und Effekt« (Lorey 2010: 74) einer Herrschaft der sozialen Unsicherheit. Sie betreffe diejenigen, »die von sich sagen, sie hätten sich für ihre prekären Lebens- und Arbeitsverhältnisse [...] *freiwillig entschieden*, und gleichzeitig die damit verbundenen Zwänge weitgehend unreflektiert gelassen« (ebd.: 123, Hervorhebung A.M.). Diese gewissermaßen freiwillige Unterwerfung unter die Herrschaft des Marktes resultiere aus »Selbstdisziplinierung und Selbstbeherrschung« (ebd.: 126), führt Lorey in Anlehnung an ein Machtverständnis von Foucault aus. Ein Verständnis von Macht, das, wie er in seiner späten Schaffensphase konzediert, doch »unterjocht und unterwirft« (Foucault 2007a: 86). Aus diesem Blickwinkel besehen, wird *Selbst-Prekarisierung* zwar als eine Selbst-Regierung im Spannungsverhältnis »von Unterwerfung und Ermächtigung« (Lorey 2007: 128) angeordnet. Die Auflösung dieser Spannung besteht indes darin, dass die nämlichen Akteur_innen die damit verbundenen Zumutungen und Härten, kurz gesagt die Herrschaftsstrukturen ausblenden würden, um die Idee aufrecht zu erhalten, sich noch immer kapitalismusfeindlich zu verhalten (ebd.: 131). Denn da Selbstverwirklichung im neuen Kapitalismus »zur reproduktiven Aufgabe des Selbst« (ebenda) geworden sei, würden »KulturproduzentInnen« (ebd.: 122) ihre »neoliberale Funktion« (ebd.: 131) nicht begreifen. Vielmehr würden sie, so lässt sich schlussfolgern, der inzwischen historisch überkommenen, da kapitalistisch vereinnahmten Idee der *Künstlerkritik* anhängen und insofern, mit Weber (1972) ausgedrückt, blind traditionalen Rezepten folgen. Ausgestattet mit der Illusion der Selbstverwirklichung, richten sie sich gewissermaßen strukturkonservativ und im vorauseilenden Gehorsam in prekären Arbeits- und Lebensverhältnissen ein. Aus diesem theoretischen Blickwinkel betrachtet, ist es gleichsam folgerichtig von einer *Selbstprogrammierung* oder *ideologischen Verblendung* zu sprechen. Entsprechend verschmelzen die unterschiedlichen Ebenen künstlerischer Arbeit zur ökonomischen Frage: So sprechen Eikhof/ Haunschild davon, das diese »allows integrating artistic work motivation with economic rationales and concerns about one's market value.« (2006: 240).

Den referierten Sichtweisen ist insoweit zuzustimmen, als ein künstlerisch-kreatives Arbeitsethos zweifellos dazu angetan ist, die ökonomischen Beziehungen und somit die Ausbeutungsbeziehungen zu verklären, unter denen gearbeitet wird. Dass ökonomische Zwänge zugunsten eines als erstrebenswert betrachteten Lebensstils abseits bürgerlicher (Selbst-)Verpflichtungen verkannt und wirtschaftliche Knappheit in Kauf genommen werden, ist nicht zuletzt ein sozialhistorisches Erbe aus der Zeit, in der der Künstlerberuf entstand (Ruppert 1998). Dieses Muster artikuliert sich seit der Etablierung moderner, erwerbswirtschaftlich konditionierter, künstlerisch-kreativer Arbeit in einem Arbeitsethos, das zwischen bürgerlicher Erwerbsorientierung und anti-bürgerlicher Kritik schwankt (vgl. Kap. 2.2). Lorey (2007) allerdings vereindeutigt dieses Spannungsfeld und zieht einen ähnlich überraschend eindeutigen Schluss wie Koppetsch (2006a). Sie konstatiert, dass die Akteur_innen auf die »Angst vor und die Erfahrung von Scheitern, sozialem Abstieg und Armut« (Lorey 2007: 130) ausschließlich mit marktorientierten Selbstoptimierungsstrategien antworten würden – und dass darin nichts weniger als eine Subordination unter Marktimperative zutage trete. Kulturschaffende würden somit, diese Vermutung liegt nahe, immer die »Wahrheit des Marktes« im Sinne von Foucault (2004) anerkennen und sich insofern nicht nur auf unsichere Existenzbedingungen einlassen, sondern eine ungleichheitsfördernde Wettbewerbskultur moralisch legitimieren. Aus solcherlei Strategien würden sie sodann ein Gefühl der »Souveränität« ziehen (Lorey 2007: 129ff.). Sie führt mit diesem Schluss jedoch das von ihr selbst postulierte, ermächtigende Moment der Selbst-Prekarisierung gewissermaßen auf Bröcklings unternehmerisches Selbst eng. Anders gesagt, reduziert sie das von ihr zunächst stark gemachte, ermächtigende Moment auf besagte Wahrheit des Marktes (vgl. Foucault 2004: 55). Gleichermaßen wird damit implizit eine Sichtweise reproduziert, wie sie pointiert Bourdieu (2001a) vertritt: dass eine Anpassung an Markterfordernisse gleichbedeutend sei mit einem Verrat an der symbolisch hochwertigen Sache der Kunst.

Mittels dieser theoretischen Engführung werden in Anlehnung an Foucault (2004) sämtliche subjektiven Stellungnahmen, aber mindestens alles, was entfernt an Selbstverwirklichung erinnert, im Sinne eines disziplinarischen Selbstverhältnisses und als ein Preisgeben symbolisch hochwertiger, nämlich gesellschaftskritischer Positionen gedeutet. Aus einer gouvernementalitätstheoretischen Perspektive scheint es aus dieser (sozial zerstörerischen) Selbstdisziplinierung kein Entrinnen zu geben. »Gegen-Verhalten« (Lorey 2007: 128) bleibe aus.

Demgegenüber spricht Almut Birenheide (2008) von dialektischen Selbst-Verhältnissen im Sinne Hegels. Sie lässt damit zunächst einmal einen gewissen Raum für feine Unterschiede und Zwischentöne. Kreative würden, so Birenheide, gegenüber dem Markt die Rolle des Herrn und des Knechts in einer Person vereinen und daher in ein proportionales Verhältnis von Freiheit vs. Unfreiheit eingebunden sein (ebd.: 283). Diese durchaus treffende Analysemetapher löst sie aber in Richtung eines totalisierenden Zugriffs des Markts und der angepassten Übernahme in die subjektiven Relevanzsysteme (der zuvor erwähnten Internalisierung) auf. Etwa wenn sie davon spricht, dass sich Kreative zwar als Herr fühlen würden, aber als Knecht agieren. Indem sie bspw. reklamiert, dass die Akteur_innen durch diese Hybris in der Selbst-Wahrnehmung einer ideologischen Verschleierung von Herrschaftsverhältnissen aufsitzen würden (ebd.: 290), entwirft sie gewissermaßen eine handlungspraktische Ausformung des diskutierten unternehmerischen Selbst von Bröckling. Dagegen wendet etwa allerdings Sigrid Betzelt ein, dass sie »eine solche Gleichgerichtetheit zwischen subjektiven Normen und marktlichen Anforderungen [...] nicht ohne weiteres vorfinden [konnte, A.M.], sondern dass die Arbeitssubjekte [...] marktlichen Imperativen sogar zuwider laufen« (Betzelt 2006: 47). *Wie* sie das tun, bleibt dabei allerdings offen. Darüber hinaus deuten verschiedene Studien darauf hin, dass die Verheißungen einer künstlerisch-kreativen Existenz die damit verknüpften sozialen Unsicherheiten weder kompensieren noch von den Akteur_innen geleugnet werden (Apitzsch/Schiek 2013; Loacker 2010; Manske/Merkel 2008, 2009). Vielmehr werde »Beschäftigungsunsicherheit als belastend wahr[genommen]«, wie bspw. Apitzsch/Schiek (2013: 198) aus einer Untersuchung von Kameraleuten der Filmbranche schließen. Die sozialen Unsicherheiten der Arbeitsverhältnisse seien keineswegs freiwillig gewählt, sondern werden ungewollt in Kauf genommen, schlussfolgert Isabell Loacker aus ihrer Untersuchung im Bereich der Darstellenden Künste (Loacker 2010: 413ff.; vgl. Manske 2008a: 99). Im Resultat, so etwa Manske/Merkel (2009), fühlen sich die Akteur_innen aufgrund ihrer strukturell prekären Erwerbslage und ihres eingeschränkten Zugangs zu sozialen Sicherungsinstitutionen gar als Gesellschaftsmitglieder ohne bürgerlichen Status. Worum es sich diesen Befunden zufolge jedenfalls nicht notwendigerweise handelt, ist eine im emphatischen Sinne *freiwillige* Prekarisierung (vgl. Jannowitz 2006; Lorey 2007: 123).

Vielmehr werde, schlussfolgert von Osten aus Gesprächen mit Designern wie auch mit klassischen Künstlern, eine Selbstklassifizierung als Künstler häufig mit dem Streben nach einem sozialen Status verbunden, der sich dadurch auszeichne, »dass man [...] ein bequemes Leben führt« (von Osten 2007: 115). Ein Leben, das frei ist von einem protestantischen Pflichtethos und der Idee folgt, Kunst zu schaffen (Eichmann 2008: 72). Hierin drücke sich der Wunsch nach einem nicht durch andere vorstrukturierten Leben aus. In diesem Sinne spricht von Osten von »unberechenbaren Ausgängen« demgemäß, dass »die Produktion eines Gleichklangs von ökonomischen und anderen spezifischen Lebensformen [...] eine Reduktion ihrer inhärenten Vielschichtigkeiten und Antagonismen« (von Osten 2007: 116) sei, obwohl diese nicht vollständig in den Erfordernissen des ökonomischen Diskurses aufgehen.

Ich fasse an dieser Stelle die zentrale Achse des Diskurses zusammen, der Künstler, Kreative und allgemein Kulturschaffende zu Gewährsleuten des flexiblen Kapitalismus erklärt. Eine gewisse Unentschiedenheit besteht darin, ob diese Gewährsleute ein kapitalistisch vereinnahmtes Gegenbild darstellen oder ob sie ein Motor für die Durchsetzung einer Ökonomisierung des Sozialen waren/sind. Davon unbenommen, werden sie als vereinnahmte Markt-Subjekte

## 2. Künstlerisch-kreative Arbeit im arbeitsgesellschaftlichen Strukturwandel

konstruiert. Angesichts der vermeintlichen Freiheiten der Markt-Existenz akzeptieren sie (scheinbar klaglos) ein Weniger an sozialer Sicherheit. Aufgrund einer Art von ideologischer Verblendung leugnen sie die darin verborgenen Herrschaftsstrukturen. Indem sie vielmehr ihre subjektiven und teils unkritisch übernommenen Ideen mit äußeren Interessen und Fremderwartungen in Übereinstimmung bringen, würden sie symbolische Machtverhältnisse und den neuen Geist des Kapitalismus legitimieren.

Einer steigenden Anzahl der Erwerbsbevölkerung eine ideologische Verblendung vorzuwerfen, mag aus einem traditionell kapitalismuskritischen Blickwinkel plausibel erscheinen. Vor allem, wenn es darum geht, Machtverhältnisse anzuklagen, die in ihrer höchsten Zuspitzung als kapitalistische Landnahme (Dörre 2009a) skandalisiert und als Verlust tradierter, sozialer Sicherheiten thematisiert werden (vgl. Castel 2005).[86] Diese Argumentation besitzt als allgemeine Kapitalismuskritik fraglos eine Überzeugungskraft (Malinowski/Sedlmaier 2006: 239).

Doch werden die Subjektivierungsweisen und Selbstverhältnisse von Kreativen in dieser kapitalismuskritischen Lesart vornehmlich als ein Akt disziplinierender Selbst-Unterwerfung, insofern nurmehr als herrschaftsaffimierendes Moment gedeutet, das durch ein stahlhartes Selbstdisziplinierungsgehäuse abgesichert wird. Der flexible Kapitalismus bekommt so jedoch Merkmale einer totalen Herrschaft, in der sich die Einzelnen entweder selbst belügen müssen oder eine zynische Lust an Unterwerfung empfinden, um nicht an ihr zu verzweifeln. Man kann also durchaus davon sprechen, dass womöglich herrschaftsirritierende Momente in dieser Deutungsvariante kein ernsthaft verfolgtes Thema sind.

---

**86** | »Kapitalistische Landnahmen« versteht Dörre mit Antonio Gramsci als »passive Revolution«, während der sich kapitalistische Funktionsprinzipien auf ein »Außen«, d.h. auf bislang abseits des ökonomischen Prinzips von Angebot und Nachfrage funktionierende, gesellschaftliche Bereiche beziehen und dieses »Außen« vereinnahmen (Dörre 2009a: 41). Der Begriff »Landnahme« illustriert daher den systematisch ausgreifenden Charakter des Kapitalismus über den wirtschaftlichen Bereich hinaus. Sie ist ein existenzielles, kapitalistisches Bewegungsprinzip, das sich in sehr unterschiedlichen Graden und Formen äußern kann (Kocka 2013: 22). Theoretisch wird damit ein ähnlicher Prozess beschrieben wie mit dem Begriff einer Ökonomisierung des Sozialen, worunter im Grunde auch eine Übertragung der ökonomischen Kriterien von Angebot und Nachfrage auf soziale Sachverhalte und eine Umstellung großer Teile der sozialen Praxis auf Marktstrukturen, diesseits und jenseits der Ökonomie, angesprochen ist (Reckwitz 2012: 335; vgl. weitergehend v.a. den von Axel Honneth im Jahr 2002 editierten Sammelband »Befreiung aus der Mündigkeit. Paradoxien des gegenwärtigen Kapitalismus«).

## 2.5.3 Erträge und Grenzen der Künstlerkritik

Die Schwächen und Stärken von Boltanski/Chiapellos sowie von Foucaults Analyse und ihrer theoretischen Weiterführungen übertragen sich in unterschiedlicher Ausprägung auf gegenstandsbezogene Studien, die das künstlerisch-kreative Arbeitsethos in (zu) enger Anlehnung an die Einen oder den Anderen aufschlüsseln.

Zunächst zu den Stärken. In Bezug auf den hier verhandelten Gegenstand untermauert die Analyse von Boltanski/Chiapello (2003) zum Wandel der französischen Arbeitswelt hiesige arbeits- und industriesoziologische Befunde, wonach der seit den 1980er Jahren soziologisch diagnostizierte Wunsch nach einer Subjektivierung von Arbeit für Lohnabhängige zu einem doppelschneidigen Schwert wurde (vgl. z.B. Lohr/Nickel 2005). Eine Zusammenschau der verschiedenen Studien zeigt ebenso, dass ein ehemals der Sozialfigur des modernen Künstlers vorbehaltene, an der Künstlerkritik orientiertes Arbeitsethos in ökonomisch getriebene Felder diffundiert ist.[87] Doch liegt das zentrale Verdienst von Boltanski/Chiapello aus Sicht dieser Studie zuvorderst sicherlich darin, dass sie für die Problematik einer kapitalistischen Vereinnahmung von Gegenkulturen sensibilisiert haben. Die unstrittige Botschaft ist daher, dass sozialer Sinn und soziale Klassifikationen historisch variabel, dass sie letzlich kontingent sind. Deren sozialhistorischer Bedeutungsgehalt verändert sich mit dem gesellschaftlichen und ökonomischen Kontext, in dessen Rahmen er sich artikuliert (vgl. z.B. Hark/Völker 2010).[88]

Eine weitere Stärke liegt darin, dass sich eine gouvernementalitätstheoretische Herangehensweise als ertragreich erweist, wenn es um die Analyse »politökonomischer Appelle« geht (Lessenich 2009c: 289). Mit dieser theo-

---

**87** | Die Befunde verweisen indes kaum darauf, dass »Projektmitarbeiter der Kulturwirtschaft« (Müller-Jentsch 2012b: 278) unter Bedingungen »heteronom abgepresster Entsicherungs- und Prekarisierungstendenzen« agieren, während demgegenüber die Lage von Künstlern eine »freillig gewählte und hierarchiefreie« (ebenda) sei. Der Überblick bestärkt vielmehr das in Kap. 2.2 und Kap. 2.3 diskutierte Argument, dass sich dieser schroffe Gegensatz weder arbeitsethisch noch strukturell halten lässt. Vielmehr strahlen die Verheißungen einer künstlerisch-kreativen Lebensführung heute offenbar in verschiedene Felder aus, wie z.B. Werbung und Kunst sowie auch Felder, deren Zuordnung zur Kunst oder einem anderen Feld mehrdeutig ist, wie z.B. Design.

**88** | So hat sich zweifellos seit den 1980er Jahren eine neue Form der Arbeitskraftsteuerung durchgesetzt, die auf Subjektivität in anderer Weise als vormals, nämlich weit umfassender zugreift als im tayloristischen Kontrollsystem (Moldaschl/Voß 2000). Neue Managementkonzepte appellieren an die Selbstverwirklichungswünsche von Beschäftigten und bieten ihnen einen Anreiz für eine gesteigerte Verausgabung der subjektiven Arbeitskraft (z.B. Nickel/Hüning/Frey 2008).

## 2. Künstlerisch-kreative Arbeit im arbeitsgesellschaftlichen Strukturwandel

retischen Herangehensweise sowie auch unter Rückgriff des Konzepts vom unternehmerische Selbst lässt sich re- und dekonstruieren, inwieweit Künstler und Kreative im gegenwärtigen politökonomischen Diskurs als unternehmerisches Leitbild einer flexiblen und auch kulturell modernisierten Arbeitsgesellschaft installiert werden. Auf die Frage nach der Dechiffrierung des kreativen Imperativs (von Osten 2008) und der Konstruktion eines unternehmerischen Leitbildes wird in Kapitel fünf eingegangen.

Als methodologisches Konzept für die Analyse von sozialen Praxen sind diese Zugänge aber nur bedingt geeignet. Denn mit solchen »Großtheorien« (Gottschall 2000: 188) handelt man sich deren übliche Probleme ein, da damit ein eher typisierendes als differenzierendes Bild der sozialen Praxis evoziert wird, das daher die Vielfalt der Arbeits- und Lebensrealitäten kaum berücksichtigen kann (ebenda). Daran anknüpfend ist anzuzweifeln, inwieweit das Konzept der Künstlerkritik in der Lesart von Boltanski/Chiapello aus einer Perspektive mittlerer Reichweite (!) hinreichend tragfähig ist, um den Wandel der Arbeitsgesellschaft respektive den arbeitsgesellschaftlichen Strukturwandel in künstlerisch-kreativen Erwerbsfeldern auf den Begriff zu bringen (vgl. Henning 2013; Honneth 2010; Lessenich 2009a; Wagner 2008; Wolf 2008). Vielmehr schlägt diese Form der kritischen Soziologie in eine self-fulfilling prophecy um, da eine »solche Form der Kritik immer recht« (Bröckling 2013a: 320) hat. Zudem offenbaren sich sozialstrukturelle Leerstellen, weil sie ohne einen hinreichend differenzierten Begriff des sozialen Raums operieren (vgl. Bourdieu 1985) – Parameter wie Klassenzugehörigkeit oder Branchen- und Berufszugehörigkeit als klassifikatorische Verortungsindikatoren im sozialen Raum bleiben weitgehend unberücksichtigt. Stattdessen wird die Künstlerkritik als das trojanische Pferd des (Neo)Liberalismus inszeniert und zum ideologischen Bindemittel einer neuen, ungleichheitsfördernden Arbeitsgesellschaft erklärt.

Wenngleich die Vereinnahmungsthese hier nicht prinzipiell bestritten werden soll, ist doch ihre einseitige Überspitzung problematisch. Folge ist eine spiegelbildliche Fassung der in Kap. 2.4 diskutierten Unterwerfungsthese. Unterwerfung scheint hier jedoch nicht durch Fremd-, sondern durch Selbstzwänge ausgelöst zu sein, wurzelnd in einem gesellschaftlichen Dispositiv der unternehmerischen Selbst-Optimierung. Die theoretisch überspitzte Annahme, dass Künstler und Kreative die perfekt disziplinierten Subjekte des flexiblen Kapitalismus seien, macht sie zum unternehmerischen Kreativsubjekt respektive zum Abkömmling des homo oeconomicus im Sinne von Foucaults Gouvernementalitätsstudien (Foucault 2004). Bisweilen hat es den Anschein, als ob in ideologiekritischer Absicht ein Kurzschluß zwischen verschiedenen Ebenen vorgenommen wird und die nachvollziehbaren, ideologiekritischen Schlüsse relativ ungebrochen auf die Ebene der sozialen Praxis übertragen werden. »Was in den Leitbildern des marktbasierten Rechtfertigungsregimes wie auch in ihrer ideologiekritischen Dekonstruktion als neu vorausgesetzt wird, erscheint in einer zirkulären Argumentationsfigur dann als ›ganze Realität‹ eines flexiblen Kapitalismus.« (Dörre 2009b: 199). Im Endeffekt bleibt aber fraglich, ob diese deduktiv erscheinende Verallgemeinerung die Realität trifft. Vielmehr scheint das Konzept der Künstlerkritik einer theoretischen Engführung, oder genauer gesagt einer gesellschaftstheoretischen Überdeterminierung zu unterliegen, die in der empirischen Analyse zu einem Zirkelschluss führt.

Was gleichfalls erstaunt, ist die empirische Frontstellung von Sozial- und Künstlerkritik, die ja im Grunde eine analytische ist. Das spannungsreiche Konzept von Sozial- versus Künstlerkritik als zeitdiagnostisches Instrument in die arbeitssoziologische Ungleichheitsforschung eingeführt zu haben, ist zweifellos eines der Verdienste von Boltanski/Chiapello. Es bietet grundsätzlich auch für die vorliegende Studie einen produktiven Rahmen, um zu analysieren, auf welche, teils paradoxe Weise soziale Fragen und damit auch Fragen sozialer Sicherheit mit dem Aspekt der Selbstverwirklichung mittels Arbeit bisweilen verquickt sind. Doch indem Boltanski/Chiapello konstatieren, dass Künstler- und Sozialkritik unvereinbar sind, koppeln sie letztlich kulturelle von wirtschaftlichen Kämpfen ab. Mehr noch, sie legen die Annahme nahe, dass künstlerkritische Stellungnahmen ökonomische Fragen ausblenden, weil die Künstlerkritik »ihrem Wesen nach aristokratisch« sei (Chiapello 2010: 43). Indem sie die Künstlerkritik als Pforte für sozial verderbliche Ungleichheitsverhältnisse deklarieren und in Abgrenzung dazu für »eine Erneuerung der Sozialkritik« (Boltanski/Chiapello 2007) eintreten, verfechten sie einen normativen Standpunkt, demzufolge die Künstlerkritik im Grunde von den entscheidenden, nämlich ökonomischen Fragen abgelenkt habe. Wenngleich es zweifellos zutrifft, dass die Arbeiterfrage, die Boltanski/Chiapello im Zentrum einer normativ guten Gesellschaftskritik sehen, nicht das erste Problem der Künstlerkritik war und ist, ist es dennoch fraglich, ob sich Künstler- und Sozialkritik wirklich nicht miteinander vertragen. Viel mehr spricht hingegen dafür, die beiden Kritiktypen »als zusammengehörig zu begreifen« (Henning 2013: 5). Selbst wenn sie bisweilen von unterschiedlichen sozialen Gruppen vorgetragen werden mögen – doch allein das ist nicht durchgehend der Fall, wie etwa Lazzarato (2007) anhand von Protesten französischer Künstlergruppen gegen prekäre Arbeitsverhältnisse zeigt oder Christoph Henning (2013) anhand vieler Beispiele bis hin zu Bertold Brechts Ausspruch: »Erst kommt das Fressen, dann die Moral« (Brecht 1928: 67) exemplarisch veranschaulicht (Henning 2013: 4ff.).[89]

Anstatt »systematisch-plausible[n] Bezüge zwischen der Wiederkehr der sozialen Frage [...] und der neuen Rechtfertigungsordnung her[zustellen].«

---

**89** | Henning (2013) führt u.a. die Schriften von Jean-Jaques Rousseau (1762), Adam Ferguson (1767), Oscar Wilde (1891) und Jean-Paul Sartre (1968) an, um zu demonstrieren, wie eng die beiden Kritikvarianten zusammenhängen.

## 2. Künstlerisch-kreative Arbeit im arbeitsgesellschaftlichen Strukturwandel 131

(Wagner 2008: 317), entscheiden sich Boltanski/Chiapello (2003) dafür, die verschiedenen Aspekte von Sozial- und Künstlerkritik zu polarisieren bzw. kulturelle Wertmuster als ideologisches Schmiermittel für eine neue Arbeits- und Wirtschaftsordnung, die Projekt-Polis, zu erklären. Überspitzt gesagt, wird der soziale Raum somit zu einer Art Container, über den sich die kapitalistisch vereinnahmte Künstlerkritik wie Mehltau legt.

Damit zusammenhängend pflanzen sich diese theoretischen Probleme in gegenstandsbezogenen Studien fort. So wird das Moment aufregender Lebensperspektiven gegenüber den Sicherheitsgarantien überbetont. Mitunter wird gar die ambivalente Freiheit, von der Boltanski/Chiapello sprechen (vgl. Kap. 2.4), als die Freiheit des Foucault'schen homo oeconomicus ausgelegt (vgl. Lorey 2010: 72f.). Diese jedoch ist eng begrenzt. Seine Freiheit besteht im Kern darin, für die Dynamik des Wettbewerbs zu sorgen und den Markt als gesellschaftliches Ordnungsprinzip am Leben zu halten (Foucault 2004: 206ff.). Im homo oeconomicus sind Freiheit und (Selbst-)Disziplinierung zum unzertrennlichen, aber asymmetrischen Paar geworden, sodass der auf diese Weise gefasste Konnex eine strukturell ausweglose Selbst-Disziplinierung beschreibt. Sofern jedoch die prekären Machtverhältnisse in künstlerisch-kreativen Erwerbsfeldern nurmehr in dieser analytischen Logik reflektiert werden, verschwinden sowohl soziale Fragen als auch das produktive Moment durchaus ambivalenter Freiheitsgewinne aus dem Blick. Somit erledigt sich auf der Ebene der Theoriebildung die Frage von selbst, ob oder inwieweit sich in den Selbstverhältnissen und Subjektivierungsweisen von Künstlern und Kreativen widerständige oder auch bloß eigensinnige Momente in ihren sozialen Platzierungsstrategien zeigen *könnten*.[90]

Ein weiteres Problem der Künstlerkritik liegt darin, dass ihre historische Herleitung suggeriert, dass Künstler im 19. Jahrhundert eine einheitliche und geschlossene soziale Gruppe bildeten (vgl. Henning 2013). Realistischer scheint demgegenüber eine Lesart zu sein, derzufolge die Kämpfe um Sinn und Zweck von künstlerisch-kreativer Arbeit unterschiedliche Formen annahmen, und die sich je nach sozialer Herkunft ihrer Akteur_innen und entsprechend ihrer Ressourcenausstattung artikulierten, wie in Kap. 2.2 gezeigt wurde. Allerdings berücksichtigen Boltanski/Chiapello (2003) die traditionell vorhandenen Ungleichheiten in künstlerisch-kreativen Erwerbsfeldern nicht. Ihnen dient das Feld der Kunst vielmehr als tendenziell metaphorischer Statthalter für die theoretische Grundlegung gegenwärtiger (Selbst-)Ausbeutungsmechanismen. Sie gehen somit unter Absehung der empirischen Verhältnisse in künstlerisch-

---

**90** | Foucault hat seinerseits und in seiner späten Schaffensphase eingeräumt, dass er nicht ganz richtig gelegen habe in der Einschätzung, dass Disziplin der zentrale Unterbau von Freiheit sei (Sarasin 2005: 178). In Kap. 3 wird dieser Punkt wieder aufgegriffen und näher ausgeführt.

kreativen Erwerbsfeldern von einer kohärenten, sozialen Gruppe aus. Für die Gegenwart spannen sie diese auf Basis ihrer ideologiekritischen Lektüre von Managementliteratur vom freischaffenden Künstler bis zum Broker.

Ergänzend extrapolieren Boltanski/Chiapello (2007), »dass die Künstlerkritik heute vor allem von Personen getragen wird, die im oberen Bereich der soziokulturellen Hierarchie verortet sind, die [...] häufig in kreativen Sektoren oder auch auf den Finanzmärkten oder in Beratungsgesellschaften arbeiten« (ebd.: 174).[91] Gewiss, manche Vertreter der ›68er-Generation tun das. Dennoch wird die Verallgemeinerung auch hier zum Problem. Sie wird mit mangelnder, sozialstruktureller Trennschärfe bezahlt. Mehr noch, die Repräsentanten der Künstlerkritik werden zu einer kreativen Klasse im Sinne von Florida (2002) versämtlicht und von Boltanski/Chiapello (2007) als Gewinner des flexiblen Kapitalismus annonciert. Zumindest im Hinblick auf gegenwärtige Vertreter_innen der Künstlerkritik und angesichts deren typischer Soziallage einer Prekarisierung auf hohem Niveau (Manske 2007a) geht diese »Gewinner/Verlierer-Semantik« (Neckel 2006: 362) nicht auf. Völlig zurecht fragt daher Walther Müller-Jentsch, »ob das so benannte Subjektideal mit seiner unterstellten normativen Prägekraft nicht eine Chimäre ist.« (Müller-Jentsch 2012b: 280).

Zur sozialen Konstruktion einer Schimäre gehört auch, dass sich die soziale Empörung über die voranschreitende, arbeitsgesellschaftliche Prekarisierung zumindest bei Boltanski/Chiapello (2003) in einem ähnlichen, theoretischen Überschuss niederzuschlagen scheint, wie er in der ehemals bürgerlichen Konstruktion vom Künstler als Gegenmodell zum protestantischen Arbeitsbürger Weber'scher Machart vorhanden war – bloß mit umgekehrten Vorzeichen. Während die Sozialfigur des modernen Künstlers im späten 19. Jahrhundert mit fasziniertem Abscheu als Gegenbild konstruiert wurde, werden Akteur_innen künstlerisch-kreativer Erwerbsfelder in der jüngsten Vergangenheit zum kapitalistisch vereinnahmten Gegenbild respektive zu

---

**91 |** Die Konstruktion der sozialen Repräsentanten der Künstlerkritik von Boltanski/Chiapello (2003) nähert sich bis zu einem kritischen Punkt an die Architektur der von Richard Florida konstruierten kreativen Klasse an, auch wenn Florida zu weitaus optimistischeren Einschätzungen als das französische Autorengespann kommt (Florida 2002; kritisch v.a. Peck 2005). Florida prognostiziert den Aufstieg der kreativen Klasse ins gesellschaftliche (Macht)Zentrum (vgl. Kap. 2.1, 4.1). Er markiert die kreativen Ökonomien als entscheidenden Wirtschaftsfaktor, deren Prosperität er als Wachstumsmotor und Wohlstandsgarant der urbanen Gesellschaft des 21. Jahrhunderts betrachtet. Trotz dieser unterschiedlichen Perspektivierung von gesellschaftlichem Wandel ist den beiden an sich diametralen Gesellschaftsanalysen doch gemeinsam, dass sie statuszuweisende Kennzeichen der verschiedenen Berufsgruppen, interne und externe Wettbewerbsstrukturen sowie vertikale Differenzierungen in einer versämtlichenden Homogenisierung von Lebensstilfragen theoretisch einebnen (vgl. Menger 2007: 182f.).

## 2. Künstlerisch-kreative Arbeit im arbeitsgesellschaftlichen Strukturwandel

Vorreitern einer unsicheren Arbeitswelt erklärt. Damit einhergehend werden sie aus kritischer Sicht zu einer Sozialfigur stilisiert, die aufgrund ihrer Selbstverwirklichungsphantasien nicht merkt, vor welchen (kapitalistischen) Karren sie sich spannen lässt. Es scheint so, dass Akteur_innen künstlerisch-kreativer Erwerbsfelder erneut zu einer arbeitsgesellschaftlichen Projektionsfläche geworden sind (vgl. Kap. 2.2).

Die in diesem Kapitel ausgemachten theoretischen Verkürzungen, die sich aus einer zu großen theoretischen Nähe zum Konzept der Künstlerkritik sowie aus einer disziplinartheoretischen Lesart von Foucault ergeben, lassen sich abschließend auf vier Punkte zuspitzen.

1. *Problem »Modellfall«.* Es wird mit einer problematischen Subjektkonzeption operiert. Diese hebt vereinseitigend auf Fragen der Selbstverwirklichung ab, koppelt diese von Statusfragen ab und konstruiert Selbstverhältnisse als ein stahlhartes, auswegloses Disziplinierungsgehäuse, das auf Selbst-Unterwerfung aufbaut.
2. *Die sozialhistorische Herleitung* der Künstlerkritik beruht auf der Annahme, dass Künstler im 19. Jahrhundert eine sozial geschlossene Entität bildeten. Soziale Differenzierungen und feldspezifische Ungleichheitsverhältnisse werden vernachlässigt.
3. *Unnötige Frontstellung von Sozial- und Künstlerkritik.* Die analytische Trennung von Sozial- und Künstlerkritik impliziert, dass ökonomische und kulturelle Kämpfe unvereinbar sind. Zudem werden sie auf unterschiedlichen Ebenen angesiedelt, die letztlich nicht kommensurabel sind. Sozialkritik wird als eine gesellschaftlich wertvolle soziale Praxis etikettiert und Künstlerkritik als ideologische Dimension der gegenwärtigen Arbeitsgesellschaft desavouiert. Hieraus ergeben sich nicht nur analytische Unverträglichkeiten. Vielmehr gerät auf diese Weise die soziale Frage in künstlerisch-kreativen Erwerbsfeldern aus dem Blick.
4. *Eindimensionale Gewinner-Verlierer-Logik.* Das Konzept der Künstlerkritik in der Lesart von Boltanski/Chiapello (2003) krankt an einer empirisch recht undifferenzierten Gewinner/Verlierer-Semantik. Vertreter_innen der Künstlerkritik werden vereinseitigend auf der Gewinnerseite des flexiblen Kapitalismus verortet.

### 2.5.4 Synthese von Sozial- und Künstlerkritik

Ein Ausweg aus den identifizierten theoretischen Verkürzungen und Leerstellen scheint mir darin zu liegen, in der Analyse zwischen ideologiekritischer Dekonstruktion von Leitbildern und deren empirischen Reichweite noch stärker zu differenzieren. Wie Leitbilder und soziale Praxis zusammen hängen, sollte nicht gesellschaftstheoretisch vorentschieden werden, sondern wird hier als empirische offene Frage begriffen.

In theoretischer Hinsicht scheint es zudem plausibler, die »kulturellen Subtexte nominell ökonomischer Prozesse als auch die ökonomischen Subtexte nominell kulturell Praktiken sichtbar und *kritisierbar* machen.« (Fraser 2003: 88, H.i.O.), wie Nancy Fraser in ihrem Plädoyer für einen »perspektivischen Dualismus« schreibt. Sie plädiert dafür, jede soziale Praxis unter zwei Aspekten zu betrachten, ohne den einen auf den anderen Aspekt zu reduzieren. Das ist insofern weiterführend, als man die Perspektive auf Statusungleichheiten bzw. auf Statusinkonsistenzen dazu nutzen kann, die kulturelle Dimension von Verteilungsmustern zu betrachten. Umgekehrt kann die Perspektive auf Umverteilung bzw. auf ökonomische Verhältnisse hilfreich sein, um die wirtschaftlichen Dimensionen von Statusfragen deutlich zu machen. Auf diese Weise lässt sich der Zusammenhang von Statuskämpfen, die sich in kulturellen Kämpfen um die gesellschaftliche Akzeptanz eines bestimmten Arbeits- und Lebensmodells ausdrücken, und der sozialen Empörung oder Verzweiflung über eine damit verbundene ökonomische und statusmäßige Benachteiligung, wie z.B. einerseits eine hohe symbolischen Anerkennung bei andererseits sozioökonomischer oder sozialpolitischer Prekarität, die sich in denselben Kämpfen auch ausdrückt, erhellen.

Vor diesem Hintergrund lässt sich die eigentliche Stärke des Konzepts von »Sozial- *und* Künstlerkritik« ausspielen. Sie liegt darin begründet, jeweils unterschiedliche Dimensionen von sozialer Ungleichheit zur Sprache zu bringen (vgl. Fraser 2003: 13ff.). Dies setzt jedoch voraus, den künstlerkritischen Kampf um »Selbstverwirklichung« verstehend nachzuvollziehen sowie *auch* als ein Problem der gesellschaftlichen Statusverteilung und insofern als ein ungleichheitstheoretisches Problem zu betrachten, das es erforderlich macht, »den *relativen Rang* der sozialen Akteure« in der Gesellschaft zu untersuchen (ebd.: 45, H.i.O.).

Als Ergebnis der vorangegangenen Diskussion ist darüber hinaus festzuhalten, dass sich Künstlerkritik nicht (nur) als eine Reaktion auf eine mangelnde Selbstverwirklichung und somit als Kritik an einer zu geringen Freiheit in der alltäglichen Lebensführung verstehen lässt, die heute für nichts weniger als die Freiheit des Marktsubjekts eintritt. Herausgelöst aus ihrem ideologischen Fahrwasser kann sie auch als eine Stellungnahme zu institutionalisierten Verhältnissen von sozialer Ungleichheit, mithin als eine Frage verstanden werden, die die soziale Positionssuche von gesellschaftlichen Gruppen nicht nur kulturell, sondern auch ökonomisch beeinflusst. Anstatt also Künstler- und Sozialkritik für unvereinbare Konzepte zu halten, so meint etwa auch Lessenich (2009b) im Rekurs auf Demirovic (2008), kommt es vielmehr darauf an, »die kulturelle Bedeutung der Sozialkritik ebenso wie die soziale Dimension der Künstlerkritik« zur Geltung zu bringen (Lessenich 2009b: 241). Auch hier wird folglich ein perspektivischer Dualismus vertreten, der sozialkritische und künstlerkritischen Fragen als Bestandteile eines komplexen Problemzusammenhangs in der gesellschaftlichen Kräfteverteilung im sozialen Raum betrachtet.

Im Folgenden wird für eine »Synthese von Künstler- und Sozialkritik« (Lessenich 2009b: 240) plädiert, um das Verhältnis zwischen ökonomischen Ausbeutungsverhältnissen und künstlerisch-kreativem Arbeitsethos in seiner komplexen, wohl auch paradoxen Wechselwirkung zu beleuchten. Die *Verbindung* von *Künstlerkritik* und *Sozialkritik* besteht sodann darin, »die künstlerkritische Forderung nach einem »authentischen« und selbstbestimmten Leben aufzunehmen und dieses Motiv mit der sozialkritischen Frage nach systematisch ungleich verteilten Möglichkeitsbedingungen wie Einkommenschancen oder sozialen Teilhaberechten zu validieren« (Lessenich 2009b: 241). Diese Sichtweise macht es nun zwar erforderlich, das dualistische Konzept von Sozial- und Künstlerkritik im Sinne von Boltanski/Chiapello (2003) ein Stück weit zu relativieren. Zugleich aber eröffnet diese Relativierung den Blick, um »Selbstverwirklichungskämpfe« *auch* als ein Problem der sozialen Ungleichheit und insofern als ein Problem der Statusverteilung zu sehen, das gleichsam über Lebenschancen entscheidet und auf die relative Position seiner Akteur_innen im sozialen Raum in einer spezifischen Zeit verweist bzw. deren Positionssuche in demselben zum Untersuchungsgegenstand macht.

Die forschungsanalytische Herausforderung besteht infolgedessen darin, auf der Ebene der sozialen Praxis zu analysieren, wie die Akteur_innen ihr Bedürfnis nach sozialer Sicherheit artikulieren, auf welche Weise sie dies mit einem künstlerisch-kreativen Arbeitsethos koordinieren bzw. welche Probleme und Konflikte auftauchen und wie sie diese bearbeiten. Um dieses Spannungsfeld empirisch zu beleuchten gilt es heraus zu arbeiten, mit welchen Interessen und Ideen Akteur_innen künstlerisch-kreativer Erwerbsfelder den im bedingten Widerstreit stehenden Subjektivierungsformen des unternehmerischen und künstlerischen Selbst begegnen und wie sie sich im Feld angesichts einer miteinander verquickten Prekarisierung und Ökonomisierung positionieren.

Schließlich geht es darum, empirisch sensibel für mögliche Momente potenziellen Widerspruchs seitens der Akteur_innen gegenüber den ökonomischen und symbolischen Verhältnissen zu verfahren. Hierfür scheint es unumgänglich, sich ein Stück weit sowohl vom Interpretationsangebot von Boltanski/Chiapello als auch von einer zu engen Auslegung von Foucaults Paradigma, dass der Markt zum Ort der subjektiven Wahrheitsbildung geworden sei und dass sich darin allein eine Selbst-Unterwerfung festmache, zu lösen. Diese theoretische Distanzierung erscheint nicht zuletzt erforderlich, um empirisch sensibilisiert und offen zu sein für das, was von Osten (2007: 103) »unberechenbare Ausgänge« nennt.

Das bedeutet mithin, sich für die empirische Analyse nach einem konzeptionellen Rahmen umzusehen, der solche unberechenbaren Ausgänge zulässt. Diese Frage ist Gegenstand des nächsten Kapitels (Kap. 3).

# 3. Konzeptioneller Zugang: Soziale Felder als Regierungsverhältnisse

Im vorhergehenden Kapitel wurden theoretische Perspektiven sowie der zeitdiagnostische Zugriff erörtert, in den die empirischen Beobachtungen dieser Studie eingefasst sind. Nachfolgend wird der forschungspraktische Zugang zum Untersuchungsfeld dargelegt. Hierfür empfiehlt es sich Bourdieus Ansatz einer Feldanalyse mit einem Rekurs auf Foucaults Spätwerk zu kombinieren. Die selektive Zusammenschau beider Zugänge zur sozialen Welt soll schließlich einen fruchtbaren konzeptionellen Rahmen für die im weiteren Verlauf präsentierte empirische Analyse abgeben.

Zunächst wird das Feld-Konzept einführend skizziert (Kap. 3.1), dann die Frage von Machtbeziehungen in Bourdieus Konzept verhandelt und dieses Verständnis mit einer Foucault'schen Lesart von Machtbeziehungen kontrastiert (Kap. 3.2). In Kap. 3.3 wird das hier favorisierte, praxeologische Verständnis des von Foucault geprägten Begriffs der Entunterwerfung dargelegt, um schließlich vor diesem Hintergrund in Kap. 3.4 Untersuchungsebenen der vorliegenden Studie genauer zu bestimmen.

## 3.1 Das Konzept sozialer Felder

Bourdieus allgemeines Ziel seiner Gesellschaftsanalyse besteht darin »die Konstitution und Reproduktion sozialen Lebens zu verstehen und die Mechanismen aufzudecken, die dabei wirksam sind« (Müller 1992: 239). Für die vorliegende Studie liegt der größte konzeptuelle Wert zweifellos in seiner feldsoziologischen »Grundformel von Struktur – Habitus – Praxis« (ebd.: 260) begründet. Desweiteren liegt er darin, dass der Begriff des sozialen Feldes mit Bourdieu konkret gefasst werden kann als ein sozial abgrenztes, relativ autonomes »Universum(s) mit eigenen Funktions- und Transformationsdynamiken« (Bourdieu 2001a: 340). Eine praxeologische Feldanalyse zielt somit darauf ab, soziale Prozesse innerhalb eines relativ abgegrenzten sozialen Zusammenhangs zu beleuchten. Definiert ist ein soziales Feld als relationaler Raum zwischen sozialen Positionen, in dem die Feldakteur_innen um Positionen konkurrieren und sich entsprechend ihrer sozialen Eigenschaften sowie Interessen im Feld zu verorten suchen (Bourdieu 1997a: 34; Bourdieu/Wacquant 1996: 127). Entstanden aus der Auseinandersetzung mit Webers *Religionssoziologie* (Weber 1988) sowie in der Tradition einer an Durkheim orientierten *Ordnungsanalyse* (Durkheim 1983) und Lévi-Strauss anthropologischer *Strukturationsanalyse* (1978) stehend, sind soziale Felder nach Bourdieus' Verständnis Orte der kollektiven Verkennung. Jedes soziale Feld hat seine eigenen, kodifizierten sowie nicht-kodifizierten Regeln, kurz seine eigene Feldlogik. Sie verlangt den Akteur_innen einen *Spiel-Sinn (illusio)* ab, welcher die sozialen Praxen der Akteure anleitet und sie zueinander ins Verhältnis setzt (Bourdieu 1992: 81). Mehr noch: durch die illusio und durch die Hingabe und das Engagement im Spiel und durch das Interesse an der gemeinsamen Sache werden soziale Felder ideell zusammen gehalten (Bourdieu 1993a: 109). Die illusio ist somit das »Eintrittsgeld [...], das alle Felder stillschweigend fordern« (Bourdieu 1993b: 124). Auf deren Basis befinden die Akteur_innen nicht nur, dass sie Teil des Feldes sein wollen. Der (kollektive) Glaube an die soziale Natur eines Feldes ist auch wesentlich dafür zuständig, dass sich ein unbewusstes Verhältnis zwischen Habitus und Feld einstellt (Bourdieu 1993b: 113). Sichtbar wird das relationale Verhältnis zwischen den Positionen und folglich auch die sozialen Reproduktionsmechanismen und -regeln eines sozialen Feldes daran, wie sich die Akteur_innen im Feld verorten, wie sie dabei um die jeweilige Vorherrschaft kämpfen und mittels ihrer sozialen Kämpfe eine spezifische Ordnung schaffen (Bourdieu 1985: 11). Dadurch (re)produzieren diese letztlich das Feld an sich. Die unmittelbaren Handlungsoptionen indes deklinieren sich in einem sozialen Feld auf der Basis von ökonomischem, kulturellem, sozialem Kapital. Sie sind Resultat von akkumulierter Arbeit (Bourdieu 1983).

Somit sind die Handlungsoptionen in einem sozialen Feld zweifach begrenzt. Zum einen durch die institutionell geronnenen Regeln und durch die informellen Gesetzmäßigkeiten. Zum anderen durch konfliktive Interessen Akteur_innen, die sie strategisch und abhängig von ihren Machtressourcen durchzusetzen suchen. Besteht jedoch eine Kluft zwischen Erwartungen und Chancen, etwa aufgrund eines nicht adäquaten Glaubens der Akteur_innen, Bourdieu beschreibt dies als Bestandteil von sozialen *Brechungseffekten*[1], so

---

1 | Feldspezifische Brechungseffekte bemessen sich nach Bourdieu »an der Strenge [...], mit der negative Sanktionen (Denunziation, Ausstoßung usw.) heteronome Praktiken wie direkte Unterordnung unter politische Direktiven oder selbst unter ästhetische oder ethische Auflagen treffen, und vor allem an der Stärke der positiven Anreize zum

droht eine soziale Deklassierung im Feld, d.h. letzlich ein Ressourcenverlust, um eigene Ideen und Interessen im Feld zu realisieren (vgl. Bourdieu 2001a: 348ff.).

Die Positionssuche im Feld folgt einer »praktischen Logik« (Bourdieu 1993b: 167). Sie wird als eine Logik »ohne bewusste Überlegung oder logische Nachprüfung« (ebenda) verstanden. Sie trotzt »der logischen Logik« (ebenda), da sie alles andere als methodisch angelegt ist, sondern vielmehr einer »Logik des Ungefähren und Verschwommenen« (ebd.: 159) folgt. In ihr verschränken sich habitualisierte Dispositionen mit einem praktischen Handlungsvollzug, der sich darauf konzentriert, die aktuelle Situation zu bewältigen. Der praktische Sinn bezieht sich daher überwiegend, wie Bourdieu meint, vorreflexiv auf die situativen, also zeitlich strukturierten Erfordernisse des Alltags. Man ist »[g]efangen von dem, *um was es geht*.« (ebd.: 167, H.i.O.).

Das praktische Wissen, das in einer alltäglichen sozialen Praxis mobilisiert wird, umfasst gleichwohl verschiedene Ebenen. Es leitet die Menschen an, die soziale Welt klassifizierend wahrzunehmen, sie mit einem habituell geformten, eigenwilligen Sinn zu belegen und sodann die solcherart identifizierten Aufgaben strategisch zu bearbeiten (vgl. Bourdieu 2001b: 193ff.). Die soziale Praxis zeichnet sich somit im Wesentlichen durch drei Eigenschaften aus: Verschwommenheit, Eigensinnigkeit, sowie durch eine räumlich gebundene Zeitlichkeit.[2] Deshalb dürfe man der sozialen Praxis nicht mehr Schlüssigkeit abverlangen, als sie bietet oder ihr eine erzwungene Schlüssigkeit überstülpen, die zu wissenschaftlich produzierten Artefakten führt (Bourdieu 1993b: 157). Soziale Praxen sind insofern alltägliche Handlungen, die die Akteure, angeleitet von einer alltagstauglichen Logik, »einfach so« tun (Bourdieu 1998: 141).

Die konkrete soziale Verortung und damit gewissermaßen die messbare Position in einem sozialen Feld erfolgt mittels Positionierungsstrategien. Darunter fasst Bourdieu jedwede feldbezogene Äußerung, also sowohl die Arbeitspraxis im engeren Sinne als auch die Art der Positionssuche wie z.B. die Auftragssuche oder das Netzwerkverhalten (vgl. Bourdieu 2001a: 368). *Strategien* umschreiben indes keine reflexiv geplante Handlungsabfolge. Sie sind »vielmehr das Produkt des praktischen Sinns als eines ›Spiel-Sinns‹ [...] [...]. Das

---

Widerstand, ja zum offenen Kampf gegen die herrschenden Mächte (wobei derselbe Autonomiewille je nach Beschaffenheit der Märkte zu sehr unterschiedlichen Stellungnahmen führen kann).« (Bourdieu 2001a: 349).

2 | Die Logik der sozialen Praxis ist verschwommen, da sie einer Logik des Ungefähren folgt (Bourdieu 1993b: 159). Sie ist eigensinnig, da sie sich scheinbar widersprechende Handlungen hervor bringen kann, die sich aus der praktischen Notwendigkeit der Situation und ihres Zusammenspiels mit habituellen Dispositionen ergeben können. Schließlich ist sie zeitlich situiert, weil sie sich in der zeitlichen Bewegung in einem bestimmten Feld vollzieht (ebd.: 168).

läßt sich durch Befolgung einer expliziten und [...] kodifizierten Regel nicht erreichen« (Bourdieu 1992: 83). Strategien sind »Handlungen, die sich objektiv auf Ziele richten, die nicht unbedingt auch die subjektiven sein müssen [...]. Der Habitus als ein System von [...] Dispositionen [...] generiert Strategien, die den objektiven Interessen ihrer Urheber entsprechen können, ohne ausdrücklich auf diesen Zweck ausgerichtet zu sein« (Bourdieu 1993a: 113).

Strategien bringen das Feld also zum Sprechen, erfüllen es mit sozialem Leben und reflektieren insofern die Felddynamik. Dabei sind die Strategien sowie umgekehrt die Chancen auf Ressourcenallokation abhängig davon, welche Position im Feld die Einzelnen erringen konnten und wie sie das Feld wahrnehmen, bspw. ob sie das Feld eher als künstlerische Arena oder als wirtschaftliches Feld konstruieren (Bourdieu/Wacquant 1996: 132).

Die Positionen der Akteure bilden folglich die Kräfteverhältnisse innerhalb eines sozialen Feldes ab. Allerdings sind auch diese Kräfteverhältnisse nicht mechanisch oder gar schicksalshaft vorentschieden. Dementsprechend sind Akteursinteressen nicht utilitaristisch zu verstehen. Vielmehr sind sie Ergebnisse eines gesellschaftlichen Werdegangs, die in der spezifischen Feldposition »eine mehr oder weniger günstige Gelegenheit ihrer Aktualisierung finden« (Bourdieu 2001a: 340, 2001b: 199ff.). In den Positions- und Vormachtkämpfen geht es folglich darum, das Feld nach Maßgabe der eigenen Interessen samt seiner Regeln und Konventionen zu gestalten, also beispielsweise Zugangsregeln im Sinne von Feldgrenzen sowie Konkurrenzstrukturen im Sinne nicht-kodifizierter Regeln zu entwickeln. Wer im Feld reüssieren will, ist also darauf angewiesen, seine Verortungsstrategien mit der Logik des Feldes abzustimmen, in ihr »das endliche Universum *beschränkter Freiheiten* und *objektiver Möglichkeiten* zu entdecken« (Bourdieu 1997b: 118, H.i.O.).

So lässt sich die Veränderung und Bewahrung eines Feldes und somit seine sozialen Reproduktionsmechanismen anhand der sozialen Beziehungen seiner Akteure verfolgen, wobei das Positionsgefüge nicht zuletzt auch ein Spiegel ist, in dem sich die sozialen Herkünfte seiner Akteuer_innen spezifisch widerspiegeln. Ebenso verhält es sich umgekehrt: die sozialen Beziehungen, die relationalen Stellungen – darin inbegriffen sind die Glaubensregeln und -ausprägungen – informieren über die Logik des Feldes. Darüber, in welchem Verhältnis einzelne und kollektive Akteur_innen zueinander stehen, wie die Konkurrenzbeziehungen aussehen, bis hin zu der Frage, um welche Währung – kulturelles oder ökonomisches Kapital – gekämpft wird und welche Konvertibilität die unterschiedlichen Kapitalsorten haben (vgl. Müller 1992: 343).

Der Begriff *soziale Praxis* wird insofern als Spannungsverhältnis von verinnerlichten Dispositionen und entäußerten Orientierungen verstanden. Dieses gilt es einerseits wissenschaftlich nicht zu glätten, nicht zu verfälschen. Andererseits besteht die wissenschaftliche Aufgabe darin, es dennoch zu einem verständlichen, kohärenten Ganzen zu fügen, um die subjektiven, mitunter

widersprüchlich erscheinenden Strategien verstehend nachvollziehen zu können (Bourdieu 1993b: 167ff.).
Wie aber lässt sich die Dynamik innerhalb eines sozialen Feldes darstellen? Die Untersuchung eines sozialen Feldes im Anschluss an Bourdieu setzt drei zusammenhängende, doch heuristisch differenzierte Vorgehensweisen voraus (Bourdieu 1997a: 36).

1. *Es muss sich um ein real existierendes Feld handeln*, das in die gesellschaftliche Arbeitsteilung auf spezifische Weise eingebunden ist. Untersuchungsgegenstand ist hierbei die spezifische Lage eines Feldes im sozialen Raum bzw. »innerhalb des Feldes der Macht« (Bourdieu 2001a: 340).
2. *Soziale Felder sind Kräftefelder mit einer bestimmten Logik (illusio)*. Sie sind insofern als dynamische Strukturzusammenhänge gedacht, die einer bestimmten Feldlogik gehorchen. Innerhalb dieser Feldlogik strukturieren formelle sowie informelle Regeln die Möglichkeiten der einzelnen sozialen Gruppen, ihre Interessen zu verwirklichen. Hierbei geht es um eine Analyse der »Struktur der objektiven Beziehungen zwischen den Positionen« (ebenda).
3. *Interessen und Konkurrenzkämpfe konstituieren ein soziales Feld*. Analog der Annahme, dass die Gesellschaft arbeitsteilig funktioniert, kann davon ausgegangen werden, dass die divergierende Interessen der Akteur_innen konstitutiv für das jeweilige Feld sind und es gewissermaßen zum Leben erwecken (Krais/Gebauer 2002: 56ff.). Hierbei geht es um eine Analyse der feldspezifischen Verortungsstrategien.

Untersuchungsgegenstand sind im Folgenden somit jene sozialen Prozesse, die sich maßgeblich durch die Beziehungen von Feldakteuren untereinander zu erkennen geben sowie das Verhältnis zwischen Positionen und Stellungen im Feld.
Vor diesem Hintergrund lassen sich folgende Fragen an das empirische Material notieren:

- Wie, d.h. mittels welcher Handlungsstrategien positionieren sich die Einzelnen im Feld?
- Welche Interessen offenbaren sich in diesen Positionierungsstrategien?
- Welche praktischen Handlungsspielräume und Gestaltungsoptionen eröffnen sich die Einzelnen auf ihrer Feldposition?

## 3.2 Feldverhältnisse und Machtbeziehungen

Eine Annahme von Bourdieu wie auch dieser Studie ist es, dass die Positionierungsstrategien der Akteur_innen erst dann verstehend nachvollzogen werden können, wenn auch ihre Beziehungen »im Raum der Machtverhältnisse« (Bourdieu 1998: 51) beleuchtet werden. Um empirisch begründet diskutieren zu können, mittels welcher Strategien sich die Einzelnen im Feld positionieren, wird in diesem Unterkapitel eine Perspektive entwickelt, die als konzeptueller Wegweiser dienen soll, um zu verstehen, wie sich Machtverhältnisse und -beziehungen in den praktischen Handlungsstrategien der Akteur_innen entfalten.

Wie also wirkt sich das Machtgefüge auf die soziale Praxis der Akteur_innen aus bzw. wie wirken die Akteur_innen auf diese Machtbeziehungen ein? Dass es sich dabei um asymmetrisch strukturierte Machtbeziehungen handelt, liegt auf der Hand. Diese Erkenntnis ist nicht zuletzt auch ein Befund aus der Diskussion über die Frage, ob es sich bei der prekären Transformation von künstlerisch-kreativer Arbeit um eine strukturelle Herrschaftsform handelt, die Künstler_innen und Kreative zur Hinnahme ihrer verschärften Ausbeutung zwinge. Die dort entwickelte Lesart, derzufolge sich diese Prozesse in sozial beweglichen und zugleich verschleierten Machtverhältnissen abspielen (vgl. Bourdieu 1993b: 244; Foucault 2007c: 267), wird an dieser Stelle anders akzentuiert wieder aufgegriffen (vgl. Kap. 2.4).

Nach Bourdieu werden die einzelnen Felder über das *Feld der Macht* verbunden. Es fungiere als eine Art Metafeld und als gesellschaftlicher Herrschaftsbereich, der über notwendiges feldspezifisches Kapital verfüge und die Besetzung der feldspezifischen Positionen bestimme (Bourdieu 2001a: 342). Das Machtfeld ist daher kein Feld wie andere. Es stellt vielmehr einen Bereich dar, der sich zwischen den Feldern herausgebildet hat, insofern quer zu ihnen liegt und nicht an eine einzelne soziale Gruppe gebunden ist (Schumacher 2011: 137). Das Machtfeld, schreibt etwa Christian Papilloud in seinem Band »Bourdieu lesen«, ist »ein komplexes Gebilde, das die ganze Gesellschaft zusammenhält« (Papilloud 2003: 75). »Die Macht ist überall.« (ebenda). In diesem Machtverständnis zeigen sich durchaus Parallelen zum Machtbegriff von Foucault.

Auch für Foucault zeichnen sich Machtverhältnisse im Kern nicht durch die Handlungspotenz einer herrschenden Klasse aus (Foucault 1983: 115). Für ihn haben Machtverhältnisse vielmehr einen »strikt relationalen Charakter« (ebd.: 117). Obgleich auch für Bourdieu das Reale relational ist (Barlösius 2004: 128ff.), geht er, wenn er vom Machtfeld spricht, nicht konsequent von einem Wechselverhältnis entsprechend seiner Grundformel von Struktur – Habitus – Praxis aus. Stattdessen spricht er von einer Unterwerfung unter eine herrschende soziale Ordnung (Bourdieu 1998: 118ff.). Dieses Denkmuster findet sich auch in Bourdieus Thesen zur Prekarität als Herrschaftsform, wie in Kap. 2.4 ausgeführt wurde (Bourdieu 2004). Charakteristikum einer jeden sozialen Ordnung[3] sei jedoch auch ihre mitunter »sanfte und verschleierte Form« (Bourdieu 1993b: 244). Sie werde nicht mit purer Gewalt oder entsprechend Webers Herrschaftsbegriff durchgesetzt (vgl. Weber 1972). Vielmehr bleiben die »Mechanismen [einer sozialen Ordnung, A.M.] verborgen«. Sie tragen damit »zur Fortdauer der Herrschaftsverhältnisse« (Bourdieu 1993b: 243) bei. Damit diese sich reproduzieren können, seien sie ihrerseits auf die »Zustimmung« (Bourdieu 1997b: 165) der Menschen angewiesen, wie Bourdieu dies formuliert. Die Zustimmung erfolge mittels einer »vorreflexiven Unterwerfung« (ebenda). So sei »Unterwerfung [...] das Produkt der Übereinstimmung zwischen den kognitiven Strukturen, die dem Körper [...] in Fleisch und Blut übergegangen sind, und den objektiven Strukturen, auf die sie angewendet werden.« (Bourdieu 1998: 118). Auf diese Weise transformieren sich symbolisch verschleierte Machtverhältnisse in letzter Konsequenz zu »symbolische[r] Gewalt« (Bourdieu 1993b: 244).

Infolgedessen erhalten Machtbeziehungen bei Bourdieu tendenziell einen Unbedingtheitscharakter, werden jedenfalls primär im Spannungsfeld von Ordnung und Unterwerfung angeordnet und insofern mit einem strukturellen Bias versehen. Dass indes Machtverhältnisse eine strukturierende Ordnungsmacht ausüben, ist natürlich unstrittig. Fraglich ist jedoch, ob eine Perspektive, die in letzter Konsequenz auf Unterwerfung abstellt, den sozialen Praxen der Feldakteur_innen mit der notwendigen Offenheit begegnet oder ob sie nicht vielmehr dazu tendiert, sie strukturell zu (über-)determinieren (vgl. Kap. 2.4). Denn es ist auch ein Kennzeichen von Bourdieus Analysen, dass empirische Erkenntnisse »stets durch die strukturalistische Brille gebrochen« (Müller 1992: 258) werden. Im Zweifel neigt er dazu, die feldsoziologische Grundformel von Struktur – Habitus – Praxis in Richtung einer strukturellen Transformationslogik aufzulösen (ebd.: 347ff.; vgl. auch Honneth 1984: 152ff.). Müller (1992) beschreibt dieses Vorgehen als ein »*strukturalistische[s] Credo*, das es Bourdieu erlaubt, theoretische Konsistenz und methodische Kontinuität auch da noch zu behaupten, wo die empirischen Daten beunruhigende Vielfalt zeigen oder gar ein diffuses Bild bieten« (ebd.: 259, H.i.O.).

Auch im Hinblick auf künstlerisch-kreative Erwerbsfelder kommt dem Feld der Macht und entsprechend Bourdieus Konzeption von *autonomer* Kunst versus Wirtschaft, das in den »Regeln der Kunst« teils mit dem Feld der Wirtschaft zusammenzufallen scheint, vornehmlich der Rang einer äußeren Be-

---

**3** | Insbesondere im hohen Stellenwert, den Bourdieu seiner Ordnungsanalyse beimisst, kommt eine an Durkheim orientierte Traditionslinie zum Tragen (Müller 1992: 249).

drohung zu (vgl. Bourdieu 2001a).[4] Sofern jedoch feldübergreifende/-externe Konditionen primär als symbolische Gewalt aufgefasst werden, die in einer Unterwerfung münden bzw. auf ihr beruhen, lassen sich die empirischen Ausprägungen ihrer Machtbeziehungen gleichsam nur im Spannungsfeld von Ordnung und Unterwerfung deuten. Bourdieu selbst wendet allerdings ein, dass er mit offenen Begriffen operiere, die für die systematische empirische Anwendung gebildet wurden (Bourdieu/Waquant 1996: 125). Sie laden insofern zu einer begrifflichen Verquickung mit anderen theoretischen Ansätzen ein und sind nun für den hier verfolgten Zweck zu konkretisieren.

Einen vergleichsweise offener angelegten Machtbegriff als Bourdieu an seine Ordnungsanalyse anlegt, verwendet Foucault in seiner späten Schaffensphase. Er selbst spricht von drei Achsen, nach denen sich seine Forschungsarbeit aufgliedert. Es sind dies die »Achse der Wahrheit«, die »Achse der Macht« sowie eine »moralische Achse«, die sich auf Selbstpraktiken bezieht (Foucault 2007c: 203). Die meisten Texte seines Spätwerks haben »die dritte Achse, die der Selbstpraktiken [...] in den Vordergrund gestellt.« (Saar 2007: 334).[5] Als sein umfassendes Thema versteht Foucault »also nicht die Macht, sondern das Subjekt.« (Foucault 2007a: 81). An diese dritte Achse wird hier im wesentlichen angeknüpft. Darin wird äußere Macht, oder wie sich in Anlehnung an Foucaults Terminologie sagen ließe: die Macht der anderen, nicht per se in die Nähe von Unterwerfung gerückt. Vielmehr offenbart sich darin, etwa im Vergleich zu »Überwachen und Strafen« (Foucault 1977) ein *aufgelockerter Fokus* auf die Disziplinargesellschaft (Sarasin 2005: 175).

Foucaults Perspektive und Forschungsschwerpunkte waren keine statische Angelegenheit. Sie haben sich im Zeitverlauf im Hinblick auf seine thematischen Schwerpunkte, aber auch in Bezug auf die Ausdeutung von subjektiven Handlungsspielräumen in Machtbeziehungen entwickelt (Foucault 1996: 31ff.). Während Machtbeziehungen in Foucaults früher Schaffensphase zunächst »aus der Perspektive von Zwangspraktiken [...] wie im Falle der Psychiatrie oder des Strafsystems« (Foucault 2007c: 253; vgl. Foucault 1973, 1977) betrachtet wurden, hat sich sein Fokus im Laufe der Zeit verlagert. Zunehmend hat er sich auf die Frage konzentriert, wie Subjekte auf sich selbst einwirken, um »sich selbst zu transformieren und zu einer bestimmten Seinsweise Zugang

---

**4** | Vgl. Bourdieus Ausführungen zur Lage des literarischen Feldes im Feld der Macht (Bourdieu 2001a: 341ff.).

**5** | Wilhelm Schmid übersetzt die »Achsen« von Foucaults wissenschaftlicher Arbeit in vier thematische Schwerpunkte (Schmid 1994: 8). 1. Auseinandersetzung mit Psychiatrie, Medizin, Psychologie (z.B. Foucault 1973, 1977). 2. Erarbeitung von Diskurstheorie als Verfahrensweise (z.B. Foucault 1971). 3. Analyse von Machtbeziehungen (z.B. Foucault 1983, 2004). 4. Fragen der Ethik und Lebenskunst (z.B. Foucault 1992).

## 3. Konzeptioneller Zugang: Soziale Felder als Regierungsverhältnisse 145

zu gewinnen.« (Foucault 2007c: 254; vgl. auch Schmid 1996: 8).[6] Aus seiner Auseinandersetzung mit der griechischen Philosophie der Antike erfolgt eine Akzentverschiebung von der instrumentellen Dienstbarmachung des »Selbst« hin zur sorgenden Selbsterkenntnis (Foucault 1992, 1993, 2007c, 2012). Aus diesem Blickwinkel wird das Verhältnis von Subjekt und Macht, auch in Bezug auf »Technologien des Selbst« (Foucault 1993: 24ff.) vergleichsweise offener betrachtet, da nun »systematische[n] Zwischenräume[n] und potenzielle Gegenläufigkeiten [...] [zugelassen werden, A.M.], die andere Bestimmungen und selbstverfügte Subjektivierungen denkbar machen« (Saar 2007: 336). Die insofern vergleichsweise offene und relationale Perspektivierung von Subjektivierungen bietet für eine soziologische Feldanalyse ein anschlussfähiges Begriffskonzept, um das Verhältnis von Machtbeziehungen und Handlungsspielräumen in einem sozialen Feld zu beschreiben.

In Anlehnung an Foucault soll daher ein theoretischer Sinn dafür entwickelt werden, auf welche Weise und mit welcher Haltung sich insbesondere freiberuflich agierende Akteur_innen in künstlerisch-kreativen Erwerbsfeldern positionieren. Angenommen wird, dass sich damit der strukturellen Überdeterminiertheit Bourdieus ein Stück weit ausweichen lässt (vgl. Kap. 2.4.3). Bestandteile aus Foucaults Spätwerk werden folglich soweit ergänzend hinzu gezogen, wie es gegenstandsbezogen erforderlich und im Rahmen einer Feldanalyse theoretisch möglich ist. Auf diese Weise wird eine Auseinandersetzung mit Machtverhältnissen jenseits eines dualistischen Interpretationsmusters von Ordnung und Unterwerfung grundsätzlich denkbar und eine möglicherweise kritische Stellungnahme seitens der Akteur_innen zu einer empirischen Beobachtungskategorie.

Im Rahmen seiner Machtanalyse unterscheidet Foucault »drei Ebenen: strategische Beziehungen, Regierungstechniken und Herrschaftszustände.« (Foucault 2007c: 277). Hierbei reklamiert er zunächst »Machtbeziehungen als strategische[n] Spiele[n] zwischen Freiheiten [...], in denen die einen das Verhalten der anderen zu bestimmen versuchen, worauf die anderen mit dem Versuch antworten, sich darin nicht bestimmen zu lassen oder ihrerseits versuchen, das Verhalten der anderen zu bestimmen.« (ebenda). Machtbeziehungen werden in dieser Passage als ein soziales Kräftemessen und als Konkurrenz beschrieben; mithin als eine andere Form von Konkurrenzbeziehungen, als Bourdieu sie fasst. Denn während bei Bourdieu im Anschluss an Simmel (1983b) die Akteur_innen in einem Feld um die Verteilung kultureller, sozialer und ökonomischer Güter bzw. Positionen konkurrieren, hebt Foucault, hierbei Webers Machtbegriff zunächst einmal nicht unähnlich (vgl. Weber 1972), auf

---

**6 |** Foucault (2007c) gibt ein Gespräch wieder, welches er mit Helmut Becker, Raúl Fornet-Betancourt und Alfred Gomez-Müller im Jahr 1984 führte. Das Interview fand kurz vor Foucaults Tod im selben Jahr statt.

die Frage ab, wer wen regiert, indem er über den anderen bestimmt. In Foucaults Verständnis von Machtbeziehungen ist die Konkurrenz also darauf gerichtet, wer wem seinen Willen aufzwingen kann. Dabei implizieren Machtbeziehungen eine sinnliche, geradezu erotische Anziehungskraft. Denn Macht »bietet Anreize, verleitet, verführt, erleichtert oder erschwert, sie erweitert Handlungsmöglichkeiten oder schränkt sie ein [...] und im Grenzfall erzwingt oder verhindert sie Handlungen [...] Sie ist auf Handeln gerichtetes Handeln.« (Foucault 2007a: 96f.). Diese analytisch-strategische Auffächerung von Macht illustriert auch der vielzitierte, apodiktische Ausspruch: »Das heißt natürlich, dass es so etwa wie *die* Macht nicht gibt.« (Ebd.: 95, H.i.O.). Daher mündet dieser Machtbegriff bekanntlich in einen anderen, weniger differenzierten Herrschaftsbegriff, als Weber ihn entwickelt hat (Weber 1972). Foucault interessiert sich nicht primär dafür, wie Macht durch Herrschaft abgesichert wird, sondern auf welchen Beziehungen sie beruht. Denn während erstere umkehrbar seien, seien letztere starr (Schmid 1994: 19). Foucault plädiert daher dafür, eine »Ökonomie der Machtbeziehungen« (Foucault 2007a: 84) zu erstellen und diese als Wechselspiel gegensätzlicher Strategien zu verstehen. Das veranlasst ihn dazu, vornehmlich von *Machtbeziehungen* zu sprechen (Foucault 2007b). Auf der anderen Seite unterscheidet er »Herrschaftszustände(n) [...] und zwischen beiden, zwischen den Spielen der Macht und den Zuständen der Herrschaft, gibt es die Regierungstechnologien« (Foucault 2007c: 277). Diese begreift er im weiten Sinne als Führungs- und Lenkungstechniken.

Machtbeziehungen, wie Foucault sie versteht, werden in Form von gouvernementalen *Regierungsverhältnissen* vermittelt (vgl. Foucault 2004).[7] Unter Regierung versteht Foucault keine politische Regierung im engen Sinne. Vielmehr gehe es dabei um »die Gesamtheit der Institutionen und Praktiken, mittels deren man die Menschen lenkt, von der Verwaltung bis zur Erziehung« (Lemke/Krasmann/Bröckling 2000: 7).[8] Analog seines Machtverständnis' seien auch Regierungsverhältnisse nicht dazu angetan, »die Macht als Beherrschung oder Herrschaft zu verstehen [...]; vielmehr gilt es, [...] sie in einer

---

**7** | Das Konzept der gouvernementalen Regierungsverhältnisse, entwickelt im Rahmen einer Vorlesungsreihe des Jahres 1979, stellt gleichsam ein Scharnier zwischen den unterschiedlichen Werkphasen von Foucault dar.

**8** | In der vorliegenden Studie steht mithin nicht die allgemeine *Kunst des Regierens* im Vordergrund, deren Konzeptualisierung Foucault Ende der 1970er Jahre entwickelt und u.a. am Beispiel der deutschen Nachkriegsregierung als neoliberale Gesellschaftsordnung vorgeführt hat. Für eine umfassende Sekundärdarstellung zu Foucaults Gouvernementalitätsansatz siehe Bröckling (2007), Lemke/Krasmann/Bröckling (2000). Eine bündige Zusammenfassung und zugleich Übertragung auf die wohlfahrtsstaatliche Neuausrichtung des deutschen Wohlfahrtsregimes bietet Lessenich (2003, 2009).

unlöslichen Beziehung zu Wissensformen zu sehen und sie immer so zu denken, dass man sie in einem Möglichkeitsfeld und folglich in einem Feld der Umkehrbarkeit, der möglichen Umkehrung sieht« (Foucault 1992: 40). Diese *Kunst des Regierens* ist demnach nicht eine auf verinnerlichter Unterwerfung aufbauende Durchsetzung von politischer Macht. Vielmehr betont Foucault, dass es ihm primär um die jeweilige Charakterisierung und Stellung der Regierten und der Regierenden zueinander geht (Foucault 2004: 28), also um eine relationale Analyse der Macht. Mehr noch, in einer Form dialektischer Vermittlung besteht nach ihm die »Kunst des Regierens« darin, die Zustimmung der Regierten einzuholen, indem ihnen bestimmte Freiheitsgrade zugestanden werden (ebd.: 15; Foucault 2007a: 88).[9] Demzufolge beruht die Einwilligung und die Fügung in Machtbeziehungen, anders als bei Bourdieu, bei Foucault nicht auf einer vorreflexiven Unterwerfung, sondern auf der Zubilligung von Handlungsspielräumen.

Versteht man Regierungsverhältnisse im eben genannten Sinne als Arena von Machtkämpfen, dann sind sie eben kein Unterwerfungsprogramm. Regierungsverhältnisse stellen vielmehr eine fluide gesellschaftliche Praxis dar, die sich als dynamisches Verhältnis von Herrschaftspraktiken und Subjektivierungsweisen vermittelt. Sie umfassen zweierlei zugleich, nämlich ein Verhältnis von Machtpraktiken und eine Ordnung des Wissens (vgl. Lessenich 2003a: 82). Einerseits bezieht sich die *Regierungskunst* auf eine Anleitung von Verhaltensweisen. Im Erfolgsfall kommt sie auf leisen Sohlen daher und lenkt indirekt oder minimal (Foucault 2004: 50). Hierbei geht es um Fremdführung bzw. um die Regierung der anderen (Foucault 2012). Andererseits »definiert ›Regierungskunst‹ ein diskursives Feld der [...] gedanklichen und kommunikativen Strukturierung von Realität, die es erst erlaubt, bestimmte Machttechnologien zur Anwendung zu bringen.« (Lessenich 2003a: 82). Hierbei geht es um die Frage der Subjektivierung, der Selbstführung und um Selbstverhältnisse des »frühen« Foucault, in denen er Institutionen der modernen Gesellschaft exemplarisch als Gefängnis entworfen hat und sein Machtbegriff »eine Form von Macht [suggeriert, A.M.], die unterjocht und unterwirft.« (Foucault 2007a: 86; vgl. Foucault 1977).

Indem Machtbeziehungen als wechselwirksames Verhältnis von Fremd- und Selbstregierung konzeptualisiert werden, bekommen sie eine gleichsam *produktive* Struktur. Damit sind sie nicht nur als sozial *irgendwie* beweglich konstruiert. Vielmehr beinhalten sie immer auch ein Moment der praktischen

---

9 | Hier wird nicht der Versuch unternommen, Bourdieu und Foucault als Ganzes miteinander zu vergleichen. Vgl. zur komparativen theoretischen Diskussion von Bourdieu und Foucault z.B. Kajetzke (2008), die sich auf eine Gegenüberstellung im Hinblick auf Wissen und Diskurs konzentriert, sowie Reckwitz (2000, 2003), der verschiedene poststrukturalistische sowie praxisorientierte Ansätze miteinander vergleicht.

Öffnung, die Raum gibt für eine eigensinnige, gar widerständige Auseinandersetzung (vgl. Foucault 1992).

Ganz allgemein sieht Foucault drei Sorten von widerständigen Bemühungen, Machtbeziehungen aufzulösen. Die einen richten sich gegen z.b. soziale Formen von Herrschaft, andere prangern Ausbeutung an, wiederum andere bekämpfen alles, was »seine Unterwerfung unter die anderen sicherstellt« (ebd.: 86). Die Besonderheit der sozialen Kämpfe, mittels derer sich die Subjekte als widerständig im Rahmen von Machtkonstellationen positionieren, charakterisiert er weitergehend anhand von drei Besonderheiten. *Erstens* handele es sich um Kämpfe, die »den Status des Individuums in Frage stellen« (ebd.: 85), indem sie für ihr »Recht auf Anderssein« (ebenda) eintreten und demgegenüber ihre Individualität betonen. Als Beispiel ließe sich die Künstlerkritik (Boltanski/Chiapello 2003) anführen, die für ihre Vorstellungen einer genialischen Antibürgerlichkeit eintritt. Die *zweite* Besonderheit sich eigensinnig mit Machtkonstellationen zu befassen sieht Foucault darin, dass Wissensregime als Machtkonstellation in Frage gestellt werden. Also die Art und Weise, wie Wissen zirkuliert und die darin eingelagerten Vorstellungen, die man Menschen aufzwingt. *Drittens*, gehe es um die Frage: »Wer sind wir?« (ebd.: 86). In diesen Machtkämpfen würden sich die Menschen gegen »jene Gewalt, die der ökonomische und ideologische Staat ausübt« (ebenda) verwahren. Denn innerhalb dieser Beziehungen würden sie zum Subjekt gemacht. Das Dilemma jeden Kampfes oder Widerstands ist demnach, dass Machtbeziehungen subjektivierend wirken und den Menschen gewissermaßen eingelagert sind, auch körperlich, wie sowohl Foucault als auch Bourdieu betonen (vgl. hierzu Reckwitz 2003).

Das theoretische Dilemma der frühen Schriften Foucaults liegt mithin darin, dass seine Analyse mit einer gewissen Ausweglosigkeit verkoppelt war, dass es also kein Entkommen aus den perfide unterjochenden Machtbeziehungen zu geben schien (Saar 2007: 335). Eben dieser Akzent subtiler, aber doch unterwerfender Machtbeziehungen, in der sich Subjektivierungsweisen nur mehr wie disziplinarische Übungen ausnehmen, dominiert in der Regel die kapitalismuskritischen Diskussionen um die Stellung von Kreativen im derzeitigen Transformationsprozess der Arbeitsgesellschaft, wie in Kap. 2.5 deutlich wurde.

Der späte Foucault dagegen geht im Zusammenhang mit seiner Beschäftigung mit Lebens- und Erotikweisen in der Antike über das Konzept der disziplinierenden Selbstverhältnisse hinaus (vgl. Foucault 2012). Denn nun richtet er den Blick nicht mehr ausschließlich darauf, dass Subjekte in Machtbeziehungen »gemacht werden« (Foucault 2007a: 86) oder sie sich im vermeintlich freien Rahmen des homo oeconomicus disziplinierend modellieren (vgl. Foucault 2004: 206ff.). Vielmehr räumt er in seinen Äußerungen über eine »Ethik der Freiheit« (Foucault 2007c: 256ff.) ein, dass die Menschen »sich einer Machtausübung widersetzen« (Foucault 2007b: 98) können, indem sie eigensinnige Kämpfe in Auseinandersetzung mit den konstituierenden Machtverhältnissen ausfechten. Er konzediert, dass die Menschen mit einer grundsätzlichen Kritikfähigkeit ausgestattet seien, die aus der Sorge um sich selbst entspringt (Foucault 1993). Doch was hier noch wichtiger ist: dass sie dadurch nicht nur gegebene Machtbeziehungen reifizieren, sondern sich eigensinnig von ihnen distanzieren können. Allerdings dürfe, insistiert Foucault, eine gewisse Widerspenstigkeit nicht verwechselt werden mit einer Befreiung aus Machtformen oder aus Zwängen. Denn der Terminus »Befreiung« laufe Gefahr zu suggerieren, dass es ein vorsoziales Selbst, eine Substanz des Subjektes gebe, zu dem es mittels Befreiung gewissermaßen zurück wolle. Diese Substanz im Sinne eines vorsozialen Zustands gebe es nicht. Vielmehr sei die Ethik der Freiheit nichts anderes als »die reflektierte Praxis der Freiheit« (Foucault 2007c: 257). Denn man könne nicht für sich selbst sorgen ohne zu erkennen. »Machtbeziehung und Widerspenstigkeit der Freiheit« (ebd.: 258) würden sich von daher nicht voneinander trennen lassen. »Die Selbstsorge ist selbstverständlich Selbsterkenntnis« (ebenda).

So gehe es bei der Sorge um sich selbst nicht um eine Befreiung, die die Menschen dazu befähige herauszufinden, wer sie sind – also nicht um jeden Preis »authentisch« sein zu wollen, wie es beispielsweise im Konzept der Künstlerkritik von Boltanski/Chiapello (2003) angelegt ist. Vielmehr gemahnt er an den Kern einer gelingenden Selbstsorge mit dem Ausspruch, »nicht herauszufinden, sondern abzulehnen, was wir sind« (Foucault 2007a: 91). In dieser »Möglichkeit des Andersseins, des Andersdenkens« (Schmid 1996: 21) liegt, wie Martin Saar meint, »das Gegengift zur Macht.« (Saar 2007: 335). Denn das, was wir sein könnten, also die »Befreiung« aus Machtformen, ist, so Saar (ebenda), das machttheoretische Dilemma, dem Foucault die längste Zeit nachgespürt hat. Um dieses Dilemma aufzubrechen, empfiehlt Foucault schließlich, dass wir »nach neuen Formen der Subjektivität suchen [müssen, A.M.] und die Art von Individualität zurückweisen« (Foucault 2007a: 91), die man uns zuschreibt. Nur so könne die »reflektierte Sorge um sich« (Foucault 2007c: 257) zu einer Praxis der Freiheit werden.[10]

---

**10** | Die Ethik der Selbstsorge als Konzept entwickelt Foucault in seinen Studien über die spezifische Freiheitsethik vornehmlich am Beispiel philosophischer Artikulationsformen im antiken Griechenland (Foucault 2007c: 257ff., 2012). Zum einen umfasst sie eine Form der Selbsterkenntnis (den sokratisch-platonischen Aspekt) und zum anderen beruht sie auf einer Kenntnis von Regeln und Verfahrensweisen der Machtbeziehungen, »die zugleich Wahrheiten sind« (ebd.: 258). Kritik, Freiheit und Macht bedingen sich insofern gegenseitig (Foucault 2007c: 267). Aus diesem Blickwinkel schließen auch Regierungsverhältnisse immer ein Moment von Freiheit ein (Foucault 2007a: 97, 1992: 41, 2012: 51).

Die Essenz von Foucaults perspektivischer Öffnung, die er in seiner späten Schaffensphase vornimmt, lässt sich nun wie folgt zusammenfassen. In seinen früheren Schriften war die Macht den Menschen, ähnlich wie Bourdieu dies annimmt, unterwerfend eingelagert. Subjektive Kämpfe um Souveränität sowie daran gekoppelte Selbsttechnologien haben sich innerhalb eines ausweglosen Machtzirkels bewegt. Regierte haben sich darin zu Subjekten gemacht und wurden umgekehrt als solche anerkannt. Mit anderen Worten haben Subjekte nach diesem Verständnis Machtbeziehungen per se reifiziert. Foucaults späte, teils kurz vor seinem Tod entstandenen Texte und Interviews, sind demgegenüber von einer vergleichsweisen Milde durchzogen. Die Anstrengungen der Menschen, sich in Machtverhältnissen zu behaupten und darin ihre Subjektivität zu entwerfen, betrachtet er in dieser Schaffensphase weniger aporetisch, geradezu nachsichtig. Mit einer konzeptionellen Wendung, nämlich mit der Abschwächung einer Perspektive der Zwangspraktiken und in der Hinwendung zum Begriff der »Sorge um sich«, öffnet er sein Theoriedesign ein Stück weit. Er macht es aufnahmefähig für alltägliche, praktische Dynamiken abseits disziplinarischer (Selbst)Zurichtungen (vgl. Sarasin 2005: 190ff.). Indem Foucault Subjekte »nun als einen Prozess interpretiert, für den eine irritierende Gegenläufigkeit charakteristisch ist« (Rieger-Ladich 2004: 214), rückt er das komplizierte Verhältnis von Unterwerfung und Entunterwerfung nicht mehr nur als disziplinarische (Selbst-)Zurichtung in den Fokus, sondern billigt den Subjekten eigensinnige Subjektivierungsweisen und ebensolche Stellungnahmen zu.

Der hier vorgenommene, selektive Bezug auf Foucaults Ansatz bietet daher ein missing link, um die feldspezifischen Positionierungsstrategien der Akteur_innen nicht nur als vorreflexive, d.h. nicht nur als »doxische« Unterwerfung zu deuten (Bourdieu 1998: 119), sondern auch anders verstehen zu können: als eine eigensinnige Auseinandersetzung mit Machtbeziehungen in Regierungsverhältnissen. Dabei ist »eigensinniges Handeln« nicht gleichzusetzen mit einem emphatischen Begriff von Widerstand oder mit einer gesellschaftsverändernden Kraft der Gesellschaftskritik, wie es etwa im Kritik-Begriff von Boltanski/Chiapello oder im kritischen Aufklärungsanspruch von Bourdieu angelegt ist (vgl. Bröckling 2013a). Vielmehr wird es vorrangig in Bezug auf das Erschließen von Gestaltungsoptionen betrachtet, die äußerlichen und fremdbestimmten Imperativen zuwider laufen oder gängige Interpretationen unterlaufen oder irritieren können (Lohr 2010: 251ff.). Eigensinnige Handlungsstrategien sind insofern als potenziell kritische Interventionen in Machtkonstellationen zu verstehen, als sie sich subjektiv distanzierend oder widerspenstig mit ihnen auseinandersetzen können. Sie resultieren aus keinem vorsozialen Selbst, sondern stellen vielmehr sozial vermittelte Machtressourcen dar (vgl. Bourdieu 1983).

## 3.3 ENTUNTERWERFUNG ALS SOZIALE PRAXIS

Die im vorigen Kapitel eingeführten Machtbeziehungen in Regierungsverhältnissen beinhalten immer die Möglichkeit einer differenzierten Auseinandersetzung mit ihnen. Diese Option beschreibt Foucault (1992: 15) als *Entunterwerfung*. Mit einiger Emphase definiert er sie als »Kunst nicht dermaßen regiert zu werden« (ebd.: 12), d.h. mittels Kritik eine moralische und politische Haltung gegenüber den »Regierungskünsten« einzunehmen (ebenda). Diese den Menschen zuerkannte Freiheit konstituiert gleichwohl einen weitgespannten Raum zwischen Ermächtigung und Unterwerfung. Insofern ist Freiheit Bestandteil der machtstrukturierten Beziehungen innerhalb von Regierungsverhältnissen (Sarasin 2005: 175ff.). Doch sind diese Beziehungen nicht nur längerfristig historisch beweglich, auch auf synchroner Ebene sind sie nicht hermetisch konstruiert.

Kritische Stellungnahmen würden insbesondere in Phasen der »Regierungsintensivierung« (Foucault 1992: 11) forciert, wie man die fortschreitende Prekarisierung der Arbeitsgesellschaft in Anlehnung an Bourdieu (2004) und Castel (2000) zweifelsohne auslegen und als »prekäres Regieren« (Lorey 2010) bezeichnen könnte (vgl. Kap. 2.4, 2.5). Während jedoch Bourdieu und auch Castel davon ausgehen, dass der individuelle Wille durch die Härte der Existenzbedingungen tendenziell gebrochen wird und die Menschen sodann ohnmächtig »in einem Zustand der Haltlosigkeit« (Castel 2000: 12) dahin treiben, meint Foucault, dass sie sich unter Umständen eher fragen, was zu tun sei, »um nicht derartig, [...] und nicht von denen da regiert« (Foucault 1992: 11f.) zu werden. Kurz, es sei auch eine »Haltungsfrage« (ebd.: 41), in der sich das subjektive Verhältnis zu konkret erfahrbaren Regierungsverhältnissen äußere. Hier kommt sodann bei Foucault der Begriff der Erfahrung ins Spiel. »Eine Erfahrung ist etwas, aus dem man verändert hervorgeht« (Foucault 1996: 24), da sie gestatte »bestimmte Mechanismen zu verstehen« (ebd.: 31). Dem wird hier in Bezug auf die in Kap. 2.3 gemachten Ausführungen zu habituellen Metamorphosen gefolgt, was zugleich impliziert, dass Foucaults emphatischer Blick auf Erfahrungen nicht in Gänze übernommen wird. Vielmehr wird auch er als Komplement zur Annahme einer doxischen Unterwerfung (Bourdeu 1998: 119) heran gezogen, sodass Erfahrungen als handlungsleitendes Moment für eigensinnige Stellungnahmen im Folgenden gleichwohl und selbstverständlich im Kontext von habituellen Prägungen betrachtet werden.

»Wenn es sich bei der Regierungsintensivierung darum handelt, in einer sozialen Praxis die Individuen zu unterwerfen - und zwar durch Machtmechanismen, die sich auf Wahrheit berufen, dann würde ich sagen, ist die Kritik die Bewegung, in welcher sich das Subjekt das Recht heraus nimmt, die Wahrheit auf ihre Machteffekte hin zu befragen und die Macht auf ihre Wahrheitsdiskurse hin. Dann ist die Kritik die Kunst der freiwilligen Unknechtschaft, der reflektierten Unfügsamkeit.« (Foucault 1992: 15).

Die Praxis einer Entunterwerfung im Sinne von Foucault ist demnach die Kunst der reflexiv angeleiteten Weigerung sich zu unterwerfen, *Entunterwerfung* dann die (tendenziell emphatische) Übersetzung von sozialer Empörung und Kritik in eine spezifische (Geistes-)Haltung. Die entsprechende Subjektposition ist insofern als eine Praxis der Freiheit zu verstehen, als sie eine Widerspenstigkeit im oben genannten Sinne aufweist. So ist mit dieser Form der Kritik nicht zwingend eine intentional gesellschaftsverändernde Kraft gemeint, wie es etwa im Kritik-Begriff von Boltanski/Chiapello (2003) angelegt ist (vgl. Bröckling 2013a). Vielmehr könne sich eine »freiwillige Unknechtschaft« und reflektierte (!) Unfügsamkeit im historisch variablen Wechselverhältnis von Wissen, Macht und Selbstverhältnis ausbilden (Foucault 1992: 15; Saar 2007: 327). Das Hauptziel einer Praxis der *Entunterwerfung* besteht nach Foucault in einer bestimmten Form der Selbstsorge, die »die Frage der Erkenntnis im Hinblick auf die Herrschaft« (Foucault 2012: 53), aufwirft. Sie besteht weitergehend und insofern darin, »nicht etwas als wahr anzunehmen, weil eine Autorität es als wahr vorschreibt. Es heißt: etwas nur annehmen, wenn man die Gründe es anzunehmen selber für gut befindet.« (Foucault 1992: 14).

So ist Entunterwerfung keine diffuse Praxis, sondern eine mögliche Antwort auf konkrete, äußere Anforderungen, in deren Verlauf sich die Menschen mit ihren Interessen und Ideen sowie auf der Basis ihrer Erfahrungen – der Mensch ist ein Erfahrungstier (Foucault 1996) – ins Verhältnis zu ihnen setzen, theoretisch (Rieger-Ladich 2004: 213).

Welche Formen kann eine so verstandene soziale Praxis der *Entunterwerfung* annehmen? Vernunft und Moral zu gebrauchen ist Foucault zufolge die Voraussetzung dafür. Wenn kritische Stellungnahmen also, wie erwähnt, erst ab dem Moment zu einem Modus der Entunterwerfung werden, ab dem »die Wahrheit auf ihre Machteffekte [...] und die Macht auf ihre Wahrheitsdiskurse hin« befragt werden (Foucault 1992: 15), dann bestünde die Lebenskunst vornehmlich in einer Raison d'être (vgl. dazu Bourdieu 2001b: 18ff.). Es handelt sich dabei um eine Haltung, mittels derer die Subjekte die den Menschen eigene »Faulheit und Feigheit« (Foucault 2012: 53) überwinden können (sollen). Mit solch satten, in Anlehnung an Kant gewählten Worten will Foucault indes keine moralischen Verirrungen beschreiben. Er möchte vielmehr Hindernisse beseitigen, um »mit uns selbst jene Beziehung der Autonomie zu unterhalten, die uns erlaubt, uns unserer Vernunft und Moral zu bedienen.« (ebenda). Erst diese vernunftgesteuerte Haltung reflektiere ein »Verhältnis der Autonomie zu uns selbst« (ebenda). Sie ermögliche den Menschen, wie man wiederum mit Kant emphatisch formulieren kann, aus dem Zustand der Unmündigkeit heraus und in einen reflektierten Zustand der Unknechtschaft einzutreten.

Foucault entwickelt seinen Begriff der Entunterwerfung folglich entlang eines, von der eingehenden Auseinandersetzung mit »der erhabenen Unternehmung Kants« (Foucault 1992: 8) geprägten und letztlich der Aufklärung verpflichtetem Kritikbegriff (Foucault 2012: 43ff.).

Was Foucault im kritischen Rekurs auf die Aufklärung bzw. auf ein kantianisches Vernunftverständnis beschreibt, ist ein Bewusstseinszustand. Formen der möglichen Entunterwerfung führt er nicht im materialistischen Sinne als ein Moment sozialer Praxis des alltäglichen Tuns ein. Er fordert uns vielmehr im Namen einer ermächtigenden Souveränität dazu auf, Machtverhältnisse zu reflektieren und gegebenenfalls sodann zu unterlaufen. Ihm zufolge ist diese kognitive Haltung mithin das Herzstück jedweder Entunterwerfung. Diese reflexiv eingenommene Pose ermögliche es, Machtverhältnisse intellektuell zu dekonstruieren und sie im Erfolgsfall von einer nicht zu rechtfertigenden Herrschaft zu emanzipieren (vgl. Dörre/Lessenich/Rosa 2009: 12). Er unterstreicht somit seine Hypothese, dass Regierungsverhältnisse ein praktisches und historisch bewegliches Beziehungsgeflecht sind, die nicht auf herrschaftliche Unterwerfung aufbauen, sondern auf einem sensiblen Spiel von Macht und Freiheit, das gewisse Spielräume für Praxen der Entunterwerfung lässt. Diese werden nach Foucault allerdings nur unter der Prämisse möglich, dass sich die Menschen durch eine »Arbeit der Subjektivierung« (Bröckling 2007: 48) soweit transformieren, dass sie sich nicht erneut unter das Kuratel einer externen Macht stellen und dann machttheoretisch als deren Effekt beschreiben lassen (Saar 2007: 336). Eine solche subjektive Transformationsarbeit setzt jedoch ein sehr aktives Subjekt voraus, nämlich »ein politisch und philosophisch befähigtes Subjekt« (Foucault 2007c: 267).

Entunterwerfung versteht Foucault folglich als die »kritische Funktion der Philosophie« (ebd.: 279). Insofern wird eine kritische Auseinandersetzung mit Machtverhältnissen letztlich zur vornehmen Aufgabe des Philosophen erklärt. Praxen der Entunterwerfung zünden demzufolge also erst dann, wenn ihnen eine philosophische Reflexion und folgend Kritik an den Erscheinungsformen der Herrschaft voraus geht. Wie sich in dieser Konstruktion jedoch der praktische Handlungsvollzug von Akteur_innen ausnimmt, muss weitgehend offen bleiben bzw. ist als einer aufklärerisch verfassten Kritik nachgeordnet anzusehen.

In diesem Sinne ist eine Praxis der Entunterwerfung nach Foucault (1992) mithin keine soziale Praxis, wie wir sie mit Bourdieu definiert haben. Vielmehr bleibt in Foucaults Konzept die *soziale Praxis* von Feldakteuren im Grunde so lange außen vor, wie die Akteur_innen in ihrem praktischen Tun gefangen sind und sie sich nicht den Mühen einer philosophischen Auseinandersetzung mit Machtverhältnissen und deren öffentlicher Artikulation unterziehen.[11] Dinge, die Menschen »einfach so« tun (Bourdieu 1998: 141), lassen sich auf diese Weise per definitionem nicht als herrschaftsirritierendes Momentum entschlüsseln. Der Foucault'sche Begriff der Entunterwerfung erreicht somit jene Ebene sozialer Praxis nicht, deren soziale Kämpfe sich in sozialen Feldern »einfach so« abspielen und gleichwohl ein Schauplatz von Regierungsverhältnissen sind. Eben darauf wird hier aber fokussiert. Deshalb ist es erforderlich, das Konzept ein Stück weit zu revidieren und den Begriff für eine Analyse der alltäglichen, sozialen Praxis zu öffnen.

Betrachtet man die von Foucault thematisierten sozialen Prozesse der Lebenskunst in einem feldsoziologischen Sinn, so ist der Terminus der Entunterwerfung nicht primär als kognitive Haltung oder gar als intellektuelle Praxis zu verstehen. Vielmehr wird Entunterwerfung hier aus einer praxistheoretischen Perspektive gelesen, als Ausdruck eigensinniger Handlungsstrategien und insofern als Übersetzung von erfahrenen Verunsicherungen oder Irritationen in ein spezifisches Praxis-Repertoire.[12] Denn indem die Subjekte die

---

**11** | Hier ist gewiss nicht der geeignete Ort, um die komplexen Streitigkeiten einer idealistischen versus einer praktischen Philosophie bzw. zwischen einer poststrukturalistischen Philosophie und einer Soziologie auszufechten. In seinem Werk »Sozialer Sinn« legt Bourdieu eine ausführliche Kritik an der kantianischen Argumentation der theoretischen Vernunft dar und begründet demgegenüber die Grundlagen einer praktischen Vernunft (vgl. dazu Bourdieu 1993b, 1998).

**12** | »Entunterwerfung« ist nur bedingt mit »Eigensinn« identisch, wenngleich gleitende Übergänge existieren, die es tiefer auszuloten gälte, wovon an dieser Stelle jedoch aus konzeptuellen Gründen abgesehen wird. Hier soll lediglich unterstrichen werden, dass es sich bei »Eigensinn« um eine Kategorie handelt, die auf die sinnhafte Zuschreibung von Situationen bzw. Strukturen abhebt, und die in jüngerer Zeit in einer marxistisch geprägten Diskussion der 1980er Jahre verortet ist und mit »Widerstand« (Negt/Kluge 1981) verbunden wird. Anknüpfend an ein Begriffsverständnis, das der Historiker Alf Lüdtke im Kontext von Industriearbeit im 19. Jahrhundert im Rekurs auf Hegels Phänomenologie des Geistes entwickelt (Lüdtke 1993) lässt sich Eigensinn als »Gegenmacht« (Nickel et al. 2008: 42) betrachten. Karin Lohr (2010) spricht desweiteren von einem doppelten Sinnbezug; nämlich von einem äußerlich zugeschriebenen, etwa durch institutionelle Rahmenbedingungen und einen vom jeweiligen Subjekt entworfenen Sinn, der vom gesellschaftlich gewollten Sinn abweichen kann (Kleemann/Voß 2010). »Eigensinn« ist demnach von »Widerständigkeit« insofern zu unterscheiden, als letzteres ein bewusstes Handeln meint, das auf eine aktive Verweigerung zielt. Hier wird eine Lesart favorisiert, derzufolge als »eigensinnig« alle praktischen Handlungsimpulse verstanden werden können, die auf das Erschließen von Gestaltungsoptionen abzielen. Insofern beruht Entunterwerfung auf eigensinnigen praktischen Stellungnahmen. Es akzentuiert eher ein nicht-regelgeleitetes Handeln, das situativ an konkrete Gegebenheiten angepasst

Regierungsverhältnisse praktisch erfahren, z.b. Sozialversicherungsprobleme bei der Künstlersozialkasse aufgrund eines hybriden Erwerbsstatus oder eine symbolisch und/oder finanziell geringe Anerkennung ihrer arbeitswerten Leistung, wird sich in ihnen je nachdem, inwieweit damit existenzielle Fragen verknüpft sind, womöglich eine Verunsicherung, vielleicht auch soziale Empörung regen. Das hat aber nicht notwendigerweise etwas mit einer reflexiven, vernünftigen Auseinandersetzung zu tun. Es handelt sich möglicherweise eher um ein Gefühl, um einen intuitiven Impuls, der unter Umständen in ein praktisches Tun mündet und darüber die Verhältnisse erhält, ignoriert oder gar in Frage stellt (vgl. Bourdieu 1998: 141). Entunterwerfung ist folglich unmittelbar verknüpft mit einer individuellen, erfahrungsbasierten Aneignung der Welt, in deren Verlauf die Individuen respektive sozialen Gruppen auch Handlungsstrategien jenseits formulierter Erwartungen sowie vorgegebener Strukturen und Logiken ausbilden können (vgl. Lohr 2010: 254). Dies rückt die Frage nach den Ressourcen der Akteur_innen in den Vordergrund: Wie verhalten sich künstlerisch-kreative Akteur_innen unter den gegebenen Möglichkeitsbedingungen zu den Verhältnissen, indem sie Dinge »einfach so« tun? Und welche Dinge sind das?

Eine nächste Frage, die sich stellt, ist, in welchem Verhältnis sich Bourdieus praktischer *Spiel-Sinn* und eine Praxis der *Entunterwerfung* denken lassen. Wie können sie miteinander vermittelt werden? Aus einem strikten, theoretischen Schulendenken heraus ließe sich durchaus anführen, dass sich der von Bourdieu geprägte praktische Sinn mit einem von Foucault inspirierten Begriff von Entunterwerfung nicht verträgt. Denn während der Spiel-Sinn im Bourdieu'schen Sinne ja der Garant für die Befolgung von Regeln ist, wird hier mit dem späten Foucault eine Sichtweise stark gemacht, die eine Entunterwerfung im Sinne einer eigensinnigen Positionierung im Feld für prinzipiell möglich hält. Unterwerfender Gehorsam wird gewissermaßen ent-garantiert. Sofern es dabei wichtigstes Anliegen einer praxeologischen Perspektive ist, das Verhältnis gegenwärtiger Macht- und Ungleichheitsverhältnisse, deren Reproduktion und Wandel anhand der alltäglichen Erfahrungen herauszuarbeiten, die die Einzelnen unter subjektivierten und prekären Erwerbsarbeitsbedingungen machen, dann gilt es, »genau dieses Ereignen zum Gegenstand des Verstehens und Erklärens sozialer Transformationen« (Völker 2010: 311) zu machen. Zumal sich alltägliche Erfahrungen und praktisches Handeln nicht notwendigerweise »in unterschiedlichen theoretisch abgrenzbaren Kategorien und eindeutigen Klassifikationen, sondern in einem – nicht (unbedingt) eindeutig zu interpretierenden – Handeln [artikulieren, A.M.].« (ebenda). Insofern zeichnet sich eine praxeologische Perspektive auch dadurch aus, wenn nötig,

---

wird oder diese unterläuft (vgl. weitergehend Frey 2010; Graefe 2010; Kleemann/Voß 2010; Lindenberger 2014; Lohr 2010; Nickel et al. 2008).

die »Macht der (soziologischen) Klassifikation preis[zu]geben.« (Hark/Völker 2010: 39). So gesehen, lässt sich theoretisch nicht vorentscheiden, wann und inwiefern es sich bei den feldspezifischen Verortungskämpfen um Unterwerfungen oder um Infragestellungen von Macht- und Ungleichheitsverhältnissen handelt. Vielmehr müssen zuvor die Bedingungen genauer, d.h. empirisch bestimmt werden, »unter denen eine Reproduktion bzw. eine Modifikation von Praktiken wahrscheinlich wird.« (Reckwitz 2003: 297).

Das Verhältnis von Spiel-Sinn und Entunterwerfung ist an dieser Stelle deshalb eher in Form einer Frage zu umzureißen. Denn fraglich ist beispielsweise, inwieweit Praxen der Entunterwerfung mit einem Ressourcenverlust im Feld einhergehen bzw. inwieweit eine eigenwillige Form der Positionssuche im Feld möglicherweise auch Subjektivierungsspielräume eröffnet. So ist – im Horizont von Bourdieu formuliert – nachzuforschen, inwieweit eine Praxis der Entunterwerfung soziale Brechungseffekte im Feld zeitigt, also welche Positionseffekte ein »richtiger« oder »falscher« Glaube haben kann und mit welchem Interesse, zu welchem handlungsstrategischen Zweck er in Anschlag gebracht wird. Empirisch zu untersuchen ist insofern, inwieweit die Logik der sozialen Felder eine strukturelle Kraft entfaltet, »indem sie Spielverderber bestraf[t] und ausschließ[t]« (Bourdieu 1993b: 124), die sich mit den Arbeits- und Produktionsbedingungen problematisierend auseinandersetzen. Oder etwas weniger hart formuliert: Welche Optionen öffnen sich, welche schließen sich in Abhängigkeit von einem bestimmten Glauben ans Feld? In eher Foucault'scher Terminologie ausgedrückt, lautet die Frage, ob die Akteur_innen mittels einer Praxis der Entunterwerfung Zugang zu einer bestimmten Seinsweise bzw. zu einer Position im Feld finden, auf Basis welcher Erfahrungen die jeweilige Position strategisch angestrebt wird und welche Position das wäre.

## 3.4 Untersuchungsebenen

Entunterwerfung lässt sich nun über Foucaults ideelle Konzeption hinaus als ein praktisches und erfahrungsbezogenes Verhältnis und synonym mit eigensinnigen Handlungsstrategien fassen: als eine bestimmte Form der Auseinandersetzung und Stellungnahme zu subjektiv erfahrenen Bedingungskonstellationen, die sich als hinderlich für die Realisierung eigener Ideen und Interessen erweisen. Entunterwerfung wird also im Sinne einer grundsätzlich möglichen Handlungsoption in sozialen Ungleichheitsverhältnissen verstanden. Wichtig zu betonen ist, dass es sich dabei nicht um ein starres Gegenkonzept, sondern vielmehr um ein theoretisches Pendant zu den in den Kap. 2.4 und 2.5 diskutierten Unterwerfungsmodi (Fremd- bzw. Selbstunterwerfung) handelt, das deren herrschaftsaffirmierende Konnotation ergänzen soll, nicht aber ersetzen.

## 3. Konzeptioneller Zugang: Soziale Felder als Regierungsverhältnisse 157

Möchte man Entunterwerfungspraktiken auf die Spur kommen, so lautet die hier stark gemachte Grundüberzeugung, setzt dies voraus, sich auf die Erfahrungen der Einzelnen, auf deren uneindeutige Alltagswirklichkeiten einzulassen. Um also heraus zu präparieren, wie die Menschen durch ihr Handeln die Strukturen ihres praktischen Erfahrungszusammenhangs »am Leben halten, in Frage stellen oder verändern« (Bourdieu 1998: 141), kommt man nicht umhin, die Ebene der individuellen Erfahrungswelt als praktische Welterzeugung ernst zu nehmen. Denn indem die Einzelnen die Arbeits- und Produktionsbedingungen legitimieren, problematisieren oder in Frage stellen, positionieren sie sich zu den Möglichkeitsbedingungen im Feld. Um Entunterwerfung als eigensinnige soziale Praxis weitergehend zu beleuchten, soll sie entsprechend einer praxeologisch integrierten Perspektive von Künstler- und Sozialkritik in zwei Ebenen aufgeschlüsselt werden (vgl. Kap. 2.5). Zum einen handelt es sich um die *Sinnfrage* von künstlerisch-kreativer Arbeit. Hier geht es um die *Ideen* von künstlerisch-kreativer Arbeit sowie um Konflikte, die in unterschiedlichen Ausprägungen um den Sinn und Zweck von künstlerisch-kreativer Arbeit kreisen, wie sie in Kap. 2.2 als idealtypisches Spannungsfeld von Kräften und Gegenkräften im Kunstfeld diskutiert wurden. Zum anderen geht es um die *soziale Frage* und insofern um das Prekarisierungspotenzial, das sich in *Verteilungskonflikten* wie z.B. nicht existenzsichernde Honorare, mangelnde soziale Absicherung oder arbeitspolitische Aspekte äußert (vgl. Kaufmann 2003: 262ff.). Empirisch zu erkunden ist, wie diese von den Akteur_innen erfahren und in ihren Positionierungsstrategien verarbeitet werden.

Vor diesem Hintergrund können sich die Verunsicherungs- bzw. Empörungsquellen zudem auf unterschiedliche gesellschaftliche Ebenen beziehen, deren Effekte und wechselwirksame Verstrickungen sich gleichsam zu einem praktischen Bedingungsgefüge von künstlerisch-kreativer Arbeit verdichten. Auf Ebene der Arbeitspraxis sowie der Positionssuche im Feld müssen diese ebenendifferenzierten Appelle und Anforderungen praktisch gehandhabt werden. In der alltäglichen Arbeit und Lebensführung liegt eine kategorische Herausforderung daher darin, möglicherweise widersprüchliche Situationen zu bewältigen. Es gilt zudem für die Akteur_innen darum, sich in sozial und/oder wirtschaftlich und/oder sozialrechtlich ungewissen Bedingungen zurecht zu finden und die (ideologische respektive ökonomische) Anrufung durch andere mit den eigenen Ideen und Interessen zu vermitteln. Denkbar ist etwa auch, dass sich ein arbeitsethisch praktischer Widerspruch zwischen künstlerischen und wirtschaftlichen Interessen einstellt, der die Akteur_innen zu entsprechenden Kompromissen anhält. Umgekehrt ist ebenso gut vorstellbar, dass sie ihre Positionierungsstrategien kompromisslos ausrichten sowie unter Umständen eine Selbst-Prekarisierung in Kauf nehmen. Ein Augenmerk liegt daher darauf, ob und inwieweit die Akteur_innen Verteilungskonflikte oder allgemeiner gesagt, einen prekären Sozialstatus wertorientiert kompensieren. Eigensinnig zu sein, kann sich folglich darin äußern, sich der wirtschaftlichen Feldlogik zu verschließen, darauf zu pochen, dass man Kunst und keinen Kommerz macht und dafür etwa mentale und ökonomische Zerreißproben zu riskieren. Auszuloten ist folglich, inwieweit es den Akteur_innen gelingt, prekäre Bedingungskonstellationen durch einen subjektiv konstruierten Sinnüberschuss auszugleichen oder gar die ökonomischen Verhältnisse zu verleugnen – und welche Folgen dies zeitigt.

Eine weitere Frage, die sich als für diese Studie weiterführenden Punkt aus dem Gesagten destillieren lässt, ist diese: Wenn »anderssein« in künstlerisch-kreativen Erwerbsfeldern schon seit ihrer Konstituierung zum Programm dazu gehört (vgl. Kap. 2.2), was kann anders sein dann heißen? In der Forschungsliteratur findet sich auf diese Frage, wie oben deutlich wurde, keine hinreichende Antwort bzw. eine, die mit quasi totalisierenden Antworten jongliert. Ist es also das »anders anders sein«, von dem Bröckling (2007) spricht? Nicht wirklich. Denn im Bröckling'schen Sinne handelt es sich dabei im Grunde um eine Denksportübung, die aber jenseits der möglichen Praxisformen des unternehmerischen Selbst liegt (vgl. ebd.: 283ff.), wie in Kap. 2.5 näher ausgeführt wurde. Ja aber insofern, als damit die Frage aufgeworfen wird, inwieweit eine kritische Auseinandersetzung mit dem künstlerischen Subjektideal (Koppetsch 2006a) praktisch möglich ist.

Empirisch ist daher auch auszuloten, inwieweit sich eine Variante von Entunterwerfung identifizieren lässt, die sich gleichsam am entgegengesetzten Pol abspielt. Anders formuliert: kann ein unternehmerisches Selbst eigensinnig und jenseits einer totalen Selbst-Unterwerfung unter marktliche Imperative agieren? Ein solcher Blickwinkel setzt freilich voraus, dessen soziale Praktiken nicht als unumstößlichen Ausdruck eines totalisierten Marktsubjekts zu deuten, sondern zunächst einmal die Ausgänge offen zu halten (von Osten 2007). Offenhalten im Sinne von das empirische Material auch daraufhin zu befragen, inwieweit sich darin Anhaltspunkte finden, dass Kreative unter Umständen nicht für ihre Arbeit brennen, nicht mit der Arbeit verschmelzen; kurzum: inwieweit sie sich vom künstlerisch-kreativem Subjektideal womöglich distanzieren oder ihm nur partiell entsprechen. Offenhalten heißt gleichsam zu eruieren, inwieweit Kreative das Spannungsfeld von unternehmerischem und künstlerischem Selbst möglicherweise etwas bürokratisch-rationaler im Weber'schen Sinne, gleichsam eine vergleichsweise zweckrationale Haltung gegenüber den Arbeitsprodukten einnehmen, um sie und sich selbst möglicherweise ein Stückweit symbolisch zu entlasten: also nicht ent-, sondern begrenzen. Entunterwerfung zielt dann darauf ab, sich nicht nur gegen ein unternehmerisches Selbst, sondern auch gegen das ästhetische, künstlerische Selbst zu sperren bzw. analytisch dessen feine Unterschiede abzubilden.

### 3. Konzeptioneller Zugang: Soziale Felder als Regierungsverhältnisse 159

Nun sind drei Untersuchungsebenen und daraus resultierende Untersuchungsfragen für die sich anschließende, empirische Analyse abgesteckt.

1. *Es wird die Einbindung von künstlerisch-kreativer Arbeit in arbeitsgesellschaftliche Regierungsverhältnisse beleuchtet.* Hierzu wurden im Kapitel 2 bereits bestimmte theoretische Vorklärungen vorgenommen und ein zeitdiagnostisches Erklärungsangebot gemacht. Hierzu gehören Fragen der Verortung von künstlerisch-kreativen Erwerbsfeldern im sozialen Raum, wie die Attraktivität von künstlerisch-kreativer Arbeit zu erklären ist oder wie sich die prekäre Transformation von künstlerisch-kreative Arbeit darstellt. Im weiteren Verlauf werden erwerbswirtschaftliche, arbeitspolitische sowie wohlfahrtsstaatliche Regierungsverhältnisse von künstlerisch-kreativen Feldern allgemein sowie der Designbranche im besonderen analysiert.
2. *Untersucht werden Positionen, d.h. die Arbeitsstrukturen und -bedingungen von künstlerisch-kreativer Arbeit sowie die Feldstrukturen der Designbranche.* So erfolgt eine Darstellung der Kultur- und Kreativwirtschaft als erwerbswirtschaftliches Regierungsverhältnis von künstlerisch-kreativer Arbeit sowie deren vertiefende Darstellung anhand der exemplarisch ausgewählten Teilbereiche Kommunikationsdesign und Modedesign in Berlin. Herausgearbeitet werden deren feldspezifische Regeln, insbesondere ihre beschäftigungs- und arbeitspolitischen Logiken. Leitende Fragen hierbei sind:
    - Wie lassen sich die feldspezifischen Bedingungen und Machtbeziehungen in der Designbranche beschreiben?
    - Wie tangiert die wohlfahrtsstaatliche sowie arbeitspolitische Rahmung von künstlerisch-kreativer Arbeit die Arbeitspraxen im Feld Designbranche?
    - Wie verhalten sich die exemplarisch ausgewählten Branchensegmente Kommunikationsdesign und Mode zueinander: Haben beide Felder eine jeweils eigene Logik bzw. wo liegen strukturelle Homologien der beiden Segmente, die sich auch handlungsstrategisch artikulieren?
3. *Analysiert wird die Positionssuche der Akteur_innen im Feld und folglich ihre Verortungsstrategien im sozialen Raum.* Gegenstand sind die subjektiven Auseinandersetzungen mit den feldspezifischen sowie feldübergreifenden Konditionen. Untersucht werden erwerbsorientierte Verortungsstrategien, nämlich *Positionierungsstrategien* von Designer_innen auch im Kontext des Lebenszusammenhangs. Leitende Fragen hierbei sind:
    - Mit welchen Ideen und Interessen positionieren sich die Akteur_innen im Feld?
    - Wie arrangieren sie sich mit den Regeln im Feld?
    - Konstruieren sie das Feld eher als wirtschaftlichen Zusammenhang und entwickeln daher wirtschaftlich ausgerichtete Strategien oder glauben sie eher an die Logik der symbolischen Ökonomie?

- Wie finden sich die Akteur_innen in sozial und/oder wirtschaftlich und/oder sozial- bzw. arbeitspolitisch ungewissen sowie prekären Bedingungen zurecht, auf welche Widerstände treffen sie dabei und wie bearbeiten sie diese?
- Lassen sich strategische Kompromisse in den Positionierungsstrategien destillieren und wenn ja, wie sehen diese aus?
- Welche Rückschlüsse lassen die empirischen Befunde auf das Spannungsfeld von (selbst)disziplinierter Anpassung und Entunterwerfung zu?

Im Kern wird also dreierlei ausgelotet: *Erstens* geht es um die Position von künstlerisch-kreativen Erwerbsfeldern innerhalb der Arbeitsgesellschaft. *Zweitens* geht es um eine Analyse der inneren Strukturen eines Feldes künstlerisch-kreativer Arbeit in ihrem zeitlich-räumlichen Kontext in Berlin. *Drittens* geht es um soziale Verortungskämpfe im Feld, die anhand von handlungsstrategischen Interessen ausgeleuchtet werden sollen.

Auszugehen ist davon, so wird auszuführen sein, dass sich künstlerisch-kreative Arbeit als sozial praktischer Prozess entfaltet, der von Ambivalenzen und Widersprüchen geprägt ist. Deshalb sollen die feinen oder gar diffusen Unterschiede zwischen den akteursspezifischen Praxislogiken sowie die Frage ausgelotet werden, auf welcher Feldposition sich die Akteur_innen je nachdem platzieren (können). Empirisch wird jedenfalls die Frage zu beantworten sein, inwieweit sich Formen von Entunterwerfung a) entlang der Bourdieu'schen Systematik von schlichtweg künstlerischen versus wirtschaftlichen Interessen fassen lassen (vgl. Kap 2.2). Ob sie b) im Sinne eines unternehmerischen Kreativsubjektes zu deuten sind, das sich den marktlichen Imperativen unterwirft, indem es sich selbst als totales Markt-Subjekt diszipliniert und diese Selbst-Disziplinierung vor sich und anderen als Künstlerkritik legitimiert (vgl. Kap. 2.5). Oder ob sich hier c) empirische Varianten identifizieren lassen, die über diese Interpretationen hinaus weisen und das Konzept der Entunterwerfung in anderer Weise ausbuchstabieren.

**Empirische Einsichten und feldsoziologische Befunde**

# 4. Methodische Anlage

Die vorliegende Studie beruht auf einem qualitativen Forschungsansatz. Die eigenständig erhobenen empirischen Befunde entspringen folglich »keinen statistischen Verfahren oder anderen Arten der Quantifizierung.« (Corbin/ Strauss 1996: 3), sondern sind an einem soziologisch kontrolliert verstehenden Ansatz orientiert (Przyborski/Wohlrab-Sahr 2010; Bourdieu 2005b: 393ff.). Qualitative Forschung wird hier als Feldforschung verstanden (Przyborski/ Wohlrab-Sahr 2010: 53). Diese Forschungsstrategie schließt eine triangulierte Kombination von verschiedenen, methodischen Verfahren systematisch ein: Teilnehmende Feldbeobachtungen, Interviews mit Akteur_innen, Expertengespräche sowie Dokumentenanalysen .

Die präsentierten Befunde und Interpretationen reflektieren einen längerfristigen Forschungsprozess, da in diese Studie umfangreiche Arbeiten einfließen, die die Autorin im Rahmen verschiedener Projektkontexte realisiert hat. Durchgeführt wurde er im Rahmen von zwei vom Bundesministerium für Bildung und Forschung (BMBF) geförderten, an der Humboldt-Universität zu Berlin angesiedelten Projekten im Zeitraum 2007 bis 2013, einem von der Hans-Böckler-Stiftung im Jahr 2010/2011 geförderten Projekt, einem zweisemestrigen Projektseminar an der Humboldt-Universität zu Berlin sowie anhand darüber hinausgehender, ethnografisch inspirierter Feldbeobachtungen und in diesem Kontext einer Vielzahl von Gesprächen mit Akteur_innen sowie Expert_innen. Untersuchungsort war Berlin.

Das BMBF hat die Forschungsarbeit zum einen im Jahr 2007 in Form eines Stipendiums im Jahr der Geisteswissenschaften gefördert. Hieraus ist die Studie ›Kreative in Berlin‹ hervor gegangen (vgl. z.B. Manske/Merkel 2008; Manske/Merkel 2009; Manske 2010). Zum anderen handelt es sich um ein BMBF-Projekt, das zwischen September 2009 und Mai 2013 an der Humboldt-Universität zu Berlin im Rahmen des Verbundvorhabens »EFIS – Externe Flexibilität und interne Stabilität im Wertschöpfungssystem Automobil« mit der FSU Jena (Lehrstuhl Klaus Dörre/Verbundkoordination: Hajo Holst; Förderkenzeichen: 01FH09062) zum Thema »Freie Mitarbeit in der Wertschöpfungskette Kreativwirtschaft« durchgeführt wurde (studentische

Mitarbeit: Norman Ludwig und Hendrik Brunsen). Schließlich hat die Hans-Böckler-Stiftung im Jahr 2010/2011 das Forschungsvorhaben mit dem Projekt »Zum erwerbsstrukturellen Wandel der Kultur- und Kreativwirtschaft am Beispiel der Designbranche« gefördert (Pj.Nr. 2010-356-3) (studentische Mitarbeit: Angela Berger, Julian Wenz, Theresa Silberstein). Im erstgenannten BMBF-Projekt standen subjektive Verarbeitungs- und Praxisformen von freiberuflich agierenden Akteur_innen im Vordergrund, die in verschiedenen Feldern der Kultur- und Kreativwirtschaft tätig sind, wie z.B. im Rundfunk- und Filmbereich, den Darstellenden Künsten, aber auch in der Designbranche. Im Rahmen des Projekt »EFIS« wurde die Kommunikationsdesignbranche einer umfassenden Feldanalyse unterzogen, ihre Arbeits- und Beschäftigungsverhältnisse, verschiedenen Erwerbsformen, aber auch deren arbeitspolitische Situation untersucht (vgl. Manske 2013; Manske/Ludwig 2010; Manske/Brunsen i.E.). In diesem Projektkontext wurde darüber hinaus eine Intensivfallstudie einer Designagentur mit fünf Beschäftigten erstellt, für die sowohl deren Geschäftsführer_innen als auch feste und freie Mitarbeiter_innen sowie die Assistenz der Geschäftsleitung interviewt wurde (Manske/Brunsen i.E.). Im von der HBS geförderten Projekt wurde im eben genannten Sinne die Modebranche als empirisches Forschungsfeld erschlossen (vgl. Manske 2014). In dem erwähnten, zweisemestrigen Lehr-Forschungs-Projekt an der Humboldt-Universität standen im wesentlichen diese beide Felder im Mittelpunkt des Interesses.[1] Gegenstand waren vornehmlich die Arbeits- und Beschäftigungsverhältnisse von freiberuflichen Designer_innen, die anhand von teils gemeinsam mit den Studierenden durchgeführten Interviews erhoben worden sind. Zudem schlägt sich die empirieorientierte Beobachtung des Untersuchungsfeldes auch in verschiedenen Expertisen wie etwa für die HBS oder die Rosa-Luxemburg Stiftung nieder, in denen teils mit einem komparativen methodischen Vorgehen die arbeits- und sozialpolitische Situation der Kunst- und Kreativbranchen im Verhältnis zu z.B. der Leiharbeitsbranche betrachtet wurde (vgl. Manske 2011; Manske/Scheffelmeier 2014).

Aus diesen Projektkontexten stehen verschiedene Sorten empirischen Materials zur Verfügung, die im Detail naturgemäß unterschiedlich sind. So liegt hier keine Paneluntersuchung vor, aber doch das Ergebnis einer langjährigen Feldbeobachtung. Aufgrund der vergleichenden Fokussierung auf unterschiedliche künstlerisch-kreative Erwerbsfelder lassen sich deren jeweilige Dynamiken sehr gut erschließen.

---

**1** | Aus diesem Zusammenhang sind auch einige studentische Qualifizierungsarbeiten wie z.B. M.A.-Arbeiten hervor gegangen, von etwa Theresa Silberstein, Hendrik Brunsen oder Angela Berger.

## 4.1 FELDORIENTIERTE UNTERSUCHUNGSSTRATEGIE

Die hier vertretene Forschungsstrategie favorisiert eine ethnografisch inspirierte Feldforschung (Przyborski/Wohlrab-Sahr 2010: 53ff.). Sie zielt in Anlehnung an Bourdieus drei Untersuchungsebenen einer soziologischen Feldanalyse (Bourdieu 1997a) darauf ab, die Position von künstlerisch-kreativen Erwerbsfeldern im sozialen Raum zu analysieren sowie zeitlich und räumlich gebundene, feldspezifische Arbeits- und Produktionsbedingungen exemplarisch in der Designbranche zu untersuchen. Schließlich geht es darum die sozialen Handlungsstrategien dieser Akteur_innen verstehend nachzuvollziehen und herauszuarbeiten, wie diese sich im Feld verorten. Im Fokus dieser Untersuchung stehen freiberuflich Tätige der KuK. Diese üben gemäß § 18 ESTG eine selbständige, d.h. weisungsungebundene wissenschaftliche, künstlerische, schriftstellerische oder eine ähnlich gelagerte Tätigkeit aus.

Ins Feld zu gehen bedeutet für die Forscherin nicht, sich in ein Territorium mit statistisch festgelegten Variablen zu begeben. Feldforschung heißt hier vielmehr, sich sowohl mit dem konkreten Feld als auch mit dessen Position im sozialen Raum vertraut zu machen, diese zu erforschen. So waren vor Beginn der eigentlichen Feldforschung und sodann fortlaufend wichtige Fragen zu beantworten:

- Was ist das Feld und welchen Logiken unterliegt es im Zeitverlauf?
- Was und wer gehört zum Feld?
- Wie bekommt man Zugang zum Feld?
- Welche Gesprächspartner_innen bieten sich an und warum?
- Was ist die eigene Rolle im Feld und welche Erhebungsmethoden bieten sich an? (Vgl. Przyborski/Wohlrab-Sahr 2010: 54ff.).

Entsprechend der allgemeinen Untersuchungsanlage bedurfte es einer Untersuchungsstrategie, die nicht allein durch Interviews bedient werden kann. Sie erfordert vielmehr eine Forschungshaltung, wie sie ursprünglich aus der Anthropologie kommend als Bestandteil ethnografischer Forschung und deren partizipatorischen Forschungsdesigns gilt (Atkinson et al. 2001; Hammersley/Atkinson 1995; Flick 2007). Unverzichtbar hierfür sind teilnehmende Beobachtungen. Darunter ist die Teilnahme an Situationen zu verstehen, die nicht von der Forscherin vorstrukturiert werden, sondern die Beobachtung und durchaus auch aktive Teilnahme an sozialen Situationen bedeutet, in der »die Forscherin [...] die anderen Akteure einschließlich sich selbst beobachtet und diese Beobachtungen aufzeichnet« (Bergner 2002: 376). Hierbei geht es darum, »die Haltung der Anderen, der ›Beforschten‹ einzunehmen« (Przyborski/Wohlrab-Sahr 2010: 59). Damit die Gespräche und Interviews »äußere Merkmale der ›Natürlichkeit‹ aufweise[n]« (Bourdieu 2005b: 398), muss sich die Forscherin mit dem Feld, mit dessen Regeln und Konventionen vertraut machen, sodass sie sich gewissermaßen natürlich darin bewegen kann. Man muss sich also gedanklich in die »Beforschten« hineinversetzen, ohne dabei die forschende Distanz aufzugeben (Przyborski/Wohlrab-Sahr 2010.: 59). Dieser Vorgang, der auf »ein *generelles und genetisches* Verständnis der Existenz des anderen« (ebenda, H.i.O.) abzielt, kostet Zeit. Logischerweise verschwimmen bei dieser Art von Recherche, bei diesem Eintauchen ins Feld auf etwa politischen Tagungen oder milieuspezifischen Abendveranstaltungen und den dort geführten Gesprächen bisweilen auch die Grenzen von methodisch kontrolliertem Vorgehen und privatem Dabeisein. »Die Forscherin kann gegenüber dem Feld keine antiseptische Distanz bewahren«, reklamieren Przyborski/Wohlrab-Sahr (2010: 58) treffend. Vielmehr ist dieses, im anthropologischen Sinne als »*going native*« beschriebene Verfahren (vgl. ebd.: 59) bis zu einem gewissen Punkt gewollt. Denn eine zentrale methodische Annahme ist hierbei, dass die subjektive Erfahrung im Forschungsfeld unverzichtbar ist, um eine Einsicht in die sozialen Existenzbedingungen zu erhalten, deren Wirkungen und Mechanismen alle Mitglieder der Untersuchungsgruppe betreffen. Verstehen und Erklären bilden in diesem Sinne eine Einheit (Bourdieu 2005b: 398). Dabei darf man sich selbstredend nicht vom Feld absorbieren lassen.

Zur Ausbalancierung der Nähe-Distanz-Problematik gehört, sich auf methodisch-rationale Weise innerlich vom Feld zu distanzieren, sobald man es wieder verlässt bzw. sich zwischendurch die eigene Rolle im Feld und den Zweck des Aufenthaltes zu vergegenwärtigen. Technisch wurde dies durch die Erstellung von Feldnotizen erreicht. Darin wurden Untersuchungssettings sowie sämtliche Assoziationen zur Beobachtungssituation, Beschreibungen von Orten, Situationen, Handlungsabläufen sowie vorläufige Hypothesen festgehalten und in Form von Forschungs- und Beobachtungsprotokollen in Anlehnung an Pryzborski/Wohlrab-Sahr (2010: 63) systematisiert.[2] So lassen sich drei Arten von Beobachtungsnotizen in einem Protokoll festhalten. Es sind dies

1. Empirische Notizen – was wird beobachtet?
2. Methodische Notizen – wie wird beobachtet?
3. Theoretische Notizen – spontane Deutung der einzelnen Phänomene und Entwicklung vorläufiger (!) Erklärungen zum Zusammenhang der einzelnen empirischen Beobachtungen.

---

**2** | Die hier eingesetzten, methodischen Protokolle umfassten fünf Kategorien: 1. Ort und Zeit, 2. Beobachtungen zu optischen Eindrücken, zu Interaktionsabläufen etc., 3. Kontextinformationen zur beobachteten Situation (institutionelle Rahmenbedingungen), 4. Methodische und Rollen-Reflexionen (Rolle im Feld, methodische Konsequenzen der Beobachtung), 5. Theoretische Reflexionen (Przyborski/Wohlrab-Sahr 2010: 63).

## 4.2 DATENERHEBUNG

Neben einer Vielzahl an teilnehmenden Beobachtungen und der in diesem Rahmen geführten Gespräche beruht die empirische Untersuchung auf Dokumentenanalysen, auf strukturierten Expertengesprächen sowie auf Interviews mit Akteur_innen verschiedener künstlerisch-kreativer Erwerbsfelder unter besonderer Berücksichtigung der Designbranche. In den Einzelinterviews kamen einerseits feldspezifische Leitfäden für die Experteninterviews und andererseits leitfadengestützte Akteur_inneninterviews zum Einsatz. Beide Interviewarten wurden ausführlich und im Sinne eines ethnografischen Feldprotokolls protokolliert (vgl. Przyborski/Wohlrab-Sahr 2010: 63ff.).

Befragt wurden Akteur_innen, die ihre künstlerisch-kreative Arbeit im Haupterwerb und nicht im Zu- oder Nebenerwerb betreiben (vgl. Dangel-Vornbäumen 2010: 140). Voraussetzung für die Aufnahme ins Sample war in den vom BMBF bzw. von der HBS geförderten Projekten, dass die Interviewten seit mindestens zwölf Monaten in einem künstlerisch-kreativen Erwerbsfeld tätig waren und auf diese Weise mindestens die Hälfte ihres Lebensunterhaltes bestritten. Dieses relative Verdienstkriterium resultierte aus der Vorannahme, dass künstlerisch-kreative Erwerbsfelder offen für Quereinsteiger_innen sind und dass diese häufig noch ein zweites Standbein haben (vgl. Betzelt 2006).

Die Sample-Auswahl erfolgte nach arbeitsmarktsoziologischen Gesichtspunkten und machte sich zum ersten an dem Tätigkeitsfeld und zum zweiten am Erwerbsstatus fest – Bildung, Alter und Geschlecht war kein methodisches Kriterium. Dennoch sind die interviewten Akteur_innen in Bezug auf ihre soziodemografischen Merkmale, d.h. im Hinblick auf Erwerbsformen, Einkommensverhältnissen, Alter und Familienstand typische Vertreter_innen der Designbranche (vgl. Kap. 7.1). Aufgrund der themenspezifischen Zuspitzung lag der Einsatz themenzentrierter Leitfadeninterviews (Hopf 2000) nahe, erschien gegenstandsbezogen und wurde in der Regel als Einzelinterview durchgeführt. Die Interviews wurden in den Jahren 2007 bis 2011 erhoben. Sie summieren sich auf insgesamt 55 Akteur_inneninterviews. In der Kommunikationsdesign-Branche wurden 25 Interviews mit freiberuflichen und fünf mit abhängig beschäftigten Komm.Designer_innen geführt. Hinzu kamen 14 Interviews mit freiberuflichen Modedesigner_innen sowie elf Interviews mit freiberuflichen Akteur_innen aus verschiedenen Feldern der KuK, die in den Zweigen Musik, Darstellende Kunst und Film/Radio/TV in wechselnden Erwerbsformen und Arbeitsverhältnissen tätig sind.

Der Akteur_innen-Leitfaden wurde problemorientiert gestaltet, zugeschnitten auch auf den jeweiligen Projektschwerpunkt. Unabhängig vom jeweiligen Projektkontext wurden die Leitfäden in drei Etappen unterteilt, beginnend mit einer erwerbsbiografischen, episodischen Erzählaufforderung und bauten desweiteren auf unterschiedlichen Fragetechniken auf (vgl. Flick 1995: 63ff.). Der zweite Interviewteil war als themenorientierter Fragenkatalog konzipiert. Hier wurden neben Informationsfragen *theoriegeleitete, hypothesengerichtete Fragen* gestellt. Im Abschlussteil wurde das Interview gemeinsam kurz resümiert und offen gebliebene Fragen angesprochen. Themenfelder des Leitfadens waren etwa Fragen zum Einmündungsprozess ins Feld und familiärer Hintergrund, Tätigkeiten und Projekte, Arbeitsformen und Kunden, Qualifikation und Netzwerke, Soziale Risiken und soziale Absicherung, Interessenvertretungsfragen. Die Gespräche waren von einer informellen Atmosphäre geprägt und fanden überwiegend am Arbeitsplatz der Befragten statt. Die Interviews wurden digital festgehalten, dauerten 40 bis 80 Minuten und wurden zum Zwecke der intersubjektiven Überprüfbarkeit zu zweit durchgeführt.

Es wurden 16 systematische Expert_innengespräche geführt. Die Expertengespräche dienten dem Ziel, Informationen zu beschäftigungs-, arbeits- und sozialpolitischen Dynamiken in künstlerisch-kreativen Erwerbsfeldern zu erheben, die sich nicht auf Basis der gesichteten Dokumente beantworten ließen. Als Experte gilt, wer über einen privilegierten Zugang zu Informationen über die zu erforschenden Personengruppen hat und über deren Handlungsbedingungen Auskunft geben kann (vgl. Meuser/Nagel 2005). Die im Rahmen dieser Studie erhobenen *Experteninterviews* umfassen Verbands- und Berufsgruppenvertreter_innen, Fachjournalist_innen sowie Interessenvertreter_innen. Beim Experteninterview wurde zunächst das Profil der/des Expert_in erfragt. Anschließend ging es um Feldrelationen, d.h. um die jeweiligen Branche/n im engeren Sinne und abschließend um politischen Handlungsbedarf. Die Akquise erfolgte über eine gezielte Kontaktaufnahme mit den Verbänden und Interessenvertretungen. Ihr ging eine Recherche über die relevanten Verbände der Designbranche voraus. Diese Expertengespräche lieferten Informationen zur allgemeinen Entwicklung in Feldern künstlerisch-kreativer Arbeit und insbesondere zu zu beschäftigungs-, arbeits- und sozialpolitischen Dynamiken in der Designbranche.

**Übersicht Expert_innen**

- Vorstandsmitglied von Create Berlin, Inhaberin einer Designagentur
- Vorstandsvorsitzender BDG – Bund deutscher Grafikdesigner
- Geschäftsführerin und Personalberaterin einer Personalvermittlungsagentur (Designerdock)
- Büroleiterin IDZ – Internationales Designzentrum
- Journalistin, Horizont – Fachzeitung für Marketing, Werbung und Medien
- stellvertretender Vorsitzender AGD – Allianz deutscher Designer
- *Expert_in von Connexx.av, Verdi*
- *Pressesprecher GWA*
- *Vorsitzender des SDST (Selbstständige Design-Studios)*
- *Bildungsreferentin, Gesamtverband Textil und Mode*

## 4. Methodische Anlage

- Vizepräsidentin/Schatzmeisterin, Verband Deutscher Mode- und Textil Designer e.V. (VDMD)
- Coach für Kreative
- Geschäftsführer einer Agentur für Stadtmarketing
- Mitglied der Enquete-Kommission »Kultur in Deutschland« des Deutschen Bundestages
- Berlin Partner GmbH Capital City Marketing
- Mitglied der Berliner Senatsverwaltung für Wirtschaft, Technologie und Frauen Berlin

Darüber hinaus wurde eine Vielzahl an Gesprächen mit Akteur_innen und Expert_innen z.B. mit Fachpolitiker_innen, Interessenvertreter_innen oder sozialversicherungsrechtlichen Sachverständigen im Kontext von Zusammenkünften im Feld geführt, wie z.B. bei verschiedenen (Jahres)Tagungen zur Kultur- und Kreativwirtschaft, im Rahmen von Podiumsgesprächen und Expertenanhörungen (z.B. im Ausschuss für Kultur und Medien des Deutschen Bundestags), aber auch in eher informell geprägten Settings. Rahmendaten zu institutionellen und arbeitsmarktpolitischen Merkmalen der KuK allgemein sowie der Designbranche im Besonderen wurden über die Experteninterviews hinaus per *Dokumentenanalyse* erhoben. Hier wurden die relevanten Berichterstattungen zur Kultur- und Kreativwirtschaft und zu Kulturberufen heran gezogen wie etwa verschiedene Kulturwirtschaftsberichte (auch der Europäischen Kommission), Berichterstattungen des Bundeswirtschaftsministeriums oder der Enquete-Bericht der Bundesregierung »Kultur in Deutschland« (Enquete-Bericht 2007). Sie wurden unter besonderer Berücksichtigung ihrer Angaben zur Beschäftigungsentwicklung und zu den herrschenden Arbeitsbedingungen ausgewertet.

Bestandteil dieser Untersuchung ist gleichfalls eine *soziologische Beobachtung des politischen Diskurses* (vgl. Schwapp 2006). Sie speist sich neben Dokumentenanalysen aus etwa ein Dutzend teilnehmender Beobachtungen der zahlreich stattfindenden, politischen Tagungen, auf denen informelle Gespräche mit politischen Akteuren wie z.B. mit dem Staatssekretär des Wirtschaftsministeriums geführt wurden. Die Felduntersuchungen beruhen außerdem auf der aktiven Teilnahme der Autorin an verschiedenen Fachgesprächen und Expertenanhörungen im öffentlichen und politischen Raum (vgl. z.B. Deutscher Bundestag, Ausschuss für Kultur und Medien Protokoll 17/37). Zu nennen sind hier unter anderem etwa Gespräche mit Verbands- und Interessenvertreter_innen (z.B. »Koalition der freien Szene« oder »Haben & Brauchen«), mit Vertreter_innen des deutschen Arbeits- und Sozialministeriums z.B. im Rahmen einer Expertenanhörung des Kultur- und Medienausschusses des Deutschen Bundestags oder im Rahmen einer Enquete des Österreichischen

Ministeriums für Arbeit im Jahr 2012.[3] So wurde auf verschiedenen Wegen valides Wissen über die spezifischen Strukturen und Bedingungen des Untersuchungsfeldes erhoben (vgl. Meuser/Nagel 2005).

## 4.3 AUSWERTUNGSSTRATEGIE UND DARSTELLUNG DER BEFUNDE

Die Auswertungsstrategie folgt im Kern den Grundlagen der Grounded Theory. Methodisch wurden die Befunde durch vergleichende Fallanalysen sowie durch die Konstruktion typologischer Handlungsstrategien ermittelt. Sie hatten das Ziel eine gegenstandsverankerte Theorie über das hier untersuchte Phänomen künstlerisch-kreative Arbeit im arbeitsgesellschaftlichen Strukturwandel zu entwickeln (Corbin/Strauss 1996: 8).

Zu jedem Akteursinterview wurde ein soziodemografischer Steckbrief sowie ein Interview-Protokoll erstellt. Im letzteren wurde sowohl der Interviewverlauf festgehalten als auch das räumliche Setting und die Gesprächsatmosphäre beschrieben. Die Protokolle wurden anschließend in der Gruppe besprochen und auf dieser Basis erste Auswertungsideen und Hypothesen formuliert. Die Auswertung der Daten und deren Interpretation wurde in verschiedenen Gruppen vorgenommen; und zwar sowohl im Kontext der drei genannten Forschungsprojekte, die vom BMBF sowie von der Hans-Böckler-Stiftung finanziert wurden als auch im Rahmen eines zweisemestrigen Projektseminars an der Humboldt-Universität zu Berlin. Dieses methodische Vorgehen erfolgte vor dem Hintergrund der Forschungserfahrung der Autorin,

---

3 | Gelegenheit für feldbezogene Informationsgespräche boten etwa auch Podiumsdiskussionsrunden mit u.a. Interessenvertretern der Designbranche z.B. im März 2012 in der Landesvertretung Baden-Württemberg in Berlin (vgl. www.youtube.com/watch?v=5zYL3ifQ2Zc) oder im Juni 2012 eine Podiumsdiskussion über »gerechten Lohn für Kreative« mit u.a. der Geschäftsführerin AGD, einem Referenten für Selbstständige bei ver.di), einem Inhaber einer Designagentur (Die Ungestalt – Leipzig), veranstaltet von Kreatives Leipzig e.V. und Kompetenzzentrum Kultur- und Kreativwirtschaft. Gespräche mit anderen Interessenvertreter_innen (z.B. »Art but fair«) und Akteur_innen verschiedener Branchen wurden ebenso auf Tagungen und Diskussionsveranstaltungen geführt; am Rande z.B. des Frühjahrsempfangs der SPD im Jahr 2014 wurden informelle Gespräche mit Journalist_innen, Verbandsvertreter_innen der Kreativwirtschaft (z.B. Filmwirtschaft; ver.di), aber auch mit den kulturpolitischen Sprecher_innen bzw. Referent_innen verschiedener Parteien geführt, auf einer Veranstaltung der Friedrich-Ebert-Stiftung im Herbst 2013 zum Thema »Stadt und Arbeit« als Diskutandin einer Podiumsdiskussion mit u.a. dem Staatssekretär für Arbeit, Senatsverwaltung Berlin für Arbeit, Integration und Frauen u.a.

## 4. Methodische Anlage

dass sich die Zuverlässigkeit der Interpretation durch eine *reflexive Verständigung* über das interpretative Vorgehen erhöhen lässt. Denn sie ermöglicht eine *intersubjektive Nachvollziehbarkeit* der methodischen Vorgehensweisen und kann unter anderem durch eine kooperative Zusammenarbeit in der Erhebungsphase und/oder der Auswertung der Daten gesteigert werden (Strübing 2002: 242).

Die erste Auswertungsphase – die Diskussion der Protokolle – garantierte eine Mischung aus Fallbeschreibung und vorläufiger Fallinterpretation und mündete in *Memos* (vgl. Strauss 1998: 152). Die weitere Auswertung wurde entlang der von Glaser/Strauss (Strauss 1998) vorgeschlagenen Kodierungssystematik vorgenommen und ergänzt durch ein von Gläser/Laudel (2008) revidiertes, inhaltsanalytisches Vorgehen nach Mayring (1996). Bei der methodischen Auswertung der Befunde wird der Weg von der Einzelfalldarstellung zum Fallvergleich gewählt. Ausgehend von einer Fallbeschreibung geht es hin zu einem Fallvergleich unter analytischen Gesichtspunkten, um sowohl die »Eigensinnigkeit des Falls« heraus zu arbeiten (Bude 1988) als auch zugunsten eines methodisch kontrollierten Vorgehens im Sinne maximaler und minimaler Kontrastierung analog der methodologischen Leitlinien der Grounded Theory (Strauss 1998). Der Weg von der Fallbeschreibung zum analytischen Fallvergleich gewährleistet neben der Herausarbeitung der je eigenen Falllogik auch feldspezifische Eigenheiten der zwei ausgewählten Zweige der Designbranche einzufangen.

Auf diese Weise werden praktische Nuancen und mögliche Widersprüche von Designer_innen in ihrer freiberuflichen Auseinandersetzung mit den Verhältnissen eingeholt und für eine weitergehende, theoretische Deutung geöffnet. Um die Fälle weitergehend analytisch aufzuschließen, wurden sie mit *meta-theoretischen Kategorien* bearbeitet. Von einer meta-theoretischen Kategorie ist in Anlehnung an Przyborski/Wohlrab-Sahr (2010: 338) zu sprechen, wenn diese geeignet ist, eine theoretische Rahmung vorzunehmen, in der sich alle denkbar möglichen Ausprägungen und Sinnstrukturen der Fallanalysen erfassen lassen. Meta-theoretische Kategorien stellen somit eine Abstrahierung vom einzelnen Fall sowie eine Grundlage für ihre idealtypische Zuspitzung dar. Zu unterscheiden ist hierbei zwischen der einzelnen Fallanalyse und dem Fallvergleich. Um den praktisch-tätigen Arbeitsprozess sowie die Beziehung zwischen Positionen und Positionierungen, d.h. um die Arbeitslogik der Fälle darstellen zu können, wurde in diesem Sinne das empirische Material zu folgenden Gesichtspunkten befragt:

- *Umwelt-/Feldbezug*: Methodisch wird hier die subjektive Bearbeitung der Feldregeln ermittelt: was ist der Arbeitsgegenstand? Wo und wie wird nach Auftraggebern gesucht? Welche Netzwerke strukturieren die Arbeit? Im Rahmen welcher Arbeitsformen und Projektkonstellationen wird gearbeitet? Wie sind die Befragten sozial abgesichert? In welcher Weise beziehen sich die Akteure auf das Feld? Wie konstruieren sie die Kommunikationsdesign- sowie die Modebranche als einen praktischen Handlungsraum? Welche subjektiven Stellungnahmen geben sie dazu ab, d.h. wie und wo verorten sich die Akteur_innen im jeweiligen Feld? Auf welche Ressourcen greifen sie dabei zurück und welche Konflikte begegnen ihnen? In welche privaten Lebensarrangements sind sie eingebettet? Weitere Analysedimensionen sind Kunstwerk versus Ware; kollektive versus individualisierte Interessenmuster; Konstellation des Lebenszusammenhangs als Unterstützung versus Belastung.

- *Arbeitsethos*: welche Interessen und Ideen liegen der Arbeit in der Designbranche zugrunde? Mit welchen Arbeitspraxen, Lebensführungsmustern korrespondieren diese? Wie sind sie in den alltäglichen Lebenszusammenhang eingebettet? Stichworte sind ein künstlerisch-kreativer Arbeitsethos und das dazu in Beziehung stehende Arbeitshandeln, d.h. was wird getan (inhaltliche Ebene) und wie wird das getan (ideelle Ebene), die normativen Ansprüchen an Erwerbsarbeit (instrumentell versus wertorientiert), das Verhältnis von Arbeit und Leben (entgrenzt versus begrenzt). Weitere Analysedimensionen sind Talent versus berufliche Fähigkeit; ökonomisches Kapital versus symbolische Anerkennung (»was ist die Währung und nach welchen Kapitalsorten wird gestrebt?«); Normalisierung von Unsicherheit versus soziale Sicherheit.

Im Anschluss an diese Auswertungsphase wurde das Datenmaterial erneut einer meta-theoretischen Kategorisierung unterzogen. Im Unterschied zur eher induktiv vorgehenden, ersten Phase der Auswertung wurden die Befunde nun weitergehend abstrahiert, theoretisiert und schließlich typologisch zugespitzt. Als meta-theoretisches Differenzierungskriterium der Fallvergleiche wurde hierbei das für Felder künstlerisch-kreativer Arbeit idealtypische Spannungsfeld von zwei Hierarchisierungsprinzipien herangezogen. In Anlehnung an Bourdieu (2001a) kann dieser Streit grob als »Wirtschaft versus Kunst« umrissen und in die methodische Frage übersetzt werden, welche Ziele die Befragten mit ihrer Arbeit im Spannungsfeld von wirtschaftlichen und künstlerischen Interessen verfolgen. Dieses idealtypische Spannungsfeld wurde während der Auswertung des Datenmaterials weitergehend in zwei analytische Ebenen differenziert, wie in Kap. 3.4 dargelegt (Sinnfrage – Verteilungsfragen). Neben der eher ideellen Ebene nach dem subjektiven Zweck von Arbeit, geht es um Aspekte der sozialen Frage respektive um soziale Teilhaberechte. Beleuchtet wurde somit auch das Prekarisierungspotenzial, das sich aus erfahrenen Verteilungskonflikten wie z.B. nicht existenzsichernden Honoraren oder aus der Situation einer schwach ausgeprägten Interessenvertretung ergibt. Die erhobenen Fälle wurden daraufhin untersucht, welche subjektiven Antworten sie auf diese beiden Fragen entwickeln und in ihren feldspezifischen Positionierungsprozess integrieren, wie sich bspw. die Erfahrung materieller Knappheit und/oder eingeschränkter sozialer Teilhaberechte auf die Arbeitshaltung und auf die Feldposition auswirkt und vice versa. Insgesamt werden die empirischen Befunde entlang folgender Fragen diskutiert:

- Auf welche berufsethischen Prinzipien berufen sich die Akteur_innen bzw. welche bringen sie selbst in Anschlag?
- In welchem Verhältnis stehen künstlerisches, d.h. auf symbolisches Kapital zielendes, eher marktaverses Selbst und unternehmerisches, d.h. auf erwerbswirtschaftlichen Erfolg zielendes, marktorientiertes Selbst?
- Welche Spielräume gewähren die Arbeits- und Produktionsbedingungen der Designbranche den Akteur_innen, um ihre Interessen und Ideen als Mode- bzw. Kommunikationsdesigner_innen im Feld zu realisieren und auf welche Konflikte und Widerstände stoßen sie?
- In welche Arbeits- und Lebensarrangements sind die feldspezifischen Verortungsstrategien der Akteur_innen eingebettet bzw. wie gestalten die Akteur_innen das grundsätzlich widersprüchliche Zusammenspiel von Arbeits- und Reproduktionszusammenhang?

## 4.4 Soziologische Porträts als methodische Darstellungsform

Als ein zentrales methodisches Darstellungsmittel wird hier das soziologische Porträt genutzt – und zwar in zweierlei Hinsicht. Zum einen wird aus einer stadtsoziologisch inspirierten Perspektive Berlin als Feld künstlerisch-kreativer Arbeit porträtiert. Eine Annahme des hier favorisierten ethnografisch geprägten Zugangs zum Untersuchungsfeld ist, dass die soziale Praxis seiner Akteur_innen zeitlich und räumlich gebunden und von daher in ihrer spezifischen zeitlichen und räumlichen Bestimmtheit zu betrachten ist (vgl. Bourdieu 1993b: 169; Bourdieu/Waquant 1996: 132). In diesem Sinne wird das Feld vorgestellt, in dem diese Studie räumlich situiert ist. Angeordnet in einem Spannungsverhältnis von »Sozial- und Künstlerkritik« werden die zeitlichen und sozialen Dynamiken von Berlin als Arena von künstlerisch-kreativer Arbeit seit den 1970er Jahren bis heute untersucht. Zum anderen werden typologische Porträts (Bude 2007) genutzt, um die Besonderheiten der Arbeits- und Produktionsbedingungen in den beiden exemplarisch herangezogenen Feldern der Designbranche – die Kommunikationsdesignbranche zum einen, die Modedesignbranche zum anderen – ein Stück weit einzufangen. Hierfür werden die Felderfahrungen von freiberuflichen Designer_innen in den Vordergrund gestellt. Ziel solcher soziologischen Porträts ist es, mittels einer typologischen Zuspitzung und somit unter Vernachlässigung gewisser Falleigenheiten deren soziale Welt samt ihrer Klassifikationen abzubilden. In typologischen Porträts werden also Fallanalysen gebündelt sowie zugespitzt, um deren Eingebundenheit in den jeweiligen gesellschaftlichen Kontext bzw. in das im Fokus stehende soziale Praxisfeld der abzubilden (vgl. Kleemann et al. 2009).

Die soziale Welt, in der sich die interviewten Kulturberufler_innen bewegen, ist neben dem konkreten sozialen Feld und der brancheninternen sowie -externen Konditionen auch die Stadt Berlin. Zweifellos ist Berlin ein besonderer Ort für Künstler und Kreative.

Zweifellos ist Berlin ein besonderer Ort für Künstler und Kreative. Im nationalen wie auch im internationalen Vergleich gilt diese Stadt seit einiger Zeit als bevorzugtes Ziel für jene, die sich in einem kulturell extrem verdichteten, bunten und internationalen Umfeld künstlerisch-kreativ ausleben wollen. So schreibt etwa die New York Times im Jahr 2012: »The lure of Berlin is obvious: It's cheap, fun and full of artists.« (Coleman 2012: 52; ähnlich Turner 2014). Das macht diese Stadt zu einem besonders ergiebigen Feld für das hier verfolgte Untersuchungsvorhaben. Denn die berlinspezifischen Voraussetzungen für künstlerisch-kreative Arbeit sind einzigartig. Sie vollziehen sich vor dem historischen Hintergrund der ehemals geteilten Stadt und unter Bedingungskonstellationen, die sich nach dem Mauerfall im Jahr 1989 als äußerst begünstigend für künstlerisch-kreative Milieus erwiesen haben. Der einstige politische Status und die damit verbundenen, besonderen sozioökonomischen sowie soziokulturellen Bedingungen von Berlin haben seit den 1970er Jahren vielfältige Zwischenräume für künstlerisch-kreative Arbeit geschaffen. Hinzu kommt, dass die Anonymität einer Großstadt »die Chance zur Entfaltung von Individualität und Exzentrik« bietet (Häußermann/Kapphan 2004: 207). Und eben darin steckt ihre »kulturelle Produktivität« (ebenda). Diese spezifischen Standortbedingungen zusammen betrachtet, – die Mauer um West-Berlin bzw. die rasanten Entwicklungen nach dem Mauerfall samt ihrer einzigartigen politischen und sozioökonomischen Konditionen und die individuelle Freiheit ermöglichende Anonymität der Großstadt – schufen sozialstrukturelle Zwischenräume (vgl. Kap. 2.2). In diesen prägte sich seit den 1970er Jahren ein berlinspezifisches, künstlerisch-kreatives Treiben aus, das nach dem Jahr 1989 nochmals ungleich dynamischer wurde.

Vor diesem Hintergrund könnte man einwenden, dass eben darum die Aussagekraft der hier präsentierten empirischen Befunde eingeschränkt ist. Denn Berlin ist anders als etwa Hamburg, Köln oder München, um die nationalen künstlerisch-kreativen Zentren zu nennen.[4] Allerdings weisen auch

---

**4** | Im internationalen Vergleich ließe sich diese Liste erheblich erweitern, um z.B. London, New York, Amsterdam, Wien, Barcelona, Istanbul, um nur einige Städte zu

## 4. Methodische Anlage

München (als wichtiger Ort für die Darstellenden Künste), Köln (als traditioneller Standort des öffentlichen Rundfunk- und Fernsehbetriebs sowie bis zu ihrer weitgreifenden Abwanderung nach Berlin auch der Musikwirtschaft) oder Hamburg (als herausragender Standort der Werbebranche und der Independent-Musikszene) jeweils spezifische Eigenheiten auf. Auch diese Orte bedürften eigentlich einer gesonderten Untersuchung (vgl. Kreativwirtschaftsbericht Hamburg 2012: 128ff.). Sofern es also um räumliche Besonderheiten der einzelnen künstlerisch-kreativen Branchen als Ermöglichkeitsbedingung für spezifische soziale Praktiken in diesen Feldern geht, wäre ein expliziter Vergleich der verschiedenen Standorte für künstlerisch-kreative Arbeit angeraten. Dass dies in der vorliegenden Studie aus Kapazitätsgründen nicht erfolgt ist, deutet sicherlich gewisse Grenzen der Untersuchungsbefunde und weiteren Forschungsbedarf an.

Allerdings treten in Berlin inzwischen Phänomene hervor, die alles andere als einzigartig sind – und die dessen exzentrische Besonderheit ein Stück weit einebnen. Wie in Kap. 6 deutlich werden soll, verengen sich die Zwischenräume für künstlerisch-kreative Arbeit. Der ökonomische Strukturwandel und der politische Status als Hauptstadt ist in Berlin mit einer Privatisierung des städtischen Raums, mit einem starken Kostenauftrieb für private und gewerbliche Mieten, sowie mit einer Neuordnung des städtischen Möglichkeitsraums für Künstler und Kreative verbunden. Wachsende Bevölkerungszahlen und die (auch internationale) Zuwanderung von wirtschaftlich solventen, sozialen Gruppen tragen zu einer Verknappung des Wohnraums im Innenstadtbereich und in der Summe zu einem sozialstrukturellen Wandel der Stadt bei (vgl. Häußermann/Läpple/Siebel 2008: 279ff.; Holm 2011).

Und nicht zuletzt ist aus Sicht dieser Studie eines besonders interessant: die urbane Kulturalisierung der Stadt. Darunter sind in Anlehnung an Reckwitz (2012: 287ff.) verschiedene, miteinander verzahnte Prozesse zu verstehen. Die zunehmende Entstehung von ästhetisch aufgewerteten und kulturell lebendigen Stadtvierteln. Die Etablierung urbaner Kunst- und Kreativszenen und die räumlich verdichtete Ansiedlung von kreativwirtschaftlichen Unternehmen. Eine Eventisierung kultureller Veranstaltungen und Ereignisse sowie ebenso die staatliche Förderung spektakulärer Architekturprojekte kennzeichnen diese Entwicklung. Diese Prozesse werden seit etlichen Jahren in einem Atem-

---

nennen. Wenngleich die internationale Mobilität von Künstlern kein neues Phänomen ist, wie sich etwa in literarisch aufbereiter Form bei Florian Illies (2012) nachlesen lässt, unterliegt der Kunstbetrieb doch einer zunehmenden, systematischen transnationalen Verflechtung, wie z.B. Andrea Glauser (2009), Larissa Buchholz (2008) oder Christiane Nippe (2006) zeigen. Gleiches gilt etwa auch für die Werbebranche, die seit der Etablierung von sogenannten »Netzwerken« seit den 1980er Jahren eine häufig internationale Organisationsweise erkennen lässt (vgl. Thiel 2005; s. Kap. 7.2).

zug mit dem Begriff der »Gentrifizierung« genannt, verstanden als sozialer Wandel des städtischen Lebensraums. Dieser Wandel ist mit einer Steigerung der Lebensqualität ebenso verbunden wie mit einer Verringerung preiswerter Wohnungsbestände, was langfristig zu räumlichen Verdrängungsprozessen von sozialen Gruppen führt, die bei diesem Wandel ökonomisch nicht mithalten können (Holm 2011: 214; vgl. auch Häußermann/Kronauer/Siebel 2004).

Den Fokus auf Berlin zu legen, dort künstlerkritische Statuskämpfe und deren sozialen Wandel zu untersuchen, ist angesichts seiner dynamischen Entwicklungen zweifellos auch für sich genommen ein lohnendes sowie ein zeitintensives Unterfangen. An dieser Stelle ist es jedoch nicht möglich, das Berliner Kulturleben erschöpfend darzustellen. Das würde den Rahmen dieser Arbeit sprengen. Der in dieser Studie vorgenommene Rückblick in die Gegenwart setzt vielmehr einige Schlaglichter auf die Entwicklung des künstlerisch-kreativen Milieus in Berlin. Deren zeithistorische Linien werden in Kap. 6 grob nachgezeichnet.

Bei den in Kap. 8 vorgestellten Porträts hingegen handelt es sich um stilisierte Fallanalysen mit einem typisierenden Moment. Sie beruhen auf teils idealtypisch zugespitzten Falleigenschaften, ohne dass sie als ganzer Fall den Anspruch eines Idealtypus erheben würden. Sie setzen vielmehr an einer aus dem Gesamtsample jeweils exemplarisch ausgewählten Fallanalyse an, sind jedoch ein Kondensat der vergleichenden Fallanalysen. Methodischer Ausgangspunkt ist vor dem Hintergrund der branchenspezifischen, strukturellen Koordinaten der Auswertungsweg von der Fallbeschreibung zur vergleichenden Fallanalyse und die darin eingeschlossene, methodische Bearbeitung des Materials mittels eines zweistufigen meta-theoretischen Auswertungsprozesses, wie er oben erläutert wurde. Als Resultat der hier favorisierten methodischen Auswertungsstrategie reflektieren die Porträts insofern eine Kombination aus induktivem und theoriegeleitetem Vorgehen, wie sie Strauss/Corbin (1996) als Weiterentwicklung der ursprünglich äußerst induktiven Vorgehensweise der Grounded Theory dargelegt haben (Reichartz 2007: 225). Sie stellen gleichsam eine Schnittfläche typischer Falleigenschaften dar. Stilisiert sind sie insofern, als sich in deren sozialen Besonderheiten auch allgemeine Praxismerkmale von Arbeitsverhältnissen in der Designbranche widerspiegeln.

Die Porträts werden als hybride und in dieser Hybridität als eigensinnige Muster subjektiver Selbstverortung vorgestellt, in denen sich die widersprüchliche Verstrickung, Vorläufigkeit und soziale Wandlungsfähigkeit von Erfahrungszusammenhängen zeigt. Herausgearbeitet wird in diesen Porträts zum einen, worin sich die Arbeitsbedingungen und -verhältnisse von Kommunikations- und Modedesigner_innen praktisch unterscheiden und wo ihre Gemeinsamkeiten liegen. Zum anderen werden unterschiedliche feldimmanente Verarbeitungsstrategien destilliert. Dieses Verfahren dient der theoretisch angeleiteten Ordnung der empirischen Befunde (vgl. Przyborski/Wohlrab-Sahr

## 4. Methodische Anlage

2010: 337). So soll das Spektrum dessen deutlich werden, wie sich die quantitativ wachsende, soziale Gruppe freiberuflicher Designer_innen im Feld einrichtet. In den Porträts bündeln sich daher zentrale, allgemeine Merkmale und Kennzeichen freiberuflich agierender Designer_innen.

Die Erfahrungen der Akteur_innen liefern folglich einen Ausgangspunkt, um die Entwicklungen in der Designbranche tiefenschärfer und d.h. auch in ihrer jeweiligen Widersprüchlichkeit interpretieren zu können. Die Porträts können für sich genommen gelesen werden. Aber auch als Beispiele, in denen die feldspezifischen, praktischen Auseinandersetzungen auf vielfältige und teilweise widersprüchliche Weise zur Geltung kommen. Die Befragten werden auf diese Weise als in einem spezifischen sozialen Feld situierte Expert_innen ihrer selbst zum Sprechen gebracht, was die der sozialen Praxis inhärenten (scheinbaren) Widersprüche einschließt.

Unterschiede zeigen sich etwa in der Frage, ob das Feld akteursseitig eher als wirtschaftlicher Zusammenhang oder als symbolische Arena konstruiert wird und welche Ideen von künstlerisch-kreativer Arbeit damit verbunden werden. Indem mittels der in den Porträts exemplarisch herausgearbeiteten Stellungnahmen die Arbeits- und Produktionsbedingungen legitimiert, problematisiert oder in Frage gestellt werden, soll empirisch nachvollziehbar gemacht werden, wie sich die Befragten zu den Möglichkeitsbedingungen im Feld positionieren.

Wie sich in der Darstellung zeigen wird, bearbeiten die Akteur_innen das Spannungsverhältnis von kommerzieller Verwertung und künstlerisch-symbolischer Idealisierung in teils widersprüchlicher Weise. Entschlüsselt wird in den Porträts folglich auch, welche Konflikte die Akteur_innen im Feld ausmachen und wie sie darauf antworten. Welche Subjektivierungsweisen sie zu diesem Zwecke entwickeln, wie sie diese praktisch vollführen und insofern begründen. Sowie schließlich, welche Verheißungen künstlerisch-kreative Arbeit ausstrahlt und welche Interessen die Befragten damit verbinden. Deren Interessen manifestieren sich nicht zuletzt in unterschiedlichen Arbeitslogiken. Aus Gründen der systematischen Vergleichbarkeit und um die Fälle sozialräumlich zu verorten, werden die zu Porträts gebündelten, empirischen Befunde inhaltsanalytisch strukturiert dargestellt, nämlich entlang der Dimensionen soziale Herkunft, Alter, Selbstverständnis, Ausbildungswege/Berufseinstieg/Qualifikation, Arbeitsorganisation sowie Arbeitszeit, Honorare/Entgelt, Zukunftsaussichten und Verbände/Interessenvertretung, soziale Sicherung.

# 5. Regierungsverhältnisse von künstlerisch-kreativer Arbeit

In dieser Studie werden künstlerisch-kreative Erwerbsfelder als ein komplexes Beziehungsgeflecht ungleicher und zueinander dynamisch konstellierter Positionen betrachtet, die durch formelle sowie informelle Regeln strukturiert werden. Diese Regeln vermitteln sich als ein praktisches Ensemble aus feldinternen sowie feldübergreifenden Machtverhältnissen, in denen sich spannungsreiche Widersprüche sowie Ungleichzeitigkeiten artikulieren können. Sie werden als Bestandteil von arbeitsgesellschaftlichen *Regierungsverhältnissen* interpretiert, die als ein soziales Verhältnis im Spannungsfeld von struktureller Ermöglichung und Begrenzung verstanden werden. So umfassen sie stets ein Moment der Freiheit und die Option, sich in den dort vorfindbaren Machtbeziehungen eigensinnig zu positionieren. Die Machtbeziehungen von künstlerisch-kreativer Arbeit werden ihrerseits als das vorläufige Resultat und insofern als wechselwirksames Verhältnis verschiedener sozialer Ebenen aufgefasst. Heuristisch ist hierbei entlang einer sozioökonomischen, soziopolitischen sowie soziokulturellen Ebene zu differenzieren (vgl. Gottschall 2000; Kreckel 1992; Krüger 2001; Kronauer 2002). In welche feldspezifischen *Regierungsverhältnisse* Akteur_innen künstlerisch-kreativer Erwerbsfelder eingebunden sind, wird in diesem Kapitel erläutert.

Kap. 5.1 befasst sich mit der politökonomischen Installierung der Kultur- und Kreativwirtschaft (KuK) als *erwerbswirtschaftlicher Regierungsmodus*. Wie zu zeigen sein wird, hat dieser einen erheblichen Einfluss darauf, wie die gesellschaftliche Bedeutung sowie die Beschäftigungsentwicklung der KuK eingeschätzt wird und welche politischen Schlüsse daraus gezogen werden. Er, so wird argumentiert, bedient sich beim anglizistischen Konzept der Creative Industries und konstruiert sämtliche Akteur_innen der KuK als Unternehmer im Schumpeter'schen Sinne. Kap. 5.2 beleuchtet Arbeits- und Beschäftigungsverhältnisse der KuK aus unterschiedlichen Perspektiven. In Kap. 5.3 wird erörtert, wie sich die *wohlfahrtsstaatliche Regierung* von künstlerisch-kreativer Arbeit seit den 1990er Jahren entwickelt hat. Hier ist das hervorstehende

Charakteristikum, dass Künstler respektive Kulturschaffende respektive Kreative heute nicht mehr als schutzbedürftige Sozialbürger, sondern als defizitäre Unternehmer adressiert werden, deren Marktverhalten mittels wettbewerbsorientierter Instrumente betriebswirtschaftlich zu disziplinieren sei. Kap. 5.4 fasst diesen erwerbsstrukturellen Wandel der Arbeits- und Sozialverhältnisse von künstlerisch-kreative Arbeit in einem knappen Ziwschenfazit zusammen.

## 5.1 Kultur- und Kreativwirtschaft – ein erwerbswirtschaftlicher Regierungsmodus

Dass der Kultur- und Kreativwirtschaft (KuK) ein wachsendes wissenschaftliches und politisches Interesse zuteil wird, heißt nicht, dass es einen begriffstheoretischen Konsens gäbe. Vielmehr haben die Diskussionen um die gesellschaftliche Bedeutung von Kultur- und Kreativarbeit eine Fülle von Begriffen und ebenfalls eine neue Systematik mit sich gebracht.[1] So wird in einer Kultur-

---

**1** | Zur systematischen Erfassung der Kultur- und Kreativwirtschaft (KuK) liegen zwei wesentliche Definitionsvorschläge vor. Zum einen ein arbeitsmarkttheoretisch orientierter Branchenansatz. Dieser fußt auf der Annahme einer erwerbswirtschaftlichen Ausrichtung von künstlerisch-kreativer Arbeit und bündelt verschiedene Branchen zur KuK. Zum anderen das ökonomisch orientierte *Drei-Sektoren-Modell*. Es differenziert nach Wirtschaftszweigen und beruht auf der Annahme, dass die KuK durch das Zusammenwirken verschiedener Marktsphären (privatwirtschaftlich, öffentlich, intermediär) konstituiert wird. Eine auf dem *Drei-Sektoren-Modell* beruhende Definition legen etwa der Berliner Kulturwirtschaftsbericht (2008) sowie der Kreativwirtschaftsbericht (2012) für Hamburg zugrunde. Die Vorteile des *Drei-Sektoren-Modells* werden vom Hamburger Kreativwirtschaftsbericht darin gesehen, dass eine ausschließliche Betrachtung des privatwirtschaftlichen Sektors »der Kreativwirtschaft als heterogener Branche nicht gerecht« (ebenda) werde, da sich durch »die Verbindungen und Kooperationen zwischen den drei Sektoren [ ] Synergieeffekte [ ]« ergeben würden (ebenda). Gleichfalls betont der Berliner Kulturwirtschaftsbericht (2008), dass auf Basis des *Drei-Sektoren-Modells* »die Austausch- und Wertschöpfungsbeziehungen zwischen den Bereichen« deutlich werden (Kulturwirtschaft in Berlin 2008: 6). Der Berliner Kulturwirtschaftsbericht von 2008 sowie der Hamburger Kreativwirtschaftsbericht von 2012 beziehen sich auf das UNESCO-Dokument »Übereinkommen zum Schutz und zur Förderung der Vielfalt kultureller Ausdrucksformen«, das im Sinne des *Drei-Sektoren-Modells* und basierend auf der kulturpolitischen Debatte der letzten Jahre den »doppelte[n] Charakter [des Kultursektors, A.M.] als Handelsware und besonderes öffentliches Gut« festschreibt und »Kulturwirtschaft und Kulturpolitik/Kulturförderung als gleichberechtigt und komplementär anerkennt« (ebd.: 7). Eine Zuspitzung erfährt die Systematik, wenn in einer branchenspezifischen, d.h. in einer nach Berufsgruppen

statistik aus dem Jahre 2012 von *Kulturberufen* gesprochen (Söndermann 2012). Diese werden in drei Bereiche differenziert, nämlich in *künstlerische Kulturberufe, publizistische Kulturberufe sowie weitere Kulturberufe* (ebenda).[2] Die einzelnen Berufsgruppen dieser Kulturberufe tauchen, zusammengefasst zu elf Kernbranchen, in nahezu identischer Weise im Enquete-Bericht der Bundesregierung zu Kultur in Deutschland (Enquete-Bericht 2007) sowie im Bericht des Bundeswirtschaftsministeriums über die volkswirtschaftlichen Potenziale der KuK auf (Söndermann 2009a). Demzufolge setzt sich die KuK aus elf Kernbranchen bzw. Teilmärkten zusammen. Zur »Kulturwirtschaft« gehören demnach Musikwirtschaft, Buchmarkt, Kunstmarkt, Filmwirtschaft, Rundfunkwirtschaft, Darstellende Kunst, Designwirtschaft, Architekturmarkt und Pressemarkt; der Begriff »Kreativwirtschaft« bezeichnet die Teilmärkte Werbemarkt und Software/Games-Industrie sowie eine Kategorie »Sonstiges« (Kulturwirtschaftsbericht Berlin 2008: 4f.; vgl. auch Söndermann 2009a: XI, 22f.).

Die als KuK definierte künstlerisch-kreative Arbeit subsumiert jedoch nicht nur unterschiedlich strukturierte und regulierte Beschäftigungsverhältnisse und Arbeits- und Produktionsorganisationen; das tun alle vorliegenden Berichte. Bemerkenswert ist, dass im BMWi-Bericht (Söndermann 2009a; Bertschek et al. 2014) sämtliche künstlerisch-kreative Arbeit, sei es im engeren oder im weiteren Sinne künstlerische Arbeit primär in Bezug auf ihre volkswirtschaftlichen Effekte erscheint. Solch ökonomisch orientierte Ansätze greifen als *Kulturwirtschaftsberichte* seit den frühen 1990er Jahren Raum (vgl. Kap. 2.1).

### 5.1.1 Begriffstheoretische Anleihen im Diskurs der Creative Industries

Bei der Konstruktion von künstlerisch-kreative Arbeit als KuK spielen begriffstheoretische Anleihen bei dem Diskurs um die sogenannten *Creative Industries* sowie beim Wahlprogramm der *New Labour*-Partei unter Tony Blair eine große

---

differenzierten Betrachtungsweise die verschiedenen Branchen im Kern als Wirtschaftsfelder der Kultur- und Kreativwirtschaft analysiert werden, so im Falle des BMWi-Berichts (Söndermann 2009a).

**2** | Die kulturstatistische Analyse im Auftrag der Deutschen UNESCO-Kommission folgt dem Branchenansatz. Sie unterteilt »die *künstlerischen Kulturberufe* mit Musiker_innen, darstellenden Künstler_innen, bildenden Künstler_innen, Film-/Fernsehkünstler_innen, Fotograf_innen und Artisten/innen; die *publizistischen Kulturberufe* mit Publizist_ innen, Dolmetscher-/Übersetzer_innen und Bibliothekar_innen Museumsfachleute; die *weiteren Kulturberufe* mit Architekten/_innen, Werbefachleute, Lehrer/innen für musische Fächer, Geisteswissenschaftler/innen sowie ausgewählte handwerkliche Kulturberufe« (Söndermann 2012: 26).

Rolle (Hartley 2007: 6, vgl. auch Wiesand 2008; Vötsch/Weiskopf 2009; vgl. Kap. 2.1).[3] Ordnungspolitisch etabliert hat sich die wirtschaftspolitische Perspektivierung von künstlerisch-kreativer Arbeit daher mit der Einführung des Terminus' Kultur- und Kreativ*wirtschaft*. Exemplarisch hierfür steht der Bericht der Enquete-Kommission (2007) »Kultur in Deutschland« sowie der in den folgenden Jahren als verbindlicher Definitionsrahmen deklarierte Bericht des Bundeswirtschaftsministeriums (Söndermann 2009a; vgl. z.B. Kreativwirtschaftsbericht Hamburg 2012).

In ihrem Abschlussbericht stellt die Enquetekommission *Kultur in Deutschland* fest, dass die KuK »als wissensintensive Zukunftsbranche mit deutlichen Innovations-, Wachstums- und Beschäftigungspotenzialen« anzusehen ist (Enquete-Bericht 2007: 340). Korrespondierend damit wird in den politischen Diskussionen seit den späten 1980er Jahren immer wieder unterstrichen, dass Kultur auch ein Wirtschaftsfaktor sei. Einer, dessen volkswirtschaftliche Wertschöpfung in jüngerer Zeit gar nur knapp unter jener der deutschen Automobilindustrie liege und damit zum drittwichtigsten nationalen Wirtschaftsfaktor aufgestiegen sei (ebd.: 336). Innerhalb dieser Logik problematisiert der Enquete-Bericht das traditionelle Kulturverständnis in Deutschland, in dem sich Kunst und Kultur nur sich selbst verpflichtet sahen. Angesichts des steigenden volkswirtschaftlichen Anteils der KuK sei diese historisch gewachsene Sichtweise nicht mehr zeitgemäß (ebd.: 333ff.).[4] Vielmehr sei Kultur die Voraussetzung für eine funktionierende Ökonomie (ebenda). Diese Einschätzung teilen unabhängig von der begrifflichen Herangehensweise sämtliche in Deutschland seit den 1990er Jahren erschienenen Kulturwirtschaftsberichte.[5]

---

**3** | Die Programmatik von New Labour entspricht in etwa einem sozialdemokratischen Reformdiskurs, wie er analog dazu in Deutschland unter der Schröder-Regierung vollzogen wurde und sich insbesondere mit den wohlfahrtsstaatlichen Reformen der »Agenda 2010« verbindet (Turowski 2010; Vogel 2009; Lessenich 2009; auch vgl. Manske 2005).
**4** | Der Enquete-Bericht »Kultur in Deutschland« weist bspw. darauf hin, dass in (West-)Deutschland bereits in den 1980er Jahren 1 DM öffentlicher Kulturausgaben ca. 2 DM in den Anliegerbranchen induziert habe (Enquete-Bericht 2007: 335f.). Auch auf EU-Ebene steigt die volkswirtschaftliche und beschäftigungspolitische Bedeutung der Kultur- und Kreativwirtschaft. Im Jahr 2003 waren europaweit ca. sechs Millionen Menschen in der KuK beschäftigt. Der Umsatz entsprach in diesem Jahr 2,6 Prozent des EU-BruttoInlandProdukts (ebenda).
**5** | Die internationale Berichterstattung legt ihrerseits den Fokus vornehmlich auf die volkswirtschaftlichen Potenziale der KuK, wenn sie von »Arbeit« spricht. »Kultur« hingegen wird ebenso übereinstimmend mit der nationalen Berichterstattung als Grundlage für eine wirtschaftliche Wertschöpfung betrachtet. Wichtigstes politisches Anliegen scheint demzufolge auch aus internationaler Sicht zu sein, wirtschaftspolitische Rahmenbedingungen zu schaffen. In welchem sozialpolitischen Rahmen dieses Pros-

Eingebettet in den sozialdemokratischen Reformdiskurs des 3. Weges (vgl. z.B. Turowski 2010) wollte die New Labour-Regierung der 1990er Jahre die steigende wirtschaftliche Bedeutung der Bereiche Kunst und Kultur hervorheben. In Verbindung damit wollte sie sich von dem bis dato gebräuchlichen Konzept der *Cultural Industries*, der damit verbunden Orientierung auf Kulturpolitik und den öffentlich gesponserten Kultursektor absetzen. Der New-Labour-Diskurs wandte sich somit zur eher individuell verortbaren Kreativität hin. Kultur sollte als ökonomische Ressource im Rahmen der *Knowledge Economy* erschlossen werden. Sie wird seit 1997 als *Creative Industries* gefasst und erhielt ihre Ausformulierung im *Creative Industries Mapping Document* der *New-Labour*-Regierung (Vötsch/Weiskopf 2009: 297).[6]

---

perieren erfolgt und auf welcher ökonomischen Basis die Akteur_innen agieren, wird selten thematisiert. Soziale Fragen bleiben ausgeblendet. Das Grünbuch »Erschließung des Potenzials der Kultur- und Kreativindustrien der Europäischen Kommission« (Europäische Kommission 2010, in Folge: Grünbuch 2010) spricht etwa von Kreativität als wirtschaftlicher »Rohstoff« (ebd.: 2). Das EU-Kommissionspapier »The Economy of Culture in Europe« verzichtet auf eine detaillierte Darstellung der Arbeits- und Beschäftigungssituation. Auch im Grünbuch der EU-Kommission (2010) liegt der Fokus auf der Schaffung von Rahmenbedingungen, damit die Kultur- und Kreativindustrien »ihr zweifaches, nämlich kulturelles und wirtschaftliches Potenzial entfalten und die [...] Triebkräfte optimal nutzen« können (Grünbuch 2010: 9). Zudem werden Mikrounternehmen vom Grünbuch als risikofreudige Innovatoren betrachtet (ebd.: 8). Wodurch sich diese Risikofreude auszeichnet und welche sozioökonomischen Auswirkungen bzw. Risiken mit dieser einhergehen, wird nicht thematisiert. Dies erscheint umso erstaunlicher, da es sich beim Grünbuch nicht um eine wirtschaftspolitische Berichterstattung handelt, sondern es seine erklärte Absicht ist, Fragen und Problemfelder aufzuzeigen.

6 | Die britische Regierung definiert Creative Industries als »those activities which have their origin in individual creativity, skill and talent and which have the potential for wealth and job creation through the generation and exploitation of intellectual property« (Creative Industries Mapping Document 2001: 5). Vötsch/Weiskopf stellen in ihrer Diskursanalyse von Arbeit und Kreativität bei New Labour anhand einer Rede von Tony Blair aus dem Jahr 2007 fest, dass die Creative Industries diskursiv systematisch als gesellschaftlicher Hoffnungsträger mit ökonomischen Kategorien wie Wohlstand, Wettbewerb, Humankapital, Tourismus, Beschäftigung verkoppelt werden. Ökonomie werde als wiederkehrendes Bezugsfeld für künstlerisch-kreative Arbeit konstruiert, Letztere damit neu konstituiert und Erstere mittels der genannten Kategorien semantisch als institutioneller und gesellschaftspolitischer Rahmen von »Kulturarbeit« kontextualisiert. In ihrer Analyse des New Labour-Diskurses um die Creative Industries finden sie gar »wenige Themenstränge, die nicht mit ökonomischen Kategorien verknüpft sind« (ebd.: 303). Hierin zeigen sich sehr deutliche Parallelen zur deutschen Definition von »Kultur- und Kreativwirtschaft«.

Neben dem New Labour-Diskurs gab der US-amerikanische Stadtforscher Richard Florida mit seinen Thesen um die Creative Industries einen wichtigen Impuls zur wirtschaftspolitischen Semantik. Auffällig ist, dass sich bei Florida (2002) identische Aussagen wie in dem zeitlich etwas früher lokalisierten Diskurs von New Labour finden lassen. In beiden Fällen geht es um die Schaffung von Arbeitsplätzen und um dadurch generierte, wirtschaftliche Prosperität vor allem in Städten. Sofern die Arbeits- und Lebensbedingungen für die Creative Class politisch ausgebaut würden – so lautet der Tenor hier wie dort –, sei gewissermaßen ein kollektiver Fahrstuhleffekt zu erwarten, der Arbeit und Wohlstand für alle verspreche (ebd.: 249ff.). Die hierzulande politisch-ökonomisch neu justierte Rahmung von künstlerisch-kreativer Arbeit gewann im Rekurs auf Floridas These der kreative Klasse als volkswirtschaftlicher Wachstumsmotor und in Anlehnung an die Begriffsbestimmung von New Labour als Creative Industries ihre Verve als ökonomisch prosperierendes Wirtschafts- und Arbeitsfeld.

Floridas Rezeption im politischen Raum hat auf dem Nährboden der britischen Fassung von künstlerisch-kreativer Arbeit die Diskussion um deren gesellschaftlichen Stellenwert zweifelsohne vorangetrieben. Zwar, so Wiesand (2008), sei der dem New Labour-Konzept entlehnte Begriff *Creative Industries* aufgrund der länderspezifischen und traditionell unterschiedlichen Regulierung für den deutschen Kontext nicht hinreichend angepasst und daher vergleichsweise ungenau bestimmt (vgl. auch Manske/Schnell 2010). Dennoch sei das britische Verständnis zu einem handlungsleitenden, politischen Rezept geworden. Im Zusammenhang mit der wirtschaftspolitischen Aufladung von Kultur- und Kreativberufen würden die Maßstäbe für Kreativität, so Wiesand, inzwischen vor allem aus der Werbung stammen und folglich die Kommerzialisierung des Kultur- und Medienbetriebs widerspiegeln (Wiesand 2008). Innerhalb dieses Deutungsrahmens jedoch, und nicht nur da, greift die Erkenntnis, dass die KuK ein zunehmend bedeutender Wirtschaftsfaktor ist.

Zudem zeigt sich die Akzentverschiebung hin zum kommerziellen Wert von Kulturarbeit auch in der enger werdenden Verzahnung der politischen Ressorts *Wirtschaft* und *Kultur* und in der damit einhergehenden, semantischen Rekonstruktion der Künstlerfigur. Es erfolgt eine Akzentverschiebung von *Kulturdienstleistungen* in Richtung *Kultur- und Kreativwirtschaft* und von *Kulturdienstleistern* hin zu *Kreativen* (Manske/Schnell 2010). Hierbei handelt es sich keineswegs um eine belang- oder folgenlose Umetikettierung. Galt der Markt vormals als ein Risiko, vor dessen Unwägbarkeiten Kulturschaffende sozialpolitisch zu schützen seien, tendiert diese neue diskursive Formation nun zur Auffassung, dass der Markt eine Chance für unternehmerisch agierende Kreative darstellt (vgl. Krämer 2012). Waren etwa die ersten Berichterstattungen zur Soziallage von Künstlern in den 1970er Jahren vom Bundesarbeitsministerium in Auftrag gegeben, werden die aktuellen Kulturwirtschaftsberichte in der Regel vom Wirtschaftsressort editiert (vgl. Manske 2013).

Während jedoch die Enquete-Kommission eine geschärfte politische Aufmerksamkeit bezüglich der sozialpolitischen Absicherung von Künstlern und Kreativen empfiehlt (Enquete-Bericht 2007: 302), weist der BMWi-Bericht (Söndermann 2009a) die in der KuK praktizierten Arbeits- und Lebensmodelle als »Zukunft« aus. Er befindet, dass die politische Perspektive stärker wirtschaftspolitisch auszurichten sei, um die künstlerischen Qualitäten der Akteure zur Entfaltung zu bringen (ebd.: 27). So gesehen ist es nur konsequent, dass der vom Bundeswirtschaftsministerium in Auftrag gegebene Report über die volkswirtschaftlichen Potenziale der KuK nur mehr privatwirtschaftliche Aktivitäten in seiner Berichterstattung berücksichtigt und jene Kulturarbeit ausklammert, welche im öffentlich finanzierten Rahmen erbracht wird (vgl. ebenda).

Mit der Etablierung der »Kultur- und Kreativwirtschaft« als semantischer Bezugsrahmen für künstlerisch-kreative Arbeit verändert sich auch das in diesem Rahmen favorisierte Subjektideal. Statt des romantisch unterlegten, tendenziell ökonomisch abgewandten, mehr nach symbolischem als nach ökonomischem Kapital strebenden Künstlers wird der Unternehmer Schumpeter'scher Prägung zu der zentralen subjektiven Größe (Schumpeter 2005).

### 5.1.2 Kreative als Unternehmer

Der Begriff des Unternehmers ist untrennbar mit dem Namen Joseph Schumpeter verknüpft. Ende der 1940er Jahre hat er das entscheidende Begriffsverständnis ausformuliert. Seine grundlegende Problemanalyse besteht bekanntlich darin aufgezeigt zu haben, »wie der Kapitalismus [...] bestehende[n] Strukturen [...] schafft und zerstört.« (Schumpeter 2005: 139). Demnach ist der Unternehmer ein innovativer, ein kreativer Zerstörer, der zum wirtschaftlichen Wachstum beiträgt, indem er sich innovativ am Markt platziert, darüber eine temporäre Monopolposition bekleidet und mithilfe der Verfügbarkeit über Arbeits- und Produktionsmittel seinen Gewinn steigert. Seine Funktion bestehe desweiteren darin, »die Produktionsstruktur zu reformieren oder zu revolutionieren entweder durch die Ausnützung einer Erfindung oder, allgemeiner, einer noch unerprobten technischen Möglichkeit zur Produktion einer neuen Ware bzw. zur Produktion einer alten auf eine neue Weise, oder [...] durch die Reorganisation einer Industrie usw« (ebd.: 214). Seine innovative Kraft – Grundlage einer »schöpferischen Zerstörung« (ebd.: 138) – beziehe der Unternehmer also daraus, dass er wirtschaftliche Entwicklungen vorantreibt, indem er »Dinge in Gang setzt« (ebd.: 215), die außerhalb von Routinen liegen (ebenda). Im Zentrum seines Schaffens stehe wirtschaftlicher Erfolg mittels neuer oder reorganisierter Produktionsstrukturen oder durch die Erschließung neuer Absatzmärkte (ebd.: 214). Die innovative Funktion sowie auch herausragende persönliche Eigenschaft des Unternehmers beruhe mithin darauf, dass er »auf Grund persönlicher Kraft und persönlicher Verantwortlichkeit nach Erfolg« strebt (ebd.: 217).

Der im unternehmerischen Erfolgsfalle entstehende Kapitalprofit sei aber, argumentiert Deutschmann (2010), in erster Linie keine Prämie für die Rationalität des Unternehmers, sondern für seine Kreativität (Deutschmann 2010: 46). Kapitalprofit erarbeite sich der Unternehmer unter günstigen gesellschaftlichen Bedingungen unter Einsatz persönlicher Eigenschaften wie Initiative, Härte und Durchhaltevermögen, aber auch durch geschicktes Netzwerkverhalten und durch den Aufbau einträglichen Sozialkapitals. Auf diese Weise sichere er sich eine gewinnabwerfende Nische (ebd.: 47). Dieter Bögenhold weist darüber hinaus darauf hin, dass unternehmerisches Handeln in der Schumpeter'schen Konzeptionalisierung »sehr viel mit einer Erotik des Erfolgs und des sportlichen Wettkampfs zu tun hat.« (Bögenhold 2003: 16) – also nicht bis in die letzte Faser ein zweckrationales Handeln ist, sondern auch irrationale Züge trägt. Keineswegs sei der Unternehmer nur ein rationaler Entscheider. Vielmehr verhalte er sich in gewisser Hinsicht »irrational« (Schumpeter 2006: 134). Schumpeter spricht in diesem Zusammenhang ähnlich wie Weber (1988). Denn dieser hatte in der protestantischen Ethik die Irrationalität erwerblichen Handelns im Betriebskapitalismus ja daran festgemacht, dass »der Mensch für sein Geschäft da ist, nicht umgekehrt.« (Weber 1988: 54). Ebenso wenig frage sich Schumpeter zufolge der Unternehmer, ob seine Anstrengungen einen »Genußüberschuss« (Schumpeter 2006: 134) abwerfen. Hier geht es also nicht vorrangig um eine sinnliche Freude am Tun, wie es insbesondere Reckwitz (2012) als signifikantes Merkmal der Gegenwartsgesellschaft veranschlagt. Der Unternehmer Schumpeter'scher Machart vielmehr »schafft restlos, weil er nicht anders kann.« (Schumpeter 2006: 134). Diesen Unternehmer zeichnet also das aus, was bereits Max Weber als das Wesen kapitalistischen Wirtschaftens ausmachte, nämlich Gewinnstreben um des Gewinnstrebens willen. Eine Renditeorientierung, die zur irrationalen Maxime der Lebensführung avanciert (Weber 1988: 4). Kurzum, Schumpeters Unternehmer ist im erheblichen Ausmaß affektiv affiziert von dem, was er tut – und insofern durchaus ein Kreativsubjekt (vgl. Reckwitz 2006, 2012).

Wenn nun im politischen Diskurs und teils in sozialwissenschaftlichen Diskussionsbeiträgen Künstler und Kreative zu Unternehmern erklärt werden, dann ist anknüpfend an die obigen Ausführungen zunächst festzuhalten, dass zweifellos gewisse Ähnlichkeiten in den sozialen Eigenschaften von Künstlern und Unternehmern bestehen, z.B. in der sozialen und wirtschaftlichen Risikobereitschaft (Deutschmann 2010: 46f.). Zudem waren insbesondere bürgerlich situierte Künstler auch schon früher Unternehmer, wie Ruppert (1998) und Müller-Jentsch (2012a) zeigen. Doch muss man es zumindest als offene Frage betrachten, inwieweit eine irrationale Renditeorientierung ohne Genussüberschuss der Handlungsantrieb von beispielsweise den Malern Lenbach oder Rembrandt gewesen ist. Allerdings bezieht sich Schumpeters Analyse selbstverständlich nicht auf Künstler, sondern auf Wirtschaftsvertreter als Garant der ökonomischen Veränderung und als Träger kapitalistischer Neuerungsprozesse wie z.b. Robert Bosch oder Wernher von Siemens.

An der affektiven Affiziertheit von wirtschaftlich Handelnden ist mithin und nichtsdestoweniger die Diskussion um »Culturepreneurs« respektive um Kulturunternehmer aufgehängt. Hier kommt eine Sichtweise zum Tragen, die mit Bröcklings unternehmerischem Selbst wahlverwandt ist; wenngleich dieses nicht als diskursives Schreckbild, sondern als Verheißung dergestalt ausgemalt wird, dass die handlungstheoretische Verknüpfung von wirtschaftlichen und kulturellen Rationalitäten eine Art Veredelung sozialen Handelns abgibt. Denn der stilprägende Begriff »Culturepreneur« setzt sich nach Davies/Ford (2000) zusammen aus den zwei Begriffen »cultural« and »entrepreneur« – rekurriert insofern im Kern also ebenfalls auf Schumpeters Unternehmerbegriff. Was jedoch ein »Entrepreneur« genau sei, ist laut einschlägiger, wirtschaftswissenschaftlicher Literatur zum Thema insbesondere im deutschsprachigen Gebrauch schwer zu definieren (vgl. z.B. Fueglistaller et al. 2012; Horneber 2013); dennoch besteht weitgehende Einigkeit darin, dass damit unternehmerisches Handeln gemeint ist, dessen Konzeptualisierung zentral im Unternehmerbegriff von Schumpeter wurzelt. So heißt es etwa in der dritten Auflage zum Lehrbuch von Urs Fueglistaller et al. (2012): »Entrepreneure verändern die Welt. Nachhaltig. Aus Begeisterung für eine neue Idee oder aus Unzufriedenheit mit der derzeitigen Situation bringen sie Neues in die Welt. Damit nehmen Unternehmerinnen und Unternehmer eine wichtige Rolle in der Gesellschaft wahr. Sie sorgen für neue Lösungsansätze, die besser sind, als die, die wir schon kannten. Sie schaffen Arbeitsplätze und sie erhöhen den Wohlstand und die Innovationskraft von Volkswirtschaften. Und nicht zuletzt sind Entrepreneure häufig zufriedener als Angestellte, weil es eine besondere Freude ist, etwas zu kreieren.« (Ebd.: 5).

Wenngleich gewisse Definitionsprobleme in der Abgrenzung von Entrepreneur und Unternehmer existieren, scheint es kaum Zweifel daran zu geben, dass es Einzelpersonen sind, die die Welt verändern. Demgegenüber erklärt allerdings Weber wirtschaftlichen Fortschritt nicht allein mit den (emotional eingefärbten) Handlungsweisen Einzelner. Er zieht vielmehr in seinen Ausführungen zum Thema eine meines Erachtens nicht zu vernachlässigende sozialstrukturelle Ebene in sein Urteil, wer als Unternehmer gelten kann, ein. Während Schumpeters Unternehmer ein sozialer Aufsteiger ist, der sich seine gesellschaftliche Position durch einen marktorientierten Aufstieg erarbeitet, geht Weber von einem Unternehmer aus, der aus einer sozialen Position der gesellschaftlichen Stärke agiert und alles daran setzt, seinen Status (mindestens) zu reproduzieren. Insofern lenkt Weber den Blick (selbstredend) explizit auf deren sozialstrukturelle Verortung und verknüpft diese mit Mentalitäts-Aspekten. Man könnte insofern sagen, dass Unternehmertum auf einer spezifischen Art der Status-Arbeit beruht und dass diese eine hohe Kapitalausstattung im Bourdieu'schen Sinne benötigt (Bourdieu 1983; Deutschmann 2010). Ob der unternehmerische Geist rentabel verfängt, ist folglich vor allem eine Frage der sozialen, ökonomischen sowie kulturellen Kapitalausstattung, somit abhängig von der sozialstrukturellen Verortung sowie von feldspezifischen Bedingungskonstellationen und korreliert nicht zuletzt mit der Chance zur sozialen Aufwärtsmobilität. Was sich daher mit Weber als soziale Eigenschaft des Unternehmers ausmachen lässt, ist, dass der Unternehmer in der Regel ein Protagonist einer »positiv privilegierten Erwerbsklasse« (Weber 1972: 178) ist; sei es, dass er die »Leitung der Güterbeschaffung« in seinem Interesse monopolisiere, sei es, dass er sich seine Position sichere, indem er die »Wirtschaftspolitik der politischen und andern Verbände« (ebenda) zu seinen Gunsten beeinflusse.

Die Diskussionen um neue Kulturunternehmer setzen hingegen an einem emphatischen Begriff von Unternehmertum an, wie ihn etwa Fueglistaller et al. (2012) umreißen. So wird der Unternehmer in einen Cultural Entrepreneur verwandelt (vgl. Mandel 2007). In der Diktion von Davies und Ford wird daraus ein Culturepreneur. Er repräsentiere eine Hybridisierung von vormals getrennten Logiken – eine kulturelle Logik und eine wirtschaftliche Logik im Sinne Bourdieus (2001a). Die Kernthese ist dabei, dass die Produkte respektive das, was vormals als künstlerisches Werk galt, nun als Ware betrachtet wird und der Culturepreneur als deren Vermarkter agiert (Steets 2011: 100; vgl. auch Lange 2007).[7] Darüber hinausgehend berücksichtigt Matthias Euteneuer

---

7 | Lange (2007) nutzt die These vom Culturepreneur, um Handlungslogiken »im Bereich der heutigen Kreativwirtschaft.« (Lange 2007: 270) zu umschreiben. In Anlehnung an das begriffsprägende Verständnis von Davies/Ford (2000) kommt er zu dem Ergebnis, dass Akteure der KuK »ein funktionales Relais zwischen den strukturlogisch voneinander abgeschotteten Bereichen Wirtschaft und Kultur dar[stellen].« (Lange 2007: 271). Sodann identifiziert er »zwei Strukturtypen« von Culturepreneurs. Zum einen würden sie – wie bei Davies/Ford bereits definitorisch angelegt – Brücken schlagen zwischen Wirtschaft und Kultur (Lange 2007: 314), sofern sie in einem marktförmig formatierten Kulturberuf arbeiten (vgl. ebd.: 311). Zum anderen handele es sich um einen Akteurstypus, dessen Praktiken »systematisch als eine Steigerung [...] von Optionen zu lesen ist« (ebd.: 315), also ein Optionssteigerer. Inwieweit dieser Akteurstypus durch sein unternehmerisches Handeln nicht nur kulturelle Handlungslogiken transformiert, sondern auch die eigenen wirtschaftlichen Optionen steigert, indem er seinen Lebensunterhalt sichern kann und/oder inwieweit es sich dabei um wirtschaftlich rentable Unternehmungen handelt, die mit der Schaffung von Arbeitsplätzen verbunden

(2011) in seiner Studie über »Kulturunternehmer« auch ökonomische Fragen, obgleich er sich auf die Erforschung arbeitsethischer Dispositionen konzentriert (ebd.: 39). Er kann in seiner handlungstheoretisch erhellenden Studie empirisch zeigen, dass wert- und zweckorientiertes Handeln koexistente, aber typologisch variierende Muster im unternehmerischen Handeln sind. Er kommt zu dem Schluss, dass sich wirtschaftlicher und emotionaler Handlungsantrieb »hervorragend« miteinander vertragen. Dennoch werden diese soziokulturellen Handlungsdispositionen kaum ins Verhältnis zu sozioökonomisch oder soziopolitisch begünstigenden oder beschränkenden Konstellationen gesetzt und damit wichtige gesellschaftliche Kontextbedingungen dieser unternehmerisch orientierten Status-Arbeit nicht geprüft. Dass indes Unternehmer von zweckrationalen *und* wertrationalen Motiven angetrieben sind, ist, wie gezeigt, bereits im Unternehmerbegriff von Schumpeter angelegt. Insofern bleibt als Kerneigenschaft eines Schumpeterian'ischen Unternehmers nicht die Kombination von zweckrationaler und wertrationaler Handlungslogik, sondern die Verfügbarkeit über Arbeit und Produktionsmittel, die Frage nach wirtschaftlichem Erfolg sowie Innovation und die Frage der individuellen sozialen sowie allgemein gesellschaftlichen Kontextbedingungen.

Der Ressourcenfrage im Sinne ökonomischer Risiken widmet sich hingegen die neuere, soziologische Unternehmerforschung. Zentral ist hierbei der Terminus des prekären Unternehmertums (Bührmann/Pongratz 2010). Zugrunde gelegt wird ein marktorientiertes Verständnis von Unternehmer. Demzufolge sei »jede Person Unternehmer/in, die zu Erwerbs- und Gewinnzwecken auf eigene Rechnung und in eigener Verantwortung Güter oder Dienstleistungen produziert (oder produzieren lässt) und sie zu vermarkten versucht« (ebd.: 9). Weniger als dass hier an die überschwängliche Debatte um Entreprenuership angeschlossen würde, ist der Blick auf prekäre Unternehmer ein Versuch, die Diskussion um neue Selbständige terminologisch zu präzisieren. Sie steht außerdem dafür, den von der Soziologie lange vernachlässigten Unternehmerbegriff aufzugreifen und in einen zeitgemäßen gesellschaftlichen Kontext einzuordnen, indem auf eine Erosion des »Normal-Unternehmertums« hingewiesen wird (Bührmann 2007; Bögenhold/Leicht 2000).

Besonderer Wert wird darauf gelegt, dass die neuen Unternehmer anders gründen, nicht mehr ohne Weiteres auf wirtschaftlichen Expansionskurs sind und auch nicht unbedingt einen Arbeitgeberstatus anstreben (Bührmann 2010: 46). Als Kriterium für Unternehmertum wird vielmehr weisungsungebundene Arbeit und das eigenverantwortliche Tragen von marktinduzierten

---

ist, wie Fueglistaller et al. (2012) als Kennzeichen des Entrepreneurs ausmachen, bleibt indes unerwähnt, da weder die sozioökonomischen Bedingungen der betrachteten Culturepreneurs wie z.B. deren Einkommensverhältnisse noch die betriebswirtschaftliche Effizienz von Kulturunternehmern erläutert werden.

Risiken (das sogenannte »unternehmerische« Risiko) heran gezogen; weniger bedeutsam scheint ein Arbeitgeberstatus, Kapitalverfügung, Gewinnstreben und die Frage sozialer Mobilitätsbedingungen zu sein. Typisch sei vielmehr eine sozioökonomische Konstellation, die sich durch »ein ›Überleben‹ am Markt ohne nachhaltigen Markterfolg« auszeichne (Pongratz/Simon 2010: 39).

Hervorgehoben wird in dieser Diskussion folglich, dass sich Unternehmer unter den gegenwärtigen historisch-gesellschaftlichen Bedingungen »häufig über lange Phasen [...] in einer Prekaritätszone zwischen Erfolg und Scheitern«, bewegen (Bührmann/Pongratz 2010: 12). Insofern würden sich die neuen Unternehmer vom Normalunternehmer des industriegesellschaftlichen Zeitalters vor allem durch eine anhaltend unsichere Marktposition unterscheiden. Das allerdings ist nur ein scheinbarer Unterschied zum Unternehmer Schumpeter'scher Provenienz, denn eine ökonomisch grundsätzlich unsichere Lage liegt ja im Wesen des Unternehmertums (Beckert 1997). Was die neuen Unternehmer hingegen tatsächlich von ihrem industriegesellschaftlichen Vorbild unterscheidet, ist das häufige Fehlen eines unbedingten, wirtschaftlichen Erfolgswillens, wie Bührmann/Pongratz (2010: 10) schreiben, aber auch etwa Lange (2007) in seiner Untersuchung über Culturepreneurs festgestellt hat.

Soziologisch weiterführend scheint mir insbesondere der Hinweis von Bührmann/Pongratz zu sein, wenn sie konkretisieren, dass die Interessen von prekären Unternehmern darauf beruhen, eine bestimmte Idee zu verwirklichen, weil sich ihnen eine Gelegenheit bietet oder weil sie soziale Abstiegsängste in den Griff kriegen wollen (Bührmann/Pongratz 2010: 10). Herunter gebrochen auf eine praktische Ebene ließe sich dieses Interesse so übersetzen, dass es im Kern um die Bestreitung des Lebensunterhalts im Rahmen einer selbstbestimmten Arbeit und unter den Bedingungen sozioökonomischer Ungewissheit geht. Die Frage, wer als Unternehmer gilt, lässt sich demnach nicht allein auf einer handlungstheoretischen Ebene beantworten, sondern bedarf einer Analyse der Kräfteverhältnisse im sozialen Raum. Denn wer sich dynamisch geriert, gute Geschäftsideen hat oder sich flexibel den Marktbedingungen anpasst, hat noch längst nicht alle nötigen Ressourcen beisammen, um wirtschaftlich erfolgreich zu sein, oder auch nur den eigenen Lebensunterhalt zu verdienen.

Die Berücksichtigung von sozialstrukturellen Bedingungskonstellationen kommt jedoch im arbeitsgesellschaftlichen Modernisierungsdiskurs KuK ebenso zu kurz wie in den gängigen Diagnosen über Kulturunternehmer. Der diskursive Rahmen KuK verwandelt vielmehr die Idee, dass sich Wirtschaft und Kultur nicht vertragen in eine strukturelle Verwandtschaft, in der es gleichwohl nicht wirklich um eine Analyse von deren Wechselwirkungen geht. Eingelagert vielmehr in einen Horizont der Creative Economy steht unternehmerischer Erfolg, gemessen an volkswirtschaftlichen Kennziffern, im Zentrum der Betrachtung – eine Perspektive, die die Diskussion um die

KuK von Beginn an auszeichnet; etwa wenn konstatiert wird, dass Kultur die Voraussetzung für eine prosperierende Ökonomie sei (Enquete-Bericht 2007; vgl. Reckwitz 2012: 143f.).

Wenngleich der Abschied von der Idee, dass wirtschaftliche Interessen per se Gift für künstlerisch-kreative Schaffensprozesse sei, aus der Perspektive dieser Untersuchung durchaus zu begrüßen ist, scheint das im politischen Raum verwandte Konzept der KuK doch primär einem »Glaubenssatz« im Sinne von Boltanski/Chiapello (2003) zu entsprechen, das in seinem Glauben an die kulturell ausgelöste, ökonomische Prosperität einen überschießenden Effé produziert. Als diskursiver Appell kommt hierin vielmehr die andere Seite der Medaille von Boltanski/Chiapellos Osmose-These zum Vorschein: konstatieren diese (2003: 359), dass Manager wie Künstler sein sollen, sollen Künstler sowie alle Personengruppen, die nun als »Kreative« firmieren, zum Manager bzw. zum unternehmerischen Selbst mit ebensolchem Ehrgeiz werden und im Schumpeter'schen Sinne zu wirtschaftlichem Fortschritt beitragen. In dieser semantische Konstruktion von Künstlern und Kreativen als neuem Unternehmertypus werden insofern soziale und ökonomische Handlungsrationalitäten neu verschränkt: Das Spannungsfeld, in dem sich Akteur_innen künstlerisch-kreativer Erwerbsfelder traditionell befinden, jenes von wirtschaftlicher und künstlerischer Rationalität, wird seiner sozial(historisch)en Widersprüche entkleidet und nurmehr als wirtschaftlicher Drang konstruiert.

Infolgedessen werden im Diskussionskontext der Kultur- und Kreativwirtschaft Akteur_innen künstlerisch-kreativer Erwerbsfelder als Wirtschaftssubjekte adressiert, die einen Wandel von wirtschaftlichen Strukturen vorantreiben, indem sie innovative Arbeits- und Wirtschaftsformen erproben würden. Sie werden als gesellschaftliche Erneuerer und als kreative Entrepreneure (Horneber 2013) betrachtet. Der Kreativwirtschaft wird »ein hohes Innovationspotential« (Kreativwirtschaftsbericht Hamburg 2012: 18) attestiert, das »Modelle liefern [könne, A.M.], mit denen der Wandel zur Informations- und Wissensgesellschaft beschleunigt werden kann« (ebenda). Dementsprechend wird nun der gesellschaftliche Wert von künstlerisch-kreativer Arbeit im »schöpferischen Akt« als »wirtschaftlich relevante[r] Ausgangskern« (Söndermann 2009a: 24ff.), verortet. Insofern wird zum einen die Markttauglichkeit kreativ-künstlerischer Produkte und Dienstleistungen zum Gradmesser für künstlerisch-kreative Arbeit. Zum anderen wird eine subjektive, wirtschaftliche Erfolgsorientierung zum Maßstab für Kreative.

*Zusammengefasst*: Um selbständige Akteur_innen, gleich in welchem Feld, als Unternehmer zu fassen, reicht allein die aktuelle Marktlage oder das Vorliegen eines subjektiv unternehmerischen Geistes als Definitionskriterium nicht hin. Vielmehr ist unternehmerisches Handeln immer auch aus einer sozialstrukturellen Perspektive zu betrachten und zu eruieren, inwieweit es sich aus der gesamtgesellschaftlichen Arbeitsteilung heraus erklären lässt. Zudem liegt ein wesentlicher Unterscheid zwischen Unternehmern und neuen, unternehmerisch agierenden Selbständigen darin, dass die Einen aus einer Position der gesellschaftlichen Stärke heraus agieren, die sich nicht zuletzt in einer Machtfülle von Arbeits- und Produktionsmitteln zeigt, während Alleinselbständigen überwiegend nicht nur Gewinnstreben und Arbeits- und Produktionsmittel abgehen, sondern, wie aktuelle Untersuchungen zur Sozialstruktur von Solo-Selbständigen zeigen, vorrangig im privaten Dienstleistungsbereich agieren und als Freiberufler oder in prekären Segmenten des Arbeitsmarktes auftreten (vgl. Manske/Scheffelmeier 2015).

Um also zu beurteilen, ob und wann es sich um Kultur-Unternehmer_innen handelt, ist es unbefriedigend sie alleine so zu definieren, dass sie »in eigenständiger Initiative Güter oder Dienstleistungen entwickeln und produzieren (lassen), die subjektiv neuartig sind, und diese unter Inkaufnahme von Unsicherheiten auf dem Markt anbieten.« (Euteneuer 2011: 72). Vielmehr bedürfte es auch hier einer stärkeren Reflexion der sozialräumlichen Position der Unternehmerpersönlichkeit sowie der gesellschaftlichen Bedingungskonstellationen für unternehmerisches Handeln.[8] Denn »subjektiv neuartig« ist im Zweifelsfall auch die wechselnde Saisonware einer Modedesignerin, die mehr oder weniger verzweifelt versucht mit ihrem eigenen Modelabel am Markt zu reüssieren. Sofern den neuen Unternehmer_innen also ein unbedingter wirtschaftlicher Erfolgswille abgeht, ist im Anschluss zu fragen, was denn dann deren Interessen sind und inwieweit sich diese sinnvollerweise als unternehmerisch etikettieren lassen.

## 5.2 Arbeits- und Beschäftigungsverhältnisse

### 5.2.1 Beschäftigungsentwicklung

Die Beschäftigungszahlen in der KuK steigen seit Jahren beständig. Laut BMWi-Bericht umfasste die KuK im Jahr 2006 insgesamt 1,4 Millionen Erwerbstätige (Söndermann 2009a: 53), während bereits sechs Jahre später, nämlich im Jahr 2012 von 1.628.730 Erwerbstätige ausgegangen wird (Bertschek et al. 2014: 10).

---

[8] Wie etwa der Börsengang des Internet-Unternehmens der »Zalando-Brüder« ebenfalls dokumentiert, handelt es sich bei ihnen nicht etwa um Sprösslinge eines Schlossers, Elektrikers oder Tischlers, sondern um Abkömmlinge einer erfolgreichen Unternehmerfamilie (http://de.wikipedia.org/wiki/Br%C3%BCder_Samwer#Familie_und_Herkunft, 10.12.14; www.zeit.de/wirtschaft/unternehmen/2014-09/rocket-internet-boersengang-samwer-brueder, 10.12.14).

Auf Basis der Umsatzsteuerstatististik des Statistischen Bundesamtes (Destatis) und der Statistik der Bundesagentur für Arbeit zeigt Söndermann (2012), wie sich die Erwerbsstrukturen zwischen dem Jahr 2000 und dem Jahr 2010 verändert haben. Abbildung 1 ist zu entnehmen, dass die Zuwachsraten in manchen Erwerbsfeldern wie z.b. im hier relevanten der angewandten Bildenden Kunst, worunter die Designbranche statistisch subsumiert wird, in diesem Zehnjahres-Zeitraum bei über 90 Prozent liegen. Überwiegend stammt der Zuwachs aus ansteigenden Selbständigen-Zahlen. Im Falle der angewandten Bildenden Kunst jedoch zu einem höheren Anteil aus der Zunahme von abhängigen Beschäftigungsverhältnissen. Dies heißt jedoch nicht, dass es sich dabei um Normalarbeitsverhältnisse handeln würde. Vielmehr verbergen sich dahinter häufig auch geringfügige Beschäftigungsverhältnisse (vgl. auch Kap. 2.4).

Wie aus Abbildung 2 hervor geht, sind sogenannte atypische Arbeitsverhältnisse in der Kultur- und Kreativwirtschaft überdurchschnittlich häufig vertreten. Im Jahr 2012 gehen 37,5 Prozent aller Erwerbstätigen der KuK einer geringfügigen Erwerbsarbeit nach, sind also entweder auf Minijob-Basis beschäftigt oder bleiben mit ihrem selbständig erwirtschafteten Einkommen unterhalb der Umsatzsteuergrenze (Bertschek et al. 2014: 10). Als nicht geringfügig erwerbstätig gelten demnach 62,5 Prozent aller Erwerbstätigen, davon gut 15 Prozent auf selbständiger und gut 47 Prozent auf abhängig beschäftiger Basis. Daraus zu schlussfolgern, dass fast die Hälfte aller gewissermaßen vollwertigen Arbeitsverhältnisse auf einer dauerhaften und in Vollzeit ausgeführten Erwerbsarbeit beruhen, wäre ein Trugschluss. Vielmehr ist ein hoher Anteil auf Teilzeitbasis beschäftigt. Der Anteil der Selbständigen auf geringfügiger Basis liegt bei insgesamt 14,4 Prozent[9], jener in abhängiger Beschäftigung bei 23 Prozent. Mit anderen Worten liegt bei der Gruppe der Selbständigen geringfügige Erwerbstätigkeit gleichauf mit existenzsichernder Arbeit. Abbildung 2 zeigt die Struktur der Arbeitsverhältnisse in der KuK und die erläuterte Verteilung auf die unterschiedlichen Erwerbsgruppen.

---

9 | Als geringfügig erwerbstätig betrachten Bertschek e al. (2014) neben den sogenannten Minijobs jene Selbstständige, deren Jahresumsatz unter 17.500 Euro liegt.

*Abbildung 1: Anzahl der Erwerbstätigen in den Kulturberufen*

| Anzahl der Erwerbstätigen insgesamt, Selbständige und abhängig Beschäftigte, Veränderung 2010 gegenüber 2001 in Prozent | | | | | |
|---|---|---|---|---|---|
| BO-Nr. | Berufsgruppe | Insgesamt | Insgesamt | Selbständige | abhängig Beschäftigte |
| | | Anzahl 2010 | Veränderung in % 2010/2001 | | |
| I. Künstlerische Kulturberufe | | | | | |
| 83 | Künstlerische und zugeordnete Berufe | 511.000 | 48% | 63% | 36% |
| darunter: | | | | | |
| 831 | Musiker/innen | 65.000 | 51% | 70% | 35% |
| 832 | Darstellende Künstler/innen | 50.000 | 35% | 71% | 5% |
| 833 | Bildende Künstler/innen | 35.000 | 9% | 10% | 0% |
| 834 | Bildende Künstler/innen | 187.000 | 93% | 82% | 102% |
| 835 | Künstlerische u. zugeordnete Berufe | 77.000 | 40% | 100% | 22% |
| 837 | Fotografen/innen | 35.000 | 17% | 60% | -27% |
| 838 | Artisten/Artistinnen, Berufssportler | 13.000 | 63% | - | - |
| II. Publizistische Kulturberufe | | | | | |
| 82 | Publizistische und verwandte Berufe | 275.000 | 27% | 50% | 17% |
| davon: | | | | | |
| 821 | Publizisten/innen | 160.000 | 30% | 48% | 19% |
| 822 | Dolmetscher/innen | 40.000 | 48% | 86% | 8% |
| 823 | Bibliothekare/innen | 75.000 | 12% | 0% | 16% |
| III. Weitere Kulturberufe | | | | | |
| 609 | Architekten/innen, Raumplaner/innen | 123.000 | 8% | 8% | 8% |
| 703 | Werbefachleute | 190.000 | 104% | 50% | 119% |
| 875 | Lehrer/innen für musische Fächer | 55.000 | 28% | 56% | 8% |
| 882 | Geisteswissenschaftler/innen | 30.000 | 67% | 20% | 85% |
| IV. Handwerkliche Kulturberufe* | | | | | |
| | Keine Angaben | - | - | - | - |
| I.-III. Kulturberufe insgesamt | | 1.184.000 | 43% | 50% | 39% |
| Insgesamt | Alle Erwerbstätigen | 38.938.000 | 6% | 17% | 5% |
| Anteil Kulturberufe an allen Erwerbstätigen | | 3,0% | - | - | - |

aus: Söndermann 2012: 33.

*Abbildung 2: Struktur der Erwerbstätigen in der Kultur- und Kreativwirtschaft*

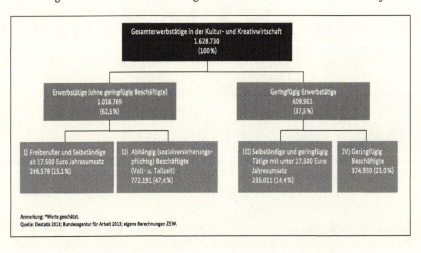

aus: Bertschek et al. 2014: 10.

5. Regierungsverhältnisse von künstlerisch-kreativer Arbeit    195

Dass die Anzahl der geringfügigen Beschäftigungsverhältnisse konstant ansteigt, ist Abbildung 3 zu entnehmen. Sie zeigt, dass diese Beschäftigungsform insbesondere nach der Finanz- und Wirtschaftskrise im Jahr 2008 besonders stark angewachsen ist. Lag deren Anteil im Jahr 2003 bei 20 Prozent, ist er bis zum Jahr 2010 auf 30 Prozent gestiegen. Dieser Trend könnte daher einerseits auf die Fragmentierung und Umwandlung von Vollzeit- bzw. Teilzeitarbeit in kleinere Beschäftigungsverhältnisse verweisen, andererseits hängt er möglicherweise auch mit einer gewissermaßen sicherheitsorientierten Nachfrage der Arbeitskräfte zusammen. Denn wer an der Armutsschwelle wirtschaftet, dem erscheint ein sozialversicherungspflichtiger Minijob möglicherweise als ein Einfallstor in die soziale Sicherheit respektive in den Wohlfahrtsstaat. In Kapitel 6 wird auf diese Problematik zurückzukommen sein, wenn es konkret um die Designbranche geht.

*Abbildung 3: Anteil der sv-pflichtig und geringfügig Beschäftigten in der KuK*

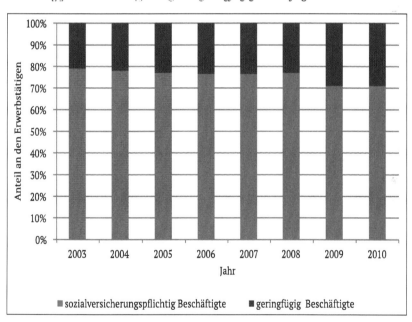

aus: Zimmermann/Schulz/Hufnagel 2013: 125

Festzuhalten ist, dass sich die Arbeits- und Produktionsbedingungen in der KuK vorwiegend in unsicheren, meist projektorientierten Arbeitsverhältnissen ausdrücken, was gleichzusetzen ist mit Arbeiten außerhalb institutioneller Rahmenbedingungen und sozialer Sicherungssysteme. Der Zuwachs von projektorientierten Arbeitsverhältnissen, die in Bertschek et al. (2014) als »geringfügig«[10] ausgewiesen werden, hat über die Jahre den größten Anteil am Gesamtwachstum. Im BMWi-Bericht von Söndermann (2009a) wird ebenfalls konzediert, dass aufgrund der Rationalisierung von sozialversicherungspflichtigen Stellen vorwiegend unsichere und flexible Arbeits- und Beschäftigungsverhältnisse wie z.b. Minijobs entstanden sind und dass die Anzahl sog. freier Mitarbeiterverhältnisse beständig steigt (ebd.: 52). Dennoch kommt der Bericht zu folgender Schlussfolgerung: »*Die bisherige Beschränkung der politischen Debatte allein auf die sozialpolitische Dimension der Künstler wird nicht mehr ausreichen*« *(ebd.: 127)*. Eine »vertiefte Kenntnis der wirtschaftlichen Lage« sei notwendig, um die »künstlerische und kulturelle Produktion zur vollen Entfaltung« zu bringen (ebenda).

Demgegenüber zeigt die Sichtung der statistischen Berichterstattung, dass eine vertiefte Kenntnis der wirtschaftlichen Lage auch deshalb notwendig erscheint, um die Schärfe der sozialpolitischen Dimension voll zu erfassen. Darüber hinaus verdeutlicht die Analyse der politischen Berichterstattung, dass die wirtschaftlichen Aspekte der KuK in allen Berichten betont und beleuchtet werden, während eine explizit sozialpolitische Diskussion kaum stattfindet. Der Enquete-Bericht empfiehlt jedoch eine ebensolche (Enquete-Bericht 2007: 340). Er weist unter anderem auf Probleme hinsichtlich der sozialen Absicherung und Lebensplanung hin: Erwerbsbiografien seien von »Brüchen und insbesondere auch von erheblichen Schwankungen [des, A.M.] Einkommens gekennzeichnet« (ebd.: 339). Dies komme vor allem hinsichtlich der Aspekte von zunehmendem Alter, steigender Mieten, Kreativpausen oder Familiengründungen zum Tragen.

Sozialpolitische Probleme und erwerbsbiografische Unsicherheiten werden laut Enquete-Bericht bei der Betrachtung des Phänomens Kultur- und Kreativwirtschaft »noch zu sehr ausgeblendet« (ebenda). Dem ist nichts hinzuzufügen.

### 5.2.2 Erwerbs- und Unternehmensformen

Im Hinblick auf Erwerbsformen und auf die erwerbsstrukturelle Binnensegmentierung können innerhalb der KuK drei Gruppen unterschieden werden: die mittleren und großen Unternehmen, die Kleinstunternehmen mit maximal zehn Beschäftigten und die Ein-Personen-Unternehmen. 80 Prozent der KuK ist kleinteilig organisiert und beruht auf Mikro-Unternehmen mit im Durchschnitt weniger als fünf Angestellten (Söndermann 2009a). Die Unternehmensgröße wirkt sich wesentlich auf die Arbeitsbedingungen der Beschäftigten aus. Am schwierigsten ist die Situation für freiberuflich Tätige, da deren Erwerbslage professionell nicht reguliert ist. Dies betrifft etwa die Hälfte aller

---

**10** | Bertschek et al. (2014) nutzen den Begriff als Synonym für nicht existenzsichernde Arbeit.

Akteur_innen in künstlerisch-kreativen Erwerbsfeldern (ebd.: 16; Enquete-Bericht 2007: 339). Die strukturell signifikante Erwerbsform ist daher das Arbeiten als »Einzelkämpfer_in«.

Abbildung 4 gibt einen Überblick über die Unternehmensgrößen in der KuK. Sie zeigt, dass die Kleinstunternehmen bis max. zehn Beschäftigte mit fast 95 Prozent den größten Anteil stellen.

*Abbildung 4: Unternehmensgrößen in der KuK*

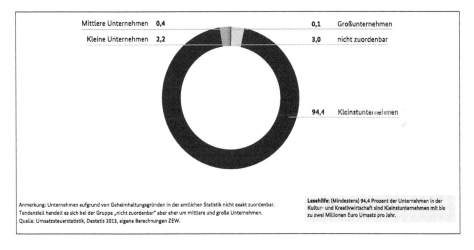

aus: Bertschek et al. 2014: 103

Ein Merkmal aktueller Entwicklungen in künstlerisch-kreativen Erwerbsfeldern ist zudem die Herausbildung von hybriden Erwerbsformen. Teils resultierend aus der zunehmenden Verflechtung von öffentlich geförderten und privatwirtschaftlich regulierten Erwerbsfeldern ist eine zunehmende Anzahl künstlerisch-kreativ Erwerbstätiger entweder sequenziell oder zeitgleich selbständig *und* abhängig beschäftigt (Ebert et al. 2012; Keuchel 2009). Diese Personengruppe gilt unter bestimmten Voraussetzungen und nach dem Künstlersozialversicherungsgesetz (KSVG) nicht als selbständig. Wie in Kap. 2.4.2 dargelegt, können Künstler zwar ein Nebeneinkommen aus einer nicht-künstlerischen Tätigkeit erzielen, solange dieses die Geringfügigkeitsgrenze nicht überschreitet. Sobald diese überschritten wird, gilt die Tätigkeit mit der höheren, wirtschaftlichen Bedeutung (Arbeitszeit und Vergütung) als ausschlaggebendes Versicherungskriterium. Zudem werden auch im künstlerisch-kreativen Bereich viele Aufträge informell und unter der Hand vergeben. Hier existiert eine Grauzone. Unseres Erachtens verweist dies aber weniger auf etwaige kriminelle Energien der Akteur_innen als auf Prekarisierungsprozesse. Denn sowohl die Zunahme von Erwerbsmischformen als auch die Grauzone informeller Arbeitsverhältnisse wird oftmals kombiniert mit geringfügigen Beschäftigungsverhältnissen und/oder als Brücke in neue Projekte genutzt. Ohne solcherart erwirtschaftetes Einkommen könnten einige in der KuK Erwerbstätige ihren Lebensunterhalt nicht eigenständig sichern.

### 5.2.3 Einkommensverhältnisse

Untersuchungen über die Einkommenslage in künstlerisch-kreativen Erwerbsfeldern haben in der Vergangenheit zwei Tendenzen aufgezeigt: Zum einen liegen die erzielten Durchschnittseinkommen weit unter dem, was andere Erwerbstätige mit vergleichbarem Bildungsniveau erzielen. Zum anderen unterliegen die Einkommenshöhen vergleichsweise großen Schwankungen und einer starken sozialen Polarisierung (Haak 2005: 5).

So sind Akteur_innen künstlerisch-kreativer Erwerbsfelder im Allgemeinen zwar überdurchschnittlich hoch gebildet, verdienen im Schnitt aber unterdurchschnittlich wenig Geld. 40 Prozent aller Erwerbstätigen in künstlerisch-kreativen Erwerbsfeldern haben einen akademischem Abschluss (gegenüber 22 Prozent im SOEP-Durchschnitt) (Schulz/Zimmermann/Hufnagel 2013: 223). Ihr Stundenlohn liegt im Mittel aber um 11,9 Prozent unter dem Durchschnitt (ebd.: 232). Auch unabhängig vom Bildungsstatus sind die Einkommensverhältnisse vergleichsweise gering. Sowohl auf Ebene der individuellen Bruttoerwerbseinkommen als auch auf Ebene der Haushaltsnettoeinkommen sind die in künstlerisch-kreativen Erwerbsfeldern erzielten Einkommen niedriger als im SOEP-Durchschnitt (ebd.: 222). Dies gilt insbesondere für die wachsende Anzahl von freiberuflich Erwerbstätigen (ebd.: 158).

Das typische Muster der Statusverteilung ist daher die Kombination von überdurchschnittlicher Bildung und unterdurchschnittlichem Einkommen. Wie etwa Betzelt (2006), Haak (2008) oder Manske (2007a) gezeigt haben, stehen Beschäftigungsgruppen aus dem Kreativ- und Kulturbereich für ein strukturelles Phänomen, das sich als milieuspezifische, systematische Entkoppelung der meritokratische Triade von Bildung – Beruf – Einkommen bezeichnen lässt. Wenngleich der Zusammenhang von Bildung, Beruf und Einkommen in den klassischen Kunstfeldern gewissermaßen schon immer vergleichsweise locker gestrickt war, dehnt sich das genannte Muster aufgrund der sozialen Entgrenzung von künstlerisch-kreative Arbeit einerseits und der konstatierten, interdependenten Verflechtung ihrer verschiedenen Felder andererseits auf einen anwachsenden Personenkreis aus.

So lösen sich in diesen Zonen des sozialen Raums industriegesellschaftliche Statusbedingungen nicht nur zunehmend auf. Die massiven, empirischen Strukturveränderungen in künstlerisch-kreativen Erwerbsfeldern treffen auf sozialversicherungsrechtliche Konstruktionsprinzipien der Künstlersozialversicherung, die den Status der Unschärfe in diesen Feldern verschärfen. In der Kombination dieser Faktoren werden soziale Exklusionseffekte bzw. eine zunehmende und überwiegend prekäre Marktabhängigkeit der Akteur_innen nachhaltig forciert.

### 5.2.4 Mitbestimmung und Interessenvertretung

Die außerordentlichen beschäftigungspolitischen Dynamiken in der Kultur- und Kreativwirtschaft werfen die Frage nach arbeitspolitischen Regierungsmodi auf. Aus traditioneller Perspektive ist der Betrieb der entscheidende Ort, an dem die Interessen zwischen Kapital und Arbeit ausgehandelt werden (Trinczek 2010). Demnach werden als Interessenpolitik »die wirtschaftlichen Austauschprozesse und sozialen Kooperations- und Konfliktbeziehungen zwischen Kapital und Arbeit bzw. zwischen den sie repräsentierenden Akteure im Betrieb« (Müller-Jentsch 2007: 9) bezeichnet. Demgegenüber ist an dieser Stelle zu eruieren, wie und welche Interessen in weitgehender Abwesenheit von sowohl institutionalisierten, kollektiven Akteuren als auch ohne betrieblichen Rahmen organisiert werden können. Zu berücksichtigen sind hierbei die spezifischen und arbeitspolitisch relevanten Interessenlagen der Akteur_innen sowie die strukturell spezifischen Problemkonstellationen, die sich in tendenziell ent-betrieblichten Arbeitskontexten stellen (vgl. Hirsch-Kreinsen/Ittermann 2013: 457). Ob bzw. wie gestaltet sich dort kollektive Interessenvertretung und welche Bedeutung hat dieses Arbeitsmarktsegment für den Wandel der industriellen Beziehungen in Deutschland?

Traditionell ist der deutsche Arbeitsmarkt von einer relativ hohen Beschäftigungssicherheit des Normalarbeitsverhältnisses, durch einen ausgeprägten Kündigungsschutz und eine starke Mitbestimmung in den Betrieben gekennzeichnet (vgl. Giesecke/Groß 2005: 25f.). Im traditionellen System der industriellen Beziehungen in Deutschland werden jedoch seit einigen Jahren Krisentendenzen ausgemacht (Schmierl 2001: 429ff.). Besonders die unter dem Begriff der »Entbetrieblichung« diskutierten Dezentralisierungs- und Entsolidarisierungstendenzen tragen zu einer Schwächung der industriellen Beziehungen in ihrer industriegesellschaftlichen Ausformung bei (Rehder/Streeck 2003: 345ff.; Rehder 2003: 66f.; Hassel 2006: 321).

Die Schwächung gewerkschaftlicher und betriebsratlicher Interessenvertretung durch das Aufkommen projektbezogener, individueller und informeller Formen der Interessenartikulation und -vermittlung deutet auf eine Individualisierung der Mitbestimmung vor allem in hoch qualifizierten Segmenten des Arbeitsmarktes hin (vgl. Ittermann 2009; Schmierl 2001). Diagnostiziert wird eine Hybridisierung von Interessenstrukturen (Schmierl 2006) sowie die

Herausbildung von neuen, stärker informell geprägten Partizipationsstrukturen.[11]

Es kann davon ausgegangen werden, dass auch in der Designbranche Formen der Interessenvertretung abseits herkömmlicher Partizipationsmuster vorherrschen (Lange 2007; Henninger/Mayer-Ahuja 2005). Ebenfalls lassen bisherige Untersuchungen vermuten, dass die Designbranche aufgrund ihrer individualisierten Strukturen mit herkömmlichen gewerkschaftspolitischen Ansätzen schwer zu erschließen ist. Zudem hegen die Beschäftigten oftmals einen dezidierten Selbstvertretungsanspruch, der in eine Skepsis gegenüber dem industriegesellschaftlichen Geist der althergebrachten Interessenvertretung eingewoben ist. In Reaktion auf diese veränderte, interessenpolitische Situation haben sich Berufsorganisationen entwickelt, die als hybride kollektive Interessenvertretungsstrategien zu betrachten sind, wie Gottschall/Betzelt (2003) festhalten.

Hybride Interessenvertretungsstrategien artikulieren häufig eher professionspolitische Interessen und stehen insbesondere in Feldern der Medien- und Kulturbranchen in Konkurrenz zur traditionellen Arbeitspolitik, da sie als eine Reaktion auf die Entstrukturierung von Arbeitsbeziehungen und Arbeitsmärktenzu betrachten sind, so konstatiert etwa Hartmut Hirsch-Kreinsen (2009; Hirsch-Kreinsen/Ittermann 2013; vgl. auch Schnell 2008). Solche Berufsorganisationen, betonen Gottschall/Betzelt (2003), würden die zunehmende Heterogenität ihrer Klientel konstruktiv aufgreifen und in verschiedener Hinsicht zur Erneuerung der herkömmlichen industriellen Beziehungen beitragen. Zum anderen würden als Organisationsprinzipien »nicht traditionelle Kriterien wie spezielle zertifizierte Qualifikationsprofile gelten, sondern entweder offenere, branchenbezogene Merkmale oder die (Allein-)Selbständigkeit in einem breiten Berufsfeld wie beispielsweise Design.« (ebenda). Zugleich

---

**11** | Peter Ittermann zeigt in seiner Studie über »Unternehmen der neuen Medien« an der Schnittstelle zwischen IT- und Medienindustrie, dass dort der vorherrschende Modus der betrieblichen Mitbestimmung die direkte Partizipation ist (Ittermann 2009: 13, 45ff.). Er betont, dass Selbstvertretung nicht gleichbedeutend mit einer Abschaffung herkömmlicher Partizipationsmuster sei (ebd.: 278). Die neue dominante Form der Interessenvertretung vermittle sich über flache Hierarchien, Open-Door-Kultur und Face-to-Face-Kommunikation, Mitarbeitergespräche sowie Team-, Projekt- und Abteilungsmeetings. Gegenstand dieser Vertretungspraxen seien Zielvereinbarungen und arbeitsorganisatorische Verantwortlichkeiten sowie Fragen bezüglich Arbeitszeiten, -inhalte und -organisation. In dieser Hinsicht macht Ittermann ausgeprägte Gestaltungsspielräume und Mitentscheidungsmöglichkeiten aus. Bezüglich Beschäftigungssicherheit, Entgelt oder Qualifizierung seien die Mitbestimmungsmöglichkeiten im Rahmen selbstvertretungsgeprägter Mitbestimmungsstrukturen indes vergleichsweise schwach ausgeprägt (ebd.: 280; vgl. auch Abel/Ittermann 2006; Heidenreich/Töpsch 1998; Töpsch et al. 2001).

gelten speziell die neuen Kreativ- und Medienarbeiter_innen als Vertreter einer hoch individualisierten Netzwerkkultur, die auf informellen Bindungen beruht und Individuen nur mehr für die Dauer begrenzter Projekte zusammenführt (Menger 2006; Manske/Merkel 2008). Solidarische Bindungen, die über die unmittelbare Marktbehauptung hinausgehen, scheinen hier einen schweren Stand bzw. ausgedient zu haben. Ausdruck dieser Entwicklungen sind eine schwache Tarifbindung und wenig verbreitete Betriebsräte (Apitzsch 2010: 199; auch Windeler/Wirth 2010).

Apitzsch (2010: 206) wirft daher die Frage auf, inwieweit Netzwerkstrukturen als Ausgangspunkt für kollektive Formen der Interessenartikulation und -organisation dienen können. Einen Mobilisierungseffekt verspricht sie sich von der Anerkennung der Berufsidentität sowie der Erwerbsform als »gewerkschaftliches Aufnahmekriterium« (Apitzsch 2010: 215). Diesen Schritt allerdings hat ver.di mit der Initiative mediafon bereits vollzogen. Mediafon ist ein gewerkschaftlicher Service für Solo-Selbständige. Er bietet eine praxisnahe und individuelle Beratung, besitzt aber keine regulatorische Kraft im sozialpolitischen Sinne (www.mediafon.net; 20.08.13). Mediafon ist zweifellos Bestandteil der Erneuerung der herkömmlichen industriellen Beziehungen, bringt aber zugleich den damit verkoppelten Machtverlust auf den Punkt. Schließlich, so ist in Übereinstimmung mit Bögenhold/Fachinger (2010: 81) zu konstatieren, weisen diese Entwicklungen auf einen nachhaltigen Wandel von industriellen Beziehungen hin.

Hervorzuheben ist in unserem Kontext: Es fehlt einer arbeitspolitischen Organisierung angesichts der eher informellen Organisationsstrukturen und des hohen Individualisierungsgrades in der Kultur- und Kreativwirtschaft weitgehend an machtvollen Rezepten. Vielmehr scheinen sich hybride interessenpolitische Vertretungsstrukturen heraus zu bilden. Welchen Beitrag berufsständische Organisationen und branchenspezifische Verbände in den hier näher untersuchten künstlerisch-kreativen Erwerbsfeldern bei der kollektiven Interessenartikulation spielen und inwieweit sich deren arbeitspolitische Situation voneinander unterscheidet, ist eine empirische Frage, die es im weiteren Verlauf zu beleuchten gilt.

### 5.2.5 Projekte und Netzwerke

Seit den frühen 1990er Jahren weitet sich Projektarbeit als typische Arbeitsform im Kultursektor aus (Haak/Schmid 1999, Kap. 2.4.1). Heute ist künstlerisch-kreative Arbeit überwiegend *Projektarbeit*, und zwar unabhängig davon, ob es sich um öffentliche oder um privatwirtschaftliche Auftraggeber handelt. Projektarbeit changiert zwischen singulärer Aufgabe und dauerhafter Beschäftigung. Sie erfordert ein virtuoses Flexibilitätsmanagement (Bröckling 2007: 248). Denn es handelt sich dabei nicht notwendigerweise um einmalige Engagements, sondern um ungewisse und sich teils überlagernde Arbeits- und Beschäftigungsverhältnisse (Apitzsch 2010: 134). In projektgebundener Arbeit spiegelt sich demnach eine flexible Restrukturierung von Arbeitsorganisationen und Arbeitsbeziehungen mit lebensweltlichen Folgen wider, die zu einer arbeitszentrierten Neuorganisation des Lebenszusammenhangs führen können (vgl. Koppetsch 2006a). Informelle Prozesse und Netzwerke ersetzen hier vielfach professionelle, vertragliche und bürokratische Steuerungsformen (Apitzsch 2010: 118; auch Manske 2007b).

Im Unterschied zur betrieblichen Projektorientierung ist Projektarbeit in der KuK eine zumeist betrieblich ungebundene bzw. eine betrieblich nur temporär eingebundene Arbeitsorganisation. Bei betrieblich ungebundener Projektarbeit handelt es sich daher oftmals um Werk- oder Dienstverträge (vgl. Däubler 2011; Bonin/Zierahn 2012).[12] Auf Projektarbeitsmärkten bzw. in Arbeitsverhältnissen, die im Rahmen von Werkverträgen erbracht werden, kompensieren feldspezifische Netzwerkstrukturen nicht oder kaum vorhandene, arbeitspolitische und wohlfahrtsstaatliche Strukturen. Allerdings stiften Netzwerke zwar *partikulare Integration,* doch gehen damit insbesondere auf den vielfach informell organisierten Kultur- und Kreativarbeitsmärkten spezifische Abhängigkeitsverhältnisse sowie Konkurrenzverhältnisse einher, da Netzwerke einen ambivalenten Effekt der gleichzeitigen Kooperation *und* Konkurrenz haben. Netzwerke sind insofern immer auch Machtbeziehungen und geben Auskunft über die relative Stellung in einem sozialen Feld (vgl. Bourdieu/Wacquant 1996: 127). Neben der alltäglichen Unsicherheit und dem mit Projekt- bzw. Werkvertragsarbeit unvermeidbar verbundenen Aktivitätsdruck bilden sich auf solchen Arbeitsmärkten, so etwa Birgit Apitzsch (2010), historisch neue Abhängigkeiten heraus. Denn wie Boltanski/Chiapello (2003) in ihren Ausführungen zur »Projekt-Polis« argumentieren, bestehe der Erfolg von Projektarbeit nicht so sehr darin, »einen offenen Posten zu ergattern, sondern sich in einer Vielzahl von oftmals heterogenen Projekten zu engagieren« (ebd.: 358). Daraus entsteht eine neue Bewährungsordnung, die »Prekarisierung und Unsicherheit« (Raunig 2007: 73) fördert und den flexiblen Menschen (Sennett 2000) »in hohem Aktivitätsstatus« adressiert (Boltanski/Chiapello 2003: 149). Dabei gilt folgende Regel: je geringer die professionelle Regulierung, desto be-

---

**12** | Prinzipiell wird ein Werkvertrag von einer formal weisungsungebundenen, natürlichen Person ausgeführt, die als solo-selbständig gilt. Bei einem Werkvertrag wird ein bestimmter »Erfolg« geschuldet, der durch Arbeit herbeizuführen ist. »Er kann in der Herstellung einer bestimmten Sache (Tätigkeit eines Schneiders), aber auch in »immateriellen« Ergebnissen (Transport von A nach B) liegen. Tritt der Erfolg nicht ein, haftet der »Unternehmer« (= Auftragnehmer) gegenüber dem Besteller (=Auftraggeber) auf nachträgliche Erfüllung (»Nachbesserung«) hilfsweise auf Schadensersatz.« (Däubler 2011: 8).

deutsamer die eigenverantwortliche Verankerung in informellen Netzwerken und desto stärker die Entgrenzung von Arbeit und Leben (Apitzsch 2010: 20).

Um darüber hinaus die inhärente Logik des individuellen Aktivitätsgrads feldspezifisch abbilden zu können, ist nach Manske (2007b: 155) zwischen drei Arten von Netzwerken bzw. zwischen drei verschiedenen Netzwerkpraxen zu unterscheiden. Erstens horizontale Vernetzungen zwischen Kollegen mit der Funktion der Vermittlung von Aufträgen (z.b. auch Bürogemeinschaften), zweitens vertikale Netze als dauerhafte Beziehungen zwischen Unternehmen und Auftraggebern (privatwirtschaftlich sowie öffentlich) und drittens berufsübergreifende Netzwerke, welche auch private Kontakte umfassen. Diese können auch Formen des Zusammenhalts und des Austauschs stärken, wie Apitzsch (2010) am Beispiel informeller Koordinationsmuster am Beispiel der Filmbranche ausführt. So kann etwa ein ranghoher Mitarbeiter – in der Filmbranche wäre das z.b. der/die Kameramann/-frau – darauf dringen, mit einem bestimmten Assistenten zusammenzuarbeiten. Daraus ergeben sich selbstredend persönliche Abhängigkeiten ohne kodifizierte Rechte oder betriebliche Sekundärmacht. Über individuellen Erfolg und Scheitern in nicht betriebsförmig organisierter, projektförmiger Beschäftigung entscheidet demnach u.a. die Frage, ob und inwieweit es »Projektarbeiter« schaffen, einen Übergang von einem Projekt ins nächste zu vollziehen. Dies stelle die eigentliche Bewährungsprobe innerhalb der Projektlogik dar, wie Koppetsch (2006a: 101) in Anlehnung an Boltanski/Chiapello (2003) hervor hebt.

Projektarbeit ist insofern ein doppelschneidiges Schwert, da sich in ihr Kooperation und Konkurrenz komplementär zueinander verhalten (Bröckling 2007: 265).[13] Damit gehen sowohl spezifische *Freiheitsgrade in der Arbeit* einher als auch neue *Quellen sozialer Unsicherheit* – ein paradoxer Prozess also. Im Unterschied zur *tayloristischen* Arbeit bietet Projektarbeit einerseits größere Handlungs- und Gestaltungsspielräume bei der Arbeit (vgl. z.B. Frey 2009; Manske/Merkel 2008). Andererseits bergen Projektarbeitsverhältnisse andau-

---

13 | Das Thema Projektarbeit ist in auch in der arbeits- und industriesoziologischen Diskussion zu einem wichtigen Gegenstand geworden (vgl. z.B. Sauer/Döhl 1997; Moldaschl 2001; Voß et al. 2010). Nach arbeits- und industriesoziologischen Befunden taucht diese Form von Arbeit im Rahmen sogenannter Normalarbeit vermehrt seit Beginn der 1990er Jahre auf. Konstatiert wird, dass seitdem betriebliche Rationalisierungsstrategien greifen, die sich durch projektgesteuerte Arbeitsabläufe sowie Zielvereinbarungen auszeichnen. Dadurch würden bisherige Koordinations- und Kontrollmodi, die sich mit dem Schlagwort »Hierarchie« auf den Begriff bringen lassen, durch solche ersetzt, welche eher nach marktbezogenen Richtlinien funktionieren und zu einer Herausbildung eines marktzentrierten Kontrollmodus geführt haben (Marrs 2010; Sauer 2010). Folge sei ein steigender innerbetrieblicher Konkurrenzdruck, der auch die Arbeitsbeziehungen der Beschäftigten in Mitleidenschaft zieht (Moldaschl 2001: 133).

ernde »Bewährungsproben« und zudem neue Abhängigkeiten, die über das erfolgreiche Herstellen von Anschlussbeschäftigungen entscheiden und sich aus den meist informellen Koordinationsstrukturen in künstlerisch-kreativen Erwerbsfeldern ergeben. Diese Form der Arbeit ist insofern nicht nur nach den Regeln direkter Konkurrenz, sondern gleichfalls nach den Regeln indirekter Konkurrenz, also wie ein indirekter Wettbewerb organisiert, wie sich mit Simmel (1903/1983) differenzieren lässt. Während in der direkt rivalisierenden Konkurrenz beide bzw. beteiligte Parteien auf ein begehrtes Gut zielen, liegt der Fall bei einer indirekten Konkurrenz, die sich in den kurzfristigen Kooperationen von Projektarbeit einstellt, anders. Hier »besteht der Kampf überhaupt nur darin, dass jeder der Bewerber für sich auf das Ziel zustrebt, ohne eine Kraft auf den Gegner zu verwenden.« (Simmel 1983: 175).

Das Spezifikum von Projektarbeit in der KuK (wie auch in anderen prekären Feldern) liegt insofern darin, dass die Einzelnen für ein zeitlich befristetes Projekt engagiert werden oder selber ein Projekt, der oftmals ein Werkvertrag ist, akquirieren, häufig abseits arbeitspolitischer Einzugsbereiche, z.B. ohne tarifliche Bindung agieren, dafür aber für ihre soziale Absicherung selbst verantwortlich sind. Dementsprechend stellt die Art und Anzahl ihrer Projekte, deren Portfolio (Gill 2002) sowie Renommée im Kombination mit den darüber geknüpften, sozialen Kontakten ein zentrales Kapital dar, um sich im jeweiligen Feld zu platzieren. Wie zudem die Auswertung der statistischen Berichterstattung ergeben hat, erfolgt projektgebundene Arbeit in der KuK zunehmend unter Bedingungen, die Bertschek et al. (2014) als »geringfügige« Erwerbstätigkeit ausweisen. Dazu zählen sie sowohl, wie gezeigt wurde, selbstständige bzw. freiberufliche Arbeitsverhältnisse unterhalb der Umsatzsteuergrenze von 17.500 Euro wie auch geringfügige Beschäftigungsverhältnisse, die sogenannten Minijobs. Zusammen genommen entfallen auf diese beide Arbeitsformen fast 40 Prozent aller Erwerbstätigen in der KuK. Insofern impliziert Projektarbeit in der KuK nicht nur unsichere und informell koordinierte Arbeit. Projektarbeit ist hier vielmehr offenbar in einem steigenden Ausmaß gleichbedeutend mit prekärer Arbeit.

## 5.3 Wohlfahrtsstaatliche Regierung

In diesem Kapitel wird die gegenwärtige, wohlfahrtsstaatliche Absicherung von künstlerisch-kreativer Arbeit ausgeleuchtet – und hierfür auch auf eigenständig erhobene, empirische Befunde rekurriert. Grundsätzlich können drei Phasen deren wohlfahrtsstaatlicher Einhegung unterschieden werden. Bis in die 1960er Jahre waren Akteur_innen künstlerisch-kreativer Erwerbsfelder sozialpolitisch marginalisiert. Ab Mitte der 1960er Jahre wurde eine paradigmatische Wende eingeleitet. Künstlerisch-kreative Arbeit wurde sukzessive in die wohlfahrtsstaatliche Daseinsvorsorge einbezogen. Diese Phase war im Wesentlichen auf die sozial-liberale Regierungsära der 1970er Jahre und frühen 1980er Jahre beschränkt und wurde in Kap. 2.3 beleuchtet. Im Kontext allgemeiner wohlfahrtsstaatlicher Umbauprozesse und im Kontext des aktivierenden Wohlfahrtsstaates seit den mittleren 1990er Jahren unterliegt deren wohlfahrtsstaatliche Absicherung, so wird im Folgenden argumentiert, einem erneuten Paradigmenwandel.

Eingebettet in eine zunehmend marktliberale Perspektive auf künstlerisch-kreative Arbeit entzündet sich eine sozialpolitische Programmatik, die sich am allgemeinen wohlfahrtsstaatlichen Umbau und dem darin eingelagerten Aktivierungsparadigma orientiert. Zugleich weist sie pfadabhängige Eigenheiten auf. Das neue wohlfahrtsstaatlichen Arrangement lässt sich in den folgenden vier Punkten bündeln.

1. Künstlerisch-kreative Arbeit wird zunehmend als wirtschaftspolitische Ressource perspektiviert.
2. Akteur_innen künstlerisch-kreativer Erwerbsfelder gelten nicht mehr primär als schutzbedürftige Sozialbürger, sondern werden als defizitäre Unternehmer adressiert.
3. Der Künstlerbegriff wird entgrenzt und geht zunehmend im Terminus »Kreative« auf.
4. Es wird verstärkt auf wettbewerbsorientierte Steuerungsmaßnahmen von künstlerisch-kreativer Arbeit gesetzt.

### 5.3.1 Die KSK als gesellschaftspolitischer Streitfall

Seit dem Jahr 1983 werden selbständige Künstler und Publizisten durch das Künstlersozialversicherungsgesetz gegen die Wechselfälle des Lebens sozial versichert. Doch seit der 2000er Dekade ist die KSK immer wieder zu einem gesellschaftspolitischen Streitfall geworden.

Steigende Mitgliederzahlen und somit zunehmende Kosten bei gleichbleibenden institutionellen Ressourcen sowie teilweise nur partiell abgeführte Verwerterabgaben haben in jüngerer Zeit zu Diskussionen geführt, ob die KSK wirtschaftlich noch tragbar sei. »Angeführt von der Bundesvereinigung der Arbeitgeberverbände (BDA) und des Deutschen Industrie- und Handelskammertags (DIHK), assistiert vom Bund der Steuerzahler« (Öchsner 2013) insistieren diese, dass die sozialen Sicherungsinstitutionen reformbedürftig seien. Handlungsbedarf wird in der Grundsatzfrage ausgemacht, inwieweit künstlerisch-kreative Arbeit (noch) ein sozialpolitischer Sonderfall sei und insofern des besonderen wohlfahrtsstaatlichen Schutzes bedürfe. Wenngleich das zuständige Ministerium, anders als in den 1980er Jahren, laut Enquete-Bericht die Auffassung vertritt, dass Kulturschaffende heutzutage keiner »sozialpolitischen Sonderregelung« bedürfen (Enquete-Bericht 2007: 315), scheint der institutionelle Bestand der KSK derzeit nicht in Frage zu stehen.

Allerdings setzt auch der erwerbsstrukturelle Wandel von künstlerisch-kreativer Arbeit deren soziale Sicherungsinstitutionen unter Druck. Wurden zu Beginn der 1980er Jahre maximal 30.000 – 40.000 Versicherungsfälle erwartet, versichert die KSK im Jahr 2014 bald 180.000 Versicherte.[14] Dem mit der steigenden Anzahl von Versicherten verbundenen Kostenaufkommen begegnet die KSK seit Mitte der 1990er Jahre mit einer zunehmend restriktiven Aufnahmepolitik (Schnell 2007: 99).

Darüber hinaus wirft inzwischen auch die institutionelle Architektur der KSK Probleme auf. Die KSK beruht auf institutionellen sowie auf kulturpolitischen Annahmen der 1980er Jahre. Diese beziehen sich, wie zuvor diskutiert, zum einen auf die industriegesellschaftliche Normalitätsannahme eines lebenslang durchgängigen Erwerbsstatus, der eindeutig als *entweder* selbständig *oder* als abhängig einzustufen ist. Zum anderen wurde in den 1980er Jahren analog zur industriegesellschaftlichen Prägung des deutschen Wohlfahrtsregimes angenommen, dass der Kulturarbeitsmarkt eine Erwerbsnische ist und bleibt. Beide Annahmen gehen an der gegenwärtigen sozialen Wirklichkeit in der KuK vorbei (Betzelt/Fachinger 2004). Denn korrespondierend mit den veränderten Marktbedingungen kristallisieren sich neue Erwerbsstrategien von Kulturschaffenden heraus: Erwerbsmischformen, die auf einem Status der Unschärfe beruhen, wie in Kap. 2.4 ausgeführt wurde. Dies hat Folgen für deren sozialstaatliche Teilhabe, da die KSK nicht auf solche Erwerbsstrategien eingestellt ist. Akteur_innen mit nicht eindeutig als selbstständig zu klassifizierender Erwerbsform erlangen keinen Zugang zur Künstler-Sozialversicherung. Angesichts veränderter Marktverhältnisse haben Akteur_innen künstlerisch-kreativer Erwerbsfelder damit zu kämpfen, vom Wohlfahrtsstaat und damit institutionell als Künstler anerkannt zu werden.

Zudem werden Kulturschaffende in wechselnden Erwerbsformen, anders als in den 1970er Jahren, institutionell nur noch bedingt als arbeitnehmerähnlich anerkannt. Unstet sozialversicherungspflichtig beschäftigte Kulturschaffende erwerben unter bestimmten Voraussetzungen ein Recht auf Arbeitslosengeld.[15] Auch die zum 01. Februar 2006 eingeführte, freiwillige

---

**14** | www.kuenstlersozialkasse.de/wDeutsch/ksk_in_zahlen/statistik/versicherten-bestandaufbundesebene.php (11.6.2014.)
**15** | Im Rahmen der Hartz-Gesetzesreformen beschloss die rot-grüne Bundesregierung, dass Kulturschaffenden in kurzzeitiger, sozialversicherungspflichtiger Beschäftigung der Zugang zum Arbeitslosengeld I nur noch dann offen steht, wenn sie innerhalb der allgemeingültigen Rahmenfrist von 24 Monaten mindestens zwölf Monate in die Arbeitslosenversicherung eingezahlt haben. Bis zum 1. Februar 2006 galt für sie eine vorteilhaftere Frist von 36 Monaten (§124, Abs. 1 SGB III). Stattdessen müssen nun alle

Arbeitslosenversicherung für Selbstständige (§28a SGB III) ist für freiberuflich agierende Künstler und Kreative kaum relevant. Denn viele erfüllen die Versicherungsvoraussetzungen nicht. Die Zugangsberechtigung ist daran geknüpft, sich aus der institutionell anerkannten Erwerbslosigkeit heraus selbständig zu machen. Mit anderen Worten erhält nur Zugang in die freiwillige Erwerbslosenversicherung für Selbstständige, wer zuvor ALG I bezogen hat. Seit 2011 greift zudem die Regel, dass diese Versicherung nur zweimal in Anspruch genommen werden kann. Beim dritten Mal erlischt der Versicherungsanspruch (vgl. BMWi Existenzgründungsportal 2011). Da eine zunehmende Anzahl der künstlerisch-kreativ Erwerbstätigen überwiegend projektbezogen arbeitet und daher erwerbslose Phasen zum Alltag gehören, kommt diese Sozialversicherung für sie nur bedingt in Frage (Bieback 2012). Diese institutionellen Bedingungen führen dazu, dass viele Kulturschaffende Hartz IV als soziale Grundsicherung in Anspruch nehmen, was partiell wiederum einem politischen Anreiz zur Schwarzarbeit gleichkommt (vgl. Manske/Merkel 2008). Dennoch sind die jüngeren politischen Reformbemühungen der KSK nicht auf die veränderten Marktverhältnisse ausgelegt.

Insbesondere die Reform der KSK aus dem Jahr 2007 zog gesellschaftspolitische Konflikte nach sich. Kernstück war eine Verschärfung des Kontrollmodus der abgabepflichtigen Verwerterinstitutionen und der Versicherten sowie eine neue institutionelle Arbeitsteilung. Seitdem ist die Deutsche Rentenversicherung Bund für die Überprüfung der Verwerter zuständig (Manske 2013). Die verschärften Kontrollmaßnahmen haben zunächst dazu geführt, dass sich die Anzahl der beitragsabführenden Verwerter in den Jahren 2008 bis 2011 in etwa verdoppelt hat (Öchsner 2013; Protokoll der 37. Sitzung des Bundestags-Kulturausschuss'). Zwar hat sich auch das Durchschnittseinkommen der KSK-Versicherten im Vergleich leicht erhöht. Im Jahr 2011 lag es bei 13.668 Euro, im

---

überwiegend kurzfristig Beschäftigten vor der Arbeitslosigkeit nur noch sechs Monate Vorversicherungszeit nachweisen (vgl. Enquete-Bericht 2007: 315). Als kurzfristig beschäftigt gilt, wer absehbar nicht mehr als sechs Wochen sozialversicherungspflichtig beschäftigt ist und dessen Jahresverdienst 30.660 Euro nicht überschreitet. Die Verkürzung der Rahmenfrist bei Aufrechterhaltung der Anwartschaftszeiten hat nach ersten Auswertungen – wie befürchtet (Enquete-Bericht 2007: 315) – dazu geführt, dass viele Kulturschaffende, z.B. in Theater- oder Filmproduktionen die Anspruchsvoraussetzungen für ALG-I-Bezug nicht erfüllen (Protokoll der 37. Sitzung des Bundestags-Kulturausschuss'). Für die Betroffenen gilt somit die allgemeine Rahmenfrist von zwölf in 24 versicherungspflichtigen Monaten. Die Folge ist, dass viele der zunehmend unstet beschäftigten Kulturschaffenden aus der Sozialversicherung heraus fallen.

Jahr 2014 bei 14.992 Euro.[16] Nach wie vor liegt es am Rand der Armutsgefahrenzone (vgl. Datenreport 2011, 2013).

Im Jahr 2007 äußerte zunächst der Deutsche Industrie- und Handelskammertag (DIHK) »ordnungspolitische Bedenken« gegen die KSK (vgl. WeltOnline, 18.12.2007). Am 8. September 2008 empfahl der Wirtschaftsausschuss des Bundesrats die Abschaffung oder zumindest eine unternehmerfreundliche Reformierung der KSK (Bundesratsdrucksache 558/1/08). Sieben Bundesländer unterstützten die Initiative, sechs Bundesländer stimmten gegen deren Empfehlung, drei enthielten sich (Deutscher Kulturrat 2008). Die Proteste dagegen schlugen hohe Wellen. Das deutsche P.E.N.-Zentrum sah daraufhin den »sozialen Frieden in Gefahr«, der Bundesvorsitzende des Verbands deutscher Schriftsteller (VS) sprach von einer »irreparablen Beschädigung« der Kulturproduktion (VS 2008).

Folge des Antrags der Initiative wäre im Erfolgsfall eine vollständige Reprivatisierung der sozialen Absicherung von Kulturschaffenden gewesen und somit die wohlfahrtsstaatliche Aberkennung, dass es sich bei künstlerisch-kreativer Arbeit um sozial schutzbedürftige Erwerbsarbeit handelt. Jedoch wurde der Antrag im Bundesrat abgewiesen. Somit verlief dieser Vorstoß zwar ins Leere. Dennoch zeigt sich darin ein im Vergleich zu den 1960er bis 1980er Jahren verändertes politisches Klima und eine neu kontextualisierte gesellschaftspolitische Bewertung von künstlerisch-kreativer Arbeit, die deren sozialrechtliche Inklusion bisweilen zum politischen Konfliktfall erklärt.

### 5.3.2 Kreative als »Innovationstreiber«

Der Ko-Autor des ersten Künstlerreports der 1970er Jahre, Johannes Wiesand, konstatiert, dass sich Konzepte der Kulturwirtschaft in Deutschland seit den 1980er Jahren auf privatwirtschaftliche Betriebe im Kultur- und Medienbereich sowie auf selbständige Künstler und deren Markterfolg fokussiert hätten (Wiesand 2008). Ein Effekt dieser wirtschaftspolitischen Aufladung von Kultur- und Kreativberufen sei, dass die gesellschaftliche Aufmerksamkeit für Künstler im Sinne der 1960er – 1980er Jahre nachlasse, während nun *Kreative* zur politischen Zielgruppe geworden seien. Sie werden als »Kraftzentrum der Kultur- und Kreativwirtschaft« annonciert (Enquete-Bericht 2007: 7; vgl. auch Söndermann 2007; 2009a). Akteur_innen künstlerisch-kreativer Felder werden daher zunehmend sowohl vom sozial schutzbedürftigen, arbeitnehmerähnlichen Sozialbürgerstatus als auch vom romantisch konnotierten Künstlerbild frei gestellt. Stattdessen werden nun »Kreative« als soziale Avantgarde

---

**16** | www.kuenstlersozialkasse.de/wDeutsch/ksk_in_zahlen/statistik/durch schnittseinkommenversicherte.php (11.6.2014).

idealisiert und zugleich deren Arbeitswelt zu einem »sozioökonomischen Vorreiterfeld inthronisiert« (Vötsch/Weiskopf 2009: 299). Dieser neue Blick auf Akteur_innen künstlerisch-kreativer Erwerbsfelder spiegelt sich in den zahlreichen politischen Tagungen zum Thema wider. Als empirisches Beispiel wird nun die Jahrestagung Kultur- und Kreativwirtschaft aus dem Jahr 2010 heran gezogen und aus einer diskursanalytisch informierten Perspektive skizziert (vgl. Keller et al. 2006). Diese Jahrestagung ist fester Bestandteil der »Initiative Kultur- und Kreativwirtschaft«, die von der deutschen Bundesregierung im Jahr 2007 aus der Taufe gehoben wurde. Diese Initiative ist beim Bundeswirtschaftsministerium angesiedelt und steht unter der Schirmherrschaft der Bundesbeauftragten für Kultur und Medien. Angelegt ist die Jahrestagung als ein »interdisziplinärer Branchendialog«.[17] Aus diskurstheoretischer Sicht ist sie eine »typische« Veranstaltung. Denn sie stellt eine prominente Arena der diskursiven Auseinandersetzung zum Thema dar. Sie gibt thematisch charakteristische Standpunkte der Regierungspolitik wieder, anhand deren sich das wohlfahrtsstaatliche Verständnis von künstlerisch-kreativer Arbeit aufschlüsseln lässt. Neben dem Staatssekretär des Wirtschaftsministeriums ist im Jahr 2010 der Staatsminister für Kultur der zentrale Redner. Kontextualisiert man diese Reden mit vorliegenden Dokumenten wie z.B. den verschiedenen Kulturwirtschaftsberichten, kann davon ausgegangen werden, dass auf dieser Tagung verallgemeinerungsfähige Aussagen getroffen werden (vgl. Schwab-Trapp 2006: 270f.).

Bereits die personelle Zusammensetzung der beiden Eröffnungsreden indiziert, dass die KuK politisch im Spannungsfeld von Kultur und Wirtschaft situiert wird – in den 1970er Jahren wäre (in der BRD) mutmaßlich auch das Arbeits- und Sozialministerium beteiligt gewesen. Heute wird die KuK schon durch die beiden Hauptredner als wirtschaftspolitisches Hoffnungsfeld gefasst. Dementsprechend werden Kreative dazu in Beziehung gesetzt und primär als Wirtschaftssubjekte konstruiert (vgl. Jäger 2004: 193; Schwab-Trapp 2006: 269).

Zugleich ist die Jahrestagung ein Ort, an dem um die legitime gesellschaftspolitische Sichtweise auf Felder künstlerisch-kreativer Arbeit und seiner Akteur_innen gekämpft wird, wie sich an der teils differenten Intonation der Hauptredner zeigt. Denn diese knüpfen in unterschiedlicher Weise an die vorhandenen Traditionslinien und -bestände an. Der Kulturstaatsminister betrachtet die Arbeits- und Soziallage von Kulturschaffenden wie die Enquete-Kommission, »mit Sorge«. Auch er mahnt eine geschärfte politische Aufmerksamkeit bezüglich der sozialpolitischen Absicherung von Künstlern und Kreativen an (Enquete-Bericht 2007: 295, 302). Dagegen weist der Staats-

---

17 | Vgl. www.kultur-kreativ-wirtschaft.de/KuK/Navigation/Aktuelles/Pressemitteilungen/pressemitteilungen-archiv.html (18.8.2014).

sekretär des Wirtschaftsministeriums im Einklang mit dem vom Bundeswirtschaftministerium herausgegebenen BMWi-Report (Söndermann 2009a) die in der KuK praktizierten Arbeits- und Lebensmodelle als »Zukunft« aus. Er befindet, dass die politische Perspektive stärker wirtschaftspolitisch auszurichten sei, um die künstlerischen Qualitäten der Akteure zur Entfaltung zu bringen (ebd.: 127). Unverkennbar sind jedoch die kulturellen Hegemonien, unter denen sich deren »Kampf der Interpretationen« (Schwab-Trapp 2006: 275) abspielt: im Spannungsfeld von Wirtschafts- und Kulturpolitik mit einem wirtschaftspolitischen Impetus.

Die Jahrestagung folgt einer programmatischen Dramaturgie. Eröffnet wird sie im Jahr 2010 vom Gastgeber, dem Wirtschaftsminister, vertreten durch seinen parlamentarischen Staatssekretär. Der Kulturstaatsminister betritt als zweiter Redner die Bühne. Das Publikum setzte sich aus etwa 300 Vertreter_innen aus verschiedenen Kulturinstitutionen, aus der politischen Administration sowie aus Kulturschaffenden zusammen. Politische Divergenzen kristallisierten sich markant im unterschiedlichen Sprachgebrauch der beiden Politikvertreter (Künstler versus Kreative) wie auch am Punkt »öffentliche Kulturförderung« heraus. Während der Staatssekretär des Wirtschaftsministeriums die KuK als Agent für den Wandel hin zu einer kreativen Wissensökonomie hervorhob, verband der Bundesbeauftragte für Kultur und Medien diesen Topos auch mit Fragen der sozialen Absicherung. Nichtsdestotrotz bekräftigte er die herrschende Auffassung, dass künstlerisch-kreative Arbeit vor allem unter volkswirtschaftlichen Gesichtspunkten zu betrachten sei. Denn Künstler und Kreative seien nichts weniger als »Innovationstreiber«. Deren gesellschaftliche Bedeutung legte er im Kern so dar, dass sie kraft ihres schöpferischen Talents den wirtschaftlichen Aufschwung voran treiben, wie sie ebenso zu einem international attraktiven Image als »Kulturnation« beitragen und somit die historischen Traditionen des 19. Jahrhunderts modernisieren würden.

Künstler, d.h. Vertreter_innen der vier klassischen Kunstdisziplinen *und* Kreative, d.h. Vertreter_innen von marktgetriebenen künstlerisch-kreativen Erwerbsfeldern werden demzufolge als Modernisierer in zweierlei Hinsicht adressiert. Einerseits als wirtschaftlicher Stimulus für die Modernisierung des Standorts Deutschlands. Andererseits als kulturelle Modernisierer spezifisch deutscher, kulturhistorischer Traditionen, welche die Zukunft gesellschaftlicher Arbeits- und Lebensformen »schon heute« (Söndermann 2009a: 135) praktizieren würden. Als zentrales Problem wurde zugleich deren mangelnder Unternehmersinn ausgemacht und die Tatsache, dass viele Akteur_innen einem überkommenen Kulturbegriff aus dem 19. Jahrhundert anhängen würden. Von politischer Seite werde deshalb keine Anstrengung gescheut, so laute die moralische Botschaft auf der Jahrestagung 2010, sie zu einer Spur mehr betriebswirtschaftlichem Verhalten zu befähigen.

Damit erinnert die politökonomische Adressierung von Künstlern und Kreativen an die widersprüchliche Sozialfigur, die Lessenich als das »konstitutive Paradoxon aktivgesellschaftlichen Regierens« (Lessenich 2009a: 168), ausgemacht hat. Während sie einerseits als wirtschaftliche Innovatoren gerühmt werden, wird ihnen andererseits attestiert, dass ihnen betriebswirtschaftliches Denken fremd sei und ihr arbeitsethisches Selbstverständnis einem nicht mehr zeitgemäßen Künstlerverständnis anhänge. So werden sie als gesellschaftlich wertvolle, aber defizitäre Unternehmer adressiert, denen es genau, so lautet der Subtext, daran mangele, wodurch sie sich auszeichnen sollen: unternehmerisches Denken. Um ihnen eine politische Hilfestellung bei der Entfaltung ihrer kreativ-unternehmerischen Potenziale zu bieten, wird als zentrale politische Aufgabe deren soziale Aktivierung im Sinne einer betriebswirtschaftlichen Disziplinierung markiert. Eine politisch vielversprechende Idee hierzu scheint das im nächsten Abschnitt näher zu bestimmende »Kompetenzzentrum Kultur- und Kreativwirtschaft« zu sein.

### 5.3.3 Wettbewerbe als sozialpolitisches Instrument

Ein Bestandteil der »Initiative Kultur- und Kreativwirtschaft der Bundesregierung« ist auch ein »Kompetenzzentrum«. Es wird im Folgenden als Beispiel heran gezogen, um die wohlfahrtsstaatliche Verknüpfung des Formwandels staatlicher Steuerung mit der Idee der sozialpolitischen Aktivierung empirisch zu verankern.

Das Kompetenzzentrum stellt, so unterstreichen die beiden Gastgeber der eben erläuterten Jahrestagung im Jahr 2010, das gegenwärtige Herzstück der bundespolitischen Initiative zur Verbesserung der Erwerbschancen von Kreativen dar. Dort hoben die beiden Keynote Speaker das Kompetenzzentrum als aktuell wichtigste politische Initiative der Bundesregierung zur Förderung von Kreativen hervor. Bei dem Kompetenzzentrum handelt es sich um eine staatlich geförderte, privatwirtschaftliche Beratungsagentur für »kreative Existenzgründer«, angesiedelt beim Rationalisierungs- und Innovationszentrum der deutschen Wirtschaft (RKW) in Eschborn. Das Kompetenzzentrum unterhält bundesweit acht Regionalbüros, die als Anlaufstelle für Kreative dienen und ihnen vor allem das »kleine Einmaleins der Betriebswirtschaft« erklären sollen, wie z.B. Kostenrechung, Kundenakquise, Selbstmarketing (Bundesregierung 2011b).

Ziel dieser Initiative ist es, »die Wettbewerbsfähigkeit der KuK zu stärken und das Arbeitsplatzpotenzial noch weiter auszuschöpfen. Darüber hinaus sollen die Erwerbschancen innovativer kleiner Kulturbetriebe sowie freischaffender Künstlerinnen und Künstler verbessert werden« (Bundesregierung 2011b). Dafür erhalten die Akteur_innen politische Hilfestellung; und zwar von sog. Kreativwirtschaftsagenturen, die in der Regel vom Wirtschaftsministerium eingesetzt werden. Bisweilen werden sie darüber hinaus auch durch EU-Mittel finanziert. Da es sich dabei um Wirtschaftsförderung handelt, unterscheidet sich sowohl die Problemwahrnehmung als auch die Förderungsinitiativen konzeptionell von den sozialpolitischen Initiativen der 1960er und folgenden Jahren. Aktuelle Fördermaßnahmen werden vorwiegend in Form von wettbewerbsorientierten, betriebswirtschaftlichen Coaching-Angeboten erbracht. Demgegenüber treten sozialpolitische Initiativen wie etwa die (dringend notwendige) Reform der KSK in den Hintergrund.

Im Juni 2010 lobte die Agentur für kreative Existenzgründer erstmals den Wettbewerb für »Kultur- und Kreativpiloten Deutschlands« aus, um kreative Innovationen auszuzeichnen und die Erwerbsbedingungen für Kreative zu verbessern. Auf der Basis von Projektentwürfen beteiligten sich 753 Kreative, 96 wurden für den Preis nominiert, 32 Anträge wurden ausgezeichnet. Der Preis ist eine betriebswirtschaftliche Beratung und besteht in »vier persönlichen Screenings mit Experten und drei gemeinsame[n] Workshops zu Themen wie Akquise, Marketing und Unternehmensführung.« (Bundesregierung 2011b). Preisgelder bspw. als Anschubfinanzierung für die kreativen Kleinunternehmen sind bislang nicht vorgesehen.

Konzipiert und durchgeführt wird dieser Wettbewerb von einem privatwirtschaftlichen Institut, dem »u-institut für unternehmerisches Denken und Handeln«. Dessen Ziel ist »die Aus-, Fort- und Weiterbildung von unternehmerischen Persönlichkeiten« (u-institut 2010). Laut eines Vorstandsmitglieds des u-Instituts stehe im »Kultur- und Kreativpiloten-Wettbewerb« die Bildung einer unternehmerischen Persönlichkeit im Mittelpunkt. Die zentrale Frage ist, wie die Wertschöpfung der KuK mittels dieser Piloten gesteigert werden könne (Backes 2010: 8).[18] Die betriebswirtschaftlich ausgerichteten Coachingangebote sollen ein stärker wettbewerbsorientiertes, individuelles Risikomanagement fördern und die Akteure von sozialstaatlichen Transferleistungen unabhängig machen. Daraus, so lassen sich die Erwartungen der beauftragten Agentur zusammenfassen, kann dann eine »win-win-Situation« entstehen und sowohl der individuelle als auch der gesellschaftliche Wohlstand gesteigert werden.

Der Kultur- und Kreativpilotenwettbewerb versteht sich selbst als Wirtschaftsförderung und steuert diese angebotsorientiert, indem sie etwa mit dem genannten Wettbewerb im Verein mit den 14 regionalen Beratungszentren einen wirtschaftspolitischen Rahmen zur Entfaltung kreativer Potenziale schaffen möchte. Den Akteuren soll er eine Startrampe für ihren künftigen Markterfolg sein. Deren als unzureichend identifizierte Marktorientierung soll politisch abgeholfen und ihnen ein Subjektivierungsangebot als unternehme-

---

**18 |** Das u-Institut gehört gleichzeitig dem von der Bundesregierung eingesetzten Monitoringteam an (vgl. Söndermann 2009a).

risches Selbst gemacht werden, das sie potenziell von einer prekären Soziallage befreit. Indem dieser Wettbewerb als wichtigste politische Maßnahme zur Förderung von Kreativen annonciert wird, verschiebt sich der Modus der Statuszuweisung von der Produktion eines Kunstwerkes, das von sozial schutzbedürftigen Künstlern hergestellt wird, zu einem, wenn man so will, »kapitalistischen Innovationsprinzip« (Bröckling 2007: 152), das sich vor allem am Markterfolg bemisst. Zentral setzt es auf eine wirtschaftspolitische Selbstdisziplinierung und kleidet daher das Motto »Fördern und Fordern« in moralische Appelle.

Selbstverständlich ist nichts dagegen einzuwenden, Kreative auch mittels betriebswirtschaftlicher Coaching-Angebote das Wissen für z.B. die Erstellung eines Business-Plans zu vermitteln, damit sie ihre Existenz auf wirtschaftlich sichere Beine stellen können. Gleichermaßen liegt jedoch auf der Hand, dass die aktuellen wirtschaftspolitischen Initiativen zur Förderung von Kreativen soziale Fragen weitgehend unberührt lassen.

### 5.3.4 Vom schutzbedürftigen Sozialbürger zum defizitären Unternehmer

Die wohlfahrtsstaatliche Regulierung von künstlerisch-kreativer Arbeit hat sich seit den 1990er Jahren strukturprägend verändert. Seit den 1960er bzw. 1970er Jahren hat sie einen zweifachen paradigmatischen Wandel durchlaufen. In diesen rund vierzig Jahren hat sich das wohlfahrtsstaatliche Regime von künstlerisch-kreativer Arbeit sowohl hinsichtlich seiner normativen Grundlagen als auch in der wohlfahrtsstaatlichen Steuerung verändert. Es weist nun eine überwiegend ökonomische Betrachtung der wirtschaftlichen Potenziale sowie von subjektiven, unternehmerischen Kompetenzen auf. Anders als in den 1960er bis 1980er Jahren gelten Kulturschaffende primär nicht mehr als sozial schutzbedürftig, sondern als vielversprechende Unternehmer, die sowohl als kulturelle wie eben auch als wirtschaftliche Modernisierer in die Pflicht genommen werden sollen.

Der politische Kurswechsel hin zu einem wettbewerbsorientierten, wohlfahrtsstaatlichen Regulierungsmodus ist nicht zuletzt deswegen brisant, weil er nicht mit einer Modernisierung sozialpolitischer Institutionen einhergeht. Im Gegenteil. Die im Jahr 2008 abgewiesene Empfehlung des Wirtschaftsrats des Bundesrats zur Abschaffung der KSK lebte im Jahr 2013 insofern wieder auf, als dass führende Wirtschaftsverbände die gesellschaftspolitische Relevanz einer Sozialversicherung für freiberufliche Künstler erneut anzweifelten. Die KSK ist somit seit dem Jahr 2008 zu einem massiven gesellschaftspolitischen Streitfall geworden. Dagegen setzen aktuelle Steuer- und Förderungsmaßnahmen zunehmend auf die Schaffung eines wettbewerbspolitischen Rahmens für künstlerisch-kreative Arbeit, der in Form von Public-Private-Partnerships durchgeführt wird.

Pointiert gesagt, entspricht das aktuelle wohlfahrtsstaatliche Arrangement zur sozialen Absicherung von künstlerisch-kreativer Arbeit einer »Angebotspolitik für den defizitären Unternehmer« (Manske 2013: 273), das Parallelen zum mit der Agenda 2010 vollzogenen Politikwechsel der gesellschaftsverpflichteten Selbstaktivierung aufweist. Zu differenzieren ist dieses Arrangement in dreierlei Hinsicht. Zum ersten handelt es sich um eine semantische Rekonstruktion des empirischen Felds, das als volkswirtschaftlich produktiver Hoffnungsträger modelliert wird. Auffallendes Kennzeichen hierbei ist, dass sämtliche künstlerisch-kreative Arbeit der Logik einer ökonomischen Profitmehrung unterworfen wird. Folglich werden nicht nur primär ökonomische Maßstäbe für künstlerische Arbeit veranschlagt, sondern zudem Künstler und Kreative zu einer Creative Class im Sinne Floridas versämtlicht (Florida 2002). Im Zusammenhang damit hat sich zum zweiten die politisch-diskursive Anrufung generell in Richtung eines unternehmerischen Selbst gewandelt, das jedoch aufgrund seines mutmaßlich defizitären, unternehmerischen Selbstverständnisses' sozialpolitisch zu aktivieren und betriebswirtschaftlich zu disziplinieren sei. Zum dritten verändert sich einerseits die wohlfahrtsstaatliche Steuerung, während andererseits die Modernisierung der Künstlersozialversicherung und deren institutionelle Anpassung an neue erwerbswirtschaftliche Gegebenheiten ausbleibt.

Im Kontext dieses wohlfahrtsstaatlichen Arrangements werden Beschäftigte des Kunst-, Kultur- und Medienbetriebs, nicht zuletzt angesichts des steigenden volkswirtschaftlichen Werts der KuK vornehmlich als wirtschaftliche Impulsgeber betrachtet. Sie werden aufgerufen zu einer gesellschaftsverpflichteten, ökonomischen Selbstaktivierung.

## 5.4 Zwischenfazit: Erwerbsstruktureller Wandel von künstlerisch-kreativer Arbeit

Resümiert man die Ausführungen dieses Kapitels, lässt sich festhalten, dass zwei miteinander verzahnte Wandlungsprozesse stattfinden. Seit den 1980er Jahren sind die erwerbsstrukturellen Dynamiken von künstlerisch-kreativer Arbeit zum einen dadurch geprägt, dass öffentliche Zuwendungen an Einrichtungen und Projekte rückläufig sind. Zum anderen zeichnet sich analog dazu ein erwerbsstruktureller Wandel ab, der sich durch Privatisierung, »Deregulierung, Entbetrieblichung und durch einen« Zuwachs an Erwerbsoptionen vor allem im privatwirtschaftlichen Kreativbereich auszeichnet (vgl. Enquete-Bericht 2007: 287). Der Terminus Kultur- und Kreativwirtschaft erhält hierbei die Funktion eines arbeitsgesellschaftlichen Modernisierungsdiskurses, der als semantischer Bezugsrahmen eine veränderte, machtpolitische Situierung von künstlerisch-kreativer Arbeit offenbart. Kennzeichen sind eine Ausrichtung an wirtschaftlichen Kennziffern auch des öffentlichen Kulturbetriebs sowie dessen politische Subsumierung unter der als wirtschaftspolitisch vielversprechend geltenden KuK. Allem voran steht, dass sich darin ein neues Akteursleitbild durchsetzt, das Kreative als Unternehmer in Szene setzt und auch »klassische« Künstler mit derselben Elle misst.

Wenngleich angesichts der erläuterten semantischen Verschiebungen und sozialstrukturellen Differenzierungen von künstlerisch-kreativer Arbeit Müller-Jentsch (2012b: 282) zuzustimmen ist, dass »Kultur im weiten Sinne des Status einer Produktivkraft angenommen hat«, spielen sich die unterschiedlichen Ausprägungen unternehmerischen Handelns dennoch in sozialen Feldern ab, die sich nicht allein als ein ökonomischer Markt im Sinne eines »Mechanismus für wirtschaftliches Wachstum« (Swedberg 2007: 12) verstehen lassen. Vielmehr sind künstlerisch-kreative Erwerbsfelder aus der hier favorisierten Perspektive als ein soziales Feld von sozialen Beziehungen zu verstehen, die mit einer eigenen Logik von Kräften und Gegenkräften ausgestattet sind, und die sich um widerstreitende wirtschaftliche und künstlerische Interessen ranken. Die Dynamiken dieser widerstreitenden Kräfte sowie Handlungsspielräume für die Umsetzung von subjektiven Ideen und Interessen ergeben sich insofern aus der Verteilung und der Akkumulation verschiedener Kapitalsorten (Bourdieu 1983), die zu konkurrenzorientierten Positionskämpfen im Feld befähigen (vgl. Kap. 3).[19]

---

**19** | Seit Mitte der 1980er Jahre hat sich eine »neue Wirtschaftssoziologie« entwickelt, als dessen Initiator Marc Granovetter gilt (Swedberg 2007: 12; vgl. Granovetter 1985). Nach Granovetter sollte sich die neue Wirtschaftssoziologie auf wirtschaftliche Kerninstitutionen Unternehmen, Geld und Märkte konzentrieren (Swedberg 2008: 68). Granovetter kommt dabei das Verdienst zu, auf die soziale Einbettung von Märkten hingewiesen zu haben. Richard Swedberg definiert dieses Vorgehen als »die Anwendung der soziologischen Tradition auf die Erklärung ökonomischer Sachverhalte« (Swedberg 2008: 29). Demnach sei wirtschaftliches Handeln immer auch in nicht-wirtschaftliche Beziehungen und Interessen eingebettet. Vertreter der neuen Wirtschaftssoziologie, in Deutschland steht hierfür herausragend die Forschergruppe um Jens Beckert am Max-Planck-Institut, nähern sich dem Markt von verschiedenen Seiten (vgl. Beckert/Diaz-Bone/Ganßmann 2007). Besondere Bedeutung kommt hierbei der Netzwerktheorie und der Organisationssoziologie zu (Beckert 2007: 20ff.; Swedberg 2007: 12). Da sich die Wirtschaftssoziologie auf die Erklärung ökonomischer Sachverhalte und Kerninstitutionen konzentriert (Swedberg 2008: 29), diese hier aber von nachrangigem Interesse sind, wird vielmehr auf Bourdieus Feldbegriff rekurriert, wenn es darum geht, den Markt als Schauplatz von künstlerisch-kreative Arbeit zu perspektivieren. Bourdieu hat nach Ansicht von Swedberg »die einzig bis dato existierende Theoriealternative [ ] zum Konzept der Einbettung entwickelt« (ebd.: 79).

In Feldern künstlerisch-kreativer Arbeit steht aus einer praxeologischen Perspektive somit nicht von vornherein fest, von welchem Interesse unternehmerisches Handeln angetrieben ist und dementsprechend lässt sich nur empirisch ermitteln, wie sich Markterfolg (v)ermittelt. Folglich ist es nicht selbstverständlich, was »der« Markt als Ort der (subjektiven) Wahrheitsbildung überhaupt ist. Denn wie anhand der Diskussion über die sozialhistorische Herausbildung der habituellen Dispositionen des »modernen« Künstlers gezeigt wurde, erschöpfen sich die Interessen der Akteur_innen nicht zwangsläufig darin, wirtschaftlichen *oder* symbolischen Erfolg anzustreben. Insofern lassen sich die Ideen und Interessen seiner Akteur_innen nicht a priori auf das eine wie z.B. künstlerischen Erfolg oder das andere Interesse wie z.B. wirtschaftlichen Erfolg festlegen. Vielmehr kann der Kampf um nicht-wirtschaftliche Interessen, d.h. um den symbolischen Wert eines künstlerisch-kreativen Arbeitsprodukts und um eine ökonomisch entrückte Existenz ähnlich heftige Formen annehmen wie der Kampf um wirtschaftlichen Erfolg, wie in Kap. 2.2 ausgeführt wurde. Diese Annahmen zugrundelegend, drängt sich die Frage auf, was sich in der Praxis hinter der politökonomischen Installierung vom Markt als Ort der (subjektiven) Wahrheitsbildung verbirgt – wie sich die subjektiven Interessenlagen deklinieren und ob sie nicht komplexer sind, als in dem Diskurs vom Kreativen als Unternehmer angelegt ist. Denn sofern man diesen Markt als ein soziales Feld mit eigener Logik und Verteilungs- sowie Konkurrenzmodi versteht, dann wird noch zu erläutern zu sein, um welchen Profit seine Akteur_innen kämpfen. Anzunehmen ist vielmehr, dass verschiedene Vorstellungen und Ideen vom Markt und folglich auch vom Markterfolg existieren. Neben dieser eher auf den Arbeitsethos abzielen Frage wird außerdem zu klären sein, unter welchen feldspezifischen Bedingungskonstellationen unternehmerisches Handeln von Designer_innen stattfindet. Auf einen einfachen Nenner gebracht: welche/s Ziel/e hat ein unternehmerisches Arbeitsethos und inwieweit lässt es sich als Ausdruck eines unternehmerischen Selbst respektive eines Culturepreneurs fassen?

### *Exkurs:* Coworking Spaces

Der typische Arbeitsort von künstlerisch-kreativ Erwerbstätigen ist nicht der Betrieb oder ein betriebsähnlich organisierter Arbeitszusammenhang. Angesichts einer zunehmenden Entbetrieblichung in der KuK wird den überwiegend projektgeprägten Arbeitsverhältnissen eine umfassende Entgrenzung bescheinigt, die sich auch räumlich äußert (vgl. Manske/Schnell 2010). Die rasante Ausbreitung von »Coworking Spaces« lässt sich daher als Antwort auf die Herausforderungen von ungewissen und projektgeprägten Arbeitsverhältnissen interpretieren (Merkel/Oppen 2013: 2). Merkel/Oppen klassifizieren sie als eine kollektive Bewältigungsstrategie, die unerwünschte Nebeneffekte der Entgrenzung von Arbeit (räumlich, sozial, zeitlich) in freiberuflichen und selbstständigen Erwerbsverhältnissen begrenze (ebd.: 6).

Mit dem Begriff Coworking (engl. »zusammenarbeiten«) wird ein Trend von Arbeitsformen benannt, der sich in den letzten Jahren in künstlerisch-kreativen Milieus vor allem in Großstädten verbreitet. Bei dieser milieuspezifischen Arbeitsorganisation handelt es sich um kommerzialisierte, anonymisierte und flexibilisierte Bürogemeinschaften, die in privatwirtschaftlicher Initiative betrieben werden. Die Idee dahinter ist, einen Arbeitsraum für voneinander unabhängig arbeitende Freiberufler, Kreativarbeiter und Firmengründer bereitzustellen, um berufliche Synergieeffekte, Netzwerkbildung und Vergemeinschaftungserfahrungen zu ermöglichen. Konkret werden beim Coworking der Arbeitsraum, der sogenannte »Coworking Space«, und die Infrastruktur wie z.B. technische Netzwerke, Drucker, Scanner, Telefon etc. gemeinsam genutzt. Arbeitsplätze können in Form von Schreibtischen inklusive der logistischen Nutzung tage-, wochen- oder monatsweise gemietet werden, die Nutzung ist somit flexibel und unverbindlich. Die Attraktivität für die Nutzer_innen liegt darin, dass sie mit einem relativ geringen finanziellen Aufwand ein hohes Maß an Flexibilität nutzen und der »häuslichen Isolation« (Galda/Hillmann/Knapp 2011: 9) entfliehen können. Sie müssen sich daher weder mit sozialen Fragen einer Bürogemeinschaft noch mit deren administrativen Problemen befassen.

Ursprünglich aus den USA stammend, sind in Deutschland im Jahr 2011 ca. 100 offizielle Coworking Spaces bekannt, davon etwa 20 in Berlin mit ca. 650 Arbeitsplätzen mit steigender Tendenz (Galda/Hillmann/Knapp 2011). Das größte und bekannteste Coworking Space in Berlin ist das betahaus in Berlin-Kreuzberg, untergebracht in einer ehemaligen Seifenfabrik. Es wurde im Jahr 2009 eröffnet und bot damals ca. 200 Arbeitsplätze (URL: http://betahaus.de/about, 12.12.2011). Das betahaus kann als eine Art moderner Business Club verstanden werden. Interessierte verschaffen sich Zutritt gegen einen geringen finanziellen Obolus über eine »Basic Membership«. Die größte Erwerbsstatusgruppe im betahaus sind nach einer Umfrage der Betreiber Selbstständige und Gründer. Etwa ein Drittel unter ihnen sucht explizit nach beruflichen Kooperationen. Am stärksten vertreten sind die Berufsgruppen Kommunikationsdesigner und Programmierer (Fahle/Bihr 2010: 6ff.).

Eigene Feldbeobachtungen im betahaus – durchgeführt im Rahmen eines einjährigen Projektseminars an der HU-Berlin – deuten vorläufig darauf hin, dass die Arbeit in einem Coworking Space vor allem von Kreativen unter 40 Jahre genutzt wird, die sich in einer erwerbswirtschaftlichen Gründungs- oder Umbruchphase befinden.[20] Den befragten Akteur_innen diene der Coworking

---

**20** | Hierbei handelt es sich um eine studentische Projektarbeit von Clara Behrend und Tim Lorenz, die im Rahmen eines von Alexandra Manske an der HU Berlin geleiteten

Space dazu, ihre Arbeitsabläufe methodisch zu rationalisieren, eine Trennung von Arbeit und Leben zu praktizieren sowie eine im Verhältnis zu einem Engagement in einer Bürogemeinschaft finanzielle Kostenersparnis zu realisieren. Ein sozialer Austausch finde vorwiegend anlässlich der regelmäßig stattfindenden »Meetups« wie z.b. beim wöchentlichen gemeinsamen Frühstück statt (vgl. Behrend/Lorenz 2011). Die Beobachtungen decken sich weitgehend mit der Annahme von Merkel/Oppen (2013), dass Coworking Spaces die berufliche Etablierung erleichtern, wechselseitiges Lernen begünstigen sowie die berufliche und soziale Integration fördern.

Auch in der Modebranche Berlins existiert mittlerweile etwa eine Handvoll Coworking Spaces, die sich »Co-Sewing Space« nennen wie z.b. »Der Nadelwald« in Berlin-Neukölln. Auf der homepage wird damit geworben, dass es »professionell ausgestattete Nähmaschinen-Arbeitsplätze« gebe, die man stunden-, tage, wochen- oder auch monatsweise mieten könne. Die Preise schwanken zwischen 8,50 Euro/Stunde und 340 Euro/Monat. Daneben gibt es ein »7-Streich-Ticket« für 170 Euro, was eine Nutzung an sieben frei wählbaren Tagen im Monat ermögliche.[21] Die vergleichsweise höhere Nutzungsgebühr ergibt sich aus der produktionsmittelintensiven Arbeit von Modedesignerinnen und den daraus resultierenden hohen Investitionskosten der Betreiberin des Arbeitsraumes. Während in einem »computeraffinen« Coworking Space wie z.b. dem betahaus Computer, Drucker, Telefon und Kaffeemaschine zur logistischen Grundausstattung gehören, erstreckt sich dies in dem genannten Co-Sewing Space laut Selbstauskunft auf

*»6 Doppelsteppstich-Nähmaschinen (Haushaltsmaschine), 1 Overlock (Haushaltsmaschine), 2 Doppelsteppstich-Nähmaschinen (Industriemaschine), 2 Overlock (Industriemaschine), 1 Coverlock mit Bandführung (Industriemaschine), 2 große Zuschneidetische, 2 Bügelanlagen mit Absaugfunktion, Schnittpapier von der Rolle und diverse Schnitt- und Näh-Utensilien wie Scheren, Lineale, Maßbänder, Kreiden, Radel, Knipser und vieles mehr.«* (ebenda).

Die Konjunktur von Coworking Spaces wirft ein spezifisches Licht auf die Arbeits- und Produktionsbedingungen von Kreativen. Zunächst einmal spiegelt es von Seiten der Betreiber eine clevere, auf großstädtische Kreativszenen abgestimmte Geschäftsidee wider – so gibt es in Berlin auch diverse Tagescafés,

---

zweisemestrigen Projektseminars zu Arbeitsverhältnissen in der Designbranche im WS 2010/11 und SoSe 2012 entstanden ist. Empirisch beruht diese Qualifizierungsarbeit auf mehrmonatigen Feldbeobachtungen, darunter verschiedene teilnehmende Beobachtungen (Arbeit im betahaus an einem Flexdesk) sowie fünf Leitfadeninterviews mit Nutzern des betahaus, die im Herbst 2011 erhoben wurden.

**21** | URL: www.nadelwald.me/co.sewing, 18.02.2012.

die als milieuspezifischer (Arbeits-)Treffpunkt gelten. Der große Zulauf und die sukzessive Ausbreitung von Coworking Spaces in Städten wie z.b. Leipzig, Köln oder Hamburg spricht dafür, dass Kreative der funktionalen Vereinzelung, die eine Folge von entbetrieblichten und projektgeprägten Arbeitsformen ist, auf Dauer nicht viel abgewinnen können. Coworking Spaces bieten den »heimatlosen Freischaffenden« (SpiegelOnline, www.spiegel.de/karriere/berufsleben, 18.01.2012) demgegenüber eine milieuspezifische Stallwärme, die nicht allzu viel Ressourcen kostet. Und zwar zunächst weder finanziell noch sozial. So scheinen diese arbeitsorganisatorischen Strukturen der ökonomischen Entlastung zu dienen, ein Ort potenzieller Netzwerkbildung und Balsam für die »Seele« zu sein, weil sie nicht zuletzt den häufig provisorischen Lebensentwürfen auf Abruf einen strukturellen Rahmen bieten. Für Modedesignerinnen kann ein Co-Sewing Space zudem eine finanzielle Investitionsentlastung sein – zumindest solange, wie die Akteur_innen auf einem eher informellen Level tätig sind, keine unternehmerischen Ambitionen hegen oder sich in einer beruflichen Übergangsphase befinden.

Die Ökonomie der KuK ist mit Blick auf die Existenz der Coworking Spaces insofern auch als ein Raum zu kennzeichnen, der informell im Do-it-Yourself-Modus[22], d.h. im Rahmen einer eigenverantwortlichen Interessenwahrnehmung bewirtschaftet wird. Um die Arbeitslogik von Akteur_innen der KuK zu verstehen, scheint es deshalb hilfreich zu sein, »mit der verbreiteten Neigung zu brechen, Wirtschaft mit Markt gleichzusetzen« (Swedberg 2008: 281). Vielmehr erhält der Begriff »Kreativ*wirtschaft*« ebenso wie die in der kulturwirtschaftlichen Berichterstattung zugrunde gelegte Definition von »erwerbs*wirtschaftlicher* Orientierung« der Akteure der KuK (vgl. z.B. Enquete-Bericht 2007) eine informelle Wendung hin zum ursprünglichen Bedeutungsgehalt des Wortes »Ökonomie« im Sinne von »regeln, bewirtschaften, organisieren« zu (Swedberg 2008: 281; vgl. auch Arendt 1999: 38ff.). Denn im Rahmen von temporär genutzten Arbeitsorten regeln die Akteure ihre Arbeitszeiten, organisieren informelle und scheinbar betriebsähnliche Arbeitsstrukturen in temporärer Form und bewirtschaften somit ihre spezifischen Arbeits- und Produktionsbedingungen. So scheint der flexiblen Teilhabe an Arbeitsplätzen im

---

**22** | »Do it yourself« (auch: DIY) kam als Begriff in den 1950er Jahren im Kontext der Bau- und Heimwerkermärkte auf (vgl. Voß/Rieder 2005). Ende der 1970er wurde diese Wendung in der (Post-)Punk-Szene dem ursprünglichen Begriffsrepertoire entlehnt und als subversive Strategie um eine Musik-, Band-[!], Fanzine- und Labelkultur verankert. *Do it yourself* galt als Verweigerungshaltung vor oligopolen und monopolistischen Marktstrukturen im linksalternativen Spektrum und war als Devise in der Punk-Szene allgegenwärtig. In diesem Kontext ist *DIY* auch heute noch ein ubiquitäres Ethos. Er beschreibt informelle, erwerbswirtschaftlich orientierte Arbeitszusammenhänge abseits professioneller und betrieblich organisierter Strukturen (vgl. Thomas 2010).

öffentlichen oder halb-öffentlichen Raum auch ein Motiv der Soziabilität und ein Wunsch nach sozialem Austausch zu unterliegen, das Hannah Arendt in *Vita Activa* als grundlegendes Vergesellschaftungsbedürfnis beschrieben hat (vgl. Arendt 1999: 33). Formen der »Selbststeuerung« (Lange 2007), wie sie sich etwa in Coworking Spaces ausdrücken, sind insofern neben der professionellen Vernetzung auch als ein Versuch der Feldakteure zu interpretieren, am öffentlichen Leben teilzuhaben, sich in milieuspezifischen Formen zu vergemeinschaften und nicht auf die private Enge des einzelnen Haushalts verwiesen zu sein.

# 6. Berlin als Ort für künstlerisch-kreative Arbeit
Ein Rückblick in die Gegenwart

Ein bevorzugter Arbeits- und Lebensort für Künstler aller Couleur ist traditionell die Großstadt (s. Kap. 2.2). Bereits im Jahr 1903 schreibt Georg Simmel, einer der Gründerväter der Stadtsoziologie, über »Die Großstädte und das Geistesleben« und über »die Steigerung des Nervenlebens, die aus dem raschen und unterbrochenen Wechsel äußerer und innerer Eindrücke hervorgeht.« (Simmel 2006: 9). Offenkundig hatte er dabei Berlin vor Augen. Und trotz historisch bedingter Aufs und Abs sowie unterbrochen von politisch induzierten Verwerfungen hat sich Berlin seit den späten 1960er, frühen 1970er Jahren und verstärkt nach dem Mauerfall zu einem internationalen Treffpunkt von allen möglichen Kunst- und Kulturschaffenden entwickelt.

Es ist daher naheliegend, diese Stadt als exemplarischen Untersuchungsort für diese Studie auszuwählen und die dort zu beobachtenden sozialen Praktiken im Rahmen feldspezifischer »kultureller, historischer und territorialer« (Maurer et al. 2005: 5) Konstellationen zu betrachten (vgl. auch Dangschat/Frey 2005). Denn nicht zuletzt aufgrund der historisch gewachsenen, massierten Dichte von Akteur_innen und Institutionen ist dieser Ort sehr gut geeignet, um auch »auf räumliche Aspekte des Sozialen« (Keller/Ruhne 2011: 10) zu fokussieren und die Arbeits- und Sozialverhältnisse in künstlerisch-kreativen Erwerbsfeldern im Rahmen einer Feldstudie zu untersuchen. Um nun also in einem ethnografischen Sinne nachvollziehbar zu machen, in welchem Feld die vorliegende Studie angesiedelt ist, sollen im Folgenden die berlinspezifischen Standortbedingungen für künstlerisch-kreative Arbeit erörtert werden. Wie haben sie sich seit den 1970er Jahren im Spannungsfeld von Sozial- und Künstlerkritik entwickelt und welchen Dynamiken unterliegen sie in der jüngeren Zeit? Das ist die Leitfrage dieses Kapitels.

Im Folgenden werden zunächst und überwiegend auf Basis von eigenständig erhobenem, empirischen Material berlinspezifische Arbeitsbedingungen und -verhältnisse für Künstler und Kreative skizziert (Kap. 6.1). Im darauf folgenden Schritt wird das Feld in seiner zeithistorischen Entwicklung seit den 1970er Jahren unter Hinzuziehung von dokumentierten Erinnerungen von Zeitzeug_innen rekonstruiert, um schließlich wieder in der Gegenwart anzukommen und auf diese Weise den Wandlungsprozess von Berlin als Feld künstlerisch-kreativer Arbeit im Zeitverlauf zu verdeutlichen (Kap. 6.2,6.3). Sodann wird in Kap. 6.4 eine neue Künstlerkritik beleuchtet, die sich in Reaktion auf den zu erläuternden Wandel der Arbeits- und Produktionsbedingungen nach dem Jahr 2010 formiert. Diese neue Künstlerkritik wird hier als eine neue Form der Interessenvertretung im Spannungsfeld von unternehmerischem und künstlerischem Selbst interpretiert, die neue interessenpolitische Handlungsarenen und Verhandlungsmodi eröffnet.

## 6.1 Berlin als Untersuchungsort oder: Besonderheiten im allgemein Möglichen

Im Jahr 2012 arbeiteten an die 200.000 Menschen in Berlins Kultur- und Kreativbranchen (KKI 2013: 14).[1] Sie bewegen sich im Umfeld von statusrelevanten Kultureinrichtungen. Das verspricht Aufträge sowie »positions- oder rangspezifische Profite« (Bourdieu 2005a), die sich aus der symbolischen Distinktionskraft der Stadt und ihrer soziokulturellen Qualität ergeben (vgl. z.B. Glauser 2009: 208ff.; Merkel 2009). Berlins »Szenekultur« ist soziokulturell ebenso wie als expandierender Arbeitsmarkt und Wirtschaftszweig von Bedeutung. Auch dank geschickter, politischer Imagekampagnen versprüht sie den Charme eines »arm, aber sexy« (Wowereit). Und last but not least hat Berlin eine steigende touristische Anziehungskraft entwickelt. Geradezu sprichwörtlich geworden ist der »*Easyjetset*«, der vorwiegend dank der vielen Billigfluglinien, preisgünstigen Übernachtungen und eines ebensolchen sowie ausschweifenden Clublebens Berlin als Ziel auserkoren hat(te) (Rapp 2009).

Berlin haftet das Image einer subkulturelle Metropole mit anti-kommerziellem Ethos an (McRobbie 2012; Schwannhäußer 2010).[2] Wer sich hier mit künstlerisch-kreativer Arbeit den Lebensunterhalt verdient – oder es zumindest

---

**1** | Rechnet man touristische Bereiche hinzu, waren es im Jahr 2012 gar um die 400.00 Arbeitsplätze in Berlins KuK (www.tagesspiegel.de/wirtschaft/berliner-wirtschaft-ganz-nah-5-die-kunst-bringt-der-hauptstadt-milliarden/10312234.html (26.8.2014).

**2** | Der Boom Berlins als künstlerisch-kreative Metropole ist in eine sozioökonomische Strukturkrise eingebettet. Seit der Wiedervereinigung und dem Ende der Subventionen für die West-Berliner Industrie hat die Stadt mehr als 50 Prozent ihrer Industriearbeitsplätze verloren. Die Erwerbslosen- und Sozialtransferquote ist eminent hoch, letztere liegt stabil bei ca. 20 Prozent (Häußermann/Kaphan 2004; berlin-magazin 2010). Dass sich das Gesicht von Berlin hin zu einem Dienstleistungs-, Wissenschafts- und Kultur-

versucht – kann tatsächlich auf »Lokalisierungs-Profite« (Bourdieu 2005a: 120) und auf symbolischen Distinktionsgewinn hoffen. Ausdruck davon ist eine steigende, vom politischen Senat Berlins unterstützte Dichte an Eventkultur, Messen und Konferenzen. Plattformen wie z.B. die »Mercedes Benz Fashion Week«, die Messe »Premium Exhibitions« im Modebereich sowie das »DMY International Design Festival« stellen einige der vielen Kristallisationspunkte der verschiedenen künstlerisch-kreativen Szenen dar. Von Berlin gehen folglich »Ortseffekte« im Sinne Bourdieus (ebd.: 117ff.) aus. Sie schlagen sich auch in internationaler Anerkennung nieder, wie etwa in der Auszeichnung Berlins als »City of Design« durch die UNESCO im Jahr 2006 (vgl. Kulturwirtschaftsbericht Berlin 2008: 179).

Die Fähigkeit sich durch diesen Raum gewinnbringend zu bewegen, hängt wesentlich davon ab, welche Ressourcen die Akteur_innen akkumulieren können, um ihren Lebensunterhalt zu bestreiten. Vielleicht ist es überraschend, aber das scheint in Berlin ein Unterfangen zu sein, das vielfach im Widerspruch zum symbolischen Distinktionsgewinn steht.

### 6.1.1 Einkommensverhältnisse und Erwerbsformen

Man könnte von der Not auf eine Tugend schließen. Jedenfalls: der Anteil von Künstlern und Kreativen an der Gesamtbeschäftigung liegt in Berlin höher als in anderen bundesdeutschen Großstädten, wie Hamburg, München oder Köln. In Berlin sind außerdem mittlerweile mehr Menschen im Kunst- und Kulturbereich als im Industriebereich beschäftigt. Zudem sind, wie geschätzt wird, mindestens 25 Prozent der Akteur_innen in der Kunst- und Kulturszene internationaler Herkunft (IFSE 2011). Auch die Umsätze der Kulturwirtschaft haben inzwischen das Verarbeitende Gewerbe überrundet (Kulturwirtschaft in Berlin 2008). Ebenso ist der Kulturetat pro Kopf in Berlin im Vergleich zu allen anderen Bundesländern am höchsten. Für künstlerisch-kreativ Tätige scheint es also zuhauf Gründe zu geben, ihr Glück in Berlin zu suchen.

Betrachtet man die Verteilung der Branchen, dann ist laut dem letzten vorliegenden Kulturwirtschaftsbericht für Berlin die Film- und Rundfunkbranche im Jahr 2006 der Teilmarkt mit dem größten Beschäftigungsanteil (22,6%) – gefolgt von dem Buch- und Pressemarkt (18,8%), dem Teilmarkt Softwareentwicklung/Games (17,8%), dem Werbemarkt (11%) und dem Markt für Darstellende Künste (Kulturwirtschaft in Berlin 2008: 26). Mit Blick auf die Arbeitsverhältnisse ist festzustellen, dass 48 Prozent der Erwerbstätigen in der Berliner KuK im gleichen Jahr sozialversicherungspflichtig beschäftigt waren, acht Prozent waren geringfügig beschäftigt und rund 44 Prozent waren

---

standort verändert, hat demnach auch mit dem Niedergang als Industriestandort zu tun.

als Freiberufler bzw. als Selbständige tätig (ebd.: 27). Der Bericht konstatiert, dass Freiberufler und Selbständige einen wachsenden Anteil der Beschäftigung in der Berliner KuK einnehmen. Sie kompensieren die Rückgänge in den anderen Beschäftigungskategorien (ebenda). Aktuelle Daten bestätigen diese Annahme. Der Kultur- und Kreativwirtschaftsindex Berlin-Brandenburg (KKI 2013) geht zudem davon aus, dass bis zu 75 Prozent der Erwerbstätigen in künstlerisch-kreativen Erwerbsfeldern alleine arbeiten. Besonders im Rundfunkmarkt, dem Markt für Darstellende Kunst oder auch dem Musikmarkt machen freiberuflich Tätige mittlerweile zwischen 60 und 70 Prozent der Erwerbstätigen aus (ebd.: 14). Am kleinteiligsten sind die Design/Mode-Branche, die Bildende Kunst, der Buch- und Musikmarkt organisiert (ebd.: 16).

Im Vergleich mit allgemeinen Arbeitsmarktdaten zeigt sich für die Jahre 1998 bis 2006 auf Grundlage repräsentativer Mikrozensus-Daten folgendes Bild: Sowohl der Anteil der »KünstlerInnen oder KreativberuflerInnen« ist mit zehn Prozent der Berliner Erwerbstätigen vergleichsweise hoch (bundesweit: drei Prozent) als auch der Selbstständigenanteil mit 53 Prozent (bundesweit 38 Prozent) (ebd.: 23). Deren Einkommen bzw. Honorare sind zwar branchenspezifisch differenziert[3], doch insgesamt vergleichsweise niedrig. Die Anzahl der befristeten Arbeitsverhältnisse liegt im Jahr 2006 bei 25 Prozent und hat sich zwischen 1998 und 2006 verdoppelt (ebd.: 88). Zudem sind unterdurchschnittliche Einkommen überproportional häufig vertreten (ebd.: 94ff.). Gleichfalls sind innerhalb Berlins die Einkommen von sämtlichen Akteur_innen künstlerisch-kreativer Erwerbsfelder relativ niedrig; ihr pro-Kopf-Einkommen ist seit 1998 nur gut halb so stark gewachsen wie das der übrigen Berliner Erwerbstätigen (Mundelius 2009: 140). Auch in den anderen Regionen erzielen selbständige Künstler und Kreative nur relativ niedrige Einkommen. Sie liegen aber im Durchschnitt um ca. zehn Prozent über dem Niveau ihrer Berliner Kolleg_innen (ebd.: 140ff.).[4]

Im Vergleich mit der Gesamtwirtschaft ist gleichwohl festzustellen, dass die Einkommen aller Künstler_innen und Kreativen in Berlin zwischen 1998 und 2006 um zwei Drittel gestiegen sind, während das Berliner Gesamtnetto-

---

**3 |** So sind beispielsweise die Einkommen von freien Mitarbeitern in der Filmbranche im Bundesvergleich recht hoch (Kulturwirtschaft in Berlin 2008: 96). Selbständige Künstler verfügen dagegen über weniger als die Hälfte des Nettoeinkommens der anderen Selbständigen in Berlin (Mundelius 2009).

**4 |** Das geschlechtsspezifische Einkommensgefälle liegt bei zehn Prozent und ist damit weniger stark ausgeprägt als außerhalb Berlins. Zudem liegt der Frauenanteil an allen Selbständigen in Berlin höher als im übrigen Bundesgebiet, insbesondere in den Bereichen Werbung, Foto, Kunst und Kultur (Gather et al. 2010). Unter Umständen ist das vergleichsweise gering ausgeprägte, geschlechtsspezifische Einkommensgefälle auf die ohnehin unterdurchschnittlichen Verdiensthöhen in Berlin zurückzuführen.

einkommen um drei Prozent gesunken ist (Kulturwirtschaft in Berlin 2008: 87). Dies illustriert angesichts der geringen einkommensseitigen pro-Kopf-Zuwächse also vorrangig die »Kopf-Zuwächse«, d.h. die Vermehrung der Beschäftigten in der Berliner KuK. Nichtsdestotrotz: Dass der berlinweite Anteil an Einkommen aus Kultur- und Kreativarbeit zwischen 1998 und 2006 steigt, während das in den übrigen Branchen erzielte Einkommen sinkt, ist ein Anzeichen für die wachsende Bedeutung der KuK als großstädtisches Arbeitsmarktsegment. Dennoch kann ein gutes Drittel der Erwerbstätigen (36 Prozent) im künstlerisch-kreativen Bereich nicht von ihrer Arbeit leben, da sie zu wenig (27%) oder so gut wie kein Einkommen (9%) erwirtschaften. Von dieser Problematik besonders betroffen sind Erwerbstätige aus der Sparte Bildende Kunst (64%), Buch (63%), Design/Mode (57%), Darstellende Kunst (50%) und Presse (40%) (KKI 2013: 19). Mit anderen Worten werden besonders niedrige Einkommen insbesondere in den äußerst kleinteiligen Organisationsformen erzielt. Oder noch drastischer gesagt: Wer versucht, als Schauspieler_in, Journalist_in, als Bildende_r Künstler_in oder als (Mode-)Designer_in Berlin wirtschaftlich Fuß zu fassen, sollte idealerweise einen Mäzen oder ein Erbe im Rücken haben – will er oder sie sich nicht mit einer Existenz als »armer Poet« abfinden.

Zudem erwirtschaften 60 Prozent aller Kreativen ihren Umsatz außerhalb Berlins (Martens 2011: 10). Hieran wird deutlich, dass Berlin als Absatzmarkt für künstlerisch-kreative Produkte und Dienstleistungen eine geringere Bedeutung denn als Arbeits- und Lebensort hat. Gleichzeitig sagen etwa drei Viertel der Befragten, dass sie die Dichte und Vielfalt des kulturellen Angebots, die touristische Attraktivität sowie das internationale Image von Berlin für einen Standortvorteil halten (ebd.: 19).

Festzuhalten ist daher zum einen, dass der Anteil freiberuflicher Akteur_innen in künstlerisch-kreativen Erwerbsfeldern in Berlin im Bundesvergleich überdurchschnittlich hoch ist. Zum anderen sind die Einkommen im bundesweiten Vergleich unterdurchschnittlich – sie reichen oftmals nicht zum Leben aus.

### 6.1.2 Arm aber glücklich?

Die soziokulturellen Spielräume in Berlin werden allgemein als vergleichsweise groß wahrgenommen. Aus den im Vergleich mit anderen Großstädten wie z.B. Hamburg schwächer ausgeprägten wirtschaftlichen Zwängen resultiert »eine verkehrte ökonomische Welt«, wie man mit Bourdieu (2001a: 136) konstatieren kann (vgl. Kap. 2.2). Kultiviert wird diese gleichsam paradoxe Haltung vor allem von den vielen freiberuflichen Akteur_innen des Kulturbereichs; deren Alltag verläuft teils ohne geregelten Arbeitsrhythmus, vielfach außerhalb betrieblicher Zusammenhänge, lokal vergleichsweise wenig festgelegten Arbeiten in bspw. Cafés, ohne feste Einkommen etc. (vgl. Manske 2007a; McRobbie 2012: 87). Nach Einschätzung der Befragten wird dieser Lebensstil durch das berlinspezifische Umfeld tendenziell begünstigt.

Ein zentraler Grund sich an diesem Ort anzusiedeln, lag die längste Zeit in seiner soziokulturellen Qualität und symbolischen Disktionktionskraft begründet, während wirtschaftliche Erwägungen eine untergeordnete Rolle spiel(t)en (Merkel 2009). So ist Berlin für die einen ein »*biographisches Wirtschaftseldorado*«, für andere wiederum die »*gegenwärtig aufregendste Kunstmetropole Europas*«. Eine befragte Dramaturgin etwa ist in Berlin, weil sie sich »*hier am besten ausdrücken, ausprobieren und am besten profilieren kann*«. Dass Berlin vergleichsweise »*frei von kommerziellem Druck*« sei, scheint seine besondere Attraktivität auszumachen. »*Und hier in Berlin wollen die Leute [...] was reißen. Die Infrastruktur begünstigt das.*«, meint ein freischaffender Redakteur.

Die traditionell niedrigen Lebenshaltungskosten sind für viele Künstler_innen und Kreative ein wesentlicher Grund in die Stadt zu kommen, umgekehrt aber auch für viele entscheidend, um hier zu bleiben: »*beispielsweise kann ich einen Monat mal nicht arbeiten, ohne dass es mir ein Loch in die Tasche brennt*«, sagt ein anderer, freier Redakteur oder »*weil ich mich damit nicht ausgeschlossen fühle vom sozialen Leben, obwohl ich nicht viel verdiene*«, so ein Theaterschaffender. Diese Arbeitsbedingungen erlauben den Befragten nicht ausschließlich nach marktorientiertem Nützlichkeitsdenken zu verfahren. Schöpferisch abseits wirtschaftlichen Verwertungszwangs agieren zu können, wird von den Akteuren besonders geschätzt und als berlinspezifisch wahrgenommen und apostrophiert: »*Es gibt ne Menge Zwischenräume, das kannste in Hamburg nicht machen.*«.

Ökonomisch zahlt sich allerdings vor allem für freischaffende Künstler_innen und Kreative ihre Tätigkeit nicht immer aus. Insbesondere wenn sie auf öffentliche Förderung bzw. auf Engagements in öffentlichen Kultureinrichtungen angewiesen sind. Denn die langen Vorlaufzeiten etwa bei der Bewilligung von Stipendien oder Projektgeldern erfordern nicht nur eine vorausschauende Planung, sondern auch ein entsprechendes finanzielles Polster, um die Phase bis zur potenziellen Projektbewilligung finanziell zu überbrücken.

Viele künstlerisch-kreativ Tätige übernehmen deshalb aus finanziellen Gründen zusätzliche »Brotjobs«, etwa als Immobilienmakler oder in Call-Centern. Doch egal, ob es sich um privatwirtschaftliche Projekte oder um Projekte im öffentlichen Kultursektor handelt, viele leiden unter den Durststrecken, die sie überbrücken müssen. Dies führt, so drückt es ein Befragter aus, zu einer »*chronische[n] Unterfinanzierung, bei der man alle Risiken allein trägt*«. Wie prekär eine solche Existenz werden kann, zeigt das Beispiel einer befragten Kuratorin, die zwar in der freien Kulturszene Berlins als erfolgreich gilt; dennoch konstatiert sie, dass sie von ihrer Tätigkeit kaum leben könne. Bisweilen sei das Honorar öffentlicher Kultureinrichtungen so gering, dass die

Befragte mit sechs Monaten Projektarbeit ihren Lebensunterhalt für nur zwei Monate absichern könne. Korrespondierend mit diesen Aussagen weist auch der »Arbeitsmarkt Kultur« aus dem Jahr 2013 aus, dass mehr als die Hälfte der freien Beschäftigten in der Tanz- und Theaterszene mehr als vier Monate im Jahr keinerlei Aufträge hat (Schulz/Zimmermann/Hufnagel 2013: 164).

Es liegt auf der Hand: projektabhängige Existenzen – das »Durchwurschteln« auf oft materiell prekärer Projektbasis – sind das Pendant zur offiziellen Rede von »innovativer Zukunftsbranche« mit internationaler Ausstrahlung (vgl. Enquete-Bericht 2007: 340; Kulturwirtschaft in Berlin 2008).

Aus Arbeitgebersicht ist das geringe Lohnniveau insbesondere im privatwirtschaftlich geordneten Bereich von künstlerisch-kreativer Arbeit ein attraktiver Standortfaktor, wie unsere Gespräche mit Agenturleitern und Branchenexperten gezeigt haben. Zwar sei, so lautet der Tenor, das Honorar geringer als in München oder Hamburg; doch würden z.B. auf Freelancebasis beschäftigte Designer_innen im Gegenzug symbolisch entlohnt, da sie am reichhaltigen Kunst- und Kulturleben Berlins teilhaben und es als Inspirationsquelle nutzen könnten (Manske/Ludwig 2010). Die hier von Arbeitgebern in Stellung gebrachte Bourdieu'sche Paradoxie künstlerischer Profitorientierung einer umgekehrten ökonomischen Logik wird mittels des genannten Arguments machtpolitisch gewendet. Sie wird nun als Begründungszusammenhang für eine prekäre Entlohnung angeführt. Dass z.B. der seit den 1980er Jahren zentrale Medienstandort Hamburg seit etwa der Jahrtausendwende gegenüber Berlin an Bedeutung verloren hat (Kreativwirtschaftsbericht für Hamburg 2012: 44), liegt demnach nicht nur an Berlins *Sexyness*. Auf Arbeitgeberseite wird vielmehr in ökonomischer Hinsicht das große Arbeitskräfteangebot genannt. Diese »Reservearmee« (Weber 1988) ermöglicht aufgrund der hohen Konkurrenzdichte vergleichsweise niedrige Löhne. Allerdings spiegelt sich diese Argumentation unter umgekehrten Vorzeichen auch in den Erzählungen der Befragten wider (»*die gegenwärtig aufregendste Kulturmetropole*«, »*niedrige Lebenshaltungskosten*« etc.).

Wie unsere qualitativen Befunde zeigen, machen die ungewissen, aber attraktiven Erwerbsbedingungen sowie der von allen Akteur_innen geteilte Glaube an die exzeptionelle, kulturelle Symbolhaftigkeit den Berliner Standortmix für künstlerisch-kreative Arbeit aus. Dennoch sind im Jahr 2011 nicht einmal mehr die Hälfte der von Martens (2011) Befragten zufrieden mit den Kosten und dem Angebot an Wohn- und Arbeitsräumen. Hier hat sich offenbar innerhalb weniger Jahre der Wind gedreht. Zudem fühlt sich weniger als ein Drittel durch berufsspezifische Verbände und durch das Angebot an öffentlichen Fördermitteln- und -programmen unterstützt (ebd.: 19).

So lautet die zwar nach wie vor geltende, aber offenkundig langsam in Zweifel gezogene Regel in Berlin: *symbolisches versus ökonomisches Kapital*. Auf einen kurzen Nenner gebracht, lässt sich dieser Wandel so beschreiben:

Berlin wird teurer, und in den sozialstrukturellen Zwischenräumen der Nachwendezeit wird es enger. Die starken, aus der hohen Dichte von Künstlern und Kreativen resultierenden, stadtpolitisch indes nur bedingt auffangbaren Konkurrenzverhältnisse führen neben dem Kostenauftrieb dazu, dass die wirtschaftlichen Zwänge steigen. Ein bis dato vielfach unbeschwert ausgelebter, künstlerischer Drang wird in Berlin ökonomisch neu gerahmt. Aufgrund wachsender Produktions- und Lebenshaltungskosten – insbesondere der Mieten – sei künftig nicht mehr unbedingt mit einem weiteren Zustrom in Berlins KuK zu rechnen, mahnt eine Analyse der Berliner Industrie- und Handelskammer (IHK Berlin). Befürchtet wird in dem Gutachten gar »perspektivisch [eine, A.M.] Schwächung des Standortes.« (Schepers o.J.: 7).

Allerdings bleibt der Blick auf den gegenwärtigen Wandel der Arbeits- und Produktionsbedingungen im künstlerisch-kreativen Bereich Berlins ohne ein sozialhistorisches Verständnis für die West-Berliner Kunst- und Kulturszene seit den 1970er Jahren unvollständig. Denn die seit damals gebildeten, gleichsam zeitgeschichtlich herabgesunkenen Sedimente der Kultur- und Nachtszene Berlins bereiteten den Boden für etliche, aktuelle künstlerisch-kreative Artikulationsformen (vgl. Farkas/Seidl/Zwirner 2013).

So kristallisierte sich in den 1970er Jahren der als berlintypisch erachtete (und durchaus kontrovers diskutierte) eines nunmehr als »arm, aber sexy« titulierte Arbeits- und Lebensstil heraus. Es entstanden (Quer-)Verbindungen zwischen (sub)kulturellem Nacht- und Kulturleben, deren Wurzeln teilweise heute noch existieren. Sie haben einige kommerzielle Blüten getrieben sowie in der Tat den Boden für erfolgreiches, unternehmerisches Handeln bereitet. Diese zeitgeschichtlichen Wurzeln werden nun vorwiegend in Form von episodischen Erzählungen rekonstruiert.

## 6.2 Die 1970er und 1980er Jahre – Kreuzung von Sozial- und Künstlerkritik

Berlin ist eine traditionelle Arbeiterstadt mit ausgeprägter, auch (sub-)kultureller Kulturvergangenheit sowie einer bürgerlichen Salonkultur (vgl. Ruppert 1998; Simmel 1983a). Schon im Jahr 1913, schreibt Florian Illies in seinem Porträt über dieses Jahr, galt »das Night-life von Berlin [als, A.M.] eine Spezialität« (Illies 2012: 43f.). Doch seit dem Wahnsinn der nationalsozialistischen Kulturpolitik, dem Ende des Kriegs im Jahr 1945 und verstärkt seit dem Mauerbau im Jahr 1961 hatten sich die Spuren einer ehemals schillernden Vergangenheit weitgehend verflüchtigt.

## 6.2.1 Ein besonderer politischer Status

West-Berlin hatte innerhalb der Bundesrepublik Deutschland einen besonderen politischen Status. Die Stadt war kein konstitutiver Teil der Bundesrepublik, sondern de jure von den drei westlichen Besatzungsmächten verwaltet. Diese hatten sich im Jahr 1950 darauf verständigt, dass Berlin von einem politischen Senat regiert wird.[5] West-Berlin war ein eigenes Bundesland auf dem Gebiet der DDR. Anlässlich des 15-jährigen Gedenkens an die Luftbrücke[6] im Jahr 1963 stattete der damalige US-Präsident John F. Kennedy der Stadt einen Besuch ab. Er bekannte sich vor einer großen Anzahl Berliner am Schöneberger Rathaus mit großer Geste und Pathos zur Westbindung Berlins: »Ich bin ein Berliner.« Großer Jubel folgte. Die Menschen waren begeistert und erleichtert. Denn der Mauerbau lag erst zwei Jahre zurück. Seit 1961 war West-Berlin eine eingemauerte Stadt, mitten im sozialistischen Ostdeutschland.

Diese »Insellage« hatte auch kulturelle Auswirkungen (Müller 2014: 19).[7] Im Gefolge der studentischen 1968er-Generation und deren »Kritik an den bestehenden Verhältnissen in jeder nur denkbaren Hinsicht« (Kraushaar 2001: 14) entstanden hier neue urbane Arbeits- und Lebensformen sowie (sub)kulturelle Nischen. Die Studentenbewegung und deren sowohl auf Klassenfragen bezogene Sozialkritik als auch deren auf Autonomie und Selbstbestimmung abzielende Künstlerkritik war Teil einer Art »Kulturrevolution« (Siegfried 2008: 30).[8] Diese propagierte »die Abkehr vom leistungsbetonten und konsumorien-

---

5 | Der Berliner Verfassung vom 1. September 1950 (außer Kraft gesetzt und durch eine neue Verfassung ersetzt zum 30.11.1995) liegt ein Genehmigungsschreiben *der Alliierten Kommandantura Berlin* bei (www.verfassungen.de/de/be/berlin50-index. htm, 6.6.2014).

6 | Während der »Berlin-Blockade« 1948/49 hatte die sowjetische Besatzungsmacht die Straßen- und Eisenbahnwege nach West-Berlin gesperrt. Die Westalliierten versorgten daraufhin die Berliner Bevölkerung per Luftweg.

7 | Der aus einem niedersächsischen Dorf stammende, im Jahr 1979 nach West-Berlin ausgewanderte Künstler, Musiker und Wolfgang Müller war Mitglied der Künstlergruppe »Die Tödliche Doris«, » die 1980 von den Kunststudenten Wolfgang Müller und Nikolaus Utermöhlen als Musikband gegründet wurde und der sich drei Monate darauf die Kunststudentin Chris Dreier anschloss. Die Gruppe wurde im Verlauf ihrer bis zur Auflösung 1987 währenden Geschichte, auch in Kunst, Fotografie, Filmkunst, Video, Performance und Literatur aktiv.« (Wikipedia, http://de.wikipedia.org/wiki/Die_ Tödliche_Doris, 18.11.2013; s. auch Müller 2014: 54ff.).

8 | Die Bedeutung der Künstlerkritik in der DDR ist wissenschaftlich unterbeleuchtet und harrt der soziologischen Aufarbeitung (vgl. Mühlberg 1994). Zur gesellschaftlichen Situierung der Künstlerszene im Ost-Berlin der 1980er Jahre lohnt die Ansicht des Films »Das Leben der Anderen« aus dem Jahr 2006. Die Rezeption seitens der Kritik war

tierten Lebensstil« (Häußermann/Siebel 1987: 14). Kritisch eingestellt gegenüber der industriegesellschaftlichen Ordnung von Zeit- und Arbeitsdisziplin entwickelte sich ein alternativer Begriff von Leistung, »der sich aus subjektiven Bestimmungen speiste und mit hedonistischen Vorstellungen kompatibel war« (Siegfried 2008: 22). In soziokultureller Hinsicht trat sie für einen Bruch mit dem kleinbürgerlichen Lebensmodell samt seiner Sekundärtugenden ein, das sich vorrangig um berufliche Karriere und i.d.R. um eine konventionelle Kleinfamilie drehte (Häußermann/Siebel 1987: 14; Kraushaar 2001).

### 6.2.2 Beklemmungen und Optionen in der Mauerstadt

Der »Inselstatus« des damaligen Westteils der Stadt und die dazugehörige Subventionspolitik war ein idealer Nährboden für neue urbane Lebenspraxen. Die Verfechter von alternativen Arbeits- und Lebensmodellen schufen sich seit den späten 1960er Jahren und verstärkt in den 1970er Jahren vor allem in ökonomisch entwerteten Stadtbezirken Platz. In den Bezirken Charlottenburg und Schöneberg, zunehmend aber in den heruntergekommenen Gegenden Kreuzbergs, das durch seine geografische Lage gewissermaßen Zonenrandgebiet war, siedelte sich neben vorwiegend türkischen, aber auch anderswo herstammenden Migrant_innen ein künstlerisches sowie sozialkritisches Milieu an.

Begünstigt wurde diese sozialräumliche Konzentration durch die niedrigen Mieten in den damals teils zum Abriss vorgesehenen Altbauten. In den milieuspezifischen Lebensweisen dieser Quartiere konnte sich »unbürgerliches« Wohnen und Arbeiten vereinigen (vgl. Häußermann/Siebel 1987: 15), was aus heutiger Sicht durchaus als ambivalent aber auch als zukunftsweisend verstanden werden kann. »*Das Inseldasein*«, schreibt etwa der (zugereiste) Maler Bernd Zimmer im Band »Nachtleben Berlin 1974 bis heute« (Farkas/Seidl/Zwirner 2013), »*war einerseits schlimm. Gleichzeitig war es eine Atmosphäre wie in Hong Kong: Wenn man drinnen war, konnte man alles machen.*« (Zimmer 2013: 44).

---

trotz Oscargewinn ambivalent. Einige Stimmen sahen darin ein gelungenes Sittenbild der DDR, andere störten sich an der sozialhistorischen Darstellung, die teils als verfälschend empfunden wurde. Die Relation zwischen Staatsmacht und Theater beleuchten auch Irmer/Schmidt (2006). Während in den 1970er Jahren mit dem Aufkommen eines neuen Regietheaters noch Hoffnung auf eine Emanzipation innerhalb des DDR-Systems geherrscht habe, erfasste die allgemeine Stagnation in den 1980er Jahren auch die Kunstszene, die sich in dieser Zeit »Parallelwelten zur vom Staat gelenkten Kultur« (ebd.: 190) geschaffen habe. Zu ähnlichen Schlussfolgerungen kommen die Beiträge in »leck mich am leben« (Willmann 2012) und »Die Addition der Differenzen« (Warnke/Quaas 2009). Indes wird die künstlerisch-kreative Szene in »Die DDR 1968« kaum erwähnt (Wolle 2008; vgl. Rauhut 2010).

Dieses *drinnen* war in den 1970er Jahren übersichtlicher als heute. Die subkulturelle Szene formierte sich gerade erst. Sie fand nicht nur an deutlich weniger Orten[9], sondern auch mit weniger Personal als heutzutage statt. Die Wege waren kürzer als heute, die Lebensphasen vieler der entstehenden Treffpunkte und Lokalitäten oft länger als in der von Zwischennutzungen geprägten Nachwendezeit. Die damalige, räumliche Nähe produzierte »*ein echtes Zusammenspiel zwischen den verschiedenen Disziplinen: Filmemacher, Musiker, bildende Künstler, Galeristen – alle kannten sich und hingen miteinander rum.*« (Gut 2013: 73). West-Berlin war eine »*Undergroundhochburg, in der es sich die Szene gemütlich machte und herumexperimentierte*« (ebenda).

### 6.2.3 Musik der Sozialkritik

»Den Soundtrack für die Freiheit und das Abenteuer dieser Jahre« (Sontheimer 2012: o.S.) in West-Berlin lieferte die Band »Ton Steine Scherben«. Sie sendete politische Botschaften gegen das sogenannte Establishment. Sie suchte »durch Provokation die gesellschaftliche Konfrontation auf symbolischer Ebene.« (Großegger 2010: 8; Sontheimer 2012). Diese Band hatte sich 1970 in Kreuzberg gegründet. Bis Mitte der 1970er Jahre produzierte sie ihre Alben in einem kleinen Musikstudio in Berlin-Kreuzberg. Mit der »David Volksmund Produktion« gründeten sie 1971 eines der ersten deutschen Independent Musik Labels, das »zwischen Kulturindustrie und linker Szene schillerte[n]« (Siegfried 2008: 60).

Die Musik von Ton Steine Scherben war der Sozialkritik verschrieben. Zugleich war sie geprägt von der teils hedonistischen Tonalität der damaligen, jugendlichen Protestbewegungen (Siegfried 2008). Kritisiert wurden die kapitalistischen Arbeits- und Produktionsverhältnisse, insbesondere die Ausbeutung der sogenannten »Arbeiterklasse«. Auch der Aktienmarkt stand schon im Kreuzfeuer ihrer Kritik. Thematisch also den Gerechtigkeitsfragen der industriegesellschaftlichen Ära verhaftet, sowie angetrieben von einer Wut gegen kapitalistische Ausbeutung und Entfremdung, lautete der erste, geschichtemachende Hit von Ton Steine Scherben: »Macht Kaputt, was Euch Kaputt Macht«. Ein Slogan, der plakativ verkürzt für die Sozialkritik der damaligen Generation stand und gar als Schlagwort für diese in toto verwendet wurde. 1972 folgte »Keine Macht für Niemand« – eine wütende Generalanklage des kapitalistischen Systems und eine Parteinahme für proletarische Milieus. Legendär auch der »Rauch-Haus«-Song aus dem Jahr 1972, mit dem musikalischer

---

**9** | Orte, an denen sich die künstlerisch-kreative Szene in den 1970er und 1980er Jahren traf, waren der »Dschungel«, das »Risiko«, das »Exil«, das »Ex'n'Pop«, das »Café Mitropa«, das »SO36«, »Kippenbergers Büro«, um einige zu nennen (vgl. Farkas/Seidl/Zwirner 2013).

Widerstand gegen die Räumung des besetzten »Künstlerhaus Bethanien« in Kreuzberg geleistet wurde. Beklagt wurde eine nicht vorhandene »Minimalsolidarität zwischen Reichen und Armen« (Boltanski/Chiapello 2003: 80): Dies wurde hier weitaus emphatischer vorgetragen, als die für die Künstlerkritik vermeintlich exemplarische Konsumkritik und deren Kritik gegenüber der Entfremdung.

Ton Steine Scherben trafen den rebellischen Nerv der Zeit der sogenannten »Counter Culture« der späten 1960er und frühen 1970er Jahre (Siegfried 2008). Sie lieferten den Sound für eine antibürgerliche Gegenkultur, die nicht nur »die Grenzen zwischen Hoch- und Populärkultur, Avantgarde und Masse in Frage« (ebd.: 59) stellte. Die Band war mental und musikalisch stilbildend. Mit ihren Liedern stellten sie »die kulturelle Präferenz einer Minderheit dar [...] – jung, kritisch, individualistisch –, die im Wertewandel immer mehr Anziehungskraft entwickelte« (ebenda).

Die Band war insofern ein exemplarischer Akteur des Zeitgeistes einer Jugendkultur, die sich zunehmend vom kleinbürgerlichen Pflichtethos der Elterngeneration distanzierte. Sie ist wohl auch aufgrund ihrer autonomen Organisations- und Produktionsstrukturen ein soziokultureller Kristallisationspunkt für die sozialmoralische Entwicklung der freien künstlerisch-kreativen Szene West-Berlins der frühen bis mittleren 1970er Jahre.

### 6.2.4 Feier der Existenz

Ab etwa Mitte der 1970er Jahre formierte sich ein bohemianhaft geprägtes Nachtleben im Bezirk Schöneberg, rund um den Nollendorfplatz. Auch dort war Berlin eher abgeranzt und trist, als dass es einen coolen, shabby Chic ausstrahlte, der der Stadt heute nachgesagt wird. Der damaligen Tristesse setzte das künstlerisch orientierte Milieu eine anti-bürgerliche, erwerbswirtschaftliche Gelegenheitsorientierung entgegen, die an die Selbstermächtigungsstrategie der armen Künstler gegen Ende des 19. Jahrhunderts erinnert, wie sie in Kap. 2.2. beschrieben wurde. Gleichermaßen wird die in Kap. 2.3 konstatierte Entgrenzung, Überkreuzung und Entdifferenzierung von künstlerisch-kreativer Arbeit sowie allgemein ihre Entzauberung als religiös aufgeladene Arbeit deutlich.

Aus den entstehenden Kneipen, Cafés, Diskotheken und Galerien in Berlin gingen künstlerische Lokalmatadoren, wie z.B. die Künstlerin und Sängerin Romy Haag, die Modedesignerin Claudia Skoda, die Musikband und Künstlergruppe »Die tödliche Doris« oder das Malerkollektiv »Moritzboys« hervor. Die transsexuelle Performancekünstlerin Romy Haag etwa erzählt in ihrer Biografie »Eine Frau und mehr«, dass die »*Gegend um den Nollendorfplatz, heute der schwule Kiez von Berlin, [...] damals* [bis Mitte der 1970er, A.M.] *ein reines Nuttenviertel*« (Schacht 2013: 27) gewesen sei. Mit der Eröffnung des ersten

Schwulenclubs dieser Gegend, wenig später der Diskothek »Dschungel« und dem »Metropol«, Diskothek sowie Konzerthalle, wurde Schöneberg ab Mitte der 1970er Jahre zum neuen »Amüsierviertel« (ebd.: 31).

»Hier schufen die Nachberlingeher einen eigenen Kosmos, bildeten Kollektive, gründeten Zeitungen, besetzten Häuser und Deutungsebenen«, erinnert sich der Schriftsteller Bernd Cailloux, der 1977 mit Anfang 20 aus Niedersachsen nach Berlin migrierte (Cailloux 2013: 35). Er beschreibt die einschlägige »Kneipenlandschaft« der damaligen Zeit als eine »Existenzform. Von Arbeit war wenig zu hören, ja gut, hieß es, studieren, zwei Schichten die Woche im Taxi oder sonst wo schieben, alles im informellen Sektor und ausreichend bei ultraflachen Kosten« (ebenda). »Nur einen Steinwurf (sic!) entfernt lag der Rote Platz (der demofeste Winterfeldtplatz). [In den nahe gelegenen Kneipen, A.M.] lief die Feier der reinen Existenz, der höchsten Lebensfreude, im letzten westlichen Tanzschuppen war's schon politische Pflicht, angesichts des nur wenige Kilometer entfernten Elends hinter dem Eisernen Vorhang allnächtlich eine ausufernde Fete steigen zu lassen.« (ebd.: 38).

Ein wichtiger Ort für das nächtliche Feiern war der erwähnte Dschungel; ursprünglich und seit Mitte der 1970er am Winterfeldtplatz gelegen, dann geschlossen und neu eröffnet im Jahr 1978 in der Nürnberger Straße nahe Ku'Damm. Dort »traf man sich, da waren alle Freunde und Bekannte, da erfuhr man, was los war.« (Gut 2013: 72), erzählt Gudrun Gut.[10] An ihren ersten Berlinbesuch erinnere sie sich »ganz genau«. Schlüsselerlebnis Kreuzberg. Sie sei ans Schlesische Tor gekommen, »da war der Duft nach Kebap [...] und ich dachte: hier beginnt die Freiheit.« (ebd.: 73). Nun wusste sie, »dass ich das enge westdeutsche Gehege verlassen musste, um in dieser Stadt zu leben.« (ebenda).

Der Dschungel wurde seit den späten 1970er Jahren zum Anlaufpunkt von internationalen Figuren der Musik- und Kunstszene. So war sein erster Resident-DJ Rio Reiser, Sänger von Ton Steine Scherben. Neben dieser Band gingen die Musikformation »Ideal«, Nina Hagen sowie internationale Größen der damaligen Musikszene wie z.B. Frank Zappa, Iggy Pop, David Bowie, Sid Vicious u.a. dort ein und aus. Ebenso zählten Filmschaffende wie z.B. Dennis Hopper, Rosa von Praunheim oder Jim Jarmusch zu den Gästen (Farkas/Seidl/Zwirner 2013: 69). An seine großen Zeiten der späten 1970er und 1980er Jahre konnte der Dschungel nach der »Wende« 1989 nicht mehr anknüpfen. Er schloss 1996 (ebenda).

Während Lokalitäten wie der Nachtclub von Romy Haag (»Chez Romy«) oder der Dschungel inzwischen Geschichte sind, existiert das »Café Mitropa« unter dem Namen »Café M« heute noch in der nahe am Winterfeldtplatz

---

**10** | Die Sängerin der Tödlichen Doris, zeitweilige Modemacherin, Radiomoderatorin und Plattenlabel-Betreiberin, war 1975 aus der Lüneburger Heide nach West-Berlin gezogen.

gelegenen Goltzstraße.[11] In diesem Café, so zumindest erinnert es Cailloux (2013: 39) im leicht nostalgisch gefärbten Rückblick, wurde »*das subkulturelle Draußensitzen erfunden: Das Café Mitropa stellte als erstes Stühle heraus*«. Die Stühle oder vielmehr ihre Sitzanordnung mögen ihren Teil zur kulturellen Kapitalentwicklung beigetragen haben im »*neuen Gemeindesaal der Subkultur. Hier saßen die kreativen Hoffnungsträger schwatzend bis tief in die Nacht: die NDW-Musiker in gruppo wie Ideal, die Einstürzenden Neubauten,* [die Modemacherin Claudia, A.M.] *Skoda, dazu Filmemacher, Performanceleute und die jungen Wilden Maler [...] Eine post-achtundsechziger, noch analoge Bohème spielte hier locker und [...] vollzog den Übergang des Undergrounds in die Popkultur.*« (ebd.: 39).

### 6.2.5 Symbolische Kapitalbildung

Auch im Bezirk Kreuzberg fand in dieser Zeit eine symbolische Kapitalbildung statt. Dort etablierte sich eine Parallelwelt »*für alle Ausgesetzten, Ausgegrenzten und Tagediebe*« (Müller 2014: 64). Ab Mitte der 2000er Dekade entfaltete dieser Bezirk eine erneute Anziehungskraft, als die Abwanderung aus Mitte und Prenzlauer Berg nach Kreuzberg einsetzte (Strauss 2013: 212).

»*Eine Zehntelsekunde vor der Warschauer Brücke*« (Zimmer 2013: 41) existierte etwa das Kneipenlokal »Exil«. Ursprünglich und seit 1972 betrieben vom Wiener Aktionskünstler Oswald Wiener, der 1969 nach Berlin gekommen war (Müller 2014: 62). Dessen Kneipe sei ein »*Schlupfloch der Bohème*« gewesen, erinnert sich Stephan Landwehr, Jg. 1958. Landwehr ist heute Gastronom, der u.a. seit 2007 den Prominenten-Treffpunkt »Grill Royal« und seit 2011 das »King Size«, eine Nachtbar in Berlin-Mitte mit allwöchentlicher »Artists' Night« betreibt. Wie erwähnt, war Ende der 1970er Jahre die Szene »*viel überschaubarer als heute.*« (Landwehr 2013: 76). Zu einem dieser überschaubaren Orte gehörte besagtes Exil. Landwehr selber, aber auch der Maler Bernd Zimmer arbeitete hier als Koch, bevor er im Jahr 1977 gemeinsam mit den später zu unterschiedlicher Popularität gelangenden Kunststudenten Rainer Fetting, Helmut Middendorf und Salomé die Galerie am Moritzplatz in Kreuzberg gründete. Sein damaliger Kellner-Kollege Bruno Bennett betreibt seit 1992 die renommierte Galerie »Contemporary Fine Arts« (CFA) in Berlin-Mitte. Sie vertritt interna-

---

**11** | Laut Cailloux (2013) mahnten DDR-Behörden das Café Mitropa verschiedentlich an, den Markennamen der DDR-Restauration der Deutschen Reichsbahn »Mitropa« nicht mehr zu benutzen. Um weiteren, rechtlichen Schritten vorzubeugen, wurde das »Café Mitropa« dann in »Café M« umbenannt (ebd.: 39). In dieser anekdotischen Anmerkung zeigt sich einmal mehr die zeitlich-räumliche Gebundenheit von Berlin als Standort für künstlerisch-kreative Arbeit.

tional reüssierende Künstler wie Jonathan Meese oder Daniel Richter (Zimmer 2013: 44, vgl. auch Müller 2014: 69).

Die 1977 von Zimmer und befreundeten Kommilitonen der damaligen Hochschule der Künste (heute UDK) gegründete Galerie war eine »Selbsthilfegalerie«. Der künstlerische Gestus der Moritzboys war an der Punkmusik orientiert. Was dort musikalisch passierte, »*haben wir versucht in die Malerei reinzubringen. Einfach und abrupt. Ein Gefühl, ein Bild. Zack, fertig, das nächste.*« (Zimmer 2013: 44). Die Galerie war, erläutert Zimmer (2013), »*nicht kommerziell ausgerichtet, sondern eher wie ein Showroom. Erwartet haben wir nichts. Auch nicht, dass jemand was kauft.*« (ebenda). Als Anhänger einer umgekehrten ökonomischen Logik haben sich die Betreiber wohl eher darüber gefreut, dass die Vernissagen meist sehr gut und von den richtigen Leuten besucht waren. »*Da kamen dreihundert Leute und mehr. Die Szene. Professoren, Museumsleute, Sammler.*« (Zimmer 2013: 44). Das versprach symbolische Anerkennung. Diese, aber auch der ökonomische Erfolg ließen nicht lange auf sich warten. »*1980 kam der Durchbruch.*« (ebd.: 47). Die Moritzboys hatten eine Ausstellung im renommierten »Haus am Waldsee«. Als schließlich »*zwei Schweizer Händler kamen, [...] ging's los. Damit hatte dann auch die Galerie am Moritzplatz ihre Berechtigung verloren.*« (ebenda). Bernd Zimmer, überdies nun mit einem Stipendium ausgestattet, verließ Berlin im Jahr 1982 gen Villa Massimo in Rom. »*Und ich bin auch nicht mehr zurück*« (ebenda).

Dass auch die ökonomisch desinteressierte, künstlerische Subkultur im West-Berlin der 1970er Jahre von ererbtem ökonomischen Kapital profitierte, führt Zimmer (2013) am Beispiel des heute noch bestehenden Musikclubs »SO36« in Kreuzberg aus. Seinen Betrieb nahm das SO36 am 12./13. August 1978 mit dem »Mauerbaufestival« auf, einem ironischen Gedenken an den Bau der Berliner Mauer am 13. August 1961. Zimmer (2013) erzählt, dass die drei Gründer, Klaus Brennecke, Achim Schächtele und Andreas Rohè vom Familiengeld des letzgenannten den Musikclub gründeten und zunächst mit dessen finanziellen Mitteln betrieben. Denn Rohè war »*Düsseldorfer, aus einer Spinnerei-Dynastie, der hatte das Geld.*« (ebd.: 47). So hatten sie das nötige Kapital im Rücken und »*sind wirklich mit dem VW-Bus los und haben Bands aus England* [wie z.B. Adam and the Ants, A.M.] *eingeladen und her- und wieder zurück gefahren.*« (ebenda). Da der Konzertraum jedoch »*eher ein Avantgarde-Musikschuppen*« gewesen sei, konstatiert Zimmer (2013), und »*die Berliner wussten ja noch nichts [...] Viele kamen da noch mit langen Haaren*« (ebd.: 47), sei der Laden in den ersten Monaten schlecht gelaufen und hätte kurz vor der Pleite gestanden. Nach der ersten überstandenen Durststrecke etablierte sich das SO36 jedoch als feste Adresse in Berlins subkulturellem Kultur- und Nachtleben. Und das mit einigen Fährnissen bis heute.

### 6.2.6 David Bowie als »Testimonial«

Obwohl David Bowie nur zwei Jahre in Berlin lebte, von 1976 bis 1978, gibt es wohl wenige Figuren der Popgeschichte, die den Glauben der künstlerisch-kreativen Szene an diese Stadt als subkulturelle Metropole stärker festigen, als dieser Musiker und Sänger. Vor allem im Rückblick wird Bowie als eine Art Testimonial bemüht, wie sich anschaulich im Buch von Tobias Rüther (2008) »Helden – David Bowie und Berlin« nachlesen lässt. »*David Bowie und Iggy Pop waren die ersten Stars, die keinen großen Bogen um diese kleine Insel machten*«, so wird die zu zweifelhafter Berühmtheit gekommene Christiane F. in Lippitz (2014) zitiert.[12] Vor allem David Bowie habe Berlin weltweites Ansehen verschafft und »die geteilte Stadt als künstlerischen Inspirationsort [...] auf die Landkarte der globalen Popkultur« gesetzt, befindet auch der Journalist Ulf Lippitz (2014) anlässlich einer Bowie-Ausstellung, die im Mai 2014 im Berliner Martin-Gropius-Bau eröffnet wurde.[13] Bowie, teils auch Iggy Pop, hatte seine Zelte in Berlin-Schöneberg aufgeschlagen. U.a. hatte er das Album »Heroes«[14] mit dem gleichnamigen Titelsong in den fortan legendären Hansa-Studios in Berlin-Tiergarten, vis-à-vis der »Mauer« aufgenommen. Auch Iggy Pop produzierte seinen bis heute bekanntesten Hit »Lust for Life« in den Hansa-Studios. Vielfach werden sie als Stilikone zitiert, gar zu »*Ufos*« (Müller 2013: 61) erklärt, die »*an den Geschlechtergrenzen herumreisten*« (ebenda) und einen maßgeblichen Teil dazu beitrugen, Berlin kulturell zu öffnen. Jedenfalls fehlen sie als Verweis auf kulturelles Kapital in fast keiner Zeitzeugen-Erinnerung über die wilden Zeiten Berlins in den 1970er Jahren (vgl. Farkas/Seidl/Zwirner 2013).

---

**12** | Das Buch von Christiane F. »Wir Kinder vom Bahnhof Zoo« aus dem Jahr 1978 machte Furore und sie selbst zur Symbolfigur einer drogengeprägten Berliner Jugendkultur. Das Buch beruht auf Tonbandmitschnitten, in denen Christiane F. (Jg. 1962) ihren Weg in die Drogenszene und in die Prostitution schildert. Mit Bowie verbindet sie nicht zuletzt die Tatsache, dass sein Song »Heroes« im Jahr 1981 der Soundtrack zum Film zum Buch »Wir Kinder vom Bahnhof Zoo« wurde.

**13** | Erstmals gezeigt wurde diese Ausstellung im Jahr 2013 im Victoria & Albert Museum in London, zwischen Mai und August 2014 war sie in Berlin in einer erweiterten Fassung zu sehen (Lippitz 2014).

**14** | »Heroes« handelt von einer Liebesgeschichte im Schatten der Berliner Mauer. Inwieweit die »Helden für einen Tag« deshalb Eintagshelden sind, weil ihr Alltag durch die Mauer getrennt ist und sich das Liebespaar nur an einem Tag begegnet, bleibt in dem Songtext offen. Klar sind in ihrer Unklarheit gleichwohl die politischen Bezüge und die Bezugnahme auf alltägliche Auswirkungen der geteilten Stadt – und ihrer kulturellen Verarbeitung.

## 6.2.7 Ökonomisierung später

Folgt man der stadtsoziologischen Analyse von Häußermann/Siebel (1987) waren die 1980er Jahre eine Zeit, in der sich zwei sehr unterschiedliche städtische Bewohnergruppen aufeinander zu bewegten. Die Alternativen und die sogenannten »Young Urban Professionals«, kurz »Yuppies« (ebd.: 16). Deren gemeinsame Wurzel war die Krise des bürgerlichen Lebensmodells (ebd.: 14). Während die Alternativszene Produkte oder Dienstleistungen entwickelte, wie kulturelle Inszenierungen, Bücherläden oder Gastronomie, die im Milieu der Szene gedeihen, »das sie zugleich konstituieren und als Absatzmarkt brauchen.« (ebd.: 15), seien die beruflich etablierten und an die Normen der Leistungsgesellschaft angepassten sozialen Gruppen zu Konsumenten dieses alternativen Arbeits- und Lebensstils geworden. Der städtische Raum, die aufgrund von Geldknappheit entwickelten Nutzungsideen für stadtökonomisch entwertete Räume wie z.B. für verfallene Fabriketagen etc., sei für »Yuppies« »die Bühne von Selbstdarstellung und demonstrativem Konsum, egal, ob es sich dabei um einen Drink, Haute Cuisine oder sonstige Kultur handelt.« (ebd.: 17).

Diese Entwicklung trifft auch auf die einschlägigen Bezirke in Berlin zu. Doch noch nicht in den 1980er Jahren. Von einer »Kulturalisierung« der Stadt oder gar von einer »Creative City«, wie sie auch Reckwitz (2012: 274ff.) als Phänomen in New York der 1980er Jahre beschreibt, war West-Berlin in den frühen 1980er Jahren noch weit entfernt. Zwar lassen sich mit der Aufnahme einer Politik der behutsamen Stadterneuerung in den 1980er Jahren erste Anzeichen für den Trend einer »*Semiotisierung*, d.h. [für, A.M.] die Steigerung und Verdichtung der symbolischen Qualitäten des Stadtraums« (Reckwitz 2012: 279, H.i.O.) ausmachen (vgl. Kapphan 2002). Allerdings durchfuhr diese Entwicklung im Jahr 1989 eine historische Zäsur. Die deutsch-deutsche Wende und ihre Folgen unterbrachen vorübergehend den Prozess hin zur »Creative City« in Berlin. Doch aufgeschoben ist nicht aufgehoben.

In den 1980er Jahren indes beförderte die politische Lage der geteilten Stadt, der durch wirtschaftliche Abwanderungsprozesse seit dem Mauerbau bedingte Leerstand vieler Gebäude und Fabriketagen, die politische Kanalisierung von migrantischen Zuwanderern nach Kreuzberg und der aus Sicht der (klein-)bürgerlich geprägten »Dominanzkultur« (Rommelspacher 1995)[15]

---

15 | Im von Birgit Rommelspacher (2006) eingeführten Konzept der Dominanzkultur wird davon ausgegangen, dass das soziale Zusammenleben durch unterschiedliche Machtdimensionen bestimmt wird. Der Begriff »Dominanz« bezieht sich dabei auf die Vorstellung, dass sich die Machtverhältnisse nicht auf eindeutigen Strukturen von Herrschaft reduzieren lassen (vgl. Kap. 3.2). Vielmehr speisen sich Machtverhältnisse aus unterschiedlichen Quellen. Diese sind miteinander vernetzt, sodass sich dabei beständig Asymmetrien herausbilden, die den Anspruch auf soziale Unterscheidung und

soziokulturellen Entwertung ganzer Stadtviertel, das Leben einer Alternativszene, in der sich der Zwang der Verhältnisse und antibürgerliche Kritik noch eine ganze Weile hervorragend ergänzten (vgl. Häußermann/Siebel 1987: 14).[16]

### 6.2.8 Empörungsquelle Wohnungspolitik

Neben einer entschiedenen Sozialkritik, verkörpert herausragend durch die Hausbesetzerszene, wurden in den 1980er Jahren verstärkt jene lebensweltlichen Fragen aufgeworfen, die sich um künstlerische Freiheit und um eine ästhetisch anspruchsvolle, authentische Seinsweise im Sinne der Künstlerkritik drehten. So kann diese Phase als eine Zeit betrachtet werden, in der sich in Berlins künstlerisch-kreativer Szene Sozial- und Künstlerkritik zunächst auseinander entwickelten.

Weithin sichtbar war, dass sich die politischen Kämpfe zuspitzten – man denke etwa an die Demonstrationen gegen den Besuch des damaligen US-Amerikanischen Präsidenten Ronald Reagan im Jahr 1987 oder die berühmt-berüchtigte »revolutionäre« 1. Mai-Demonstration in Kreuzberg im gleichen Jahr. Der damalige Regierende Bürgermeister, Eberhard Diepgen von der CDU, hatte alle tatsächlich oder potenziell Beteiligten an den Demonstrationen als »Antiberliner« bezeichnet und mit seinem sozialmoralischen Ausgrenzungsversuch nicht zuletzt ein »Wir-Gefühl« befeuert (vgl. Müller 2014: 28).

Eine sozialkritische Empörungsquelle war damals auch die Situation auf dem Wohnungsmarkt. Sie war Ende der 1970er Jahre in West-Berlin aufgrund von Fehlentscheidungen in der Wohnungspolitik angespannt. Sichtbar wurde dies daran, dass viele Altbauten in den einschlägigen Gegenden, in denen sich die künstlerisch-kreative Szene seit den 1970er Jahren angesiedelt hatte, leerstanden und gar verrotteten. Insbesondere der Stadtteil Kreuzberg war nahezu dem Verfall preisgegeben. Denn die stadtplanerische Idee war es – zurückgehend auf den Flächensanierungsplan aus dem Jahr 1963 (Kapphan 2002: 75) –, die

---

Überlegenheit durchsetzen. Ähnlich wie Kaschuba (1995), begreift auch Rommelspacher Kultur »als ein Medium, mit dem symbolische Grenzen gezogen werden und das den Menschen »ihre« Position in der Gesellschaft zuweist. Denn über Kultur wird auch festgestellt, wer in der Norm lebt und sie repräsentiert und wer von ihr abweicht.« (Rommelspacher 2006: 3).

**16** | Selbstredend spiegelt das soziale Leben Berlins mit Fokus auf den künstlerischen Underground dieser Tage nur einen kleinen Ausschnitt des Stadtlebens wider. Beispielsweise war etwa der Stadtteil Berlin-Gropiusstadt (eine 300.000-Seelen-Trabantenstadt von Neukölln), in dem die Autorin in den 1970er Jahren ihre Kindheit verbrachte, eher ein Begegnungsort eines klein-bürgerlichen, vom Wohlstandsaufschwung der 1960er Jahre profitierenden Milieus und sozial schwachen Milieus, die daran arbeiteten die Hürde der Respektabilität zu nehmen. Hier konnte man eher brisante soziale Fragen studieren, als sich der Kultur eines »arm aber sexy« hinzugeben.

nahe der Mauer gelegenen Gründerzeitviertel abzureißen und durch Neubauten zu ersetzen, so z.B. rund um das Kottbusser Tor. Um den Sanierungsprozess durchzuführen, hatte der Berliner Senat die im Privatbesitz befindlichen Altbauten gekauft mit dem Ziel, diese zu entmieten. Dieser Prozess dauerte im Schnitt 13 Jahre (ebd.: 76). In der Zwischenzeit wurden viele Wohnungen an sogenannte »Gastarbeiter« vermietet. So war innerhalb weniger Jahre in Kreuzberg der Migrant_innenanteil bis zum Jahr 1974 auf 25 Prozent angestiegen (ebenda).

Angesichts der Wohnungsknappheit und der vom politischen Senat betriebenen Entmietungspolitik wurden von der aufkommenden Hausbesetzerszene bis 1981 jedoch 160 Häuser in Beschlag genommen (ebd.: 77). Die vom damaligen Innensenator Heinrich Lummer (CDU) vorgegebene Linie war hart. Sie setzte auf Räumungen. Häufig mündeten diese in gewalttätige Auseinandersetzungen. Ab den 1980er Jahren entspannte sich die Lage ein wenig, weil nun der aus den 1960er Jahren stammende Flächensanierungsplan zugunsten einer »behutsamen Stadterneuerung« aufgegeben wurde (vgl. Häußermann/Läpple/Siebel 2008: 112ff.). Sie ermöglichte den Bewohnern einen Verbleib in den Häusern bei günstigen Mieten. In der Folgezeit etablierte sich in Kreuzberg »eine bunte Mischung aus Arbeiterfamilien, Zuwanderern und alternativer Szene« (Kapphan 2002: 77).

### 6.2.9 Vorboten der »Creative City«

In seiner herausgehobenen Abgeschiedenheit wurde West-Berlin zunehmend als soziokulturelle Kulisse entdeckt. In dieser Phase wurde die radikale Sozialkritik plakativ von künstlerisch-ästhetischen Lebensstilfragen durchdrungen. Bands wie »Einstürzende Neubauten«[17] oder »Ideal«, aber auch etwa die US-Amerikanische Fotografin Nan Goldin[18], der Künstler Martin Kippenberger[19]

---

17 | Die Einstürzenden Neubauten gründeten sich 1980 im Geist der Punk-Bewegung. Eindrücklich deren Ton- und Bildaufnahme von »Stahlversion«, aufgenommen im gleichen Jahr unter einer Autobahnbrücke im Bezirk Schöneberg.
18 | Nan Goldin, international renommierte Fotografin wurde 1953 in Washington D.C./ USA geboren, kam erstmals im Jahr 1982 und seitdem regelmäßig nach West-Berlin. Im Jahr 2010/2011 wurden ihre Arbeiten in der Berlinischen Galerie mit einer Werkschau gewürdigt. Gezeigt wurden Goldins Berlinfotos, die zwischen 1984-2009 entstanden sind. Zu Beginn jedoch war sie noch nicht die weltberühmte Fotografin, die sie heute ist. »Als [...] Chronistin der Westberliner Szenerie« (Müller 2014: 249), fotografierte sie das subkulturelle Nachtleben und machte daraus farbgewaltige und atmosphärisch dichte Fotos. Sie projizieren die subkulturelle Szene West-Berlins der 1980er Jahre als eine eigentümliche Mischung aus fataler Versifftheit und exzessiver Bilderwelt.
19 | Neben einem kurzen Gastspiel im SO36 hatte Kippenberger 1978 gemeinsam mit Gisela Capitain »Kippenbergers Büro« gegründet, wo u.a. Ausstellungen junger Künstler

trugen im Kontext der politisch motivierten Hausbesetzerszene ihren Teil dazu bei (vgl. Farkas/Seidl/Zwirner 2013; Müller 2014; Sontheimer 2012).

Als ein im Kiez bekämpfter Vorbote der Creative City kann das Feinschmeckerrestaurant »Maxwell« betrachtet werden. Es suchte ab Mitte der 1980er Jahre seine Kundschaft in der Kreuzberger Oranienstraße. Das Restaurant ist aber nicht in erster Linie wegen seiner Küche im Gedächtnis geblieben. Erinnerungswürdig ist vielmehr das »Fäkalienattentat«, das die Kübelgruppe« im Jahr 1987 auf es verübte und damit gegen eine befürchtete Umstrukturierung Kreuzbergs protestieren wollte (Müller 2014: 64ff.).[20] Eine Ode an West-Berlin hingegen stammt von Ideal, eine teils aus der Punk-Bewegung stammende Musikformation der »Neuen Deutschen Welle«. »Ich steh auf Berlin«, sangen Ideal 1981. Verhandelt wird in dem Loblied eine typisierte Metamorphose eines Mädchens, das aus Westdeutschland nach West-Berlin migriert. Hier, so lautet die Botschaft, erwacht es zu neuem, einem selbstbestimmten und unkonventionellen Leben. Abseits kleinbürgerlicher Konventionen taucht die Protagonistin von Ideal in den als aufregend multikulturell und urban deklarierten Alltag Berlins sowie in sein einschlägiges Nachtleben ein. Ihren Lebensunterhalt bestreitet sie mit Gelegenheitsjobs. Es werden einige der oben genannten Orte wie z.B. der Nachtclub von Romy Haag oder der Dschungel erwähnt und somit in Pop-Kultur übersetzt.[21]

---

gezeigt wurden (Gut 2013: 73). Im Jahr 2013 wurde Martin Kippenberger (1953-1997) mit einer großen Werkschau im Hamburger Bahnhof in Berlin gewürdigt. Anlässlich dieser Ausstellung bezeichnet ihn der Journalist Jörg Heiser in der Süddeutschen Zeitung vom 24.2.2013 als »Anarchist des deutschen Humors«. »Denn im Nachkriegsdeutschland witzig zu sein, war wahre Drecksarbeit.«, so Heiser (2013).

20 | Der soziale Protest gegen das »Maxwell« drückt sich u.a. auch auf der homepage von »Pocketpunk« bzw. »Yok« aus. Yok macht seit »1984 Musik und Kultur auf Bühnen und Strassen [...] Ich bin autonomer Plausibilist, Anarchist und linker Weltverbesserer geblieben, [...]. Das ist die Basis.« (http://pocketpunk.so36.net/ichbins.php, 5.6.2014). Im Rückblick auf das Fäkalien-Attentat schrieb »Yok« 1992 folgenden Songtext. »Im Schick-Restaurant ist endlich mal was los, Fäkalien auf den Abendkleidern, doch die Stimmung ist famos und ein Bekennerinnenschreiben hängt draußen an der Tür: »Ihr seid zu schick und zu teuer, für dieses Viertel hier!« Drum Mensch begehre auf, wenn dir mal irgendwas nicht passt!« (http://pocketpunk.so36.net/lied.php?lied=liedtexte/liedDUENNSCHISS.txt, 5.6.2014).

21 | »Bahnhof Zoo, mein Zug fährt ein. Ich steig aus, gut wieder da zu sein. Zur U-Bahn runter am Alkohol vorbei, Richtung Kreuzberg, die Fahrt ist frei. Kottbusser Tor, ich spring‹ vom Zug, zwei Kontrolleure ahnen Betrug. Im Affenzahn die Rolltreppe rauf, zwei Türken halten die Beamten auf. Oranienstraße, hier lebt der Koran, dahinten fängt die Mauer an. Mariannenplatz rot verschrien, ich fühl‹ mich gut, ich steh‹ auf Berlin! [...] Graue Häuser, ein Junkie im Tran, es riecht nach Oliven und Majoran. Zum Kanal

Mit diesem Lied wurde der Glaube an die exzeptionelle, kulturelle und einer vom bürgerlichen Pflichtethos entledigte und stattdessen nicht-kommerzielle sowie anti-bürgerliche Symbolhaftigkeit der Stadt Berlin in eine popkulturelle Textform gegossen. Der Song thematisiert zwar soziale Klassenfragen, dreht sich vornehmlich aber um ein privates und vor allem zwangloses Lebensgefühl, das als berlintypisch konnotiert wird. Aufgegriffen wird eine Kritik der lebensweltlichen Entfremdung und an einer Gleichförmigkeit des Alltags, die einer mangelhaften Authentizität und Kreativität westdeutscher Kleinbürgerlichkeit zu entspringen schien.

Insgesamt wurde ein soziokultureller Gegensatz zwischen Berlin und West-Deutschland konstruiert, von dem die Stadt noch lange zehren sollte (vgl. Gut 2013: 72ff.). Und wie etwa Jochen Arbeit, Gitarrist der Einstürzenden Neubauten und später von der Band »Die Haut«, erzählt, wurden auch Auftritte in besetzten Häusern als karriererelevant betrachtet. Allerdings als relevant für eine Karriere »*ohne kommerziellen Hintergrund. Sich selbst finden, sich ausdrücken, darum ging es.*« (Arbeit 2013: 111).

### 6.2.10 Zwischenfazit: Statuskämpfe in ökonomischer Anspruchslosigkeit

Zusammenfassend ist festzuhalten, dass die ökonomische Anspruchslosigkeit im West-Berlin der 1970er und 1980er Jahre ein idealer Nährboden für künstlerkritische Statuskämpfe war. Deren Artikulationsformen, wie sie beispielsweise von Ideal formuliert worden sind, waren, das zeigt sich im Rückblick, tatsächlich zunehmend dem Gestus einer Künstlerkritik verbunden, wie sie von Boltanski/Chiapello (2003: 80, 216) beschrieben wird. Aufgrund jedoch der nicht nur kulturellen, sondern auch politischen Situation in West-Berlin waren Sozial- und Künstlerkritik alltagsweltlich teilweise eng miteinander verwoben. In deren Zentrum stand zwar die Befreiung von der als westdeutsch klassifizierten Kleinbürgerlichkeit, doch war dieser Kampf auch teilweise personell nicht von den Kämpfen um Räume und Häuser zu trennen. Distinktiv

---

an Ruinen vorbei, dahinten das Büro der Partei. Auf dem Gehweg Hundekot, ich trink Kaffee im Morgenrot. Später dann in die alte Fabrik, die mit dem Ost-West-Überblick. Zweiter Stock, vierter Hinterhof, neben mir wohnt ein Philosoph. Fenster auf, ich hör‹ Türkenmelodien, ich fühl‹ mich gut, ich steh‹ auf Berlin! [...] Nachts um elf auf dem Kurfürstendamm läuft für Touristen Kulturprogramm, teurer Ramsch am Straßenstand, ich ess‹ die Pizza aus der Hand. Ein Taxi fährt zum Romy Haag, Flasche Sekt hundertfünfzig Mark. Fürn Westdeutschen, der sein Geld versäuft. Mal sehn, was im Dschungel läuft, Musik ist heiß, das Neonlicht strahlt. Irgendjemand hat mir ›nen Gin bezahlt, die Tanzfläche kocht, hier trifft sich die Scene, ich fühl‹ mich gut, ich steh‹ auf Berlin!« (Ideal 1981).

in Stellung gebracht wurde nichtsdestoweniger das Thema individuelle und künstlerische Selbstverwirklichung. In diesen Selbstverwirklichungsprojekten wurde aber nicht die Not zur Tugend gemacht. Vielmehr untermauern die Zeitzeugenberichte die Vermutung, dass (mehr oder weniger behütete) Mittelschichtkinder der saturierten Welt West-Deutschlands entflohen, junge Männer zudem dem Wehrdienst.

Wurde in Kap. 2.2 ausgeführt, dass sich die bürgerliche Klasse des späten 19. Jahrhunderts durch ihre kulturelle Distinktion gegenüber Künstlern nicht zuletzt ihrer selbst versicherte und sozial konstruierte, so lässt sich für die künstlerisch-kreative Szene West-Berlins der 1970er und 1980er Jahre eine gewisse Parallele feststellen: Sie betrieb eine soziale Distinktion, die eine kulturelle Grenze zur »west-deutschen Normalität« zog. Auch mittels dieser symbolischen Grenzziehung eroberten sich die Akteur_innen dieser Zeit einen sozialstrukturellen Zwischenraum. Hierin setzten sie der Krise des (klein-)bürgerlichen Arbeits- und Lebensmodells neue urbane Lebensformen sowie avantgardistische künstlerische Artikulationsformen entgegen. Auf diese Weise erarbeiteten sie sich einen gewissen sozialen Status. Mit ein bißchen Glück, einem Riecher für kulturelle Entwicklungen, den richtigen Kontakten und bisweilen auch mit konkretem, ökonomischem Kapital der Herkunftsfamilie ließ sich dort nicht nur eine symbolisch als hochwertig erachtete, sondern für einige auch eine dauerhafte wirtschaftliche Existenz realisieren. Die Akteur_innen wollten sich hier außerhalb der Sozialstruktur West-Deutschlands zwischen deren Stühle setzen. Manchen erscheint im Rückblick sogar das Sitzen *auf* Stühlen als eine subkulturelle Handlung.

Trotz aller sozialromantischen Verklärung, die manche der oben angeführten Zeitzeug_innen, schwelgend in ihrer post-adoleszenten Jugendzeit, womöglich beschleicht. Eins steht zweifellos fest: Das künstlerisch-kreative Berlin der 1970er und 1980er Jahre war eine besondere Ungewissheitszone (vgl. Kap. 2.2). In dieser Zeit bildete sich vielmehr ein sozialstruktureller Zwischenraum heraus, der unscharf umrissene und gleichzeitig äußerst dehnbare, da ökonomisch anspruchslose »Posten« bot (Bourdieu 1997a: 62). In diesen Zwischenräumen fand ab den 1970er Jahren ein künstlerisch-kreatives Treiben, eine spezifische, urbane Arbeits- und Lebenspraxis statt. Diese damals angelegten, ja, eroberten Zwischenräume legten die Grundlagen für die nächsten Jahrzehnte. Räumlich bzw. baulich wurden sie durch die vielen ungenutzten bzw. zum Abriss vorgesehenen Gebäude ermöglicht. »Räume des Dazwischen und Zonen des Übergangs zuzulassen [...], die altern können, die Lücken, Zerfall und Zweckentfremdung vertragen, ist das Beste [...] für den Erhalt der urbanen Stadt.«, konstatieren Häußermann und Siebel (2000[22]). Doch

---

**22** | Den Hinweis auf diese Publikation von Häußermann/Siebel entnehme ich Silke Steets (2011: 100).

wurde in dieser Phase in den neu entstandenen Zonen des Übergangs nicht nur eine Reihe an »Posten« geschaffen, die manchen als Sprungbrett in eine teils noch heute andauernde Karriere diente. Vielmehr wurde in dieser Zeit das Feld bereitet für die Beschleunigungsfeiern, die sich nach 1989 in Berlin entfaltet haben.

## 6.3 DIE 1990ER BIS 2000ER JAHRE –
### DER GLAUBE AN »ARM ABER SEXY«

Nach dem Mauerfall im Jahr 1989 wurde Berlin erneut zu einer Spielwiese für eine zunächst ökonomisch vorwiegend desinteressierte Szene. Entfalten konnte sie sich in den ersten Jahren nach dem Mauerfall in einem ökonomischen Schonraum. Dieser beruhte jedoch auf anderen kulturellen sowie politischen Voraussetzungen als in den 1970er und 1980er Jahren. Vielmehr konnten die zahlreichen, zunehmend internationalen Neuzugänge einerseits an eine bereits existierende, (sub)kulturelle Infrastruktur anknüpfen – und sich im übertragenen, teils aber auch im buchstäblichen Sinne in den aufbereiteten Zwischenräumen niederlassen. Andererseits eröffnete der Transformationsprozess der Stadt neben den traditionell vergleichsweise niedrigen Lebenshaltungskosten und dem vielfältigen kulturellen Umfeld viele räumliche, aber auch politisch-administrative Nischen, Leerstellen und Lücken. Diese ließen sich zunächst relativ einfach und mit geringen ökonomischen Ressourcen von Kreativen und Künstlern oder Clubbetreibern nutzen (vgl. Lange 2007; Schwanhäußer 2010).

Unverkennbar ist, dass sich diese Zwischenräume zusehends schließen. Bis heute jedoch werfen sie symbolischen und für einige auch ökonomischen Gewinn ab. Neben vielen temporären, künstlerisch-kreativen Initiativen formierten sich in der Nachwendezeit Orte kultureller Aktivität, die nun ihrerseits als statusrelevante Institutionen wirken. Darüber hinaus bot diese Phase für einige Akteur_innen auch die Startrampe, um sich als »Nachtunternehmer«, als Unternehmer zu etablieren, die aus ihrer kulturellen Verortung auch einen unternehmerischen Statusgewinn generierten. Selbstverständlich schlugen, wie die Ausführungen gezeigt haben, auch in den 1970er und 1980er Jahren einige Protagonist_innen aus ihren Initiativen des Nacht- und Kulturlebens ökonomisches Kapital. Doch war deren unternehmerischer Anlagesinn zeitgeschichtlich und insofern auch kulturell sowie ökonomisch anders gerahmt als heute. Die nach dem Mauerfall entstandenen Bedingungen entwickelten sich zu einer Art Katalysator für unternehmerisches Handeln, aber ebenso für eine Neu-Konstellierung von sozialen Ungleichheiten im Feld. Jahre später verdichteten sich diese zu einer sozialen Empörungsquelle und mündeten in neue interessenpolitische Koalitionen, nämlich in eine Künstlerkritik im Spannungsfeld von künstlerischem und unternehmerischem Selbst.

### 6.3.1 Der Charme einer nicht-kommerziellen Zone

In den 1990er Jahren transformierten sich die subkulturell besetzten, sozialstrukturellen Zwischenräume Berlins zu jenem soziokulturellen Gefüge, das Berlins Charme einer nicht-kommerziellen Kulturmetropole weit über die nationalen Grenzen hinaus gefestigt hat. Wenn Boltanski/Chiapello konstatieren, dass sich »Der neue Geist des Kapitalismus« durch eine Abschwächung sozialkritischer Haltungen und durch eine Aufwertung von Selbstverwirklichungsaspirationen auszeichnet (Boltanski/Chiapello 2003: 215ff.), dann war das Nachwende-Berlin der optimale Schauplatz für diesen neuen Geist.

Die Feier der Existenz konnte in eine neue Runde gehen – und zwar in einer Vielzahl von Räumen und Orten, nicht vergleichbar mit der Intimität West-Berlins der Vorwendezeit. Der im Jahr 1990 in Berlin angekommene Technoproduzent und Journalist Arno Wildt beschreibt seine Erfahrung stellvertretend für viele Nachwende-»Nachberlingeher« (Cailloux 2013: 35). Aufgrund »*der historischen Einmaligkeit der Mauerfallsituation* [und, A.M.] *eine in Friedenszeiten eigentlich unvorstellbare Regel- und Gesetzlosigkeit [...] hatte man als jugendlicher Tunichtgut die Zeit seines Lebens in der Zone.*« (Wildt 2013: 128).

### 6.3.2 Ein Paradies an leerstehenden Häusern

In den 1990er Jahren bis irgendwann nach 2005 waren die schon zu DDR-Zeiten angestammten Künstler-Bezirke Mitte und Prenzlauer Berg der Dreh- und Angelpunkt des künstlerisch-kreativen Berlins (vgl. Farkas/Seidl/Zwirner 2013).[23] Sie boten perfekte Freiräume, weil die Altbauten in diesen beiden Bezirken praktisch leer standen; also ähnlich wie im Kreuzberg der 1970er und 1980er Jahre und aus ähnlichen Gründen. Zurückgehend auf einen Parteitagsbeschluss der SED im Jahr 1961 wurden zwischen 1971 und 1988 330.000 Wohnungen am Stadtrand von Ost-Berlin neu gebaut. In den geschaffenen Hochhaussiedlungen in den Bezirken Marzahn, Hellersdorf und Hohenschönhausen wohnten im Jahr 1988 etwa 900.000 Menschen und damit zwei Drittel der gesamten Bevölkerung Ost-Berlins (Kapphan 2002: 72f.). Demgegenüber waren die Altbaugebiete in der Innenstadt dem Verfall preisgegeben. Dort wohnten vor 1989 vorwiegend soziale Gruppen, die sich »aus dem ›Mainstream‹ der sozialistischen Lebensweise ausklinken« (ebd.: 74) wollten – oder ausgeklinkt wurden. Nach dem Mauerfall prägte sich in diesen Gegenden

---

**23** | Vgl. zum künstlerischen Leben in der DDR unter besonderer Berücksichtigung der Situation in Ost-Berlin Irmer/Schmidt (2006) sowie Warnke/Quaas (2009).

und in solchen Zonen des Übergangs ein Nacht- und Kulturleben aus, das sich im Laufe unserer Zeit zu einer Art Berlin-Mythos ausgewachsen hat.

In den Innenstadtbezirken des nun ehemaligen Ost-Berlins wurden im anfangs politisch-administrativen Machtvakuum viele Häuser und Wohnungen besetzt. Teils entfaltete sich dort ein autonomes, künstlerisch-kreatives Treiben, teils wurden Wohnungen mit Duldung der kommunalen Wohnungsverwaltung auch zu privaten Zwecken in Beschlag genommen. Die Hausbesetzerszene konzentrierte sich im Bezirk Friedrichshain (Wildt 2013). Parallel dazu schossen in den Bezirken Mitte und Prenzlauer Berg Clubs und Bars wie Pilze aus dem Boden, viele von ihnen informell. Sie spielten sich teils zwar auch in besetzten Häusern ab, hatten überwiegend aber einen deutlich künstlerischen Impetus. Sie boten, wie z.b. das 1990 besetzte Kunsthaus Tacheles etwa auch ein Forum für darstellende Künstler_innen.[24]

Daneben existierte in den Bezirken Mitte und Prenzlauer Berg bis weit in die zweite Hälfte der 1990er Jahre förmlich für jeden Wochentag bzw. -nacht eine Bar. So gab es Montags-, Dienstags- usw. Bars (vgl. Rapp 2009: 19ff.). Sie wurden meist informell und in leerstehenden Häusern und/oder Wohnungen betrieben. Diese improvisierten Bars waren ein Eldorado für Nachtschwärmer und das Parkett für eine damals noch autonome, d.h. wirtschaftlich nicht etablierte künstlerisch-kreative Szene (vgl. Bourdieu 2001a; Schwanhäußer 2010). So erinnert sich die 1987 aus den USA nach Berlin migrierte Künstlerin Danielle Picciotto[25], dass »*die Stimmung [...] in den 90ern anarchistisch und inspirierend [war, A.M.]. [...]. Der ehemalige Ostteil der Stadt war [ein, A.M.] Paradies an leer stehenden Häusern [...], perfekt für Ateliers, Studios, billige Wohnungen und Galerien. Es waren die letzten Jahre, in denen man mit wenig Geld viel Platz und Zeit hatte, in Ruhe an seiner Kunst oder Musik zu arbeiten. [...] Von dem Ruf dieser Zeit lebt Berlin noch heute.*«[26]

Über die Freiräume nach dem Fall der Mauer erzählt beispielsweise auch der Betreiber von »Maria am Ostbahnhof«. Ein inzwischen geschlossener

---

24 | Wichtige Orte der damals auch aufblühenden Technoszene Berlins waren der »Tresor«, der »Bunker«, das »E-Werk« in Berlin-Mitte oder das »WMF«, später kamen u.a. die »Bar 25« und das »Berghain« hinzu (vgl. Itting/Wormeck 2013: 120ff.).

25 | Picciotto, geboren 1965, steht für einen Brückenschlag von einer subkulturellen Akteurin hin zu einer auch vom institutionalisierten Kulturbetrieb anerkannten Künstlerin. Seit 1987 in Berlin lebend, machte sie erst Mode, später Musik und Multimediakunst. So organisierte sie u.a. im Jahr 1989 mit »Dr. Motte« die Love Parade und arbeitete in diversen, einschlägigen Clubs an der Bar, war in den ausgehenden 1990er Jahren aber auch als Kulturbotschafterin im Auftrag des Goethe-Instituts auf institutionalisierten Pfaden unterwegs.

26 | http://haus-schwarzenberg.org/kunstler-im-interview/danielle-de-picciotto/ (2.6.2014).

Club, der kurz nach der Wende in einem Lager- und Verwaltungsgebäude des ehemaligen Postbahnhofs am Ostbahnhof in Berlin-Friedrichshain entstanden war. Dieser Veranstaltungsort habe die ersten zwei Jahre seines Bestehens nahezu kostenfrei betrieben werden können, weil die städtische Verwaltung an dieser Ost-West-Nahtstelle noch nicht funktionierte und deshalb weder Miete noch Stromkosten angefallen seien.[27]

Ende der 1990er Jahre positionierte sich im Zuge des New-Economy-Hypes zudem die Design- und Agenturszene in Berlin-Mitte und Prenzlauer Berg. Auch die räumliche Etablierung dieser Szene wurde durch den vorhandenen sozialkulturellen Optionsraum mit seinen niedrigen Mieten und leicht verfügbaren Arbeitsräumen ermöglicht (Lange 2010; Manske 2007a; Meschnig/Stuhr 2001).

### 6.3.3 Handeln Handeln Handeln

In »Lost and Sound«, ein Buch über die Technoszene, befindet der Autor Tobias Rapp (2009), dass sich nunmehr ein Paradigmenwechsel des subkulturellen Nachtlebens vollzogen habe. Dieser habe sich der guten Seiten der Independent-Kultur bedient: »ökonomische Unabhängigkeit, künstlerische Integrität, Kompromisslosigkeit«, während die schlechten Seiten über Bord geworfen worden wären: »Kapitalismuskritik, Idealisierung der Selbstausbeutung und Unprofessionalität« (ebd.: 12f.). Das kann man so sehen. Insbesondere »Kapitalismuskritik« war die längste Zeit sicherlich eine wenig gebräuchliche Vokabel im künstlerisch-kreativen Milieu des Nachwende-Berlins.

Doch selbstverständlich ging das Nachtleben und die freie künstlerisch-kreative Szene der Nachwendezeit nicht nur in wilden Parties auf. Neben den vielen Zwischennutzungen zu künstlerischen Zwecken, die vom Berliner Senat geduldet und teils gefördert wurden, wurden in den 1990er Jahren viele kulturelle Spielstätten gegründet. Sie begründeten ebenfalls und maßgeblich den Ruf von Berlin als experimentelle Kunststadt. Sie verankerten sich in unterschiedlichen Segmenten des Kulturbetriebs. Beispiele hierfür sind das (inzwischen und nach großen Querelen geräumte) »Kunsthaus Tacheles«, das Tanztheater »HAU« (Hebbel am Ufer), geleitet bis zum Jahr 2012 von Matthias Lilienthal, in den 1990er Jahren Chefdramaturg der Berliner Volksbühne,

---

[27] | Mitschrift der Veranstaltungsreihe »Livekritik und Dosenmusik«, in der es im Februar 2013 um Berlin als Technometropole ging. In den Jahren 2010 bis 2014 luden der freischaffende Kulturjournalist Tobi Müller und der Musikjournalist Jens Balzer (»Berliner Zeitung«) (später verstärkt durch Sebastian Zabel von der deutschsprashigen Ausgabe des »Rolling Stone«) monatlich Gäste in den Roten Salon der Volksbühne ein, um in einer Art Talkrunde gemeinsam mit dem Publikum Musik zu hören (vgl. www.volksbuehne-berlin.de/praxis/livekritik_und_dosenmusik/, 3.6.2014).

die »Sophiensäle« und die dort lange ansässige »Tanz Compagnie« von Sasha Waltz. Zudem gab es auch in dieser historischen Phase sozialkritische Stimmen, die künstlerisches Treiben mit Sozialkritik verbanden.

Eine der schillerndsten Figuren, die die offenen Räume in Berlin nicht nur zum Feiern, sondern auch für künstlerkritische Interventionen mit sozialkritischem Effé nutzten, war der im Jahr 2010 verstorbene Christoph Schlingensief. Insbesondere mit der Gründung der Partei »Chance 2000« betrieb er im Bundestagswahlkampf 1998 eine sozialkritische, künstlerische Intervention in den öffentlichen Raum. »Handeln Handeln Handeln!«, lautete die Parole der Schlingensief'schen Aktionskunst. Damit wollte er »*die Politik kunstvoll und die Kunst politisch*« machen.[28] Angesichts eines damals von ihm vermuteten Regierungswechsels von Kohl (CDU) zu Schröder (SPD), der aus seiner Sicht nichts zum Guten wenden würde, wollte Schlingensief die »*Unsichtbaren*« wieder sichtbar machen: »*Fünf Millionen Arbeitslose, neun Millionen Behinderte, all diese an den Rand gedrängten Gruppen. [...] Es geht darum, denen wieder [...] Selbstbewußtsein zu geben*«, so Schlingensief in einem Interview mit dem »Spiegel« im März 1998.[29]

Die feierliche Gründung von Chance 2000 wurde unter Beteiligung verschiedener Schauspieler_innen der Volksbühne wie z.B. Sophie Rois im Biergarten »Prater« an der Kastanienallee begangen – und unter großem Gejohle der Zuschauer, die zugleich gewissermaßen Ernennungsfunktionäre der Parteikandidaten waren, als Zirkusshow inszeniert.[30]

### 6.3.4 Kunst in Mitte

Dass etwa heute die Auguststraße in Berlin-Mitte als eine zentrale Galerienmeile der Stadt mit internationalem Flair gilt, ist nicht zuletzt auf die offenen (Sozial)Räume der 1990er Jahre sowie auf den künstlerisch-unternehmerischen Anlagesinn einiger Akteure zurück zu führen.

Die in der Auguststraße ansässigen Kunstwerke – heute »kw – Institute for Contemporary Art« – sind sicherlich ein herausragendes Beispiel für den Weg vom subkulturellen hin zu einem international anerkannten Ort der Kunstszene. Die kw residieren in einer alten Margarinefabrik im Scheunenviertel. Dieser Ausstellungsraum für zeitgenössische Kunst wurde 1991 maßgeblich

---

28 | www.schlingensief.com/projekt.php?id=t014 (12.6.2014).
29 | www.spiegel.de/spiegel/print/d-7833781.html (12.6.2014).
30 | Die Kunstwerke zeigten im Dezember 2013 bis Januar 2014 eine umfassende Werkschau von Schlingensief (1960-2010). Hier wurde u.a. auch ein Filmausschnitt der Zirkusshow im Biergarten Prater der Volksbühne gezeigt, die als Gründungsveranstaltung von »Chance 2000« gilt.

von Klaus Biesenbach, Jg. 1966, gegründet. Heute ist er Kurator des »MOMA«[31] in New York und nach Einschätzung des Journalisten Moritz von Uslar (2012) einer der einflussreichsten Akteure in der internationalen Kunstwelt. Unter Biesenbachs Leitung wurden die kw schon in den frühen 1990er Jahren zu einer allseits hochgeschätzten Kunstadresse. Rufbegründend war u.a. die »Berlin-Biennale«.[32] Die erste Berlin-Biennale versammelte jene Künstler, die heute als ein Who is Who der Berliner Kunstszene gelten können wie z.b. Olafur Eliasson, Douglas Gordon oder Jonathan Meese. »Und natürlich«, schreibt von Uslar (2012) »wurde in den Kunst-Werken auch einfach nur großartig gefeiert.«

So hatten die kw einen musikalischen Berater, der im Hof sowie im Keller des Gebäudes rauschende Parties realisierte. Diese Parties versprühten teils einen subkulturellen Charme, wurden teilweise aber auch in Verquickung mit einem global agierenden Getränkehersteller durchgeführt (Hecktor 2013: 248). Dort kamen »*Leute aus der Kunst- und Musikwelt*« (ebenda) zusammen. Das ästhetische Rezept lag und liegt auch heute vielfach darin, den Club als Ort des Feierns »*schön abgefuckt zu gestalten [...], berlinerisch zu lassen [...], um ja nicht zu reich und produziert rüberzukommen.*« (ebd.: 247).

Biesenbachs Karriere als Kunst-Kurator schoss schnell durch die nationale Decke. Bereits 1996 wurde er stellvertretender Kurator des zum MOMA gehörigen, alternativen New Yorker Kunstzentrums PS1. Im Jahr 2004 verließ Biesenbach die kw vollends gen New York und ist nun am MOMA Kurator für Medienkunst. In Berlins Kunstszene gilt er als Big Player aus New York. Die einen schmücken sich mit ihm. Andere finden, dass ihm das Gefühl für die Berliner Verhältnisse abhanden gekommen sei. So gehörte er bspw. im Jahr 2011 zum Kuratorenteam der Ausstellung »Based in Berlin«, die in der autonomen, künstlerisch-kreativen Szene für Aufruhr gesorgt hat, und auf die später zurückzukommen sein wird. In New York hingegen könne er sich er als

---

**31** | Museum of Modern Art

**32** | Seit 1998 richten die kw alle zwei Jahre die Berlin-Biennale aus. Sie findet unter großem Publikumsandrang statt. »Andrang« ist eigentlich untertrieben. Genauer gesagt, ist die Eröffnungsveranstaltung der Biennale zu einem »Event« geworden, das Massen an Kunst- und Szeneinteressierten anzieht. In ihrer Untersuchung über die Stellung von Biennalen im internationalen Kunstfeld kommt Larissa Buchholz (2008) zu dem Schluss, dass Kunst-Biennalen ein »Signal für die Herausbildung einer globalen Kunstwelt« sind (Buchholz 2008: 219). Biennalen sind alle zwei Jahre stattfindende Kunstausstellungen, die ursprünglich das Konzept einer Weltausstellung für Bildende Kunst verfolgten. Im Jahr 1980 gab es weltweit vier Biennalen, im Jahr 2005 ist ihre Anzahl auf 50 gestiegen. Kunst-Biennalen haben sich zu »zentralen Knotenpunkten« für die internationale Sichtbarkeit von Künstlern entwickelt, in denen »›Stars‹ entdeckt und gemacht werden« (Buchholz 2008: 220).

Hipster aus der aufkommenden Kunststadt Berlin präsentieren, so von Uslar (2012).

### 6.3.5 Vom subkulturellen Akteur zum Unternehmer

Wenngleich es unzählige künstlerische Projekte gab, die sich im Berlin der Nachwendezeit formierten, zeigt sich neben dem internationalen Auftrieb von Berlin als Kunststadt ein weiterer qualitativer Unterschied zur Vorwendezeit darin, dass nun der Club gleichsam als Kunstform inszeniert wurde (Rapp 2009: 11; Itting/Wormeck 2013: 120).

Ein herausragendes Beispiel hierfür ist das »Cookie's«. Dieser Club reüssierte im Nachwende-Berlin von einem geheimen Szenetreffpunkt zu einem prominenten Anlaufpunkt vieler Nachtschwärmer. Heute ist er vornehmlich ein Ziel von jungen Tourist_innen des »Easyjetsets« (Rapp 2009). Interessant ist das Cookie's, da es für die engen Netzwerke und für die Bildung eines einträglichen, sozialen Kapitalstocks der künstlerisch-kreativen Szene nach dem Mauerfall steht. Schließlich gehört dessen Begründer wohl zu den erfolgreichsten Unternehmern des Kultur- und Nachtlebens im Nachwende-Berlin.

Das Cookie's wurde 1994 von dem damals 21-jährigen Heinz – Cookie – Gindullis gegründet, in »*einem Kellerloch in der Auguststraße*« (Farkas 2013: 157) im Scheunenviertel in Berlin-Mitte, unweit der kw. Da auch im Jahr 1994 die Häuser in der Auguststraße noch »*runtergerockt*« (ebenda) waren und Bar-Betreiber meist wenig Geld hatten, war Improvisieren angesagt. So erzählt Gindullis, dass der zu einer Bar umfunktionierte Keller im Hinterhaus zunächst kaum begehbar gewesen sei. Er musste »*Holzplatten von der Baustelle gegenüber klauen*« (ebenda), um den Fußboden halbwegs herzurichten. Anfangs war das Cookie's eine Bar »*für Freunde*« (ebenda), in die man durch ebendiese eingeführt wurde. Winzig, gemocht wegen seiner intimen Atmosphäre und guten Drinks, mit elektronischer Musik verschiedener DJ's[33] und nur an zwei festen Nächten die Woche geöffnet. Kurz gesagt, anfangs war soziales Kapital die Eintrittskarte in diesen zunächst nur in engen Milieugrenzen bekannten Club.

Künstlerisch geadelt wurde das Cookie's im Jahr 1999, als es von Klaus Biesenbach in die Ausstellung über »Children of Berlin« im P.S. 1 des MOMA in New York berufen wurde. Präsentiert wurden dort 30 junge Künstler und Kreative aus Berlin, die sich seit dem Mauerfall hervor getan hatten, darunter auch Christoph Schlingensief. Kurator dieser Ausstellung war mit Biesenbach der damalige, künstlerische Leiter der Kunst-Werke Berlin und bereits stellver-

---

**33** | Einer der DJ's im Cookie's war bspw. »Highfish«. Im Jahr 2003 war er eines der Gründungsmitglieder des »electronic dance music project« »Whitest Boy alive«. Das elektronische Tanzprojekt produzierte zwei Alben und trat auch international auf. Anfang Juni 2014 trennte sich die Gruppe (www.whitestboyalive.com, 12.6.2014).

tretender Kurator im P.S. 1. »Der Mythos des jungen, kreativen Berlin soll über den Atlantik transportiert werden.«, schrieb damals die Berliner Zeitung.[34] Im P.S. 1 wurde das Cookie's nachgebildet. Mit originalem Mobiliar, das maßgeblich aus alten Sofas vom Flohmarkt bestand, sowie einer ausgesuchten Anzahl an Stammgästen, die als Entourage mitreisten.

In Berlin war der Club inzwischen legalisiert. Weit über enge Freundeskreisgrenzen hinaus bekannt und nach mehrfachem Umzug war das Cookie's Ende der 1990er in einer leerstehenden und runtergekommenen Backfabrik in Prenzlauer Berg angesiedelt. »Nur für Freunde« wurde nun durch eine Türpolitik und einen geringen, finanziellen Obolus gewährleistet. Wenig später griff Gindullis einen weiteren Trend erfolgreich auf: das Clubdiner. Erneut an einem anderen Ort und nach wie vor nicht in den gängigen Stadtmagazinen, sondern per Emailverteiler annonciert, hatte sich die Bühne der Selbstdarstellung für die prominenten und weniger prominenten Gäste um weiß gedeckte Tische erweitert. Immer noch war das Cookie's irgendwie klandestin. Das Essen war gesund, da vegan, sowie zu einem Preis angeboten, der überwiegend als zwar ein bißchen teurer als gewöhnlich, aber von jenen, die dazu gehören wollten und es sich leisten konnten, doch als »fair« empfunden wurde. Nach dem Essen konnte man in den Club hinüber schlendern und sich die Nacht bei feinstem, elektronischen Sound um die Ohren schlagen.

Gestartet also als Bar nur »für Freunde«, illegal betrieben und über Mund-zu-Mund-Propaganda verbreitet, war das Cookie's bis zu seiner Schließung bzw. Umfunktionierung im Juli 2014 in nunmehr ausschließlichen Restaurationsbetrieb ein weiträumiger Club im Untergeschoss eines Nobelhotels an der Berliner Friedrichstraße. »*Mit mehr Touristen und weniger Stammpublikum*«, wie Cookie sagt (Farkas 2013: 161).

Das Cookies's blieb indes nicht Gindullis' einziger Laden. Im Laufe der Zeit gab es verschiedene Bars mit unterschiedlicher Halbwertzeit. Darüber hinaus hat er mehrere, temporäre Bars zu unterschiedlichen Szeneevents wie z.B. diverse zur »Fashion Week« (s. Kap. 7.3) oder zur Kunstausstellung »Based in Berlin« im Jahr 2011 ausgerichtet (s.u.). Diese Vielfältigkeit weist Gindullis einerseits als im Grunde traditionellen Unternehmer aus, der das Nachtleben Berlins frühzeitig als Marktnische entdeckte, sich dort innovativ plazierte und expandierte. Andererseits zeigt sich neben der Konvertierung von kulturellem in ökonomisches Kapital auch, wie eng in dieser Zeit, die sicher eine besondere Gelegenheitsstruktur für unternehmerisches Handeln bot, kulturelle und hedonistische Spielweise für die einen sowie kulturelle und unternehmerische Trittleiter für die anderen verquickt waren.

---

**34** | www.berliner-zeitung.de/archiv/mit-dem-flugzeug-zum-cocktail-in-cookies-bar,10810590,9731420.html (12.6.2014).

## 6.3.6 Kurze Wege und lange Wellen

Das nächtliche Speisen in Clubatmosphäre war nicht auf das Cookie's beschränkt. Auch an anderen Orten zelebrierte sich die Nachtszene in dieser Weise. Zu nennen ist hier etwa der »Rodeo-Club«. Er begann im Jahr 2004 als Wohnungsbar an der Kastanienallee, als diese noch nicht »Casting-Allee« genannt wurde. An der Hausklingel des verlassenen und damals noch renovierungsbedürftigen Hauses stand ein Incognito-Name. Oben wurde in einer geräumigen Wohnung von einem recht übersichtlichen sozialen Kreis der Bar-Betrieb am Laufen gehalten. Zwei Jahre später zog das Rodeo in das ehemalige Postfuhramt (PFA) an der Oranienburger Straße in Mitte. Das räumliche Setting des Rodeo-Club ist eng verbandelt mit der Geschichte des PFAs und diese mit der seit der Wende entstandenen Kunstszene Berlins.

So verweist dieses Beispiel auf mehr, als allein auf den Wandel vom (sub) kulturellen Szeneakteur zum Unternehmer im Schumpeter'schen Sinne (neudeutsch: Entrepreneur). Eine Metamorphose, die neben Cookie und den Betreibern des Rodeo[35] auch andere durchliefen.[36] Die Geschichte um das PFA

---

**35** | Auch das »Rodeo« hat anfangs gewissermaßen eine Party für Freunde ausgerichtet. Der eher symbolische Eintrittspreis betrug die ersten zwei Jahre, d.h. zwischen 2006 und 2008 drei Euro. Bekräftigt wurde die freundschaftliche Atmosphäre dadurch, dass zunächst nachts um drei kostenfreies Chili con Carne auf einem provisorisch hergerichteten Buffet angeboten wurde. Etwa zwei Jahre später lud das Rodeo zudem immer mittwochs zum Clubdiner ein, während dem sich die Gäste auch an argentischem Angus Rind laben durften. Diese Entwicklung kulminierte später darin, dass das Rodeo zu einem »Clubrestaurant« umfunktioniert wurde, das auch per homepage auf sich aufmerkam machte (vgl. www.rodeo-berlin.de/Home.html, 14.6.2014).

**36** | Weitere Beispiele für Nachtunternehmer in Berlin sind etwa Dimitri Hegemann, der mit dem »Tresor« den in den 1990er Jahren deutschlandweit bekanntesten Techno-Club betrieb. Sascha Disselkamp, der seit 1997 den Sage-Club betreibt und bis zum Jahr 2012 geichfalls Sprecher der im Jahr 2001 mit Unterstützung des Berliner Senats gegründeten »Club-Commission« war. Das ist ein »Netzwerk für Berliner Clubkultur« und setzt sich für deren Belange auch im politischen Raum ein. Seit dem Jahr 2013 findet sich auf Seiten der Berliner Senatsverwaltung das »Musicboard« als interessenpolitischer Ansprechpartner der Club Commission (www.clubcommission.de/, 17.7.2014; www.morgenpost.de/berlin/article112287699/Wie-die-Pop-Beauftragte-des-Senats-Berlins-Musikszene-helfen-will.html, 17.7.2014). Als Nachtunternehmer sind auch die Gründer der »Bar 25« zu bezeichnen, die inzwischen ein Clubgelände am Spreeufer mit Unterstützung von Dritten gekauft haben. In ihrer ursprünglichen Form existierte die Bar 25 zwischen 2004 und 2010, bis sie den Ort (vorerst) räumen mussten, weil der Eigentümer der Liegenschaft, die Berliner Stadtreinigungsbetriebe die Fläche verkaufen wollte. Es entspann sich ein Konflikt, der den Kampf um Räume in

verdeutlicht vielmehr zum einen die nach der Wende schier unzähligen (sub)
kulturellen Zwischennutzungen. Zum anderen zeigt sich hieran gleichsam,
wie sich Zonen des Übergangs schließen bzw. durch eine Ökonomisierung
des Stadtraums[37] verengt werden. In diesem Fall hat dieser Prozess jedoch nur
zwischenzeitlich mit einer ästhetischen Aufwertung des städtischen Sozialraumes zu tun (vgl. Reckwitz 2012: 274ff.). Viel dagegen mit Berlins leeren
Kassen und chaotischer Verwaltung.

Das Postfuhramt (PFA), erbaut um 1880, »steht für die lange Geschichte
der Oranienburger Straße als Zentrum des Post- und Fernmeldewesens [...].
Zusammen mit dem neobarocken vierflügeligen Haupttelegrafenamt an der
Monbijoustraße und dem Logenhaus unterhielt die Post hier ein ganzes Quartier, das erst mit dem Ende der DDR seine Bestimmung verlor.« (Loy 2013,
o.S.). 1995 wurde der Betrieb dort eingestellt. Der Gebäudekomplex stand die
nächsten Jahre leer. In der Zeit von 1998 bis 2013 wurde er phasenweise zu
kulturellen Zwecken zwischengenutzt. Bis zum Jahr 2005 war das PFA im
Besitz der Deuschen Post AG. Ab dem Jahr 2005 wechselte das PFA mehrfach
den Eigentümer.

1998 war das PFA neben den kw für einige Monate ein Ausstellungsort der
ersten Berlin-Biennale (s.o.). Im Jahr 2000 zog die u.a. von dem Fotografen
Stephan Erfurt begründete Fotogalerie »C/O Galerie« mit einer Retrospektive
der Fotoagentur »Magnum« ins PFA ein. Ein Jahr später mussten die Zwischennutzer wieder ausziehen. Die Post wollte hier ihre Hauptstadtrepräsentanz einrichten. Die C/O Galerie fand zwischenzeitlich ein anderes Domizil.
Da die Post von ihren Plänen jedoch abrückte, konnte das C/O im Jahr 2006
zurück ins PFA. Allerdings hatte die Post das Gebäude im Jahr 2005 an ein
israelisches Immobilienunternehmen verkauft, das dort ein Hotel sowie eine

---

Berlin unterstreicht. Er kreiste um die Frage, ob das Gelände an den meistbietenden
Investor verkauft werden solle oder ob der Ort auch nach kulturellen Kriterien privatisiert werden und weiterhin ein Ort der »Subkultur« bleiben solle. Mit politischer
Unterstützung der Bezirksverwaltung setzten sich schließlich die inzwischen zu einer
Genossenschaft zusammen geschlossenen Macher der Bar 25 im Vergabewettebewerb
durch, finanziell unterstützt durch einen Schweizer Rentenfonds als Geldgeber. Nun soll
dort ein Wohn-, Kultur- und Gewerbedorf mit Kita, Clubs, einem Hotel, Dachgärten und
einem Park entstehen, was in der freien Szene zwiespältig aufgenommen wird (Leber/
Schönball 2012). Im Frühsommer 2014 wurde zunächst, nun wieder auf dem ursprünglichen Gelände, ein Club mit Restaurant eröffnet.

**37** | Unter Ökonomisierung des Stadtraums wird hier in Anlehnung an Häußermann/
Läpple/Siebel (2008: 295) »die zunehmende Bedeutung wirtschaftlicher Rationalitäten
in Staat und Verwaltung« verstanden.

Shopping Mall[38] errichten wollte. Bis zum Baubeginn, der dann in dieser Form doch nicht stattfand, wurde der C/O Galerie eingeräumt, im PFA auf rund 2000 qm Fläche Ausstellungen bedeutender internationaler Fotografen wie z.B. von Annie Leibovitz, Robert Mapplethorpe, Fotografien aus der Sammlung Berinson u.a. zu präsentieren; Tür an Tür mit den nächtlichen Parties des Rodeo. Zudem war die C/O Galerie neben den kw ein Ausstellungsort auch der zweiten Berlin Biennale.[39]

Im Sommer 2011 veräußerte der damalige Eigentümer, genanntes Immobilienunternehmen, das PFA an ein örtlich ansässiges Medizintechnikunternehmen. Im März 2013 war Schluss mit Kunst im PFA. Was sich zuvor bei der Suche nach einem neuen Domizil für die C/O Galerie ereignete, ist als »Posse« nur unzureichend beschrieben – und verweist nicht zuletzt auf die sozial unsicheren, wenig berechenbaren Verlaufsbahnen in einem sozialstrukturellen Zwischenraum.

Da die C/O Galerie zweifellos zu einem auch internationalen Aushängeschild von Berlins vitalem Kunstleben geworden ist, wurden die Galeriebetreiber in ihrer Suche nach einem neuen Standort seitens des Berliner Senats unterstützt. Ausweichquartier für die Foto-Galerie sollten leerstehende, ehemals von der Kunsthochschule Weißensee genutzte, inzwischen ziemlich marode Ateliers im nahe gelegenen Monbijoupark an der Museumsinsel in Berlin Mitte werden. »Alles klar, hieß es im September 2011 kurz vor den Berliner Wahlen: Dem Direktor von C/O Berlin, Stefan Erfurt, wurden feierlich Schlüssel übergeben. Bis zum Umzug sollte er die Räume schon mal auf eigene Kosten heizen und notdürftig instandsetzen.« (Meixner 2012, o.S.). Das wurde erledigt. Aus dem Umzug wurde dennoch nichts. Denn im Berliner Bebauungsplan war der Park »als Grünfläche deklariert, auf der sich «de jure» [...] nichts befindet – auch wenn de facto die ehemaligen Ateliers der Kunsthochschule Weißensee dort stehen.« (ebenda). Eine Umnutzung sowie Ausbau des zwar faktisch vorhandenen, aber juristisch nicht existierenden Gebäudes war nicht möglich. Während also die politisch-administrativen Strukturen in den ersten Jahren des Nachwende-Berlins oftmals kulturell ermöglichende Nischen abgaben, schoben sie in diesem Fall der weiteren, kulturellen und ästhetischen Aufwertung in der Mitte Berlins einen Riegel vor. Die C/O Galerie ist

---

**38** | Häußermann/Läpple/Siebel (2008) kennzeichnen Shopping Malls als zentralen Indikator für die von ihnen diagnostizierte »Privatisierung der Stadt« (ebd.: 306ff.).
**39** | Kuratiert von Saskia Bos präsentierte die zweite Berlin-Biennale im Jahr 2000 ausschließlich internationale Künstler_innen, während die erste Berlin-Biennale ein Forum für in Berlin ansässige Künstler geboten hatte.

schließlich ins ehemalige Amerika-Haus im Bezirk Charlottenburg gezogen, das Rodeo gibt es nicht mehr.[40]

### 6.3.7 Vom Underground nach Kreuzberg

Seit etwa der Jahrtausendwende erlebt Berlins Kunst- und Kulturszene erneut und vermehrt einen internationalen Schub (Buchholz 2008; Nippe 2006). Diese Phase steht zudem für eine allmähliche, ökonomische Verschärfung und räumliche Verknappung der künstlerisch-kreativen Arbeits- und Produktionsbedingungen.

Ein exemplarisches Beispiel für die Internationalisierung des künstlerisch-kreativen Milieus, für ihre städtischen Wanderungsprozesse sowie für die Hervorbringung von Unternehmern des ehemals (sub)kulturellen Undergrounds ist das »White Trash Fast Food«. Dieses »Szenerestaurant« (Pleiss 2013) mit dem programmatischen und mit Distinktionssinn gewählten Namen mit proletarischem Anklang zeichnet sich durch eine Mischung aus Burgerladen, (Rock'n'Roll-)Club, Konzertkeller und Tattoostudio aus. Es wurde Ende der 1990er Jahre als kleine Kantine im »Haus Schwarzenberg«, in einem der Hackeschen Höfe in Berlin-Mitte gegründet.[41] In jener regellosen Zeit, die sich für die weitere Entwicklung des künstlerisch-kreativen Berlins als äußerst folgenreich entpuppt hat.

Der in den frühen 1990er Jahren nach Berlin migrierte, kalifornische Kunst-Student Walter – »Wally« – Potts verkaufte zunächst in einem engen Raum im Schwarzenberg-Hof ein rockiges Lebensgefühl sowie Hamburger und anderes billiges Essen. Im Jahr 2002 wurde umgezogen – an die damals noch wenig erschlossene Torstraße in Berlin-Mitte (Strauss 2013: 209). Ziel war ein ehemaliges, recht geräumiges China-Restaurant. Praktischerweise hatten die Vorbesitzer sämtliches Interieur zurückgelassen: von den Drachenfiguren an den Wänden über einen plätschernden Brunnen und gedrechselte Tische bis zur Bratpfanne. So musste sich der damalige Zwei-Mann-Betrieb nicht in

---

**40** | Gegen die Umbaupläne des jetzigen Besitzers des PFA, besagtes Medizintechnikunternehmen, das im PFA seine Hauptstadt-Repräsentanz errichten möchte, hatten Anwohner geklagt. Im März 2014 entschied das Verwaltungsgericht Berlin, dass das PFA um ein Wohnhaus mit sieben Geschossen sowie um einen Hotelanbau erweitert werden könne. Auch Flächen für gewerbliche und kulturelle Nutzung seien vorgesehen. Wo vorher eine Foto-Galerie war ein Medizinunternehmen anzusiedeln, entspricht zweifellos einer semiotischen Umwertung des Stadtraums. Aber ob sie schön werden wird?

**41** | Das »Haus Schwarzenberg« beherbergt seit 1995 Künstlerateliers, ein Programmkino, Gedenkstätten, eine Bar sowie eine Galerie. Ein unabhängig arbeitender Verein, der sich als ein »Ort der Geschichte, Kultur und Kunst« versteht. Der Mietvertrag läuft bis 2015. Wie es danach weitergeht, sei laut der Betreiber ungewiss.

allzu große Unkosten stürzen, um sein neues Domizil zu bestücken. Vielmehr konnte er sich ökonomisch anspruchslos, aber symbolisch überzeugend einrichten. Fortan wurde in einem Ambiente aus chinesischem Kitsch-Mobiliar und abgerockter Punk-Ästhetik, in einer hübsch-häßlichen Mischung, die an schräge, subkulturelle Kunstsinnigkeit appelliert, »Berliner Schnauze auf Englisch« (Brackel 2014) serviert. Die Speisekarte lud geneigte »Bitches and Bastards« nun nicht mehr nur zu billigen Burgern, sondern auch zu gepflegten Steaks und amerikanischem Finger Food ein. Dieses fand auf den zumeist mit Speiseresten übersäten Tischen ihren Platz, ganz im Sinne einer punkigen Logik des »white trash«.

Die Kultivierung einer künstlerisch in Szene gesetzten Underdogkultur kam an in Berlin. Der Laden platzte bald aus allen Nähten, trotz bisweilen strenger Türpolitik. In einem kleinen Hinterzimmer wurde ein Tattoo-Studio eingerichtet, ebenfalls eine Adaption von kulturellen Emblemen aus einer sozial deprivilegierten sozialen Schicht (vgl. Kap. 2.3.5). Hin und wieder gab es Konzerte von Rockabilly- oder Punkbands. Nicht zuletzt ist das White Trash ein Ort, an dem sich die zunehmend englischsprachige Szene versammelt. Einer jener »*spots [...] at which one probably has o buy a round every time one hears a word of German.*« (Strauss 2013: 212).

2008 wurde dem Zuspruch des Publikums Rechnung getragen. Es erfolgte ein weiterer Umzug, an die Schönhauser Allee auf der Grenze von Mitte und Prenzlauer Berg. Nun alles viel größer als vorher, auf 15.000 qm, darunter ein Keller, in dem neben einem Clubbetrieb nicht nur Konzerte von unbekannten Rockabilly-Bands, sondern bspw. auch von ehemaligen Underground-Ikonen wie etwa Pete Doherty stattfanden sowie bisweilen Independent-Filme vorgeführt wurden, wie z.B. das Biopic über Patty Smith. Das bewährte Erfolgsrezept blieb bestehen, das Interieur allerdings, da das White Trash nun in ein ehemaliges Irish Pub eingezogen war, erweitert um dessen übliche Dekoration (z.B. grün vertäfelte Wände mit Spiegeln, dunkles Sitzmobiliar, ergänzt um die für ein American Diner typischen, roten Sitzecken aus Kunstleder). Langsam wurde Berlin zum Zielort des »Easyjetsets« (Rapp 2009) – und das White Trash wuchs zu einem veritablen Unternehmen mit 60 Mitarbeiter_innen an.

Heute ist das »White Trash [...] in Reiseführern gelistet und hat Hostels um sich herum sprießen lassen.« (Bracke 2014: O.S.) »That's it, you bitches and bastards, we are OUT HERE!« Im April 2014 zog das White Trash unter großem Presse Tamtam erneut um.[42] Natürlich nach Kreuzberg, auf der Grenze zu Treptow. Eine Gegend, die derzeit als Feiermeile und Touristenmag-

---

42 | Das Stadtmagazin »zitty«:beklagt: »Mit dem White Trash verliert Berlin-Mitte eine Instanz. Die Mischung aus Burgerladen, Club und Tattoostudio war einmalig. Und hat eine Reihe von Trends gesetzt – etwa den der zig Berliner Burgerläden.« (Brackel 2014). Und auch die B.Z., eigentlich keine Szene-Postille, sang mit: »White Trash hat genug

net schlechthin gilt. Wenngleich Kreuzberg noch immer von einer sozialen Mischung lebt, wie sie einst der Stadtsoziologe Andreas Kapphan (2002: 77) beschrieben hat und trotz eines nach wie vor lebendigen, kulturellen Undergrounds ist das heutige Kreuzberg nicht mehr mit Vorwendezeiten zu vergleichen (Holm 2011). War es in den 1970er und 1980er Jahren ein Zonenrandgebiet und ein Kiez, über den viele Berliner die Nase rümpften, wird es heute wegen seiner urbanen Vitalität geschätzt. Weder Wohnungen noch Gewerbemieten jedoch sind dort noch »für'n Appel und n Ei« zu haben.

Beispielsweise zahlt ein kleiner Kiezladen am Schlesischen Tor, der Tabakwaren, Bier und sonstige Getränke verkauft, eine Monatsmiete von 3.500 Euro für 25qm Ladenfläche. Dessen im Sommer 2014 informell befragter Besitzer begründet dies so: »*Ey man, das is Kreuzberg. Die ganzen Touris hier und so, dit lohnt sich.*«. Das dachte sich Wally vom White Trash möglicherweise auch.

### 6.3.8 Berlin als Marke

»*Berlin is a hip city – a brand*« (Strauss 2013: 207). Berlin hat sich zur Marke entwickelt. Die Stadt wirbt mit ihrem unkonventionellen Nacht- und Kulturleben. Auf der homepage der vom Land Berlin beauftragten »Berlin Tourismus und Marketing GmBH« lässt sich nachlesen, dass Berlin eine »weltoffene Szenmetropole und Trendstadt« sei: »Alle wollen nach Berlin.« Deutschlandweit sei die Stadt das »Reiseziel Nummer eins«. Der Anteil ausländischer Besucher an den im Jahr 2013 knapp 27 Millionen Übernachtungen in gewerblichen Hotelbetten habe »sich auf 42,6 Prozent gesteigert. Treiber sind Lowcost- und Non-Stop-Langstrecken-Verbindungen, die Berlin mit Europa und der Welt vernetzen.«.[43]

Ist diese Entwicklung aus Kämmerer-Sicht zweifelsfrei ein Erfolg, der Geld in die klammen Stadtkassen spült, kleidet der seit dem Jahr 2002 in Berlin lebende Journalist Strauss seine detailreichen Beobachtungen von Berlins Club- und Barszene in eine Klage über den Niedergang der dreckigen, billigen und aufregenden Szenekultur ein: »*Berlin Falling.*« (Strauss 2013: 207). Ehedem sei man dorthin aufgrund des lebendigen Szenelebens und wegen der billigen Mieten gegangen, kurz, »*to avoid the rich.*« (ebd.: 208). Auch heute noch ist die wirtschaftliche Lage der Stadt schwierig. Doch der sozialökonomische und politische Wandel hat in Berlin hervorgebracht, was es für eine Creative City braucht: »*real estate, tech, restaurants.*« (ebd.: 207; vgl. Reckwitz 2012: 287ff.).

---

vom Prenzlauer Berg« (www.bz-berlin.de/bezirk/prenzlauerberg/white-trash-hat-genug-von-prenzlauer-berg-article1601115.html, 10.6.2014).

43 | http://press.visitberlin.de/de/pressemeldung/hauptstadt-am-puls-der-zeit-immer-neu-immer-berlin, 19.6.2014.

Ein Bestandteil dieser Entwicklung ist, dass sich der in den 1990er Jahren eingeleitete Paradigmenwechsel in der Wohnungspolitik in Richtung Markt seit einigen Jahren in einer deutlichen Mietpreissteigerung des Berliner Wohnungsmarkts niederschlägt (vgl. Häußermann/Kapphan 2004: 228).[44] Parallel zur Privatisierung großer Wohnungsbestände sowie generell im Zusammenhang mit einem Strukturwandel hin zu einer »privatisierte[n] Stadt« (Häußermann/Läpple/Siebel 2008: 279ff.), der oft als »eine langsame Angleichung an die Normalität anderer europäischer Hauptstädte« (Laudenbach 2014: o.S.) beschrieben wird, haben sich in den vergangenen Jahren auch die Gewerbemieten kräftig erhöht, insbesondere in den einschlägigen Innenstadtbezirken. So beträgt etwa die Miete der 1996 gegründeten Sophiensäle im Jahr 2014 ungefähr das Achtfache als bei ihrer Gründung (ebenda).

Im Uhrzeigersinn, schreibt der Stadtforscher Andrej Holm (2011: 214), seien die Aufwertungsschwerpunkte durch die Stadt gewandert und nun wieder in Kreuzberg und sogar in Neukölln angelangt. In der Folge schließen sich die (Sozial-)Räume für die weniger betuchten, künstlerisch-kreativen Akteur_innen in den innerstädtischen Quartieren zusehends. Die Zeiten, zu denen man an den Nach-Wende-Hot Spots Ateliers oder Proberäume für drei Euro pro Quadratmeter mieten konnte, sind vorbei. Der an den Preisauftrieb gekoppelte, steigende ökonomische Verwertungsdruck von künstlerisch-kreativer Arbeit – Stichwort Kultur muss sich rechnen (vgl. Kap. 5.1) – gefährde gar die Attraktivität Berlins als künstlerisch-kreativen Standort, urteilt eine Kulturdezernentin der Berliner Senatsverwaltung im Jahr 2012. Hinzu kommt eine sinkende bzw. stagnierende Förderung der freien Kunst- und Kulturszene. Trotz des steigenden Erwerbstätigenanteils und entgegen der wachsenden wirtschaftlichen Bedeutung der KuK am ökonomischen Gesamtvolumen der Stadt sind die finanziellen Mittel für die freie, d.h. institutionell nicht regulär geförderte Kulturszene in den vergangenen Jahren nicht gestiegen.[45]

Die Preisspirale auf dem Mietenmarkt und die damit verbundene, symbolische Neuordnung der innerstädtischen Quartiere forcieren eine räumliche Neuanordnung der künstlerisch-kreativen Szenen. Die Privatisierung von Grundstücken, wie z.B. entlang des Spreeufers zwischen den Bezirken Friedrichshain und Kreuzberg, ist ein wesentlicher Faktor für eine räumliche

---

**44** | Während der Anteil des sozialen Wohnungsbaus an der gesamten Wohnungsversorgung in West-Berlin im Jahr 1990 bei ca. 40 Prozent und in Ost-Berlin bekanntlich bei 100 Prozent lag (ebd.: 227), hat sich der berlinweite Bestand an Sozialwohnungen bis zum Jahr 2010 auf unter 25 Prozent reduziert (Günther 2012: 12f.).

**45** | Im Jahr 1999 betrug beispielsweise der Etat für Konzeptförderung und Projektförderung für die freie darstellende Kunst über elf Millionen Euro. Im Jahr 2013 waren es zehn Millionen Euro. Das sei de facto »eine drastische Absenkung«, rechnet die Journalistin Michaela Schlagenwerth nach (Schlagenwerth 2013).

Differenzierung des Nacht- und Kulturlebens. So setzte eine Wanderungsbewegung in ökonomisch noch nicht oder nur partiell in Wert gesetzte Gegenden ein; vornehmlich weg aus Prenzlauer Berg und Mitte in Richtung Kreuzberg, nach Neukölln und Treptow, in den Wedding, nach Schöneberg, jüngst aber auch nach Lichtenberg und sukzessive nach Weißensee (IFSE 2011; Jacob 2010). Teilweise stadtpolitisch gefördert, breitet sich das künstlerisch-kreative Arbeiten und Leben in traditionell sozial schwache Quartiere aus, namentlich Wedding und Nord-Neukölln (»Kreuzkölln«). Während sich im Wedding überwiegend Teile der bildenden Kunstszene niederlassen (Jacob 2010), hat sich in Nord-Neukölln ein Cluster kleiner Modeateliers und Modelabels angesiedelt (Kalandides u.a. 2010: 32). Die arriviertere Modeszene bündelt sich in Berlin-Mitte (vgl. Homann 2012). Die Kommunikationsdesignbranche hingegen hatte seit Ende der 1990er Jahre ihre Räume vornehmlich in Mitte und Prenzlauer Berg und verlagerte sich mit der zunehmenden sozialräumlichen Schließung in Richtung Friedrichshain-Kreuzberg (vgl. Manske 2007a; Lange 2007).

Vor allem Kreuzberg, der angestammte West-Berliner Bezirk von Künstlern und Kreativen der Vor-Wendezeit, erlebt seit Mitte der 2000er Dekade eine soziokulturelle Renaissance (Strauss 2013: 212). War der Bezirk in den Jahren nach der Wende weitgehend abgemeldet, erklären im Jahr 2010 61 Prozent aller in Berlin ansässigen, internationalen Künstler_innen, dass Kreuzberg für sie der »place to be« sei (IFSE 2011: 15).

## 6.4 Künstlerkritik nach 2010 –
### Formierung neuer interessenpolitischer Koalitionen

Keine Frage, noch immer gibt es in Berlin sozialstrukturelle Zwischenräume, von denen Künstler und Kreative andernorts nur träumen können. Nichtsdestoweniger verschärfen sich auch in Berlin die sozioökonomischen Produktionsbedingungen und Lebenshaltungskosten für die freie Kulturszene. Der Wandel der berlinspezifischen Standortbedingungen für künstlerisch-kreative Arbeit provoziert soziale Spannungen und Ambivalenzen: Es rumort im Milieu, wie auch die Kulturwissenschaftlerin Angela McRobbie feststellt:

»Overall there are great tensions and ambivalences about cultural entrepreneurialism in the city. There is anger and resentment that the city seems to find itself exploited for precisely the reason that it promises a seeming escape from the hard urban capitalism of cities like London, and that is the result of its [...] non-capitalist culture that it finds itself rapidly capitalised [...].« (McRobbie 2012: 88).

An diesem Punkt der Kapitalisierung eines eigentlich tendenziell gegenkapitalistischen Milieus entzündet sich seit einiger Zeit Widerspruch. Vor dem Hintergrund von Preisauftrieb, Wohn- und Arbeitsraumverknappung und gleichzeitig karger ökonomischer Existenzbedingungen lässt sich ein gewisser Politisierungsschub beobachten. Vor allem von der freien Kunst- und Kulturszene wird eine Sichtweise zunehmend auch öffentlich artikuliert, derzufolge Berlin »not for sale« (ebd.: 87) sei. Seit dem Jahr 2011 regt sich explizit gemachter, kollektiver Protest.

Dieser kollektive Protest und seine Programmatik soll hier skizziert werden. Dabei werden die protestiven Artikulationen nicht als singuläre Empörung, d.h. nicht als affektiver Überschuss interpretiert. Vielmehr werden sie als strategische Intervention gegenüber den jüngeren Veränderungen der berlinspezifischen Rahmenbedingungen für künstlerisch-kreative Arbeit gelesen. So sind die nachfolgend genannten Initativen einerseits berlinspezifisch. Andererseits sind sie nicht einzigartig. Sie finden vielmehr zeitnah mit anderen Initiativen statt, die sich als widerständiger Akteur gegen prekäre Arbeits- und Produktionsbedigungen in künstlerisch-kreativen Erwerbsfeldern positionieren. So lassen sich etwa in Hamburg ähnliche Protestinitiativen beobachten. Bereits im Jahr 2008 widersetzte sich dort die Initiative »Not in our Name, Marke Hamburg« einer stadtpolitischen Vereinnahmung von Kulturschaffenden als Imagefaktor. Den Hamburger Aufruf zur Verweigerung »über diese Stadt in Marketing-Kategorien zu sprechen«[46] unterschrieben damals mehrere Hundert Kulturschaffende. Ein weiteres Beispiel ist »Art But Fair«. Diese Initiative existiert seit Februar 2013, ursprünglich als Facebook-Seite, auf welcher »Die traurigsten & unverschämtesten Künstlergagen und Auditionserlebnisse« veröffentlicht werden.[47] Art but fair agiert bislang vorwiegend als ein digitaler interessenpolitischer Akteur. Ziel dieser Initiative ist es, Künstler untereinander zu solidarisieren und miteinander zu vernetzen sowie als interessengebundener Vermittler einen Prozess zwischen allen am Kulturbetrieb beteiligten sozialen Gruppen anzustoßen, um faire Löhne und Arbeitsbedingungen zu realisieren.[48]

Die neuen, künstlerkritischen Protestformen in Berlin reihen sich daher in eine Geschichte ähnlicher Aktionen ein, die zwischen künstlerischen und politischen Interventionen changieren. Woran sich deren soziale Empörung

---

46 | Manifest der Initative »Not in our Name, Marke Hamburg« (http://nionhh.word press.com/about/, 17.6.2014).
47 | http://artbutfair.org/wer-wir-sind (11.6.2014). Gestartet im Februar 2013 als Facebook-Seite, hatte Art but Fair nach drei Monaten mehr als 11.000 »Likes«.
48 | http://artbutfair.org/wer-wir-sind/, 17.6.2014.

entzündet, welche Programmatik sich identifizieren lässt sowie welche Subjektpositionen sich ausmachen lassen, wird im Folgenden beleuchtet.[49]

### 6.4.1 Empörungsquelle »Leuchtturmpolitik«

Auslöser für eine neue Künstlerkritik war in Berlin eine Kunstausstellung. Diese war im Auftrag der Berliner Kulturverwaltung als »Übersichtsausstellung« und als »Leistungsschau« von rund 80 in Berlin ansässigen, aus 26 Ländern stammenden »emerging artists« konzipiert, dort verstanden als Künstler, die noch nicht oder erst seit kurzem »in den Genuss größerer institutioneller Aufmerksamkeit gekommen« waren (van Dülmen 2011: 9).

Als kuratorische Berater wurden Klaus Biesenbach, Klaus Obrist und Christine Macel berufen (ebd.). Sie entwickelten das Vorhaben. Es weist durchaus Ähnlichkeiten zur Idee der seit 1998 durchgeführten Berlin-Biennale auf. Während jedoch die erste Berlin-Biennale einem noch leidlich als subkulturell zu klassifizierenden Kontext entstammte, war die Leistungsschau ein Teil der sogenannten Leuchtturmpolitik, mit der auf herausragende Kulturprojekte der Stadt hingewiesen werden soll. Ihre Entwicklungsgeschichte verlief stürmisch. Sie war Resultat eines vorhergegangenen (kultur)politischen Streits um die Frage, ob Berlin eine Kunsthalle für zeitgenössische Kunst brauche. Die bereit gestellten finanziellen Mittel für die Ausstellung betrugen mit 1,6 Mio. Euro mehr als 30 Prozent des Kulturetats für die freie Kunst. Gegen den Begriff der »Leistungsschau« formierte sich in der freien Kunstszene Protest, der sich auch in einem offenen Brief von Berliner Künstler_innen an den damals Regierenden Bürgermeister der Stadt Klaus Wowereit ausdrückte, der zugleich Kultursenator war.

Die Ausstellung wurde aufgrund der ausgelösten Debatten und des sozialen Protests umbenannt in »Based in Berlin« (Sill 2013: 6; vgl. van Dülmen 2011). Sie umfasste »zeitgenössische Kunstpraktiken von Malerei und Zeichnung über Skulptur, Fotografie, Film und Video sowie Installationen und Performances« (ebenda) – also ein Kaleidoskop verschiedener Zweige der KuK. Zentraler Ausstellungsort war das Atelierhaus am Monbijoupark in Berlin-Mitte. Genau: jenes frühere Ateliergebäude der Kunsthochschule Weißensee, in das die C/O Galerie wenig später aus juristischen Gründen nicht einziehen konnte. Gleichwohl gingen während der Ausstellung Based in Berlin tausende Menschen in diesem de jure nicht existierenden Gebäude ein und aus.

---

**49** | Lohnenswert für die weitere wissenschaftliche Untersuchung dieser künstlerkritischen Statuskämpfe auf kollektiver Ebene wäre es, sie aus einer bewegungspolitischen Perspektive zu analysieren und hierbei einen besonderen Fokus auf die Schaffung einer gemeinsamen Identität zum Zwecke der Ressourcenmobilisierung zu richten (vgl. Kern 2008; Raschke 1988).

Das Kunstevent hat die soziale Empörung über zunehmende wirtschaftliche, aber auch symbolische Ungleichheiten katalysiert. Zahlreiche Gegenveranstaltungen wurden initiiert, z.b. von der Kunsthochschule Weißensee, sowie subkulturelle Netzwerkbildungsprozesse befördert. Bei dieser neu artikulierten Künstlerkritik handelt es sich folglich nicht um Einzelstimmen, sondern um kollektive Akteure, die sowohl von sich verschärfenden ökonomischen Rahmenbedingungen frustriert sind als auch verärgert über die gleichzeitige Inszenierung von Kultur als Stadtmarketinginstrument. Denn darum sei es, so lautete die Kritik, bei der Idee einer Kunsthalle ebenso gegangen wie bei der Ausstellung Based in Berlin. Deren Kritik mündete in neue, interessenpolitische Koalitionen, die im Folgenden näher vorgestellt werden.

### 6.4.2 Sprecher_innen der neuen Künstlerkritik

Geht man mit Chiapello (2010) davon aus, dass die Formulierung dieser Kritik, erstens, Sprecher_innen voraussetzt, die »über einen solchen Status verfüg[en], dass andere Leute seinen/ihren Äußerungen Gehör schenken.« (Chiapello 2010: 42). Und dass es zweitens, einen programmatischen Konsens braucht, der kohärent ist und »eine solide Argumentationsgrundlage bildet.« (ebenda), so lässt sich als programmatischer Kern die Kumulation der beiden genannten Empörungsquellen ausmachen: ökonomische Deprivierung bei gleichzeitiger kultureller Anerkennung, eingebettet in eine ökonomisch angetriebene sukzessive Schließung von sozialstrukturellen Zwischenräumen und einen Verlust von Zonen des Übergangs.

Die Sprecher_innenfunktion der erwachenden Künstlerkritik wird in Berlin wesentlich von zwei Gruppen repräsentiert, die sich in Reaktion auf »Based in Berlin« gründeten. Diese beiden Gruppen sind nicht die einzige Interessenvertretung. Sie bewegen sich vielmehr in einem breiten Feld von Künstlerinitiativen sowie stadtpolitischen Initiativen. Von besonderem Interesse sind sie an dieser Stelle, weil sich in deren Gestalt eine neue Interessenpolitik zwischen unternehmerischem und künstlerischem Selbst formiert.

1. »Koalition der freien Szene«. Sie bildet einen Zusammenschluss von Berliner Kulturschaffenden jenseits von fest institutionalisierten Förderstrukturen und organisiert sich seit dem Jahr 2012 spartenübergreifend.[50]
2. »Haben und Brauchen«, ein im Jahr 2011 erfolgter Zusammenschluss von autonomen Bildenden Künstlern.[51]

---

50 | S. auch die Facebook-Seite der Koalition der freien Szene, eine öffentliche Gruppe mit knapp 5000 Mitgliedern (Stand August 2014).
51 | Auch Haben & Brauchen betreibt eine Facebook-Seite, allerdings im Rahmen einer geschlossenen Gruppe mit 158 Mitgliedern (Stand August 2014).

### 6.4.3 Programmatik und Forderungen

Die Hauptforderung der Initiativen zielt auf die Verbesserung von Arbeits- und Produktionsbedingungen in künstlerisch-kreativen Erwerbsfeldern. Eingewoben ist sie in einen programmatischen Konsens, der sich gegen eine Inszenierung als Creative Class im Sinne von Florida (2002) sperrt. Typisch für die von Künstlern artikulierte Kritik an den Verhältnissen, ergänzt sich die gegenwärtige in Berlin mit einer empfundenen Zuspitzung sozialer Ungleichheiten. Spezifisch ist die soziale Empörung über die Diskrepanz zwischen real existierenden Arbeits- und Produktionsbedingungen und dem allgemein politökonomisch installierten Bild vom Künstler bzw. vom Kreativen als innovativen und flexiblen Unternehmer.

Im Unterschied etwa zu den künstlerkritischen Statuskämpfen der 1970er- und 1980er Jahre geht es der neuen Künstlerkritik in Berlin um die Erfahrung der Entfremdung von einer als authentisch erlebten Arbeits- und Lebensform aufgrund einer miteinander verquickten Prekarisierung und Ökonomisierung – es geht also nicht mehr um die Eroberung, sondern um die Verteidigung von sozialstrukturellen Zwischenräumen. Diese Verteidigungskämpfe resultieren aus einer sozialen Empörung über den zunehmenden Vermarktungsdruck von künstlerisch-kreativer Arbeit und aus Prekarisierungserfahrungen, die sich aufgrund steigender Arbeits- und Lebenshaltungskosten in Berlin einstellen. Der Verschärfung der Arbeits- und Produktionsbedingungen steht aus Akteursperspektive eine stadtpolitische Instrumentalisierung bei gleichzeitig ökonomisch nicht hinreichender Ausstattung der freien Szene gegenüber.[52]

Haben und Brauchen wendet sich in ihrem »Manifest« gegen »*die Unterwerfung der kulturellen Öffentlichkeit unter den ökonomischen Imperativ*« (H&B 2012: 2) und in diesem Sinne dagegen den »*Sternenstaub zu liefern, um dem Traum von der Kulturalisierung der Ökonomie den Zauber des Künstlerischen zu geben.*« (ebd.: 6). Doch ebendas passiert ihnen zufolge, dass »[h]*art an oder unter der Armutsgrenze Lebende zu Gewährsleuten für ein Prosperitätsdenken* [erklärt werden, A.M.] *von dessen realen Erträgen sie zugleich abgeschnitten werden.*« (ebd.: 3). Wichtige Voraussetzung für künstlerische Arbeit sei aber auch das Vorhandensein von bezahlbaren Arbeitsräumen (Ateliers, Werkstätten, Projekträumen) (ebd.: 4). Gleichermaßen will sich die Initiative nicht auf die Forderung nach städtischen Freiräumen und bezahlbaren Ateliers, nach Erhöhung und Neuorientierung der öffentlichen Kunstförderung beschränken, sondern »*sich im Hinblick auf [...] Arbeit, Produktivität und Gemeinwesen*« positionieren (ebd. 3).

---

**52** | So fließen etwa von dem im Jahr 2014 378 Millionen Euro umfassenden Kulturetat 95 Prozent in die großen kulturellen Institutionen (wie Museen, Opernhäuser, Theater, Orchester, Bibliotheken) (Laudenschläger 2013: o.S.).

## 6. Berlin als Ort für künstlerisch-kreative Arbeit 263

Darüber hinaus bestreiten die Akteur_innen von Haben & Brauchen eine zentrale These der vom Wirtschaftsministerium herausgegebenen Kulturwirtschaftsberichte: dass die Umtriebigkeit im künstlerisch-kreativen Sektor wie z.b. die vielen Unternehmensgründungen ein Ausdruck sozialer Innovationen und wirtschaftlicher Entwicklungspotenziale seien. Vielmehr lasse sich dieses Phänomen nicht losgelöst betrachten »*von der schieren Existenznot [...] Umtriebigkeit bedeutet hier nicht zwangsläufig Einkommen, sondern oft einfach Armut.*« (ebd.: 2). Denn obgleich der Markt als Wirkungsort für Künstler und Kreative installiert werde, biete er nur für wenige eine auskömmliche Existenz. Da nur eine Minderheit von künstlerisch-kreativer Arbeit leben könne, sei für die Mehrheit eine Strategie der erwerbswirtschaftlichen Gelegenheitsorientierung ökonomisch unabdingbar. Doch die ökonomisch notwendigen Brotjobs würden wiederum eine gewissermaßen totale Hingabe an die künstlerische Produktion verhindern – und somit auch der politisch erwünschten Kreativität im Wege stehen.

Künstler_innen »den Eintritt und Verbleib in den Kulturwirtschaftsmarkt zu erleichtern«, worum sich der Berliner Senat mit verschiedenen wirtschaflichen Fördermaßnahmen wie z.B. in Form von Stipendien und Existenzgründungszuschüssen bemüht, sei, befindet auch die Koalition der freien Szene, eine fehlgeleitete Stadtpolitik. Vielmehr stehe Berlin infolge seiner Aufwertung als soziokulturelle Kulisse im Kontext einer Kulturalisierung der Stadt an einem Scheideweg: Kultur spiele »*eine Schlüsselrolle für die Zukunft der Stadt*« (Knoch 2013: 2). Diese Koalition fordert daher eine neue Förderpolitik[53] sowie eine Aufstockung der finanziellen Mittel für die in freier Trägerschaft agierenden, verschiedenen Künstlergruppen Berlins. Dass nur fünf Prozent der Fördermittel in die freie Kulturszene fließen, sei angesichts dessen, dass diese so etwas wie den »Markenkern« Berlins ausmache, nicht hinnehmbar. Wütend äußert sich eine Sprecherin der Initativen: »*Wir haben es satt, für die Stadt umsonst zu arbeiten [und, A.M.] gratis als Werbeträger für die Broschüren der Immobilienmakler [...] zu fungieren und weisen die Haltung, Kunst auf einer rein privatwirtschaftlichen, ökonomischen oder produktorientierten Ebene zu sehen, zurück.*« (Sill 2013: 6).

In verschiedenen, teils von der Kulturverwaltung des Berliner Senats geförderten Veranstaltungen wurden seit 2011, mitunter auch unter Beteiligung des Berliner Kulturstaatssekretärs, Strategien diskutiert, um die freie künstlerisch-kreative Szene Berlins zu fördern. Gesucht wird nach einer gemeinsamen, politischen Linie, um ein aus ihrer Sicht gewichtiges Argument zu vertreten: »*Die freie Szene in Berlin ist ein Wirtschaftsfaktor*«, unterstreicht ein

---

**53** | Die Zukunft der freien Szene sieht die KdfS durch eine neue Förderpolitik, die sie in zehn Punkte bündelt. Hierzu gehört etwa die Schaffung eiens Eigenmittelfonds oder die Gewährleistung von Honoraruntergrenzen (Knoch 2013: 5ff.).

Sprecher der Koalition der freien Szene.[54] Dabei kann das politische Klima, in dem sich dessen Diskussionen abspielen, überwiegend als lösungsorientiert, bisweilen sogar als konsensual beschrieben werden. Auf der einen Seite versuchen sich diese Initiativen als interessenpolitischer Akteur zu installieren, in einen Dialog mit der Berliner Senatsverwaltung einzutreten und werden auf der anderen Seite von politischer Seite als ein ebensolcher adressiert. Herausragende Bedeutung hatten in diesem Zusammenhang deren Bemühungen um eine Mittelerhöhung für die freie, d.h. jener künstlerischen Szene abseits institutionell geförderter Arbeitsverhältnisse sowie um die sogenannte »City Tax«, eine Hotelbettensteuer, die seit Jahresbeginn 2014 in Berlin erhoben wird.

### 6.4.4 Interessenpolitik zwischen künstlerischem und unternehmerischem Selbst

Auffällig ist, dass sich die künstlerkritischen Initiativen nicht prinzipiell marktavers positionieren. Zwar wird darauf beharrt, dass die Gleichsetzung der Kunstszene mit der Kulturwirtschaft deren »Auslöschung« (Knoch 2013: 3) bedeute. Trotzdem wird eine volkswirtschaftlich motivierte Perspektive auf künstlerisch-kreative Arbeit nicht kategorisch abgelehnt. Künstlerisch-kreative Arbeit wird weder als »Luxusarbeit« deklariert noch soll der Markt zum Verschwinden gebracht werden (vgl. Bourdieu 2001a: 136). Unverkennbar ist vielmehr, dass gewissermaßen innerhalb der Logik einer Creative City argumentiert wird, die die Akteur_innen sodann in die Pflicht zu nehmen versuchen. Die Forderungen der Initiativen zielen folglich nicht darauf ab, den idiosynkratischen Künstler zu reaktualisieren, den es symbolisch wertzuschätzen gelte. Im Gegenteil wird sich gegen eine ausschließlich symbolische Wertschätzung für quasi null ouvert verwahrt.

Kritisiert werden die Regierungsverhältnisse der kulturalisierten Stadt als Quelle von Ungleichheit und Ausbeutung ebenjener sozialen Gruppen, die ihr nach deren Einschätzung zum Aufschwung verholfen haben. Im Ergebnis kommt es zu einer erneuten, zeithistorisch geprägten Verschmelzung von Sozial- und Künstlerkritik. Indem sich die Initiativen gegen eine ökonomische Vereinnahmung als stadtpolitischer Marketingfaktor verwahren, pochen sie auf klassische, künstlerische Freiheitsideale. Zugleich beklagen sie eine mangelnde Solidarität zwischen »Arm und Reich« sowie nicht nur die eigene Armut, sondern eine allgemeine Prekarisierung von Arbeits- und Lebensbedingungen. Auf diese Weise bringen sich die Repräsentant_innen als Verfechter einer Gesellschaftskritik in Stellung, die sich gegen eine Ökonomisierung

---

54 | www.tip-berlin.de/kultur-und-freizeit/die-freie-szene-berlin-ist-ein-wirtschaftsfaktor (14.6.2014).

nicht nur der Kunst, sondern sämtlicher Lebensbereiche aussprechen. In der gegenwärtigen Künstlerkritik bündeln sich daher Aspekte, die traditionell der Sozialkritik zugerechnet werden mit einer einschlägigen Kritik aus Künstlerkreisen.

Auf einen einfachen Nenner gebracht, lautet die programmatische Forderung der Initiativen: Umverteilung und ökonomische Anerkennung. Im Zentrum der gegenwärtigen künstlerkritischen Status-Kämpfe stehen unterdessen ökonomische Fragen. Diese werden rückgebunden an das Thema der, wenn man so will, authentischen Arbeitsverhältnisse.

Unterstrichen werden sollte allerdings, dass dies keineswegs die Forderung einschließt, zum Unternehmer im Schumpeter'schen Sinne geadelt zu werden. Im Gegenteil sind Floridas Thesen zur Creative Class sowie die Adressierung als unternehmerisches Selbst im hiesigen Diskurs um die KuK ein rotes Tuch in der freien künstlerisch-kreativen Szene (nicht nur) Berlins. »Kreativwirtschaft« steht für viele eher für einen wirklichkeitsfremden, die prekären Arbeits- und Sozialverhältnisse der Mehrheit beschönigendes Etikett oder gar verfälschenden Diskurs. Die Proteste richten sich insofern gegen ein unternehmerisches »Kreationierungsprogramm« (Krämer 2014: 63), welches das »Kreativsubjekt« (ebenda) in die volkswirtschaftliche Pflicht nimmt, ohne es jedoch mit den notwendigen Ressourcen auszustatten.

Nun wäre es sicherlich übertrieben, diesen Initiativen eine ähnliche Durchschlagskraft zu bescheinigen, wie sie die Künstlerkritik der späten 1960er und folgende Jahre entwickelt hat (angesichts deren zweifelhafter Erfolgsstory wäre ihr das vielleicht auch gar nicht zu wünschen). Ebenso ist fraglich, inwieweit die freie künstlerisch-kreative Szene »der Markenkern Berlins« ist und ob die zig Millionen Berlin-Besucher_innen allein wegen ihr in die Stadt kommen. Das ist vermutlich nicht so. Festzuhalten ist aber an dieser Stelle, dass die gegenwärtige Künstlerkritik in Berlin ein Versuch ist, sich als solidarische, interessenpolitische Koalition zu formieren. Sie unterscheidet sich von ihrem historischen Pendant im ausgehenden 19. Jahrhundert sowie aber auch vom künstlerkritischen Klima der 1970er und folgenden Jahre. Last but not least, und das ist aus arbeitspolitischer Sicht ein wichtiger Befund, handelt es sich um eine spezifische Interessenvertretung, die herkömmliche Formen von Interessenpolitik herausfordert. Sie entspricht vielmehr einer Vertretung berufsgruppenspezifischer Interessenvereinigung, die gemeinhin als Indikator für die Hybridisierung von Interessenpolitik und als Konkurrenz zu den herkömmlichen Akteuren – den Gewerkschaften – gefasst werden (vgl. z.B. Hirsch-Kreinsen/Ittermann 2013; Müller-Jentsch 2013; Schmierl 2006).

Eröffnet wird hier eine interessenpolitische Handlungsarena, die zum einen den Trend weg von einer klassischen arbeitspolitischen Interessenvertretung hin zu eher hybriden Interessenorganisationen untermauert. Zum anderen zeigt sich insbesondere in den Versuchen einer parlamentarischen

Einflussnahme, dass eine bestimmte Form von Lobby-Arbeit als interessenpolitisches Instrument zunehmend Fuß zu fassen scheint.[55]

Als ein Ergebis dieser Lobby-Arbeit ist es durchaus als ein interessenpolitischer Erfolg zu werten, dass in Berlin jüngst erste politische Vereinbarungen zur ökonomischen Stärkung der freien Kunst- und Kulturszene getroffen wurden. Die seit Jahresbeginn 2014 erhobene Hotelbettensteuer (»City Tax«) soll partiell der freien Kunst- und Kulturszene zukommen, wenngleich die Verteilungsmodi auf die Bereiche Tourismus, Kultur und Sport noch offen und insofern Bestandteil interessenpolitischer Kämpfe sind. Zur Mitte des Jahres 2014[56] ist zudem noch nicht geklärt, wieviel Geld Berlin durch die City Tax einnimmt.

Offen ist zum jetzigen Zeitpunkt ebenfalls, wie sich die genannten interessenpolitischen Initiativen im Geflecht der bestehenden Interessenverbände, auch im Hinblick auf gewerkschaftliche Initiativen positionieren werden und ob es ihnen gelingt, eine beständige Interessenvertretung zu werden. In einem zwar durchaus gebrochenen, aber aus strategischen Gründen teils offensiv proklamierten Selbstverständnis auch als wirtschaftspolitische Größe erscheint es indes nur konsequent und nicht zuletzt auch als Ausdruck einer neuen Form von »Mitbestimmungsphantasie« (Kotthoff 2006), dass sich die Logik von Lobbypolitik und damit eine zusätzliche interessenpolitische Handlungsarena in entbetriebliche Felder von künstlerisch-kreativer Arbeit ausweitet.

---

**55** | Briken et al. (2014) verweisen darauf, dass die Strategie des Lobbying als arbeitspolitisches Ersatzinstrument nicht neu sei, allerdings eher im Beamtenbereich eine gewisse Tradition habe. Für den zunehmend wettbewerbsorientiert organisierten, öffentlichen Dienst seien dagegen die Strategien der gezielten Einflussnahme auf politische Entscheidungsträger davon geprägt die von der öffentlichen Hand praktizierte Wettbewerbslogik bei der Bereitstellung von Infrastrukturleistungen infrage zu stellen. Sie schlussfolgern, dass klassische Lobbypolitik von den Gewerkschaften auf den bislang eher der Logik des Arbeitskampfs folgenden Bereich der Tarifbeschäftigung angewandt werde.

**56** | Redaktionsschluss dieser Studie.

## 7. Arbeits- und Produktionsbedingungen in der Designbranche

In diesem Kapitel werden die Arbeits- und Produktionsbedingungen der Designbranche erläutert. Als ein Teilbereich der sonstigen Kulturberufe gehört sie zu den beliebtesten »neuen« kreativen Berufen, bestehend aus den Feldern Industriedesign, Produkt-/Mode und Grafikdesign sowie Kommunikationsdesign (Söndermann 2009a: 100f.). Räumlich betrachtet, hat sich die Designbranche in den letzten Jahren von ihren ursprünglichen Knotenpunkten im Rhein-Main-Gebiet sowie Hamburg zunehmend nach Berlin verlagert (Kreativwirtschaftsbericht Hamburg 2012; Thiel 2005). Die gegenwärtig zentralen arbeitssoziologischen Charakteristika der Designbranche sind eng verwoben mit dem erwerbsstrukturellen Wandel von künstlerisch-kreativer Arbeit allgemein. In diesem sonstigen Kulturberuf zeigt sich gleichsam eine stärker wirtschaftliche Konnotation von künstlerisch-kreativer Arbeit, wie sie in der Begriffsdefinition »Kultur- und Kreativwirtschaft« angelegt ist. Da zudem die Designbranche mit ihren personellen Zuwachsraten zu einem der beliebtesten Kulturberufe gehört, ist sie ein typisches Beispiel für die Kultur- und Kreativwirtschaft und insofern für den darin ausgemachten Wandel von Arbeit.

In dieser Studie stehen die Felder Mode- und Kommunikationsdesign im Vordergrund. Allerdings wird die Designbranche als solche wie auch ihre einzelnen Felder in statistischen Berichten unterschiedlichen Bereichen zugeordnet, teils auch gleichzeitig. Auf Bundesebene wird etwa Kommunikations- und Modedesign zu einem Wirtschaftszweig gebündelt[1], während der Berliner

---

[1] | Laut BmWi-Bericht zählen folgende Felder dazu (mit dem prozentualen Anteil an Unternehmen in Klammern): Industriedesign (10 Prozent), Produkt-/Mode und Grafikdesign (35 Prozent) sowie Kommunikationsdesign (55 Prozent) (Söndermann 2009a: 100f.). Die Designbranche gehört zu den im Hinblick auf die wirtschaftliche Wachstumsdynamik vier wichtigsten Teilmärkten der letzten Jahre. Das Umsatzvolumen der gesamten Teilbranche Design betrug im Jahr 2008 16,2 Millionen Euro, das sind 10,9 Prozent der gesamten Kultur- und Kreativwirtschaft. Das Umsatzvolumen der Werbebranche

Kulturwirtschaftsbericht diese beiden Felder in unterschiedliche Sparten einsortiert (vgl. Söndermann 2009a; Kulturwirtschaft in Berlin 2008). Der *Arbeitsmarkt Kultur* folgt ebenso wie Söndermann (2012) der Systematik der Künstlersozialkasse (KSK) nach dem KSVG. Die Designbranche wird darin dem Berufsfeld »Bildende Kunst« bzw. den *künstlerischen Kulturberufen* zugeschlagen (Schulz/Zimmermann/Hufnagel 2013).

In dieser statistischen Uneindeutigkeit deutet sich an, was sich mit unseren qualitativen Befunden deckt: Die Designbranche ist ein Konglomerat aus verschiedenen Feldern künstlerisch-kreativer Arbeit, die insgesamt jedoch dem Berufsfeld der angewandten Bildenden Kunst und somit dem Bereich der sonstigen Kulturberufe angehören.

## 7.1 Soziodemografische Merkmale im Überblick

Bevor auf die Felder Kommunikations- und Modedesign im Einzelnen eingegangen wird, werden im Folgenden einige soziodemografische Merkmale der Designbranche dargestellt. Da die statistischen Berichterstattungen hinsichtlich der Branchendifferenzierungen nicht konsistent sind, können die Daten nicht immer sauber zwischen den Feldern separiert werden. Sie bieten dennoch einen ersten Überblick.

1. *Die Designbranche ist eine Boombranche.* Im Jahr 2009 war die Domäne »Design und kreative Dienstleistungen« (Söndermann 2012) mit einer Erwerbstätigenanzahl von 442.944 nach dem Segment »Buch und Presse« das zweitgrößte Feld im Kultursektor. Fast ein Drittel (28 Prozent) aller Erwerbstätigen des Kultursektors waren im gleichen Jahr in dieser Domäne tätig (ebenda: 17; vgl. Schulz/Zimmermann/Hufnagel 2013: 126). Insgesamt sind die steigenden Erwerbstätigenzahlen in den »künstlerischen Kulturberufen« vornehmlich auf den Zuwachs an Selbstständigen/freiberuflichen Erwerbsformen zurückzuführen (Söndermann 2012: 33).
2. *Die Arbeits- und Beschäftigungsverhältnisse sind vielfach prekär und zunehmend freiberuflich organisiert.* Die Erwerbstätigenzahl in den »Ateliers für Textil-, Schmuck-, Grafik- u.ä-Design«[2] lag bundesweit im Jahr 2009 bei 46.365 (ebd.: 41). Zwei Drittel der dort Erwerbstätigen sind freiberuflich tätig. Zu-

---

allein beträgt 13,8 Millionen Euro, das sind 85 Prozent des gesamten Teilbranchenumsatzes (Söndermann 2009a: 102).

**2 |** Diese Kategorie ist eine Ausdifferenzierung der Domäne »Design und kreative Dienstleistungen«. Werbefachleute und Architekten sind hier kein Bestandteil. Insofern fokussiert die Kategorie »Ateliers für Textil-, Schmuck-, Grafik- u.ä-Design« vergleichsweise genau auf die in dieser Studie untersuchten Arbeits- und Sozialverhältnisse.

dem arbeiten 26 Prozent aller abhängig Beschäftigten in diesem Feld in einem geringfügigen Beschäftigungsverhältnis. Mehr als ein Drittel, nämlich 20.629 der freiberuflichen Designer_innen erwirtschafteten im Jahr 2009 einen Umsatz von weniger als 17.500 Euro (ebd.: 43). Damit geht ein überdurchschnittlich großer Anteil der Erwerbstätigen in der Designbranche einer geringfügigen Erwerbstätigkeit nach (vgl. Bertschek et al. 2014: 10).

3. *Die Designbranche ist gemischtgeschlechtlicht organisiert, weist aber Tendenzen hin zu einer weiblich segregierten Branche auf.* Der Frauenanteil liegt insgesamt bei 57 Prozent. Der Zuwachs an freiberuflichen Erwerbsformen ist vorrangig auf einen steigenden Frauenanteil zurückzuführen.[3] Korrespondierend mit allgemeinen Arbeitsmarktdaten (vgl. Bundesregierung 2011a: 141), stellen Frauen mit mehr als 60 Prozent den größten Anteil in geringfügigen Beschäftigungsverhältnissen (Söndermann 2012: 47; vgl. auch Ebert et al. 2012: 56).

4. *Einkommensverhältnisse.* Konstatiert wird eine zunehmende Disparität der Einkommen (Krause 2010). Mehr als ein Drittel *aller* Designer_innen arbeitet unabhängig von der Erwerbsform an oder unterhalb der Armutsschwelle (Söndermann 2012: 34). Bei den freiberuflichen Designer_innen liegt das geschlechtsspezifische Einkommensgefälle bei etwa einem Drittel (Schulz/Zimmerann/Hufnagel 2013: 302).

5. *Lebensalter.* In der Designbranche arbeiten vorwiegend junge Menschen. Mehr als die Hälfte sind nicht älter als 35 Jahre, und zwar unabhängig vom Erwerbsstatus. 31 Prozent sind zwischen 36 und 45 Jahre alt, nur fünf Prozent der Erwerbstätigen sind zwischen 46 und 50 Jahre alt (Designerdock 2010; BDG 2012). Die Altersgruppe der 50-Jährigen und älter ist im Zeitraum 1999 bis 2011 gesunken (Schulz/Zimmermann/Hufnagel 2013: 122).

6. *Qualifikationsniveau.* Die Designbranche ist ein akademisches Feld mit einer mittleren, kulturellen Kapitalausstattung (vgl. Kap. 2.3). Der größte Anteil weist einen Fachhochschulabschluss auf, gefolgt von Abschlüssen aus schulisch geprägten Berufsausbildungsakademien. Zehn Prozent aller Designer_innen sind Quereinsteiger_innen. Der Anteil an akademisch ausgebildeten Designer_innen ist leicht rückläufig (Schaffrina 2014: 6).

7. *Familienstand.* Zwei Drittel *aller* in der KSK versicherten, freiberuflichen Designer_innen sind ledig, Männer wie Frauen (Schulz/Zimmermann/Hufnagel 2013: 278). Ob dieser Familienstand gleichbedeutend mit einem Leben ohne Partnerschaft und ohne Kinder ist, geht aus den Daten nicht hervor.

---

3 | Anhaltspunkt hierfür geben die Mitgliederzahlen in der KSK. Mitte der 1990er Jahre waren bei der KSK 4.174 männliche und 3.460 weibliche Grafik-, Mode- und Industriedesigner_innen registriert. Im Jahr 2010 ist das Verhältnis umgedreht. So waren 9.929 männliche und 12.480 weibliche Grafik-, Mode- und Industriedesigner_innen bei der KSK angemeldet (Schulz/Zimmermann/Hufnagel 2013: 274).

## 7.2 Kommunikationsdesign

Die Arbeit von Designer_innen gilt im Spektrum der Kulturberufe als angewandte Bildende Kunst (Söndermann 2012). Sie repräsentiert insofern die eher profane, da marktorientierte Variante des mit höheren Weihen versehenen Bildenden Künstlers. Ausgangspunkt der Wertschöpfung ist ein schöpferischer sowie zugleich ein umgehend kommodifizierter Akt. Er beruht auch auf eingespielten Arbeitsabläufen und in Agenturen meist auf stark arbeitsteiligen Prozessen – und hat insofern wenig mit künstlerischer Arbeit im ursprünglichen Sinne zu tun (Kraemer 2014; s. Kap. 2.1). Aufgrund jedoch der Klassifizierung als angewandte Bildende Kunst gelten Designer_innen nach dem Künstlersozialversicherungsgesetz (KSVG) als künstlerischer Beruf.

### 7.2.1 Begriffsklärung

Im Folgenden stehen die Ausschnitte Grafik- und Kommunikationsdesign im Vordergrund. Es handelt sich um Tätigkeiten, die unter Anwendung von künstlerischen und technischen Mitteln Inhalte verschiedenster Art wie z.b. Markenlogos, Internetauftritte oder Visitenkarten visuell gestalten. Die Arbeitsprodukte umfassen daher sowohl Güter als auch Dienstleistungen. Diese Sparte der Designbranche gehört zu jenen Erwerbsfeldern im Schnittfeld von Kunst, Kultur und Technik, die sich durch den Aufstieg der IuK-Technologien stark verändert haben bzw. neu entstanden sind, wie z.B. auch die Computerspieleindustrie (Schulz/Zimmermann/Hufnagel 2013: 331).

Die Designbranche hat als Arbeitsmarkt hinsichtlich ihres kreativ-gestalterischen Tätigkeitskerns bereits eine bis in die Industrialisierung des 19. Jahrhunderts zurückgehende Historie, ist in ihrer heutigen Form jedoch in wesentlichen Zügen ein Residuum der Werbebranche und deren struktureller Ausdifferenzierung (Hellmann 2003; Söndermann 2009a). Spätestens seit den 1980er Jahren wirken innerhalb der Werbebranche feldbezogene Umstellungsprozesse, die in arbeitsorganisatorischer Hinsicht die überwiegend sehr kleinteilige Komm.Designbranche hevor gebracht haben. Insbesondere grafische Tätigkeiten wurden seit den 1980er Jahren zunehmend aus dem werbespezifischen Wertschöpfungsprozess ausgelagert und als externe Aufträge an freie Mitarbeiter_innen vergeben (Koppetsch 2004, 2006a). Diese betrieblichen Externalisierungsprozesse hatten großen Anteil an der Entstehung der sogenannten Kreativ- und Designagenturen, die sich oftmals als kleine und flexible Unternehmungen in Marktnischen und für spezielle Kundenanforderungen präsentieren (Koppetsch 2004: 149ff.).

Unsere Ausführungen beziehen sich im Bereich des Komm-Designs auf Designer_innen, deren Tätigkeit laut Fachgebietszuordnung der *Alliance of German Designers* (*AGD*), dem größten deutschen Berufsverband, vorwiegend im Bereich der visuellen Kommunikation liegt (vgl. AGD, www.agd.de/fachgebiete.html). Kommunikationsdesigner_innen sind oftmals zwar Zulieferer für die Werbebranche. Doch unterscheidet sich deren Arbeit in einem wichtigen Punkt von jener in der Werbung. Diese hat eine »Persuasionsfunktion« (Siegert/Brecheis 2010: 24), die direkt oder indirekt die Meinungen und Einstellungen der Konsument_innen zu den beworbenen Objekten beeinflussen und zu deren Kauf animieren will. In der Designbranche geht es nicht direkt darum, Kund_innen zum Kaufen bestimmter Produkte zu bewegen. Sie geht daher nicht in der Werbebranche auf. Designer_innen sind überwiegend vielmehr Konzepter und Berater – vor allem bei freiberuflich tätigen Designer_innen gehört Beratung und Strategie zum Leistungsangebot (Schaffrina 2014: 9). Doch differenzieren sich die Tätigkeitsprofile zunehmend aus. Nach einer Einteilung von Designerdock, eine der führenden Personalvermittlungsagenturen der Branche, lassen sich allein bei den Designdienstleistungen (im kommunikativ-gestalterischen Bereich) 17 Berufsbilder unterscheiden. Diese umfassen Spezialisierungen in den Bereichen der Gestaltung von klassischem Print oder Webdesign, der Kundenbetreuung und des Projektmanagements (vgl. Designerdock-Online 2013; BDG 2012).[4] Gegenwärtig ist überdies ein Wandel von erfahrungs- zu wissensbasierten Qualifikationen zu konstatieren, der zu einer Zunahme von theoretischen und analytischen Arbeitsfeldern führt (Manske/Ludwig 2010: 99).

Insbesondere die wachsende Gruppe der freiberuflich tätigen Designer_innen geraten »immer wieder in wirtschaftlich riskante Situationen« (Söndermann 2009a: 105). Denn freiberufliche Designer_innen sind häufig Zulieferer für größere Agenturen und Unternehmen. Daraus ergebe sich eine »doppelte Dienstleistungsfunktion«, einerseits »als unternehmensnahe Dienstleisterin für andere Wirtschaftsbranchen« (z.B. Werbung, Modebranche, Verpackungs-, Autoindustrie, Maschinenbau); andererseits als »personennahe Dienstleisterin«, welche »Produkte und Dienstleistungen« für den Endkundenmarkt in »Eigenregie« erstellen. Hierbei handelt es sich um z.B. die Erstellung von Logos oder, wenn es um kleinere Aufträge geht, um die Gestaltung von Briefpapier oder Visitenkarten und somit um die grafische Gestaltung einer sogenannten *Corporate Identitiy* – auch *Corporate Design* genannt (ebenda).

Die für dieses Feld zugrunde gelegte Untersuchungsgruppe, hier als *Kommunikationsdesigner_innen* bezeichnet, ist in den unterschiedlichen Zweigen der Designbranche beschäftigt. Etwa zwei Drittel aller Kommunikationsdesigner_innen arbeitet im Bereich Print, Freiberufler_innen mit knapp 70 Prozent etwas häufiger als Angestellte mit gut 69 Prozent. Ein Drittel arbeitet im Be-

---

**4** | Im Einzelnen sind das Tätigkeiten wie Kommunikationsdesign, Illustration und Grafikdesign, Corporate Design, Ausstellungsdesign, Verpackungsdesign, Interactiondesign, Interfacedesign (vgl. Eichmann 2008: 56).

reich »Online« (BDG 2012: 26). Bei grundsätzlich ähnlichen Tätigkeitsschwerpunkten unterscheiden sich diese bei angestellten und selbständig tätigen Designer_innen jedoch darin, dass selbständige Designer_innen seltener in der Werbung tätig sind (28 Prozent vs. 39 Prozent) und dafür häufiger im Bereich des Corporate Designs (60 Prozent vs. 48 Prozent) (Schaffrina 2014: 5).

### 7.2.2 Arbeits- und Beschäftigungsverhältnisse

Die Beschäftigungslogik der Komm.designbranche ist eng mit konjunkturellen Schwankungen und brancheninternen Arbeitsstrukturen verknüpft. Wirtschaftliche Konjunkturausschläge wie etwa 2008/2009 zeichnen sich hier verschärft ab. Sie haben drastische Auswirkungen auf die Beschäftigungs- und Auftragslage. Aber auch organisationale Restrukturierungen, sich wandelnde Berufsprofile und technische Innovationen bei gleichzeitig im traditionell betrieblichen Sinne schwach institutionalisierten bzw. regulierten Unternehmensstrukturen und ein äußerst volatiles Marktumfeld spielen dabei eine Rolle (Manske/Brunsen 2015).

Arbeitsstrukturen in der Komm.designbranche sind überwiegend informell und netzwerkartig geregelt. Fluktuierende, meist projektorientierte Arbeitsverhältnisse sind an der Tagesordnung. Die Anzahl freiberuflicher Designer_innen hat sich allein im Zeitraum der Jahre 2001 bis 2010 fast verdoppelt (Söndermann 2012: 26). Freiberufliche Erwerbsformen sind daher zum typischen Merkmal des Feldes geworden.

Freiberuflich agierende Designer_innen sind auf vergleichsweise enge Marktnischen und auf gute Kontakte zur Agenturszene angewiesen, um ihren Lebensunterhalt zu verdienen. Gebucht werden sie in der Regel für ein einzelnes Projekt oder sogar nur für einzelne Projektphasen von der Ideenfindung bis zur Ausführung. Bei freiberuflichen Aufträgen ist es gängige Praxis, dass bspw. für den Entwurf einer Kommunikationsstrategie für einen Industriekunden Fotografen, Strategiespezialisten und visuelle Designer_innen wechselnd und in unterschiedlichen Projektphasen kooperieren. Bisweilen tun sie das in verschiedenen Rollen, da manche Designer_innen z.B. Strategie- und Kommunikationsdesign-Spezialisten in einer Person sind. Üblich für das Feld ist auch eine Art »Praktikantenlogik«. Viele Designer_innen sind bereits während ihres (Fach-)Hochschulstudiums für eine oder mehrere Agenturen tätig. Infolgedessen ist der Übergang zwischen Ausbildung und Berufseinstieg häufig ein fließender Prozess. So führt der Berufsweg oftmals zunächst in einen angestellten oder fest-freien Status in einer Agentur. Anschließend wählen viele Designer_innen einen freiberuflichen Status. Sie verfügen in der Regel über eine längere Berufspraxis als angestellte Designer_innen.

Die unterschiedlichen Erwerbsformen korrespondieren demnach mit feinen Unterschieden in der inhaltlichen Schwerpunktsetzung der Arbeitstätigkeit: selbständige/freiberufliche Designer_innen arbeiten tendenziell häufiger im eher künstlerisch affizierten Bereich des Berufs als abhängig beschäftigte Designer_innen, und sie bauen dieses Standbein offenbar mit zunehmender Berufserfahrung aus.

### 7.2.3 Beschäftigungssituation in Berlin

Berlin ist seit der Jahrtausendwende zu einem zunehmend beliebten Standort der Designbranche geworden; allein im Zeitraum 2000 bis 2006 wurde jedes achte Designunternehmen in Deutschland dort gegründet. Die Anzahl der Designateliers im genannten Zeitraum wuchs um rund 58 Prozent, absolut sind in dieser Zeit etwa 720 Unternehmen dazu gekommen (Kulturwirtschaft in Berlin 2008: 68). Das Wachstum geht vor allem auf die Zunahme im Bereich der Werbegestaltung wie z.b. Agenturen und Werbeverbreitung wie z.b. Zeitschriftenverlage zurück (ebd.: 40).[5] Logischerweise sind damit steigende Erwerbsoptionen für Designer_innen verbunden. Interessanterweise haben sich aber nicht in erster Linie Vollzeitjobs vermehrt, sondern geringfügige Beschäftigungsverhältnisse und freiberufliche Erwerbsformen. Im Jahr 2012 beträgt der Anteil der Kleinbetriebe und Einzelunternehmen fast 95 Prozent (KKI 2013: 16).

In der Finanz- und Wirtschaftskrise 2008/09 spitzte sich die Erwerbslage vor allem für freiberuflich agierende Designer_innen zu. Grund hierfür war neben der Auftragsflaute die zunehmende Wettbewerbsorientierung in der Auftragsvergabe (vgl. Koppetsch 2006a). Aufträge werden entweder im Rahmen von Netzwerken oder durch sogenannte Pitches vergeben – damit sind wettbewerbsorientierte Angebotserstellungen und -entwürfe für potenzielle Auftraggeber gemeint. Ähnlich wie in Architekturwettbewerben reichen am Auftrag interessierte Agenturen erste Konzeptionen und Ideen für die Auftragsbearbeitung ein. Je nach Komplexität des Auftrages ist dafür ein wechselnd großes Team erforderlich. In der Praxis zeigt sich allerdings, dass Pitches weniger eine konzeptuelle Projektentwicklung im Sinne eines Angebots darstellen, sondern häufig bereits die komplette Auftragserfüllung inszenieren. Beteiligt sich z.b. eine Werbeagentur daran, um für einen beliebigen Auftraggeber einen Imagefilm oder eine Werbekampagne zu erstellen, dann umfasst die Projektpräsentation beim Auftraggeber in der Regel das vollständige Konzept. Die eigentliche Produktionsphase stellt nur mehr die operative Ausführung des Auftrags dar. Der Pitch wird somit zur kostspieligen Angelegenheit. Eine von uns befragte Expertin bezifferte den erforderlichen

---

**5** | Überdurchschnittliche Anteile deutschlandweit erreichten die Markt- und Meinungsforschung mit zwölf Prozent und PR- Beratungen mit sieben Prozent (Kulturwirtschaft in Berlin 2008: 40).

finanziellen Einsatz mit etwa zehn Prozent des Gesamtauftragsvolumens. Aus Ressourcenmangel sind daher kleinere Agenturen oder Freie bei groß projektierten Auftragsvolumen vom Wettbewerb ausgeschlossen. Sie müssen hierzu Kooperationen anbahnen, also im (meist informellen) Netzwerk arbeiten oder den Pitch als »one-man/one-woman-show« bewältigen, sodass sie darüber hinaus keine oder kaum freie Kapazitäten für die Bearbeitung anderer Aufträge haben. Zudem breite sich laut Expertenmeinung eine erfolgsorientierte tageweise Buchung von Freien, d.h. deren Einbindung in die Auftragsakquise aus. Dies bedeutet, dass die für die Teilnahme an einem Pitch angeheuerten freien Mitarbeiter_innen nur im Erfolgsfall, d.h. bei erfolgreicher Auftragsakquise ihr Honorar erhalten. Folge dieser Art von Wettbewerbsordnung ist ein wettbewerbsinduzierter Ausschluss von ressourcenschwächeren Marktteilnehmern sowie umgekehrt ein Wettbewerbsvorteil für ressourcenstärkere Agenturen.

Die geschilderte Entwicklung korrespondiert mit Daten aus dem Jahr 2011 (Martens 2011). In einer Online-Befragung antwortete die Hälfte der 95 befragten Designunternehmen, dass sie freiberuflich bzw. selbständig mit maximal einem/einer Mitarbeiter_in tätig sind. 57 Prozent der Befragten sind seit mehr als fünf Jahren, d.h. mindestens seit 2005 in dieser Form erwerbstätig, 32 Prozent seit ein bis fünf Jahren. Und nur zwölf Prozent seit weniger als einem Jahr (Martens 2011: 8). Diese Datenquelle spricht dafür, dass ein beträchtlicher Anteil der Beschäftigten relativ dauerhaft auf freiberuflicher Basis arbeitet. Freiberufliche Erwerbsformen scheinen hier kein Übergangsstadium in eine andere Beschäftigungsform darzustellen, sondern eher ein von vielen angesteuerter Erwerbsstatus.[6] Inwieweit diese Erwerbsformen mit anderen kombiniert werden, geht aus der genannten Online-Befragung nicht hervor.

Zudem konkurrieren in Berlin ca. 1.500 Designagenturen mit einer Agenturgröße von weniger als zehn Mitarbeitern um Aufträge. Den äußerst kleinteiligen Designagenturen steht ungefähr die gleiche Anzahl von steuerpflichtigen Branchen-Unternehmen gegenüber (vgl. Kulturwirtschaft in Berlin 2008, z.B. S. 149). Insgesamt wird davon ausgegangen, dass die Designbranche in Berlin ca. 4000 Unternehmen und etwa 11.300 Beschäftigte umfasst (Frese 2014: o.S.). Wurden in Berlin in den vergangenen Jahren überdurchschnittlich viele Agenturen gegründet, sind indes sowohl die Umsätze als auch die Entgelte unterdurchschnittlich. Sie unterschreiten traditionelle Standorte wie das Rhein-Main-Gebiet oder Hamburg um wenigstens ein Drittel (vgl. Thiel 2005). Damit korrespondierend, stammt ein im Vergleich zu anderen Branchen der KuK überdurchschnittlich hoher Anteil der Umsätze, nämlich gut 34 Prozent aus anderen Bundesländern, wird also außerhalb Berlins erwirt-

---

6 | In der Forschungsliteratur zum Thema »Solo-Selbständige« herrscht vielfach die Auffassung vor, dass diese Erwerbsform eine Übergangsfunktion in andere Beschäftigungsformen darstellt (z.B. Brake 2013; Koch/Rosemann/Späth 2011).

schaftet (Martens 2011: 11). Nichtsdestotrotz sind klein- und mittelständische Unternehmen optimistisch in Bezug auf die künftige Geschäftsentwicklung (ebd.: 13). Wie dies die Kleinstunternehmen und Freiberuflichen sehen, geht aus der Umfrage von Martens (2011) nicht hervor. Wohl aber, dass sie keinerlei Arbeitgeberabsichten hegen. Höchstens wollen sie künftig mit anderen Freien oder womöglich mit geringfügig Beschäftigten kooperieren (ebd.: 16).

Das Fazit lautet: In der 2000er Dekade zeichnet sich die Komm.designbranche durch ein stark konjunkturabhängiges, aber zugleich überproportionales wirtschaftliches Wachstum aus. Demgegenüber wurden Beschäftigungsrückbauten im Zuge der sich anschließenden Prosperitätsphasen nicht wettgemacht. Im Gegenteil. Infolge der Personalreduktionen, der Entstehung von Kleinstunternehmen und dem Anstieg von freiberuflichen Erwerbsformen entsteht ein fortwährender Lohndruck. In Berlin ist die Lage spezifisch. Das dortige Wachstum der Komm.designbranche erfolgt vor allem durch Unternehmen mit unterdurchschnittlichem Umsatz und durch den Anstieg freiberuflicher Erwerbsformen. Schlussfolgernd legen die erläuterten Verhältnisse und Prozesse die These nahe, dass eine beträchtliche Anzahl sozialversicherungspflichtiger Beschäftigungsverhältnisse durch geringfügige Arbeitsverhältnisse ersetzt wurde. Gleichfalls zeigen die Daten, dass der Rückgang der geringfügigen Beschäftigung zwischen 2004 und 2006 – um etwa zehn Prozent – zu einem Gutteil dadurch zu erklären ist, dass die Mehrheit der Designer_innen nun mit einem freiberuflichen Erwerbsstatus am Markt agiert.

### 7.2.4 Feldzugang und Qualifikationsniveau

Da die Designbranche nicht berufständisch reguliert ist, sind die Barrieren für den Marktzugang niedrig. Die Berufsausübung ist auch für Quereinsteiger_innen möglich (Henninger/Mayer-Ahuja 2005: 42). So braucht es für den Brancheneinstieg, wie es ein von uns befragter Experte formulierte, lediglich »*einen Laptop, einen Internetanschluss und eine Idee.*« Zwar sind akademische Grade wie Diplom-Designer und Diplom-Gestalter zertifiziert und dürfen nur von Absolvent_innen entsprechender Studiengänge verwendet werden. Darüber hinaus werden Designer_innen, allerdings ohne akademischen Grad, auch an einer Vielzahl von meist privaten Berufsfachschulen ausgebildet. Diese Ausbildungsgänge sind gegenüber den Hochschulausbildungen vergleichsweise eng an den Marktanforderungen ausgerichtet.

Die beschäftigungspolitischen Strukturen sind für die Akteur_innen hinsichtlich der Feldzugänge als ambivalent einzustufen. Denn einerseits ist der Zugang aufgrund seiner nicht-regulierten Zugangsbarrieren relativ bequem. Er kann individualisiert sowie unbelastet von institutionellen Anerkennungszwängen vorgenommen werden. Andererseits führt die mangelnde Regulierung des Marktzugangs dazu, dass die Akteur_innen einem Wettbewerb mit starkem Druck auf den Preis ihrer Leistungen ausgesetzt sind. Diese relativ offenen Strukturen werden daher von einem befragten Vertreter eines Berufsverbands als Tor zu arbeitspolitischen »Wild-West-Verhältnissen« beschrieben.

Im Jahr 2012 verfügte mehr als ein Drittel aller abhängig und selbständig tätigen Komm-designer_innen über ein Abitur als höchsten Bildungsabschluss und ein weiteres Drittel über einen FH-Abschluss. Freiberuflich arbeitende Designer_innen sind in der Regel höher qualifiziert als Angestellte, da etwa 15 Prozent von ihnen einen Universitätsabschluss haben, während der Anteil mit Universitätsabschluss bei angestellten Designer_innen bei knapp sechs Prozent liegt (BDG 2012: 29).[7] Zudem weisen vorliegende Daten darauf hin, dass Quereinsteiger_innen häufig aus Studienabbrecher_innen bestehen. So verfügen sieben Prozent aller freiberuflich arbeitenden und drei Prozent aller angestellten Designer_innen neben dem Schulabschluss über keine weitere Ausbildung (Schaffrina 2014: 6). In Bezug auf das Bildungs- und Qualifikationsniveau zeigt sich in der Komm.designbranche daher ein ähnliches Muster wie in anderen Erwerbsfeldern des Dienstleistungsbereichs mit einem hohen Anteil an Alleinselbständigen: In der Regel sind diese höher qualifiziert als abhängig Beschäftigte, weisen aber auch einen vergleichsweise hohen Anteil an Erwerbspersonen ohne Berufsabschluss auf (vgl. Manske/Scheffelmeier 2014).

Ein weiterer, nicht zu unterschätzender Effekt in der vertikalen, d.h. hierarchischen Strukturierung des Feldes liegt in der vermehrten Besetzung von Aufstiegspositionen in Agenturen mit Universitätsabsolventen anderer Fächer wie BWL, aber auch Sozialwissenschaften (Manske/Ludwig 2010: 99). Für freiberufliche Designer_innen bedeutet diese Entwicklung eine Verengung des Marktes und der möglichen Tätigkeitsfelder. Insbesondere aber für quer in die Branche eingestiegene Designer_innen ist dies mit erhöhtem Lohndruck und insofern mit einer eher unsicheren Feldposition verbunden. Deren Position, gemessen an der Beschäftigungs- und Gehaltssituation, stabilisiert sich auch in wirtschaftlichen Erholungsphasen nur mehr unwesentlich und ist trotz steigender Branchenumsätze als nachhaltig unsicher einzuschätzen.

### 7.2.5 Interessenvertretung, Regulierungsakteure

Eine gewerkschaftliche Interessenvertretung für freiberufliche Designer_innen existiert nur in Ansätzen. Aktuelle gewerkschaftspolitische Interventio-

---

7 | Die Ausbildung von Diplom-Designer_innen findet in Deutschland in der Regel an Fachhochschulen statt, sowie an einigen Universitäten und Kunsthochschulen. Die Zahl der Studierenden im Fachbereich Bildende Kunst/Grafik hat sich seit dem WS 2003/04 von 3.104 auf 3.470 Studierende im WS 2011/12 und damit um rund zwölf Prozent erhöht. Der Frauenanteil ist unverändert bei 59 Prozent geblieben (Schulz/Zimmermann/Hufnagel 2013: 75).

## 7. Arbeits- und Produktionsbedingungen in der Designbranche 277

nen beschränken sich auf Service- und Beratungsangebote, auf Honorarrichtlinien, -empfehlungen etc. So ist etwa das von ver.di betriebene Beratungsnetz mediafon ein gewerkschaftlicher Service für Solo-Selbständige, der nach seinem Selbstverständnis eine praxisnahe und individuelle Beratung unter Kolleg_innen bietet. Dieser Service besitzt aber keine regulatorische Kraft im sozialpolitischen Sinne (Betzelt 2006; Henninger-Mayer-Ahuja 2005). Als relevanter, tarifpolitischer Akteur existiert die Interessenvertretung connexx.av. Sie gehört ebenfalls zur Vereinten Dienstleistungsgewerkschaft ver.di.

Als interessenpolitische Akteure treten vor allem die verschiedenen Berufsverbände auf.[8] Die zwei größten sowie bundesweit angesiedelten sind die Allianz deutscher Designer e.V. (Alliance of German Designers AGD) mit ca. 3.500 Mitgliedern und der Bund Deutscher Grafik-Designer (BDG). Der 1919 gegründete BDG entwickelte bereits in den 1920er Jahren eine erste Honorarordnung. Daneben war der BDG an der Gründung der Künstlersozialkasse (KSK) und an Initiativen zur Neuordnung des Urheberrechts beteiligt. Darüber hinaus organisiert er regelmäßige Designwettbewerbe. Der BDG vereint als Berufsverband Arbeitgeber und Arbeitnehmer unter seinem Dach, ist also offen für angestellte wie selbständige Designer_innen.[9]

Aus dem BDG ging 1976 die Allianz deutscher Designer (AGD) hervor. Die AGD berät selbständige Designer_innen aller Fachbereiche in berufswirtschaftlichen, -rechtlichen und steuerlichen Fragen. Da dieser Verband ausschließlich solo-selbständige Designer _innen als Mitglieder akzeptiert, bezeichnet er sich selbst als »sortenrein«. »*Was der Automobilclub für den Kraftfahrer, ist die Allianz deutscher Designer für den Kreativen.*«, so der stellvertretende Geschäftsführer im Interview. Zu den Serviceleistungen gehört die regelmäßige Durchführung von »Stammtischen«. Diese können als halb-professionelle Netzwerke betrachtet werden, bei denen die Möglichkeit zum Erfahrungsaustausch in einem informellen Rahmen besteht. Die AGD ist der größte Designerverband in Deutschland und einer der größten in Europa.[10] Die am stärksten vertretene Gruppe ist die Untersuchungsgruppe der *Corporate Designer* mit fast 1.500 Mitgliedern. Sie machen damit mehr als 40 Prozent

---

**8** | Die Verbandslandschaft ist äußerst vielfältig. Exemplarisch genannt seien z.B. BDG, AGD, Initiative deutscher Designverbände (iDD), Rat für Formgebung, Arbeitsgemeinschaft Selbstständiger Industriedesigner (ASID), Deutscher Werkbund e.V., Verband deutscher Industriedesigner e.V.
**9** | Der Zweck des Verbandes BDG ist laut Website »die Wahrung und Förderung der berufsständischen, berufsfachlichen und berufswirtschaftlichen Belange seiner Mitglieder« (www.bdg-designer.de/horizontales-menue/der-berufsverband.html). Zugangsvoraussetzung ist – im Unterschied zum AGD, der auch Quereinsteiger_innen als Mitglieder akzeptiert – die berufliche Qualifikation als Designer_in.
**10** | Die AGD hat regionale Vertretungen in 19 Städten Deutschlands.

aller in der AGD organisierten Designer_innen aus.[11] Daneben existiert das Internationale Designzentrum mit Sitz in Berlin (IDZ). Das IDZ versteht sich als Mittler zwischen Industrie und Praxis und, anders als etwa der BDG, als ein Kompetenzzentrum, das den Diskurs über Design vorantreiben will.

Als übergeordnete Vereinigung agiert die 2006 in Essen gegründete iDD (Initiative Deutscher Designverbände[12]). Sie sieht sich »als Sprachrohr aller Designerinnen und Designer gegenüber Politik und Wirtschaft.«. Ihr Ziel ist eine verbandsübergreifende Zusammenführung verschiedener Disziplinen und eine politische Einflussnahme, um insbesondere urheberrechtliche Fragen von Designer_innen öffentlichkeitswirksam zu thematisieren. Sieben der acht Mitglieder des iDD entstammen dem Subfeld Kommunikationsdesign. Der achte Verband ist der Verband deutscher Textil- und Modedesigner e.V. Im Kern handelt es sich demnach auch bei der iDD um einen Interessenverband der Kommunikationsdesignbranche.[13] Korrespondierend mit der fragmentierten Verbändestruktur sind Komm.designer_innen kaum organisiert. Angestellte mit etwa sechs Prozent noch deutlich weniger als Freiberufliche, von denen immerhin knapp ein Drittel Mitglied in einem der Verbände ist (BDG 2012: 32).

Daneben gibt es berufsständische Netzwerke, die Aufschluss über neue Interessenstrukturen geben. So wurde eine 1996 gegründete Personalvermittlungsagentur im Rahmen eines Expertengesprächs befragt (*Designerdock*). Dabei handelt es sich um eine Agentur »zur Beratung und Vermittlung« von Facharbeitskräften für die gesamte Agenturszene mit Dependancen in Berlin, Hamburg, Düsseldorf, Frankfurt a.M., München. Der Beratungs- und Vermittlungsschwerpunkt liegt auf der freiberuflich strukturierten Designbranche, sodass sich die gebührenpflichtige Vermittlung von Beschäftigungsangeboten vornehmlich auf Kommunikationsdesigner_innen bezieht. Vermittelt werden vorwiegend zeitlich befristete Jobs. Zudem bietet die Agentur im Erstkontakt ein berufliches Beratungsgespräch an, in dem eine »Potenzialanalyse« sowie Zielfindungsgespräche für die weitere berufliche Entwicklung der »Kandidaten« durchgeführt werden. Die Arbeitsuchenden werden auch im Hinblick auf Honorare beraten, wenngleich diese Personalvermittlungsagentur nicht als Interessenvertreter in die Vertragsverhandlungen eingreift. Daneben führt *Designerdock* unter ihren Mitgliedern regelmäßige Erhebungen

---

**11** | (www.agd.de/fachgebiete.html, 17.12.2013).
**12** | Mitglieder sind: Bund Deutscher Grafik-Designer e.V. (BDG), Forum für Entwerfen e.V. (FfE), Forum Typografie e.V. (FT), Illustratoren Organisation e.V. (IO), Typografische Gesellschaft München e.V. (TGM), Verband Deutscher Industrie Designer e.V. (VDID) sowie Verband Deutscher Mode- und Textil-Designer e.V. (VDMD) (www.vdid.de/Vdid/kooperation/kopartner/index.html, 31.3.2014).
**13** | Vgl. www.i-dd.org/die-stimme-der-gestalter, 31.3.2014.

zu den Einkommensverhältnissen, Berufswünschen, Arbeitszeiten etc. durch. Auf diese Weise schafft diese Agentur ein Stück weit Markttransparenz. Die Phänomenologie der Personalvermittlungsagenturen ist daher ein Mittelding zwischen Zeitarbeitsagentur und beruflichem Beratungsnetzwerk. In seiner strukturellen Strategieausrichtung ist es einerseits stark individualisiert und ermittelt andererseits kollektive Interessenlagen, die per Newsletter kommuniziert werden.

Fazit: Die Verbandslandschaft ist vielfältig, um nicht zu sagen zersplittert. Ursache hierfür ist unter anderem die Heterogenität der Zielgruppen und Akteurslagen. Ihren Niederschlag findet dies in einer Vielzahl von überwiegend kleinen Verbänden mit geringer, politischer Durchsetzungskraft. Ein weiteres Problem scheint die dürftige Ressourcenausstattung der Verbände zu sein. Dies hat zur Folge, dass die Designverbände nicht im hier als erforderlich erachteten Maße agieren können. Zugleich ist festzuhalten, dass die existierenden Verbände sowie die Mitgliederstruktur mehrheitlich auf das Feld Kommunikationsdesign ausgerichtet sind. In der Summe präsentiert sich eine Verbandslandschaft, der es – auch aufgrund rechtlicher Hürden – nur eingeschränkt gelingt, zu einem kollektiven Akteur von Interessenpolitik zu werden.

### 7.2.6 Honorar- und Vergütungskriterien

Die Honorarverhandlungen sind grundsätzlich nach dem Handelsgesetz geregelt. Sie folgen überwiegend dem Prinzip der Vertragsfreiheit zwischen zwei »gleichberechtigten« Unternehmern. Ähnliches gilt für Designer_innen in einer arbeitnehmerähnlichen Situation. Doch anders als etwa in der Rundfunkbranche (vgl. Gottschall 1999), ist der Terminus »fest frei« in der Designbranche informell konnotiert. Er besitzt keine tarifvertragliche Entsprechung. Zwar gibt es in einigen Agenturen Betriebsräte. Doch aufgrund der mangelnden gewerkschaftlichen Organisation der Branche üben sie kaum tarifpolitische Macht aus. Grundsätzlich können jedoch auch freie Mitarbeiter_innen für die Betriebsratswahl kandidieren. Voraussetzung dafür ist, dass der Betriebsrat die entsprechenden freien Mitarbeiter_innen als ausreichend in den Betrieb und in seinen Ablauf eingebunden betrachtet (Siebenhüter 2013: 51). Nach Experteneinschätzung sei eine solche Ausweitung von Mitbestimmungsrechten problematisch. Nicht zuletzt aufgrund der geringen Organisationsneigung sei eine Interessenvertretung von freien Mitarbeiter_innen durch den Betriebsrat kaum realistisch.

Um eine Interessenvertretung für freiberufliche Designer_innen bemüht sich die *AGD*. Mithilfe des »Vergütungstarifvertrags für Designleistungen« (VTV) versucht sie Preisstandards am Markt durchzusetzen. Der VTV wird seit 1979 zwischen der AGD und dem Selbstständige Design-Studios (SDSt) e.V.

nach den Bestimmungen des Tarifvertragsgesetzes ausgehandelt, abgeschlossen und beim zuständigen Bundesministerium tarifvertraglich registriert.[14] Der Vertrag regelt die Vergütung für Designleistungen und ist zwischen AGD und SDSt verbindlich. Allerdings nur zwischen ihnen. Zwar stelle der Tarifvertrag laut connexx.av einen gültigen Tarifvertrag nach Tarifvertragsgesetz §12a zwischen den Sozialpartnern AGD und SDSt dar. Die AGD fungiert dabei als tarifpolitischer Akteur im Sinne einer Gewerkschaft, der SDSt als Arbeitgeberverband. Mitglieder der AGD können die entsprechenden Honorarrichtlinien verbindlich einklagen, sofern ihr Auftraggeber dem SDSt angehört. Da in diesem Arbeitgeberverband – mit Sitz in Braunschweig – jedoch nur zehn Agenturen zusammengeschlossen sind, ist die rechtliche und regionale Reichweite des VTV und somit auch die arbeitspolitische Durchsetzungskraft dieses Tarifvertrags eingeschränkt. Der Vorsitzende des SDSt bezeichnet den VTV im Expertengespräch daher als »Honorarempfehlung«.[15] Die Experteninterviews bestätigen daher die Vermutung, dass die im VTV kalkulierten Honorare nur eine eingeschränkte praktische Relevanz besitzen.

Zudem ergab eine Anfrage beim Gesamtverband Kommunikationsagenturen (GWA), dem Zusammenschluss von Werbeagenturen, dass der VTV dort unbekannt ist. Der GWA vertritt aktuell 116 Kommunikationsagenturen mit 500 Büros deutschlandweit und rund 16.000 Mitarbeitern, darunter führende Agenturen wie z.B. »BBDO«, »Grey«, »Jung von Matt«, »Saatchi & Saatchi« oder »Scholz & Friends«. Der GWA ist u.a. Mitglied im Zentralverband der deutschen Werbewirtschaft (ZAW) sowie im Europäischen Agenturverband (EACA). Der Tarifvertrag dient also angesichts der geringen verbindlichen Reichweite primär als Orientierungshilfe für die Honorarkalkulation von freien Designer_innen.

---

**14** | Im VTV setzt sich die Gesamtvergütung aus drei Komponenten zusammen: 1.) Vergütung für die Entwurfsleistung an sich, 2.) Vergütung für die Nutzungseinräumung (dem Lizenzvertrag), 3.) Vergütung für zusätzliche Leistungen (wie Beratung, Reinzeichnung, Recherche).

**15** | In Bezug auf die Rechtskräftigkeit erläuterte der SDSt-Vorsitzende, dass der VTV in Klagefällen von Richterseite bisweilen als Kalkulationsgrundlage herangezogen werde. Unseren Recherchen zufolge sind bei der AGD diesbezüglich bis zum Jahr 2012 drei Urteile bekannt. »Gerichtsentscheidungen, in denen festgestellt wird, dass bei der Bestimmung über die Höhe der Vergütung eines Designers der Tarifvertrag für Designleistungen heranzuziehen ist, sind ergangen beim Amtsgericht Hildesheim, Urteil vom 07.02.85, Az. 18 C 30/82 und beim Amtsgericht Braunschweig, Urteil vom 06.07.89, Az. 112 C 126/89 sowie beim OLG Frankfurt, NJW-RR 1997, Heft 2 (121).« (Mitteilung AGD).

## 7.2.7 Einkommensverhältnisse

Der BDG-Gehaltsreport beschreibt die im Jahr 2012 mittels einer Online-Umfrage unter 1.880 Komm.designer_innen erhobenen, auch gefühlten Einkommensverhältnisse so: »Passt schon, aber Familie ist nicht drin.« (BDG 2012: 36). Wie in anderen erwerbswirtschaftlichen Bereichen, sind die Einkommensverhältnisse auch in der Komm.designbranche nach Erwerbsstatus differenziert. Einkommen aus selbständiger Tätigkeit sind stärker polarisiert und liegen zu einem hohen Anteil an der Armutsschwelle. Dementsprechend kommen auch andere Erhebungen zu dem Befund, dass das Einkommen von mehr als der Hälfte der Designer_innen nicht als alleinige Einkommensquelle ausreicht, um den Lebensunterhalt zu bestreiten (KKI 2013: 20).

Etwa 75 Prozent aller abhängig Beschäftigten verfügen über ein monatliches Bruttoeinkommen von bis zu 3.000 Euro. Ein monatliches Bruttoeinkommen von mehr als 4.200 Euro haben sechs Prozent aller angestellten Designer_innen (BDG 2012: 54f.). Demgegenüber liegen die Brutto-Einnahmen, d.h die Summe aller gestellten Rechnungen bei knapp 14 Prozent aller selbständigen Komm.designer_innen p.a. unter 20.000 Euro. In der Brutto-Einkunftsspanne von 20.000 bis 40.000 Euro p.a. liegen 27 Prozent. Mehr als 60.000 Umsatz p.a. machen etwa 23 Prozent aller selbständigen Komm. designer_innen (ebd.: 73).

Einkommenszuwächse scheinen für abhängig Beschäftigte in der Regel an einen Agenturwechsel gebunden zu sein (Koppetsch 2006a: 160). Andererseits sind die Verdienstchancen für Führungskräfte überdurchschnittlich hoch. Kreativdirektoren, d.h. Führungskräfte im Kreativbereich, können nach Expertenaussagen im Angestelltenstatus bis zu 100.000 Euro Jahresverdienst erzielen. Angesichts der engen Aufstiegskanäle in Design- und Werbeagenturen sowie in Anbetracht der Machtverschiebung von Erfahrungs- zu Fachwissen erreicht diese Einkommenshöhe aber nur eine Minderheit. Eine Ursache hierfür sind – laut Expertenaussage – die branchenintern, strukturellen Schließungsmechanismen. Sie führen dazu, dass »*in der Regel [...] die Spitzenpositionen von Nichtdesignern besetzt*«, sind. Eine befragte Fachjournalistin schildert diesen Sachverhalt als wettbewerbsinduziertes Senioritätsproblem. Da auf Kundenseite »*Juristen und Controller am Verhandlungstisch sitzen, kannst du auf Werberseite nicht jemanden hinsetzen, der mit 25 denkt, er weiß, wie sich die Welt versteht.*«

Zusammenfassend kann man daher sagen, dass dieses »passt schon, aber...« für angestellte Designer_innen in der Breite eher zutrifft als für selbständige Designer_innen.

## 7.2.8 Soziale Absicherung

Designer_innen sind in das deutsche Sozialversicherungssystem über die Künstlersozialkasse (*KSK*) eingebunden (vgl. Kap. 5.3). Einer Versicherung in der KSK stehen allerdings die sich ausbreitenden Erwerbsmischformen entgegen (vgl. Kap. 2.4 sowie 4.3). Laut BDG ist nur etwa jede/r dritte selbständige Designer_in bei der KSK versichert, während demnach zwei Drittel der Befragten auf private Absicherungsformen angewiesen sind (Büning 2009: 14).

Um diese Angabe valide einzuschätzen, ist ebenso das für Akteur_innen künstlerisch-kreativer Erwerbsfelder vielfach als typisch beschriebenes »habituelle[s] Misstrauen gegenüber größeren Kollektiven« (Friebe/Lobo 2006: 278) zu berücksichtigen. Bisweilen herrscht ein Selbstverständnis als »kreativer Unternehmer« vor (vgl. Enquete-Bericht 2007: 297). Betzelt (2006) stellt fest, dass viele der solcherart »Zufriedenen« das Ausmaß der sozialen Risiken unterschätzen und den tatsächlichen Umfang der eigenen Absicherung überschätzen. Neben der Krankenversicherung ist vor allem die Alterssicherung für die Mehrheit der freiberuflichen Designer_innen eine ungewisse Angelegenheit (vgl. Fachinger 2014: 114ff.). Die Akteur_innen selbst sind nach unseren Erhebungen für dieses Thema zwar empfänglich, widmen ihm aber weniger Aufmerksamkeit als etwa der Krankenversicherung. Dies ist durch die spezifischen soziopolitischen Bedingungen in künstlerisch-kreativen Erwerbsfeldern bedingt und beispielhaft anhand der Konstruktion des Künstlersozialversicherungsgesetz nachzuvollziehen (s.o., vgl. Gottschall/Schnell 2000). Die über die KSK geregelte, sozialversicherungsrechtliche Konstruktion der Alterssicherung impliziert Altersarmut (Fachinger 2012). Hinzu kommt, dass eine private Alterssicherung in der Regel als einkommensunabhängige Prämie zu entrichten ist. Angesichts der vielfach geringen und unsteten Einkommen ist dies als überproportionale Belastung einzuschätzen (Fachinger 2014: 115).

So scheinen unseren Erhebungen zufolge viele Akteur_innen das Thema soziale Absicherung zu verdrängen, insbesondere Fragen der Alterssicherung. Die Befragten richten sich vielmehr darauf ein, ihre Tätigkeit bis ins hohe Alter auszuüben, sofern die Gesundheit mitspiele (vgl. dazu Keupp/Dill 2010).

## 7.2.9 Zwischenfazit: Freiberufliche Erwerbsform wird zum Normalfall

Vor dem Hintergrund der erläuterten Marktentwicklung stellt sich die Komm. designbranche als ein zunehmend von freiberuflichen und strukturell prekären Erwerbsstrukturen geprägter Branchenkomplex dar. Wie die Ausführungen gezeigt haben, hat sich bis heute im Kern nichts daran geändert, was Lange (2007) in seiner Untersuchung über die Räume der Kreativszenen herausgefunden hat. Dass es sich bei der Komm.Designbranche um eines jener

»zukunftsträchtigen Produktionssegmente[n] [der, A.M.] Kreativwirtschaft« handelt, die sich zugleich in »äußerst schwach formalisierten institutionellen Handlungs- und Steuerungskontexten« (Lange 2007: 310) entfalten. Typisch ist eine freiberufliche Erwerbsform, mittels der etwa die Hälfte der freiberuflich Tätigen ihren Lebensunterhalt nicht bestreiten kann und daher auf andere Einkommensquellen angewiesen ist, die als Querfinanzierung genutzt werden. Flankiert wird dieses Arrangement von wechselnden oder parallelen Honorarjobs sowie Kurzzeitbeschäftigungsverhältnissen. Die Daten zeigen auch, dass ein knappes Drittel der freiberuflichen Designer_innen als Zulieferer für die Werbebranche arbeitet. Umgekehrt heißt das, dass dies für zwei Drittel nicht gilt. Der in den 1980er Jahren begonnene, funktionale Differenzierungsprozess, die Herausbildung der Komm.Designbranche als eigenständiges Berufsfeld scheint sich somit verstetigt zu haben.

Trotz der hohen sozialen und ökonomischen Ungewissheit scheint für viele Erwerbstätige in diesem Berufsfeld eine vergleichsweise solide sozial abgesicherte Tätigkeit als feste_r Mitarbeiter_in im Vergleich keine begehrenswerte Option zu sein. Eine mögliche Erklärung hierfür ist, dass eine Berufskarriere im Sinne von professionell vorstrukturierten Laufbahnen lediglich als Residuum von Karrierewegen und Aufstiegspfaden in der Werbebranche existiert; unterhalb der Geschäftsführungsebene umfassen sie je nach Funktionsbereich grob nicht mehr als drei Stufen (Junior, Senior, Director). Dass die Selbständigenquote mit zunehmender Berufserfahrung von Designer_innen steigt, werten wir vor diesem Hintergrund zum einen als Hinweis auf wenig attraktive Aufstiegsoptionen und zum anderen als Anzeichen für die häufig entgrenzten Arbeitszeiten von Festangestellten in Agenturen, die vielfach als subjektive Zumutung erlebt werden. Eine ehemals auf Trainee-Basis befragte, inzwischen selbständige Designerin beispielsweise sprach gar davon, dass »mit Angst regiert« werde. Zudem scheinen hier auch spezifische Rationalisierungsmuster dergestalt eine Rolle zu spielen, dass eine arbeitsteilige Arbeitsorganisation den Selbstbestimmungswünschen der Beschäftigten vielfach zuwider läuft. Wie die Auswertung der verschiedenen Berichte zudem gezeigt hat, werden die Beschäftigungsverhältnisse mit jeder Konjunkturkrise ein Stück weiter prekarisiert. Anschließend erfolgt in der Regel ein sozialversicherungspflichtiger Beschäftigungsaufbau auf niedrigerem Niveau als zuvor. Danach geht das Spiel von vorne los.

## 7.3 Modedesign

Im Unterschied zum Kommunikationsdesign beruht Modearbeit auf kunsthandwerklicher Arbeit. Genealogisch ist Modearbeit daher den traditionellen Künsten näher als Kommunikationsdesign (vgl. Bourdieu 2001a; Reckwitz

2012). Zudem findet Modearbeit, mehr noch als die Arbeit von Kommunikationsdesigner_innen, in einer Branche statt, die Glamour und zeitgeistigen Chic versprüht. Mode ist etwas »*das man trägt und das schön aussieht*«, so eine befragte Modedesignerin. Dies gilt insbesondere für den Beginn der modespezifischen Wertschöpfungskette, der in dieser Studie betrachtet wird: das Modedesign.[16]

### 7.3.1 Begriffsklärung

Modedesign wird im Folgenden als Arbeitstätigkeit verstanden, die sowohl den Entwurf als auch die Herstellung von Bekleidung und Modeaccessoires beinhaltet. Sie bezeichnet ein handwerklich oder maschinell gefertigtes Kleidungsstück, also Schuhe oder Accessoires wie bspw. Gürtel, Taschen und Handschuhe – und unterscheidet sich insofern von der industriellen Fertigung von Bekleidung.

Im Kulturwirtschaftsbericht aus NRW wird die Herstellung von Textilien, Bekleidung und Lederwaren sowie textile Designarbeit ganz allgemein unter »Modewirtschaft« subsumiert (Arbeitsgemeinschaft Kulturwirtschaft NRW 2002). In einer Kulturstatistik aus dem Jahr 2012 wird etwas feiner auch auf kleinteilige Produktionsstrukturen der Modeproduktion abgehoben. Hier wird grob unterteilt nach »Ateliers für Textil-, Schmuck-, Grafik- u.Ä. Design« (Söndermann 2012). Zu unterscheiden sind zudem die Marktsegmente Haute Couture und ready-to-wear-Mode. In dieser Studie steht letztere im Vordergrund. Doch im einen wie im anderen Fall geht es um die Produktion einer ästhetischen Originalität. Modedesign liefert Produkte,

»denen primär ein symbolischer und ästhetischer Wert zukommt, die der Selbststilisierung von Subjekten dient und die ästhetisch immer wieder Neues bieten müssen. Es existiert damit eine grundlegende strukturelle Übereinstimmung zwischen Mode und Kunstfeld.« (Reckwitz 2012: 166).

Allerdings kann man sich darüber streiten, inwieweit Modemachen eine künstlerische Arbeit ist und welche Kriterien hierfür anzuwenden wären. Hat etwa der Modeschöpfer »Yves Saint Laurent (YSL)« Kunst produziert, weil seine Mode nun auch im Museum zu besichtigen ist? Produziert demgegenüber beispielsweise das Berliner Modelabel »Lala Berlin« ausschließlich wirtschaft-

---

**16** | Seit den 1990er Jahren wird die Textil- und Bekleidungsindustrie vorwiegend aus einer globalisierungskritischen Perspektive problematisiert (vgl. Wichterich 1998). Dagegen wurde die kleinteilige Modebranche im nationalen Rahmen, wie sie hier betrachtet wird, bislang kaum wissenschaftlich untersucht (vgl. McRobbie 2007).

liche Waren ohne künstlerischen Wert, da diese marktförmig formatiert und bislang nicht im Museum zu bewundern sind? Diese Frage lässt sich hier und womöglich überhaupt nicht abschließend beantworten. In der Natur der Sache scheint vielmehr ein »sowohl als auch« zu liegen. Einerseits ist Modedesign keine »reine Kunst« (Bourdieu 2011; Kurz/ Kris 2005) abseits kommerzieller Verwertungsmaßstäbe, da sie per definitionem in den wirtschaftlichen Warenkreislauf eingespeist und als kommerzielles Gut formatiert wird. Andererseits scheint das Feld einer eigentümlich »magischen Logik« zu unterliegen, in der die Produkte symbolisch als Kunstwerk aufgeladen werden (vgl. Bourdieu 2001a: 292).

### 7.3.2 Arbeits- und Beschäftigungsverhältnisse

Für die Modebranche existieren kaum belastbare Makrodaten über die Verfasstheit ihrer Beschäftigungsverhältnisse. Söndermann (2012) zufolge sind bundesweit mehr als 75 Prozent aller Erwerbstätigen in »Ateliers für Textil-, Schmuck-, Grafik- u.ä-Design« freiberuflich tätig. 30 Prozent aller abhängig Beschäftigten in diesem Feld arbeiten in einem geringfügigen Beschäftigungsverhältnis (Söndermann 2012: 41, 45). Nach unseren Feldbeobachtungen kann davon ausgegangen werden, dass diese Kulturstatistik die Verhältnisse zumindest in der jungen Berliner Modeszene relativ treffsicher abbildet.

Wenngleich die aggregierte Datenlage keine eindeutigen Schlussfolgerungen zur beruflichen Lage von Modedesigner_innen, von freiberuflichen zumal, zulässt, gibt es Anhaltspunkte, dass der Frauenanteil in der Modebranche bei über 80 Prozent liegt (Schulz/Zimmermann/Hufnagel 2013: 76). Zudem weist die Modebranche institutionelle Mechanismen auf, die zu einer relativ dauerhaften Differenzierung nach Geschlecht beitragen (vgl. Gottschall 2010).[17]

In der Modebranche treffen sich zwei Traditionsstränge. Zum einen die prekäre Beschäftigungslogik der traditionell weiblich segregierten Textilindustrie (Schier 2005). Zum anderen die kulturell glamourös aufgeladene Logik der Modewelt. Diese Traditionsstränge wirken sich auf die Arbeits- und Produktionsbedingungen aus. So dominieren, erstens, unsichere Arbeitsverhältnisse. Zweitens sind die Ausbildungsstrukturen Ausdruck des vergeschlechtlichten Berufsbildungssystems (Krüger 1995), da viele junge Modedesigner_innen von Modeschulen kommen.

---

**17 |** Bestandteil der geschlechtsspezifischen Segregation des deutschen Arbeitsmarktes ist eine Verteilung auf Branchen wie auf Hierarchieebenen nach Geschlecht. Teilzeitarbeit, befristete Anstellungen und geringfügige Beschäftigung mit geringen Einkommensniveau entfallen zu einem Großteil auf weibliche Beschäftigte (vgl. Bundesregierung 2011a).

Die Bekleidungsindustrie unterliegt seit Jahrzehnten einem anhaltenden Strukturwandel. In der Bundesrepublik gibt es traditionell eine Handvoll wichtige »Standorte des Bekleidungsgewerbes« (Schier 2005: 119). Zwischen den 1950er und 1970er Jahren war die Bekleidungsindustrie eine Wachstumsbranche. Aufgrund des niedrigen Lohnniveaus herrschte Arbeitskräftemangel. Ihm begegnete die Bekleidungsindustrie mit drei chronologisch aufeinanderfolgenden Strategien. Zuerst kam es zur Abwanderung der Werke in ländliche Regionen. Anschließend wurden ab etwa 1960 migrantische Arbeitskräfte angeworben (vgl. Mattes 2005), um schließlich ab ca. 1965 Teile der Fertigung ins Ausland zu verlegen. Im Schatten der Vollbeschäftigung Westdeutschlands vollzog sich daher ein Beschäftigungsabbau in der Bekleidungsindustrie. Übrig blieben Nischenmärkte wie z.b. Musterschneidereien (Schier 2005). Folge des Branchenwandels der Bekleidungsindustrie war neben der nahezu vollständigen Auflösung der Textilindustrie ab den 1960er Jahren auch eine drastisch sinkende Anzahl von Maß- und Musterschneidereien. Diese sind jedoch für die Modeproduktion ein essentieller, handwerklicher Zulieferer.[18] In den neu entstandenen Nischen haben sich in der Folgezeit Änderungsschneidereien niedergelassen, in denen häufig Angelernte zu entsprechend niedrig Löhnen arbeiten (vgl. Kalandides et al. 2010).

### 7.3.3 Produktionsprozess

Der Produktionsprozess von Bekleidung ist sequenziell aufgebaut (Dispan 2009: 2).[19] Kobuss/Bretz veranschlagen folgende Arbeitsschritte: Vorentwurf – Feinentwurf – Schnittmuster – Prototyp – Modell – Erstschnitt – Produktionsschnitt – Gradierung und Kollektion (Kobuss/Bretz 2009: 328f.). Die Konfektionierung, also das Nähen, stellt den arbeitsintensivsten Teil dar und ist nur begrenzt automatisierbar (ebd.: 18ff.). Die Länge und Komplexität der textilen Wertschöpfungskette bedingt, dass Modedesigner_innen für ihre Arbeit

---

**18** | Dispan zufolge werden inzwischen auch »Systemkopffunktionen« wie das Design oder der Vertrieb ausgelagert. Dies berührt nicht zuletzt die »Fähigkeit zur Produktentwicklung und Prozessinnovation« (Dispan 2009: 23), da die Kollektionsentwicklung bzw. das Design den Kernbereich der Bekleidungserzeugung darstellt. Hier werden »die Weichen für den Erfolg oder Misserfolg einer Kollektion gestellt« (ebd.: 2).

**19** | Die Entwicklung einer Kollektion durchläuft folgende Phasen: »1. Trend- und Materialrecherche, 2. Entwurfserstellung, 3. Bestellung der Stoffe und Zutaten für die Modelle, 4. Anfertigung der Modellschnitte, 5. Entwicklung eines Modells aus Nessel, 6. Zuschnitt und Nähen der Prototypen, 7. Auswahl der endgültigen Musterkollektion, 8. Bestellsaison: Annahme von Bestellungen und Materialkalkulation, 9. Letzte Änderungen am Produkt, 10. Umwandlung des Erstschnitts in die benötigten Konfektionsgrößen, 11. Produktion der Bestellung, 12. Qualitätskontrolle, 13. Verpacken und Versand.« (Meadows 2004: 104).

neben dem eigentlichen Entwurf- und Schnittplatz noch Werkstätten mit entsprechend kostspieligen Maschinen, Werkzeugen und Rohstoffen benötigen. Das macht Modearbeit zu einem vergleichsweisen risikoreichen Geschäft, das zeitliche sowie ausgeprägte finanzielle Ressourcen erfordert. Zur schematischen Vereinfachung des komplexen Produktionsprozesses lassen sich die Produktionsschritte auf die drei Phasen Entwurf – Schnitt – Nähen zuspitzen, wie sie in Abbildung 5 dargestellt werden. Abbildung 5 stellt zugleich unterschiedliche Qualifikationsniveaus grafisch dar. Zu unterscheiden ist in Modedesignerin, Schneiderin/Schnittdirectrice und Näherin. Die beiden – idealtypischen – Pole dieser Tätigkeitshierarchie werden gebildet von den Modedesignerinnen, die primär für den künstlerischen Aspekt des Modeprodukts verantwortlich zeichnen, und den Näherinnen, die im Idealfall nur mehr weisungsgebundene Handarbeit verrichten. Zwischen diesen beiden Polen vermitteln u.U. die Schneiderinnen/Schnittdirectricen. In der Praxis ist das oft z.B. eine Zwischenmeisterei, welche die Designerin handwerklich berät und die Produkte schließlich von Näherinnen fertigen lässt.[20]

*Abbildung 5: Produktionsprozess Mode als Phasenmodell*

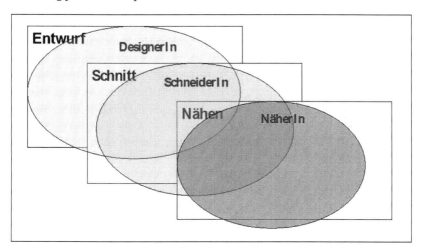

aus: Paul 2011.

---

20 | Mitte des 19. Jahrhunderts entstanden in Berlin und Paris, den damaligen führenden Modemetropolen, mit der Konfektion das sogenannte Zwischenmeister- oder Verlagssystem bzw. die Lohnfertigung. Dies ist ein auf Stücklohnkalkulation beruhendes Subunternehmer-System, in dem das Unternehmerrisiko historisch über den Zwischenmeister auf die Heimarbeiterinnen abgewälzt wurde (Waidenschlager 2001). Zwischenmeistereien gibt es noch heute, jedoch mit gewandelter fachlicher und organisationaler Struktur. Abrechnungsmodus in der Herstellung von Bekleidung ist meist die Stücklohnbasis (Berger 2011a).

Der aufwändige Produktionsprozess übersteigt die arbeitsorganisatorischen und finanziellen Kapazitäten vieler Modedesigner_innen. Nach Experteneinschätzung reduzieren viele Akteur_innen deshalb die Komplexität der modespezifischen Wertschöpfungskette. Insbesondere in kleinen Modelabels wird mit dem Produktionsprozess oft so verfahren. Geradezu üblich ist es dort, einen Full Service vom Entwurf bis zur Fertigstellung des Kleidungsstücks anzubieten und dafür etwa die Fertigungstiefe oder die Modevielfalt zu verringern. Unabhängig von der Motivlage der Akteur_innen, hat dieser Trend Auswirkungen auf die Arbeits- und Produktionsverhältnisse im Feld und deutet deren Verhandwerklichung sowie Nischenbildung an.

Um mit den vorhandenen Ressourcen auf dem Markt zu bestehen, lassen sich in einer ersten Näherung folgende Produktionsstrategien identifizieren. Sie sind nicht absolut trennscharf, sondern sind, methodisch betrachtet, als Muster aufzufassen, welche auf spezifischen Verarbeitungsstrategien der herrschenden Arbeits- und Produktionsbedingungen beruhen.

- Um die Komplexität des Geschäfts zu entzerren, wird von kleinen Labels, die häufig von Einzelpersonen betrieben werden, bisweilen auf die Fertigung von Saisonware verzichtet. Stattdessen werden Einzelstücke und Unikate gefertigt. Diese Strategie nennen wir »*Unikate-Strategie*«.
- Kollektionen bestehen in abgewandelter Form über Jahre und werden erweitert. Hier handelt es sich folglich eher um eine sukzessiv erweiterte Produktpalette. Diese Strategie nennen wir in Erweiterung der Produktion von Unikaten die »*Kollektions-Strategie*«.
- Zudem fertigen viele Modedesigner_innen auf Basis eines materialen oder digitalen Musters auf Abruf, also erst nachdem der Kunde gekauft hat. Diese Strategie nennen wir »*On-Demand-Strategie*«.

### 7.3.4 Berlin als Modestandort

Seit etwa der Jahrtausendwende ist Berlin zu einem Knotenpunkt insbesondere der kleinteiligen, autonomen Modeszene geworden. Mehr als 600 kleine Modelabels arbeiten hier an ihrem Traum vom Durchbruch in der Modewelt oder zumindest an einer subjektiv erfüllenden künstlerisch-kreativen Existenz. Dieser Traum scheint vielen Akteur_innen in Berlins Modezirkus als machbar, nicht zuletzt aufgrund einer zunehmenden institutionellen Dichte, die durch Modemessen und glamouröse Events repräsentiert wird. Leuchttürme der Szene wie z.B. die Berliner Modelabels »Kaviar Gauche« oder »Lala Berlin« suggerieren jedenfalls, dass der Weg vom autonomen Modeatelier über den lokalen Star hin zum international anerkannten Player der Modewelt gangbar ist.

Medienwirksamer Kristallisationspunkt der angestrebten Entwicklung Berlins zu einer neuen Modemetropole ist die zweimal jährlich stattfindende »Fashion Week« mit ihren zahlreichen Fachmessen sowie Neben- und Publikumsveranstaltungen. Auf der Internetseite der Senatsverwaltung für Wirtschaft, Technologie und Frauen heißt es:

»Jeden Monat eröffnen neue Shops und Flagshipstores. Und in kaum einer anderen Metropole dürfte ausgefallene und hochwertige Mode so erschwinglich sein.« Und: »Berlin gilt als aussichtsreicher Kandidat für die Top 5 der Modestandorte weltweit.«[21]

Diverse Netzwerke und Plattformen wie z.B. »Create Berlin« und Läden für (Mode)Design aus Berlin wie z.b. »Aus Berlin« sind ebenso Komponenten und Lebenszeichen der erblühenden Modeszene. Von Seiten der politischen Landesregierung wird diese Entwicklung gefördert: über die Initiative »Projekt Zukunft« der Senatsverwaltung für Wirtschaft, Technologie und Frauen wurde z.b. 2010 der Wettbewerb »Start Your Fashion Business« durchgeführt. Der Wirtschaftswissenschaftler Marco Mundelius stellt mit Blick auf die Bedeutung öffentlicher Mittel für einzelne Teilmärkte der Kreativwirtschaft fest, dass die Modebranche zu jenen gehört, für die Förderungen »in bestimmten Abschnitten der Wertschöpfungsketten eine wesentliche Rolle spielen« (Mundelius 2006: 159).

Modearbeit steht in Berlin in der Tradition des historischen Erbes der Modemetropole Berlin im Ausgang des 19. Jahrhunderts und im ersten Drittel des 20. Jahrhunderts, vor allem in der Konfektion (Silberstein 2011; vgl. auch Simmel 1983a). Mitte des 19. Jahrhunderts begann der systematische Ausbau der Bekleidungsindustrie und der Modeproduktion. Sukzessive siedelten sich hier auch (Mode)Kaufhäuser und Modeateliers an. Zu Beginn des 20. Jahrhunderts zählte die Stadt zu den größten Modemetropolen weltweit. Neben Paris und London war Berlin eine der wichtigsten Modemetropolen Europas. Die Berliner Konfektionsindustrie bildete vor Beginn des ersten Weltkriegs einen der regionalen Branchenschwerpunkte innerhalb deutscher Grenzen. Deren breit gefächertes Angebot »an Unterröcken und Kostümen, Schlafröcken [...] Uniformen und Livreen« (Schmidt 2014: 25) machten den sogenannten »Berliner Chic« und den Hausvogteiplatz im heutigen Berlin-Mitte, an dem die Fäden des Modegewerbes zusammen liefen, weithin bekannt (ebenda).

Innerhalb Deutschlands war Berlin bis in die 1930er Jahre ein wichtiger Standort nicht nur für die Produktion, sondern auch für den Vertrieb von Mode. Die nationalsozialistischen Herrscher machten dem ein Ende. Die Nazis vertrieben und ermordeten die vielen jüdischen Konfektionäre – »1929 gehörten die Hälfte aller deutschen Modeunternehmen Juden« (Kaiser 2014:

---

21 | www.berlin.de/projektzukunft/themen/kreativwirtschaft/mode (14.3.2011).

20).[22] Nach dem Krieg kamen die wenigen noch lebenden, enteigneten Eigentümer der Modeunternehmen nicht mehr zurück.

Als Produktionsstandort für Konfektionsware jedoch war Berlin noch in den Fünfzigerjahren des 20. Jahrhunderts mit ca. 40.000 Beschäftigten einer der größten in Deutschland (Dörre 2009). Viele von ihnen, insbesondere Schneiderinnen, pendelten aus dem Ost- in den Westteil der Stadt. Berliner Modeschöpfer wie Heinz Oestergaard und Uli Richter wurden international bekannt. Der Mauerbau im Jahr 1961 war für die Modeproduktion und für den Modestandort Berlin eine historische Zäsur. Zuerst setzte ein Arbeitskräftemangel ein, da die Schneiderinnen aus Ostberlin fehlten. Weiterhin wanderten viele Modefirmen nach München oder Düsseldorf ab (Dörre 2009).

Parallel zu den gesellschaftspolitischen Umbrüchen der 1960er und 1970er Jahre, dem damit verbundenen Wertewandel und Individualisierungsprozessen verändert sich die Modeproduktion und auch ihre symbolische Aufladung. Wurde etwa seit den 1920er Jahren der Modekonsum mit der zunehmenden industriellen Fertigung einerseits massenkompatibel, da für weitere soziale Kreise erschwinglich, dominierte andererseits der Stil der Haute Couture den Modegeschmack der Mittelschichten, verkörpert herausragend durch bspw. »Balenciaga«, »YSL«, »Coco Chanel« (Reckwitz 2012: 168). Diesem als hochkulturell empfundenen Modestil wurde in den 1960er Jahren zunächst vorwiegend in London der sogenannte »Street Style« entgegen gesetzt. Er richtete sich gegen die Konformität bürgerlicher Kleidungsweisen und die Exklusivität der Haute Couture (McRobbie 2007). Stattdessen setzte er auf den Distinktionsmodus der »hippen Individualität« (Reckwitz 2012: 170). Berlin jedoch spielte in dieser historischen Phase, d.h. in den 1960er und 1970er Jahren als Standort für Modearbeit keine herausragende Rolle (vgl. Skoda 2013). Erst nach dem Mauerfall entwickelt sich ab Mitte der 1990er Jahre eine neue, kleinteilige Modeszene in Berlin (Stegemann 2012).

Heute ist Berlin erneut zu einem Standort des Modedesigns geworden. Jedoch nicht der konfektionellen Modeproduktion. Dass sich dennoch eine vitale Modeszene ansiedelt, führt Stefanie Dörre (2009) zum einen auf die hohe Anzahl von Absolvent_innen der Modeschulen zurück, die sich anschließend überwiegend mit einem eigenen Modelabel selbstständig machen. Zum anderen geht die hohe Popularität von Berlin als Modestandort mit dem Glauben an Berlin als unkonventionelle Kulturmetropole – dargelegt in Kap. 6 – sowie

---

**22** | Die Ausstellung »Geraubte Mitte. Die »Arisierung« des jüdischen Grundeigentums im Berliner Stadtkern 1933-1945«, gezeigt im Ephraim-Palais in Berlin zwischen September 2013 und Januar 2014, arbeitete diese Verbrechen eindrucksvoll am Beispiel von fünf Familien auf (vgl. www.stadtmuseum.de/ausstellungen/geraubte-mitte, 18.6.2014).

mit den zahlreichen Modemessen einher.[23] Berlin habe sich zu einem »Forum für aufstrebende Modemacher« entwickelt, so Dörre (2009). Der Berliner Kulturwirtschaftsbericht (2008) beschreibt Ende der Nuller Jahre schließlich die »lebendige junge Modeszene« der Stadt. Sie setze sich aus rund 600 bis 800 Modelabels zusammen, die vorwiegend in eigenen Läden arbeiten oder Shops beliefern bzw. ihre Produkte auf Verkaufsplattformen oder Internetportalen anbieten (Fashion in Berlin 2008: 6; Kulturwirtschaft in Berlin 2008: 68).

Die Anzahl steuerpflichtiger Modeateliers lag demgegenüber im Jahr 2006 bei 180 (Kulturwirtschaft in Berlin 2008: 149). Auf ein steuerpflichtiges Modeunternehmen kommen daher mehr als drei Modeateliers unterhalb der steuerbehördlichen Wahrnehmungsschwelle mit weniger als 17.500 Euro Umsatz. Die Erwerbsformen sind kleinteilig, vielfach in Form von alleinselbstständigen Arbeitsverhältnissen. Modedesigner_innen agieren häufig als »Autorendesigner_innen«[24] in mitbestimmungsfreien Zonen und unter prekären sozialrechtlichen Bedingungen bei einer schwach ausgeprägten professionellen Kohäsion der Modebranche. Quereinstiege sind weit verbreitet. Der Einstieg in die Modebranche läuft in der Regel über Praktika, die finanziell meist nur gering vergütet werden.

Neben dem Vertrieb über den Handel ist in Berlin vor allem der »Direktvertrieb in eigenen Shops« (ebd.: 71) von Bedeutung. Häufig werden solche Shops von ein oder mehreren Labels gemeinsam betrieben. Ein verbreiterer Vertriebsweg für Modeprodukte ist auch der Verkauf an »Open-Atelier-Tagen«, an denen ein Label etwa ein oder zweimal im Jahr in seine Atelierräume zum Einkauf einlädt. Zusätzlich gibt es Verkaufsevents und Kunstmärkte wie etwa »Weddingdress« oder »Holy-Shit-Shopping«. Online-Verkaufsplattformen »für Selbstgemachtes« wie »etsy.com« oder »dawanda.com« gewinnen zudem an Bedeutung. Viele Labels kombinieren den Laden- und Atelierverkauf mit Online-Verkauf. Der durch den Online-Verkauf vergleichsweise niedrigschwellige Einstieg ermöglicht es vielen Modedesigner_innen ihr Label vom sprichwörtlichen Küchentisch aus zu starten.

Zwar existieren bis zum Redaktionsschluss dieser Studie keine branchenspezifischen Zahlen über den Anteil von solo agierenden Modedesigner_innen, doch bieten Daten des Kulturwirtschaftsberichts von Berlin eine erste Annäherung an dieses Thema. Laut dem derzeit zuletzt vorliegenden Kultur-

---

23 | So gingen im Januar 2003 mit der Premium als Plattform für innovative Marken und mit der Bread & Butter als Fachmesse für Urban- und Streetwear zwei Messen an den Start.

24 | Modedesigner_innen, die sich mit einem eigenen Label oder Produktlinie selbstständig machen und die Produkte weitgehend selbst produzieren und ein Direktmarketing betreiben, also nicht mittels Zwischenhandel agieren, entsprechen laut Expertenbefragung der Kategorie »Autorendesigner_in«.

wirtschaftsbericht für Berlin waren im Jahr 2006 im Modebreich (inklusive der Herstellung von Bekleidung und Schuhen) 1384 Erwerbstätige registriert, davon 222 mit geringfügiger Beschäftigung und 272 als Freie (ebd.: 69). Der Anteil von freien Erwerbsverhältnissen ist mit mehr als 40 Prozent besonders hoch in den Modeateliers, also in jenen Bereichen, die hier näher betrachtet werden. Stark verbreitet sind geringfügige Beschäftigungsverhältnisse, sogenannte »Mini-Jobs«. Von den 592 registrierten Erwerbstätigen sind 83 und damit etwa 14 Prozent aller Erwerbstätigen in Modeateliers geringfügig beschäftigt (ebenda). Der Frauenanteil liegt bei 67,9 Prozent. Damit stellen Frauen zwei Drittel aller Mini-Jobberinnen. Dennoch ist dieser Anteil unterdurchschnittlich, wenn man die Daten von Schulz/Zimmermann/Hufnagel (2013: 76) zugrunde gelegt, denen zufolge der Frauenanteil in der Modebranche bei ca. 80 Prozent liegt. Die unter anderem von der Berliner Senatskanzlei für kulturelle Angelegenheiten in Auftrag gegebene Online-Befragung zur Ermittlung der wirtschaftlichen Lage in der Kultur- und Kreativwirtschaft Berlin-Brandenburgs, an der auch 86 Modelabels teilnahmen, zeigt, dass 67 Prozent von ihnen seit weniger als fünf Jahren existieren (Martens 2011: 8). Diese Zahlen erhärten die hier diskutierte Annahme, dass die autonome Modebranche ein noch junges Feld ist. Die Umfrage weist außerdem aus, dass immerhin neun Prozent der befragten Modelabels gar keine Einnahmen haben, zehn Prozent erhalten öffentliche Fördergelder.

Insgesamt sagt fast die Hälfte (45 Prozent), dass ihr Einkommen nicht alleine für den Lebensunterhalt ausreicht (ebd.: 9). Trotzdem schätzt die überwältigende Mehrheit, nämlich 84 Prozent ihre künftige Geschäftsentwicklung eher günstig ein (ebd.: 13). Ob es sich hierbei im Sinne Bourdieus (1987: 290) um einen Notwendigkeitsgeschmack handelt oder ob der Optimismus Resultat einer rationalen Marktanalyse ist, weist die Umfrage nicht aus. Festzuhalten ist jedenfalls, dass sich die Arbeitsverhältnisse in der Berliner Modebranche durch prekäre Arbeits- und Beschäftigungsstrukturen auszeichnen.

#### 7.3.5 Feldzugang und Qualifikationsniveau

Viele, aber längst nicht alle Modedesigner_innen durchlaufen eine Ausbildung an Modeschulen. Diese sind häufig nach dem Prinzip eines schulischen Ausbildungssystems organisiert, in dem vorwiegend Sozial-, Erziehungs- und Assistenzberufe auf den Arbeitsmarkt vorbereitet werden (Krüger 1995). Auch für Modeschulen gilt, dass sie trägerspezifischen Regelungen unterliegen, keinen Qualifikationsschutz bieten und häufig kostenpflichtig sind (vgl. Gottschall 2010: 681).

Der Frauenanteil an Modeschulen liegt bundesweit bei 92 Prozent, ist also stark geschlechtsspezifisch segregiert (Schulz/Zimmermann/Hufnagel 2013: 76). In Berlin existieren zehn schulisch organisierte Modeschulen (Klün 2014:

85). Inwieweit infolgedessen die Bedeutung von Ausbildungszertifikaten als Ressource im Feld und als Qualifikationsmerkmal (vgl. Bourdieu 1983) zunimmt, ist noch nicht absehbar. Offensichtlich jedoch machen sich viele Absolvent_innen von Modeschulen selbständig (Kulturwirtschaft in Berlin 2008: 70). In Berlin jährlich etwa 400 (Klün 2010).[25] Eine von uns befragte Expertin des Berufsverbands VDMD führt die hohe Quote von freiberuflichen Designer_innen nicht zuletzt darauf zurück, dass die Modebranche ein Feld ist, in dem es kaum fest angestellte Arbeitsverhältnisse gibt (vgl. auch Klün 2014: 86). Verschärft wird diese Situation durch eine Bewährungsordnung, die sich in einer Praktikumskultur manifestiert und sich in der hohen Anzahl von geringfügigen Beschäftigungsverhältnissen ausdrückt. Eine befragte Verbands-Expertin kommentiert die Lage wie folgt.

*»Denn angestellte Designer – wo sollen die angestellt sein? Die Firmen können Sie an einer Hand abzählen. Vor allem im Modedesign.« [...] Viele junge Kolleginnen, die gut ausgebildet sind und tolle Schulen mit großen Versprechungen besucht haben, haben alle heute große, große Schwierigkeiten. Diese machen oft noch gute Weiterbildungen und Aufbaustudiengänge. Trotzdem finden sie keine Anstellungen. Es werden immer nur unbezahlte Praktika angeboten. In der Modebranche ist es sehr schwer.«* (Experteneinschätzung).

Die Abgänger_innen von Modeschulen teilen sich nach Einschätzungen der Stadtzeitung zitty in drei Gruppen auf: ca. 30-40 Prozent der Absolventen erhalten Festanstellungen im Einzelhandel oder Journalismus, andere spezialisieren sich auf Styling oder andere in der Modebranche anfallende Tätigkeiten. Eine dritte Gruppe versucht als (Selbständige) Modedesigner_innen Fuß zu fassen (Klün 2010). Als branchennahe Betätigungsfelder für Selbständige oder freiberufliche Modedesigner_innen gibt es laut einer Vertreterin des Verbands der Mode- und Textildesigner (VDMD) die Optionen als Schnittmacherin, Agenturinhaberin[26], Produktionsberaterin oder als Consultant für Existenzgründer.

---

**25** | Schulz/Zimmermann/Hufnagel (2013) zeigen, dass der universitäre Studiengang »Textildesign« im WS 2011/12 ein Drittel mehr Studierende hatte als im WS 2003/04. An der geschlechtsspezifischen Zusammensetzung haben die steigenden Studierendenzahlen jedoch nichts geändert. Der Frauenanteil liegt stabil bei 93 Prozent (ebd.: 76).

**26** | Modeagenturen sind eine Art Nachfolgeform von Handelsvertretungen, erfüllen mittlerweile aber offenbar auch eine Art Netzwerkknotenfunktion: »Finally, the discounters which frequently do not have their own experience in the apparel sector use German specialised agents for their sourcing.« (Wortmann 2005: 14).

## 7.3.6 Einkommensverhältnisse

Zu den Einkommensverhältnissen in der jungen Modebranche liegen keine aufgeschlüsselten Daten vor. In der statistischen Berichterstattung werden die Einkommensverhältnisse der Modebranche als Teilbereich der Designbranche dargestellt (vgl. z.B. KKI 2013). Demnach kann mehr als die Hälfte der Modedesigner_innen nicht von ihrer Arbeit leben und ist auf zusätzliche Einkommensquellen angewiesen (ebd.: 20). Die Hälfte des Umsatzes wird in Berlin erzielt, knapp 40 Prozent im übrigen Bundesgebiet und ein geringer Anteil im Ausland (ebd.: 21). Korrespondierend mit der schlechten Einkommenslage schätzt mehr als die Hälfte der Modedesigner_innen in Berlin ihren Geschäftsverlauf als schlecht ein (ebd.: 22). Demgegenüber steht das öffentliche Bild der *Haute Couture*, die Ruhm und Reichtum vermittelt, wie auch die Feststellungen der von uns interviewten Branchenexpert_innen: Man könne mit Mode durchaus Geld verdienen. Voraussetzung hierfür sei eine professionelle Herangehensweise, ein hohes handwerkliches und fachliches Niveau sowie nicht zuletzt nützliche Kontakte in die Branche.

Allerdings stehe Modearbeit nach Expert_inneneinschätzung unter einem hohen Lohndruck. Bei den Honorarempfehlungen der AGD (Alliance of German Designers) handele es sich daher um einen »*veraltete(n) Leistungskatalog, wo wir uns alle einig sind: der muss stark reduziert werden. Das Design liegt nicht mehr bei 500 DM, sondern es ist längst bei 100 Euro.*« Das Hauptproblem freiberuflicher Modedesigner_innen stelle neben den asymmetrischen Marktbedingungen das hohe Investitionsvolumen dar. Unter 100.000 Euro Investitionskapital sei für Start Ups nichts zu machen. Die starken Konkurrenzverhältnisse zwingen die Warenanbieter_innen, ihre Arbeitsleistung unter Wert zu verkaufen.

»*Niemand weiß genau, welche Ansprüche wir stellen können. Viele sind ja froh, wenn einer kommt und sagt: mach mir mal einen Entwurf. Der setzt sich sofort ran und entwirft und recherchiert und legt dem Kunden fünf Entwürfe vor und der Kunde sagt: ich nehm´ einen, dafür bekommst du 100 Euro und da kann der Designer froh sein, auch wenn er für 2000 Euro gearbeitet hat. Davon soll er nun sein Leben finanzieren.*«
(Expertin)

Die mangelnde Professionalisierung ist ein strukturelles Problem. Denn da der Ausbildungsschwerpunkt in Modeschulen eher auf »Zeichnen, Entwerfen oder Konzipieren« liege als auf der Vermittlung von Kenntnissen der »Textilmaschinenlehre oder [...] von Färbetechniken« (Klün 2014: 85), stelle sich das Problem, dass die »*Leute, die von den Schulen kommen, nichts können*«, so auch eine Experten- Einschätzung. Die teilweise »im Wohnzimmer« (Klün 2014: 85) zusammengenähten Ideen würden bisweilen ohne das nötige Fachwissen produziert (ebenda). Aus der Praxis werden die Erfordernisse der Kalkulation von einer befragten Expertin so beschrieben:

»*Zuerst muss man sehen: was braucht er [die Designerin, A.M.] zum Überleben? Da muss es festgemacht werden. Seine Wohnung, seine Sozialversicherung, das muss bezahlt werden. Und wie lebt er? Dann muss das stundenweise aufgeteilt werden: wie viel Arbeit steckt wo drin. Da ist Akquise, dann Information und Recherche, die in die Kollektion reinfließt. Der reine Entwurfsbereich ist ja nur ein kleiner Teil. Wenn ein Kunde kommt und sagt ›Machen sie mir für eine Kollektion, einen Entwurf mit soundsovielen Vorschlägen‹. Da muss vorher festgelegt werden: das kostet soundsoviel, das muss man von vorneherein sagen.*« *(Expertin).*

Insgesamt legt die vorhandene Datengrundlage die Schlussfolgerung nahe, dass die Beschäftigungs- und Einkommensverhältnisse in der jungen Modebranche wenig Spielraum zur Existenzsicherung oder gar für einen Familienernährer_innenlohn lassen.

### 7.3.7 Interessenvertretung, Regulierungsakteure

Eine gewerkschaftliche Interessenvertretung für freiberufliche Modedesigner_innen gibt es nicht. Die Ursache liege laut Experteneinschätzung vornehmlich darin, dass es kaum mehr traditionelle Produktionsstätten gibt. Für den industriellen Bereich existiert seit 1881 die in Thüringen gegründete DGB-Gewerkschaft Textil-Bekleidung (GTB) mit Sitz in Düsseldorf. Im Zuge der Schwächung der Branche trat die GTB nach 116 Jahren im Jahr 1997 der IG-Metall bei. Die verbliebenen Mitglieder stellten Ende der 1990er Jahre lediglich neun Prozent der IG-Metall-Mitglieder (Posny 1997). Auch bei ver.di konnten wir keine fachspezifischen Ansprechpartner_innen ausfindig machen.

Als zentrale Interessenvertretung für Modedesigner_innen hat sich 1984 in München der Verband deutscher Modedesigner e.V., der VDMD, gegründet. Seit Mitte der 1990er Jahre kooperiert der VDMD mit dem Verband Deutscher Industriedesigner (VDID)). Zusätzlich ist der VDMD Mitglied in der bereits erwähnten Initiative Deutscher Designverbände (iDD). Der VDMD finanziert sich ausschließlich aus Mitgliedsbeiträgen. Als Verband mit 500 Mitgliedern und sechs Regionalstellen wird er vornehmlich ehrenamtlich betrieben. Dem Selbstverständnis nach handelt es sich beim VDMD um eine Berufs- und Standesvertretung mit Servicecharakter und nicht primär um einen tarifpolitischen Akteur. Daneben existiert der Gesamtverband »Textil+Mode«. Er besteht aus etwa zehn Fachverbänden und Landesverbänden. Er konzentriert sich eher auf traditionelle Segmente der Bekleidungsindustrie als auf die junge Modebranche.

Als Problem betrachtet eine befragte Expertin die mangelnde Verbundenheit der verschiedenen Verbände. Selbstkritisch führt sie an, dass der vergleichsweise traditionelle und auf Industriekontakte orientierte VDMD die in der jungen Modeszene entstandenen Zusammenschlüsse nicht hinreichend adressiere. Dies betrachtet die Verbandsvertreterin als ein professionelles Defizit, das sie wie folgt begründet:

»Vielleicht hat das damit zu tun, dass unsere Verbände nicht schnell genug registriert haben, welcher Schwerpunkt sich hier eigentlich entwickelt hat. [...]. Also von daher wäre es für uns schon auch eine interessante Zielgruppe.«

Die von der VDMD-Vertreterin im Interview angesprochene Trägheit dieses Verbands bezieht sich auf eine zögerliche Kontaktaufnahme mit Netzwerken, die sich in den vergangenen zehn Jahren als neue Formen der Interessenvertretung gegründet haben, aber überwiegend temporär mit öffentlichen Mitteln gefördert werden. Zu nennen ist hier etwa der 2004 gegründete »designpool. berlin e.V.«, ein Verein zur Förderung der Mode- und Designbranche in Berlin mit dem Ziel, die Berliner Modedesignszene zu beraten, zu vernetzen und zu professionalisieren.[27] Die Initatitive wurde zwischen 2005 und 2007 mit EFRE-Mitteln der Europäischen Union gefördert. Heute, d.h. im Jahr 2014 existiert sie nicht mehr. Eine ähnliche Initiative ist »NEMONA«, ein Netzwerk für Mode und Nähen in Berlin-Neukölln. Im Zeitraum 2011 bis 2015 wird sie mit Mitteln des Euroäischen Sozialfonds (ESF) gefördert, kofinanziert vom Berliner Senat. Ziel ist die Vernetzung von Modedesigner_innen und Näherinnen in Berlin, um »die lokale Produktion zu erhöhen und qualitativ hochwertige Beschäftigung innerhalb der Textilbranche zu erreichen.«[28] Diese Initiative umfasst ca. 120 Fashion-Designer_innen und Mode-Produzenten sowie angrenzende Gewerke. NEMONA bietet und vermittelt Workshops und Beratungsleistungen sowohl zu betriebswirtschaftlichen als auch zu fachspezifischen Themen (»Wie konzipiere ich eine Kollektion?«).[29]

Netzwerke wie etwa Designpool oder NEMONA repräsentieren insofern einen Trend zu neuen interessenpolitischen Strukturen. Sie agieren abseits herkömmlicher Interessenvertretungen und stellen Fragen der Marktetablierung und Vernetzung in den Mittelpunkt. Diese Initiativen füllen damit eine Lücke herkömmlicher Interessenvertretungsstrukturen auf. Bislang existieren

---

27 | URL: www.designpool-berlin.de (18.6.2014).
28 | http://nemona.de/ueber_uns.html (18.6.2014).
29 | Darüber hinaus initierte dieses Netzwerk zusammen mit der Wirtschaftsförderung das *Neukölln Fashion Weekend*, veranstaltete einen temporären *Store* in einem großen Kaufhaus und verschaffte jungen Designer_innen damit einen Präsentations- und Marktplatz.

solche Initiativen *neben* den Gewerkschaften, mithilfe öffentlicher Förderung und insofern nur temporär.

Als tarifpolitischer Akteur tritt auch in der Modebranche die AGD auf, wenngleich sie stärker auf das Feld *Kommunikationsdesign* als auf *Mode* spezialisiert ist. Von den mehr als 3000 Mitgliedern der AGD stammen laut Fachgruppenübersicht nur 16 Mitglieder aus dem Bereich Modedesign.[30] In den Honorarempfehlungen der AGD werden zwar auch Empfehlungen für Modedesigner_innen gegeben. Doch dürfte deren Reichweite noch geringer sein als für Kommunikationsdesigner_innen, da es in der Modebranche unseres Wissens nach keinen Tarifpartner gibt, der mit der Arbeitgeberfunktion des SDSt vergleichbar wäre.

Es zeigt sich: In den traditionellen Strukturen industrieller Beziehungen ist die Modebranche zu einer marginalen Größe geschrumpft. Neue, auf die herrschenden Arbeits- und Beschäftigungsbedingungen der kleinteiligen Modeszene fokussierte Interessenvertretungen existieren in Ansätzen, sind bislang aber nicht auf Dauer gestellt. Zudem gibt es einige Interessenverbände mit eher ständischem Charakter. Doch sind auch diese dem Anschein nach aus unterschiedlichen interessenpolitischen Faktoren nicht ausgiebig miteinander vernetzt, sodass bislang keine Synergieeffekte erzielt werden konnten. Insofern gilt für die junge Modebranche umso mehr, dass sie eine »mitbestimmungsfreie Zone« ist.

### 7.3.8 Soziale Absicherung

Die soziale Absicherung von Modedesigner_innen ist im Kern vergleichbar mit jener der Kommunikationsdesigner_innen und wird an dieser Stelle daher nur skizziert (vgl. 7.2.8). Freiberufliche Modedesigner_innen werden in der KSK als Versicherte akzeptiert. Zwar werden sie als Versichertengruppe der KSK nicht gesondert erfasst. Gleichwohl korrespondieren die steigenden Mitgliedszahlen der KSK in den Tätigkeitsfeldern Layout, Grafik-, Mode-, Textil- und Industriedesign mit den Experteneinschätzungen und der Mitgliederstruktur des VDMD. Zwischen 1995 und 2010 ist die Anzahl der KSK-Versicherten in diesen Tätigkeitsfeldern bei den Männern um 138 Prozent, bei den Frauen um 261 Prozent gestiegen. Diese Zahlen weisen entsprechend der weiblichen Segregierung der Modebranche auf eine massive und geschlechtsspezifisch geprägte Zunahme von freiberuflichen Erwerbsformen in der Modebranche hin.

Was die Altersbezüge betrifft, äußern sich die Befragten skeptisch. Sie gehen davon aus, dass sie so lange arbeiten werden, wie es ihre Gesundheit zulässt. So hofft eine Modedesignerin, »*noch ziemlich lange zu Nähen*«. *Eine andere geht davon aus, dass sie »in diesem Leben ohnehin« keine Rente bekommen wird.*

---

30 | www.agd.de/fachgebiete.html (18.6.2014).

## 7.3.9 Zwischenfazit:
### Ein Feld ohne professionell regulierte Berufspfade

Modeproduktion ist ein (Berufs-)Feld, in dem kaum vorgezeichnete oder professionell regulierte Berufs- und Karrierepfade existieren. Insbesondere die kleinteilig organisierte, autonome Modeszene der Kreativwirtschaft strukturiert sich als Kreuzungspunkt von glamourösen Ideen des Modemachens in der Tradition von Coco Chanel oder YSL mit Ausbildungsinstitionen der Semi-Professionen und deren Berufswegen, auf denen in der Regel die ökonomischen Amortisierungschancen der subjektiven Investitionsleistungen vergleichsweise gering sind. Deren eigentümliche Magie konkretisiert sich, aus kultursoziologischer Perspektive betrachtet, in dem Glauben an eine glamouröse, künstlerisch-kreative Existenz, die ihren subjektiven Wert wesentlich durch ästhetisch ansprechende und kulturell besondere Produkte erfährt. Dieser symbolischen Aufladung kommt, aus ungleichheitssoziologischer Perspektive betrachtet, zugleich eine ordnungsstiftende Funktion im Feld zu. Sie macht künstlerisch-kreative Arbeit auch unter prekären Bedingungen zu einer begehrenswerten Existenzweise. Eine ›magische Anziehungskraft‹ scheint Modearbeit aber vornehmlich auf Frauen auszustrahlen, da die junge Modebranche mit einem etwa 90-prozentigen Frauenanteil strikt geschlechtsspezifisch segregiert ist. Eingewoben ist diese Geschlechterordnung in institutionell vergeschlechtlichte Ausbildungs- und Arbeitsmarktstrukturen. Die am Vorbild stereotyp weiblicher Ausbildungsinstitutionen anknüpfende Berufsbildung von Modedesigner_innen bildet ein gleichsam geschlechtsspezifisch relativiertes Verbundsystem mit den spezifischen Arbeitsmarktstrukturen in der Modebranche. Denn diese sind von einer Gemengelage von (allein)selbständigen und geringfügigen Beschäftigungsverhältnissen und insofern auch von prekären Einkommensverhältnissen geprägt. In ihrem Zusammenwirken bilden diese Strukturen einen strukturell prekären Rahmen für die erwerbswirtschaftlichen Spielräume von Modedesigner_innen.

Ein Knotenpunkt dieser Entwicklung ist derzeit Berlin. Nach vielen, historisch bedingten Aufs und Abs und politischen Verwerfungen ist Berlin im nationalen Vergleich seit etwa der Jahrtausendwende wieder zu einer Modestadt geworden. Nach der Jahrhundertwende vom 19. zum 20. Jahrhundert bis in die 1940er Jahre, d.h. bis zur Vertreibung und Ermordung der überwiegend jüdischen Modeproduzenten durch die Nationalsozialisten war um den Hausvogteiplatz herum in Berlin-Mitte die Berliner Konfektionsindustrie angesiedelt. Der »Berliner Chic« war damals weithin in Europa bekannt. Nach der politischen Installierung von zwei deutschen Staaten und schließlich nach dem Mauerbau im Jahr 1961 wurde der Konfektionsbetrieb in Berlin weitgehend eingestellt. Bis weit nach der deutsch-deutschen Wende im Jahr 1989 gab es nur mehr vereinzelte Spuren der einstmals glamourösen Modestadt. Nach dem Mauerfall entwickelte sich in den sozialstrukturellen Zwischenräumen des Nachwende-Berlins eine junge Modeszene, die lange Zeit weitgehend informell organisiert war. Inzwischen sind daraus einige, teils auch international reüssierende Modedesigner_innen hervor gegangen. Zudem setzt der Berliner Senat auf die Modebranche als Bestandteil der vitalen künstlerisch-kreativen Milieus. Affiziert vom Charme eines »arm, aber sexy«-Berlins sowie im Kontext einer großen Dichte an Modeschulen bündelt sich in der Stadt ein großes Heer an freischaffenden Modedesigner_innen. Schätzungen gehen von mindestens 600 Modelabels aus, die äußerst kleinteilig organisiert sind.

# 8. Die Designbranche als ein Ort von Status-Arbeit

Ging es bislang um die strukturellen Rahmenbedingungen in zwei ausgewählten Feldern der Designbranche, richtet sich die Aufmerksamkeit im Folgenden auf das eigentliche Arbeitshandeln und somit auf die soziale Praxis freiberuflich agierender Designer_innen. Nun rückt die Designbranche als Arbeitsfeld und als ein Ort von Status-Arbeit in den Vordergrund. Forschungsgegenstand dieses Kapitels ist somit der allgemeine Dreiklang von *Positionen* (wo im Arbeits- und Produktionsfeld stehen die Akteur_innen, welche Kapitalausstattung haben sie zur Verfügung und welche feldspezifische Macht können sie generieren?) – *Dispositionen* (welche Ziele verfolgen die Akteur_innen und auf Basis welcher gesellschaftlichen habituellen Prägung tun sie das?) – *Positionierungen* (wie, d.h. mit welcher Arbeit bewegen sich die Akteur_innen durch den sozialen Raum und welche feldspezifischen Effekte sind damit verbunden, d.h. welche Spielräume im Feld eröffnen sich?), um sodann Aussagen zum Verhältnis von Positionierung und Positionen im Raum des Möglichen treffen zu können (vgl. Bourdieu 2001a: 340, 369; 2001b: 199ff.).

Die etwas veränderte Perspektive wird anhand von vier typologischen Porträts illustriert, wie sie in Kap. 4.4 als methodisches Darstellungsmittel eingeführt wurden. In diesen Porträts stehen typische Felderfahrungen von Designer_innen im Vordergrund. Es deuten sich darin eigensinnige Muster der subjektiven Feldverortung an, wobei unter Muster eine definierbare Handlungsstrategie aufgrund spezifischer Konstellationen von Merkmalen bzw. Ressourcen zu verstehen ist. Methodisch ermittelt wurden sie mit einer mehrstufigen Unterscheidung, die den Umwelt-/Feldbezug und den Arbeitsethos der Akteur_innen beleuchtet. Zum einen wurden die Fallvergleiche entlang des meta-theoretischen Differenzierungskriteriums von feldspezifischen Hierarchisierungsprinzipien »Wirtschaft versus Kunst« erstellt. Zum anderen wurde das empirische Material daraufhin untersucht, wie die Sinnfrage mit Verteilungsfragen aus subjektiver Perspektive verknüpft ist und wie die Akteur_innen dieses Spannungsfeld auch im Kontext ihres Lebenszusammenhangs gestalten.

## 8.1 Strategische Feldverortungen im Überblick

Die Pole der im Folgenden dargestellten Feldverortungsstrategien bilden das Muster »Lustgewinn eines unternehmerischen Selbst« und das Muster »Künstlerkritische Distanzierung vom Feld«. Als Zwischenformen stehen die Muster »Kampf um respektable Teilhabe« sowie »Selbstoptimierung als Zumutung«. Diese handlungsstrategischen Muster zeigen realtypische Konstellationen von feldbezogenen Stellungskämpfen, erheben aber nicht den Anspruch auf Repräsentativität in dem Sinne, dass sie die einzig möglichen sind. Ebenso ist zu unterstreichen, dass die identifzierten Muster realiter mit ineinander fließenden Grenzen versehen sind. Nichtsdestoweniger bieten sie ein Panorama von typischen, sozialen Verarbeitungsformen der beschäftigungs- und arbeitspolitischen Realbedingungen in der Designbranche.

Das Muster *Lustgewinn eines unternehmerischen Selbst* wurde eher in der Komm.Designbranche als in der Modeproduktion ausgemacht. Es zeichnet sich dadurch aus, dass auf das mit einer freiberuflichen Erwerbsform verbundene Prekarisierungspotenzial offensiv mit der Ausbildung eines unternehmerischen Selbstbildes geantwortet wird. In seinen Grundzügen erscheint es als unternehmerisches Selbst, das dem Schumpeter'schen Unternehmerideal nacheifert. Mit einem entscheidenden Unterschied. Schumpeters Unternehmer ist, ebenso wie Bröcklings unternehmerisches Selbst, affektiv affiziert von dem, was er tut. Das ist in dem hier aufgefunden Muster nur bedingt der Fall. Hier besteht der Lustgewinn sowohl in der Idee ein Unternehmer zu sein bzw. zu werden als auch in der Erschließung von gegenwärtigen Handlungsoptionen jenseits erwerbswirtschaftlichen Schaffens, um sich einen Planungshorizont für den künftigen Lebensverlauf zu eröffnen. In den beruflichen Status wird zwar viel soziales und kulturelles Kapital investiert, jedoch nicht um den Preis von Dissonanzen in der Lebensführung oder gesundheitlich beeinträchtigender Belastungen. Arbeit wird insofern kaum als Selbstverwirklichung hypostasiert, sondern vergleichsweise leidenschaftslos oder gar instrumentell angegangen. Für diesen Zweck wird die Vorrangstellung wirtschaftlicher Interessen zulasten einer künstlerisch orientierten Verausgabung von Arbeitskraft als subjektiv ermächtigend und als autonomiestiftend erlebt. Indem sich aus einer semi-abhängigen Existenz von agenturspezifischer Arbeitsteilung befreit wird, werden unternehmerische Risiken und Freiheiten subjektiv höher bewertet als die vermeintliche Sicherheit von fragmentierter und kurzfristiger Arbeit sowie auch höher bewertet als eine affektiv affizierende Arbeit.

Im Muster *Selbstoptimierung als Zumutung* haben sich die Betreffenden bislang keine profitable Nische erschlossen und lehnen dennoch eine primär marktorientierte Selbst-Modellierung ab. Vielmehr existiert eine zeitweilige Sehnsucht nach einer festen und geregelten Tätigkeit, in der zum einen der tägliche Kampf um Aufträge obsolet wird und zum anderen dank geregelter

Einkünfte die Zukunft (wieder) planbar wird. Dennoch ist eine dauerhafte Anstellung in einer Werbe-, Design- oder Modeagentur keine Option, weil sie weder mit als unverzichtbar erachteten inhaltlichen sowie formalen Freiheiten einhergeht. Arbeit erscheint hier als stark normativ subjektiviert, als ein essenzieller Bestandteil der Persönlichkeit, sodass die oftmals ökonomischen Kompromisse als Beeinträchtigung bei der Entfaltung der gewünschten Arbeitsidentität gesehen werden. Investiert wird emsig in die Bildung von sozialem Kapital und, wenngleich geringer ausgeprägt, auch in die Steigerung des kulturellen Kapitalstocks in Form von beruflicher Qualifikation. Typisch für dieses insgesamt recht verbreitete Muster sind jedoch Grenzgänge zwischen zwei Feldern, die deren spezifische Logiken miteinander auszusöhnen trachtet: dem Feld der Bildenden Kunst (als das mit höheren, künstlerischen Weihen versehene Ursprungsfeld) und der Designbranche (als marktvermitteltes und vergleichsweises profanes Erwerbsfeld). Um diesen Grenzgang zu realisieren, werden Kompromisse eingegangen, die sich häufig in einer fest freien Tätigkeit in beispielsweise einer Agentur, in einer Kunst-Galerie oder im Feld der darstellenden Künste abspielen. Es handelt sich insofern um eine von Kreativen praktizierte, im Kern aber für Künstler traditionell typische Standbein-Spielbein-Strategie, in der gewissermaßen das unternehmerische Selbst dazu dient, das künstlerische Selbst zu finanzieren. Während diskontinuierliche Querfinanzierungen einerseits existenziell und ideell wichtig sind, hält sie die Betreffenden zugleich in einer häufig als belastend und ungerecht erlebten wirtschaftlichen und sozialen Abhängigkeit.

Im *Kampf um respektable Feldzugehörigkeit* wird auf dem Boden eines professionellen Selbstverständnisses nach einem professionellen Erwerbsstatus gestrebt, der zudem auf die Realisierung eines von Hause aus bekannten Wohlstandsniveau in der aufgestiegenen, sozialen Mitte abzielt. Bestandteil dieser im Vergleich sehr oft anzutreffenden Positionierungsstrategie ist ein eher unternehmerisch untersetztes Arbeitsethos, das neben wirtschaftlicher Sicherheit auf ein qualitativ hochwertiges Arbeitsprodukt setzt. Arbeit wird hier als zentraler Ort zur Verausgabung eines professionellen Berufsethos' verstanden. Nachhaltig wird in den Status investiert – oder es zumindest versucht, um sowohl die eigenen professionellen (Selbst-)Ansprüche zu befriedigen als sich auch eine ökonomisch tragfähige Position zu erschließen. Dahinter steht die Idee, sich durch eine ausgeprägte Kundenorientierung sowie durch hochwertige Arbeitsprodukte und angesichts einer allgemein zunehmenden Professionalisierung im Feld von der Konkurrenz abzusetzen. Diese Vorrangstellung von ökonomischen Motiven, die das Resultat eines offensiv angegangenen Konkurrenzkampfes zugunsten einer Status-Stabilisierung ist, wird auf arbeitsethischer Ebene zu einem persönlichen Konflikt. Er artikuliert sich bisweilen als schmerzlich erlebter Verlust von einer als authentisch deklarierten, künstlerischen Selbstentfaltung.

Das Muster *künstlerkritische Distanzierung vom Feldgeschehen* zeichnet sich dadurch aus, dass die Betreffenden sich eine kulturell befriedigende, ökonomisch prekäre abseitige Feldposition erschlossen haben. Angepasst an die ökonomisch prekäre Lage richten sie sich genügsam auf einem bescheidenen Wohlstandsniveau ein. Betrachtet man die Wege ins Feld, so ist zudem festzuhalten, dass diese weniger auf eine professionelle Berufsidentität schließen lassen. Die berufliche Identität lässt sich vielmehr als heterodoxe_r Künstler_in beschreiben, die vor dem Hintergrund eines stark motivierten künstlerischen Handwerkerstolzes ökonomischen Verwertungskriterien der eigenen Arbeit zulasten ihrer, man könnte sagen, symbolischen Reinheit skeptisch gegenüber steht. In dieser wohl eher gering ausgeprägten Positionierungsstrategie ist eine deutliche Distanzierung von den Mühen einer aufwärtsgerichteten Status-Arbeit zu beobachten. Dementsprechend wird kaum in die Stabilisierung des ökonomischen als vielmehr in in die Arbeitsmoral als künstlerisches Selbst investiert. Angestrebt wird folglich eine von kommerziellen Zwängen freie, aber authentische Arbeit. Bezeichnenderweise findet sich diese Positionierungsstrategie eher in der Mode- als in der Komm.Design-Branche, da zum einen in letzterer der künstlerischen Experimentierfreudigkeit engere Grenzen gesteckt sind als im Fashion-Bereich und zum anderen die Verdienstmöglichkeiten in der Modebranche ebenso wie die Chancen auf projektbezogene frei-feste Arbeitsverhätnisse geringer ausgeprägt sind.

## 8.2 »COOLES ZEUG FÜR HINZ UND KUNZ.« (MICHAEL, KOMMUNIKATIONSDESIGNER)

Dieses Porträt veranschaulicht, in welcher Weise ein subjektiv deklariertes künstlerisches Talent mit einer durchaus als lustvoll erlebten ökonomischen Herausforderung zu einer eigensinnigen Positionierungsstrategie kombiniert wird. Die im Folgenden zu erläuternde Status-Strategie spiegelt eine Kompromisssuche zwischen unternehmerischem und künstlerischem Selbst wider, in dem künstlerische Ambitionen ohne großes Bedauern einem unternehmerischen Selbstbild mit entsprechend profitorientierter Arbeitskraftverausgabung untergeordnet werden. Diese Strategie findet sich vorzugsweise im (Sub-)Feld Kommunikationsdesign.

Empirisch kondensiert wird dieses Muster an *Michael*. Er hält sich für künstlerisch begabt. Zum Zeitpunkt des Interviews ist er 31 Jahre alt. Er wuchs im Südwesten Berlins auf und war das »*Nesthäkchen*« eines Selbständigen und einer Hausfrau. Der Befragte ist Single und lebt in einer Wohngemeinschaft. Der Befragte sieht sich als »*Allrounder*« für Werbegestaltung. Auf diese Weise möchte er sein künstlerisches Talent in einen unternehmerischen Erfolg umwandeln. Sein Traum ist es, ein florierendes Unternehmen aufzubauen.

Zugleich geht der Befragte sein Ziel recht locker und nur partiell methodisch kalkuliert an. Die subjektive Idee ist es, in jeder Hinsicht »*ein gesundes Mittelmaß*« zu finden.

### 8.2.1 Qualifikation und Berufseinstieg

Sein Talent für Kunst und Gestaltung hat Michael bereits in der Schule entdeckt. Zunächst jedoch war es nicht sein Plan, dieses Talent auch beruflich einzusetzen. Seine schulische Laufbahn beendet er 1998 mit einem Fachhochschulabschluss. Zunächst beginnt er ein Ausbildungsverhältnis zum Bürokaufmann in einem Autohaus. »*Um etwas in der Hand zu haben*«, wie er sagt. Nach einiger Zeit wird ihm klar, dass der Beruf des Bürokaufmanns nicht das ist, was er will. Die Ausbildung beendet er aber. Danach ist er ein halbes Jahr erwerbslos und absolviert schließlich ein Fachhochschulstudium zum Grafikdesigner.

Im Studium erwirbt er grundlegendes »*Basiswissen*«: »*Wie Programme funktionieren, Basiswissen überhaupt. Viel mit Kreativität, über Filme, wie funktioniert das Ganze. Sehr praxisbezogen, dass man wirklich Projekte hatte, fiktive Werbekampagnen etc.*« Noch während der Zeit an der Hochschule macht er sich selbständig und gleitet auf diese Weise gleichsam ins Feld hinein. Ein solch allmählicher Übergang vom Studium ins Erwerbsleben ist eine weit verbreitete Praxis im Branchenzweig visuelles Design/Kommunikationsdesign.

In den ersten vier Jahren seiner Berufskarriere jobbt er nebenher in einer Bar. Seit etwa einem Jahr kann er allein von seiner freiberuflichen Arbeit als Designer leben. Im Interview grenzt sich Michael explizit gegen ein nach seiner Aussage »*branchentypischen*« Berufseinstieg ab. Dieser verlaufe seiner Beobachtung nach in der Regel über ein Agenturpraktikum. Praktika seien schlecht bezahlt. Oftmals münden sie danach in ein prekäres Jobangebot. In diesen »*Teufelskreis*« möchte er keinesfalls hineingeraten. Deshalb ist ein Praktikantenstatus aus seiner Perspektive kein geeigneter Berufseinstieg. Er will sich nicht zu billig verkaufen. Stattdessen hatte er noch während der Ausbildung zum Grafikdesigner einen Gründungszuschuss beim Jobcenter beantragt, der damals »*Ich-AG*« genannt wurde. Durch die Gründung einer Ich-AG konnte er seine finanzielle Situation verbessern, da das von ihm bezogene Bafög nicht ausreichte. Die Entscheidung zur Selbständigkeit ist wohl auch sozialisatorisch bedingt. Denn sie vollzog sich im Rahmen eines milieuspezifischen Sozialisationshintergrunds, der in seinem Fall durch Selbständige in der Familie geprägt ist und durch selbständige Freunde verstärkt wird. Er folgt in seiner Berufsentscheidung somit Pfaden, die ihm durch seine Familie und Freunde vertraut sind, und die sich zu einem Gutteil an den Erwartungen und Hoffnungen wirtschaftlicher und finanzieller Unabhängigkeit orientieren.

Michaels erwerbswirtschaftliche Orientierung ist von dem Ziel einer Unternehmensexpansion und einer damit verknüpften Arbeitgeberfunktion geprägt. Die wirtschaftlichen Zwänge zu Beginn seiner Laufbahn, dass etwa sein Einkommen zunächst weder für die Deckung der Lebenshaltungskosten noch für die Finanzierung eines Büros ausreichte, betrachtet er als temporäres Einstiegsproblem.

### 8.2.2 Arbeitsorganisation und Arbeitsinhalte

Michael versteht sich nicht als Künstler. In erster Linie sieht er sich als Kommunikationsdesigner, der immaterielle Dienstleistungen verkauft. In enger Absprache mit seinen Kunden entwickelt er Internetauftritte und Kommunikationsstrategien für Produkte und Kampagnen:

»*Meine Idee war [...] cooles Zeug zu machen für Hinz und Kunz, egal wer kommt.*«

Der Befragte arbeitet in einer Bürogemeinschaft in einem Berliner Stadtviertel, das zu den zentralen Kreativquartieren der Stadt gehört. Diese Form der eigenständigen Arbeitsorganisation entspricht seinem Verständnis von kreativer Arbeit, die er so in einem Angestelltenverhältnis nicht ausleben könnte. Familiarität bei der Arbeit ist ihm ebenso wichtig wie eine freie Zeiteinteilung und Selbstbestimmung. Dazu gehöre für ihn, dass er auch »*einfach mal nur im Internet*« surfe.

Viele Aufträge akquiriert Michael über persönliche Netzwerke. Die lukrativsten Aufträge würden sich aus Kundennetzwerken ergeben, in denen Referenzen weitergegeben und Empfehlungen ausgesprochen werden. Darüber hinaus sind für ihn Social-Media-Tools wie »Facebook« oder »Skype« von Bedeutung. Denn darüber halte er lose Kontakte, die er bei Bedarf schnell und einfach aktivieren kann. Auf Marketingmaßnahmen wie etwa z.B. eine eigene Website verzichtet er. Auch lehnt er die Nutzung professioneller Netzwerkangebote und Plattformen ab. Denn diese würden aus seiner Sicht eine virtuelle Konkurrenzsituation provozieren, in deren Rahmen vornehmlich Preiskämpfe um Aufträge ausgetragen werden. Demgegenüber gehören der Aufbau und die Pflege sich überschneidender, persönlicher und professioneller Netzwerke zu seinem unverzichtbaren Praxisrepertoire im Arbeitsalltag. Trennungen zwischen beruflichen Kontakten und privaten Beziehungen lösen sich auf, wo professionelle Kontakte zu persönlichen Freundschaften und Freunde zu Kunden werden. Seine Verschmelzung von Berufs- und Privatleben äußert sich daher einerseits in einer intendierten Entgrenzung zwischen der Berufs- und Privatsphäre und ist andererseits als eine berufsübergreifende Netzwerkpraxis zu interpretieren. Der Befragte lebt also gewissermaßen von seinem Ruf und von dem sozialem Kapital, das er sowohl in der realen, der »analogen« Welt wie auch über virtuelle Netzwerke akquiriert.

In seiner jetzigen biografischen Phase – jung, ungebunden und auch nach fast zehn Jahren Berufstätigkeit noch am gefühlten Beginn der Erwerbslaufbahn – ist diese Entgrenzung von Arbeit und Leben (vgl. Gottschall/Voß 2003) für Michael offenbar nicht nur kein Problem, sondern auch erwünscht.

### 8.2.3 Dauer und Lage der Arbeitszeit

Michael verfolgt relativ regelmäßige Arbeitszeiten. Seine Arbeitstage beginnen für gewöhnlich zwischen zehn und elf Uhr morgens und enden am Abend zwischen 19 und 20 Uhr. Die effektive Arbeitszeit, also ein zweckgerichtetes erwerbswirtschaftliches Tun, so erzählt er, liege bei sechs bis acht Stunden. Je nachdem, wie viel Zeit er in virtuellen sozialen Netzwerken verbringt. Letzteres ist, wie er betont, bei seiner netzwerkorientierten Jobakquise eine unverzichtbare Aktivität und eine zentrale Ressource für seine Tätigkeit als Kommunikationsdesigner.

*»Also ich bin hier auch gerne und verbring auch manchmal drei Stunden damit irgendwelchen anderen Scheiß zu machen. Facebook, Ebay, Skype – andere im Büro können das nicht so krass machen, hier meckert keiner. Hier kann mal ein Kunde anrufen und sagen: ey, wo ist mein Zeugs? Aber dann sag ich: dit dauert halt.«*

Der Befragte differenziert zwischen zweckgerichtet erwerbswirtschaftlich orientierter Arbeit und »*irgendwelchem anderen Scheiß*«. Letzteres ist gleichwohl ein wesentlicher Bestandteil seiner Netzwerkarbeit und somit die Basis seines angestrebten, florierenden Unternehmens. Hier lässt er sich treiben, weil dies offenbar keine wirkliche Arbeit für ihn ist. Wenn er hingegen seine »*eigentliche*« Arbeit macht und Kunden betreut, dann fängt die Arbeit um zehn oder elf Uhr an. Er scheint diese Dinge zwar rational, doch zugleich bedingt methodisch anzugehen:

*»Ich stell mir nen Wecker, aber steh nicht übermäßig früh auf, aber ich probier es halt, weil ich weiß, ich schlaf gern länger, probier halt ein Mittelmaß zu finden, ein gesundes.«*

### 8.2.4 Einkommen, soziale Sicherung, Interessenvertretung

Michael berechnet für seine Arbeiten einen festen Stundensatz, den er mit 20 bis 40 Euro in der Mitte des branchenüblichen Spektrums verortet. Trotzdem variiert er die Preise nach Art der Kunden und je nach persönlichem Bekanntheitsgrad. Die daraus erwachsenden Mindereinnahmen gleicht er mit einem daran angepassten, variierten Service aus. Mit anderen Worten ist sein

Kundendienst von der Honorarhöhe abhängig. Zwar kennt er auch Honorarverhandlungen mit seinen Auftraggebern; in der Regel aber würden seine Kunden den Preis akzeptieren, den er vorschlägt. Projektlose Phasen, erzählt er, erlebt er selten. Die Zahlungsmoral der Kunden ist in den letzten Jahren besser geworden. Besonders bei kleinen Kunden. Aber nicht alle Kunden zahlen, sobald er seine Rechnung gestellt hat. Manchmal müsse er lange warten, bis seine Rechnung beglichen wird. Trotzdem kann er inzwischen von seiner Selbständigkeit »*gut leben*«.

Mit ca. 20.000 Euro offiziellem Jahresbruttoeinkommen verdient er nach seiner Einschätzung »*gutes Geld*«. Und tatsächlich ist dieses Jahreseinkommen im Branchenvergleich relativ hoch (vgl. Söndermann 2012: 34). Wenn sich die Gelegenheit bietet, bessert er zudem sein Einkommen mit Aufträgen ohne Rechnung, d.h. schwarz, auf. Möglicherweise gibt er sich aus dem Gefühl einer relativ komfortablen ökonomischen Lage gegenüber der Künstlersozialversicherung (KSK) skeptisch. Ihm erscheint die KSK als eine staatliche Fürsorgeinstitution für den traditionell sozial schutzbedürftigen Künstler. Als solchen sieht er sich nicht. Vielmehr ist er privat renten-, kranken- und lebensversichert. Jedenfalls mache die KSK Sinn, »*wenn ich ein Künstler bin oder so supertop, aber sobald es agenturmäßig ein bisschen größer wird, wollen alle aus der KSK raus und ich bin der erste, der beim Arzt der rankommt.*«

Seine von ihm als relativer Wohlstand sowie als privilegiert deklarierte Soziallage ist indes fragil. Bei unvorhergesehenen Ausgaben, die sich z.B. durch Fehldrucke oder Werbeprospekte mit fehlerhaftem Inhalt oder mangelnder Qualität ergeben, droht das Arrangement ins Wanken zu geraten. Denn diese Kosten muss er auf eigene Rechnung ausgleichen, was sich unmittelbar im Monatseinkommen niederschlägt. So steht sein finanzielles Auskommen auf wackligen Füßen.

Aus seiner Strategie einer kundenorientierten Preispolitik spricht die harte Preiskonkurrenz, die von allgegenwärtigen, teilweise ruinösen Wettbewerbsstrukturen zeugt. Bei Michael lassen die Bedingungen offenbar gar nicht erst die Idee aufkommen, sich wie ein traditioneller Unternehmer zu verhalten und finanzielle Rücklagen für eventuell notwendige Investitionen zu bilden. So nimmt die Konkurrenz »in Zucht, bevor sie angreift«, wie man mit Schumpeter formulieren könnte (2005/1947: 140). Sein unternehmerisch-rationaler Weg sich Konkurrenzvorteile zu verschaffen oder zu erhoffen läuft daher neben seiner Preispolitik über »Qualitätskonkurrenz« und »Kundendienst« (ebd.: 139). Von interessenpolitischen Verbänden hält er Abstand. Er vertraut auf seine individuellen Netzwerke.

## 8.2.5 Selbstverständnis, Zukunftsaussichten

Michael sagt über sich: »*Ich mach keine Kunst [...] ich mach Werbung.*« Sein Selbstverständnis als dienstleistungsorientierter Unternehmer mit fachlichem Know-how unterstreicht er, indem er sich von Agenturangestellten und vor allem von einer in Agenturen gepflegten, hoch arbeitsteiligen Arbeitsorganisation abgrenzt. Arbeitsteilung (im Sinne von entfremdeter Arbeit) ist seine Sache nicht. Er beschreibt sich als »*Allrounder*«, der sämtliche Arbeitsschritte sowie -prozesse ausführt und beherrscht. Seine gestalterischen Fähigkeiten schätzt er als qualifiziert ein. Als sein ausschlaggebendes Qualifikationsmerkmal hebt der Befragte seine umfassende Kundenorientierung hervor, und dass er als »*One-Man-Show*« einen Full Service aus einer Hand anbietet und dadurch ein nach Kundenwünschen maßgeschneidertes Produkt abliefert.

*»Ich muss mit den Kunden sprechen, muss es ihnen verkaufen, ich muss es komplett planen [...], ich muss es umsetzen [...], ich bin ein Allrounder.«*

Insgesamt »*sehr optimistisch*«, ist es hier das mittelfristige Ziel, größere Projekte zu akquirieren und Arbeitsplätze zu schaffen. Längerfristig wird gar angestrebt, ab etwa Mitte 40 ausgesorgt zu haben. Dennoch hat dieses Ziel einer wirtschaftlich erfolgreichen Unternehmer-Existenz für Michael eher den Charakter einer wünschenswerten Möglichkeit, zu der ihm eine Alternative einfällt.

*»Ich denke es wird rocken demnächst oder dann bleibt es halt so wie es ist und ich kann leben, ich kann feiern, hab meine Wohnung oder meine WG. Hab mir heute ein Auto gekauft. So. Das sind ja Zeichen für den Aufschwung.« (lacht).*

Unternehmerischer Ehrgeiz verbindet sich hier mit einer persönlichen Laissez-faire-Einstellung, die sich in einer weiteren Facette seines Selbstverständnis manifestiert: er sieht sich selbst als »*Überlebenskünstler*«. Diese Selbstbezeichnung konnotiert der Befragte nicht im Sinne eines armen, aber glücklichen Künstlers. Vielmehr entspringt sie, wie im Verlauf seiner Erzählungen wiederholt deutlich wird, seinem Vertrauen in kontingente Entwicklungen. Er ist davon überzeugt, auf einem guten Weg zu sein, um seinen sozialen Status zu sichern bzw. zu verbessern. Dies gilt sowohl für kurzfristige Prosperitätserwartungen als auch für langfristige Zukunftsplanungen:

*»Ich will mich jetzt nicht damit auseinandersetzen was in 20 Jahren ist. Wir sind ja Überlebenskünstler [...] und ich denke mal, ich bin auch einer davon. Das trifft richtig gut auf mich zu. Jede Krise durchlebe ich und werde auch die Krise mit 50, wenn sie dann kommt, glaube ich, überleben.«*

Aktuell allerdings unterliegt seine finanzielle Sicherheit den verschiedenen, genannten Unsicherheitsfaktoren. Diese Problematik verschärft sich vor dem Hintergrund seiner monatlichen Einkünfte, da diese nicht sehr viel Luft lassen, um unvorhergesehene Kosten abzudecken. Stattdessen schöpft Michael ein gewisses Sicherheitsgefühl daraus, dass er im Falle finanzieller Engpässe noch nicht beglichene Verbindlichkeiten bei seinen Kunden eintreibt. Ausstehende Honorare betrachtet er gewissermaßen als finanziellen Notgroschen, den er bei Bedarf abrufen kann.

Allerdings gleicht er diese prekäre finanzielle Sicherheit auch durch seinen familiären Rückhalt aus. Denn im Zweifel würden ihn seine Eltern finanziell unterstützen. Zudem sieht er eine potenzielle Risikoausgleichsfunktion in der Arbeit als Barkeeper.

*»Ich kann ja immer noch als Barkeeper arbeiten [...]. 80 Euro am Tag, 20 Tage im Monat, hab ich 1600 netto, ja! Was soll ich mir Gedanken machen? Kann ich natürlich nicht mehr mit 40 oder 50.«*

Ein zweifacher bzw. unsteter Erwerbsstatus stellt für Michael also kein Worst-Case-Szenario im Sinne eines unternehmerischen Scheiterns dar, sondern eine Handlungsoption, aus der er subjektive Sicherheit schöpft.

### 8.2.6 Zusammenfassung: Auf der Suche nach einem Zwischenweg

Michael beruft sich zentral auf sein künstlerisches Talent. Dieses disponiere ihn für seine Tätigkeit als Designer. Sein primäres Interesse ist es jedoch, sein Talent wirtschaftlich zu verwerten. In diesem Sinne unkonventionell und normabweichend zu sein, gehört zu Michaels Selbstbild als Kreativer. Diese Haltung verbindet er zu einer spezifischen Mischung von bürgerlichen Vorstellungen und künstlerisch-kreativem Arbeitsethos. Zudem verfügt er über professionell erworbene kaufmännische Fähigkeiten, einen familial vermittelten Unternehmergeist sowie über ein spezifisches Gestaltungstalent.

In erster Linie allerdings ist sein berufliches Selbstbild an eine Vorstellung eines aus seiner Sicht komfortablen, sozialen Status statt an eine künstlerisch geprägte, wertrationale Arbeitshaltung mit entsprechend labilem, sozialem Status gekoppelt. Er will bequem und weitgehend unbehelligt von den hohen (Selbst- und Fremd-)Anforderungen leben, die für ihn mit einer künstlerischen Existenz verknüpft sind. Dem kreativen Schaffensprozess weist er daher kaum mehr einen künstlerischen Anspruch zu. Designarbeit hat für ihn nicht den Anstrich einer künstlerisch wertvollen Arbeit. Sein Talent bettet er vielmehr in eine betriebswirtschaftliche Renditeorientierung ein und konzentriert sich insofern primär auf die Befriedigung der Kundenbedürfnisse und -wünsche

## 8. Die Designbranche als ein Ort von Status-Arbeit 311

anstatt darauf, im Sinne der Künstlerkritik möglichst authentisch sein zu wollen (und zu sollen). Die Unsicherheiten seiner Lebensführung verarbeitet er subjektiv, indem er langfristige Ziele entwirft und Prosperitätserwartungen hegt. Zugleich relativiert er deren Bedeutung und arrangiert sich über eine scheinbar indifferente, im Kern aber zukunftsoffene Haltung mit den Unwägbarkeiten. Im Vertrauen darauf, dass alles gut wird, lässt er die Dinge auf sich zukommen. Mental kann er dabei auf habituell geprägte, familiär vererbte, ideelle Sicherheiten zurückgreifen, die es ihm offenbar ermöglichen, die sich ihm bietenden Handlungsoptionen als »segensreich« zu antizipieren und sich selbst darin als handlungsmächtigen Akteur zu konstruieren (vgl. Bourdieu 2001b: 271).

Auf einer praktischen Ebene wird soziale Stabilität sowohl durch enge familiäre und persönliche Netzwerke hergestellt, die bei Bedarf finanzielle Ressourcen bereitstellen, als auch durch die Möglichkeit, notfalls Gelegenheitsjobs nachzugehen. Institutionenferne und vor allem sein hybrides Selbstbild zwischen Lebenskünstler und Unternehmer zeigen sich pointiert in seiner skeptischen Haltung gegenüber der KSK. Der relativ lange, fast zehn Jahre währende Zeitraum des Einstieges in das Berufsfeld entspricht hingegen eher einer auf Dauer gestellten Unsicherheit und kann nicht mehr als Abschnitt einer unternehmerischen Gründungsphase betrachtet werden.

Eine Erwerbszentrierung zu Lasten seines privaten Lebens möchte er gleichwohl vermeiden. Dieses Ziel stellt er durch relativ feste Arbeitszeiten und das Arbeiten innerhalb einer Bürogemeinschaft sicher. Den Anforderungen einer projektorientierten Bewährungsordnung setzt er also eine reproduktionsorientierte Grenzziehung entgegen, die sich aber vorwiegend auf die zeitliche und nicht auf die soziale Ebene bezieht, wie etwa an der personellen Zusammensetzung der Bürogemeinschaft zu erkennen ist.

Michaels Haltung zur Welt und die optimistische Selbstkonstruktion als handlungsmächtiger Akteur – auch angesichts eines prekären Wohlstandsniveaus und ungewisser Zukunftsaussichten – reflektiert eine Offenheit, die eigenen Gewissheiten als verhandelbar zu betrachten. Zwar geht er davon aus, dass es »*demnächst rocken*« wird, er also künftig verstärkt lukrative Aufträge bearbeitet, doch hat er andernfalls einen »Plan B« in der Tasche. Dieser Plan besteht darin, sich notfalls auf einem geringeren Niveau – z.B. als (prekär) Beschäftigter in der Gastronomie – einzurichten. Dass er sich jüngst ein Auto leisten konnte, interpretiert er als Zeichen seines persönlichen, wirtschaftlichen Aufschwungs. Um diesen voran zu treiben, hat er sich nicht auf ein spezifisches Marktsegment spezialisiert, konzentriert sich aber auf den privatwirtschaftlichen Bereich als Kunden, weil hier seiner Einschätzung nach die ökonomischen Spielräume vergleichsweise groß sind.

Ausgestattet mit einer relativ leidenschaftslosen Haltung gegenüber Arbeitsinhalten, aber mit Feuer für seine freiberufliche Erwerbsform wird hier auf seinen beharrlich erarbeiteten, persönlichen Durchbruch vertraut. Diese optimistische sowie offene Zukunftshaltung reflektiert eine recht unbekümmerte Verarbeitungsform der Feldkontingenzen im Rahmen eines hybriden Selbstbildes zwischen Unternehmer und Lebenskünstler. Die Gegenwart dieser Lebensform scheint sich geradewegs in eine Zukunft ohne weitere Sorgeverpflichtungen zu entspinnen. Hier passt sich ein noch relativ junger, beruflich gut vernetzter Designer pragmatisch an die Gegebenheiten an. Und wenn alle Stricke reißen, geht er wieder Kellnern.

## 8.3 »ICH MACH KEINE WERBUNG – ICH MACH KUNST!« (INES, KOMMUNIKATIONSDESIGNERIN)

Dieses Porträt ist von einem subjektiv belastenden Spannungsfeld von ökonomischer versus symbolischer Wertschätzung sowie von einem Kampf am mentalen wie wirtschaftlichen Abgrund geprägt. Die Strategie sich in diesen Bedingungen einzurichten und sie soweit möglich nach den eigenen Interessen zu gestalten lässt sich so fassen: Hier werden hybride Erwerbsformen als Pendelexistenz zwischen unterschiedlichen künstlerisch-kreativen Feldern praktiziert. Diese Strategie zwischen verschiedenen Erwerbsformen und Feldern zu pendeln, entlastet zwar temporär von den alltäglichen Existenzsorgen. Doch zusammen genommen weckt dieser unstete Status und die damit verquickte ökonomische Prekarität ein Gefühl von wirtschaftlicher Abhängigkeit und von moralischer Entwürdigung.

Dieses Muster wird im Folgenden an *Ines* verdeutlicht. Sie ist zum Zeitpunkt des Interviews 32 Jahre alt. Sie stammt aus Spanien und lebt seit sieben Jahren als freiberufliche Kommunikationsdesignerin und Illustratorin in Berlin. Als Single lebt sie in einer Zweier-WG, die in fußläufiger Nähe zu ihrem Arbeitsraum einer Bürogemeinschaft liegt. Obwohl sie sich in Berlin wohl fühlt, trägt sie sich mit dem Gedanken, die Stadt zu verlassen; nicht zuletzt aufgrund ihrer angespannten und kräftezehrenden Einkommenssituation.

### 8.3.1 Qualifikation und Berufseinstieg

Ines hat in Spanien freie Kunst mit Spezialisierung auf Grafikdesign studiert. Der Schwerpunkt ihrer Studien lag daher weniger auf dem Erlernen von branchenüblicher Software wie Grafikprogrammen oder (Selbst-)Managementkompetenzen. Vielmehr konzentrierte sie sich auf einen Kunstschwerpunkt und hierbei auf »*basale*« Tätigkeiten wie Malen, Zeichnen, Kneten und damit zusammenhängend auch auf das Thema »kreative Ideenentwicklung für Werbekampagnen«. Im Zuge dieser Ausbildung entwickelt sie den Berufswunsch Grafikdesignerin. 2001 beendet sie ihr Studium erfolgreich und beginnt –

noch in Spanien – als Grafikdesignerin ihre Erwerbskarriere jenseits betrieblicher Verfassung.

Diesen Berufseinstieg interpretiert sie im Rückblick als Weichenstellung. Denn eine angestellte Tätigkeit hätte sie nach ihrem Dafürhalten bei ihrer fachlichen Entwicklung unterstützt und sie zudem besser auf den Markt und seine Unwägbarkeiten vorbereitet. Nach ihrer Berufseinstiegsphase in Spanien siedelt sie im Jahr 2003 nach Deutschland über. Hier absolviert sie nach einer kurzen Orientierungsphase verschiedene Praktika in Designagenturen in Düsseldorf und Berlin. Nach weiteren zwei Jahren der Freiberuflichkeit – die in dieser Phase bearbeiteten Aufträge speisen sich vor allem aus Kontakten in Spanien und können durch die telekommunikative Vernetzung bedient werden – gelingt es Ines, eine Festanstellung in einer Werbeagentur zu erhalten. Ihre Aufgabe dort ist es, an der Konzeption von Werbekampagnen und der Corporate Identity für große Markennamen mitzuarbeiten. Anfangs war sie dort äußerst zufrieden. Sie hat sich mit den Regeln von Agenturarbeit vertraut gemacht. Gelernt, wie man professionell mit Kunden umgeht, Ideen entwickelt und umsetzt. Vor allem hat sie in dieser Zeit einen guten Brancheneinblick bekommen und Kontakte zu anderen Angestellten und freien Designern geknüpft. Nach etwa einem Jahr aber fühlt sie sich in kreativer Hinsicht zunehmend unterfordert und eingeengt. Zudem glaubt sie sich nun ausreichend qualifiziert und reif für eine Gehaltserhöhung. Die bleibt aber trotz Zielvereinbarungsgesprächen mit der Agenturchefin aus. Statt mit einem adäquaten Auskommen entlohnt zu werden, so schildert die Befragte ihre Erfahrung, hat sie weiterhin unbezahlte Überstunden in der Agentur gemacht – und damit eine informelle Regel der Arbeit in Agenturen kennen gelernt.

Die Diskrepanz zwischen Arbeitseinsatz, unvergüteten Überstunden und ausbleibender Gehaltserhöhung macht Ines zunehmend unzufrieden. In ihr entsteht der Wunsch, wieder selbständig zu arbeiten. Mit der Geschäftsleitung handelt sie daraufhin eine Kündigung aus, um ihr erworbenes Anrecht auf »ALG I« aufrecht zu erhalten. Folglich bezieht sie in den folgenden Monaten Arbeitslosengeld und beantragt anschließend einen Zuschuss zur Existenzgründung bei der Bundesagentur für Arbeit. Den Gründungszuschuss erhält sie für neun Monate. Mit dieser temporären Sicherheit im Rücken begibt sie sich erneut auf den freien Markt und kann sich zunächst auf zwar geringe, aber regelmäßige Einkünfte verlassen. In dieser Zeit versichert sie sich freiwillig bei einer gesetzlichen Krankenversicherung – was mit entsprechend höheren Kosten verbunden ist, da sich die Prüfung zur Aufnahme in die Künstlersozialkasse über ein knappes Jahr hinzieht.

## 8.3.2 Arbeitsorganisation, Inhalte, Arbeitszeiten

Diese Kommunikationsdesignerin sieht sich als künstlerisch ambitionierte Illustratorin. Leider wird sie als Illustratorin selten angefragt. Ihrem Selbstverständnis als Künstlerin entsprechend, wird hauptsächlich nach Aufträgen aus dem Kunst- und Kultursektor gesucht. Zum Zeitpunkt des Interviews im Frühsommer 2011 hat sie einen kleineren Illustrationsauftrag von einer Kundin aus Österreich und arbeitet zudem an dem Artwork einer befreundeten Musikerin. Ines' Arbeitszeit folgt einem geregelten Rhythmus. Ihr Arbeitstag beginnt meist gegen halb elf Uhr morgens und dauert bis 18, manchmal auch bis 20 Uhr. Dabei plant sie acht Stunden für ihre Erwerbsarbeit ein und nutzt verbleibende Stunden und das Wochenende, um ihr Profil als Künstlerin zu schärfen.

Ihr Arbeitsort ist ein »Projektraum« in einem aufstrebenden Berliner Bezirk. Diesen Projektraum unterhält sie zusammen mit einer befreundeten Kulturmanagerin. Sie nutzen ihn als kombinierten Arbeits- und Ausstellungsraum. Dort finden wechselnde Ausstellungen und andere kulturelle Veranstaltungen statt. Ines ist insofern auch Teil der sogenannten freien, d.h. institutionell nicht geförderten Kultur- und Kreativszene der Stadt (vgl. Kap. 6). Geld verdient sie mit ihren künstlerischen Tätigkeiten zwar nicht. Doch das ist auch nicht der Sinn der Sache, wie sie betont.

Im Interview beschreibt sie den Kunst- und Kultursektor als den schwierigsten Bereich in Bezug auf Honorarvereinbarungen und Kundenakquise. Da das Einkommen aus diesen Aufträgen nicht ausreicht, weicht sie auf Arbeiten mit geringerem Subjektivierungspotenzial aus und erstellt Werbeflyer sowie Visitenkarten. Die Befragte nutzt Personalvermittlungsagenturen, um ihre Auftragssituation zu verbessern – was jedoch bislang nicht fruchtete. Ein Großteil ihrer Arbeitszeit wendet sie für wirtschaftlich notwendige Aufträge auf, sodass für ihr Spielbein, die künstlerische Arbeit, nur die Arbeitsrandzeiten und das Wochenende verbleiben.

Arbeit und Privatleben kann sie nach eigener Aussage schwer trennen, wobei ihr die Nutzung des Atelierraums dabei hilft. Dennoch ist ihre Erwerbsarbeit räumlich nicht auf den Projektraum begrenzt, sondern wird auch zu Hause erledigt: »*Meine Arbeit ist auch mein Leben ein bisschen. Es ist gemischt und nicht klar abgrenzbar.*« Wenn Kunden außerhalb ihrer eigentlichen Arbeitszeit mit Anfragen, Wünschen oder Rückmeldungen an sie herantreten, kann sie schwer »nein« sagen.

»*Manchmal sage ich nein, das mache ich am Montag, aber manchmal bin ich süchtig und mache das dann.*« [Weil es dir Spaß macht?] »*Beides, das kommt darauf an. Manchmal weil es Spaß macht und manchmal weil ich weiß, ich mache es lieber jetzt, weil ich weiß, am Montag muss ich etwas anderes machen.*«

Diese wenig abgegrenzte Haltung führt – wie sie beklagt – zu häufigen Kopfschmerzen infolge von Arbeitsverdichtung.

### 8.3.3 Einkommen, Interessenvertretung und soziale Sicherung

Den Großteil ihrer Aufträge erhält Ines über berufliche Kontakte, die sie während ihrer Zeit in der Agentur knüpfte und über Freunde und Bekannte. Viele ihrer Kunden kommen aus dem Kultursektor, sind Einzelunternehmer oder Künstler und verfügen selbst häufig nur über ein schmales Budget. Oder sie hängen von Fördergeldern ab, die oftmals gering und deren Bewilligungen langwierig sind. Infolgedessen passt die Designerin ihre Honorare nach unten an, um konkurrenzfähig zu bleiben. Daneben bewirbt sie sich initiativ für Projekte oder auf Ausschreibungen, darunter auch solche aus dem europäischen Ausland. Da dies bisher wenig erfolgreich war, ist sie auf ihre informellen Netzwerke vor Ort angewiesen. Als wichtigen Kontakt nennt sie ihre ehemalige Agenturchefin, welche ihr hin und wieder zu Aufträgen verhelfe. Doch um ihre fragile finanzielle Situation zu stabilisieren, ist dieses soziale Kapital zu wenig. Erschwerend kommt hinzu, dass einige ihrer Kunden insolvent gingen.

Sozialversichert ist Ines in der KSK. Da sich, so erzählt sie, die Aufnahmeprozedur in die Künstlersozialversicherung sehr langwierig gestaltete, ist sie nun erleichtert, dass ihrem Aufnahmeantrag statt gegeben wurde. Das entlastet sie auch finanziell, weil die Beiträge an ihr Einkommen angepasst und deshalb recht niedrig sind. Zudem ist sie Mitglied in diversen Netzwerken und Verbänden. Antrieb ist hierbei weniger der Wunsch nach einer arbeitspolitischen Organisierung. Vielmehr erhofft sie sich auch davon einen ökonomischen Gewinn in Form von Aufträgen. Bislang aber hat etwa ihre Mitgliedschaft in Personalvermittlungsagenturen nichts gebracht. Sie vermutet, dass dort eher Werber, Programmierer und Interaktive Designer_innen gesucht werden. Diesem Berufsbild möchte sie nicht entsprechen. Um sich jedoch alle Türen offen zu halten, vernetzt sie sich auch in solchen Netzwerken, denn man weiß ja nie, ob sich das nicht eines Tages doch auszahlt.

Ihr Planungshorizont beschränke sich derzeit auf einen Monat. Zudem klagt sie über die fehlende Zahlungsmoral einiger Kunden. Da hilft das Wohngeld, das sie seit kurzem bezieht, um die laufenden Kosten zu decken. Zusammen genommen hat ihr dieser Sommer (2011) »*die schlimmste Zeit ihres Lebens*« beschert.

### 8.3.4 Selbstverständnis, Zukunftsaussichten

Ines sieht sich der Kunst verpflichtet. Über ihr Verhältnis zur Arbeit sagt sie: »*manchmal bin ich süchtig*«. Wichtig ist ihr, Design nach ihrem Kunstempfinden zu gestalten und einen unverkennbaren Design-Stil zu entwickeln. Sie möchte einen Stammkundenkreis aufbauen, »weil sie *(*die Kunden, A.M.) *etwas Bestimmtes von mir kennen und mögen«*.

Unikate mit künstlerischem Wert zu produzieren ist ihr ein größeres Anliegen, als durch technisches und kundenorientiertes Know-how zu überzeugen. So hat sie keinerlei ökonomische Ambitionen oder langfristige Ziele. Wichtig ist ihr »*gut leben können«*, d.h. einer persönlich erfüllenden Arbeit nachzugehen. Dazu gehört für sie, unabhängig arbeiten zu können, ihre eigene Chefin zu sein und ihre Kreativität selbstbestimmt ausleben zu können. Auftragsarbeiten, in denen sie überwiegend weisungsgebundene Designarbeiten ausführt, führen bei ihr zu Frustration und Unzufriedenheit.

### 8.3.5 Zusammenfassung: Wirtschaftliche und mentale Abwehrkämpfe

Ines ist als Kommunikationsdesignerin mit einem künstlerischen Arbeitsethos zu klassifizieren. Im Rahmen des Machbaren legt sie eine relative Interesselosigkeit gegenüber kommerziellem Erfolg an den Tag. Künstlerische Arbeit bietet ihr ein hohes Maß an subjektiver Selbstentfaltung. Sie ist eine Pendlerin zwischen verschiedenen Feldern und Erwerbsformen.

Ihre mangelnde Begeisterung für die Spielregeln der Designbranche trägt neben den insgesamt schwierigen Arbeitsbedingungen und der hohen Konkurrenzdichte dazu bei, dass sie sich bisher noch keine profitable Nische erschließen konnte. Trotz ihres deutlich artikulierten Leidensdrucks und ihrer zeitweiligen Sehnsucht nach einer festen und geregelten Tätigkeit, ist eine dauerhafte Anstellung in einer Werbe- oder Designagentur für Ines keine Option. Nach ihrem Dafürhalten bietet nur eine freiberufliche Erwerbsform die von ihr als notwendig erachtete, künstlerische Freiheit. Dabei hofft sie darauf, dass sich die Situation (von allein) entspannt. Sie spielt aber auch mit dem Gedanken, notfalls als Freelancerin in einer Agentur anzuheuern und die von ihr empfundenen Nachteile zugunsten wirtschaftlicher Sicherheit in Kauf zu nehmen.

Ihr Positionierungsprozess im Feld wird zudem davon gerahmt, dass sie sich als »Exotin«, d.h. als doppelt fremd erlebt: zum einen als Designerin mit einem künstlerischen Ethos und zum anderen als Spanierin mit ausbaufähigen Deutsch- und Englischkenntnissen. Ines ist eine Grenzgängerin zwischen zwei Feldern: dem Feld der Bildenden Kunst und der Designbranche. So versucht sie sich in einer felderüberbrückenden Mischstrategie, die beide Felder und deren spezifische Logiken miteinander aussöhnt. In dieser Position fühlt sie sich allerdings unwohl, zumal ihr die Anerkennung als professionelle Designerin fehlt, die sie ihrer Ansicht nach verdient. Erschwerend kommt hinzu, dass ihr die Existenz in einem für sie fremden institutionellen und bürokratischen Kontext sehr viel Kraft und Durchhaltewillen abverlangt – ein Kraftakt,

## 8. Die Designbranche als ein Ort von Status-Arbeit 317

der sie an den Rand ihrer Belastungsfähigkeit zu bringen scheint. Halt gibt ihr in dieser schwierigen Lage der Kontakt zu einer ehemaligen Arbeitgeberin und die daraus resultierenden Aufträge. Dieses diskontinuierliche und projektbezogene Arbeitsverhältnis ist für die Befragte zwar existenziell wichtig; zugleich hält es sie in einem Gefühl von wirtschaftlicher und sozialer Abhängigkeit. Die Befragte empfindet die Ungewissheit ihrer Existenz als belastend. Sie sucht unablässig nach Wegen, ihre Arbeitsmarktlage flexibel und zugleich sicher zu gestalten, ohne das hohe Subjektivierungspotenzial ihrer Arbeit zu unterminieren. Dass ihr die Kontrolle über ihr künstlerisches Schaffen wichtiger ist als die ökonomischen Gewinnaussichten, entwickelt sich aktuell zu einem wirtschaftlichen wie mentalen Fallstrick. So durchlebt sie aktuell eine existenzielle Krise und ist kurz davor aufzugeben.

In ihrer Misere sieht sie sich gewissermaßen als typische Vertreterin künstlerisch-kreativer Arbeitsbedingungen Berlins mit seiner hohen Konkurrenzdichte. Die Auftraggeber würden ihre Arbeit nicht ausreichend schätzen und ihr das Gefühl vermitteln, dass die Auftragsvergabe eher ein informeller Gefallen als ein leistungsbezogener, marktlicher Tauschhandel wäre. Auch von anderen Kolleg_innen habe sie ähnliches gehört und sieht sich deshalb darin bestätigt, dass auf dem Berliner Markt eine Anerkennung professioneller Arbeit mit künstlerischem Anspruch kaum stattfindet. Zwar ist Ines komplex vernetzt, sowohl beruflich in formalisierten, informellen aber auch in berufsübergreifenden Netzwerken. Doch werfen diese bislang aus verschiedenen Gründen – wie z.B. Sprachbarrieren, künstlerische Orientierung, kurzzeitige Szeneverankerung – nicht den erhofften Profit ab. Nach ihrer Selbstwahrnehmung befindet sie sich in einem anhaltenden Bewährungsprozess. Diese ungewisse Lage frustriert sie, da sie nurmehr von Tag zu Tag planen kann.

Hin und wieder übernimmt sie deshalb dienstleistungsnahe Aufträge, die sie als Broterwerb und nach ihrem Verständnis als entfremdete Arbeit betrachtet. Denn das, was sie als Branchenanforderungen wahrnimmt, erlebt sie als marktlichen Selbstoptimierungsdruck – und diesen als Zumutung. Ihre ideelle Energie, ihr Herzblut steckt sie indes in einen Kunstraum, zu dem sie einen Teil ihrer Bürogemeinschaft gelegentlich umfunktioniert. Geld und somit die Anhäufung von ökonomischem Kapital durch z.B. eine Raummiete spielt dabei keine große Rolle, da sie sich eher an den Regeln der symbolischen Ökonomie orientiert. Ein symbolischer Tauschakt besteht wohl vielmehr darin, dass die Befragte ihren Projektraum trotz ihrer eigenen labilen Finanzlage kostenfrei zur Verfügung stellt, – sie erhofft sich damit einen Zugang zu künstlerischen Kreisen zu erschließen. Doch: Ines fühlt sich als Außenseiterin im Feld.

## 8.4 »ICH MAG DIE FREIHEIT.« (KATHARINA, MODEDESIGNERIN)

Dieses Porträt beschreibt eine Strategie, die als Status-Strategie im Feld eine Art Randposition bekleidet, in lebensweltlicher Hinsicht hingegen recht verbeitet zu sein scheint. Es handelt sich um eine künstlerkritische Strategie einer Modedesignerin, die sich selbst als autonome Randexistenz beschreibt und dies auf den kommerziellen Zwang zurückführt, der im Feld vorherrsche. In der subjektiven Selbstwahrnehmung wird diese Form der Selbst-Prekarisierung zu einer Praxis der künstlerischen Freiheit aufgewertet. Wichtige Leitplanken dieser künstlerischen Freiheit sind ein subjektivierender Rekurs auf einen Post-Punk-Ethos, wie er in Kap. 6 beschrieben wurde, prekäre Mehrfachbeschäftigungen sowie eine Existenz in privater Abhängigkeit. Auch hier ist es nicht ohne Weiteres möglich, die Art der Arbeit eindeutig und ausschließlich in einem Feld zu verorten, sodass auch in diesem Porträt die zunehmende Verflechtung von verschiedenen künstlerisch-kreativen Erwerbsfeldern ein Thema ist.

Dieses Muster wird empirisch illustriert anhand von *Katharina*. Sie ist zum Zeitpunkt des Interviews 47 Jahre alt. Sie stammt aus Westdeutschland, hat Visuelle Kommunikation studiert und lebt in einem Berliner Szene-Bezirk zusammen mit ihrer Lebenspartnerin. Seit Mitte der 1990er Jahre entwickelt und fertigt sie vor allem für Stammkunden aus dem Bereich der Darstellenden Künste Kostüme. Zusätzlich entwirft und produziert sie eigene Mode-Kreationen, die sie als Einzelstücke oder Kleinserien auf Design-Märkten verkauft. Als drittes Standbein dienen Kreativ-Kurse in Jugendzentren und Bildungseinrichtungen. Manchmal arbeitet sie aushilfsweise an Theatern in der Kostümbetreuung. Ihr Herz schlägt jedoch für die Mode- bzw. Kostümproduktion; dabei ist es für sie offenbar nachrangig, in welcher Erwerbsform sie dies tut.

### 8.4.1 Qualifikation und Berufseinstieg

Katharina ist eine Autodidaktin. Ebenso wie Ines dehnt sie ihre professionelle Ausbildung in ein verwandtes Feld aus. Während jedoch Ines einen Kunsthochschulabschluss hat und sich in der Kommunikationsdesignbranche zu bewähren sucht, ist Katharina den umgekehrten Weg gegangen. Nähen allerdings kann sie schon »*von Zuhause*« aus, ihre Mutter hat es ihr beigebracht. Bereits als Jugendliche fühlt sich die Befragte der kreativen Szene zugehörig, wie sie im Interview sagt. So studiert sie nach dem Besuch einer Fachoberschule für Gestaltung das Studienfach Visuelle Kommunikation. Im Anschluss an ihr Studium geht sie jedoch nicht in die Werbung, da sie sich in dieser Szene bereits während des Studiums fremd fühlte. Stattdessen schlägt sie sich einige Jahre als Künstlerin durch. Wirtschaftlich hält sie sich mit zahlreichen Neben-

Jobs über Wasser. Mitte der 1990er Jahre, sie ist inzwischen 32 Jahre, lebt sie für einige Jahre in der (Mode)Metropole London (vgl. McRobbie 2007). Dort absolviert sie auf privater Basis zahlreiche Kurse in Schnitttechnik und Stoffverarbeitung. Sie stellt selbstgefertigte Produkte auf Märkten aus und verdient ihr erstes Geld mit der Fabrikation von Mode. Mode ist für sie »*etwas, was man sich kauft und sich anzieht – auf der Straße oder auf ner Party*«.

Zurückgekehrt nach Deutschland, fasst sie dank ihrer transnational aufrechterhaltenen Sozialkontakte und Netzwerke in der Club- und Theaterperformanceszene im Nachwende-Berlin Fuß. Ihre langjährige Milieuverankerung und das auch während ihres Auslandsaufenthalts gepflegte soziale Kapital sind die Voraussetzungen dafür, dass sie sich in relativ kurzer Zeit einen guten Ruf in der Off-Theater- und Tanzszene Berlins erarbeiten konnte.

So gelingt es ihr, sich einen treuen Kundenstamm aufzubauen. Profitierend von der netzwerkartigen, informellen »Job-Gerüchteküche« (McRobbie 2007: 84) Berlins, findet die Befragte ihre Nische als »*Kleiderkünstlerin*«. Sie verfolgt insofern, ähnlich wie Ines, eine »Unikate-Strategie«. Ein zusätzliches Modedesignstudium oder eine Schneiderlehre zieht sie nicht in Erwägung, da sie sich geschäftlich gut verankert fühlt. Vielmehr feilt sie autodidaktisch an ihren fachlich-technischen Fähigkeiten und entwickelt sich zu einer Kunsthandwerkerin. Nicht vorhandenes Wissen überbrücke sie mit Improvisationstalent und Flexibilität. Selbst-Vermarktung wie z.B. die Erstellung einer Webseite lehnt sie ab, was sie sich aufgrund ihrer Milieuverankerung und angesichts ihrer bescheidenen sozioökonomischen Ansprüche offenbar leisten kann.

### 8.4.2 Arbeitsorganisation und Arbeitsinhalte

Katharina arbeitet im Randgebiet der jungen Modeszene Berlins. Die Organisation von Arbeit ist von ihrem inhaltlichen Selbstverständnis als Künstlerin bestimmt. Sie produziert Unikate. Ob diese markttauglich sind, ist für sie zweitrangig. Entscheidend ist für sie, dass sie ihre künstlerische Neigung und Kreativität ausleben kann und von ihrem »Publikum« Bestätigung erhält. Ihre Modeprodukte verkauft sie vor allem auf Wochenmärkten: »*Das mach' ich und [...] wenn es jemand kauft, dann ist gut.*« Wirtschaftlichen Erfolg betrachtet sie demnach als »*gut*«. Doch im Mittelpunkt steht für sie das Schaffen und Herstellen dessen, »*wozu sie Lust hat*«. Folgerichtig entwickelt sie weder Ideen in Richtung einer Fertigung in größeren Mengen noch erwägt sie einen Vertriebsaufbau. Management-Aufgaben sind für die Befragte eine unerquickliche Administrationsarbeit, die sie bei Gelegenheit erledigt. Vieles »*ergibt*« sich durch die räumlich-zeitliche Lage der Produktionen. Verortet man das Berufsbild Modedesignerin zwischen Kunst, Handwerk und Markt, konzentriert sich diese Befragte auf das Kunsthandwerkliche, das sie sich im Rahmen von nichtzertifizierten Weiterbildungskursen in London und durch langjährige autodidaktische Anstrengungen angeeignet hat.

Auftrags-Arbeit, d.h. die Mitarbeit am Theater in der Kostümproduktion, ist für sie eine »*ganz tolle spannende Geschichte, aber [...] auch wahnsinnig anstrengend*«. Denn in diesen Phasen ist sie gezwungen, ihre hoch geschätzte Freiheit, d.h. ihre zeitliche, räumliche und inhaltliche Autonomie temporär zurückzustecken. Zudem braucht sie für die Kostümproduktion z.T. ausgefallene und teure Materialien. Bevor sie in Produktion gehen kann, muss sie das Material beschaffen und häufig in finanzielle Vorleistung gehen. Sodann ist der Produktionsprozess nicht nur von künstlerischen Erfordernissen, sondern zeitlich auch von Premierenterminen bestimmt. Komplexere Aufgaben löst sie im Rahmen ihrer informellen Netzwerke in einem locker arbeitsteilig organisierten Zusammenhang.

So steht sie mit befreundeten Fotograf_innen, Stylist_innen oder Herrenschneider_innen in regem Tauschhandel: »*Man bezahlt sich auch mal, aber die Tauschgeschichten funktionieren gut.*« Diese informellen Tauschgeschäfte sind für Katharina eine wichtige Stütze in ihrem prekären Arrangement. An eine Veränderung denkt sie nicht. Weder strebt sie ein Anstellungsverhältnis an noch ist ein Arbeitgeberinnen-Status ihr Ziel. »*Das wichtigste an Kreativität ist, dass man improvisieren kann*«, findet sie.

### 8.4.3 Dauer und Lage der Arbeitszeit

Katharina beschreibt sich selbst als »*eine, die eigentlich die ganze Zeit irgendwas macht*«. Abschalten fällt ihr schwer. Zugleich betont sie:

»*Ich mag ungern die Freiheit aufgeben, dass ich mir das komplett aussuchen kann. Dass ich ganz spontan entscheiden kann, wann ich anfange morgens und wann ich aufhöre abends.*«

Ihre Arbeit erstreckt sich in der Regel auf eine Sieben-Tage-Woche, ermöglicht aber auch ein »*heute mal nicht*«. In der Regel arbeitet sie in ihrem Atelier. Unterbrochen wird diese Tätigkeit mehrmals pro Jahr durch Arbeitsphasen außerhalb Berlins sowie im Ausland. Diese projektorganisierte Produktionsarbeit im Bereich der Darstellenden Künste heißt für sie eine wochenweise äußerst belastende Arbeit, die sie deshalb »*nicht dauernd machen*« kann. Denn dann wird über Wochen nahezu durchgearbeitet. Wenn möglich, geht sie zum Arbeiten auch in die Wohnung und schaut nebenher Fernsehserien, »*um nicht dieses Gefühl zu haben den ganzen Tag zu arbeiten*«, oder sie arbeitet bei einem gemütlichen Abend mit Freunden weiter: »*Also das fließt so ein bißchen ineinander über.*«

Die fließenden Grenzen zwischen Arbeit und Nicht-Arbeit sind für Katharina ein wichtiger Aspekt ihres Arbeitslebens und Ausdruck ihres künstlerisch geprägten Arbeits- und Lebens-Modells. Während diese entgrenzte Arbeits- und Lebensweise für sie selber keine Last, sondern Lust ist, sah ihre in einem Angestelltenverhältnis stehende Freundin das offenbar anders. Denn diese, erzählt Katharina, will nicht ständig mit Katharinas Arbeitseifer konfrontiert werden oder über die in der Wohnung verstreuten Produktionsmaterialien stolpern. Um diesen privaten Streit zu umgehen, hat sie auf Intervention ihrer Freundin immerhin »*schon den Schritt gemacht*«, das Atelier aus der Wohnung heraus zu verlegen. Zudem haben die Partnerinnen vereinbart, regelmäßig gemeinsame, längere Urlaube zu machen. Bei diesen Gelegenheiten wirklich zu pausieren, war für Katharina eine Übungssache: die ersten Male kaufte sie sich nach nur einer Woche Strickzeug, um sich irgendwie kunsthandwerklich zu betätigen.

### 8.4.4 Einkommen, soziale Sicherung, Interessenvertretung

Ihr finanzielles Einkommen bezieht Katharina aus mehreren Quellen. Bei den Theaterproduktionen gibt es Honorarvorgaben mit wenig Verhandlungsspielraum. Ihre sonstige, selbständige Kalkulation ist im Kern kundenorientiert. Zwar legt sie ihrer Arbeitsleistung einen Stundensatz in der Spanne zwischen zehn und 40 Euro zugrunde. Doch in der Praxis dient er bestenfalls als Daumenregel, weil sie ihr Entgelt flexibel an die Honorarvorstellungen der Auftraggeber anpasst.

Die finanziellen Standbeine – die eigenen Kollektionen, das Aushelfen in Kostümabteilungen und das Unterrichten in Kreativ-Kursen – bilden unberechenbare Einkommensquellen. Ein monatliches Einkommen kann sie daher nicht angeben, sie rechnet über das gesamte Jahr – wegen der KSK, denn dort wird der monatliche Beitrag anhand der Vorjahreseinkünfte festgelegt. Die laufende Absicherung wird zu einem Gutteil durch ihre Lebenspartnerin geleistet. Katharinas Beitrag zum Haushaltseinkommen wird eher für Extras verwendet. In diesem Sinne ist sie eine »Luxusarbeiterin«, die »keinen anderen Herr und Meister [anerkennt, A.M.] als ihre Kunst« und darüber »den Markt zum Verschwinden« bringt (Bourdieu 2001a: 134). Der Markt wird in diesem Fall aber nicht nur durch eine konsequente künstlerische Handlungsstrategie zum Verschwinden gebracht, sondern zu einem Gutteil durch eine auch wirtschaftliche Paargemeinschaft symbolisch verschleiert.

Die partnerschaftliche Arbeitsteilung stellt eine Variante des für die Bundesrepublik typischen Zuverdienermodells dar (vgl. Pfau-Effinger 2000). Dieses Zuverdienermodell, dem eine starke Personenabhängigkeit eingeschrieben ist, ermöglicht es dieser Modedesignerin jenseits von Existenzverpflichtungen ihr berufliches Selbstverständnis zu verwirklichen. Voraussetzung für ihre künstlerisch-kreative Freiheit ist damit ein privates Abhängigkeitsverhältnis, das ihr den Status einer Zuverdienerin zuweist (vgl. Ostner 1995).

Gemäß ihrer subkulturellen, emanzipatorisch-institutionenkritischen Verortung ist Katharinas Verhältnis zu Verbänden und Interessenvertretungen eher distanziert. Auch eine Vernetzung via Social Media spielt für die Befragte keine Rolle.[1] Ihre Aufträge erhält sie daher ausschließlich über Empfehlungen. Als Künstlerin ist sie irgendwie »*schon immer*« in der KSK versichert. Insgesamt ist ihre soziale Absicherung »*ziemlich minimal*«. Viel wichtiger ist ihr, dass sie noch ziemlich lange nähen kann. Doch am wichtigsten ist ihr die symbolische Entlohnung, wenn etwa in einer Rezension auch ihre Kostüme lobend erwähnt werden oder sie sich selbst sagen kann:

»*Wow, das hat ja jetzt geklappt oder das sieht gut aus auf der Bühne.*«

Wenngleich sie zu Beginn eines jeden Projektes mit Motivationsproblemen zu kämpfen habe, stelle sich ab einem bestimmten Punkt der Arbeit ein Rausch ein, der gegebenfalls von den erwähnten Erfolgserlebnissen gekrönt wird.

### 8.4.5 Selbstverständnis, Zukunftsaussichten

Katharinas berufliches Selbstverständnis ist von einem hohen Autonomiewillen geprägt. Ihn setzt sie im Rahmen einer festen Partnerschaft und unter Inkaufnahme wirtschaftlicher Knappheit um. Neben der zeitlichen Ebene äußert sich ihr Bedürfnis nach professioneller Selbstbestimmung in einem ebenso ausgeprägten Distinktionsverhalten gegenüber der Modebranche als Berufsfeld. Die branchenspezifischen Anforderungen kann sie fachlich kaum erfüllen. Überhaupt ist es in der Modebranche »*sehr schwer*«, wie sie meint. Das weiß sie auch aus ihrem Bekanntenkreis. Viele junge und hochkompetente Kolleginnen, die tolle Schulen mit großen Versprechungen besuchten, hätten heute alle große Schwierigkeiten, fänden keine Anstellungen, machten oft noch Weiterbildungen und Aufbaustudiengänge; es würden jedoch nur unbezahlte Praktika angeboten. Die Leute würden ausgenutzt, weil sie aus Verzweiflung für ganz wenig Geld arbeiteten. Deswegen will sie selbst mit diesem Feld nichts zu tun haben. Besondere Pläne für die Zukunft hat sie ohnehin nicht, der Status quo ist für sie befriedigend: »*wäre super, wenn es so bleiben würde*«. Traditionell unternehmerische Ambitionen wie der Aufbau eines finanziell li-

---

**1** | Möglicherweise ist die Abneigung gegenüber Social Networks nicht nur eine Frage der Milieuverankerung, sondern auch eine Altersfrage. Die Befragte ist zum Erhebungszeitpunkt 47 Jahre alt. Damit gehört sie zur Generation der sogenannten »*Digital Immigrants*«, d.h. zu einer Kohorte, die nicht mit dem Internet aufgewachsen ist.

quiden, renditeorientierten und evtl. expandierenden Unternehmens kennt sie nicht. Für die nähere Zukunft überlegt sie gleichwohl »*ein größeres Projekt*«, anzugehen, das ihre Arbeitskraft für einige Zeit ausschließlich in Anspruch nehmen würde. Dieses Projekt könnte das Potenzial eines »großen Treffers«, aber zumindest eine längerfristige Beschäftigungsperspektive in sich tragen, wie sie erklärt, ohne jedoch ins Detail gehen zu wollen.

Ungeklärt bleibt, ob es sich bei dieser größeren Produktion um einen von außen gesetzten Auftrag handelt, der zwar im Sinne wirtschaftlichen Erfolgs aus ihrer Sicht »*gut*«, aber nicht notwendig ist, oder ob sie auf diese größere Produktion aktiv hinarbeitet, um damit eine »Schwelle der Berechenbarkeit« (Bourdieu 2000: 92) ihrer Soziallage zu nehmen. Zudem wird sich erweisen, inwieweit die verschiedenen Jobs der Befragten genug Luft lassen, um einen solchen großen Treffer konsequent anzuvisieren. Zum Zeitpunkt des Interviews schien diese Option mehr eine Art Zukunftsvision zu sein, an die Katharina einerseits Hoffnungen knüpft. Andererseits scheint sie sich davor zu fürchten, von einem Projekt vollständig und längerfristig in Beschlag genommen zu werden.

### 8.4.6 Zusammenfassung: Eine genügsame Kleiderkünstlerin

Dieses Porträt ist geprägt von einem Post-Punk-Ethos der 1980er Jahre. Als »Kleiderkünstlerin« konnte sich Katharina dank langjähriger Szeneverankerung eine subjektiv befriedigende Nische erschließen, in der sie sich mit wechselnden Arbeitsverhältnissen eingerichtet hat. Zudem erfährt sie materielle Sicherheit in ihrer Partnerschaft. Diese Lebenssituation erlaubt ihr eine gewisse Lässigkeit im Umgang mit unsteten Arbeits- und Einkommensverhältnissen. Vor diesem Hintergrund ist Katharina als Modedesignerin mit einem künstlerischen Arbeitsethos zu klassifizieren. Durch ihre Erzählungen zieht sich ein roter Faden, der sich als zufriedenes, künstlerisches Selbst beschreiben lässt, dessen Arbeit künstlerisch verzaubert erscheint und von einem tiefen Gefühl der Selbstverwirklichung durchzogen ist.

*Katharinas* Modearbeit findet jenseits der Fashion Industry statt – und ist durchaus nicht untypisch für die vielen kleinen Modelabels, die sich in den letzten Jahren in Berlin gegründet haben. Im Feld verfügt Katharina über Ressourcen der autonomen Modeszene, die sie sich während ihrer fast 20-jährigen Erwerbsbiografie in verschiedenen subkulturellen Milieus erschließen konnte. In diesem Kontext hat sich nicht nur ihre berufliche Identität als Künstlerin herausgebildet; hier findet sie auch Kunden, die als privates und berufliches Netzwerk dienen. Ihre Arbeitsauslastung und ihr Einkommen sind unregelmäßig und auf verschiedene Betätigungsfelder verteilt. All das muss miteinander koordiniert werden. Im Zentrum ihres Arbeitshandelns stehen künstlerische Anforderungen der Bühnenproduktion. Die private Lebenskonstellation bietet der Befragten den Rückhalt, um sich auf den »Nominalwert« (Bourdieu 1987: 240) ihrer Arbeit zu konzentrieren und eine Arbeitshaltung der umgekehrten ökonomischen Logik zu praktizieren (vgl. Bourdieu 2001a). Finanzielle Engpässe nimmt sie nicht wahr, da sie durch ihre Partnerin eine ökonomische Grundsicherung erfährt. Im Tausch gegen persönliche Abhängigkeit kann sie die Idee von *symbolisches versus ökonomisches Kapital* aufrechterhalten.

Wirtschaftlich betrachtet, ist ihre Lage äußerst prekär. Das empfindet sie gleichwohl nicht so, weil wirtschaftlicher Erfolg nicht ihr Handlungsmaßstab ist – und ihre prekäre Lage durch ihre Partnerin ökonomisch abgefedert wird. So kann es sich die Befragte leisten, sich vorwiegend an der Akkumulation von symbolischem Kapital zu orientieren: die soziale Anerkennung seitens des von ihr bewohnten Milieus der Darstellenden Künste ist ihr schönster Arbeitslohn. Vor diesem Hintergrund schätzt sich diese Modedesignerin glücklich, dass es ihr gelingt sich zu behaupten. Und das in einem Feld, dem sie sich als »*Spezialfall*« eigentlich nicht zugehörig fühlt. Ihre eigensinnige Handlungsstrategie sich mit den Feldbedingungen kritisch auseinanderzusetzen, platziert die Befragte indes in eine randständige und ökonomisch prekäre Marktlage, die sie vergleichsweise offensiv ausfüllt. Anders als etwa im Fall Ines kann Katharina ihr Fremdheitsgefühl als Moment der kritischen, subjektiv befriedigenden Distanzierung von den tatsächlichen und vermeintlichen Anforderungen der Modebranche nutzen.

## 8.5 »*WÄRE SCHÖN, WENN ICH MEHR BEWEGEN KÖNNTE.*« (DORIS, MODEDESIGNERIN)

In diesem Porträt zeigt sich, welche Konflikte und strategischen Kompromisse der Spagat eine auf der zeitlichen Langstrecke prekären, hoch subjektivierten Arbeit insbesondere dann mit sich bringt, wenn er mit familialen Sorgepflichten vereinbart werden muss. Veranschaulicht wird dieser Konflikt an einer selbständigen Modedesignerin, die ihre Idee von einer künstlerisch aufgeladenen Arbeit den ökonomischen Bedingungen der Möglichkeit anpasst.

Die Modedesignerin *Doris* ist zum Zeitpunkt des Interviews 42 Jahre alt. Sie ist seit mehr als zehn Jahren in verschiedenen Konstellationen in der Berliner Modeszene tätig. Hervorstechendes Merkmal ist das Bemühen um fachliche Professionalisierung und eine unternehmerisch erfolgreiche Verortung in der Modeszene. Dieser strategische Kompromiss hat eine entscheidende Quelle in einer Familienkonstellation als alleinerziehende Familienversorgerin (vgl. Klenner/Menke/Pfahl 2012). Zwar ist die etwa 20-jährige Tochter kürzlich von Zuhause ausgezogen, wird von Doris aber finanziell unterstützt. Als alleinerziehende Familienernährerin, die nun zwar von ihren alltäglichen Sorgeverpflichtungen freigestellt ist, sich diesen aber nicht nur ökonomisch, sondern auch subjektiv verbunden fühlt, steht sie konstant vor der Herausforderung, die widersprüchlichen Anforderungen von Arbeit und Familienleben zu koordinieren. Zudem ist ihre Lebensführung nicht nur durch die synchrone Koordination von Produktions- und Reproduktionssphäre gekennzeichnet; ihr Alltag ist gleichfalls von einer Entgrenzung von Arbeit und Leben geprägt, weil Abend- und Wochenendarbeit für sie als selbständige Modedesignerin die Regel sind.

### 8.5.1 Qualifikation und Berufseinstieg

Doris wächst als Tochter eines kleinen Unternehmers und einer Hausfrau in einer Großstadt im Süden Westdeutschlands auf. Bereits mit zehn Jahren hat sie mit dem Nähen begonnen – autodidaktisch und »*mit Talent*«. Sie reklamiert hiermit eine künstlerische Begabung, die bereits in Kindertagen zum Vorschein gekommen sei – beim Kleidernähen für ihre Puppen. Aus dieser kunsthandwerklichen Leidenschaft heraus hat sie eine Ausbildung zur Damenschneiderin absolviert. Anschließend arbeitet sie in ihrer Heimatstadt einige Zeit als selbständige Schneiderin. Damit hat diese Befragte zunächst einen typisch weiblichen Beruf ohne weitreichende Karriereaufstiegsoptionen und ohne große Verdienstchancen gewählt – dem sie allerdings bald entfliehen will. Sie selbst ordnet ihren Beruf einerseits in das Reich der romantisch verklärten Künste ein (vgl. hierzu Kris/Kurz 1995). Andererseits führt sie in ihren Schilderungen ihre Existenz als Modedesignerin auch auf geschlechtsspezifische Sozialisationsprozesse und auf ein sozial konstruiertes, weibliches Arbeitsvermögen zurück (vgl. Beck-Gernsheim/Ostner 1978).

Nach der Geburt ihrer Tochter Anfang der 1990er Jahre, sie war damals Mitte 20, hat sie »*Kleidchen*« für ihre Tochter genäht. Diese Kleider waren offenbar so schön, dass sie entsprechende Nähaufträge aus ihrem Bekanntenkreis bekommen hat. Ermutigt durch die soziale und finanzielle Resonanz auf ihre Arbeit, entschließt sie sich Mitte der 1990er Jahre als Modedesignerin »*durchzustarten*«. Sie zieht in die aufkeimende Modestadt Berlin.

Doris' bisheriger Werdegang kennzeichnet ein kontinuierlicher Wechsel von Krisen und Aufbrüchen. Zum Zeitpunkt des Interviews führt sie seit etwa einem Dreivierteljahr eine kleine Ladenwerkstatt in einem gutbürgerlichen Außenbezirk. Hier fertigt sie die von ihr designten Kleidungsstücke an und vertreibt sie unter ihrem eigenen Label. Sie arbeitet alleine, beschäftigt aber zu Stoßzeiten – oder wenn es die finanzielle Lage erlaubt – Mitarbeiterinnen.

In Bezug auf das branchenkonstituierende Dreieck von Kunst – Handwerk – Markt fokussiert sich die Befragte auf eine gelingende Verbindung ihres fachlichen Handwerks mit einer wirtschaftlich tragfähigen Marktetablierung. Ihrer schwierigen Marktlage versucht sie zeitweilig mit einem zweifachen Status zu begegnen und aus der Kombination von Modeatelier und Barbetrieb einen subjektiven wie ökonomischen Gewinn zu ziehen. Im Bemühen um eine fachliche Professionalisierung eröffnet sie alsbald in einem etablierten Berliner Szene-Bezirk einen größeren Laden, in dem sie neben ihren eigenen auch Produkte von anderen Designer_innen verkauft. Nach kurzer Zeit erkennt sie, dass sie den Laden weder modisch noch wirtschaftlich allein bewältigen kann. Sie strebt nun eine arbeitsteilige Korporation an. Unterstützung findet sie in zwei Designerinnen aus ihrem beruflichen Netzwerk. Die drei gründen eine Ateliergemeinschaft. Nun betreiben sie den Laden zu dritt und vertreiben darin ihre je individuellen Labels, was jedoch »*wirtschaftlich recht schwer war in der Ecke*« und auch mit der folgenden Umsiedlung in eine »*1 A Verkaufslage*« nicht ausgeglichen werden konnte. Das Projekt zu dritt scheitert. Zudem verliert Doris das Interesse am »*anstrengenden Kundenverkehr*«. So mietet sie mit einer Kollegin nunmehr zu zweit ein Atelier. Dort verbringen sie zwei Jahre ohne direkten Kundenverkehr und verkaufen ihre Produkte auf Märkten, in anderen Läden und in Onlineshops. Auch dieses Arrangement bricht sie nach zwei Jahren ab, da »*sie niemanden mehr sehen wollte, auch keine andern Textiler mehr*«. Sie verlegt ihr Atelier für ein Jahr in ihre Privatwohnung, um den nötigen Abstand zu gewinnen und sich zu sammeln.

Nach der Phase der Heimarbeit eröffnet Doris mit neuer Kraft und Motivation im Januar 2010 schließlich ihr jetziges Geschäft in einem gutbürgerlichen Bezirk Berlins. Mittels dieses Standortwechsels strebt sie erneut eine berechenbare Position in der Modebranche an, indem sie versucht neue Kundensegmente zu erschließen. Dies scheint ihr bislang zu gelingen. Es erfordert aber zum einen ein erweitertes Angebotsrepertoire und zum anderen stellt der neue Kundinnenkreis neue Anforderungen an ihre Dienstleistungsorientierung. Diese stuft die Modedesignerin als unumgänglich für ihren angestrebten Markterfolg, aber auch als kräftezehrend ein. Zwar konnte sie sich in ihrer neuen Boutique ihre eher jüngeren Stammkundinnen überwiegend erhalten. Doch kommt standortbedingt nun Laufkundschaft um die 50 Jahre hinzu. Das habe Vorteile, denn die Kundinnen sind in dieser Gegend finanziell besser gestellt und würden weniger um die Preise verhandeln. Doch die neue Kundschaft fordert ihr eine soziale Umstellung ab. Sie ist nun auch eine Dienstleisterin und muss auf die Wünsche der vergleichsweise anspruchsvolleren Kundinnen sensibel eingehen: »*Sie hätten gerne?*«.

Ihren Plan sich zur Schnittdirectrice weiter zu bilden konnte sie bislang allerdings nicht verwirklichen. Ihrer fachlichen Professionalisierung stehen allerdings nicht nur die intensiven Konkurrenzbedingungen der jungen Modeszene im Weg, sondern auch, dass ihr hierzu die finanziellen Ressourcen fehlen. Außerdem findet sie neben ihrer alltäglichen Sorge- und Erwerbsarbeit keine Zeit und Energie, um sich weiterzuqualifizieren.

## 8.5.2 Arbeitsorganisation und Arbeitsinhalte

Doris entwirft und produziert eine eigene Produktpalette, die sie sowohl im Laden als auch online und auf Verkaufsevents vertreibt. Sie fertigt keine saisonalen Kollektionen, sondern entwickelt ihr Portfolio laufend weiter, was der Strategie vieler kleiner Labels aufgrund knapper zeitlicher und finanzieller Ressourcen entspricht. Sie verfolgt somit eine »Kollektionsstrategie« (vgl. Kap. 7.3.4). Zwar ist sie eine Allrounderin, die alle nötigen Arbeitsschritte in einer Person vereint, doch ist diese Art der Arbeitsorganisation einer pragmatischen Verkürzung der eigentlich hoch arbeitsteiligen Wertschöpfungskette Mode geschuldet. Neben ihren eigenen Kreationen bietet sie in ihrem Laden eine Nähdienstleistung und Ihre Dienste als Design-Expertin an. In diesen Nähkursen könne sie auch eigene Ideen einbringen, was ihr diesen Job versüßt.

Ihre Kernkompetenz sieht sie in der Produktion von Mode. Bereits mehrfach hat sie für dieses Ziel ihre Produktionsmethoden sowie ihre Arbeitsweise an die Markterfordernisse anzupassen versucht. Dem steinigen Weg der Marktetablierung steht jedoch auch ihre familiäre Situation als Familienernährerin und ihre Sorgeverantwortung gegenüber. Doris kommentiert ihre soziale Lage mit den Worten: »*hach naja, das wär schon schön, wenn das alles ein bisschen glatt liefe.*«

Die Arbeitsorganisation – inklusive Bürokratie und Management – ist für diese Modedesignerin neben Design und Produktion ein zusätzlicher Arbeitsinhalt. Unternehmerische Kompetenzen – wie z.B. Buchhaltung, Selbstmarketing etc. – betrachtet sie als notwendige Qualifikation und als elementaren Bestandteil einer professionalisierten Fachlichkeit. Den produktionsintensiven Herausforderungen begegnet sie mit einer Handlungsstrategie, welche sie bei einer früheren Mitarbeiterin beobachtet habe: bereits bei der Prototypentwicklung eines Modeprodukts versucht sie zu antizipieren, welche zeitlichen und finanziellen Ressourcen sie benötigt. Auch wenn sie dieses Vorgehen »*ätzend*« findet, bemüht sie sich zunehmend um rationale Fertigungsmethoden und um effektive Verarbeitung, um ein markttaugliches Preis-Leistungs-Verhältnis herzustellen und ihre als desolat empfundene finanzielle Lage zu verbessern. Dass die Kundinnen auch menschlich mit Doris zufrieden sind, gehört zu ihrem persönlichen Berufsprofil. Dieses »*Getue drum herum*« beherrsche sie recht gut und sieht dies als ihren entscheidenden Marktvorteil. Trotzdem, findet sie, ist Kundenpflege nicht die »*eigentliche Arbeit.*« Als ihre eigentlichen Arbeitsinhalte deklariert die Befragte vielmehr das Entwerfen (Design) und die Produktion von Mode.

## 8.5.3 Arbeitszeit, Einkommen

Ihre alltägliche Arbeit empfindet Doris als vielseitig und abwechslungsreich. Manche Tage verbringt sie mit Zuschnitten und Farbzusammenstellung, an anderen näht sie nur. Seitdem sie sich zum wiederholten Male neu erfunden hat, sind ihre Arbeitstage zwar berechenbarer geworden. Dennoch leidet sie unter den fehlenden Ruhephasen, die sie für den kreativen Prozess eigentlich benötigen würde. Zeitdruck führt manchmal zu einem Gefühl der Unlust, sie verspürt Motivationsverlust und Frustration. Erklären kann sie sich ihre Unzufriedenheit nicht, weil sie sich doch eigentlich mit ihrer Arbeit identifiziert.

Ihr Frust mag auch daher rühren, dass sie oft am 10. des Monats nicht weiß, ob ihre Einkünfte ausreichen, um die fixen Kosten zu decken. Sie empfindet den Überlebenskampf als »*sehr hart*«, was sie vor allem der spezifischen Berliner Situation zuschreibt. Der unbeständigen finanziellen Lage kann sie nicht mehr mit der ihr noch vor einigen Jahren eigenen Ruhe und Gelassenheit entgegentreten. Dabei belastet sie jedoch nicht nur die materielle Ungewissheit. Ebenso problematisiert sie eine fehlende Anerkennung seitens der Kundschaft. Potenzielle Kundinnen würden ihre Arbeit nicht ausreichend wertschätzen. In Berlin seien die Kundinnen nicht sehr zahlungsbereit, im Unterschied z.B. zu Stuttgart. In Berlin, sagt sie, »*ist der Modemarkt überschwemmt*«. Sich hier zu behaupten, ist schwer. Denn anders als Mailand oder London ist Berlin keine Modemetropole. Nur wenige Labels schaffen es, sich zu etablieren. Es sei: »*[G]anz schön rau*« in Berlin. Doch trotz aller Widrigkeiten und zeitweiliger, auch mentaler Erschöpfungszustände teilt auch diese Befragte den Glauben an die exzeptionelle kulturelle Symbolhaftigkeit der Stadt. Ihr gefällt die kreative Aufbruchsstimmung und dass aufgrund der vergleichsweise geringen Lebenshaltungskosten nicht jedes Vorhaben eine kommerzielle Verwertbarkeit erbringen müsse. Sie schwärmt von einem »*Klein-New-York-Gefühl*« und den künstlerisch-kreativen Freiräumen, die an einen vergleichsweise geringen Ökonomisierungszwang gekoppelt seien (vgl. Kap. 6.1-6.3). Zudem hat sie kein finanzielles Polster über Familie oder andere Geldgeber im Rücken. So arbeitet sie zu vergleichsweise niedrigen Honoraren, wenn sie sich davon einen kreativen Mehrwert oder einen nächsten Auftrag verspricht. Finanziell will sie vor allem über die Runden kommen und ihrer Tochter eine Sicherheit bieten.

## 8.5.4 Interessenvertretung, soziale Sicherung

Netzwerke, virtuelle sowie analoge, beschreibt die Befragte als wichtiges Moment der Interessenartikulation. Sie tauscht sich oft und gern aus, gibt Kontakte und Anfragen weiter, lernt viel von anderen und empfindet dieses Unterstützen und Trostspenden unter Branchenkolleg_innen als wichtig und sozial entlastend. Solche kollektiven Zusammenhänge vermitteln Doris das Gefühl, nicht nur eine Einzelkämpferin auf weiter Flur zu sein. Trotzdem kennt sie keine Verbände und Vereine, welche unterstützend zur Seite stehen, nur internetbasierte »*Fake-Seiten, die sich selbst bedienen*«. Deshalb hatte sie mit einer befreundeten Kollegin darüber nachgedacht, selbst einen professionspolitischen Verein mit Servicecharakter zu gründen, um Fragen zu klären wie: »*Wo bekomme ich was? Wie läuft das? Wo kann ich mich ausbilden lassen?*« Am Ende ist diese Idee jedoch »*im Sand verlaufen*«. Nachdem sie die Idee aufgegeben hat, eine kollektive Interessenartikulation in Eigenregie aus dem Boden zu stampfen, hofft sie auf die Politik als Anwalt ihrer Interessen.

Von der Politik wünscht sie sich eine entschlossene Förderung. Kommunale Förderungsstrukturen gäbe es zwar, doch würden diese nicht gut kommuniziert, schlecht betreut und vor allem seien die Laufzeiten generell zu kurz: »*so schnell lernen die Leute nicht laufen.*« Sozial abgesichert ist sie über die KSK. Darüber hinaus verfügt sie noch nicht einmal über eine private Haftpflichtversicherung, weil sie sich diese finanziell nicht leisten kann. Die Ungewissheit ihrer sozialen Lage und ihre Befürchtung, die alltäglichen Unwägbarkeiten nicht bewältigen zu können, belasten die Befragte offenbar so stark, dass sie jede vermeintlich verzichtbare finanzielle Verpflichtung vermeidet. Trotzdem hofft sie, dass es schon »*gut gehen*« wird.

### 8.5.5 Selbstverständnis, Zukunftsaussichten

Doris' Selbstverständnis ist von dem Willen zur fachlichen Professionalisierung und zur Spezialisierung auf bestimmte Produktpaletten geprägt. Sie ringt um eine Etablierung als Geschäftsfrau in der Berliner Modewelt. Ihr Arbeitsleben verläuft seit gut zehn Jahren in verschiedenen personellen und räumlichen Konstellationen – in Heimarbeit allein, in Verkaufsateliers allein, zu zweit, zu dritt, in Kombinations- (Mode + Kunst + Gastronomie) oder reinen Modeprojekten. Der Wechsel zwischen diesen verschiedenen Erwerbsformen und -konstellationen scheint vorwiegend aus ökonomischen Gründen und als Reaktion auf drohende Burnout-Symptomatiken zu geschehen.

Die jeweiligen Projekte sowie die Übergänge zwischen den verschiedenen Projekten fordern sie stets voll. Sie sagt, dass sie sich »*unablässig mit [ihrer] Arbeit*« beschäftigt. Häufig fühlt sie sich am Rand der Belastbarkeit. Manchmal denkt sie daran, aus der Modebranche auszusteigen. Ein Angestelltenverhältnis ist für sie dennoch keine Option – nicht auf Dauer jedenfalls. Ihre Erfahrung mit abhängigen Beschäftigungsverhältnissen innerhalb der Modebranche beschreibt sie einerseits als »*ganz furchtbar*«, andererseits als Chance ihr Fachwissen zu vertiefen. In einem anderen als »*ihrem Bereich*«, etwa in der Gastronomie, sei es für sie leichter fremdbestimmte Arbeit auszuführen, da sie in diesem Fall eine rein instrumentelle Arbeitshaltung entwickeln könne.

Doch auf Dauer kann sie sich eine solchermaßen entfremdete Arbeit nicht vorstellen.

Für die Zukunft plant sie die Erweiterung ihrer Produktpalette um ein Premium-Segment, eine marktliche Ausrichtung über die Grenzen Berlins hinaus sowie eine weitergehende fachliche Professionalisierung. Auch hierin zeigt sich ihr Anspruch, eine professionelle Geschäftsfrau der Modewelt zu werden. Sie will raus aus ihrer prekären Nische. Ihre Strategie sich auf dem Markt zu bewähren, beruht auf einer hyperflexiblen Anpassung an die Verhältnisse, die zu einer kontinuierlich wiederkehrenden Neuerfindung der unternehmerischen Ausrichtung führt. Dazu gehört – neben dem Versuch sich neue Marktsegmente an unterschiedlichen Knotenpunkten der Modeszene zu erschließen und entsprechend immer wieder in neue Räumlichkeiten und Produktpaletten zu investieren – auch eine marktgetriebene Bürokratisierung (vgl. Mayer-Ahuja/Wolf 2005). Sie möchte, wie sie sagt, »*mehr bewegen*« und für ihre geleisteten Anstrengungen mit einer adäquaten Marktposition entlohnt werden.

Doch nach 15 Jahren im Geschäft und etlichen unternehmerischen Umstellungsversuchen scheint ihr langsam die Energie auszugehen. Designer_innen mit anderen Voraussetzungen hätten es da leichter. Leute, die z. B. »*nicht alles alleine machen müssen*« und im Team arbeiten. Auch ein finanzieller Background etwa durch die eigene Familie oder Kinderlosigkeit erleichtern ihrer Einschätzung nach das Reüssieren in der Modebranche erheblich. Außerdem müsse man ein Workaholic sein, viel Disziplin besitzen, einen starken Willen und das Glück auf seiner Seite haben, um sich mit einem Kleidungsstück, das den »*Nerv der Zeit*« trifft, langfristig etablieren zu können. Trotz allem möchte sie an ihrem Erwerbsstatus als Modedesignerin mit eigenem Label festhalten. Gerne als Chefin eines kleinen Modegeschäfts, zur Not in Kombination mit einem Barbetrieb. Ihr Plan bleibt die Weiterbildung zur Schnittdirectrice und die weitere wirtschaftliche Etablierung in der seit kurzem erschlossenen Marktnische, in der sie sich gleichwohl noch zu bewähren hat.

Obgleich der Alltag ihr immer wieder einen »*Strich durch diese Rechnung macht*« und sie sich aufgrund der vielfältigen Anforderungen nicht in dem Maße methodisch rational um ihre Zukunft kümmern kann, wie sie gerne würde, bleibt sie am Ball.

### 8.5.6 Zusammenfassung: Ein hyperflexibler Kampf um Professionalisierung

Diese Modedesignerin ist hyperflexibel, trotz ihrer familiären Situation extrem anpassungsfähig und innerhalb der städtischen Grenzen auch räumlich mobil. Als Inhaberin eines kleinen Modelabels mit Ladenwerkstatt agiert sie als Modedesignerin mit einem unternehmerisch untersetzten Arbeitsethos in der Fashionindustrie und versucht als eines von 600 – 800 Modelabels in der Berliner Modewelt zu überleben. Ihr großes Thema ist die fachliche Professionalisierung. Diese hält sie für unabdingbar, um als freiberufliche Modedesignerin wirtschaftlich zu bestehen, aber auch, um ihren eigenen Ansprüchen an qualifiziertes Modedesign gerecht zu werden. Ihr Weiterbildungswunsch ist auf die Konkurrenzsituation der Modebranche abgestimmt. Denn angesichts der zunehmenden Professionalisierung im Feld und dem steigenden Anteil an Modedesign-Fachhochschulen ist ihr Fachniveau wohl eher als Erfahrungs- denn als Fachwissen einzuschätzen. Ihr von ihr selbst als mittelmäßig erlebtes Fachwissen versucht sie durch jährlich neue Produkt- und Produktionsideen sowie durch eine ausgeprägte Kundenorientierung zu kompensieren. Vergleichsweise konsequent richtet sie ihren Alltag daran aus. Auch hier zeigt sich in einer angestrebten fachlichen Professionalisierung, ähnlich wie im Fall »Michael«, eine Bildungsbeflissenheit als Instrument für eine Status-Stabilisierung. Zudem bemüht sie sich um industriell orientierte Fertigungsmethoden und um eine effektive Verarbeitung ihrer Modeprodukte, um ein markttaugliches Preis-Leistungs-Verhältnis zu erreichen; insbesondere seitdem sie eine Boutique für ältere Damen mit gehobenen Ansprüchen führt. Zugleich macht sie deutlich, dass sie sich in der Unternehmerinnenposition nicht vollständig wiederfindet. Vielmehr erlebt sie ihre Priorisierung als Verlust von künstlerischen Ambitionen.

In Doris' Porträt kollidiert ein arbeitsspezifischer Erfahrungshorizont mit den berlinspezifischen Arbeits- und Produktionsbedingungen der Modebranche. Verschärft wird diese Situation durch die Position als Familienernährerin. Diese Konstellationen führen zu Widersprüchen sowie zu Unsicherheits- und Ohnmachtserfahrungen. Sie brauen sich zu einem Leben auf Widerruf zusammen, das hart an der Grenze dauerhafter Burn-Out-Symptomatiken segelt (vgl. Neckel/Wagner 2013). Der Versuch sich als Geschäftsfrau zu etablieren beruht insofern auf einer methodischen Rationalisierung des Arbeitsalltags, der zugleich jedoch von einer prekären ökonomischen Lage geprägt ist (Nähkurse geben etc.).

Theoretisch erfüllt die Befragte dennoch viele Kriterien einer Unternehmerin. Sie versucht sich einen spezifischen Absatzmarkt (Mode für reifere Damen) zu erschließen, verfolgt eine systematische und rational organisierte »Kollektionsstrategie« und versucht ihre Herzensangelegenheit, das Talent, das sie seit Kindesbeinen weiter entwickelt hat, ökonomisch zu rationalisieren und in ein wirtschaftliches Handeln umzulenken. Sie ist gewissermaßen eine »Herzblutunternehmerin« (Euteneuer 2011: 136ff.). Allein diese Anstrengungen führen nicht zu dem gewünschten Erfolg, weil ihr die Verhältnisse nicht entgegen kommen, sondern vielmehr entgegen stehen. Explizit problematisiert sie ihre fragile sozioökonomische Lage und klagt über die ungelöste soziale Frage der Modebranche sowie über deren mangelnde, interessenpolitische Verfasstheit.

Dass Doris beharrlich an ihrer Positionierung im Feld arbeitet, ist indes nicht nur ihrem Unternehmergeist als solchem zuzuschreiben, sondern auch auf ihr Verantwortungsgefühl für ihre Tochter zurückzuführen. Mehr noch, ihre unternehmerischen Ambitionen lassen sich wohl nur im Kontext ihres Lebenszusammenhangs und insofern als Versuch verstehen, Arbeit und Leben zu einem kohärenten Ganzen zu fügen. Dieser Kampf um eine respektable Feldzugehörigkeit spiegelt insofern nicht allein einen feldspezifischen Stellungskampf wider, sondern auch die Geschichte einer Familienernährerin, die sich aufgrund höchst beanspruchender Verbindungsleistungen von Arbeit und Leben in einem prekären Erfahrungszusammenhang sozial zu behaupten sucht.

# 9. Möglichkeitsräume der Designbranche

Wie steht es nun um die eigensinnige soziale Selbstverortung im Feld? Bislang wurden subjektive Positionierungsstrategien anhand von vier soziologischen Porträts rekonstruiert. Sie veranschaulichen exemplarisch, dass und wie sich freiberufliche Designer_innen an den feldspezifischen Anforderungen, ihren wirtschaftlichen Zielen und Anforderungen sowie gleichzeitig an ihren künstlerisch-kreativen Ambitionen abarbeiten. In diesem Kapitel nun werden die Befunde der Fallstudie zusammenfassend daraufhin diskutiert, wie die Akteur_innen den Raum des Möglichen, d.h. die Beziehung zwischen Positionen und Positionierungen in der Designbranche gestalten. Hierfür werden zuerst deren Felddynamiken resümierend dargelegt und diese als eine Zwitterbranche zwischen wirtschaftlicher Warenproduktion und Symbolökonomie gedeutet (Kap. 9.1). Dieser Zwitterstatus konkretisiert sich in ambivalenten Selbstdeutungen sowie Arbeitspraxen. Er korrespondiert mit eigensinnigen Mustern, die hier als Varianten hybrider Erwerbsstrategien zugespitzt werden; und zwar insofern, als sie Ausdruck eines eigensinnigen, subjektiven Interessenausgleichs von künstlerisch-symbolischer Idealisierung von Arbeit und einer eher zweckrationalen Haltung zu Arbeit sind. In diesem Rahmen versuchen die Akteur_innen die Grenzen des Feldes entsprechend ihrer Ideen und Interessen abzustecken (Kap. 9.2). Die Befunde weisen zudem unmissverständlich auch darauf hin, dass sich die subjektiven Stellungnahmen im Kontext des alltäglichen Lebenszusammenhangs entfalten (Kap. 9.3). In Kap. 9.4 werden die Befunde schließlich zu der These gebündelt, dass die identifizierten hybriden Erwerbsstrategien von der Suche nach sozialstrukturellen Zwischenräumen geprägt sind. Nach Zwischenräumen, in denen sie ihre Ideen von einer subjektiv befriedigenden künstlerisch-kreativen Arbeit und von einer Freiheit in der Lebensführung verwirklichen können sowie zugleich den ökonomischen Anforderungen ihrer spezifischen Lebenslage gerecht werden.

## 9.1 EINE ZWITTERBRANCHE ZWISCHEN WARENPRODUKTION UND SYMBOLÖKONOMIE

Die Designbranche gilt als ein angewandter Beruf der Bildenden Kunst (Söndermann 2012). Die Erwerbstätigenzahlen in diesem Bereich sind in der ersten 2000er Dekade um enorme 93 Prozent gewachsen (ebd.: 30). Damit gehört die Arbeit als Designer_in zu einem der beliebtesten Kulturberufe. Allerdings findet die kulturelle Attraktivität der Designbranche keine proportionale Entsprechung auf Seiten der institutionalisierten Arbeitsstrukturen. Ökonomisch würde man von einem mismatch zwischen Arbeitskräfteangebot und -nachfrage sprechen. Im Hinblick auf die branchenspezifischen Logiken der Designbranche, ist es ein zentrales Ergebnis, dass sie ein Konglomerat verschiedener künstlerisch-kreativer Erwerbsfelder und in unterschiedlichem Ausmaß eine Zwitterbranche zwischen wirtschaftlicher Warenproduktion und Symbolökonomie ist – und auch insofern ein typisches Beispiel für den Strukturwandel von künstlerisch-kreativer Arbeit.

### 9.1.1 Beschäftigungslogiken

Auffallendes, ja herausragendes Merkmal der Arbeits- und Produktionsbedingungen in der Designbranche ist ein Wandel der Arbeits- und Beschäftigungsstrukturen, der prekärer ausfällt als ohnehin schon angenommen werden konnte. Übergreifend zeichnen sich die Arbeits- und Produktionsbedingungen durch eine strukturelle Entbetrieblichung sowie durch projektorientierte und netzwerkgeprägte Arbeitslogiken aus. Wechselnde oder parallele Honorarjobs sowie Kurzzeitbeschäftigungsverhältnisse charakterisieren die beschäftigungspolitische Logik in der Designbranche. Der Zuwachs von Arbeitsverhältnissen unterhalb der Umsatzsteuergrenze hat offenbar sogar den größten Anteil am Gesamtwachstum, mindestens in Berlin, aber nicht nur dort. Vielmehr geht der Trend insgesamt zu sozial wenig abgesicherten, häufig prekären Beschäftigungsverhältnissen hin. Einem gewissen Maß an künstlerischen Freiheiten steht eine Zunahme sowie Ausdifferenzierung prekärer Arbeits- und Beschäftigungsverhältnisse wie z.B. die Etablierung hybrider Erwerbsformen und mit 26 Prozent aller abhängigen Beschäftigungsverhältnisse ein hoher Anteil geringfügiger Erwerbsarbeit gegenüber (vgl. Söndermann 2012: 20) Designer_innen müssen sich im Feld nicht nur durch eine Verkettung bzw. Aneinanderreihung von Projektaufträgen bewähren. Je nach Positionierungsstrategie durchstreifen sie verschiedene Felder in wechselnden Erwerbsformen sowie Projektkonstellationen und bewirtschaften ihre Existenz in diesem Sinne selbstunternehmerisch. Angesichts dieser fluiden Strukturen in der Designbranche stellt sich für viele Akteur_innen gar nicht die Frage nach einem festen Beschäftigungsverhältnis. Vielmehr scheint ein hybrider Erwerbsstatus zunehmend zum Normalerwerbsverlauf zu werden. Wenngleich beide untersuchte Felder in der kultur- und kreativwirtschaftlichen Berichterstattung als Bestandteile der Designbranche geführt werden, weisen Mode- und Kommunikationsdesign strukturprägende Unterschiede auf. Sie lassen sich in folgenden entgegengesetzten Begriffspaaren bündeln: immaterielle versus materielle Arbeit; kurze versus lange Wertschöpfungskette; geringe versus hohe Produktionskosten; relativ hohe Institutionendichte versus geringe Institutionendichte. Zudem gibt es Anhaltspunkte, dass der Frauenanteil in der Modebranche bei über 80 Prozent liegt und institutionelle Mechanismen aufweist, die zu einer relativ dauerhaften Differenzierung nach Geschlecht beitragen, während die Komm.designbranche eine eher gemischtgeschlechtliche Branche ist.

In der Modearbeit handelt es sich um Arbeitsprozesse, die sich in einem Modeprodukt materialisieren und daher auschließlich in eine materiale Wertschöpfungskette eingebunden sind. Hingegen mündet die Arbeit von Kommunikationsdesigner_innen sowohl in materielle als auch in immaterielle Produkte[1], verstanden als intellektuelle, affektiv-emotionale und techno-wissenschaftliche Arbeit (vgl. Negri/Hardt 1997: 14f).[2] Während also Mode ein stofflicher Nachweis von künstlerisch-kreativer Arbeit ist, das, insbesondere wenn es sich nicht um Modeprodukte ›von der Stange‹, sondern um in geringer Stückzahl produzierte Kleidung handelt, symbolisch als einmaliges Kunstwerk aufgeladen werden kann, mündet die Arbeit von Komunikationsdesigner_innen in ein künstlerisch-kreatives Arbeitsprodukt, das materiell nicht immer greifbar ist, sondern sich durch seine technische Reproduzierbarkeit auszeichnet und dem insofern nicht die eigentümliche Aura eines künstlerisch einmaligen Kunstwerks zukommt (vgl. Benjamin 1936). Kommunikationsdesign stellt folglich eine zunehmend immaterielle Wissensarbeit zwischen Technik

---

**1** | Zur detaillierten Darstellung der verschiedenen Schritte eines Arbeitsprozesses im Designbereich vgl. Kraemer (2014: 227ff.).

**2** | Bisweilen werden Produzenten von immaterieller Arbeit als Symbolanalytiker (Reich 1993) oder als Wissensarbeiter (Rifkin 1997) bezeichnet, wobei als ihre Blaupause eher Informatiker oder Programmierer als Designer dienen. »Symbolanalytiker lösen, identifizieren und vermitteln Probleme, indem sie Symbole manipulieren.« (Reich 1993: 199). Die Werkzeuge ihrer Manipulationen sind ihr Wissen und ihre Erfahrungen, sind mathematische Algorithmen, juristische Argumente, Finanztricks, wissenschaftliche Regeln, psychologische Kenntnisse, Induktions- und Deduktionsgefüge oder sonstige Techniken des Umgangs mit Begriffen und Symbolen (ebenda). In der post-operaistischen Debatte spielt das Konzept der immateriellen Arbeit eine wichtige Rolle, um den Übergang zu einer postindustriellen Ökonomie als neue Herrschaftsform zu markieren (vgl. Negri/Hardt 1997; Lazzarato/Negri/Virno 1998; McRobbie 2010).

– Kunst – Wirtschaft dar. Die Produktion von Mode ist hingegen stärker handwerklich geprägt, mündet in ein stofflich-materielles Produkt und siedelt auf einer Schnittfläche von Handwerk – Kunst – Wirtschaft.

Dabei sind die Arbeits- und Beschäftigungsbedingungen von Kommunikationsdesigner_innen, bedingt durch ihre historische Verbindung zur Werbebranche, stärker in ein institutionalisiertes Gefüge eingewoben als Arbeitsverhältnisse in der Modebranche. Wie allerdings die Ausführungen gezeigt haben, bauen freiberuflich tätige Designer_innen mit zunehmender Berufserfahrung ihr künstlerisch affiziertes Standbein aus und spezialisieren sich eher auf Tätigkeiten im Bereich des *Corporate Designs*. Diese Arbeitsschwerpunkte korrespondieren mit unseren Interviews auch mit Führungskräften von Designagenturen, wonach deren Arbeitsprodukte stärker künstlerisch ausgerichtet sind und einen höheren ästhetischen Wert haben als Werbeprodukte. Gleichwohl können freiberufliche Kommunikationsdesigner_innen Agenturen einerseits als Standbein nutzen, um dadurch dem Spielbein ein wenig Bewegungsfreiheit zu verschaffen. Bisweilen werden sie als wirtschaftlicher Rettungsanker genutzt. Andererseits werden (Werbe-)Agenturen zugleich als Entfremdungsinstanz wahrgenommen. Denn aufgrund der nur partiellen Einbindung von freien oder auf geringfügiger Basis beschäftigten Mitarbeiter_innen schränken diese Arbeitsformen inhaltliches sowie zeitlich selbstbestimmtes Arbeiten und somit die gewünschten, künstlerischen Freiheiten ein, wie die den Porträts zugrundeliegenden Fallanalysen zeigen. Daraus lässt sich schlussfolgern, dass das Feld seine ideelle Existenzberechtigung zu einem Gutteil aus einer Distinktion gegenüber der Werbebranche bezieht und dass insbesondere von freiberuflich erbrachter Designarbeit der Reiz einer inhaltlich, aber auch formal befriedigenden Arbeit ausgeht. Diese ideelle Aufladung von Designarbeit stellt die Akteur_innen immer wieder vor die Frage, ob sie eher einen ästhetischen Anspruch an ihre Arbeit haben und gewissermaßen künstlerisch wertvoll arbeiten wollen – dann halten sie sich oftmals von der Werbebranche fern. Oder ob sie aus ihren Designfertigkeiten einen Handel wie jeden anderen machen (wollen) – dann zeigen sich meist weniger Berührungsängste mit der Werbebranche.

In der Modebranche liegt der Fall anders. Die kleinteilige Modebranche hat sich in Berlin seit den 1990er Jahren vorwiegend als ein nicht-kodifiziertes Arbeits- und Beschäftigungsfeld etabliert. Die Kehrseite der künstlerischen Logik von Modearbeit sind hunderte von kleinen Modeateliers, die sich kaum über Wasser halten können und überwiegend in strukturell unternehmerischen Erwerbsformen, teils aber auch in projektbasierter Arbeitsorganisation und hoher Netzwerkabhängigkeit agieren. Projektarbeit ist hier seltener mit der temporären Einbindung in Organisationen verbunden und auf saisonal bedingte Mitarbeit, oftmals unterhalb des Qualifikationsniveaus einer Modedesignerin beschränkt. Im Vergleich löst sich vorrangig in der Modebranche

## 9. Möglichkeitsräume der Designbranche

der Dualismus von Projekt versus betrieblicher Position und Unternehmen auf. Um die Komplexität des Poduktionsprozesses zu entzerren, verzichten kleine Labels, die häufig von Einzelpersonen betrieben werden, bisweilen auf die Fertigung von Saisonware und bedienen sich einer der hier identifizierten drei Geschäftsstrategien: Die Unikate-, Kollektions- und On-Demand-Strategie (Kap. 7.3). Während Projektarbeit im Feld Kommunikationsdesign also auch der Erschließung von »Einstellungskapital« (Boltanski/Chiapello 2003: 35) dienen kann, sind die Erwerbsformen von Designer_innen in der Modebrache organisatorisch vergleichsweise scharf differenziert. Zudem zeichnet sich die junge Modebranche durch ein rasantes unternehmerisches Gründungsgeschehen unterhalb der steuerrechtlichen Wahrnehmungsschwelle aus. Eingewoben sind diese Feldlogiken in institutionell vergeschlechtlichte Arbeitsmarktstrukturen. Die am Vorbild stereotyp weiblicher Ausbildungsinstitutionen anknüpfende Berufsbildung von Modedesignerinnen bildet ein Verbundsystem mit den spezifischen Arbeitsmarktstrukturen in dieser Branche. Beide Komponenten sind in ihrem Zusammenwirken eine handlungsstrukturierende Grundlage für die erwerbswirtschaftlichen Spielräume von Modedesigner_innen. Was sich darin offenbart, ist eine prekäre Segregierung eines symbolisch vielfältig aufgeladenen Segments künstlerisch-kreativer Arbeitsmärkte. Die Modebranche ist insofern ein Erwerbsfeld, in dem sich die Ökonomie symbolischer Güter mit geschlechterklassifizierenden Eigenschaften deutscher Arbeitsmarkttraditionen verbindet.

Allerdings betreiben Designer_innen ihre projektbasierten Unternehmungen in der Regel nicht nur aus einer irgendwie künstlerisch ambitionierten, anti-bürgerlichen Intention heraus. Hauptantrieb ist den Befunden dieser Studie zufolge nicht allein die Verwirklichung einer künstlerischen Idee, die nur in wirtschaftlicher Unabhängigkeit realisiert werden kann, wie es etwa Dangel-Vornbäumen (2010: 157) für die vier klassischen Kunstdisziplinen Musik, Literatur sowie Darstellende und Bildende Kunst feststellt. Vielmehr scheint für Designer_innen und somit für Vertreter_innen der angewandten Bildenden Kunst eine freiberufliche Erwerbsform auch das Mittel der Wahl zu sein, um sich gegen ein fremdbestimmtes sowie hoch arbeitsteilig organisiertes »Arbeiten ohne Ende« zu schützen, das zudem häufig nur ein bescheidenes Salär bietet. Gerahmt von den fluiden Feldstrukturen, entspringt ein freiberuflicher Erwerbsstatus oftmals auch einem gleitenden Übergang von der Ausbildungs- in die Erwerbsphase. Dieser fließende Übergang ins Erwerbsleben stellt aus subjektiver Perspektive eine Möglichkeitsbedingung für eine subjektiv befriedigende Lebensführung dar; und zwar ohne – so die Hoffnung – hierarchischen Leistungszwang und fremdbestimmte Hetze, wie sich beispielsweise am Erwerbsverlauf der Modedesignerin Katharina nachvollziehen lässt. Die hohe und wachsende Anzahl freiberuflicher und unternehmerischer Erwerbsformen ist insofern nicht nur auf eine idiosynkratische, künstlerische

Arbeitshaltung zurückzuführen. Sie ist vielmehr ein Ausdruck einer marktrationalen Anpassung der Akteur_innen an die Feldgegebenheiten, resultiert also aus einer Abwägung von Chancen und Grenzen im Feld. Die Befunde deuten ebenso darauf hin, dass (Werbe-)Agenturen als Auftrag- oder Arbeitgeber von den Befragten häufig als Entfremdungsinstanz wahrgenommen werden, die indes nicht rundheraus abgelehnt wird. Vielmehr wird Auftragsarbeit als Free Lancer bisweilen als die ökonomische Existenz absichernder Brotjob ausgeführt, um sich daneben Spielräume für eine stärker selbstbestimmte, nichtentfremdete Arbeit zu eröffnen. Insgesamt zeigen diese Befunde, dass sich die in den 1970er Jahren allgemein begonnene Differenzierung von künstlerisch-kreativen Erwerbsfeldern somit bis in die Gegenwart fortsetzt.

Angekommen in einer freiberuflichen Erwerbsform, kann aber etwa die Hälfte der freiberuflich arbeitenden Komm.Designer_innen ihren Lebensunterhalt nicht allein auf diese Weise bestreiten. Viele sind auf andere Einkommensquellen angewiesen, die als Querfinanzierung genutzt werden. Flankiert wird dieses Arrangement von wechselnden oder parallelen Honorarjobs sowie Kurzzeitbeschäftigungsverhältnissen. Dieses Geflecht von fexiblen Mehrfachbeschäftigungen scheint oftmals einer Verzeitlichung zu unterliegen, sodass nicht immer eindeutig zu urteilen ist, welcher Job als Neben- oder Zuverdienst dient. Dass ein beträchtlicher Anteil der Beschäftigten relativ dauerhaft auf freiberuflicher Basis arbeitet, wie sämtliche Daten zeigen, kann daher nur bedingt als freiwillige Wahl interpretiert werden, sondern als eine praktische Entsprechung feldspezifischer Möglichkeitsbedingungen.

Diese Strukturen eröffnen indes ambivalente Freiheiten. Sie ermöglichen die einen bohemienhaften Lebensstil und forcieren ihn andererseits. Strukturell betrachtet, weist die Designbranche daher Konstruktionsprinzipien von Künstlerarbeitsmärkten auf. Sie basieren auf einer Projektlogik und funktionieren über die Medien Vertrauen, Kommunikation und Ruf (Haak/Schmid 1999: 15ff.). So ist die strukturelle Ähnlichkeit zu Künstlerarbeitsmärkten für die hohe Anzahl von freiberuflichen Akteur_innen sowohl mit einem künstlerisch-kreativen Spielraum (z.B. durch die Ausrichtung des individuellen Portfolios und der entsprechenden Auftragssuche) als auch mit einem Anstieg prekärer Zwänge und unternehmerischer Handlungsanforderungen verbunden.

Im Kontext dieser Bedingungsmöglichkeiten bieten freiberufliche Designer_innen ihre Arbeitskraft als Ware an, ohne dass sie Tagelöhner, sogenannte Scheinselbstständige wären, die sich wahllos und um jeden Preis verdingen. Aus ebendiesem Bedingungsgefüge heraus tritt diese soziale Gruppe auch nur bedingt als potenzielle Arbeitnehmer_innen oder als reinrassige Unternehmer im Schumpeter'schen Sinne auf. Vielmehr ist eine Bereitschaft sich in den Markt zu stürzen und selbst-unternehmerisch zu agieren neben dem kollektiven Glauben an eine gewisse Kunstsinnigkeit der Produkte das zweischneidige Eintrittsgeld ins Feld. In der alltäglichen Arbeitspraxis versuchen die Akteur_innen, Kompromisse zwischen diesen beiden Gegenkräften zu finden. Schließlich arrangieren sie sich mit den Arbeits- und Produktionsbedingungen. Unter Einsatz persönlicher Eigenschaften wie Initiative, Fleiß, Durchhaltevermögen und Einfallsreichtum, aber auch durch geschicktes Netzwerkverhalten und den Aufbau einträglichen Sozialkapitals erarbeiten sie sich gewinnabwerfende Nischen oder finden Strategien, um sich im jeweiligen Feld einzurichten. Auf diese Weise versuchen sie, ihre Unabhängigkeit zu wahren und zugleich einen potenziell gewinnabwerfenden, sozialen Kapitalstock aufzubauen.

Inwieweit angesichts dessen allerdings von einer generalisierten Fremderwartung einer »kreativen Selbstverwirklichung« (Rebentisch 2010: 172) oder gar von einem Zwang zur Selbstverwirklichung (Boltanski/Chiapello 2003) gesprochen werden kann, den die Akteur_innen entweder nicht merken oder sich gar schön reden (vgl. Kap. 2.5), ist im Lichte der Befunde dieser Untersuchung zurückhaltend zu beurteilen. Zwar lässt sich auch die Designbranche als eine soziale Ordnung beschreiben, in der eine gewisse affektive Entfesselung animiert, trotz subjektiver Ermüdungserscheinungen am Ball zu bleiben. Zugleich wird diese Ambivalenz von den Akteur_innen nicht nur als Gelegenheitsstruktur, sondern auch als strukturelles Problem wahrgenommen. Mehr noch, die Befragten kritisieren die Arbeits- und Produktionsbedingungen im unterschiedlichen Ausmaß als ungerecht oder gar als Zumutung.

Insgesamt eröffnen die Arbeits- und Produktionsbedingungen *ambivalente Schneisen*. Die Herausforderung besteht für freiberufliche respektive unternehmerisch agierende Designer_innen darin, die damit verquickten, widerstreitenden, ideell bedingten Konflikte mit ihren sozioökonomischen Konsequenzen zu vereinbaren. Wie hier gezeigt, haben sich in den letzten Jahren einerseits die ökonomischen Ausbeutungsverhältnisse verschärft, während das Feld andererseits auch Potenziale für künstlerisch-kreative Ambitionen bietet. Diese in sich widersprüchlichen Anforderungen verleihen der Designbranche eine paradoxe Logik. Hier trifft eine grundlegende, wirtschaftliche Profitorientierung mit den Insignien einer symbolischen Ökonomie im Sinne Bourdieus (2011) zusammen. Ebendas macht die Designbranche zu einer Zwitterbranche zwischen wirtschaftlicher und symbolischer Ökonomie, aus der neue, vorsichtige und mithin prekäre Formen von sozialen Kämpfen hervorgegangen sind.

### 9.1.2 Arbeitspolitische Strukturmerkmale

In arbeitspolitischer Hinsicht sind beide Felder schwach organisiert. Das bedeutet jedoch nicht, dass es keine Berufsorganisationen gebe. Zunächst einmal heißt das, dass der Betrieb immer weniger der gesellschaftliche Ort ist, an dem »tagtäglich die Interessen von Arbeit und Kapital« (Trinczek 2010: 841) ausgehandelt werden. Neue, auf die herrschenden Arbeits- und Beschäftigungsbedingungen fokussierte Interessenvertretungen existieren deutlich erkennbar in der Kommunikationsdesignbranche, in der Modebranche weniger ausgeprägt. Allerdings bilden sich neue, hybride interessenpolitische Organisationsformen aus, die teils als explizite Berufsorganisation, teils aber auch eher vage als Netzwerke firmieren. Doch haben die wenigsten neuen Interessenverbände einen traditionell arbeitspolitischen Charakter. Zudem sind sie untereinander aufgrund ihrer unterschiedlichen inhaltlichen Schwerpunktsetzung und differenter Zielgruppen nicht hinreichend abgestimmt.

So agieren als Interessenvertretung in der Modebranche lediglich verschiedene kleine Berufsverbände, deren Reichweite beratenden Servicecharakter hat, sowie temporäre, meist öffentlich bzw. von der EU geförderte Netzwerke, die die Vernetzung der jungen Modeszene untereinander fördern wollen und/oder Modedesigner_innen professionelle Plattformen sowie Qualifizierungskurse anbieten. In Bezug auf formalisierte, vertikale Netzwerkstrukturen ist etwa die befragte, auf das Feld Kommunikationsdesign fokussierte Personalvermittlungsagentur als eine »Zwitterinstitution« (Bourdieu 2001a: 89) zwischen Zeitarbeitsagentur und beruflichem Beratungsnetzwerk zu klassifizieren. Sie agiert als eine intermediäre Vermittlungsinstanz und als vage interessengebundener Gatekeeper anstatt als ein eindeutiger, institutionalisierter kollektiver Akteur, der für eine traditionelle Kultur der Mitbestimmung eintritt. Einerseits reklamiert diese Vermittlungsagentur arbeitnehmerähnliche Interessen zu vertreten, z.b. durch Beratungsleistungen für Designer_innen in Honorarfragen gegenüber dem Auftraggeber. Andererseits trägt sie Züge einer Zeitarbeitsagentur, da sie auch zeitlich befristete Arbeitsverhältnisse vermittelt, wenngleich sie nicht als Arbeitgeber auftritt. Eine juridisch fixierte Sekundärmacht, die sie zum offiziellen Anwalt von Beschäftigteninteressen z.B. in puncto Bezahlung machen könnte, besitzt sie allerdings nicht. So sind solche Personalvermittlungsagenturen ihrerseits ein Symbol für die Hybridisierung von Interessenstrukturen in der Designbranche.

Da wiederum die Reichweite von Gewerkschaften begrenzt ist – etwa ist der relevante arbeitspolitische Akteur von ver.di »mediafon« auf Beratungsleistungen beschränkt, werden die existierenden Verbände als arbeitspolitischer Akteur wichtiger. Wenngleich diese keine relevante Marktmacht entfalten (vgl. Henninger/Mayer-Ahuja 2005), tragen sie doch zu einer Formierung neuer interessenpolitischer Koalitionen bei. Neben den zwei größten sowie bundesweit angesiedelten Berufsverbänden, der AGD und dem BDG, hat sich im Jahr 2006 die Initiative Deutscher Designverbände (iDD) als verbandsübergreifende Allianz gegründet. Sie sieht sich der Wahrung und Förderung der berufsständischen, berufsfachlichen und berufswirtschaftlichen Belange seiner Mitglieder verpflichtet – vertritt indes primär Kommunikationsdesigner_innen. Daneben existieren professionspolitische Verbände, die explizit nicht beschäftigungspolitisch orientiert sind. Laut Experteneinschätzung steht die z.T. unterschiedliche Stoßrichtung der Verbände einer einheitlichen Interessenpolitik entgegen. Während die einen ausschließlich auf die Erwerbsform »alleinselbständig« fokussieren, setzen die anderen am Berufsethos an und vereinen sämtliche Erwerbsformen unter ihrem Dach. Insbesondere die Ausrichtung an unterschiedlichen Zielgruppen, die vielfach ehrenamtliche Organisation der Verbände sowie deren oftmals geringe Finanzkraft erschwere nach Aussage der interviewten Expert_innen eine interessenpolitische Koalition der Verbände.

Wie zudem deutlich wurde, haben die Akteur_innen überwiegend enttäuschende, arbeitspolitische Erfahrungen gemacht (oder es gar nicht erst versucht). Während sich die Befragten darüber einig sind, dass von seiten der Gewerkschaften und Verbände zu wenig getan werde, um Einzelkämpfer_innen zu erreichen, folgt daraus einerseits eine Akklamation der Machtverhältnisse. Verwiesen wird etwa darauf, dass man entweder ohnehin eher ein unternehmerisches Selbstverständnis pflege oder sich wahlweise einer autonomen Fraktion zugehörig fühle und insofern nicht zur Zielgruppe von Berufsverbänden oder gewerkschaftlichen Initiativen gehöre. Andererseits investieren die Befragten in eine milieuspezifische Netzwerkbildung und organisieren sich teilweise in hybriden Interessenorganisationen. Allzuoft aber lassen sie enttäuscht wieder davon ab oder führen an, dass sie sich die Mitgliedsbeiträge von etwa Berufsverbänden finanziell nicht leisten könnten.

Umso mehr gilt angesichts dieser informellen Koordinationsstrukturen, dass persönliche Kontakte eine unabdingbare Voraussetzung für den Zugang zu Beschäftigungsmöglichkeiten sind. Sie wirken bis zu einem gewissen Grad risikobegrenzend (Apitzsch 2010; Pongratz/Simon 2010: 29). Die Untersuchungsfälle zeigen, dass die Befragten zu ihren Auftraggebern nicht nur persönliche Beziehungen pflegen, sondern dass sie sich einen Status erarbeiten konnten, aufgrund dessen sie zwar projektbestimmt, doch regelmäßig Aufträge erhalten bzw. sich Stammkunden erschlossen haben. So greifen die Befragten auf Verhandlungsressourcen zurück, die aus ihrem sozialen und kulturellen Kapital im Bourdieu'schen Sinne resultieren (vgl. Bourdieu 1983). Eine wesentliche Verhandlungsressource auf Seiten von freiberuflichen Designer_innen liegt neben dem preislichen Angebot also in ihrem Ruf sowie in der sozialen Beziehung zu ihrem Auftraggeber und damit nicht zuletzt in der Interaktions- und Vertrauenskultur zwischen Auftraggeber und Auftragnehmer begründet (vgl. Haak/Schmid 1999).

Im Vergleich zeigt sich, dass der Organisationsgrad im Feld Kommunikationsdesign erheblich höher ist als derjenige im Feld Modedesign. Nicht absehbar war, ob und wie sich die gewerkschaftlichen Interventionen weiter entwickeln wird und ob zu erwarten ist, dass sich ein berufsständisch artikulierter, arbeitspolitischer Organisationsbedarf seitens der Beschäftigten/Erwerbstätigen ausbildet. Darüber hinaus ist es im Lichte unserer Befunde zurückhaltend zu beurteilen, welche arbeits- und interessenpolitische Gestaltungskraft die verschiedenen Netzwerke künftig entfalten.

## 9.2 Erwerbsstrategien zwischen wirtschaftlicher und künstlerischer Selbstbestimmung

Im Folgenden wird die »Zwitterlogik« der Designbranche erneut durch die Brille der Positionierungsstrategien der Akteur_innen betrachtet, allerdings auf einer höheren Abstraktionsebene als vormals. Wenn nun hybride Erwerbsstrategien erläutert werden, dann soll deutlich werden, welche Ideen und Orientierungsmuster diesen Strategien im Kern zugrunde liegen und wie die Akteur_innen je zeit- und feldspezifisch geprägte Logiken unter den gegebenen Bedingungen der Möglichkeit in Anschlag bringen.

In den strategischen Verortungskämpfen der Akteur_innen offenbaren sich zum einen verschiedene Muster von feldspezifischen Stellungskämpfen, die darauf abzielen subjektive Ideen von künstlerisch-kreativer Arbeit unter den feldspezifischen Bedingungen und Möglichkeiten umzusetzen. Wie in den Porträts deutlich wurde, treffen in diesen Stellungskämpfen sozialstrukturell sedimentierte Mentalitäten mit gegenwärtigen Ideen von einer gelungenen im Sinne von sowohl existenzsichernder als auch nicht-entfremdeter (»authentischer«) Arbeit zusammen. Die alltäglichen Probleme, mit denen die Befragten konfrontiert sind, reizen sie indes dazu, die feldspezifischen Möglichkeitsbedingungen zu hinterfragen, sie zu problematisieren – und sich unter Umständen an den Rand des Spielfelds zu begeben. So wird in diesen Stellungskämpfen auch ein grundsätzlicher Streit um die Bedingungen legitimer Teilhabe im Feld erkennbar.

Dieser im Feld ausgetragene und an den Positionierungsstrategien ablesbare Streit dreht sich im Kern um die Frage, ob Designer_innen eher nach wirtschaftlicher oder nach künstlerischer Selbstbestimmung streben, also um die Frage, welche Ideen die Akteur_innen mit ihrer Arbeit in der Designbranche verbinden. Die davon beeinflussten Positionssuchen, die vier aufgefundenen und in Kap. 8 erläuterten Muster sowie ihre relativen Überlappungen, d.h. die Kompromisse, die Designer_innen im Spannungsfeld von unternehmerischem und künstlerischem Selbst machen, werden nachfolgend anhand von zwei idealtypisch zugespitzten Varianten von eigensinnigen, hybriden Erwerbsstrategien herausgearbeitet. Zum einen handelt es sich um einen *Rück-*

*zug auf den künstlerischen Wert der Arbeit*, zum anderen um die *Praxis* »entzauberte« *Arbeit*.[3]

### 9.2.1 Rückzug auf den künstlerischen Wert von Arbeit

Insgesamt folgt diese Strategie einer Arbeitslogik, die eine künstlerisch ambitionierte Arbeitskraftverausgabung zwingend erfordert. Ihre empirische Entsprechung findet diese Strategie in den Mustern »Selbstoptimierung als Zumutung« und »Künstlerkritische Distanzierung vom Feld«. Der strategische Kern besteht darin, dass mit einer großen Leidenschaft für den künstlerischen Wert der eigenen Arbeit gekämpft wird. Das Feld wird insofern als künstlerische Symbolarena konstruiert, – Arbeit demzufolge primär mit einem künstlerischen Symbolgehalt aufgeladen. Die Normen und Bewertungskriterien für die eigene Arbeit und deren Produkte werden nach künstlerisch-ästhetischen Maßstäben definiert. Der Kampf um Teilhabe wird entlang der Regeln einer symbolischen Ökonomie durchgefochten, – praktisch wird mit dem ökonomischen Markt als Ort der subjektiven Wahrheitsbildung (Foucault) gebrochen. Erfolg von Arbeit vermittelt sich dementsprechend nicht primär über eine pekuniäre, sondern über eine kulturell-symbolische Anerkennung. Dazu gehört, dass im Rahmen des praktisch Machbaren eine gewisse Interesselosigkeit gegenüber kommerziellem Erfolg demonstriert wird. Als Käufer der Produkte und Dienstleistungen werden entsprechend diejenigen bevorzugt, die gleichartige ästhetische Kriterien teilen. Um dieses Ziel zu erreichen, wird eine erwerbswirtschaftliche Gelegenheitsorientierung praktiziert, um sich den künstlerischen »Nominalwert« (Bourdieu 1987: 240) von Arbeit zu erhalten, was an die historisch typische, bohemienhafte Erwerbsstrategie des Künstler-Proletariats erinnert. Insgesamt kreist dieser soziale Statuskampf um drei Fragen.

1. Das Ziel ist es, sich als künstlerisches Selbst zu entwerfen. Der Kampf um den Sinn und Zweck von künstlerisch-kreativer Arbeit richtet sich auf den ideellen Wahrheitsgehalt des Glaubens an ein Designprodukt als Kunstwerk.

---

**3 |** Solche idealtypischen Zuspitzungen beruhen nach Weber immer auf einer »überpointierten Gestalt des empirisch Vorfindlichen« (Przyborski/Wohlrab-Sahr 2010: 330). Gewonnen werden sie durch eine theoretisch angeleitete Extrapolation und Akzentuierung eines oder einiger Gesichtspunkte der Fallanalysen. Beim Übergang von der Fallanalyse zum *Typus* geht es um drei systematische Schritte: um die *Abstrahierung vom Einzelfall*, um *eine theoretische Kontextualisierung* mit dem jeweiligen Erkenntnisinteresse und um die *Erzeugung theoretischer Kohärenz* des jeweiligen Typus', der die Sinnstruktur ähnlich gelagerter Fälle angemessen verdichtet (ebd.: 337).

2. Im Rückzug auf den künstlerischen Wert von Arbeit zeigt sich ein Widerwille gegen entfremdete Arbeit. Es wird nach lebbaren Möglichkeiten gesucht, sich den wirtschaftlichen Zwängen zu entziehen.
3. Dennoch ist dieser Rückzug nicht als bedenkenlose Leugnung von ökonomischen Gesetzmäßigkeiten zu deuten. Vielmehr wird entlang der identifzierten Muster nach (künstlertypischen) strategischen Kompromissen gesucht, um schließlich der Idee einer befriedigenden künstlerischen Selbstverausgabung zu ihrem Recht zu verhelfen.

**Kampf gegen Entfremdung für künstlerische Selbstbestimmung**

Der Glaube an das Feld als künstlerische Arena lässt sich als ein Kampf gegen Entfremdung auf Ebene des Arbeitsprodukts sowie auf Ebene des subjektiven Verhältnisses zur eigenen Arbeitskraft pointieren. Sie geht mit einer Art inneren Haltung einher, die während der Arbeit ökonomische Sachverhalte (vermeintlich) außer Kraft setzt und sich dadurch dem Flexibilitäts- und Auswertungsdiktat wenigstens partiell zu entziehen versucht sowie last but not least mit einer gewissen Sturheit verknüpft ist, den Warencharakter der eigenen Arbeitsprodukte anzunehmen. Die Produkte werden vornehmlich als Ausdruck einer künstlerisch-kreativen, expressiven Selbst-Verausgabung deklariert, insofern bisweilen zu einem Kunstwerk verschleiert – oder eben tatsächlich manchmal Kunst abseits von wirtschaftlichen Verwertungsinteressen produziert. Diese Arbeitshaltung erschwert ein durch-rationalisiertes Selbstverhältnis eines Arbeitskraftunternehmers (Voß/Pongratz 1998) bzw. eines unternehmerischen Selbst (Bröckling 2007) zu entwickeln. Sie ist wirtschaftlich riskant und tendenziell überfordernd, weil die Teilhabeinteressen nur um den Preis einer steten Verdrängung ökonomischer Zwänge realisiert werden. Wie der empirische Vergleich zwischen den beiden Subfeldern der Designbrache gezeigt hat, fordert nicht nur das der Kunstproduktion genuin nähere Modefeld eine Haltung heraus, die die Produkte zu einem »Kunstwerk« stilisiert. Vielmehr zeigt sich eben diese Logik sowohl im Feld Modedesign als auch im Feld Kommunikationsdesign.

Die im Muster künstlerkritische Distanzierung vom Feldgeschehen sowie im Muster Selbstoptimierung als Zumutung identifzierten Handlungsstrategien stehen exemplarisch für einen sozialen Kampf um ein Recht als künstlerisch ambitionierte Designer_innen, die sich gegen die Lenkung als unternehmerisches Selbst sträuben. Nicht »dermaßen«, – als unternehmerisches Selbst – »regiert zu werden« wird hier teilweise bis an den Rand der Erschöpfung bekämpft, »weil es gegen die *Würde* des Gutes *selbst* verstößt, wenn es durch die Kodierung ›denaturiert‹, in ein Produkt verwandelt und – wenn man so will – ›entfremdet‹ wird.« (Boltanski/Chiapello 2003: 512, H.i.O.).

In den Erzählungen der Befragten wird deutlich, dass dieser Kampf gegen Entfremdung durch ein Moment großer Hingabe an die Arbeit, geradezu durch eine »Ekstase« (Thomä 2010: 164) geprägt ist. In dieser derart entgrenzten Arbeitshaltung versuchen sie die Grenzen zwischen Spiel und Ernst außer Kraft zu setzen. Man spielt ernsthaft, als ob es kein morgen gebe (vgl. Bourdieu 2001b: 23). In diesem Spiel vollzieht sich eine Art von Verschmelzung mit dem Arbeitsprodukt, wie es in Anknüpfung an das romantisch durchzogene, künstlerische Subjektideal allgemein Künstlern (oder auch Wissenschaftlern) attestiert wird. Durch deren spielerisches, scheinbar im zwecklosen Modus verfangenes »Tun als ob« geht es ihnen »um die Einbettung des [...] Lebens in die Welt.« (Thomä 2010: 165). Dieses »Einswerden« mit der Welt über die symbolisch aufgeladene Arbeit z.B. eines Plattencovers oder eines Bühnenkostüms, dieses alles um sich herum zu vergessen und darüber die ökonomische Gesetze vermeintlich außer Kraft zu setzen, ist eine zentrales Merkmal von deren Positionssuche im Feld. »Sie impliziert«, fügt Bourdieu etwas spöttisch an, »vor allem die mehr oder weniger triumphierend auftretende Ignoranz dieser Ignoranz und der ökonomischen und sozialen Bedingungen ihrer Möglichkeit.« (Bourdieu 2001b: 25).

Allerdings greift diese Ignoranz realiter nur bedingt. Denn während sich im Muster »künstlerkritische Distanzierung vom Feld« tatsächlich eine gewisse Ignoranz gegenüber den ökonomischen und sozialen Bedingungen der Möglichkeit zeigt, verschreiben sich die Betreffenden des Musters »Selbstoptimierung als Zumutung« nicht blind ihrer Idee einer künstlerischen Daseinsweise nach dem Motto »arm, aber glücklich«. Gleichermaßen griffe es zu kurz, deren etwaige Anpassungsversuche an existenz-/marktinduzierte Erfordernisse auf eine ideologische Verblendung zurückzuführen, die diese als Künstlerkritik verblümt. Eine solche Deutung würde den Kämpfen der Akteur_innen um einen Ausgleich zwischen *künstlerischem* und *unternehmerischem Selbst* nicht gerecht werden. Vielmehr üben die alltäglichen Arbeits- und Produktionsbedingungen ökonomische Zwänge aus, die eine künstlerisch-kreative, weltvergessene Selbstentäußerung teils verhindern; und zwar nicht nur, weil es hier um die Produktion von marktförmigen Gütern und Dienstleistungen geht. Vielmehr erschweren die ökonomischen Bedingungen auch eine wertorientierte Kompensation von materieller Knappheit. Äußerungen wie z.B. *»Das war der härteste Sommer meines Lebens«* untermauern, dass sich die Befragten ihre *Luxusarbeit* teilweise hart erkaufen. Mitunter beklagen sie, dass es an sozialem und vor allem an wirtschaftlichem Halt fehlt. Mehr noch, während manchen ein distinktiver Selbstentwurf als »authentische« Künstler_in scheinbar mühelos zu gelingen scheint, sind andere geradezu wütend über die Verteilungsdisparitäten im Feld; echauffiert darüber, dass sie vom Rennen um das knappe Gut der symbolischen, aber auch monetären Anerkennung ihrer künstlerisch ambitionierten Leistungen und Anstrengungen weitgehend ausgeschlossen sind.

Das Porträt »Ines« hat zudem deutlich gemacht, dass der Rausch, in den sie sich manchmal hinein arbeitet, ein soziales Sicherheitsrisiko birgt. Im Porträt »Katharina« wurden private Beziehungsprobleme thematisiert, die durch eine zuweilen hemmungslose Arbeit verursacht würden. Obgleich in diesen Fällen ein gewisser Suchtcharakter von Arbeit im Sinne einer totalen Hingabe und Entgrenzung in räumlicher, sachlicher und emotionaler Hinsicht unverkennbar ist, räumen die Befragten ein, dass dieser hingebungsvolle Arbeitsstil sie auslaugt und buchstäblich Kopfschmerzen macht. Arbeiten, als ob es kein morgen gebe, provoziert also eine subjektive Erschöpfung und bisweilen soziale Konflikte, die auf Dauer offenbar nicht durch Leidenschaft in der Sache kompensieren werden können.

**Ein paradoxer unternehmerischer Anlagesinn**

Zu unterstreichen ist, dass nur wenige Anhaltspunkte gefunden werden konnten, dass sich die Befragten dem Glauben hingeben würden, »höhere Kunst« zu produzieren. Der strategische Kompromiss sich als künstlerisches Selbst zu entwerfen beruht bisweilen vielmehr auf einem paradoxen unternehmerischen Anlagesinn, der sich im Muster einer künstlerkritischen Distanzierung vom Feld nachvollziehen lässt. In diesem Fall wird »*Mode machen*« zwar primär als Ausfluss einer künstlerischen Selbstverwirklichung und sekundär als instrumentelle und zweckgerichtete Erwerbsarbeit konstruiert. Der Glaube an die Praxisform einer selbstbestimmten, authentischen Produktionsweise wird mit einem schöpferischen wie expressiven Tun gleichgesetzt, das nur in milieuspezifischen Grenzen kommerziell kommensurabel sei.

So wurde hier ein unternehmerischer Anlagesinn ausfindig gemacht, mittels dem sich autodidaktisch angeeignetes kulturelles Kapital profitabel verwerten lässt. In dieser Strategie vermittelt sich daher auch eine eigensinnige Ausprägung von Unternehmergeist, in dem sowohl ein Glaube an den eigenen Nützlichkeitsnachweis als auch die Überzeugung, mit einem experimentellen Geschmack eine milieuspezifische Klientel zu bedienen zum Ausdruck kommt. Dieser Unternehmergeist offenbart insofern einen Modus einer distinktiven Selbstermächtigungsstrategie, als sich die »*Kleiderkünstlerin*« u.a. vermittels ihrer langjährigen Szeneverankerung, ihres Durchhaltewillens und komplexer Netzwerkpraxen eine profitable Nische auf einem wirtschaftlich bescheidenen Niveau im Randgebiet der Modebranche erschlossen hat – ohne dass sie einem unternehmerischen Subjektideal Schumpeter'scher Prägung folgen würde. Hervorzuheben ist vielmehr ein Muster, das sich einer nach traditionellen Maßstäben innovativen und dynamischen, aber zugleich temporären Unternehmer-Strategie bedient – ohne jedoch mehr als nur bescheidenen ökonomischen Profit aus dieser Marktnische schlagen zu können. Was diesen Fall allerdings von einer dynamischen Unternehmerpersönlichkeit unterscheidet, ist nicht nur die prekäre Erwerbslage. Angekommen in einer subjektiv befriedigenden Erwerbsnische wird der »Markterfolg« genutzt, um einen tendenziell marktabgewandten Lebensstil zu verwirklichen – inwieweit hier indes die Not zur Tugend gemacht wird und sich das subjektive Befinden den objektiven, ökonomischen Möglichkeiten anpasst, muss ein Stück weit offenbleiben. Unverkennbar jedoch geht es um die Eroberung einer kulturellen Nische im Feld, um sich der eigentlichen Leidenschaft – der experimentellen Modeproduktion – zu widmen, alltägliche wirtschaftliche Zwänge zu verleugnen und sich zugleich einer milieuspezifischen Zugehörigkeit zu versichern.

**Grenzgänge**
Als übergreifendes Muster von Erwerbsstrategien erweisen sich die beschriebenen Grenzgänge zwischen verschiedenen Feldern künstlerisch-kreativer Arbeit, die eine eindeutige Zuordnung zu einem bestimmten Feld erschweren oder gar verunmöglichen. Erwerbstypologisch betrachtet, kristallisieren sich Grenzgänger_innen heraus, verstanden als Erwerbspersonen, die sowohl ihren Erwerbsstatus im Zeitverlauf wechseln (Fachinger 2014: 125) als auch interdepent zwischen verschiedenen künstlerisch-kreativen Erwerbsfeldern sowie zwischen einer künstlertypischen Standbein-Spielbein-Strategie pendeln. In diesen Grenzgängen zeigt sich eine vergleichsweise anpassungsbereite, marktorientierte Strategie, die zugleich im Rahmen einer »umgekehrten ökonomischen Logik« (Bourdieu) angeordnet ist.

Um diese Logik in die Tat umzusetzen, wird zwischen verschiedenen Feldern und Auftraggebern gependelt. Zugleich wurden exemplarisch massive Konflikte zwischen handlungsstrategischer Ausrichtung und Feldsituierung augenfällig. Denn während Akteur_innen, die auf private Netzwerke und/oder familiäre Unterstützung zurückgreifen können und ihre Stellungskämpfe im Kontext des Lebenszusammenhangs sowohl wirtschaftlich als auch mental abfangen können (vgl. Kap. 7.4), demonstrieren andere Fälle, mit welchen Risiken eine Arbeitshaltung verbunden ist, die durch die Suche nach Spielräumen in den Arbeits- und Produktionsbedingungen zugunsten einer ästhetisch wertvollen Lebensführung angetrieben ist, ohne auf private Versorgungsverhältnisse zurückgreifen zu können. Als ein zumindest zeitweiliger strategischer Kompromiss kann daher die Suche nach einer ökonomischen Sicherheit im Rahmen eines (festen) Anstellungsverhältnisses betrachtet werden. Dieser Kompromiss scheint jedoch an seine Grenzen zu kommen, sobald die Agentur-Arbeit als dauerhaft fremdbestimmt, nicht hinreichend vergütet und zudem als sinnentleert erlebt wird. Bevorzugt wird sodann vielfach eine sozial und ökonomisch unsichere Position als Freie_r. Eine bedingt freiwillige Selbst-Prekarisierung wird insofern einer entfremdeten Arbeit vorgezogen.

In solchen Pendelexistenzen zeichnen sich Grenzgänge zwischen verschiedenen künstlerisch-kreativen Feldern mit wechselnden Erwerbsformen ab, wie es etwa von Ebert et al. (2012) als typische Unsicherheitsbewältigungs-Strategie ausgemacht wird. Der Kompromiss einer vernetzenden Grenzüberschreitung und die Herausbildung eines in mehrfacher Hinsicht hybriden Erwerbsstatus scheint einerseits die Verschmelzung von Arbeit und Persönlichkeit zu erlauben. Andererseits entspricht er einem pragmatischen Arrangement mit den geltenden Arbeits-, Macht- und Kräfteverhältnissen. So wird der orthodoxe Standpunkt einer rein künstlerischen Selbstverausgabung mit dieser Strategie ein Stück weit verlassen. Zugleich ermöglicht der Kompromiss »Grenzgänge« offenbar, den Glauben an eine im Kern künstlerische im Sinne von ästhetisch anspruchsvoller Lebensführung zu erhalten und diese nicht zur Gänze den ökonomischen Zwängen preiszugeben.

### 9.2.2 Praxis »entzauberte« Arbeit

Auf der anderen Seite äußern sich Status- und Stellungskämpfe, die auf den ersten Blick das unternehmerische Selbst in Reinform aufleben lassen, aber bei genauerem Hinsehen ungleich paradoxer erscheinen. Denn hier steht ein Kompromiss, die Anforderungen ans unternehmerische Selbst scheinbar zu akzeptieren und sich vom künstlerischen Selbst zu distanzieren. Dieses Arbeitsethos ist das Resultat einer teils konflikthaften Distanzierung von der Idee einer Existenz als Künstler und einer als Unternehmer. Dieser Typus entgrenzt sich nicht durch die totale Hingabe ans »Werk«, sondern entwickelt eine stärker kommerziell geprägte Haltung als Strategie gegen die Risiken der (Selbst-)Ausbeutung. Insgesamt kreist dieser soziale Statuskampf um drei Fragen.

1. Das Ziel ist es, sich als Geschäftsmann/-frau zu entwerfen, um ökonomische Entspannung zu erreichen bzw. Abstiegsängste klein halten. Entfremdung in der Arbeit wird hier als Potenzial für Selbstbestimmung in der Lebensführung genutzt.
2. Modus vivendi ist eine kulturelle Distanzierung vom, aber nicht die Kündigung des künstlerischen Selbst. Mittels einer bürokratischen Selbst-Rationalisierung soll sich vom künstlerischen Druck sowie von der Last symbolischer Anerkennung ein Stück weit befreit werden.
3. Die *Praxis entzauberte Arbeit* folgt dem Interesse, sich weder als totales Marktsubjekt noch als totales Künstlersubjekt zu entwerfen. Der Wunsch Geschäftsmann/-frau zu sein/zu werden, ist Ausdruck einer marktrationalen Anpassung und insofern ein ökonomisch induzierter, strategischer Kompromiss. Dennoch landen viele Akteur_innen als prekäre Selbständige auf dem harten Boden der Möglichkeitsbedingungen.

## Distanzierung vom künstlerischen Selbst

Während der Rückzug auf den künstlerischen Wert der Arbeit als eine orthodoxe Form der subjektiven Positionierung im Feld erscheint, entspricht die *Praxis entzauberte Arbeit* im Kern einer rationalen Anpassung an die ökonomischen Gegebenheiten. Hier wird kein Selbstverwirklichungsdrang/-zwang als (vermeintliche) Freiheit zelebriert und als Wunsch nach künstlerisch-kreativer Arbeit und ihrer Konventionen ausgegeben. Das hervorstechende Charakteristikum der Strategie »*Praxis entzauberte Arbeit*« ist vielmehr, dass sie gewissermaßen die Anrufungen an das künstlerische Selbst ab- bzw. unterbricht und es mit subjektiven Vorstellungen eines weniger aufreibenden Lebens bzw. einer ökonomisch abgesicherten Existenz konfrontiert. Der arbeitsweltliche Konflikt besteht vornehmlich *nicht* darin herauszufinden, inwieweit sie ein selbstbestimmtes, künstlerisches Selbst sein könnten. Hier geht es vielmehr um eine Distanz zu der Haltung, ein künstlerisch ambitionierter, aber brotloser »Künstler« zu sein. Sich selbstverantwortlich innerhalb eines ökonomischen Zusammenhangs zu verantworten, äußert sich also nicht über eine auf Biegen und Brechen erreichte Selbstverwirklichung oder eine etwaige Authentizität im Arbeitsprozess.

Diese hybride Erwerbsstrategie vermittelt sich eher über die Hinnahme einer bis zu einem gewissen Grad *entzauberten* Arbeit, die nicht in erster Linie einen »authentischen« Selbstausdruck im Sinne der Künstlerkritik anstrebt (vgl. Boltanski/Chiapello 2003). Zugleich wird auch hier ein Begriff von Selbstbestimmung verteidigt. Hier besteht diese darin, nach einer pragmatischen Abwägung der Möglichkeitsbedingungen das Streben nach authentischer Arbeit im Zweifel als Rationalisierungsmasse einzusetzen. Prekäre Erwerbskonstellationen werden unter dieser Bedingung unternehmerisch aufgegriffen und versucht, diese in eine spezifische, nämlich wirtschaftliche Praxis der Freiheit umzumünzen.

## Entfremdung als Potenzial für wirtschaftliche Selbstbestimmung

Diese Fraktion zielt primär auf einen wirtschaftlich stabilen Status und in diesem Rahmen auf eine primär zahlungskräftige Kundschaft. Zu realisieren suchen dies die Akteur_innen durch je unterschiedliche, planmäßige Arbeits- und Produktionsmethoden wie z.B. fachliche Professionalisierung oder eine zumindest ansatzweise Standardisierung ihrer Arbeitsleistungen sowie des Arbeitsalltags. Dadurch erhoffen sie sich möglichst große Marktsegmente zu erobern. Die pragmatische Hinnahme einer im Vergleich mit der künstlerischen Strategie teils entfremdeten Arbeit schafft Möglichkeitsräume für eine gewissermaßen entdramatisierte Subjektivierung und eröffnet ihnen (in Maßen) vergleichsweise große Handlungsspielräume im Feld.

Eine aktiv betriebene Entfremdung im Sinne einer Grenzziehung der Identifikation mit dem Arbeitsprodukt scheint von der Mühsal einer symbolisch anspruchsvollen Arbeit zu entlasten und aus kreativen Dienstleistungen einen Handel wie jeden anderen zu machen. So beruht diese Strategie darauf, »keinen authentischen Müll mehr« (Pollesch 2010:245) zu produzieren, sondern Designleistungen für jedermann anzubieten, währenddessen ein künstlerisches Selbst weitgehend »unausgedrückt« (ebd.: 243) bleibt. Wie sich in den Porträts zeigte, wird hier bisweilen auf eine sozialisatorisch vorgeprägte Idee von einer Existenz als Unternehmer zurückgegriffen, die in eine eher pragmatische Arbeitshaltung umgearbeitet wird.

Das Projekt »Geschäftsfrau/mann« entspringt gleichfalls einer Einsicht in ökonomische Notwendigkeiten, in der kreative Entfaltungswünsche und psychosoziale Reproduktionsinteressen zugunsten der unternehmerischen und professionellen Anforderungen zurückgestellt werden.

Exemplarisch am Porträt »Doris« illustriert, nimmt der Kampf um einen Platz in der jungen Modebranche vergleichsweise deutliche Züge des »unternehmerischen Selbst« an, das sich permanent in den Kampf stürzt, um der Ausmusterung zu entgehen (vgl. Bröckling 2007: 124). Anders gesagt: hier werden deutlich soziale Abstiegsängste geäußert.[4] Ihr werden normative Ansprüche an Arbeit geopfert und stattdessen eine Selbst-Rationalisierung betrieben, die in einer als unternehmerisch zu bezeichnenden Handlungsorientierung mündet. Gleichwohl ist unverkennbar, dass hier nach Kompromissen gesucht wird, um die schmerzlich vermisste künstlerisch-kreative Ader als Modedesignerin wenigstens ansatzweise auszuleben.

So wird hier eine Sorge um den sozialen Statuserhalt ersichtlich, die sich nicht nur aus einer individuellen, schlechten ökonomischen Lage, sondern auch aus einer familialen Sorgeverpflichtungen speist. Subjektiv bearbeitet werden die Abstiegsängste bzw. die Hoffnung auf einen sozialen Statusgewinn durch Professionalisierungsambitionen. Diese »Bildungsbeflissenheit« scheint nicht nur einem allgemeinen Lebensführungsmodus zu entspringen, sondern vielmehr eine Reaktion auf die Konkurrenzverhältnisse zu sein.

---

**4 |** Wie bereits Georg Simmel im Jahr 1907 in seiner Abhandlung über den Armen in der Gesellschaft zeigte, entstehen Abstiegsängste allgemein durch den sozialen Vergleich der eigenen Situation mit der sozialen Referenzgruppe (Simmel 1992). Begünstigt werden Abstiegsängste, darauf weist Klaus Kraemer (2010: 214) hin, wenn spezifische Bildungs- oder Erwerbschancen, die bislang offen standen oder als erreichbar betrachtet wurden, nicht mehr eingelöst werden können.

## 9.3 ARBEITS-LEBENS-ARRANGEMENTS ALS STRUKTURIERUNGSZUSAMMENHANG

In welchem Ausmaß ein soziales Feld einen Möglichkeitsraum zur Verwirklichung individueller Interessen und Ideen darstellt, wird nicht nur durch die unmittelbaren Arbeits- und Produktionsbedingungen entschieden. Vielmehr gestalten sich die sozialen Verortungskämpfe im Feld auch entlang der lebensweltlichen Verankerung der Akteur_innen, wie z.b. Lebensphasen oder Familienstand (Familien- versus Einzelversorger_in; Zuverdiener_in versus Familiennetzwerk). Die Einbettung in außererwerbliche Institutionen und damit die spannungsreiche dialektische Verknüpfung von Produktions- und Reproduktionsbereich ist somit ebenso ein wesentlicher Faktor im Spiel um die Besetzung feldspezifischer Positionen und um das Prekarisierungspotenzial von Erwerbslagen.

Die Befunde bestätigen die Ergebnisse von etwa Dangel-Piorkowsky (2006) bzw. Henniger (2004), dass soziale Nahbeziehungen in marktradikal organisierten Feldern unter den gegebenen, wohlfahrtsstaatlichen Rahmenbedingungen für den wirtschaftlichen, aber auch mentalen Erhalt der Existenz eine herausragende Rolle spielen. Auch hier ist unverkennbar, dass das Privatleben zu einer individualisierten Strukturierungsleistung wird (Jürgens/Voß 2007). Eine offenbar nicht nur materielle Entlastung, sondern auch eine mentale Strukturierungshilfe bieten private Arrangements von Stabilität und Flexibilität, etwa in einer Erwerbs- und Lebenskonstellation, in der ein_e Partner_in aufgrund von berechenbaren Arbeitsverhältnissen und -zeiten einen stabilen Anker im jeweiligen Arbeits- und Lebensarrangement darstellt (Jurczyk/Schier 2007). Das Privatleben wird damit zu einer alltäglichen Arbeit, das um die »Zeitlücken« (ebd.: 15) der projektförmig organisierten Arbeit gruppiert wird. Gleichwohl legen Akteur_innen, die ihre private Lage als stabil kennzeichnen, eine vergleichsweise große Gelassenheit gegenüber den Bedingungen in der Designbranche an den Tag. Sie können in unterschiedlichen Konstellationen auf sowohl finanzielle wie mentale Unterstützung ihres sozialen Umfeldes bauen, sich insofern risikobereiter verhalten und sich dank eines privaten Sicherheitsnetzes auf »Hazard«-Spiele und auf größere Unwägbarkeiten einlassen. Demgegenüber kann jene Fraktion, die mit Blick auf ihren ganzen Lebenszusammenhang als Einzelkämpfer_in auftritt, nicht vergleichbar auf private Ressourcen zurückgreifen. Sie weist vergleichsweise große subjektive Erschöpfungssymptome auf, die sich als Dissonanzen in der Lebensführung artikulieren.

Im Porträt »Michael« etwa wurde deutlich, dass er seine Position im Feld auch dank familiärer Bande hält. Zudem ist er in seiner Geburtsstadt verblieben, was ihm einen Standortvorteil verschafft. Sein langjährig erarbeitetes, sphärenübergreifendes, milieuspezifisches Netzwerk und die Freiheit nur für sich allein Verantwortung übernehmen zu müssen, spenden ihm subjektiv empfundene, soziale Sicherheit. Ein objektives soziales Sicherheitsnetz stellt die Bereitschaft und Finanzkraft seiner Eltern, ihm notfalls unter die Arme zu greifen, dar. In Kombination mit einem vergleichsweise ökonomisch entzauberten Verhältnis zu seinem von ihm reklamierten, künstlerischen Talent, fühlt er sich in der Lage sein Arbeitshandeln primär an kommerziellen Zielen und an der Nachfrage seiner Kundschaft ausrichten. Eine Erwerbszentrierung zu Lasten seines privaten Lebens möchte er gleichwohl vermeiden. Er stellt eine reproduktionsorientierte Grenzziehung durch relativ feste Arbeitszeiten und das Arbeiten innerhalb einer Bürogemeinschaft sicher. Seine gegenüber der Arbeit geltend gemachten Reproduktionsinteressen beziehen sich vornehmlich auf seine individuelle Rekreation – z.B. zur gesundheitlichen und sozialen Reproduktion. Als künftiger Familienernährer oder als Partner einer auch wirtschaftlichen Lebensgemeinschaft sieht er sich mit seinen 31 Jahren jedoch nicht. Dieses Szenario scheint für ihn bislang außerhalb seiner Sichtweite zu liegen, was ein durchaus milieutypisches Muster ist: »Passt schon, aber Familie ist nicht drin.« (BDG 2012: 36).

Im Porträt »Katharina« hingegen zeigt sich, wie bedeutsam eine stabile Partnerschaft ist, um die Flexibilitätsanforderungen und das Prekarisierungspotenzial im Feld abzufangen. Sie genießt dank ihrer langjährigen Partnerschaft finanzielle und emotionale Sicherheit. Im Rahmen ihres vergleichsweise ruhigen, privaten Hafens hat diese Akteurin innovative Produktideen entwickelt und sich Absatzmöglichkeiten dafür geschaffen. Sie konnte sich aufgrund eines über die Jahre stabilen Netzwerks einen treuen Kundenstamm aufbauen und sich darüber hinaus ein Alleinstellungsmerkmal in einem Randgebiet der Modebranche erarbeiten. Die entsprechenden Ressourcen, um diesen Modus der Selbst-Prekarisierung zu praktizieren, schöpft sie jedoch aus ihrem privaten Versorgungsarrangement. Es ist diese Verknüpfung der beiden Lebensbereiche, die ihr die Möglichkeit eröffnet, sich kritisch von den vermeintlichen Anforderungen der Modebranche zu distanzieren, ohne dass sie sich dabei exkludiert fühlt. Im Rahmen ihrer privaten Position als Zuverdienerin erlebt sie ihre kritische Haltung gegenüber den Feldregeln als ermächtigend. Ihre subjektive Gestaltung dieses *Talentberufs* verortet sie in der Tradition der anti-bürgerlichen Bohème mit der damals entstandenen Abneigung gegen ein bürgerliches Arbeitsethos. All das eröffnet ihr im Kontext ihres Lebenszusammenhangs einen gewissen strategischen Spielraum und macht sie sicherlich zu einem Fall, der die Logik einer umgekehrten ökonomischen Logik am vergleichsweise reinsten praktizieren kann. Sozial und emotional abgesichert, aber nicht finanziell eigenständig, kann sie sich eine kritische Selbstdistanzierung von der Modebranche auch im Rahmen ihres Lebenszusammenhangs leisten. Dies freilich kostet sie hohe persönliche, letztlich ökonomische Abhängigkeiten. Diese Soziallage trübt den Glanz in der von ihr relativ autonom besiedelten Nische der Modebranche.

Demgegenüber finden die als »Doris« und »Ines« porträtierten Fälle weniger ausgleichende Stabilität in ihrem privaten, sozialen Umfeld. Beide suchen nach einer einträglichen Marktnische – Doris als Geschäftsfrau in einem Außenbezirk der Modebranche Berlins. Ines als künstlerisch orientierte Kommunikationsdesignerin und im Rahmen eines Patchworkarrangements zwischen verschiedenen künstlerisch-kreativen Erwerbsfeldern. Doris trägt als Familienernährerin die Verantwortung für das Geschäft, für sich und ihre Tochter – von Beginn an war sie alleinerziehend. Anders als die selbst erklärte Kleiderkünstlerin hadert die Geschäftsfrau mit den Arbeits- und Produktionsverhältnissen. Seit Jahren und mit wechselnden Methoden kämpft sie um eine respektable Feldzugehörigkeit. Ihre subjektive Herausforderung und ganz persönliche Bewährungsprobe besteht darin, eine *Lust an »entzauberter« Arbeit* zu entwickeln. Ihr Weg dahin besteht einesteils darin, dass sie ein »professionelles Arbeiten« anstrebt – nicht zuletzt, um damit ihre sozialen Abstiegsängste in den Griff zu kriegen und mit dieser Qualifikation eine soziale Stufe zu erklimmen. Sie erhofft sich Vorteile gegenüber der Konkurrenz durch qualitativ hochwertige Modeprodukte und einen entsprechenden Kundenkreis zu erschließen. Anderenteils kann sie diese Ansprüche nicht zuletzt aufgrund ihrer sozialen Lage als Familienernährerin kaum erfüllen und findet sich in einem wirtschaftlich fragilen Patchwork-Arrangement wieder. Erschwerend kommt hin zu, dass Doris ihr Arbeitsvermögen als Familienernährerin im Spannungsfeld von Erwerbs- und Sorgearbeit entwickelt. Ihr Arbeitsverhältnis unterliegt einer spezifischen, doppelten Vergesellschaftung. Diese findet nicht sequenziell, sondern gleichzeitig und zudem unter den Bedingungen einer strukturellen Entgrenzung von Arbeit und Leben statt. Im Kontext ihres Lebenszusammenhangs fehlt es ihr daher an Raum für die Reproduktion, mit der Folge, dass sie sich immer wieder am Rand der Belastbarkeit fühlt und eine Exit-Option erwägt. Nicht zuletzt deshalb zögert sie ihre fachliche Professionalisierung seit Jahren hinaus, obgleich sie sich von dieser Investition einen messbaren Positionseffekt im Feld verspricht. Die Befragte steckt in einer Zwickmühle, versehen mit einer Doppelbelastung, die sich durch ihren Familienstatus sowohl ökonomisch als auch mental zuspitzt.

Betrachtet man zudem den Altersunterschied zwischen den interviewten Designer_innen – die Befragten waren zum Zeitpunkt des Interviews zwischen Anfang 30 und etwa Mitte 40 –, muss man feststellen, dass sie zwar alle im gleichen Milieu und am selben Ort (Berlin) agieren, das aber unter dem Eindruck eines generationsspezifischen Zeitgeistes tun.[5] Unter Berücksichti-

---

5 | Unter einer Generation sind nach Karl Mannheim eng benachbarte Geburtsjahrgänge zu verstehen, die durch gemeinsame historische Erfahrungen, sogenannte Kol-

gung dieser zeithistorischen Ebene zeigt sich einmal mehr, dass die Anforderungen an die privaten Strukturierungsleistungen zur Gestaltung von Arbeit und Leben über die Zeit gewachsen sind.

Der Stellungskampf jener Akteur_innen, die in den 1980er Jahren in die künstlerisch-kreativen Milieus von Berlin einmündeten, wurde in Kap. 6 als ein Kampf im Rahmen ökonomischer Anspruchslosigkeit beschrieben, der im Zeichen kultureller Distinktionskämpfe stand und von der Eroberung sozialstruktureller Zwischenräumen geprägt war. In dieser Zeit gehörte zu einem Leben abseits bürgerlicher Konventionen ein gewisser Pioniergeist und war in eine kulturelle Aufbruchsstimmung zwischen Hedonismus und Protest eingekleidet. Desweiteren erlaubte die Stadt in den 1980er Jahren die soziale Praxis einer umgekehrten ökonomischen Logik aufgrund ihrer ökonomischen Anspruchslosigkeit vergleichsweise unbeschwert auszuleben. Demgegenüber stieß die Mehrheit der Interviewten in diese Milieus in einer zeitgeschichtlichen Phase dazu, die vom Glauben an Berlin als arm aber sexy geprägt war. Während dieser Glaube zunächst durch eine turbulente Erweiterung des sozialen Feldes begleitet und bestärkt wurde, setzte bald aber auch eine soziale Schließung der vormals offenen Feldgrenzen ein. Schließlich kristallisierte sich Berlin als Marke heraus und war/ist durch eine ökonomische Inwertsetzung und folglich durch soziale Verdrängungskämpfe in einem teurer werdenden sozialstrukturellen Zwischenraum geprägt. Die Mehrheit der Befragten gehört insofern einer Generation an, die in der ersten Hälfte der 2000er Jahre prekäre Arbeitsmärkte vorfindet, und die sich in einem enger und teurer werdenden sozialstrukturellen Zwischenraum versucht niederzulassen. Unter diesen Bedingungen beruht ein milieuspezifischer Status der sozialen Unschärfe folglich nicht eindeutig auf einer freien Wahl, sondern wird vielmehr von den Verhältnissen nahegelegt. Ein freiberuflicher Erwerbsstatus ist für die Mehrheit der Befragten daher objektiv und subjektiv relativ naheliegend.

Indem die Akteur_innen jedoch gleichfalls betonen, dass eine künstlerisch-kreative Existenz eine Bereitschaft für eine ökonomisch unsichere Existenz voraussetzt, aktualisieren sie die historische Regel, dass sie einen beherrschten gesellschaftlichen Status impliziert. Eine Befragte bringt diese Haltung gleichsam auf den Punkt, wenn sie sagt, dass Kreativsein »*improvisieren*« bedeute. Oder noch plastischer ein anderer Befragter: »*es wird rocken demnächst, oder dann bleibt es halt wie es ist.*« Wenngleich die subjektive Internalisierung kulturell bedingter Widersprüche ein historisch bekanntes Muster und keineswegs allein ein Effekt (neo)kapitalistischer Vergesellschaftung ist

---

lektivereignisse, geprägt wurden und daher einen Generationszusammenhang bilden. Innerhalb dieses Zusammenhangs, Mannhiem spricht von einer spezifischen Generationslagerung, werden spezifische Wertorientierungen und Einstellungsmuster ausgebildet, die sich von anderen Generationen merklich unterschiedben (Mannheim 1970).

(s.o., Kap. 2.2), erfüllt deren Idee von einer gelungenen Lebensführung auch eine ordnungsstiftende Funktion im Feld. Sie trägt zu einer Verklärung des Prekarisierungspotenzials der ästhetischen Existenz in der Designbranche bei. Man könnte diesen State of Mind sowohl als Anpassungsmoment an die sozialhistorische Situierung von künstlerisch-kreativer Arbeit in einem sozialstrukturellen Zwischenraum als auch als eine Ausblendung sowie Ignoranz gegenüber den Arbeits- und Produktionsbedingungen lesen. Und tatsächlich sorgt die Verkennung der Verhältnisse, die etwa ein Befragter ausdrückt, wenn er den Kauf eines Autos als Zeichen seines persönlichen, wirtschaftlichen Aufstiegs deklariert, dafür, »dass sich die subjektiven Bestrebungen in der Regel den objektiven Chancen anpassen« (Bourdieu 2011: 77).

Im Arbeitsalltag erweist sich diese Haltung gleichwohl als Belastungselastizität sowie als Fähigkeit, die Dinge zu nehmen, wie sie kommen, und insofern als Kontingenzkompetenz (Manske 2009). Gemeinsam ist den Fraktionen, dass sie einen selbstständigen Erwerbsstatus bevorzugen, den sie mit freiberuflichen Aufträgen und zur Not auch mit berufsfachfremden Jobs querfinanzieren. Diese Art von Selbst-Prekarisierung wird unter den gegebenen beschäftigungs- und arbeitspolitischen Bedingungen gewissermaßen sogar zur Voraussetzung für die künstlerisch-kreative Arbeit der autonomen Fraktion im Feld. Als freiberuflich Erwerbstätige in einem ästhetisch kommerzialisierten Feld müssen sie sich in ihrem Schaffensprozess von den marktlichen Gegebenheiten und ihren inhärenten ökonomischen Zwängen distanzieren, um überhaupt kreativ tätig werden zu können. Insbesondere durch den mit ihrem überwiegend hybriden Erwerbsstatus verbundenen sozialen und ökonomischen Ungewissheiten erfordern die Feldrationalitäten eine reflexive Fähigkeit, den ökonomischen Druck während der Arbeit auszublenden und eine paradoxe Haltung gegenüber den Markterfordernissen einzunehmen.

# Fazit & Ausblick

# 10. Hybride Status-Arbeit

Gegenstand dieser Studie war der Strukturwandel von künstlerisch-kreativer Arbeit in seiner arbeitsgesellschaftlichen Dynamik. Damit wurde ein soziales Feld in den Fokus gerückt, das sich von einem arbeitsgesellschaftlichen Randphänomen zu einem Brennpunkt sozialen Wandels entwickelt hat.

Es gibt nur wenige Erwerbsbereiche, die seit den 1970er Jahren stärker expandiert sind und seitdem zur Heterogenisierung der Arbeitswelt beitragen. Das gilt für künstlerisch-kreative Berufe aller Art, aber insbesondere für die Gruppe der sonstigen Kulturberufe, die hier im Mittelpunkt stehen. Exemplarisch untersucht wurde sie an einem Berufsfeld der angewandten Bildenden Kunst, nämlich am Beispiel der Designbranche. Dabei war es das Ziel, nicht nur den Strukturveränderungen im Feld, sondern auch dem Eigensinn der Subjekte (als praktischer Bestandteil des Feldgeschehens) Rechnung zu tragen. Von besonderem Interesse war daher, wie sich die Arbeits- und Sozialverhältnisse in künstlerisch-kreativen Erwerbsfeldern aus einer praxistheoretischen Perspektive darstellen sowie von welchen Interessen und Ideen die feldspezifischen Positionierungsstrategien von Designer_innen angetrieben sind.

Die steigende gesellschaftliche Relevanz des verhandelten Themas ist jedoch nicht allein mit seinen empirischen Dynamiken zu erklären. Seine wissenschaftliche Konjunktur rührt auch aus einer interdisziplinären Suche nach Modellfällen, aus denen sich gegenwärtige Transformationsdynamiken der Arbeitsgesellschaft lesen lassen. Aus diesem Grund wird Künstlern und Kreativen in einschlägigen Diskussionen ein seismografischer Gehalt zugeschrieben: Sie werden zu Vorreitern einer neuen, flexiblen, ästhetisch durchdrungenen und projektbestimmten Arbeitswelt erklärt. Allerdings ist dieser Grundkonsens nur ein scheinbarer. Dahinter vielmehr wurde ein Streit um das Subjektideal der gegenwärtigen Arbeitsgesellschaft ausgemacht. Seine konzeptuellen Ausprägungen wurden hier als *Opfer-, Komplizen- und Unternehmer-These* pointiert. Die vorliegenden Ausführungen beschäftigten sich daher auch mit der Frage, inwieweit diese Deutungsangebote der sozialen Praxis in künstlerisch-kreativen Erwerbsfeldern gerecht werden und welche Erklärungskraft sie besitzen, um die hier zugrunde gelegten Leitfragen zu analysieren.

Ausgangspunkt der empirischen Analyse waren die praktischen Felderfahrungen der einzelnen sozialen Gruppen. Analysiert wurden deren soziale Stellungskämpfe (verstanden als konkreter Kampf um eine bestimmte Position im Feld) als räumlich und zeitlich gebundene Kämpfe um einen Platz in der Gesellschaft – nämlich als Statuskämpfe (also als strategische Investition in eine relative Position im sozialen Raum). An deren Statuskämpfen lässt sich ablesen, dass Akteur_innen künstlerisch-kreativer Erwerbsfelder tatsächlich anders in ihren Status investieren, als für den Lebensführungsmodus in der sozialen Mitte der industriegesellschaftlich geprägten und arbeitnehmerorientierten Arbeitsgesellschaft üblich war (vgl. Groh-Samberg/Mau/Schimank 2014; Bude 2014, 2015). Dessen typische Merkmale wie Aufstiegswillen, Bildungsbeflissenheit und Selbstdisziplin sind zwar nicht verschwunden, haben aber ihre Form und teils auch ihre Substanz verändert. Dieser allgemeine Befund gibt nun Anlass, über Arbeit als den zentralen gesellschaftlichen Ort von Statuskämpfen neu nachzudenken.

Insgesamt sprechen die vorliegenden Befunde dafür, dass sich neue Segmentierungslinien im Erwerbs- und Sozialsystem eröffnen, die auf die voran schreitende Flexibilisierung von Arbeits- und Sozialverhältnissen und insofern auch auf eine »Kultur des neuen Kapitalismus« (Sennett 2005) hinweisen. Denn in künstlerisch-kreativen Erwerbsfeldern deutet sich nicht nur eine weitere Entgrenzung und ein Formverlust der Institution »Arbeit« an, sondern auch, wie die unterschiedlichen sozialen Gruppen damit leben. Als übergreifendes Kennzeichen und als Ausdruck sich wandelnder Arbeits-, Produktions- und Lebensbedingungen wurde ein hybrider Arbeitstypus identifiziert. Dessen Statusarbeit ist ein Resultat der analysierten sozialstrukturellen Umstellungsprozesse, in deren Zuge sich seit den 1960er Jahren sukzessive Mischformen verschiedener Milieus ausbilden konnten, die spätestens seit den 1990er Jahren einem verschärften Prekarisierungsprozess unterliegen. Deutlich wurde, dass dieser hybride Arbeitstypus in eigensinniger Weise an gesellschaftliche Traditionsbestände sowie habituell sedimentierte Dispositionen anknüpft und diese in der gesellschaftlichen Gegenwart in eigensinnige Statuskämpfe umarbeitet. Um diese Statuskämpfe begrifflich zu fassen, erwies sich eine praxeologische Anleihe bei Foucaults Konzept der »Entunterwerfung« als hilfreich. Es dient dazu, auf ein soziales Problem aufmerksam zu machen, das die Akteur_innen als eine Diskrepanz zwischen ihren Interessen und den Bedingungen der Möglichkeit ihrer Umsetzung erfahren. Auf diese Weise soll der Blick auf die relative Autonomie von praktischen Stellungnahmen geöffnet werden. Entunterwerfung bezeichnet aber kein in sich geschlossenes, starres (Gegen)Konzept, in dem sich ein autonomes Subjekt konstituiert. Konzipiert vielmehr wurde es als ein theoretisches Pendant zu den im Verlauf dieser Arbeit diskutierten Unterwerfungsmodi (Fremd- bzw. Selbstunterwerfung; vgl. insbesondere Kap. 2.4 und 2.5). So sollten nicht nur Herrschafts- und Spielarten

10. Hybride Status-Arbeit    361

von Unterwerfungsmodi in der gegenwärtigen Arbeitsgesellschaft akzentuiert werden. Es ging in dieser Studie vielmehr auch darum, Gestaltungsoptionen und insofern subjektive Ermächtigungsstrategien als einen praktischen Sinn von Entunterwerfung in den Blick zu nehmen.

Im Folgenden werden die Befunde dieser Arbeit zu der These gebündelt, dass sich im Strukturwandel von künstlerisch-kreativer Arbeit hybride Konstellationen im Feld gesellschaftlicher Arbeit beobachten lassen, die es nun entlang von deren emprischen Erscheinungsformen und sozialstrukturellen Implikationen zu diskutieren gilt. Die hier vertretene Abschlussthese lässt sich nach drei Aspekten aufgliedern.

1. *Gebrochene gesellschaftliche Teilhabeversprechen.* Arbeit in künstlerisch-kreativen Erwerbsfeldern ist ehemals Teil des Traums vom sozialen Aufstieg und Ausdruck einer Krise des bürgerlichen Arbeits- und Lebensmodells in der arbeitnehmerorientierten Arbeitsgesellschaft. Im Strukturwandel von künstlerisch-kreativer Arbeit zeigen sich insofern nicht nur gesellschaftliche Vorreiterphänomene (für neue Arbeitsformen und -modelle). Vielmehr artikuliert sich in diesen Feldern bzw. bricht sich in den Laufbahnen seiner Akteur_innen das ehedem gesellschaftlich geltende, nun aber kaum mehr einzulösende soziale Aufstiegs- und Teilhabeversprechen.

2. *Habituelle Irritationen.* Die Befunde zeigen weiter, dass unter den gegenwärtigen Bedingungen einer Prekarisierung von Arbeit eine Status-Reproduktion in der relativ gut situierten, sozialen Mitte unter Beibehaltung künstlerkritischer Werte ein wesentliches Interesse der untersuchten sozialen Gruppe ist. Die Akteur_innen stehen daher inmitten dieses gesellschaftlichen Wandels vor der Herausforderung, habituelle Irritationen zu bewältigen, die sich aus sozialen Unsicherheiten sowie ökonomischen Instabilitäten und somit aus einem habituell unerwarteten Bruch zwischen Erwartungen und tatsächlichem Positionsrang ergeben. In der sozialen Praxis formieren sich diese Verhältnisse zu einem Erfahrungszusammenhang, den die Einzelnen als in unterschiedlichem Ausmaß und mit spezifischen Schwerpunktsetzungen als sinnhaft schlüssig oder pragmatisch nützlich erleben. Zugleich zeigen die empirischen Befunde, dass die Akteur_innen im Arbeitsalltag auf Grenzen und Widrigkeiten stoßen, die sie als ungerecht und/oder subjektiv erschöpfend erfahren.

3. *Hybridisierung als Anpassungs- und Bewältigungsleistung.* Die empirische Analyse legt nahe, von einer hybriden Status-Arbeit zu sprechen, verstanden als Strategien, um sich mittels Erwerbsarbeit eine relative soziale Position im sozialen Raum zu erschließen oder diese zu erhalten. Deskriptiv betrachtet, zeichnet sich eine hybride Status-Arbeit durch Patchwork-Arrangements zwischen verschiedenen Feldern, Auftraggebern und Erwerbsformen aus, was mit einem zunehmend instabilen Erwerbsstatus

korrespondiert. Das dahinterliegende handlungsstrategische Interesse zielt darauf ab, sich soziale Zwischenräume für eine subjektiv befriedigende Arbeit zu eröffnen, die auch dem Lebensunterhalt dient.

## 10.1 Gebrochene Teilhabeversprechen und habituelle Irritationen

Auf Basis der empirischen Einsichten lässt sich als ein erstes, zentrales Ergebnis formulieren, dass sich die sozialstrukturelle Zusammensetzung jener sozialen Gruppen diversifiziert hat, die heute eine künstlerisch angelehntes Arbeits- und Lebens-Modell bevorzugen. Im Vergleich zu ihrer ersten großen Expansions- und Vermarktlichungsphase ab der Mitte des 19. Jahrhunderts sind künstlerisch-kreative Erwerbsfelder heute ein Schmelztiegel unterschiedlicher Milieus. Was in zeitdiagnostischer Hinsicht jedoch mindestens ebenso bedeutsam, wenn nicht wichtiger ist, ist, dass sich die enormen Zuwachsraten ihres Erwerbspersonals seit den 1970er Jahren vorrangig aus sozialen Aufsteigermilieus der 1960er und 1970er Jahre bzw. deren Kindern rekrutieren. Ergebnis der vorangegangenen Ausführungen ist jedoch auch hier, dass diese gesellschaftlichen Prozesse soziologisch noch nicht hinreichend durchdrungen sind.

So wird etwa in der Literatur unbeirrt davon ausgegangen, dass Akteur_innen künstlerisch-kreativer Erwerbsfelder einem romantisch gefärbten Subjektideal des Künstlers nacheifern, welches zudem allgemein in die Arbeitswelt Einzug gehalten habe. Um diese scheinbare Selbstverständlichkeit auszuleuchten, wurde dieses Subjektideal zunächst in einen sozialhistorischen Betrachtungsrahmen gestellt. Entgegen einer üblicherweise eindimensionalen Stilisierung vom Künstler als Gegenmodell zum protestantischen Arbeitsbürger zeigte die Diskussion sozialhistorischer Forschungsbefunde, dass sich bereits in der erblühenden, industriegesellschaftlich geprägten Arbeitsgesellschaft drei verschiedene Künstler-Fraktionen voneinander unterscheiden lassen. Zum einen repräsentierten Künstler eine bürgerlich gut situierte soziale Gruppe, deren Vertreter_innen sich qua sozialer Herkunft eine Orientierung am ökonomisch desinteressierten Prinzip des l'art pour l'art leisten konnten. Zum zweiten agierten manche Künstler als Geschäftsmänner. Sie opponierten insofern gegen die romantisch-religiös aufgewertete Idee von künstlerisch-kreativer Arbeit, als sie ihr mit deutlich wirtschaftlichen Interessen begegneten und künstlerisch-kreative Arbeit folglich nicht als idealistisch entrückte Arbeit betrachteten. Zum dritten zeigte sich im Künstlerproletariat ein Berufsstolz gemäß einer Weltanschauung fernab jeglicher wirtschaftlichen Rationalität. Materielle Zwänge und nur mäßiger künstlerischer Erfolg forcierten eine erwerbswirtschaftliche Gelegenheitsorientierung, die sodann von den Betreffenden als eine Praxis der Freiheit im Sinne eines l'art pour l'art aufgewertet wurde. Die Relevanz der sozialhistorischen Ausführungen liegt folglich darin aufzuzeigen, dass sich die sozialhistorischen Vorläufer des Subjektideals »Künstler« nicht im bohemianhaften Subjektideal erschöpfen, sondern differenziert zu betrachten sind.

Ein zeitgeschichtlich prägender Umschlagplatz für künstlerisch-kreative Arbeit in der Geschichte der Bundesrepublik sind zweifellos die gesellschaftlichen Wandlungsprozesse ab der zweiten Hälfte der 1960er Jahre. Aus dieser gesellschaftlichen Phase sind jene sozialen Milieus hervor gegangen, aus denen sich die enorm wachsenden Erwerbstätigenzahlen in künstlerisch-kreativen Erwerbsfeldern rekrutieren. Die (wie wir gesehen haben, vertikal unterlegten) Öffnungen des sozialen Raums ermöglichten ab den 1960er Jahren den damaligen sozialen Aufsteigergenerationen ein (Arbeits-)Leben jenseits einer fordistisch standardisierten Kleinbürger-Existenz zu führen. Die infolgedessen erforderlichen Umstellungen in der Kapitalausstattung entsprachen gewissermaßen und insofern dem Lebensführungsmodus der sozialen Mitte, als sie sich durch eine strukturell typische, investive Statusarbeit auszeichnete. Zugleich entfernten sich diese neu entstehenden Milieus kulturell vom Traditionsbestand des protestantischen Arbeitsbürgers. Damit trugen sie zur Ausdifferenzierung des Lebensführungsmodus in der sozialen Mitte bei.

Sozialstrukturell besehen, beruhten diese Umstellungsprozesse auf einem Zusammenspiel von sozialstrukturellen Öffnungsprozessen, einer beginnenden wohlfahrtsstaatlichen Absicherung von Kulturschaffenden sowie auf einem relativen Umbau von Mentalitäten und Milieus infolge von Feldwechseln. Sie entfalteten sich zunächst in einem gesellschaftlichen Klima von ökonomischer Prosperität, sozialer Sicherheit und zunehmenden, kulturellen Freiheiten in der Lebensführung. Während dieser Prozesse wurde das künstlerische Subjektideal sozial aufgeschlossen, transformiert und ein Stück weit entzaubert. Zu dieser Entzauberung trug nicht zuletzt bei, dass die Aufsteigergenerationen der 1960er und 1970er Jahre ihre Status-Strategien verändert und bedingt durch das Ergreifen von Kultur-Berufen habituelle Metamorphosen durchlaufen und infolgedessen hybride Einstellungssysteme gegenüber der sozialen Welt entwickelten. Eine Folgeerscheinung dieses relativen Umbaus von Mentalitäten und Milieus war insofern nicht nur die ideelle Aufwertung eines künstlerischen Subjektideals, wie gemeinhin konstatiert wird, sondern gleichfalls eine gewisse Entzauberung von künstlerisch-kreativer Arbeit. Denn insbesondere in den neuen Kulturberufen dient sie nicht nur einer quasi-religiös überhöhten Selbstverwirklichung, sondern schlichtweg auch der Bestreitung des Lebensunterhalts, ist also mit traditionell kleinbürgerlichen Werten angereichert worden.

Entstanden infolge von miteinander verschränkten ökonomischen, technologischen und kulturellen Entwicklungen lassen sich diese neuen Kulturberufe häufig nicht nur einem, sondern zwei oder mehr Feldern zuordnen. Vielmehr haben sie im Laufe der Zeit einen arbeits- und ungleichheitssoziologisch relevanten Formwandel durchlaufen. So wurde in der arbeitssoziologischen Fallstudie deutlich, dass die Designbranche zum einen ein Konglomerat unterschiedlicher künstlerisch-kreativer Erwerbsfelder ist. Sie besteht aus verschiedenen, mit eigenen Logiken versehenen Feldern. Zum anderen zeigte sich, dass sie insgesamt eine Zwitterbranche zwischen wirtschaftlicher Warenproduktion und Symbolökonomie abgibt – und insofern ein typisches Beispiel für den in allgemeine arbeitsgesellschaftliche Transformationsdynamiken eingebetteten Strukturwandel von künstlerisch-kreativer Arbeit ist. Denn in solchen Feldern geht es erkennbar nicht im herkömmlichen Sinne um »reine« Kunst, die ökonomisch zweckfrei ist. Vielmehr stehen diese marktgetriebenen Arbeitsformen in einer Grenzzone von wirtschaftlicher Warenproduktion und künstlerischem Tun und insofern in einem Spannungsfeld von kommerzieller Verwertung und künstlerisch-symbolischer Idealisierung.

Allerdings hat dieser Zwitterstatus eine je feldspezifische Logik. So zeigen die Daten in Bezug auf die Komm.Designbranche, dass der in den 1980er Jahren begonnene, funktionale Differenzierungsprozess, die Herausbildung der Komm.Designbranche als eigenständiges Berufsfeld, in dem heute eine freiberufliche – oft hybride – Erwerbsform vorherrscht, sich verstetigt zu haben scheint. Für diese These spricht etwa, dass nur ein knappes Drittel der freiberuflichen Designer_innen als Zulieferer für die Werbebranche arbeitet. Die Hybridisierung von Erwerbsformen und -strategien zeigt sich hingegen darin, dass etwa ein Drittel der Komm.Designer_innen zwischen einem selbständigen und abhängigen Erwerbsstatus pendelt und infolgedessen über die Zeit auf Basis eines instabilen Erwerbsstatus agiert. Im Vergleich zum Feld der Modeproduktion wurde zudem herausgearbeitet, dass die Komm.Designbranche zwar vergleichsweise professionell organisiert ist, dass jedoch Berufskarrieren im Sinne von professionell vorstrukturierten Laufbahnen lediglich als Residuum von Karrierewegen und Aufstiegspfaden in der Werbebranche existieren und dass die Selbständigenquote von Designer_innen mit zunehmender Berufserfahrung steigt. Dagegen ist Modeproduktion ein (Berufs-)Feld, in dem kaum vorgezeichnete oder professionell regulierte Berufs- und Karrierepfade existieren – die Selbständigenquote ist entsprechend höher (s. Kap. 7). Insbesondere die kleinteilig organisierte, autonome Modeszene der Kreativwirtschaft strukturiert sich als Kreuzungspunkt von glamourösen Ideen des Modemachens mit Ausbildungsinstitutionen der Semi-Professionen und deren prekären Berufswegen. Zugleich ist Modearbeit eine vergleichsweise stärker kunsthandwerklich geprägte Arbeit, die von den Akteur_innen entsprechend als ein Feld künstlerischer Selbstverausgabung konnotiert wird.

Aus einer gouvernementalitätstheoretisch inspirierten Perspektive lassen sich diese Prozesse als Effekt eines seit den 1970er Jahre wirkmächtigen Kreativitätsdispositivs eines ästhetischen Kapitalismus lesen (vgl. Reckwitz 2012), in dessen Rahmen die größte Sorge der neuen Kulturarbeiter_innen die Frage der Selbstverwirklichung ist, sei es auch aufgrund des vielzitierten kreativen Imperativs (vgl. von Osten 2008) (vgl. Kap. 2.3.6). Dagegen wurde hier eine ungleichheitssoziologische Lesart stark gemacht, die sich nicht nur für kulturelle, sondern auch für soziale Fragen interessiert. Aus dieser Perspektive zeigt sich, dass die damals noch neuen Umstände, auf die sich diese Milieus einstellen mussten, nicht allein mit einer Steigerung sozialer Chancen, sondern bald auch mit gegenläufigen Tendenzen verbunden waren – insofern waren bereits in den 1970er Jahren die Selbstverwirklichungsfeiern in den künstlerisch-kreativen Milieus nicht ganz so sorgenfrei, wie sie manchem von heute aus erscheinen mögen. Denn wie deutlich wurde, beruhte die Ausdifferenzierung, Entgrenzung und Überkreuzung von künstlerisch-kreativer Arbeit im Kontext der beginnenden, krisenhaften Transformation der Arbeitsgesellschaft auf einem ungleichheitssoziologisch nur scheinbar irrelevanten, sozialen Differenzierungsprozess (s.Kap. 2.3.4). Vielmehr formierten sich die rapide wachsenden Felder von künstlerisch-kreativer Arbeit bereits damals als eine, wenngleich zunächst noch weitgehend unsichtbare, vertikale Koalition – ein in den fachspezifischen Diskussionen bislang unterbelichteter Faktor. Heute hingegen unterliegen die seitdem ausgebildeten, habituellen Dispositionen und Existenzen materiellen Bedingungen, die sich mit Knappheit, Unsicherheit und Flexibilisierung beschreiben lassen. Die nun ausgebildeten habituellen Dispositionen sind folglich einem zeithistorisch spezifischen Veränderungsdruck ausgesetzt, der sich von seinen Entstehungsbedingungen drastisch unterscheidet.

Es ist sicherlich kein Zufall, dass sich insbesondere in jenen »neuen« kreativen Berufen – und hier spielt die Designbranche als einer der beliebtesten Kulturberufe eine herausragende Rolle – mehr Kinder aus den Aufsteigermilieus der 1960er und 1970er Jahre als Abkömmlinge aus der Bildungs- oder Wirtschaftselite finden. Wenngleich in der Regel zurecht auf das überdurchschnittliche Bildungsniveau in den Kulturberufen hingewiesen wird, ist es ein diese Tatsache differenzierendes Ergebnis der vorliegenden Studie, dass die neu entstandenen künstlerisch-kreativen Erwerbsfelder sowohl ein Resultat sozialräumlicher Öffnungsprozesse seit den 1960er Jahren als auch ein Phänomen sind, das auf deren soziale Ungleichheiten produzierenden, sozialen Konstellationen beruht. Die langen Wellen dieser Konstellationen äußern sich nicht zuletzt in einem mittleren, akademisch geprägten Qualifikationsniveau vieler Designer_innen und zudem in einem hohen Anteil von Quereinsteiger_innen – ein typisches Kennzeichen der damaligen Aufsteigermilieus, die in neu entstandene und professionell kaum regulierte Felder strömten. Auffällig ist überdies, dass insbesondere diese stark expandierenden Berufsgruppen von den jüngeren Prekarisierungsprozessen in Form von etwa extrem schlechten

Einkommensverhältnissen und hohen Solo-Selbständigenquoten besonders betroffen sind.

Im Kontext jedoch der transversalen Umstellungen der industriegesellschaftlich geprägten Arbeitsgesellschaft, so wurde exemplarisch anhand von sozialen Positionierungsprozessen in künstlerisch-kreativen Milieus in Berlin gezeigt (Kap. 6), entstanden ab den 1970er Jahren sozialstrukturelle Zwischenräume, in denen sich die Akteur_innen Freiräume für neue urbane Arbeits- und Lebenspraxen schufen, ja, eroberten; changierend zwischen hedonistischer Selbstverwirklichung und sozialer Protesthaltung sowie kultureller Distinktion. Damit breiteten sich im Schatten der »Lohnarbeitsgesellschaft« (Castel 2000: 283ff.), d.h. unterhalb des soziologischen Radars (vgl. Kap. 2.1), in den 1970er Jahren sozialstrukturelle Zwischenräume respektive Zonen sozialer Unbestimmtheit in den sozialen Raum aus. In der industriegesellschaftlich geprägten, auf die traditionelle soziale Frage ausgerichteten Ungleichheitsforschung werden sozialstrukturelle Zwischenräume als Indikator für prekäre Umbrüche in Arbeit, Ökonomie und Wohlfahrtsstaat interpretiert. Die empirischen Befunde dieser Studie differenzieren diese Diagnose.

Sozialstrukturelle Zwischenräume stellen einen sozialen Zusammenhang dar, in dem nicht nur repressive Kräfte wirken, sondern in dessen Rahmen sich das gesellschaftliche Zusammenleben produktiv verändert, gewissermaßen neue und zukunftsweisende gesellschaftliche Konstellationen entstehen. Soweit herrscht Einverständnis. Darüber hinaus wurde jedoch deutlich, dass sie unter Umständen sogar notwendige Freiheiten bieten, damit sich künstlerisch-kreative Arbeit respektive die entsprechend neuen Muster der Lebensführung überhaupt entfalten können. Das zeitgeschichtlich spezifische Moment dieser sozialstrukturellen Zwischenräume liegt nun darin, dass in ihnen die herkömmlichen Koordinaten der sozialen Platzanweisung undurchsichtiger und diffuser wurden, sich aber nicht in Luft aufgelöst haben. Insofern ist auch die heutige Positionszuweisung sowie die Spaltung in obere und untere soziale Mitte weniger zufällig, als von manchen vermutet wird (vgl. Bude 2015: 21). Vielmehr ist zu unterstreichen, dass die sozialräumliche Ausdehnung und das nachhaltige Anwachsen von künstlerisch-kreativen Erwerbsfeldern ihren Teil zu der seit den 1980er Jahren allgemein diagnostizierten Neukonstellierung von sozialen Ungleichheiten beitrug – sowie dazu, dass sich die (allgemein diskutierte) anhaltend enge Verkopplung von sozialer Herkunft und Lebenschancen zunächst scheinbar verflüchtigt hatte, inzwischen aber auch in künstlerisch-kreativen Erwerbsfeldern wieder an Kontur gewinnt.

Deutlich wird aber auch, dass künstlerisch-kreative Erwerbsfelder zwar einen wachsenden Teilbereich der Arbeitsgesellschaft darstellen; das macht sie aber nicht notwendigerweise zu ökonomischen, wohlfahrtsstaatlichen oder kulturellen Leitbranchen, wie desöfteren gemutmaßt wird. Schon alleine deshalb nicht, weil künstlerisch-kreative Arbeit an bestimmte Standorte gebun-

## 10. Hybride Status-Arbeit 367

den ist. Nach wie vor konzentriert sie sich in Großstadträumen. Denn hier existieren entscheidende Voraussetzungen wie etwa eine kritische Milieudichte, eine Nähe zu statusrelevanten Institutionen und Auftraggebern, mithin ein Zusammenhang von praktischer, sozialer Kohäsion, damit sich künstlerisch-kreative Arbeit zu einer verlockenden Erwerbsoption auflädt und aufschaukelt. Anders gesagt: Die Dispositionen dieser künstlerisch-kreativen Milieus finden nur an bestimmten Orten die Bedingungen für ihre Verwirklichung – gegenwärtig im nationalen Kontext scheint Berlin hierbei eine herausragende Rolle zu spielen, deren kritische Weiterentwicklung abzuwarten bleibt.

Die Prekarisierung dieser Erfahrungszusammenhänge zieht nun nicht nur wieder stärker herkunftsbedingte, vertikale Linien zwischen den verschiedenen Milieus der sozialen Mitte. Ein wachsender Anteil der Mittelschicht driftet vielmehr in prekarisierungsanfällige Posten des Kulturbereichs ab – und schreibt damit traditionelle Ungleichheitslinien in neuer Weise fort. Diese Reproduktion von sozialen Ungleichheiten bei gleichzeitigem Wandel ihrer Formen drückt sich auf der subjektiven Erfahrungebene bisweilen in habituellen Irritationen in der Lebensführung der betreffenden sozialen Gruppen aus; das unterdessen in einer spezifischen empirischen Gestalt. Denn während die Statusarbeit von Mittelschichtsangehörigen lange der Investition in einen langfristigen und sicheren Arbeitsplatz in der industriellen Facharbeit oder im öffentlichen Dienst galt, richten sie sich zunehmend, aber ortsabhängig auf autonomieversprechende und spezifisch sinnstiftende, aber unsichere und prekarisierungsanfällige Posten des Kulturbereichs im weiteren Sinne. Insofern haben sich die gesellschaftlichen Ungleichheits-Konstellationen nicht schlichtweg reproduziert. Sie haben sich vielmehr zeitgeschichtlich transformiert. Dieser Transformationsprozess ist durch wachsende neue Klassenfraktionen und Interessenlagen sowie durch neue Formen von Arbeit gekennzeichnet – und drückt sich in den hier beobachteten Statuskämpfen und in einem hybriden Arbeitstypus aus.

Was wir daher in künstlerisch-kreativen Erwerbsfeldern im Vergleich zu jener Zeit, die als kurzer Traum immerwährender Prosperität in die (soziologische) Geschichte eingegangen ist (Lutz 1987), beobachten können, sind Dynamiken im sozialen Raum, die die bereits in den 1970er Jahren angelegten vertikalen Koalitionen in neuen empirischen Formen zutage treten lassen; das jedoch in einer anders drängenden, gegenüber den 1970er oder 1980er Jahren zugespitzt prekären Weise. So manifestieren sich die objektiven und subjektiven Verunsicherungen in verschärften Unsicherheitserfahrungen, Flexibilisierungsanforderungen und Prekarisierungsprozessen, die überdies nicht mehr einen vergleichsweise übersichtlichen sozialen Kreis betreffen. Sie erstrecken sich vielmehr auf einen ungebrochen wachsenden Anteil der Erwerbsbevölkerung. Denn künstlerisch-kreative Arbeit ist heute keine Erwerbsnische mehr. Wenn also in der Prekarisierungs-Forschung zurecht von sozialer Unsicherheit als Vergesellschaftungsmodus für eine steigende Anzahl von Gesellschafts-Mitgliedern gesprochen wird, ist zu unterstreichen, dass die anhaltend steigende Attraktivität von künstlerisch-kreativer Arbeit genau hierfür steht. Will man den Deutungsrahmen ein wenig weiter aufziehen, dann ließe sich in Übereinstimmung etwa mit der sehr breit diskutierten Diagnose des französischen Wirtschaftswissenschaftlers Thomas Piketty (2014) festhalten, dass auch in künstlerisch-kreativen Erwerbsfeldern zu beobachten ist, dass wir die historische Ausnahme eines weitreichenden Feel-Good-Kapitalismus hinter uns gelassen haben und nun zur Tagesordnung im »Ungleichheitskapitalismus« (Mau 2015: o.S.) übergegangen sind, zu der auch das Ende der sozialen Auftstiegsgesellschaft gehört. Zugleich jedoch stößt diese Normalisierung von sozialen Ungleichheiten und die Prekarisierung der Arbeits- und Sozialverhältnisse auf habituelle Dispositionen, die einem früheren Stand der objektiven Chancen entsprechen und die – bedingt durch die sprichwörtliche Trägheit des Habitus – ihre Zeit brauchen, um sich auf die veränderten Gegebenheiten einzustellen.

Denn die trotz aller sozialen und ökonomischen Ungewissheiten steigenden Erwerbstätigenzahlen in künstlerisch-kreativen Erwerbsfeldern unterstreichen, dass der ab den späten 1960er Jahren einsetzende Transformationsprozess der Arbeitsgesellschaft nicht nur sozialstrukturelle Umstellungen zeitigt. Er ist inzwischen auch zu einer mentalen Traditionslinie geworden. Diese wird nun ihrerseits als habituelle Prägung in die neuen, sozial unsicheren und vielfach ökonomisch prekären Bedingungen mitgenommen.

## 10.2 KRITIK AN EINSEITIG ÜBERSPITZTEN LEITBILDANNAHMEN

Um die Deutungsangebote der *Opfer-, Komplizen- und Unternehmer-Thesen* abschließend analytisch zueinander ins Verhältnis zu setzen, macht es Sinn, sie nach vier Dimensionen aufzuschlüsseln.

1. Auf welche Weise wird die *soziale Frage respektive soziale Teilhaberechte* in den verschiedenen Ansätzen thematisiert, differenziert nach den zwei (strukturellen Prekaritäts-)Dimensionen sozioökonomische und soziopolitische Lage?
2. Welches Akteursleitbild liegt den jeweiligen Zugängen zugrunde?
3. In welcher Weise wird der Zusammenhang von Arbeit und Leben thematisiert? Denn wie auch unsere empirischen Befunde untermauern, gilt es die widersprüchliche Verquickung von Arbeit und Leben und insofern den Reproduktionszusammenhang zu beleuchten, wenn man beurteilen will, auf welche Ressourcen die Einzelnen zurück greifen können, um sich selbst als z.B. Unternehmer oder Künstler zu modellieren.

4. Last but not least steht auch hier die grundsätzliche Frage zur Debatte, inwieweit die verschiedenen Zugänge die Interessen und Ideen der Akteur_innen, kurz deren *subjektiven Eigensinn* in der Analyse berücksichtigen.

## 10.2.1 Stärken und Schwächen der Opfer-These

Dieser Ansatz hebt zentral darauf ab, dass Arbeitsverhältnisse von klassischen Künstlern als Folie für eine weitergehende Destandardisierung von Normalarbeit genützt würden. Künstlerisch-kreative Arbeit wird hier als Modellfall herangezogen, um die Lockerung des Nexus von Arbeit und sozialer Sicherheit zu dokumentieren. In Ableitung dieser Annahme werden Künstler sowie freiberufliche Projektarbeiter_innen aus der Kulturwirtschaft zum Subjektideal der Prekarisierungsgesellschaft und insofern zu einer Avantgarde prekärer Herrschaftsverhältnisse stilisiert.

Zusammengefasst ist die Botschaft hier, dass Beschäftigte der Kulturwirtschaft in einen prekären Status gedrängt werden. Dies ist insoweit richtig, als die Optionen auf eine sozialversicherungspflichtige, existenzsichernde Beschäftigung in sämtlichen künstlerisch-kreativen Erwerbsfeldern in der jüngeren Vergangenheit einer gründlichen Erosion unterliegen (s. Kap. 5.2). Stattdessen werden selbständige bzw. freiberufliche Erwerbsepisoden zu einem erwerbsbiografischen Normalfall, der zwar häufig grundsätzlich erwünscht ist. Doch angesichts der Strukturbedingungen in künstlerisch-kreativen Erwerbsfeldern wird er dennoch nur bedingt freiwillig eingegangen. Mehr noch, die Zone der Prekarität ist in künstlerisch-kreativen Erwerbsfeldern zu einem strukturbestimmenden Merkmal der Arbeits- und Beschäftigungsverhältnisse geworden. Was in der Regel als charakteristisch für vom sozialen Abstieg bedrohte Prekarier in atypischen Arbeitsverhältnissen beschrieben wird, nämlich dass sie sich permanent anstrengen müssen, um einen dauerhaften sozialen Abstieg zu vermeiden, trifft abhängig von der feldspezifischen Position und lebensweltlichen Ressourcenlage auch auf freiberufliche Kulturarbeiter_innen zu. Ihr sozial verletzlicher Status bewegt sich auf relativ dünnem Eis.

Eine zentrale Schwachstelle der Opfer-These ist jedoch ihr methodologischer Fordismus. Er setzt künstlerisch-kreative Arbeit vorrangig ins Verhältnis zum Normalarbeitsverhältnis und betrachtet die Prekarisierung von künstlerisch-kreativer Arbeit maßgeblich unter dem Aspekt einer Ausweitung neuer Herrschafts- und Kontrollformen. Diese werden als objektiv fundierte Außenwelt angenommen, denen die Einzelnen quasi ausgesetzt sind. Doch auf dieser theoretischen Basis lässt sich weder die paradoxe Verknüpfung von Freiheit und Unfreiheit fassen, die künstlerisch-kreativer Arbeit sozialhistorisch eingeschrieben ist, noch lassen sich Handlungsstrategien auf diese Weise *nicht* als herrschaftsreproduzierend verstehen. Behaftet mit diesem Bias werden die Akteur_innen infolgedessen unterkomplex, nämlich vorrangig als Opfer von strukturellen Bedingungen in den Blick genommen. Vielmehr scheinen eigensinnige Handlungsstrategien schon allein deshalb nicht möglich zu sein, weil die Individuen sich am Alltag abkämpfen, ihnen also notwendige Ressourcen für die Gestaltung der eigenen Zukunft abgehen und sie deshalb schließlich zu einer verschärften Wettbewerbskultur beitragen. Zugleich zeigen sich hier fließende Grenzen zur Komplizen-These dergestalt, dass die Wahrnehmung wirtschaftlicher Interessen leichtfertig als Modellierung eines unternehmerischen Selbst im Bröckling'schen Sinne gedeutet wird. Unterbelichtet bleibt dabei, welche lebensweltlichen Ressourcen die Menschen mobilisieren, um ihre prekäre Soziallage zu bearbeiten.

Insgesamt erweist sich die Opfer-These als strukturell überdeterminiert bzw. untersozialisiert, da sie die relative Autonomie des sozialen Handelns auf strukturell prekäre Arbeits- und Lebensbedingungen kurz führt und soziales Handeln als eine Art Reflex auf Herrschaftsbedingungen interpretiert.

### 10.2.2 Stärken und Schwächen der Komplizen-These

Demgegenüber steht Selbstverwirklichung als von Statusfragen abgekoppelte Herrschaftsform des flexiblen Kapitalismus im Zentrum der Komplizen-These. Dieser Ansatz eines neuen Subjektideals stellt insofern das Spiegelbild zur Opfer-These dar, als der Aspekt der Selbstverwirklichung hypostasiert und als disziplinarische Selbst-Unterwerfung unter neue ökonomische und kulturelle Imperative gedeutet wird. Übereinstimmend mit Chiapellos Diagnose einer normativen Schwächung der Künstlerkritik seit den 1980er Jahren werden Akteur_innen künstlerisch-kreativer Erwerbsfelder zu Komplizen des flexiblen Kapitalismus erklärt, weil sie aufgrund ihrer Selbstverwirklichungsphantasien nicht merken würden, dass sich die einst gegenkulturelle Forderung nach authentischer und selbstbestimmter, d.h. nicht-entfremdeter Arbeit in ihr Gegenteil verkehrt habe.

Auf gesamtgesellschaftlicher Ebene wird diese kapitalismuskritische Emphase zwar keineswegs bestritten. Es steht wohl außer Frage, dass Selbstverwirklichung in und durch Arbeit spätestens seit den 1990er Jahren zu einer allgemeinen Anforderungsstruktur geworden ist. Ebenso klar liegt auf der Hand, dass sich etwa in der Sozialfigur des Arbeitskraftunternehmers (Voß/Pongratz 1998) sowie im unternehmerischen Selbst (Bröckling 2007) ein neues ökonomisches Paradigma ausdrückt, das den Individuen im Vergleich zum sozialstaatlich regulierten Kapitalismus der industriegesellschaftlichen Ära mehr Eigenverantwortung und marktorientierte Flexibilität abfordert. Gleichermaßen ist offensichtlich, dass eine normative Subjektivierung von Arbeit in vielen Milieus der sozialen Mitte zu einer subjektiv befriedigenden Lebensführung selbstverständlich dazu gehört; insbesondere in jenen, die in den letzten Jahrzehnten eine besondere Affinität zu künstlerisch-kreativer Arbeit entwickelt haben. Zudem, das unterstreichen unsere empirischen Befunde, dient ein künstlerisch-kreatives Arbeitsethos mitunter dazu, die ökonomischen Verhältnisse und Ausbeutungsbeziehungen zu verklären, unter denen gearbeitet wird. Soweit herrscht an dieser Stelle Übereinstimmung mit der in den letzten Jahren einschlägig formulierten Kapitalismuskritik.

Allerdings zeichnet sich die Komplizen-These durch einen Zirkelschluss aus, der sie zur self-fulfilling prophecy macht: Aus ihr gibt es keinen Ausweg. In theoretischer Hinsicht wurde dieser Zirkelschluss auf deren mangelnde Praxis-Orientierung zurückgeführt, was diesen Zugang letztlich zu einer vornehmlich ideologiekritischen Geschichtsschreibung veranlasst. Eine idealistisch bedingte, praktische Auswegslosigkeit zeigt sich sodann in gegenstandsbezogenen Untersuchungen in der nahegelegten Schlussfolgerung, dass Akteur_innen künstlerisch-kreativer Erwerbsfelder zu einem sich selbst optimierenden Marktsubjekt werden. Abgesehen davon, dass in dieser Betrachtungsweise die Verstrickung mit nicht-marktlich organisierten Lebenssphären außen vor bleibt, liegt aus dieser kapitalismuskritischen Perspektive der Schluss nahe, dass es sich bei einer Haltung, die eine potenziell prekäre, freiberufliche Erwerbsform oder ein potenziell prekäres Unternehmertum wählt, um nichts weniger als um eine romantisch verklärte Selbstausbeutung handelt, die die kulturellen Grundlagen (neo)kapitalistischer Ausbeutungsverhältnisse bahnt und festigt (vgl. Kap. 2.5). Und dies unabhängig davon, wie die Akteur_innen das arbeitsbezogene Spannungsverhältnis von kommerzieller Verwertung versus künstlerisch-symbolischer Idealisierung gestalten: entwerfen sie sich als künstlerisches Selbst, wird ihnen das als ideologische Verblendung ausgelegt; weisen sie offensive Züge eines unternehmerischen Selbst auf, scheint diese Subjektivierungsweise die totale Selbst-Unterwerfung unter marktliche Parameter zu signalisieren.

Unterschwellig, bisweilen auch explizit wird die Bourdieu'sche These reproduziert, dass sich ein wahrer Künstler gegen marktliche Selbstoptimierungsstrategien zu sträuben habe, wenn er/sie die eigene Glaubwürdigkeit nicht verspielen möchte. Infolgedessen werden wirtschaftliche Interessen der Akteur_innen – und insofern auch deren praktischen Kämpfe und Positionierungsstrategien – mit der Elle einer traditionellen, kapitalismuskritischen Gesellschaftskritik sowie implizit mit einem romantisch überhöhten Künstlerbild gemessen. Dadurch jedoch werden die Bedingungen der Möglichkeit sowie die sozialen Kämpfe vernachlässigt, die die Subjekte alltäglich ausführen müssen, um etwa ihren Lebensunterhalt zu verdienen. Demgegenüber zeigen die Befunde dieser Studie, dass das Ineinandergreifen von Authentizitätsversprechen und flexibler, projektbestimmter sowie sozial unsicherer Arbeit dazu führt, dass Selbstverwirklichungswünsche oftmals enttäuscht werden. Deutlich wurde, dass diese Enttäuschung nicht dauerhaft durch »Selbstverwirklichung in und durch Arbeit« kompensiert werden kann, sondern zu einem Gefühl des Ungenügens oder gar des Ausgebranntseins führt (s. z.B. Kap. 8.3, 8.5).

Insgesamt zeichnet sich die Komplizen-These kurioserweise durch eine gewisse Strukturvergessenheit aus. Denn im Transfer auf die ideologische Funktion von Kreativen in der flexiblen Arbeitsgesellschaft wird die soziale Frage und insofern soziale Teilhaberechte vernachlässigt. Als konkretes Problem tauchen sie nicht auf. Thematisiert wird dieser Komplex eher auf einer abstrakten, gesamtgesellschaftlichen Ebene bzw. als ideologische Verdrängung der Sozial- durch die Künstlerkritik. Diese Strukturvergessenheit dient sodann als Vehikel, um den in Kap. 2.2 verhandelten Streit um Sinn und Zweck von künstlerisch-kreativer Arbeit implizit fortzuführen. Besonders deutlich zeigt sich die Fortführung dieses Streits um ein »wahres« künstlerisches Selbst in der (unnötigen) Frontstellung von Sozial- und Künstlerkritik (s. Kap. 2.5.3). Denn sie impliziert, dass ökonomische und kulturelle Kämpfe unvereinbar sind, woraus sich, wie gezeigt, nicht nur analytische Unverträglichkeiten ergeben. Vielmehr geraten auf diese Weise soziale und arbeitspolitische Konflikte in künstlerisch-kreativen Erwerbsfeldern *und* der Eigensinn der Subjekte als Untersuchungsgegenstand aus dem Blick.

### 10.2.3 Stärken und Schwächen der Unternehmer-These

Während in der Komplizen-These angenommen wird, dass »der Aufstieg der Kreativen« (Koppetsch 2006a) zum unternehmerischen Selbst (Bröckling 2007) schon stattgefunden habe, wird in der Unternehmer-These auf ihn gehofft. In diesem Ansatz schlägt sich ein gewissermaßen doppelter Bedarf nach einem neuen Subjektideal der Arbeitsgesellschaft nieder, nämlich ein wissenschaftlicher sowie ein gesellschaftspolitischer; geht es im einen Fall – nämlich in der Diskussion um neue Kulturunternehmer bzw. Culturepreneurs – um die Arbeit der Subjektivierung und um die affirmative Modellierung eines unternehmerischen Subjektideals einer fortschrittlichen Wissens- und Dienstleistungsgesellschaft, wird im gesellschaftspolitischen Kontext ein Schumpeter'sches Subjektideal bemüht, das zugunsten wirtschaftlichen Erfolgs und kulturellen Fortschritts in die volkswirtschaftliche Pflicht genommen wird. Gegenüber den anderen Deutungsangeboten werden die Akteur_innen darin nicht als Komplizen einer sozial zerstörerischen Maxime der Lebensführung oder als ökonomisch deprivierte, soziale Gruppe annonciert, die einer prekären Herrschaftsform erliegt. In der Unternehmer-These vielmehr werden die Akteur_innen als pro-gesellschaftliche Aktivposten adressiert, die sich durch eine beachtliche, ökonomische Umtriebigkeit und durch soziale Innovationen auszeichnen: als Schrittmacher für eine moderne Wissensökonomie; stellvertretend steht die Kultur- und Kreativwirtschaft.

## 10. Hybride Status-Arbeit

Auch hier ist der Befund zwiespältig. Einerseits spiegelt die politökonomische Installierung der Kultur- und Kreativwirtschaft einen in gewisser Hinsicht auf angemessene Weise erfassten Wandel von Arbeit und Gesellschaft wider. Denn indem künstlerisch-kreative Arbeit als eigenständiger Wirtschaftsbereich anerkannt wird, wird sie ein Stück weit aus der religiös überhöhten, bildungsbürgerlichen Logik einer im Kant'schen und Schiller'schen Sinne ästhetischen Arbeit heraus gelöst, die von Genies erbracht wird, deren Arbeit sich rational nicht erfassen lasse, die aber gleichwohl das Gemüt der Rezipient_innen beleben soll. Insofern korrespondiert dieser entzauberte Zugriff durchaus mit dem sozialen Transformationsprozess, den diese Felder seit den späten 1960er Jahren erlebt haben (s. Kap. 2.3). Andererseits ist mit dieser semantischen Umetikettierung eine ökonomische Instrumentalisierung und Versämtlichung von künstlerisch-kreativer Arbeit zu einem Feld der modernen Wissensökonomie verbunden, in dem (nicht nur) soziale Fragen ausgeblendet werden. Vielmehr verbirgt sich darin ein normatives Modell, das die Ökonomisierung der individuellen Lebensführung als unternehmerisches Selbst impliziert.

Das Subjektideal »Unternehmer« ist damit in zweierlei Hinsicht problematisch. Zum einen wird ein verzerrtes Bild der Arbeits- und Produktionsbedingungen in künstlerisch-kreativen Erwerbsfeldern vermittelt. Es werden ebenjene Aspekte vernachlässigt, die in der Opfer-These überakzentuiert werden, nämlich die soziale Frage und daran gekoppelte Ungleichheitsverhältnisse. Zum anderen wird eine Auffassung vom Unternehmer Schumpeter'scher Prägung reproduziert, die vielfach weder der sozialen Lage noch dem Selbstverständnis vieler Akteur_innen in künstlerisch-kreativen Erwerbsfeldern entspricht. Zudem werden gesellschaftliche Bedingungskonstellationen für unternehmerisches Handeln, wie sie insbesondere von Weber auf den Punkt gebracht worden sind, nicht hinreichend berücksichtigt (s. Kap. 5.1).

Dagegen untermauern unsere Befunde, dass noch längst nicht alle nötigen Ressourcen für wirtschaftlichen Erfolg beisammen hat, wer sich dynamisch geriert, gute Geschäftsideen hat oder sich flexibel den Marktbedingungen anpasst. Kurzum, ein unternehmerischer Geist ist zwar notwendig; dieser allein macht aber noch niemanden zum (Kultur-)Unternehmer/_in. Vielmehr muss der Frage, wer als Unternehmer_in gilt, eine Untersuchung der sozialen Positionierungen und somit eine Analyse der Kräfteverhältnisse im sozialen Raum voraus gehen. Dies kommt jedoch in den gängigen Diagnosen über Kulturunternehmer_innen zu kurz. In der gesellschaftspolitischen Diskussion hingegen wird das arbeitsethische Spannungsfeld von wirtschaftlichem Zwang und künstlerischem Drang, in dem sich Akteur_innen künstlerisch-kreativer Erwerbsfelder traditionell befinden, entdramatisiert. Es wird kurzerhand als wirtschaftlicher Drang konstruiert.

Die Unternehmer-These arbeitet folglich mit einem nur eingeschränkt realistischen, da für die Mehrheit der Akteur_innen inadäquaten Unternehmer-Begriff. Operiert wird stattdessen mit dem Konstrukt einer Als-ob-Anthropologie. Es stilisiert die Menschen zu jenem unternehmerischen Selbst, das sie eigentlich noch werden sollen. Jedoch ist es ein zentrales Ergebnis dieser Studie, dass nicht alle wollen, wie sie sollen.

Wenngleich sich hier einige Beispiele für erfolgreiche Unternehmertypen finden lassen – wie etwa am Beispiel verschiedener Berliner »Nachtunternehmer« der Nachwendezeit Berlins deutlich wurde (s. Kap. 6.3) – zeichnet sich die Mehrheit durch eine unternehmerische Gelegenheitsorientierung aus. Ihre praktische Form findet sie in der Kombination unterschiedlicher Erwerbsformen, beruht daher auf einem instabilen Erwerbsstatus. Die Analyse der handlungsstrategischen Verortungen in der Designbranche weist gleichwohl einesteils Parallelen zu dem Schumpeter'schen Normalunternehmer auf und deutet andererseits auf erhebliche Differenzen hin. Die Parallelen beziehen sich etwa auf die konstatierten, notwendigen persönlichen Eigenschaften wie Durchhaltevermögen und Netzwerkorientierung. Die Differenzen sind in der spezifischen wertrationalen Arbeitshaltung und einem kreativen Arbeitsethos begründet, der weniger auf eine irrationale Arbeitshaltung als Selbstzweck denn eher auf eine reproduktionsorientierte Verausgabung von Arbeitskraft schließen lässt.

### 10.2.4 Eine theoretisch überfrachtete Chimäre

In der Gesamtschau ist festzuhalten, dass in den gängigen Deutungsangeboten ein Subjektideal der neuen Arbeitswelt ausgemalt wird, das in verschiedener Hinsicht mit totalisierenden Annahmen operiert – und das sich scheinbar stillschweigend, jedenfalls unbemerkt reproduziert und/oder keine Reproduktionsinteressen zu haben scheint. Ein Verdienst dieser Zugänge ist es zweifelsohne, auf »die Unterordnung des Lebens« (Aulenbacher/Riegraf/Völker 2015: 13ff.) und insofern auf die in künstlerisch-kreativen Erwerbsfeldern relevanten, herrschaftssoziologischen Aspekte einer kapitalistischen Gesellschaftsformation hinzuweisen. Doch angesichts der weitgehenden De-Thematisierung von lebensweltlichen Verhältnissen handelt es sich dabei eher um eine theoretische Nebenfolge. Letztlich bleibt es eine theoretische sowie weitgehend auch empirische Leerstelle, wie sich unter diesen Bedingungen lebensweltliche Kontexte strukturieren. Offen bleibt daher auch die Frage, wie Arbeit und Leben zueinander konstelliert sind und wie diese Sphären praktisch vereinbart werden.

Die zentrale Erkenntnis lautet hier, dass in den identifizierten Zugängen eine einerseits theoretisch überfrachtete und andererseits eine lebensweltlich eigentümlich blasse Chimäre entwickelt wird. So wird zum einen die soziale Frage ausgeblendet bzw. in tradierter Weise im Sinne der Sozialkritik überakzentuiert. Zum anderen werden die Interessen und Ideen der Subjekte auf unternehmerischen Eifer reduziert bzw. auf eine ideologische Verblendung enggeführt. Unterbelichtet bleibt auch die Frage, auf Basis welcher Interessen sich die einzelnen sozialen Gruppen im Feld positionieren und wie sich deren subjektive Stellungnahmen praktisch artikulieren. Was daher in den drei Deutungsangeboten nicht bzw. in einseitiger Überspitzung thematisiert wird, ist der Eigensinn der Subjekte. Vielmehr wird dieser in je spezifischer Weise gewissermaßen zu einem Stützpfeiler der jeweiligen arbeitsgesellschaftlichen Ordnung und ihrer Machtverhältnisse (v)erklärt. Der spezifische Erfahrungszusammenhang, in dem sich die Akteur_innen bewegen und sich praktisch verorten, bleibt dagegen verschwommen. Stattdessen werden sie (erneut) als ein kulturell Anderes konstruiert. Nur dass es heutzutage nicht mehr als soziales Abgrenzungsmodell, sondern als (theoretisch überfrachteter) arbeitsgesellschaftlicher Modellfall deklariert wird. Im Ergebnis bleibt jedenfalls unklar, wodurch sich dieses Subjektideal samt seiner Arbeitsmoral trennscharf auszeichnet und unter welchen feldspezifischen Bedingungen sowie in welchem Lebenszusammenhang es agiert.

Demgegenüber ist es ein zentrales Ergebnis dieser Studie, dass sich in künstlerisch-kreativen Erwerbsfeldern ein hybrider Arbeits(kraft-)typus konstituiert, der über die recht eindeutig gefassten Grenzen der Opfer-, Komplizen- und Unternehmer-Thesen hinaus geht, vielmehr einige der oben angesprochenen Aspekte handlungsstrategisch amalgamiert bzw. sie teilweise auch konterkariert. Die soeben präsentierte Feldstudie lässt sich daher auch als eine empiriebasierte Kritik an einseitig überspitzten Vorreiter-Annahmen lesen: Nicht die Diagnose, *dass* Kreative kapitalistisch vereinnahmte Subjekte oder Opfer einer prekären Arbeitswelt sind, noch ihre Inszenierung als innovative Unternehmer ist die realitätsnahe und analytisch weiterführende Interpretation, sondern vielmehr die Frage nach ihrer spezifischen Verschränkung. Also: Nicht *ob* Kreative Prototypen oder Opfer des flexiblen Kapitalismus sind, nicht *ob* sie Unternehmer sind, sondern *wie* sie sich unter den ökonomischen Parametern der flexiblen Arbeitsgesellschaft und in zunehmend prekären Arbeits- und Lebensbedingungen zurechtfinden und im Rahmen welcher Bedingungskonstellationen sie das tun. *Wie* sie sich an den Koordinaten eines unternehmerischen respektive künstlerischen Selbst abarbeiten und *welche* Kompromisse sie sowohl in ihrem alltäglichen Arbeitshandeln als auch in Bezug auf ihre grundsätzlichen Ideen von künstlerisch-kreativer Arbeit machen – genau das war das Thema dieser Studie.

Dennoch wird hier weniger für eine radikale Abgrenzung von den drei identifizierten Deutungsangeboten als vielmehr dafür plädiert, sie ein Stück weit zu relativieren, partiell miteinander zu verschränken und konzeptionell zu öffnen. Dies erweist sich als weiterführend, um zu erhellen, wodurch sich dieses Subjektideal samt seiner Arbeitsmoral in der sozialen Praxis auszeichnet. Denn erst diese vergleichsweise theoretisch unvoreingenommene Vorgehensweise erlaubt, Ungleichheitskonstellationen und -relationen in ihren gegenwärtigen Widersprüchlichkeiten und Ambivalenzen praxisnah zu erfassen und nicht zuletzt auch eigensinnige Gestaltungspotenziale freizulegen. Mehr noch, eine praxistheoretische, theoretisch tendenziell unverstellte Sicht scheint die Voraussetzung dafür zu sein, um die Tragweite der empirischen Strukturveränderungen soziologisch vermessen zu können.

## 10.3 Hybride Konstellationen im Feld gesellschaftlicher Arbeit

Künstlerisch-kreative Arbeit beruht immer öfter nicht auf einem eindeutig und über die Zeit stabilen Erwerbsstatus. Das unterstreichen die Ergebnisse der vorliegenden Studie. Vielmehr kristallisieren sich hybride Erwerbsformen und -strategien heraus. In ihnen verknüpfen sich Merkmale atypischer, auch prekärer, flexibilisierter und entgrenzter Erwerbsformen mit Merkmalen selbständiger, vulgo unternehmerischer Erwerbstätigkeit. Näher bestimmen lässt sich diese Hybridisierung in zweierlei Hinsicht. Zum einen zeigen die untersuchten Erwerbsstrategien auf der Orientierungsebene eine Mischung aus alten und neuen Prägungen im oben erläuterten Sinne an. Auf diese Weise bringen sie Uneindeutigkeiten sowie Widersprüche von sozialen Wandlungsprozessen zum Vorschein. Zum anderen scheinen hybride Erwerbsformen als Organisationsprinzip von Erwerbsarbeit bedeutsamer zu werden und auf eine spezifische Form von Status-Inkonsistenzen hinzuweisen.

In dieser Entwicklung zeichnet sich eine Heterogenisierung von Arbeits- und Beschäftigungsverhältnissen jenseits des Dualismus von Arbeitnehmer und Unternehmer ab, die auch nicht hinreichend als in sich geschlossene solo-selbständige Erwerbsform charakterisiert ist. Die bislang triftigste Annäherung bietet das Konzept des Alleindienstleisters (Betzelt/Gottschall 2001, 2003). Doch um aktuelle Dynamiken der Statuskonstellationen in künstlerisch-kreativen Erwerbsfeldern abzubilden, erscheint auch diese Kategorie mittlerweile zu statisch bzw. angesichts der sozialversicherungsrechtlichen Probleme, die mit hybriden Erwerbsformen einher gehen, auch sozialregulatorisch nicht mehr exakt. Denn ihr herausragendes Merkmal ist, dass es sich dabei um handlungsstrategisch eingegangene Mehrfachbeschäftigungsverhältnisse handelt, die sequenziell oder zeitgleich stattfinden sowie abhängige und selbständige Arbeit miteinander kombinieren – eben darin besteht die Entgrenzung und der voran schreitende Formverlust der Institution Arbeit.

## 10.3.1 Hybride Arbeitsformen aus arbeits- und industriesoziologischer Perspektive

Auf Ebene der Arbeits- und Beschäftigungsverhältnisse zeichnen sich die hier identifizierten, hybriden Arbeits(kraft-)formen durch drei Merkmale aus.

1. Hybride Arbeitstypen verfolgen Erwerbsstrategien, die oftmals auf die verschiedenen Teilmärkte des Kulturbereichs gerichtet sind. Ausdruck dessen ist eine Flexibilisierung von Erwerbsformen.
2. Hybride Erwerbsstrategien bergen sozialpolitische Exklusionsrisiken. Sie weisen auf wohlfahrtsstaatlichen Reformbedarf gruppenspezifischer Absicherungsinstitutionen bzw. allgemein auf die Grenzen des deutschen Wohlfahrtsregimes hin.
3. Hybride Arbeitstypen bringen die Grenzen traditioneller Formen der Interessenvertretung zum Vorschein. Das heißt jedoch nicht, dass Interessenpolitik vollständig individualisiert würde. Vielmehr entstehen neue Interessenkoalitionen und arbeitspolitische Handlungsarenen.

Zu (1) »Hybrid« hat zunächst eine wirtschaftssektorelle Konnotation und heißt, dass die subjektiven Erwerbsstrategien sowohl auf den privatwirtschaftlich organisierten wie auch auf den öffentlichen und nicht-kommerziellen Bereich der Kulturproduktion gerichtet sind. Zudem entwickeln sich im Kontext einer Zunahme von befristeten und projektbestimmten Arbeitsverhältnissen hybride Erwerbsformen, die situativ und nachfragebedingt zwischen selbständiger und abhängig beschäftigter Arbeit schwanken. Als Zwischenform lassen sich die bekannten semi-abhängigen, gewissermaßen schein-selbständigen Organisationsformen von Erwerbsarbeit ausmachen. Ausdruck dieser vielfältigen Pluralisierung von Arbeit ist eine Flexibilisierung von Erwerbsformen, die sich durch dynamische Statuswechsel und insofern durch einen instabilen Erwerbsstatus auszeichnet. Die Akteur_innen werden somit zu Grenzgänger_innen, die sowohl ihren Erwerbsstatus im Zeitverlauf wechseln als auch interdepedent zwischen verschiedenen künstlerisch-kreativen Erwerbsfeldern pendeln. Denn wer z.B. als zeitlich befristete Kostümausstatterin am Theater tätig ist und damit auf Projektbasis oder mit einem temporären Arbeitsvertrag beschäftigt ist, ist dies häufig an öffentlichen und freien Theatern und arbeitet unter Umständen zudem auf eigene Rechnung, d.h. selbständig bspw. als Modedesigner_in (s. Kap. 8). Insgesamt entstehen flexible Erwerbskarrieren, die verschiedene Berufsfelder und -tätigkeiten situativ miteinander kombinieren.

Dass sich hybride Erwerbsstrategien in den unterschiedlichen Kulturberufen und insofern sowohl im öffentlich geförderten Kulturbereich als auch in privatwirtschaftlich organisierten sonstigen Kulturberufen auffinden lassen, scheint daher eine zeithistorisch spezifische Variante der künstlertypischen

Standbein-Spielbein-Strategie zu sein, die sich auch in Feldern abseits der klassischen Kunstdisziplinen zeigt, und in der oftmals ein Zuverdienst erwirtschaftet wird, um der aus subjektiver Sicht »eigentlichen« Arbeit nachgehen zu können, also der Aufrechterhaltung eines spezifischen Berufsethos und der Realisierung eines subjektiv angestrebten Arbeits-Lebens-Modells dient. Daher sind hybride Erwerbsstrategien nicht mit einer working-poor-Problematik identisch, in der aus der Not heraus jeder Job angenommen wird. Hybride Erwerbsstrategien sind vielmehr als ein Kompromiss zu betrachten, sich situativ an Arbeitsmarkterfordernisse anzupassen und diese mit individuellen Interessen in Übereinstimmung zu bringen.

Zu (2): Hybride Erwerbsstrategien unterlaufen institutionelle Arrangements der Daseinsvorsorge. Neben den kategorischen Problemen bei der Absicherung gegen die allgemeinen Lebensrisiken (v.a. Krankheit, Alter) bieten die berufsgruppenspezifischen Absicherungsinstitutionen in ihrer jetzigen Form nur mehr unzureichende Antworten auf neue Formen von Arbeitsorganisation und Arbeitsverhältnissen. Denn da hybride Erwerbsformen und -strategien in den Statuten der berufsgruppenspezifischen Sozialversicherungsinstitutionen nicht vorgesehen sind, führen sie für eine steigende Anzahl von Akteur_innen zu Ausgrenzungen aus den speziell für Künstler und Kulturschaffende konzipierten Sicherungsinstitutionen. So haben die eng gefassten Zuverdienstgrenzen der KSK sozialpolitisch brisante Auswirkungen sowie im Hinblick auf soziale Teilhaberechte exkludierende Effekte. Aufgrund ihrer selektiven Zugangsmechanismen tragen sie zu einer Zuspitzung von sozialen Ungleichheiten und folglich zu einer Vulnerabilisierung von Soziallagen bei. Es entsteht folglich eine Lücke zwischen institutionell eingelagerten, auf die 1980er Jahre zurückgehenden Normalitätsannahmen und gegenwärtigen Möglichkeitsbedingungen der empirischen Arbeitspraxis. Mit der eingebauten Befreiungsklausel von der Versicherungspflicht impliziert die KSK darüber hinaus ein nicht mehr zeitgemäßes Moment Bismarck'scher Sozialversicherungslogik.

Hat in dieser Hinsicht die soziale Realität die institutionellen Normalitätsannahmen überlebt, verschärft sich das Prekaritätspotenzial von künstlerisch-kreativer Arbeit aber auch im Angesicht modernisierter sozialversicherungsrechtlicher Institutionen. Denn auch die im Jahr 2011 eingeführte freiwillige Versicherung gegen Erwerbslosigkeit ist für soziale Gruppen in wechselnden, riskanten Erwerbsformen stark risikobehaftet. Denn nicht nur werden die Einzelnen durch diese zusätzliche finanzielle Belastung je nach Einkommenslage vor erhebliche Finanzierungsprobleme ihrer privaten Vorsorge gestellt (Fachinger 2014). Hinzu kommen institutionelle Konstruktionsprobleme, die im Kern als kurzfristige sozialstaatliche Kostendämpfer wirken, da die freiwillige ALO-Versicherung nur dreimal in Anspruch genommen werden kann. Danach erlischt der Versicherungsanspruch. Da jedoch ein Wechsel zwischen den Erwerbsformen, aber auch Phasen der erwerbswirtschaftlichen Arbeit, die sich mit erwerbslosen Phasen abwechseln, zunehmend zum Normalerwerbsverlauf in künstlerisch-kreativen Erwerbsfeldern werden, ist der Grenznutzen der freiwiligen ALO-Versicherung eng gesteckt.

Insgesamt eröffnen sich angesichts der enormen Beschäftigungsexpansion in den Kultur- und Kreativbranchen und der damit einhergehenden Ausweitung von instabilen Erwerbsformen enorme sozialpolitische Herausforderungen. So signalisieren die als hybride Grenzgänge zu bezeichnenden Erwerbsmuster nicht nur eine Nicht-Übereinstimmung mit bisherigen Arbeits- und Beschäftigungsverhältnissen, sondern zeigen darüber hinaus einen Reformbedarf von wohlfahrtsstaatlichen Regulierungsmustern an. Sie sollten an die neuen empirischen Realitäten angepasst werden.

Zu (3): Durch die Hybridisierung von Arbeitsverhältnissen und Erwerbsformen wird der traditionelle Begriff von Interessenpolitik einmal mehr herausgefordert. Zwar gibt es eine vielfältige Verbandslandschaft in der Designbranche, insbesondere im Bereich des Kommunikationsdesigns existieren viele Zusammenschlüsse, während sich die Modebranche eher durch vereinzelte, unverbundene und zudem oftmals durch eine mit öffentlichen Mitteln finanzierte, temporäre Interessenvertretung auszeichnet. Hinzu kommt, dass die wenigsten neuen Interessenverbände einen explizit arbeitspolitischen Charakter haben. Nichtsdestoweniger entwickeln sich neue, hybride interessenpolitische Formen und Koalitionen, wie etwa das Beispiel einer als Zwitterinstitution bezeichneten Personalvermittlungsagentur zwischen Zeitarbeitsagentur und beruflichem Beratungsnetzwerk zeigt. Einerseits reklamiert diese Vermittlungsagentur arbeitnehmerähnliche Interessen zu vertreten, z.B. durch Beratungsleistungen für Designer_innen in Honorarfragen gegenüber dem Auftraggeber. Andererseits trägt sie Züge einer Zeitarbeitsagentur, da sie auch zeitlich befristete Arbeitsverhältnisse vermittelt, wenngleich sie nicht als Arbeitgeber auftritt. Weitergehend wurde am Beispiel einer neuen Künstlerkritik in Berlin herausgearbeitet, wie sich aus dem Feld heraus neue interessenpolitische Koalitionen im Spannungsfeld von unternehmerischem und künstlerischem Selbst formieren. Diese Organisationsformen verstehen sich nicht als interessenpolitischer Akteur im traditonellen Sinne. Sie agieren vielmehr als ein locker zusammengesetztes Netzwerk jenseits traditioneller Arbeitspolitik. Gleichwohl erheben sie vergleichsweise einschlägige Forderungen der Interessenpolitik, z.B. im Hinblick auf Honorarfragen.

Die zu einer hybriden Interessenkoalition gebündelte Künstlerkritik tritt in Berlin dafür ein, als volkswirtschaftlich einträgliche soziale Gruppe anerkannt zu werden sowie für eine ökonomische Sicherung dieses Status. Sie kämpft aber auch für die Schaffung diskursiver Räume, in denen interessenpolitisch übergeordnete Fragen (wie z.B. die Ökonomisierung des städtischen Zusammenlebens) gesellschaftlich verhandelt werden. Insofern stellen speziell diese hybriden Interessenorganisationen eine zeitgenössische Variante einer Verbindung von Sozial- und Künstlerkritik dar, als sie Verteilungs- und Anerkennungsdisparitäten im Feld kritisieren und diese Kritik in Form von strukturell neuen interessenpolitischen Vereinigungen auch politisch kanalisieren. In diesem Rahmen fasst zudem eine bestimmte Form von Lobby-Arbeit als interessenpolitisches Instrument Fuß (s. Kap. 6.4). Auch hierbei handelt es sich um einen strategischen Wandel zur Erneuerung industrieller Beziehungen, in dem sich auch eine bestimte Form von »Mitbestimmungsphantasie« (Kotthoff 2006) ausdrückt. Ein Mitbestimmungsverständnis jenseits traditioneller Akteure und Handlungsarenen, in dem sich die Logik von Lobbypolitik und damit eine zusätzliche interessenpolitische Handlungsarena in entbetriebliche Felder von künstlerisch-kreativer Arbeit ausdehnt.

In diesem Zusammenhang wird künftig die Frage zu beantworten sein, inwieweit in der Kultur- und Kreativwirtschaft bereichsübergreifende Allianzen zwischen den unterschiedlichen, interessenpolitischen Koalitionen für die Durchsetzung arbeitspolitischer Interessen erwünscht und möglich sind. Zu überlegen wäre, wie die gewerkschaftliche Kooperation mit den branchenspezifischen Verbänden verbessert und auf Dauer gestellt werden könnte. Dies scheint angeraten, weil die Verbände über einen historisch gewachsenen Wissensbestand der Branche verfügen, der bislang offenbar nicht systematisch genutzt wird. So könnte zum einen der Kommunikationsfluss zwischen den vereinzelten Verbänden und der gewerkschaftlichen Interessenvertretung kanalisiert werden, darüber deren unmittelbare Verbandsarbeit organisatorisch fundiert und somit vorhandene Serviceangebote auf eine breitere Basis gestellt werden. Zum anderen sollte deren Verlässlichkeit als politischer Verhandlungspartner erhöht werden. Zu diesem Zwecke könnte ein dauerhafter Runder Tisch zwischen den Akteuren auf Verbands- und Gewerkschaftsseite eingerichtet werden. Denn bislang zeichnen sich die verschiedenen interessenpolitischen Akteur_innen – egal ob in Netzwerken oder in Gewerkschaften organisiert – durch eine eher punktuelle Kooperation und gegenseitige Bezugnahme aus. Verstärkte wissenschaftliche Aufmerksamkeit sollte auch neuen Formen der Interessenpolitik gewidmet werden, die sich als eine arbeitspolitisch motivierte Lobbyarbeit präsentieren.

Insgesamt signalisiert der untersuchte Strukturwandel der Arbeits- und Produktionsbedingungen einen nicht zu unterschätzenden Handlungsbedarf für die betrieblichen sowie außerbetrieblichen Arbeitsbeziehungen, für gewerkschaftliche Gestaltungs- und Organisierungsaspekte, für Verteilungsfragen, Lohngefüge und somit auch für die allgemeine Ungleichheitsentwicklung in künstlerisch-kreativen Erwerbsfeldern. Sozialkritik zu üben ist angesichts dessen jedenfalls unverzichtbar. Als Beispiele für politische Interventionen einer reflexiven Sozialkritik ist abschließend zu unterstreichen, dass eine politische Lösung gefunden werden sollte, wie Künstler und Kreative mit Erwerbsmischformen in die Sozialversicherung einbezogen werden können.

## 10.3.2 Von der Suche nach Zwischenräumen. Dimensionen hybrider Status-Arbeit

Betrachtet man das empirische Material aus einer theoretischen Perspektive, die eigensinnige subjektive Stellungnahmen für grundsätzlich möglich hält, lassen sich unterschiedlich akzentuierte Status-Strategien ausmachen. Wie empirisch sowohl anhand der soziologischen Porträts, der darin identifizierten Muster als auch anhand neuer interessenpolitischer Koalitionen in Berlin ermittelt wurde, manifestiert sich in den unterschiedlichen Such-Strategien eine Status-Arbeit, die auf individuell unterschiedlichen, aber auch auf kollektiv formulierten Ansprüchen und Erwartungen an künstlerisch-kreative Arbeit beruht. Dahinter, so hat die empirische Analyse gezeigt, verbirgt sich eine Suche nach Zwischenräumen.

Zwischenräume, wurde oben argumentiert, forcieren nicht nur ein hilfloses Zappeln in der Sozialstruktur. Zwischenräume sind in ihrer sozialen Unbestimmtheit vielmehr äußerst ambivalent. Sie bergen Gestaltungsoptionen wie sie gleichfalls eine Situation der sozialen Bedrängung und eines Schwebezustands implizieren. Versteht man sozialstrukturelle Zwischenräume daher als gering abgegrenzte und abgesicherte, dafür jedoch vergleichsweise »offene« soziale Gelegenheitsstrukturen, die auf einen Zustand der sozialen Verwundbarkeit ohne fest angestammten und insofern sozial unsicheren Platz in der Sozialstruktur verweisen, aber gleichzeitig auch nach Maßgabe subjektiver Interessen gestaltet werden können, dann sind (nicht nur) selbständige Designer_innen auf der Suche nach ebendiesen. Denn in solchen Zwischenräumen scheint eine selbstbestimmte Arbeit(sorganisation) greifbar; jedenfalls eher zu realisieren als im Agenturalltag oder als z.B. geringfügig beschäftigte Verkäuferin in einer Modeboutique. In die Praxis umgesetzt werden diese Ansprüche abhängig von der Position im Feld wie generell unter den geltenden Bedingungen der Möglichkeiten (wie z.B. der Option auf sozialversicherungspflichtige bzw. existenzsichernde Arbeit), aber auch im Kontext des ganzen Lebenszusammenhangs; also entlang der Frage, auf welche Weise – traditionell gesprochen – Produktions- und Reproduktionszusammenhang zueinander konstelliert sind und welche subjektiven Gestaltungsspielräume sich in der Summe ergeben. Insofern sind die Möglichkeiten der Verwirklichung der unterschiedlichsten Interessen und Ideen von künstlerisch-kreativer Arbeit eng geknüpft an die Bewegungsspielräume, die sich im Feld, aber auch in außererwerblichen Beziehungszusammenhängen eröffnen.

Die destillierten hybriden Status-Strategien changieren idealtypisch zugespitzt zwischen den Polen eines *Rückzugs auf den künstlerischen Wert von Arbeit* und einer *Praxis entzauberter Arbeit*. Angeordnet in diesem idealtypischen Spannungsfeld sind die Akteur_innen gefordert, eine Balance zwischen wirtschaftlichen und künstlerischen Logiken zu finden. Im Kern lassen sich die dahinterliegenden Arbeitslogiken so bündeln, dass einerseits die Produkte zu einem »Fetisch als Kunstwerk« (Bourdieu 2001a: 292) verschleiert werden, während andererseits die Produkte als wirtschaftliche Ware betrachtet werden. Auf Ebene der subjektiven Interessen lässt sich folglich das Interesse nach künstlerischer von dem nach wirtschaftlicher Selbstbestimmung voneinander unterscheiden.

Im ersteren Fall handelt es sich um eine Strategie, sich als künstlerisches Selbst zu entwerfen, die in der Tat eher dem romantisch unterlegten Subjektideal »Künstler« folgt. Hier zeigen sich Parallelen zu den distinktiven Selbstermächtigungsstrategien der künstlerischen Bohème im 19. Jahrhundert, da sich ihre Vertreter_innen auf den künstlerischen Wert ihrer Arbeit zurückziehen und darin eine Praxis der Freiheit erkennen. Wie deutlich wurde, geht es dabei auch in ökonomisch getriebenen Feldern um eine künstlerkritische Freiheit vom kommerziellen Verwertungszwang und damit einhergehender, fremdbestimmter Strukturierungsleistungen des Arbeitsalltags. Es geht aber auch um die Ausbildung von Resilienzen gegenüber einer prekären Vereinnahmung durch Arbeit und Kunden. Gleichwohl verweigert sich der »Rückzug auf den künstlerischen Wert von Arbeit« nicht bedenkenlos den ökonomischen Gesetzmäßigkeiten, um sich im Gegenzug damit zu trösten, ein moderner Künstler zu sein. Vielmehr werden strategische Kompromisse eingegangen; sei es, dass sich privat in eine abhängige Zuverdiener_innenposition begeben und sich auf diese Weise Freiräume für die Realisierung der Idee von einer künstlerischen Existenz erschlossen werden sollen (sich diese also durch private Abhängigkeitsverhältnisse erkauft wird und so im Zweifel vom Regen in die Traufe kommt); sei es, dass ein etwaiger künstlerischer Eigensinn zumindest zeitweilig den ökonomischen Erfordernissen der Existenzbestreitung geopfert wird und etwa als Free Lancer in einer Agentur angeheuert oder abends nach Ladenschluss Nähkurse gegeben werden. Dennoch wird eine pauperisierte Lebensführung zumindest zeitweilig in Kauf genommen und somit eine Selbst-Prekarisierung praktiziert. Sie wird tatsächlich als eine Praxis der Freiheit von ökonomischen Anforderungen deklariert, um einem traditionellen, künstlerischen Subjektideal Vorschub zu leisten.

Auf der anderen Seite steht eine Strategie, die hier in Anlehnung an Webers Diktum von einer Entzauberung der Welt durch rational-bürokratische Herrschaft »Praxis entzauberter Arbeit« genannt wird. Ihr hervorstechendes Charakteristikum ist, dass sie auf einer kulturellen Distanzierung von einem künstlerischen Subjektideal beruht. Der in der anderen Fraktion eminent wichtige, künstlerische Produktstolz als Teil eines Kampfes gegen entfremdete Arbeit wird hier ebenso wie das Selbstbild eines romantisch unterlegten Talentberufs zu einer arbeitsethischen Rationalisierungsmasse. Hier geht es zwar auch um einen Kampf für authentische Arbeit. Dieser beruht aber nicht auf einer Anstrengung, sich (vermeintlich oder tatsächlich) bürokratisch entfremdeter Arbeit zu widersetzen. Denn mehr als um künstlerische geht es hierbei um wirtschaftliche Selbstbestimmung. In Anschlag gebracht wird ein unternehmerisches Arbeitsethos, das darauf abzielt, sich als Geschäftsmann/-frau zu etablieren. Das strategische Interesse besteht hier also darin, sich eine wirtschaftlich rentable Nische zu erarbeiten, sich unabhängig von Auftraggebern zu machen und einen in diesem Sinne semi-abhängigen Status zu verlassen. Beruhend auf einem starken Berufsethos entwickelt diese Fraktion vornehmlich eigene Projekte und sucht nach einem marktlichen Alleinstellungsmerkmal (»USP«) und nach einer unternehmerisch einträglichen Marktnische, wie z.b. ein Modegeschäft abseits von Berlins Szene-Quartieren und deren typischer Klientel. So wird eine eher zweckrational getriebene Arbeitshaltung praktiziert oder wenigstens angestrebt. »Zweckrational« geht hierbei jedoch nicht in einem traditionellen Arbeitsverständnis auf, wonach auf Seiten der Arbeitenden der Zweck von Arbeit primär in der Sicherung des Lebensunterhalts liegt. Vielmehr spiegelt sich hier ein Verständnis von Arbeit wider, das sich von einer symbolisch verzauberten Konnotation von Arbeit, die auf authentische Selbst-Transzendenz via Arbeit setzt, distanziert. Nur unter diesen Voraussetzungen ist von einer stärker instrumentell geprägten Arbeitshaltung zu sprechen. Diese feldspezifische Verortungsstrategie ist insgesamt eine subjektive Antwort auf einen Arbeitszusammenhang im Prekarisierungs-Modus. Eine vergleichsweise instrumentelle Arbeitshaltung wird insofern als Gegengift in einem Feld in Anschlag gebracht, das affektiv funktioniert und diese ästhetische Grundlogik zur Verschleierung von selbst-ökonomisierten Ausbeutungsmechanismen nutzt. Ziel ist es schließlich, sich gegen eine Selbst-Ökonomisierung zu schützen, die eine totale Hingabe und Verschmelzung mit dem Arbeitsprodukt impliziert.

Den Fraktionen ist jedoch gemeinsam, dass sie einen selbständigen Erwerbsstatus bevorzugen, den sie mit freiberuflichen Aufträgen, Grenzgängen zwischen verschiedenen Feldern und zur Not auch mit berufsfachfremden Jobs quer finanzieren. Übergreifend geht es hierbei darum, das Leben nicht zu einem ökonomisierten Projekt zu machen. Vielmehr werden handlungsstrategisch differenzierte Suchbewegungen offenbar, die widersprüchlichen Lebenssphären Arbeit und Leben zu einem kohärenten Ganzen zu fügen. Dabei scheint es ein wichtiges Motiv zu sein, sich sowohl individuelle Freiheiten zu erhalten als auch Entfremdung zu verhindern, indem beispielsweise das Privatleben nicht nur in die »Zeitlücken« (Jurczyk/Schier 2007) des Arbeitslebens gequetscht wird, sondern nach Zeitinseln für private Rekreation und Beziehungsarbeit gesucht wird. Erschwert wird diese Sorge um sich selbst, da sich (nicht nur) Designer_innen, geht man von den vielen prekären Existenzen im Kulturbereich aus, vielfach in Mangelverwaltung üben müssen und Chaos-Qualifikationen ausbilden oder »mentale Techniken« kultivieren, wie es eine Expertin beschrieb. Eine mentale Technik ist, das individuelle Wohlstandsnivau auf einen niedrigen Standard einzupegeln. Denn wie deutlich wurde, scheint es angesichts der Kräfteverteilung im Feld um die Chance auf ein wenigstens mittleres, wirtschaftliches Einkommen auch dann nicht zum Besten stehen, wenn auf der Basis eines unternehmerischen Arbeitsethos' künstlerische Ambitionen und Neigungen als Rationalisierungsmasse für den Markterfolg und als Transmissionsriemen für unternehmerisches Handeln eingesetzt werden. Denn immerhin sagt in Berlin jede_r zweite auf eigene Rechnung agierende Designer_in auch nach langjähriger Berufserfahrung von sich, dass das Auskommen nicht zum Leben reicht (KKI 2013).

Die Akteur_innen befinden sich somit in einem praktisch nicht auflösbaren Widerspruchsverhältnis – und eben diese Widersprüche werden teilweise als strukturelle Überforderung apostrophiert. Hier zeigen sich Grenzen individueller Belastbarkeit, die im subjektiven Erleben bisweilen tatsächlich vertuscht werden. Unverkennbar ist jedoch ebenso, dass ein Arbeiten und Leben im Prekarisierungs-Modus bei vielen eine soziale Empörung über die Zumutungen einer vulnerablen Lebensführung bzw. den ökonomisch prekären Feldbedingungen provoziert. Nicht zuletzt eine damit verknüpfte auch mentale Überbeanspruchung mündet teilweise in eine kritische Distanzierung von ihren Arbeitsverhältnissen und provoziert Exit-Gedanken.

So stellen die identifizierten Positionierungsstrategien eine sozialhistorisch prädisponierte und strategisch differenzierte Verknüpfung von Freiheit und Notwendigkeit dar, die das zum gegebenen Zeitpunkt denk- und durchführbar Mögliche widerspiegelt. Getan wird, was sich aus einer habituell geprägten Wahrnehmung für die Akteur_innen als machbar abzeichnet: welche Aufträge man bearbeitet, wie man sich vernetzt, welche Positionen man erreichen möchte und welche ausgeschlossen werden. Ob man eine unternehmerische Expansion anstrebt, ob man sich als künftiger Arbeitgeber in einer Full-Service-Agentur oder als Chefin eines Modegeschäfts sieht oder ob man sich von solchen Ambitionen distanziert und aus welchen Gründen.

### 10.3.3 Hybride Positionierungsstrategien

Woher jedoch, diese Frage stellt sich nun, nehmen die Akteur_innen die Kraft für ihre Statuskämpfe? Anders formuliert: was sind ihre Ressourcen? Soziale Netzwerke, private Lebenskonstellationen sowie ein eigensinniger Glaube an die Logik des Feldes sind wichtige Faktoren für die subjektive Bewältigung einer feldspezifischen Arbeit im Prekarisierungs-Modus. Doch resultiert ihre nicht zuletzt mentale Standhaftigkeit gegenüber den erfahrenen sozialen Unsicherheiten auch aus einer sozialen Zuversicht, welche die Akteur_innen aus ihrer sozialen Herkunft sowie aus ihrer Generationslagerung und nicht zuletzt aus ihrer jeweils unterschiedlichen Verankerung in milieuspezifischen Bezügen praktischer sozialer Kohäsion ziehen können. Vor diesem Hintergrund scheinen Prekarisierungs-Erfahrungen bzw. die Erfahrung einer anhaltend prekären Marktlage die Akteur_innen nicht zu lähmen, sondern eher zu einer erwerbswirtschaftlichen Gelegenheitsorientierung zu aktivieren, die in der Regel freilich eher für deprivilegierte soziale Gruppen zutrifft.

Ressourcen in diesem Hasard-Spiel sind eine habituelle Zuversicht sowie gegebenenfalls familiär verfügbare, ökonomische Ressourcen, die die Akteur_innen animieren, die Gegenwart nicht in erster Linie als bedrohlich zu betrachten. Im Gegenteil – im Lichte ihrer teils langjährigen Berufs- und Felderfahrungen stellen sie sich immer wieder die Frage, wie sie sich von den Machtverhältnissen, etwa von den häufig als sinnentleert empfundenen, projektbezogenen Arbeitsverhältnissen in Agenturen, vom anstrengenden Kundenverkehr etc. emanzipieren können. Emanzipieren meint hier vorrangig nach Wegen zu suchen, in der Branche, dem gewählten Beruf und auf dem eingeschlagenen Lebensweg bleiben zu können. Mittels dieser strategischen Suche besetzen und gestalten die Akteur_innen sozialstrukturelle Zwischenräume, indem sie die Verhältnisse auf eine Weise anzuordnen suchen, dass man sie ignorieren oder zumindest in Frage stellen kann, um sich auf diese Weise eine Nische zu erschließen, in der die Chancen auf eine Realisierung der eigenen Ideen wenigstens halbwegs möglich werden.

So drängen sich zunächst zwar verblüffende Parallelen zur distinktiven Selbstermächtigungsstrategie des Künstler-Proletariats des 19. Jahrhundert auf. Im Unterschied zum Künstler-Proletariat, von dem Ruppert (1998) spricht, handelt es sich heutzutage aber nicht um Neuzugänge ins Feld mit nicht-bürgerlicher Herkunft. Vielmehr sind das überwiegend Kinder der Individualisierungsgewinnermilieus der 1960er und 1970er Jahre, die Brüche in der Erwerbsbiografie teils vergleichsweise gelassen hinnehmen können. Deren sozialräumliche Verortung ermöglicht ihnen somit zwar einer Ökonomie der Selbstverwirklichung des homo aestheticus, die im künstlerischen Habitus des 19. Jahrhunderts einen gesellschaftlichen Vorläufer hat. Gleichermaßen wichtig scheint aber zu sein, dass die arbeits- und beschäftigungspolitischen Logiken der Designbranche auf soziale Sicherheitserwartungen treffen, die makrostrukturell besehen im industriegesellschaftlich geprägten Sozialmodell der alten Bundesrepublik (West) und in deren Glaubenssätzen von sozialer Teilhabe, Wohlstand und Prosperität wurzelt. Bei näherer Betrachtung stellt sich die Fähigkeit optimistisch in die Zukunft zu schauen also auch als herkunftsbedingter Hysteresis-Effekt (Bourdieu 1987: 238) dar. Er erlaubt den Akteur_innen, auf habituell geprägte sowie konkret auch auf familiär vererbte, ideelle Sicherheiten zurückzugreifen – und in vielen Fällen scheint diese ideelle Sicherheit durch temporäre Finanzspritzen der teils nun im Ruhestand befindlichen Eltern herzurühren bzw. diese Gelassenheit zu ermöglichen.

Die Toleranz gegenüber einer sozial verletzlichen Arbeits- und Lebenslage leitet sich folglich nicht nur aus einem romantisch überhöhten Künstlerbild oder einer legitimatorischen Abneigung gegenüber einem Angestelltenverhältnis ab. Vielmehr beruht sie auf zeitgeschichtlich geprägten, sozialräumlich konditionierten Erfahrungen, die sich aufgrund von deren sozialstruktureller Einbettung inklusive der mit ihr verkoppelten, mentalen Traditionslinien in einer subjektiven, sozialen Sicherheitserwartung niederschlagen. Allerdings weisen die Fallanalysen ebenso unmissverständlich auf soziale Abstiegsängste und insofern auf mehr als nur habituelle Irritationen hin. Denn einigen scheint durchaus langsam die Energie auszugehen, ihren prekären Status auszuhalten und dennoch die Zukunft als segensreich zu antizipieren. Es handelt sich insofern um ein Kontinuum von Erkennen und Verkennen der beschäftigungs- und arbeitspolitischen Logiken der Designbranche. Die an die Verkennung der Verhältnisse gekoppelte Selbst-Prekarisierung wird dabei zugleich zu einem Moment der kritischen Distanzierung von z.B. den Ausbeutungstendenzen in Agenturen oder zu den ans unternehmerische Selbst appellierenden Anforderungen. Sie ist Ausdruck einer feldspezifischen Handlungsstrategie, welche die Kosten und Zwänge von künstlerisch-kreativer Arbeit in einen Subjektivierungsmodus umarbeitet, der widersprüchliche Logiken balanciert und insofern als ein dialektisches Selbstverhältnis zwischen unternehmerischem und künstlerischem Selbst betrachtet werden muss, das keineswegs ineinander aufgeht, sondern strategisch akzentuiert ist.

Deshalb sind die Positionierungsstrategien der Akteur_innen unzureichend erklärt, wollte man sie lediglich als (selbst-disziplinarische) Unterwerfung unter marktliche Imperative im Geiste der Künstlerkritik respektive als innovatives und dynamisches unternehmerisches Handeln fassen. Realistischer scheint es vielmehr zu sein, diese Strategien als in sich ambivalente, also als hybride Praxisformen von feldbezogenen Stellungskämpfen zu begreifen. Als deren praktische Ausprägungen wurden vier Muster identifiziert, in denen sich der idealtypische Streit um künstlerisch-kreative Arbeit als realtypische Verausgabung von Arbeitskraft nachvollziehen lässt.

Im Rückgriff auf die oben erläuterten polaren Dimensionen »Rückzug auf den künstlerischen Wert von Arbeit« versus »Praxis entzauberte Arbeit« bündelt Abbildung 6 die empirischen Muster der Positionierungsstrategien im Feld und die darin deutlich werdenden Interessen zwischen wirtschaftlicher und künstlerischer Selbstbestimmung. Mithilfe dieser grafischen Darstellung lassen sich die idealtypisch kontrastierten Dimensionen in relationale Positionierungsstrategien im Feld übersetzen und somit sowohl ihre horizontalen als auch vertikalen Differenzierungen ins Bild holen. Deutlich wird, dass es sich dabei nicht um jeweils für sich stehende und unterschiedlich im Feld verbreitete Strategien handelt, sondern um relationale Konstellationen, die sich teilweise überschneiden. In diesen Schnittmengen kommen die jeweiligen Kompromisse und Konzessionen zum Tragen, welche im Arbeitsalltag aufgrund unterschiedlicher Beweggründe und abhängig von der jeweiligen Lebenslage eingegangen werden. Die folgende Abbildung dient insgesamt also dazu, die identifizierten empirischen Praxismuster auf einer abstrakteren Ebene zu erfassen und vergleichend darstellen zu können.

Abbildung 6: Positionierungsstrategien im Feld

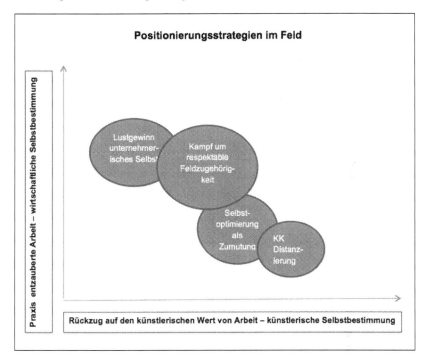

- Lustgewinn eines unternehmerischen Selbst – Dieses Muster taucht stärker in der Komm.Design- als in der Modedesignbranche auf, was auf deren unterschiedli-che kulturelle Logik zurückgeführt wird. Es weist die größte Nähe zum Brö-ckling'schen unternehmerischen Selbst respektive zum Arbeitskraftunternehmer auf, weicht jedoch zugleich in entscheidenden Punkten davon ab. Arbeit an sich wird hier kaum als Selbstverwirklichung hypostasiert, ein unternehmerischer Status als Sinn-bild für eine prestigereiche und komfortable Soziallage hingegen schon. Trotz dieser deutlichen Status-Orientierung ist Erwerbsarbeit nicht der Lebensmittelpunkt, sondern ein wichtiger Lebensbereich, der mit anderen koordiniert werden muss. So geht es hier nicht primär um Selbstverwirklichung in und durch Arbeit, sondern im Sinne einer (geschlechterübergreifenden) doppelten Vergesellschaftung um die Vereinba-rung von unternehmerischen Ambitionen und lebensweltlichen Ansprüchen. Typisch ist eine optimistische sowie offene Zukunftshaltung, die eine recht unbekümmerte Verarbeitungsform der sozialen und wirtschaftlichen Unsicherheiten im Rahmen eines hybriden Selbstbildes zwischen Unternehmer und Lebenskünstler reflektiert. Gleichwohl dient ein eher traditioneller Unternehmer-Begriff als Vorbild. Doch während Schumpeters Unternehmer restlos schafft, weil er nicht anders kann und somit ein hoch exponiertes, protestantisches Arbeitssubjekt abgibt, ist das in diesem Fall anders. Hier geht es nicht nur um eine unternehmerische Selbst-Modellierung zum Selbstzweck, sondern auch um die Erschließung von Handlungsoptionen und Frei-heiten jenseits erwerbswirtschaftlichen Schaffens. In den beruflichen Status wird zwar viel soziales und kulturelles Kapital investiert; aber nicht um den Preis von Dis-sonanzen in der Lebensführung oder gesundheitlich beeinträchtigenden Belastungen. Hier passen sich zumeist noch relativ junge, beruflich gut vernetzte Designer_innen pragmatisch an die Gegebenheiten an. Im Zweifel können sie auf familiäre Ressourcen zurückgreifen, die über wirtschaftliche Durststrecken hinweghelfen. Oft haben sie einen »Plan B« in der Tasche. Dieser Plan besteht darin, sich notfalls auf einem geringeren Niveau – z.B. als (prekär) Beschäftigte in der Gastronomie – einzurichten. Ausgestattet mit einer relativ leidenschaftslosen Haltung gegenüber den Arbeitsinhalten, aber mit Feuer für eine freiberufliche Erwerbsform wird hier auf einen beharrlich erarbeiteten, wirtschaftlichen Durchbruch vertraut. Die Gegenwart dieser Lebensform scheint sich geradewegs in eine Zukunft ohne weitere Sorgever-pflichtungen zu entspinnen. Der Lustgewinn besteht also auch, aber nicht nur in der affirmativen Durchdringung eines unternehmerischen Selbst, sondern gleichfalls in der Eröffnung eines Planungshorizonts für den künftigen Lebensverlauf.

- Kampf um respektable Feldzugehörigkeit – In dieser offenbar dominierenden Strategie sich als freiberufliche Designer_in zu behaupten, wird Arbeit als zentraler Ort zur Verausgabung eines professionellen Berufsethos verstanden. Verknüpft mit einer vergleichsweise traditionellen Aufstiegsorientierung bzw. mit sozialen Ab-stiegsängsten ist nicht nur der Wunsch nach wirtschaftlicher Selbstbestimmung das herausragende Merkmal, sondern auch das Ziel ein ambitioniertes fachliches Niveau zu erreichen. Man will Geschäftsmann bzw. -frau sein, so ließe sich das Motto dieser Statusstrategie übersetzen. In diesen Fällen zeigt sich aber auch besonders deutlich, welche Konflikte und strategischen Kompromisse der Spagat eine auf der zeitlichen Langstrecke prekären, hoch subjektivierten Arbeit insbesondere dann mit sich bringt, wenn er mit familialen Sorgepflichten vereinbart werden muss. Theoretisch erfüllen die nämlichen Befragten insofern viele Kriterien eines unter-nehmerischen Leitbildes. So versucht sich etwa eine befragte Modedesignerin einen spezifischen Absatzmarkt (Mode für reifere Damen) zu erschließen, verfolgt eine systematische und rational organisierte »Kollektionsstrategie« und versucht ihre Her-zensangelegenheit, das Talent, ökonomisch zu rationalisieren und in ein wirtschaftliches Handeln umzulenken. Sie ist gewissermaßen eine »Herzblutunternehmerin« (Euteneuer 2011: 136ff.). Allein diese Anstrengungen führen oftmals nicht zu dem gewünschten Erfolg, weil die Verhältnisse den subjektiven Anstrengungen meist nicht entgegen kommen, sondern ihnen vielmehr entgegenstehen. Dies braut sich zu einem oftmals als auf Widerruf empfundenen Leben zusammen, das hart an der Grenze dauerhafter Burn-Out-Symptomatiken segelt. Dass es sich um einen »Kampf« handelt, wird dabei in zweifacher Hinsicht relevant. Denn der pragmatische Selbstentwurf als Geschäftsmensch wird oftmals von Wut oder Trauer überschattet, sich vom künstlerischen Selbst distanziert zu haben. Dennoch ist es das zentrale Interesse, aus der künstlerisch-kreativen Arbeit mittels einer am Markt und am Kundengeschmack orientierten, tendenziell seriellen Produktion von Gütern und Dienst-leistungen einen vorrangig kommerziellen Handel zu machen. Professionell hochwertige Arbeit wird als Vehikel für eine Status-Stabilisierung gewertet, die auch aus lebensweltlichen Erfordernissen und familiären Sorgepflichten erwächst. Der Kampf um eine respektable Feldzugehörigkeit spiegelt insofern nicht allein einen feldspezifischen Stellungskampf wider, sondern auch Geschichten von individuell höchst be-anspruchenden Verbindungsleistungen von Arbeit und Leben in einem prekären Erfahrungszusammenhang.

- Selbstoptimierung als Zumutung – Hier ist Arbeit künstlerisch-symbolisch stark aufgeladen und in diesem Sinne normativ subjektiviert. Sie erscheint als ein essenzieller Bestandteil der Persönlichkeit, in der die oftmals notwendigen ökonomischen Kompromisse als Beeinträchtigung für die Entfaltung der künstlerisch konnotierten Arbeitsidentität gesehen werden. Im Rahmen des Machbaren wird eine relative Interesselosigkeit gegenüber kommerziellem Erfolg an den Tag gelegt. Spiegelbildlich dazu wird eine marktinduzierte Modellierung als unternehmerisches Selbst als Zumutung erlebt, die es klein zu halten gilt. Nach unserer Einschätzung ist dieses Muster in der Komm.Designbranche stärker verbreitet als in der Modearbeit und wird als Distinktionsmodus gegenüber den Querverbindungen zur Werbebranche praktiziert. Typisch sind Grenzgänge zwischen zwei Feldern, die deren spezifische Logiken miteinander auszusöhnen trachtet: dem Feld der Bildenden Kunst (als das mit höheren, künstlerischen Weihen versehene Ursprungsfeld) und der Designbranche (als marktvermitteltes und vergleichsweises profanes Erwerbsfeld). Investiert wird daher emsig in die Bildung von sozialem Kapital und, wenngleich geringer ausgeprägt, auch in die Steigerung des kulturellen Kapitalstocks in Form von beruflicher Qualifikation. Diese Fallgeschichten sind von einem subjektiv belastenden Spannungsfeld von ökonomischer versus symbolischer Wertschätzung geprägt. In einigen Fällen entwickeln sie sich gar zu einem Kampf am mentalen wie wirtschaftlichen Abgrund. Um sich zu behaupten und die Bedingungen möglichst doch nach den eigenen Interessen zu gestalten, werden hybride Erwerbsformen als Pendelexistenz zwischen unterschiedlichen künstlerisch-kreativen Feldern praktiziert. Unverkennbar handelt es sich dabei um eine Suche nach Wegen, die individuelle Arbeitsmarktlage flexibel und zugleich sicher zu gestalten, ohne das hohe Subjektivierungspotenzial von Arbeit zu unterminieren. Diese Strategie zwischen verschiedenen Erwerbsformen und Feldern zu pendeln, entlastet zwar temporär von den alltäglichen Existenzsorgen. Doch zusammen genommen weckt dieser unstete Status und die damit verquickte ökonomische Prekarität ein Gefühl von wirtschaftlicher Abhängigkeit und von moralischer Entwürdigung. Da es sich indes um eine Strategie handelt, die am liebsten auf zwei Hochzeiten tanzen würde, sind die Investitionsstrategien nicht eindeutig auf ein bestimmtes Feld ausgerichtet. Obgleich nur eine freiberufliche Erwerbsform als Garant für die angestrebte künstlerische Freiheit betrachtet wird, wird diese in der Regel von Free Lancer-Episoden in Design- und/oder Werbe-Agenturen getragen, um wirtschaftliche Sicherheit zu erreichen. Die Übernahme von privaten Sorgepflichten in der Rolle eine_s/r Familienversorger_in scheint aufgrund der labilen Erwerbslage außer Reichweite, aber zumindest ein ökonomisches Hasardspiel zu sein. Prädestiniert ist diese Erwerbslage vielmehr für die Rolle der Zuverdienerin.

- Künstlerkritische Distanzierung vom Feldgeschehen – Hierbei handelt es sich um eine Strategie, die unseres Erachtens im Feld eine Art Randposition bekleidet, aber in der Modebranche aufgrund ihrer stärker künstlerischen Konnotierung etwas verbreiteter zu sein scheint als im Feld Kommunikationsdesign. Die daran geknüpfte, berufliche Identität lässt sich treffend als heterodoxe_r Künstler_in beschreiben. In diesen Fallgeschichten geht es nur bedingt um einen feldspezifischen Professionsanspruch als vielmehr darum, auf einer unkonventionellen Außenseiterrolle zum Feldgeschehen zu bestehen – und daraus ein gewisses Autonomiepotenzial zu schöpfen. Durch diese Fallgeschichten zieht sich ein roter Faden, der sich als zu-friedenes, künstlerisches Selbst beschreiben lässt, dessen Arbeit künstlerisch ver-zaubert erscheint und von einem tiefen Gefühl der Selbstverwirklichung durchzogen ist. Vor dem Hintergrund eines stark ausgeprägten, künstlerischen Handwerkerstol-zes werden ökonomische Verwertungskriterien der eigenen Arbeit recht skeptisch beurteilt. Wichtige Leitplanken dieser künstlerischen Freiheit sind ein subjektivieren-der Rekurs auf die von Boltanski/Chiapello (2003) beschriebene Künstlerkritik, pre-käre Mehrfachbeschäftigungen sowie oftmals eine Existenz in privater Abhängigkeit. Sich auf diese Weise zu den Feldbedingungen zu positionieren, platziert die betref-fenden Fälle indes in eine randständige und ökonomisch prekäre Marktlage. Diese jedoch füllen sie vergleichsweise offensiv aus. Denn in der subjektiven Selbstwahrnehmung wird diese Form der Selbst-Prekarisierung zu einer Praxis der künstlerischen Freiheit aufgewertet. Dementsprechend wird kaum in die Stabilisierung des ökonomischen Status als vielmehr in die Arbeitsmoral eines künstlerischen Selbst investiert. Auch hier ist es indes nicht ohne weiteres möglich, die Art der Arbeit eindeutig und ausschließlich in einem Feld zu verorten, sodass die zunehmende Verflechtung von verschiedenen künstlerisch-kreativen Erwerbsfeldern auch in diesen Fallgeschichten ein großes Thema ist. In Kauf genommen wird hierfür ein ökonomisch abhängiger Status in Form von sporadischen, sozialstaatlichen Unterstützungsleistungen und/oder privaten, ökonomischen Abhängigkeitsverhältnissen.

Eigensinnig sind die diesen Status-Strategien unterliegenden Subjektpositionen schließlich insofern, als sie sich durch eine je spezifische Verknüpfung unterschiedlicher Rationalitäten auszeichnen und individuell äußerst unterschiedliche Ansprüche an Arbeit anmelden. Die zweifelsfrei notwendige, ökonomische Selbst-Disziplinierung beruht daher nicht in erster Linie auf einer marktorientierten Unterwerfung von subjektiven Ideen und Interessen, sondern eher auf handlungsstrategischen Kompromissen sich an die Regeln einer Arbeitswelt anzupassen, die in diesen kommerziell geprägten Feldern nur wenig Raum für eine künstlerisch-symbolische Aufladung des Arbeitsprozesses wie seiner Produkte und Dienstleistungen lassen. Verkürzt erscheint daher die bisweilen anzutreffende Unterstellung, dass das Reich künstlerischer Freiheit in einem neuen Unternehmertum gesucht würde. Vielmehr ist es so, dass künstlerische Ambitionen mitunter einem unternehmerischen Selbstbild untergeordnet werden. Aber eine ideologische Verblendung in diesem Sinne konnte empirisch nicht festgestellt werden. Vielmehr sind die verschiedenen Positionen in ökonomische Wagnisse eingebettet, die zum einen um den Preis von wirtschaftlicher Knappheit an einer normativen Subjektivierung von künstlerisch-kreativer Arbeit festhalten. Zum anderen zeigt sich eine marktorientierte Anpassung an die stummen Bedingungen der Möglichkeiten, die jedoch nicht als schlichtes Exekutiv struktureller Zwänge zu betrachten ist. Sich als Geschäftsmensch bzw. als Unternehmer_in modellieren, beruht vielmehr auf einer sozialen Praktik, die sich ein Stück weit vom Subjektideal des Künstlers distanziert, um mittels dieses Kunstgriffs die Idee von wirtschaftlicher und kultureller Selbstbestimmung zu verwirklichen, ohne sich damit zu einer Magd des Marktes zu machen.

Insofern hierbei unterschiedliche strategische Interessen im Hinblick auf die subjektive Sinnhaftigkeit von Arbeit verfolgt werden, stehen diese auch für einen differenzierten Arbeitsbegriff. Wenn nämlich in der Arbeitssoziologie inzwischen unisono von einem um subjektive Potenziale erweiterten, um einen auch emotional entgrenzten sowie intuitiv unterlegten Arbeitsbegriff ausgegangen wird (vgl. z.B. Böhle 2010), dann muss dieser unstrittigen Diagnose aus hiesiger Perspektive eine zentrale Erkenntnis angefügt werden. Denn wie deutlich wurde, kompensieren die Akteur_innen Status-Unsicherheiten nicht allein mit einem Selbstverwirklichungsdrang, sondern gehen Erwerbsarbeit auch als eine im Kern rationale und zweckgebundene Tätigkeit an, die der Bestreitung des Lebensunterhalts dient.

Um abschließend auf den Punkt zurückzukommen, inwieweit die vorgestellten Subjektpositionen gängigen Deutungsangeboten entsprechen oder sie überschreiten, muss zuvorderst unterstrichen werden, dass die Opfer-, Komplizen- und Unternehmer-These zweifellos auch für sich genommen eine gewisse Erklärungskraft besitzen. In je unterschiedlicher Weise bieten alle drei einen wichtigen heuristischen Rahmen für die Analyse von künstlerisch-kreativer Arbeit im arbeitsgesellschaftlichen Wandel, insbesondere um Herrschaftsaspekte des flexiblen Kapitalismus nicht aus den Augen zu verlieren. Dennoch eignen sich die als Opfer-Komplizen-Unternehmer-Zugriff identifizierten Ansätze nur bedingt als Ratgeber für die empirische Analyse. Zu viele Differenzierungen und auch Widersprüchlichkeiten bleiben im Ergebnis ausgeblendet. Wie deutlich wurde, lässt sich deren theoretisch jeweils recht eindeutiger Deutungsrahmen empirisch nicht halten, um die handlungsstrategischen Auseinandersetzungen der Akteur_innen mit den feldspezifischen Bedingungen sowie deren Subjektpositionen auf den Begriff zu bringen. Mehr noch, meines Erachtens verstellt deren explizite Theoretisierung die soziale Wirklichkeit eher, als dass sie sie hinreichend differenziert und in ihrer praktischen Widersprüchlichkeit aufschließen würde.

Zumindest, wenn die Beobachtung zutrifft, dass sich sozialer Wandel immer auch dort vollzieht, wo die »eben nicht lückenlos flexibel-kapitalistisch programmierten und programmierbaren« (Lessenich 2009: 291) Subjekte sich bewegen – in ihrer alltäglichen Praxis der Lebensführung, dann muss der analytische Zugriff auch Verwerfungen, Ambivalenzen und Uneindeutigkeiten erfassen können, um prozesshafte Widersprüchlichkeiten und Kontingenzen von strukturellen Macht- und Ungleichheitsverhältnissen heraus zu arbeiten.

## 10.4 Ausblick: Herausforderungen für Arbeits- und Ungleichheitssoziologie

Die vorangegangenen Ausführungen ordnen sich schließlich in gewisser Weise in einen soziologischen Diskussionskontext ein, der wieder stärker von dem Bemühen getragen ist, Gesellschaftskritik um nicht zu sagen Kapitalismuskritik zu leisten (vgl. exemplarisch Dörre/Lessenich/Rosa 2009; Aulenbacher/Riegraf/Vöker 2015).

Versteht man Kapitalismuskritik mit Aulenbacher/Riegraf/Völker (2015) als ein komplexes theoretisches Unterfangen, in dessen Zentrum a) die Analyse von Kapitalismus als Herrschaftszusammenhang steht, b) das die Analyse von Arbeit und damit verbundene soziale Ungleichheiten einschließt, die immer auch wohlfahrtsstaatliche Fragen umfassen und c) es um eine Perspektive geht, die Kapitalismus nicht als gegebenen Strukturzusammenhang, sondern als »eine Gesellschaft in Bewegung« (ebd.: 10) begreift und sozialen Wandel aus einer praxistheoretischen Perspektive fasst, so kann es keinen Zweifel daran geben, dass die Analyse von Kapitalismus als Herrschaftszusammenhang – auch als gouvernementales Regierungsprogramm – unerlässlich ist und bleiben wird. Jedoch ist die hier gewählte Vorgehensweise einer praxistheoretischen Feldstudie geeigneter um zu erschließen, wie sich die einzelnen sozialen Gruppen in einem konkreten sozialen Feld und somit in den sozialen und ökonomischen Verhältnissen positionieren – sie dadurch reifizieren oder modifizieren; jedenfalls immer wieder neu hervor bringen und dadurch den Konnex von Reproduktion und Wandel gesellschaftlicher Macht-, Ungleichheits- und Herrschaftsstrukturen als ein sozial bewegliches Verhältnis markieren.

Was hierzu gehört, wurde in der Einleitung als möglicher soziologischer Mut beschrieben, apriorische Definitionen und Begriffe, aber auch Selbstgewissheiten auf Seiten der Forscher_innen aufs Spiel zu setzen; sie jedenfalls nicht zugunsten eindeutiger theoretischer Rahmen aufrechtzuerhalten. Darauf möchte ich im Folgenden zurückkommen.

Um den Blick auch für die Widersprüchlichkeiten von sozialen Praktiken zu öffnen, wurde hier eine praxistheoretische Lesart von Foucaults Konzept der Entunterwerfung entwickelt und mit einer von Bourdieu angeleiteten Auffassung von praktischen Kämpfen als Ausgangspunkt einer Analyse von künstlerisch-kreativer Status-Arbeit verbunden. Mit diesem Zugriff wurde es möglich, die Schwachstellen beider Theorieansätze zu überschreiten – Foucaults idealistisch geprägten Praxisbegriff und Bourdieus strukturtheoretischen Überschuss, der sich auch im Habitus-Konzept Bahn bricht. Im Mittelpunkt standen also keine philosophisch konditionierten Haltungsfragen und nur bedingt die Frage, wie sich Macht- und Herrschaftsverhältnisse durch habitualisierte Wahrnehmungs-, Deutungs- und Klassifikationsmuster reproduzieren. Vornehmlich richtete diese Studie das Augenmerk auf die Verstricktheit von praktischen Sinnsetzungen und Subjektpositionen in künstlerisch-kreativen Erwerbsfeldern mit ihren strukturellen Bedingungskonstellationen, um deren soziale Dynamiken, Wechselwirkungen, aber auch ihre Friktionen aus einer Perspektive mittlerer Reichweite herauszuarbeiten. Oder um es in der oben angebotenen Systematik von Kapitalismuskritik auszudrücken: Hier stand eine ungleichheitssoziologische Analyse von künstlerisch-kreativen Arbeits- und Sozialverhältnissen unter der Annahme zur Diskussion, dass es sich dabei nicht um eine festgefügte, strukturelle oder ideologische Ordnung handelt, sondern um sozial bewegliche Verhältnisse, deren Charakter und Entwicklungsrichtung aus einer feldsoziologischen Perspektive beobachtet wurde.

Plädiert wird abschließend in diesem Zusammenhang dafür, auch in praxistheoretischen, an Bourdieu geschärften ungleichheits- und arbeitssoziologischen Analysen den subjektiven Eigensinn noch stärker zu berücksichtigen. Bei der Rede vom subjektiven Eigensinn handelt es sich im Grunde um einen alten Hut. Sie wurzelt in den 1980er Jahren und einer marxistisch inspirierten Erforschung von Arbeiterbewusstsein, fristete lange jedoch ein Schattendasein (vgl. Lüdtke 1993; Negt/Kluge 1981/1993). In den vergangen Jahren erlebt die soziologische Suche nach einem subjektiven Eigensinn in mehr oder weniger explizierter Form zwar eine Renaissance (vgl. Graefe 2010; Lohr 2010; Nickel/Hüning/Frey/Braun 2008). Dennoch scheint es nicht übertrieben zu behaupten, dass die Kategorie »Eigensinn« in den jüngeren und einschlägig kapitalismuskritischen Diskussionen weitgehend abgemeldet war. Eine mögliche Erklärung hierfür ist, dass sie mit einerseits den eher strukturdominanten Prekaritäts-Diagnosen und andererseits mit einer disziplinartheoretischen Deutung von Foucaults Gouvernementalitätsstudien sowie mit der förmlich alles überragenden These vom neuen Geist des Kapitalismus nicht kompatibel ist.

Diesen Hut vom subjektiven Eigensinn gilt es nach meinem Dafürhalten wieder aufzusetzen, allerdings in revidierter Fassung. Während man zum einen »Eigensinn« im Kern als eine Kategorie subjektiv sinnhaften Handelns verstehen kann (Lohr 2010), bei der es zum anderen »immer auch um die Rekonstruktion der Möglichkeiten und Grenzen von Arbeiterpolitik« geht (Lindenberger 2014: 8), zielt der hier verwandte Begriff von »Entunterwerfung« eher auf einen praktischen Sinn ab, wird also praxistheoretisch gedeutet und dient dazu, Friktionen und Kompromisse des praktischen Handelns in einem Erwerbsfeld offenzulegen, das deutlich entfernt ist von »Arbeiterpolitik«. Um unterdessen den Möglichkeiten und Grenzen von Entunterwerfung und daher der Spannung von Unter- und Entunterwerfung auf die Spur kommen wurde es hier als unabdingbar erachtet, sich auf die Erfahrungen der Einzelnen, auf deren uneindeutige Alltagswirklichkeiten einzulassen.

Allerdings sollte mit dem praxistheoretischen Rekurs auf Foucaults Konzept der Entunterwerfung und der damit vorgenommenen theoretischen Perspektiverweiterung keine exakte Definition geliefert, sondern ein klassischer soziologischer Fragehorizont weitergeführt und jener flexible Kapitalismus, den die Soziologie inzwischen auch hierzulande wieder beim Namen nennt, als praktisch umkämpftes Arbeits- und Sozialverhältnis perspektiviert werden. Denn »dass Individuen nicht immer normkonform agieren, sich vielmehr Freiräume suchen, Zumutungen entziehen und bisweilen soziologisch nicht ad hoc Erklärbares tun« (Graefe 2010: 289), dass sie also nicht in gesellschaftlichen Strukturen und Normen aufgehen, ist eine Beobachtung, die die Soziologie von Beginn an begleitet, da das gesellschaftliche Zusammenleben kein Laborprozess mit berechenbaren Parametern ist. Insofern ist festzuhalten, dass Entunterwerfung nicht deshalb ein soziologisch »beunruhigendes Problem« (ebd.: 291) ist, weil damit die Tatsache benannt wird, dass Individuen nicht mit gesellschaftlichen Strukturen identisch sind. Das sollte im Kern unstrittig sein. Vielmehr stellt sich insbesondere die Frage, wie man – ohne einem strukturblinden Voluntarismus zu verfallen – Entunterwerfung als soziologische Kategorie einholen kann, wenn man – wie hier (in Anlehnung an Foucault; vgl. Kap. 3) – davon ausgeht, dass das autonome Subjekt eine Art bewusstseinsphilosophische Fiktion ist. Insofern wurden in dieser Studie Entunterwerfungs-Strategien als Ausdruck von gesellschaftlich begrenzten, subjektiven Interessen und Ideen beobachtet.

Um den Begriff der Entunterwerfung nicht an ein (ohnehin nur vermeintlich) autonomes oder (dispositives) kreatives Subjekt zu koppeln, wurde er hier als eine konkrete, situativ gebundene soziale Praxis gefasst. Insofern sind hier Handlungsfähigkeit und Entunterwerfung heuristisch auseinander zu halten. Denn auch Kreative als Komplizen des Kapitalismus sind handlungsfähig, wenngleich nur im Sinne eines Kreativitätsdispositivs. Und obgleich aus einer dispositiven Perspektive der äußere Anschein zunächst eine Kongruenz von ideologischem Sinn und individueller Sinnzuschreibung nahezulegen scheint, wie etwa die Komplizen-These suggeriert, sind sie nicht identisch. Zwischen beiden findet vielmehr eine permanente Vermittlung statt, deren Resultat nie endgültig sein kann, sondern beständig ein sozialer Reibungsprozess bleibt. Entunterwerfung als konkrete soziale Praxis zu verstehen, die sich aus dem alltäglichen Erfahrungshorizont in ein spezifisches Praxis-Repertoire übersetzt, meint also keine allgemeine Handlungsfähigkeit eines spezifischen Subjekts. Zugleich ist Entunterwerfung keine diffuse Praxis. Sie ist eine mögliche Antwort auf erfahrene Verunsicherungen oder Irritationen, in deren Verlauf sich die Menschen mit ihren Interessen und Ideen sowie auf der Basis ihrer Erfahrungen von feldspezifischen Gegebenheiten, aber auch feldübergreifenden Konditionen ins Verhältnis zur sozialen Welt setzen – und dies in dem analysierten sozialen Feld in die empirische Gestalt einer hybriden Status-Arbeit kleiden. Entunterwerfung ist folglich unmittelbar verknüpft mit einer individuellen, erfahrungsbasierten Aneignung der Welt, in deren Verlauf die Individuen respektive sozialen Gruppen auch Handlungsstrategien jenseits formulierter Erwartungen sowie vorgegebener Strukturen und Logiken ausbilden *können*. Entunterwerfung *kann* eine störrische oder ablehnende Haltung gegen Vereinnahmungen und Aktivierungsversuche »von oben« sein und sich, wie Bröckling (2007) treffend formuliert, »in Gestalt von Gegenbewegungen, Trägheitsmomenten und Neutralisierungstechniken (ebd.: 40) äußern. Entunterwerfung kann somit in politischen Protesten münden, wie sie beispielsweise an der Euro-MayDay-Bewegung, aber auch am Beispiel kleinerer Protestaktionen analysiert werden (vgl. Lorey 2010; Bröckling 2013c; Marchart 2013a,b). Entunterwerfung ist aber nicht an politischen Protest gebunden.

In dieser Studie wurde sich dafür entschieden, die eher alltäglichen Kollisionen, Ungereimtheiten und Gelegenheitsstrukturen soziologisch zu rekonstruieren, die sich aus einer Feldstudie erschließen lassen. Also die Konzessionen und Kompromisse der alltäglichen Arbeitspraxis herauszuarbeiten und theoretisch zugänglich zu machen. Um Entunterwerfung weitergehend zu beleuchten, wurde sie entsprechend einer praxeologisch integrierten Perspektive von Künstler- und Sozialkritik in zwei Ebenen aufgeschlüsselt (vgl. Kap. 2.5, 3). Zum einen ging es um die *Sinnfrage* von künstlerisch-kreativer Arbeit und somit um ihren Subjektivierungsgehalt im Spannungsfeld von kultureller Sinnstiftung und ökonomischem Existenzerhalt. Zum anderen ging es um die *soziale Frage* in künstlerisch-kreativen Erwerbsfeldern, insofern um deren Prekarisierungspotenzial und wie dieses von den Akteur_innen erfahren und in ihren Positionierungsstrategien verarbeitet wird. Deutlich wurde hierbei, dass sich in der alltäglichen Arbeitspraxis sowie in der praktischen Kombination von Arbeit und Leben aus der Spannung zwischen Subjektivierungsanspruch an Arbeit und den Bedingungen der Möglichkeit Friktionen und Widersprüche einstellen, die die Individuen nach Maßgabe des habituell Machbaren zusammen fügen, sich insofern darum bemühen, diese Widersprüche auszuhalten. Eben hierin liegt die Quelle habitueller Irritationen. Sie zeigen, dass gegebene Strukturen und gesellschaftliche Konstellationen in Situationen hoher Dynamik und Widersprüchlichkeit einen Teil ihrer Bindungskraft einbüßen. Ja, sie verändern ihre Form, ohne dass sie als sozialer Platzanweiser irrelevant würden.

Unter diesen Bedingungen will Entunterwerfung insoweit auf die Realisation von subjektiven Interessen hinaus, als die Einzelnen die Arbeits- und Produktionsbedingungen legitimieren, problematisieren oder in Frage stellen und sich auf diese Weise zu den Möglichkeitsbedingungen im Feld positionieren. Das hat aber nicht notwendigerweise etwas mit einer reflexiven, vernünftigen Auseinandersetzung zu tun, sondern wurde hier eher als eine Unfügsamkeit übersetzt, die sich gewissermaßen einfach so abspielt – und die selbstverständlich dennoch interessegeleitet ist. Insofern liegt der so verstandene Eigensinn der analysierten Status- und Stellungskämpfe darin, dass sie mehr sind als eine bloß handlungsfähige Antwort auf Macht- und Herrschaftsformate. Die Statuskämpfe der Akteur_innen erklären sich nicht aus unveränderlich feststehenden Interessen. Ihre Positionssuche begründet sich vielmehr im Kontext einer spezifischen Situation, im Rahmen des habituell Machbaren und im Zusammenhang mit gesellschaftlich sedimentierten sowie aktuell gemachten Erfahrungen. So kann es bei der Analyse von Entunterwerfungsstrategien nicht um eine sozialromantische Überhöhung von individuellen Gestaltungs-

## 10. Hybride Status-Arbeit

optionen gehen. Vielmehr ist es ihr Anliegen die irritierende Gegenläufigkeit von Unterwerfung und Entunterwerfung aus einer Perspektive der theoretischen Offenheit für empirische Prozesse zu beobachten und vermeintlich widersprüchliche Subjektpositionen nicht vorschnell als herrschaftsstabilisierend zu deuten, sondern deren Ambivalenzen durchzubuchstabieren.

Vor diesem theoretischen Hintergrund können nun fünf Aspekte geltend gemacht werden, um entunterwerfende Handlungsstrategien zu charakterisieren.

1. Sie sind erfahrungsgeleitete soziale Praktiken, aber keine im eigentlichen Sinn philosophisch konditionierte Haltung.
2. Sie sind situativ gebunden, d.h. auf einer praktischen Ebene, nämlich zeitlich und räumlich mit der sozialen Welt verwoben.
3. Sie sind eigenwillig, weil sie scheinbar widersprüchliche, jedoch situativ angepasste Antworten auf strukturelle Zumutungen finden.
4. Sie sind nicht notwendigerweise identisch mit Opposition oder explizit gemachtem, sozialen Protest, sondern zielen auf die Erschließung von feldspezifischen Gestaltungsoptionen.
5. Sie sind insgesamt eine dynamische Nebenfolge und insofern Bestandteil geltender Macht- und Herrschaftsbeziehungen, stehen daher für eine möglicherweise irritierende Gegenläufigkeit von Unterwerfung und Entunterwerfung, in der sich die Widersprüchlichkeit und soziale Wandlungsfähigkeit von Erfahrungszusammenhängen zeigt.

Was können wir abschließend festhalten? Ein zentraler zeitdiagnostischer Befund dieser Studie ist, dass sich die Institution Arbeit weiter entgrenzt und dass dies auch Folgen für die Status-Strategien der Individuen hat. Ausgerechnet in den als wirtschaftliche und kulturelle Lokomotive annoncierten künstlerisch-kreativen Erwerbsfeldern hat ein dynamischer Status der sozialen Unschärfe Einzug gehalten, dessen strategische Bearbeitung oben als hybride Statusarbeit dargelegt wurde. Es handelt sich hierbei um ein Phänomen, das sowohl ungleichheitssoziologische Gewissheiten als auch arbeits- und industriesoziologische Denkbestände herausfordert. Denn was sich in der Tat als ein zukuftsweisendes Muster der Arbeitswelt heraus stellen könnte, sind die analysierten, hybriden Konstellationen im gesellschaftlichen Feld der Arbeit. Dieses Problem erschöpft sich nach Lage der Dinge nicht in altbekannten Status-Inkonsistenzen. In den untersuchten Status-Flexibilisierungen reproduzieren sich vielmehr alte Ungleichheitsrelationen in neuer Weise. Sie zeugen von nachlassenden sozialen Aufstiegs- und Teilhabemöglichkeiten und damit von einer Rückkehr der sozialen Ungleichheit in gesellschaftliche Zonen, die insofern von Menger (2006) in gewisser Weise zurecht ein Experimentierfeld der Flexibilisierung von Arbeit und Leben genannt wurden.

So hat sich aus einer Perspektive mittlerer Reichweite der soziale Raum des Möglichen in Feldern künstlerisch-kreativer Arbeit seit den 1960er Jahren mehrfach strukturprägend verändert. Spätestens seit den 1990er Jahren zeigen sich auf erwerbswirtschaftlicher Ebene soziale Ent-Sicherungsprozesse, die aus einer Deregulierung und Privatisierung von Arbeit sowohl im öffentlich geförderten wie im privatwirtschaftlichen Bereich resultieren. Flankiert und teilweise überlagert wird dieser Prozess von einem auf die relative Umstellung von Mentalitäten und Milieus zurückgehenden Erwerbstätigenzuwachs. Auf wohlfahrtsstaatlicher Ebene werden die seit den 1970er Jahren gewachsenen sozialen Absicherungsinstitutionen konterkariert von einer Angebotspolitik für den ›defizitären‹ Unternehmer. Auf moralisch-ideeller Ebene müssen sich die Akteur_innen in einem sozial unsicheren und zunehmend ökonomisch prekären Spannungsfeld von künstlerisch-kreativer Arbeit als kulturelle Sinnstiftung versus ökonomische Existenzsicherung behaupten.

Zugespitzt ließe sich der analysierte Strukturwandel von künstlerisch-kreativer Arbeit in Anlehnung an Klaus Dörre (2009a) als eine Art kapitalistische Landnahme im Wechselspiel von wirtschaftlichen und politischen Regierungsweisen bezeichnen, die durch die analysierten Subjektpositionen teils gestützt, teils aber auch angezweifelt werden. Aufgrund der hier dargelegten Forschungsperspektive erscheint es jedoch realistischer, diesen neuen Geist des Kapitalismus als ein spezifisch umkämpftes Sozialverhältnis zwischen Selbstverwirklichung und sozialer Sicherheit zu markieren, dessen Selbstverhältnisse und Subjektpositionen sich auf Ebene der sozialen Praxis allerdings als widersprüchlich darstellen. Sie geben kaum Anlass zu denken, dass subjektive Interessen und Ideen im Sinne eines homo oeconomicus mit äußeren Anforderungen übereinstimmen oder dass sie hilflos in den Netzen des flexiblen Kapitalismus zappeln würden. Akteur_innen künstlerisch-kreativer Erwerbsfelder arbeiten sich mit den verschiedensten Strategien vielmehr daran ab und setzen sich dazu ins Verhältnis. Mehr noch zeigt sich aus der hier zugrunde gelegten, praxistheoretischen Perspektive, dass sie bisweilen Entunterwerfungsstrategien an den Tag legen und dass deren praktische Kämpfe vor allem darauf hinweisen, dass die Frage einer (neoliberalen) Durchökonomisierung der Gesellschaft noch keineswegs abschließend beantwortet, sondern durchaus umkämpft ist und täglich neu verhandelt wird.

Wenn zu Beginn dieser Arbeit die Musikformation »Deichkind« mit ihrem die gängigen, neoliberalen Subjektappelle ironisierenden Song »Denken Sie groß« vorangestellt wurde, lässt sich daraus am Ende dieser Studie folgender Schluss ziehen: Denken Sie »klein« im Großen und Ganzen – d.h. in praktischen Widersprüchen und Ambivalenzen, die sich freilich ohne eine Analyse der sozioökonomischen und wohlfahrtsstaatlichen Rahmen- und Feldbedingungen nicht erschließen lassen. Nichtsdestoweniger sind es vor allem die feinen Nuancen und häufig denkbar uneindeutigen, widersprüchlichen und situativen Praktiken, die uns Aufschluss darüber geben, wie sich die Menschen im flexiblen Kapitalismus einrichten – und diesen als einen lebendigen Struktur- und Praxiszusammenhang erfahren und prägen.

# Literatur

Abbing, Hans (2002): Why are Artists poor? The Exceptional Economy of the Arts. Amsterdam: Amsterdam University Press.
Abel, Jörg/Hirsch-Kreinsen, Hartmut/Ittermann, Peter (2009): Einfacharbeit in der Industrie. Status quo und Entwicklungsperspektiven. Soziologisches Arbeitspapier Nr. 24/2009. TU-Dortmund.
Abel, Jörg/Ittermann, Peter (2006): Beschäftigtenpartizipation in Neue Medien-Unternehmen. In: Artus, I./Böhm, S./Lücking, S./Trinczek, R. (Hg.): Betriebe ohne Betriebsrat – Informelle Interessenvertretung in Unternehmen. Frankfurt/New York: Campus, S. 197-221.
Adorno, Theodor/Horkheimer, Max (1969): Dialektik der Aufklärung. Philosophische Fragmente. Frankfurt a.M.: Fischer.
AGD – Alliance of German Designers, Allianz deutscher Designer (2006): AGD Vergütungstarifvertrag Design (AGD/SDSt). Braunschweig.
Allmendinger, Jutta/Nikolai, Rita (2006): Bildung und Herkunft. In: Aus Politik und Zeitgeschichte (APuZ) B 44-45, S. 32-38.
Amacker, Michèle (2011): »Da haben wir wenig Spielraum« – Familienernährerinnen in prekären Lebenslagen. In: WSI-Mitteilungen (64) 8, S. 409-415.
Amacker, Michèle/Völker, Susanne (Hg.) (i.E.): Prekarisierungen. Arbeit, Sorge, Politik. Beltz: Juventa.
Apitzsch, Birgit (2010): Flexible Beschäftigung, neue Abhängigkeiten. Projektarbeitsmärkte und ihre Auswirkungen auf Lebensverläufe. Frankfurt/New York: Campus.
Apitzsch, Birgit/Schiek, Daniela (2013): Doing Work. Atypische Arbeit in der Film- und der Automobilbranche im Vergleich. In: Berliner Journal für Soziologie (23) 2, S. 181-204.
Arbeitsgemeinschaft Kulturwirtschaft NRW (2002): 4. Kulturwirtschaftsbericht NRW. Dortmund, Witten, Bonn. Im Auftrag des Ministeriums für Wirtschaft und Mittelstand, Energie und Verkehr des Landes Nordrhein-Westfalen.
Arbeitsgemeinschaft Kulturwirtschaft Sachsen (2008): Kulturwirtschaftsbericht 2008. Unter:www.creative.nrw.de/fileadmin/files/downloads/Pu-

blikationen/kulturwirtschaftsbericht_sachsen.pdf (zuletzt abgerufen am 31.03.2011).
Arendt, Hannah (1999/1967): Vita activa oder vom tätigen Leben. München/Zürich: Piper.
Atkinson, Paul et al. (2007/2001) (Hg.): Handbook of Ethnography. London: Sage.
Aulenbacher, Brigitte (2001): Die »zweite Moderne«, ein herrenloses Konstrukt – Reichweite und Grenzen modernisierungstheoretischer Zeitdiagnosen. In: Knapp, G.-A./Wetterer, A. (Hg.): Soziale Verortung der Geschlechter. Gesellschaftstheorie und feministische Kritik. Münster: Westfälisches Dampfboot, S. 188-224.
Aulenbacher, Brigitte (2009): Die soziale Frage neu gestellt – Gesellschaftsanalysen der Prekarisierungs- und Geschlechterforschung. In: Castel, R./Dörre, K. (Hg.): Prekarität, Abstieg, Ausgrenzung. Die soziale Frage am Beginn des 21. Jahrhunderts. Frankfurt/New York: Campus, S. 65-80.
Aulenbacher, Brigitte (2010): Rationalisierung und der Wandel von Erwerbsarbeit aus der Genderperspektive. In: Böhle, F./Voß, G. G./Wachtler, G. (Hg.): Handbuch Arbeitssoziologie. Wiesbaden: VS, S. 301-330.
Aulenbacher, Brigitte/Riegraf, Birgit/Völker, Susanne (2015): Feministische Kapitalismuskritik. Reihe Einstiege. Münster: Westfälisches Dampfboot.
Baethge, Martin (1994): Arbeit und Identität. In: Beck, U./Beck-Gernsheim, E. (Hg.): Riskante Freiheiten. Frankfurt a.M.: Suhrkamp, S. 245-264.
Baethge, Martin (2000): Der unendlich langsame Abschied vom Industrialismus und die Zukunft der Dienstleistungsbeschäftigung. WSI-Mitteilungen (53) 3, S. 149-156.
Baethge, Martin (2001): Abschied vom Industrialismus. In: Ders./Wilkens, Ingrid (Hg.): Die große Hoffnung für das 21. Jahrhundert? Perspektiven und Strategien für die Entwicklung der Dienstleistungsbeschäftigung. Opladen: Leske+Budrich, S. 23-44.
Barbieri, Paolo (2003): Social capital and self-employment. In: International Sociology 18 (4), S. 681-701.
Barlösius, Eva (2004): Kämpfe um soziale Ungleichheit. Machttheoretische Perspektiven. Wiesbaden: VS.
Bartelheimer, Peter (2009): Warum Erwerbsausschluss kein Zustand ist. In: Castel, R./Dörre, K. (Hg.): Prekarität, Abstieg, Ausgrenzung. Die soziale Frage am Beginn des 21. Jahrhunderts. Frankfurt/New York: Campus, S. 131-144.
Bartelheimer, Peter (2011): Unsichere Erwerbsbeteiligung und Prekarität. In: WSI-Mitteilungen (64) 8, S. 386-393.
Baukrowitz, Andrea/Boes, Andreas (2002): Die Zukunft betrieblicher und gewerkschaftlicher Interessenvertretung in modernen Unternehmensstruk-

turen. In: K. Kock/M. Kurth (Hg.): Arbeiten in der New Economy – Beiträge aus der Forschung, Dortmund.

BDG (2012): Honorar- und Gehaltsreport. Berufsverband der Deutschen Kommunikationsdesigner e. V., Berlin.

Beck, Ulrich (1983): Jenseits von Stand und Klasse? Soziale Ungleichheiten, gesellschaftliche Individualisierungsprozesse und die Entstehung neuer sozialer Formationen und Identitäten. In: Kreckel, R. (Hg.): Soziale Ungleichheiten. Soziale Welt, Sonderband 2, Göttingen, S. 35-74.

Beck, Ulrich (1986): Risikogesellschaft. Auf dem Weg in eine andere Moderne. Frankfurt a.M.: Suhrkamp.

Becker, Howard S. (1982): Art Worlds. Berkeley/Los Angeles: University of California Press.

Beckert, Jens (1997): Grenzen des Marktes. Die sozialen Grundlagen wirtschaftlicherEffizienz. Reihe Theorie und Gesellschaft. Frankfurt/New York: Campus.

Becker-Schmidt, Regina/Knapp, Gudrun-Axeli (2000): Feministische Theorien zur Einführung. Hamburg: Junius.

Beckert, Jens/Diaz-Bone, Rainer/Ganßmann, Heiner (2007) (Hg.): Märkte als soziale Strukturen. Frankfurt/New York: Campus.

Beckert, Jens/Diaz-Bone, Rainer/Ganßmann, Heiner (2007): Einleitung: Neue Perspektiven für die Marktsoziologie. In: Beckert, J./Diaz-Bone, R./Ganßmann, H. (Hg.): Märkte als soziale Strukturen. Frankfurt/New York: Campus, S. 19-42.

Beckert, Jens/Rössel, Jörg (2004): Kunst und Preise: Reputation als Mechanismus der Reduktion von Ungewissheit am Kunstmarkt. In: Kölner Zeitschrift für Soziologie und Sozialpsychologie 56 (1), S. 32-50.

Beck-Gernsheim, Elisabeth/Ostner, Ilona (1978): Frauen verändern – Berufe nicht? Ein theoretischer Ansatz zur Problematik ›Frau und Beruf‹. In: Soziale Welt (29) 3, S. 257-287.

Behrend, Clara/Lorenz, Tim (2011): Coworking. Motivation und Kennzeichen der Arbeit. Unveröffentlichte Projektarbeit an der Humboldt-Universität zu Berlin, Institut für Sozialwissenschaften, Berlin.

Benjamin, Walter (1936): Das Kunstwerk im Zeitalter seiner technischen Reproduzierbarkeit. In: Tiedemann, R./Schweppenhäuser, H. (1989) (Hg.): Benjamin, W: Gesammelte Schriften Band VII, Werkausgabe Bd 1. Frankfurt a.M.: Suhrkamp, S. 350-384.

Berger, Angela (2011a): Die unwillkommene Generation zieht aus und macht sich selbständig. Die klassische Bekleidungsbranche und die junge kreative Modedesignszene – Entkopplung auf struktureller, verbandlicher sowie ausbildungs- und arbeitsmarktlicher Ebene. Unveröffentlichte Hausarbeit. Seminar: Arbeit in der Designwirtschaft. Institut für Sozialwissenschaften, HU Berlin.

Berger, Angela (2011b): Arbeitsbedingungen und soziale Absicherung in der kreativwirtschaftlichen Modebranche. Erste Näherung. Unveröffentlichte Hausarbeit an der Humboldt-Universität zu Berlin, Institut für Sozialwissenschaften. Berlin.

Berger, Peter A. (2009/1987): Klassen und Klassifikationen. Zur ›neuen Unübersichtlichkeit‹ in der soziologischen Ungleichheitsdiskussion. In: Solga, H./Berger, P.A./Powell, J. (Hg.): Soziale Ungleichheit. Klassische Texte zur Sozialstrukturanalyse. Frankfurt/New York: Campus, S. 359-374.

Berger, Peter A./Weiß, Anja (2008) (Hg.): Transnationalisierung und soziale Ungleichheit. Wiesbaden: VS.

Bergner, Elisabeth (2002): Ich war da – Überlegungen zur Authentizität von Daten teilnehmender Beobachtung. In: Schaeffer, D./Müller-Mundt, G. (Hg.): Qualitative Gesundheits- und Pflegeforschung. Bern/Göttingen/Toronto/Seattle: Huber, S. 375-392.

Bertschek, Irene et al. (2014): Monitoring zu ausgewählten wirtschaftlichen Eckdaten der Kultur- und Kreativwirtschaft 2012, hg. vom Bundesministerium für Wirtschaft und Energie (BMWi) Öffentlichkeitsarbeit, Berlin.

Betzelt, Sigrid (2006): Flexible Wissensarbeit: AlleindienstleisterInnen zwischen Privileg und Prekarität. ZeS-Arbeitspapier 3/2006, Zentrum für Sozialpolitik, Universität Bremen.

Betzelt, Sigrid/Fachinger, Uwe (2004): Jenseits des »Normalunternehmers«: selbständige Erwerbsformen und ihre soziale Absicherung. In: Zeitschrift für Sozialreform 50 (3), S. 312-343.

Betzelt, Sigrid/Gottschall, Karin (2005): Flexible Bindungen – prekäre Balancen. Ein neues Erwerbsmuster bei hochqualifizierten Alleindienstleistern. In: Kronauer, M./Linne, G. (Hg.): Flexicurity. Die Suche nach Sicherheit in der Flexibilität. Berlin: edition sigma, S. 275-294.

Bhabha, Homi K. (2000). Die Verortung der Kultur. Tübingen: Stauffenburg.

Bieback, Karl-Jürgen (2012): Kreativwirtschaft und die Absicherung des Risikos Krankheit in einer Erwerbstätigen-/Bürgerversicherung. In: Soziale Sicherung für Soloselbstständige in der Kreativwirtschaft, Kurzexpertisen im Auftrag der Abteilung Wirtschafts- und Sozialpolitik der Friedrich-Ebert-Stiftung, Bonn, S. 27-38.

Birenheide, Almut (2008): Herr und Knecht – die Ambivalenzen der Selbstunternehmung. In: Leviathan 36 (2), S. 274-291.

Bismarck, Beatrice von/Kaufmann, Thesere/Wuggenig, Ulf (Hg.): Nach Bourdieu: Visualität, Kunst, Politik. Wien: Turia und Kant.

BMWi-Bericht (2009): siehe: Söndermann (2009a).

BMWi-Monitoringbericht (2010): siehe Söndermann (2010).

BMWi-Monitoringbericht (2012): siehe Bertschek et al. (2014).

BMWi Existenzgründungsportal (2011): www.existenzgruender.de/selbstaendigkeit/ (zuletzt abgerufen am 14.09.2011).

Böhnke, Petra (2010): Hoher Flug, tiefer fall? Abstiege aus der gesellschaftlichen Mitte und ihre Folgen für das subjektive Wohlbefinden. In: Burzan, N./Berger, P.A. (Hg.): Dynamiken (in) der gesellschaftlichen Mitte. Wiesbaden: VS, S. 231-248.

Boes, Andreas/Baukrowitz, Andrea (2002): Arbeitsbeziehungen in der IT-Industrie Erosion oder Innovation der Mitbestimmung? Berlin: edition sigma.

Boes, Andreas/Trinks, Katrin (2006): »Theoretisch bin ich frei« – Interessenhandeln und Mitbestimmung in der IT- Industrie. Berlin: edition sigma.

Bögenhold, Dieter (1985): Die Selbständigen. Zur Soziologie dezentraler Produktion. Frankfurt a.M.: Campus.

Bögenhold, Dieter (2003): Wirtschaftliches Handeln als Sport? Zur Rationalität des Unternehmerbildes bei Joseph A. Schumpeter. In: Walterscheid, K. (Hg.): Entrepreneurship in Forschung und Lehre. Festschrift für Klaus Anderseck, Frankfurt: Peter Lang, S. 3-18.

Bögenhold, Dieter/Fachinger, Uwe (2010): Mikro-Selbständigkeit und Restrukturierung des Arbeitsmarktes. Theoretische und empirische Aspekte zur Entwicklung des Unternehmertums. In: Bührmann, A.D./Pongratz, H.J.(Hg.): Prekäres Unternehmertum. Unsicherheiten von selbstständiger Erwerbstätigkeit und Unternehmensgründung. Wirtschaft und Gesellschaft. Wiesbaden: VS, S. 65-86.

Bögenhold, Dieter/Fachinger, Uwe (2012): Neue Selbständigkeit. Wandel und Differenzierung der Erwerbstätigkeit. Expertise im Auftrag der Abteilung Wirtschafts- und Sozialpolitik der Friedrich-Ebert-Stiftung.

Bögenhold, Dieter/Leicht, René (2000): Neue Selbständigkeit und Entrepreneurship: Moderne Vokabeln und damit verbundene Hoffnungen und Irrtümer. WSI-Mitteilungen, 53 (12), S. 779 -787.

Böhle, Fritz (2010a): Arbeit als Handeln. In: Böhle, F./Voß, G. G./Wachtler, G. (Hg.) (2010): Handbuch Arbeitssoziologie. Wiesbaden: VS, S. 151-176.

Böhle, Fritz (2010b): Neue Anforderungen an die Arbeitswelt – neue Anforderungen an das Subjekt. In: Keupp, H./Dill, H. (Hg.): Erschöpfende Arbeit. Gesundheit und Prävention in der flexiblen Arbeitswelt. Bielfeld: transcript, S. 77-96.

Böhle, Fritz/Voß, G. Günter/Wachtler, Günther (Hg.) (2010): Handbuch Arbeitssoziologie. Wiesbaden: VS.

Bogusz, Tanja (2010): Zur Aktualität von Luc Boltanski. Wiesbaden: VS.

Boltanski, Luc/Chiapello, Eve (2003): Der neue Geist des Kapitalismus. Konstanz: UVK.

Boltanski, Luc/Chiapello, Eve (2007): Für eine Erneuerung der Sozialkritik. Im Gespräch mit Y.M. Boutang. In: Raunig, G./Wuggenig, U. (Hg.), Kritik der Kreativität. Wien: Turia + Kant, S. 167-181.

Boltanski, Luc/Chiapello, Eve (2010): Die Arbeit der Kritik und der normative Wandel. In: Menke, C./Rebentisch, J. (Hg.): Kreation und Depression. Freiheit im gegenwärtigen Kapitalismus. Berlin: Kadmos, S. 18-37.

Boltanski, Luc/Thevenot, Laurent (1991/2007): Über die Rechtfertigung. Eine Soziologie der kritischen Urteilskraft. Hamburg: Hamburger Edition.

Bolte, Karl Martin (1966): Deutsche Gesellschaft im Wandel, Band 1. Opladen.

Bolwin, Rolf (2009): Soziale Lage der darstellenden Künstler an den öffentlich getragenen Theatern. In: Kulturpolitische Mitteilungen, Zeitschrift für Kulturpolitik der kulturpolitischen Gesellschaft 125 (2), S. 37-39.

Bolwin, Rolf (2010): Theater und Orchester gestern, heute, morgen – Eine Welt der Kunst in Zahlen. In: Institut für Kulturpolitik der Kulturpolitischen Gesellschaft (Hg.) (2010): Jahrbuch für Kulturpolitik 2010. Bonn/Essen: Klartext Verlag, S. 137-143.

Bonin, Holger/Zierahn, Ulrich (2012): Machbarkeitsstudie zur Erfassung der Verbreitung und Problemlagen der Nutzung von Werkverträgen, im Auftrag des Bundesministerium für Arbeit und Soziales. Berlin/Mannheim.

Borchert, Jens (1995): Die konservative Transformation des Wohlfahrtsstaates: Grossbritannien, Kanada, die USA und Deutschland im Vergleich. Frankfurt/New York: Campus.

Bourdieu, Pierre (1983): Ökonomisches Kapital, kulturelles Kapital, soziales Kapital. In: Kreckel, R. (Hg.): Soziale Ungleichheiten. Soziale Welt, Sonderband 2. Göttingen: Schwarz, S. 183-198.

Bourdieu, Pierre (1985): Sozialer Raum und ›Klassen‹. Leçon sur la leçon. Zwei Vorlesungen. Frankfurt a.M.: Suhrkamp.

Bourdieu, Pierre (1987): Die feinen Unterschiede. Kritik der gesellschaftlichen Urteilskraft. Frankfurt a.M.: Suhrkamp.

Bourdieu, Pierre (1992): Rede und Antwort. Frankfurt a.M.: Suhrkamp.

Bourdieu, Pierre (1993a): Über einige Eigenschaften von sozialen Feldern. In: Bourdieu, Pierre (Hg.): Soziologische Fragen. Frankfurt a.M.: Suhrkamp, S. 197-114.

Bourdieu, Pierre (1993b): Sozialer Sinn. Kritik der theoretischen Vernunft. Frankfurt a.M.: Suhrkamp.

Bourdieu, Pierre (1997a): Das literarische Feld. In: Bourdieu, Pierre/Pinto, Louis (Hg.): Streifzüge durch das literarische Feld. Konstanz: UVK, S. 33-147.

Bourdieu, Pierre (1997b): Eine sanfte Gewalt. Im Gespräch mit Irene Dölling und Margareta Steinrücke. In: Gender Studies (Hg.): Ein alltägliches Spiel. Geschlechterkonstruktion in der sozialen Praxis. Frankfurt a.M.: Suhrkamp, S. 218-230.

Bourdieu, Pierre (1998): Praktische Vernunft. Zur Theorie des Handelns. Frankfurt a.M.: Suhrkamp.

Bourdieu, Pierre (2000): Die zwei Gesichter der Arbeit. Interdependenzen von Zeit- und Wirtschaftsstrukturen am Beispiel einer Ethnologie der algerischen Übergangsgesellschaft. Konstanz: UVK.

Bourdieu, Pierre (2001a): Die Regeln der Kunst. Genese und Struktur des literarischen Feldes. Frankfurt a.M.: Suhrkamp.

Bourdieu, Pierre (2001b): Meditationen. Zur Kritik der scholastischen Vernunft. Frankfurt a.M.: Suhrkamp.

Bourdieu, Pierre (2004) : Prekarität ist überall, in: Bourdieu, P.: Gegenfeuer, Konstanz: UVK, S. 107-113.

Bourdieu, Pierre (2005a): Ortseffekte. In: Bourdieu, P. et al.: Das Elend der Welt. Zeugnisse und Diagnosen alltäglichen Leidens in der Gesellschaft. Studienausgabe. München: UTB, S. 117-126.

Bourdieu, Pierre (2005b): Verstehen. In: Bourdieu, P. et al.: Das Elend der Welt. Zeugnisse und Diagnosen alltäglichen Leidens in der Gesellschaft. Studienausgabe. München: UTB, S. 393-426.

Bourdieu, Pierre (2011): Kunst und Kultur. Zur Ökonomie symbolischer Güter. Schriften zur Kultursoziologie 4, hg. von F. Schultheis und S. Egger. Konstanz: UVK.

Bourdieu, Pierre/Wacquant, Loïc J.D. (1996): Reflexive Anthropologie. Frankfurt a.M.: Suhrkamp.

Brancheninfo (2010): Siehe: Landeshauptstadt München, Referat für Arbeit und Wirtschaft (2010).

Brenke, Karl (2013): Allein tätige Selbständige: starkes Beschäftigungswachstum, oft nur geringe Einkommen. In: DIW-Wochenbericht 7, S. 3-16.

Briken, Kendra/Gottschall, Karin/Hils, Sylvia/Kittel, Bernhard (2014): Wandel von Beschäftigung und Arbeitsbeziehungen im öffentlichen Dienst in Deutschland – zur Erosion einer sozialstaatlichen Vorbildrolle. In: Zeitschrift für Sozialreform (60) 2, S. 123-148.

Brinkmann, Ulrich/Dörre, Klaus/Röbenack, Silke (2006): Prekäre Arbeit: Ursachen, Ausmaß, soziale Folgen und subjektive Verarbeitungsformen unsicherer Beschäftigungsverhältnisse. Bonn: Friedrich-Ebert-Stiftung.

Brochhagen Lena (2010): Nie mehr allein. Süddeutsche vom 27.07.2010. Unter: www.sueddeutsche.de/karriere/das-buero-der-zukunft-nie-mehr-allein-1.980015, (31.03.2011.

Bröckling, Ulrich (2007): Das unternehmerische Selbst. Soziologie einer Subjektivierungsform. Frankfurt a.M.: Suhrkamp.

Bröckling, Ulrich (2010): Über Kreativität. Ein Brainstorming. In: Menke, C./Rebentisch, J. (Hg.): Kreation und Depression. Freiheit im gegenwärtigen Kapitalismus. Berlin: Kadmos, S. 89-97.

Bröckling, Ulrich (2013a): Der Kopf der Leidenschaft. Soziologie und Kritik. In: Leviathan (41) 2, S. 309-323.

Bröckling, Ulrich (2013b): Der Mensch als Akku, die Welt als Hamsterrad. Konturen einer Zeitkrankheit. In: Neckel, S./Wagner, G. (Hg): Leistung und Erschöpfung. Burnout in der Wettbewerbsgesellschaft. Frankfurt a.M.: Suhrkamp, S. 179-200.

Bröckling, Ulrich (2013c): Prekäres Regieren. Methodologische Probleme von Protestanalysen und eine Fallstudie zu Superhelden in Aktion. In: Marchart, O. (Hg.): Facetten der Prekarisierungsgesellschaft. Prekäre Verhältnisse. Sozialwissenschaftliche Perspektiven auf die Prekarisierung von Arbeit und Leben. Bielefeld: transcript, S. 155-172.

Brooks, David (2000): Bobos in Paradise. The New Upper Class and how they got there. New York: Simon & Schuster.

Buchholz, Larissa (2008): Feldtheorie und Globalisierung. In: Bismarck, B. von/Kaufmann, T./Wuggenig, U. (Hg.): Nach Bourdieu: Visualität, Kunst, Politik. Wien: Turia und Kant, S. 211-238.

Bude, Heinz (1988): Der Fall und die Theorie. Zum erkenntnislogischen Charakter von Fallstudien. In: Gruppendynamik, Zeitschrift für angewandte Sozialpsychologie 19 (4), S. 412-427.

Bude, Heinz (2007): Formen des Porträts. In: Arni, C./Glauser, A./Müller, C./ Rychner, M. (Hg.): Der Eigensinn des Materials. Erkundungen sozialer Wirklichkeit, Frankfurt a.M.: Stroemfeld, S. 431-444.

Bude, Heinz (2014): Gesellschaft der Angst. Hamburg: Hamburger Edition.

Bude, Heinz (2015): Brennpunkte sozialer Spaltung. In: Mau, S./Schöneck, N.M. (Hg.): (Un-)Gerechte (Un-)Gleichheiten. Frankfurt a.M.: Suhrkamp, S. 16-26.

Bude, Heinz/Willisch, Andreas (2007): Die Debatte über die »Überflüssigen«. In: Dies. (Hg.): Exklusion – Die Debatte über die »Überflüssigen«, Frankfurt a.M.: Suhrkamp.

Bührmann, Andrea D. (2007): Das Bild vom Normalunternehmer. Deutungsmuster in der Existenzgründungsberatung. In: Ludwig-Mayerhofer, W./ Berendt, C./Sondermann, A. (Hg.): Fallverstehen und Deutungsmacht. Akteure in der Sozialverwaltung und ihre Klienten. Opladen/Farmington Hills: Barbara Budrich, S. 119-142.

Bührmann, Andrea D. (2010): Das unternehmerische Leitbild in der Beratungs- und Förderinfrastruktur für migrantische Unternehmerinnen. In: Bührmann, A. D./Fischer, U. L./Jasper, G. (Hg.): Migrantinnen gründen Unternehmen. München/Mering: Hampp, S. 45-66.

Bührmann, Andrea D./Pongratz, Hans J. (2010) (Hg.): Prekäres Unternehmertum. Unsicherheiten von selbständiger Erwerbstätigkeit und Unternehmensgründung. Wiesbaden: VS.

Bundesagentur für Arbeit (2013): Arbeitsmarktberichterstattung: Der Arbeitsmarkt in Deutschland, Zeitarbeit in Deutschland – Aktuelle Entwicklungen. Nürnberg Juli 2013.

Bundesratsdrucksache 558/1/08: »Abbau bürokratischer Hemmnisse insbesondere der mittelständischen Wirtschaft« vom 08.09.2008.
Bundesregierung (2011a): Erster Gleichstellungsbericht. Neue Wege – Gleiche Chancen . Gleichstellung von Frauen und Männern im Lebensverlauf, http://dip21.bundestag.de/dip21/btd/17/062/1706240.pdf, (15.10.2011).
Bundesregierung (2011b): www.kultur-kreativ-wirtschaft.de/ (24.09.2011).
Büning, Christian (2009): Wie leben selbstständige Designer nach dem Berufsstart? Dokumentation einer Umfrage. Berlin: Bund Deutscher Grafik-Designer e.V. (Hg.), S. 1-19.
Burzan, Nicole (2004): Soziale Ungleichheit. Eine Einführung in die zentralen Theorien. Wiesbaden: VS Verlag.
Burzan, Nicole (2009): Prekarität und verunsicherte Gesellschaftsmitte – Konsequenzen für die Ungleichheitstheorie. In: Castel, R./Dörre, K. (Hg.): Prekarität, Abstieg, Ausgrenzung. Die soziale Frage am Beginn des 21. Jahrhunderts. Frankfurt/New York: Campus, S. 307-318.
Burzan, Nicole/Berger, Peter A. (2010) (Hg.): Dynamiken (in) der gesellschaftlichen Mitte. Wiesbaden: VS.
Campbell, Colin (1987): The Romantic Ethic and the Spirit of Modern Consumerism. Oxford: WritersPrintShop.
Castel, Robert (2000): Die Metamorphosen der sozialen Frage. Eine Chronik der Lohnarbeit. Konstanz: UVK.
Castel, Robert (2005): Die Stärkung des Sozialen. Leben im neuen Wohlfahrtsstaat. Hamburg: Hamburger Edition.
Castel, Robert (2009): Die Wiederkehr der sozialen Unsicherheit. In: Castel, R./Dörre, K. (Hg.): Prekarität, Abstieg, Ausgrenzung. Die soziale Frage am Beginn des 21. Jahrhunderts. Frankfurt/New York: Campus, S. 21-34.
Castel, Robert/Dörre, Klaus (2009): Prekarität, Abstieg, Ausgrenzung. Die soziale Frage am Beginn des 21. Jahrhunderts. Frankfurt/New York: Campus.
Chiapello, Eve (2010): Evolution und Kooption. Die ›Künstlerkritik‹ und der normative Wandel. In: Menke, C./Rebentisch, J. (Hg.): Kreation und Depression. Freiheit im gegenwärtigen Kapitalismus. Berlin: Kadmos, S. 38-51.
Coleman, Robert (2012): In Berlin, You Never Have to Stop. In: New York Times Magazine, 23.11.2012.www.nytimes.com/2012/11/25/magazine/in-berlin-you-never-have-to-stop.html?pagewanted=all&module=Search&mabReward=relbias %3Aw&_r=0 (14.3.2014).
Cornelius, Barbara/Landström, Hans/Persson, Olle (2006): Entrepreneurial Studies: The Dynamic Research Front of a Developing Social Science. In: Entrepreneurship Theory and Practice, 30 (3), S. 375-398.
Creative Industries Mapping Document (2001): Herausgegeben vom Ministerium für Kultur, Medien und Sport (DCMS) der britischen Regierung. www.

culture.gov.uk/global/publications/archive_2001/ci_mapping_doc_2001.
htm (zuletzt abgerufen am 20.08.2007)

Dahrendorf, Ralf (1983): Wenn der Arbeitsgesellschaft die Arbeit ausgeht. In: Matthes, J. (Hg.): Krise der Arbeitsgesellschaft? Verhandlungen des 21. Deutschen Soziologentages in Bamberg 1982. Frankfurt a.M.: Campus, S. 25-37.

Dangel-Vornbäumen, Caroline (2010): Freischaffende Künstler und Künstlerinnen – Modernisierungsavantgarde für prekäres Unternehmertum? In: Bührmann, A. D./Pongratz, H. J. (Hg.): Prekäres Unternehmertum. Unsicherheiten von selbständiger Erwerbstätigkeit und Unternehmensgründung. Wiesbaden: VS, S. 137-166.

Dangschat, Jens/Frey, Oliver (2005): Stadt- und Regionalsoziologie. In: Kessl, F. et al. (Hg.): Handbuch Sozialraum. Wiesbaden: VS, S. 143-164.

Datenreport (2011): Ein Sozialbericht für die Bundesrepublik Deutschland, Bd. 1, Hg. von Statistisches Bundesamt (Destatis), Wissenschaftszentrum Berlin (WZB), in Zusammenarbeit mit SOEP, DIW. Bundeszentrale für politische Bildung, Bonn.

Datenreport (2013): Ein Sozialbericht für die Bundesrepublik Deutschland, Hg. von Statistisches Bundesamt (Destatis), Wissenschaftszentrum Berlin (WZB), in Zusammenarbeit mit SOEP, DIW. Bundeszentrale für politische Bildung, Bonn.

Däubler, Wolfgang (2011): Regulierungsmöglichkeiten im Zusammenhang mit Werkverträgen. Eine Expertise i.A. der Bundestagsfraktion »Die Linke«. Berlin.

Davis, Anthony/Ford, Simon (1999): Art Futures. In: Art Monthly223, S. 9-11.

De Swaan, Abram (1993): Der sorgende Staat. Frankfurt/New York: Campus

Demirovic, Alex (2008): Leidenschaft und Wahrheit. Für einen neuen Modus der Kritik. In: Demirovic, A. (Hg.): Kritik und Materialität. Münster: Westfälisches Dampfboot, S. 9-40.

Demszky v.d. Hagen, Alma/Voß, G. Günter (2010): Beruf und Profession. In: Böhle, F./Voß, G. G./Wachtler, G. (Hg.): Handbuch Arbeitssoziologie. Wiesbaden, S. 751-803.

Designerdock (2010): Große DESIGNERDOCK-Umfrage unter mehr als 550 Beschäftigten der Branche. Pressemitteilung vom 03.03.2010. Berlin.

Designerdock-Online (2013): Berufsbilder Kommunikationsbranche,: www.designerdock.de/fuer-bewerber/berufsbilder-in-der-kommunikationsbranche/ (11.1.2013).

designpool.berlin (2010): Fashion Core Roots. 8. Kooperationsbörse Modedesign. Ausstellerverzeichnis. Unter: www.designpool-berlin.de/media/pdf/ausstellerverzeichnis-8-kooperationsboerse.pdf (zuletzt abgerufen am 25.6.2011).

Deutsche UNESCO-Kommission e.V. (2005): Übereinkommen zum Schutz und zur Förderung der Vielfalt kultureller Ausdrucksformen – Magna Charta der Internationalen Kulturpolitik. Bonn: Köllen.

Deutscher Bundestag (2007): Schlussbericht der Enquete-Kommission »Kultur in Deutschland«. Deutscher Bundestag, 16. Wahlperiode. Drucksache 16/7000.

Deutscher Kulturrat (2008): www.kulturrat.de/detail (06.08.2011).

Deutschmann, Christoph (2010): Sozialstrukturelle Bedingungen wirtschaftlicher Dynamik. In: Burzan, N./Berger, P. A. (Hg.): Dynamiken (in) der gesellschaftlichen Mitte. Wiesbaden: VS, S. 43-54.

Diederichsen, Diedrich (2010): Kreative Arbeit und Selbstverwirklichung. In: Menke, C./Rebentisch, R. (Hg.): Kreation und Depression . Freiheit im gegenwärtigen Kapitalismus.Berlin: Kadmos, S. 118-128.

Dickerson, Kitty G. (2003): Inside the Fashion Business. Upper Saddle River/ New York: Pentice Hall.

Dietrich, Hans (1998): Erwerbsverhalten in der Grauzone von abhängiger und selbstständiger Erwerbsarbeit. Beiträge zur Arbeitsmarkt- und Berufsforschung. BeitrAB 205.

Diez, Georg (2005): Die Armen sind die Avantgarde. In: Frankfurter Allgemeine Sonntagszeitung, 9/2005, S. 25.

Diezinger, Angelika (1991): Frauen. Arbeit und Individualisierung. Opladen: Leske + Budrich.

Dingeldey, Irene (2006): Aktivierender Wohlfahrtsstaat und sozialpolitische Steuerung. Aus Politik und Zeitgeschichte (APuZ) B 8/9, S. 3-9.

Dispan, Jürgen (2009): Bekleidungswirtschaft Branchenanalyse 2009. Strukturwandel – Entwicklungstrends, Herausforderungen – arbeitsorientierte Handlungsfelder. Im Auftrag der Hans Böckler Stiftung. Stuttgart: IMU Institut Informationsdienst, Heft 2/2009.

Dörre, Klaus (2005): Prekarität – Eine arbeitspolitische Herausforderung. WSI-Mitteilungen 58 (5), S. 250-258.

Dörre, Klaus (2009a): Die neue Landnahme. Dynamiken und Grenzen des Finanzmarktkapitalismus. In: Dörre, K./Lessenich, S./Rosa, H.: Soziologie-Kapitalismus-Kritik. Eine Debatte. Frankfurt a.M.: Suhrkamp, S. 21-86.

Dörre, Klaus (2009b): Kapitalismus, Beschleunigung, Aktivierung – eine Kritik. In: Dörre, K./Lessenich, S./Rosa, H.: Soziologie-Kapitalismus-Kritik. Eine Debatte. Frankfurt a.M.: Suhrkamp, S. 181-204.

Dörre, Klaus (2009c): Prekarität im Finanzmarkt-Kapitalismus. In: Castel, R./ Dörre, K. (Hg.): Prekarität, Abstieg, Ausgrenzung. Die soziale Frage am Beginn des 21. Jahrhunderts. Frankfurt/New York: Campus, S. 35-64.

Dörre, Klaus (2011): Prekarität und Macht. Disziplinierung im System der Auswahlprüfungen. In: WSI-Mitteilungen (64) 8, S. 394-401.

Dörre, Klaus/Lessenich, Stephan/Rosa, Hartmut (2009): Soziologie-Kapitalismus-Kritik. Eine Debatte. Frankfurt a.M.: Suhrkamp.

Dörre, Klaus/Sauer, Dieter/Wittke, Volker (Hg.) (2012): Kapitalismustheorie und Arbeit – Neue Ansätze soziologischer Kritik. Frankfurt/New York: Campus.

Dörre, Stefanie (2009): Große Vergangenheit und viel Potenzial für die Zukunft – Mode in Berlin. In: www.goethe.de/ges/mol/ber/mod/de4765579.htm, Zugriff 24.05.2014.

Dückers, Tanja (2010): Künstler als Sündenböcke. Die Zeit vom: 7.7.2010. Unter: www.zeit.de/gesellschaft/zeitgeschehen/2010-07/kuenstler-gentrifizierung (zuletzt abgerufen am 31.03.2011).

Durkheim, Emile (1983/1897): Der Selbstmord. Frankfurt a.M.: Suhrkamp.

Ebert, Andreas/Kistler, Ernst/Trischler, Falko (2008): Altersstrukturen und demographischer Wandel in der Textilwirtschaft. Bericht an die Hans-Böckler Stiftung. Stadtbergen: INIFES.

Ebert, Ralf et al. (2012): Öffentlich geförderter, intermediärer und privater Kultursektor – Wirkungsketten, Interdependenzen, Potenziale. Forschungsgutachten für den Beauftragten der Bundesregierung für Kultur und Medien (BKM).

Egbringhoff, Julia (2007): Ständig selbst. Eine Untersuchung der alltäglichen Lebensführung von Ein-Personen-Selbständigen. München und Mering: Hampp.

Ehrenberg, Alain (2008): Das erschöpfte Selbst. Depression und Gesellschaft in der Gegenwart. Frankfurt a.M.: Suhrkamp.

Eichmann, Hubert (2008): Ethos der Kreativen? Berufliche Selbstkonzepte in der Kreativwirtschaft. In: Eichmann, H./Schiffbänker, H. (Hg.): Nachhaltige Arbeit in der Wiener Kreativwirtschaft? Architektur-Design-Film-Internet-Werbung. Wien: LIT; S. 53-72.

Eichmann, Hubert/Schiffbänker, Helene (Hg.) (2008): Nachhaltige Arbeit in der Wiener Kreativwirtschaft? Berlin/Wien: LIT.

Eikhof, Doris Ruth/Haunschild, Axel (2006): Lifestyle Meets Market: Bohemian Entrepreneurs in Creative Industries. In: Creativity and Innovation Management 15 (3), S. 234-241.

Elbing, Sabine/Voelzkow, Helmut (2006): Marktkonstitution und Regulierung der unabhängigen Film- und Fernsehproduktion – Staat, Verbände und Gewerkschaften im deutsch-britischen Vergleich. In: Industrielle Beziehungen (13) 4, S. 314-339.

Elias, Norbert (1989): Über den Prozess der Zivilisation. Soziogenetische und psychogenetische Untersuchungen. Band 1 + 2, Frankfurt a.M.: Suhrkamp.

Elias, Norbert (1991): Was ist Soziologie? München: Juventa.

Enquete-Bericht (2007): siehe: Deutscher Bundestag.

Esping-Andersen, Gösta (1985): Der Einfluß politischer Macht auf die Entwicklung des Wohlfahrtsstaates. In: Naschold, F. (Hg.): Arbeit und Politik. Frankfurt/New York: Campus, S. 467-503.

Esping-Andersen, Gösta (1990): The Three Worlds of Welfare Capitalism. Cambridge.

Espositio, Elena (2004): Die Verbindlichkeit des Vorübergehenden. Paradoxien der Mode. Frankfurt a.M.: Suhrkamp.

EU Commission, DG Enterprise and Industry (2010): The Amsterdam Declaration. addressed to regional, national and European policy-makers and adopted by the participants of the workshop »Towards a Pan-European initiative in support of creative industries in Europe« organised by the European Commission´s Enterprise & Industry Directorate-General in cooperation with the City of Amsterdam, the European Design Centre, the Association of Dutch Designers and IIP Create.

Europäische Kommission (2010): Grünbuch. Erschließung des Potenzials der Kultur- und Kreativindustrien. Brüssel, KOM (2010) 183/3.

Euteneuer, Matthias (2011): Unternehmerisches Handeln und romantischer Geist. Selbständigkeit in der Kulturwirtschaft. Wiesbaden: VS.

Fachinger, Uwe (2011): Expertise zur Weiterentwicklung der sozialen Sicherungssysteme (Rentenversicherung) für Soloselbständige – Problematisiert am Beispiel der Kreativwirtschaft.

Fachinger, Uwe (2014): Selbständige als Grenzgänger des Arbeitsmarktes. In: Gather, C./Biermann, I./Schürmann, L./Ulbricht, S./Zipprian, H. (Hg.): Die Vielfalt der Selbständigkeit. Sozialwissenschaftliche Beiträge zu einer Erwerbsform im Wandel, Berlin: edition sigma, S. 11-134.

Fahle, Christoph/Bihr, Peter (2010): Kurzstudie: Soziale Absicherung im Betahaus Berlin. http://betahaus.de/files/2010/05/Betahaus_Kurzstudie_Soziale_Absicherung.pdf (zuletzt abgerufen am 14.01.2012).

Farkas, Wolfgang/Seidl, Stefanie/Zwirner, Heiko (2013) (Hg.): Nachtleben Berlin. 1974 bis heute. Berlin: Metrolit.

Fashion in Berlin (2008): siehe: Senatsverwaltung für Wirtschaft, Technologie und Frauen (2008).

Fezoni Shooresh (2010): Freier Herr der Zwänge. taz vom 23.04.2010. www.taz.de/1/leben/alltag/artikel/1/freier-herr-der-zwaenge/(zuletzt abgerufen am 31.03.2011).

Flew, Terry (2002): Beyond ad hocery: Defining Creative Industries. Paper presented at the Second International Conference on Cultural Policy Research, Te Papa, Wellington, New Zealand, 23 -26 Jan. 2002.

Flick, Uwe (1995): Qualitative Forschung. Theorien, Methoden, Anwendung in Psychologie und Sozialwissenschaften. Reinbek: Rowohlt.

Flick, Uwe (2003): Qualitative Forschung – Stand der Dinge. In: Orth, B./ Schwietring, T./Weiß, J. (Hg.): Soziologische Forschung. Stand und Perspektiven. Opladen: Leske+Budrich, S. 309-322.

Flick, Uwe (2007): Qualitative Sozialforschung. Eine Einführung. Reinbek: Rowohlt.

Florida, Richard (2002): The Rise of the Creative Class: And how it's transforming work, leisure, community and everyday life. New York: Basic Books.

Fohrbeck, Karla/Wiesand, Andreas Johannes (1972): Der Autorenreport. Hamburg: Rowohlt.

Fohrbeck, Karla/Wiesand, Andreas Johannes (1975): Der Künstler-Report. Musikschaffende, Darsteller, Realisatoren, bildende Künstler, Designer. München/Wien: Hanser.

Foucault, Michel (1971): Die Ordnung der Dinge. Eine Archäologie der Humanwissenschaften. Frankfurt a.M.: Suhrkamp.

Foucault, Michel (1973): Wahnsinn und Gesellschaft. Eine Geschichte des Wahns im Zeitalter der Vernunft. Frankfurt a.M.: Suhrkamp.

Foucault, Michel (1977): Überwachen und Strafen. Die Geburt des Gefängnisses. Frankfurt a.M.: Suhrkamp.

Foucault, Michel (1983): Der Wille zum Wissen. Sexualität und Wahrheit Bd.1, Frankfurt a.M.: Suhrkamp.

Foucault, Michel (1992): Was ist Kritik?, Berlin: Merve.

Foucault, Michel (1993): Technologien des Selbst. In: Martin, L. H./Gutman, H./Hutton, P. (Hg.): Technologien des Selbst, Frankfurt a.M.: Fischer, S. 24-62.

Foucault, Michel (1996): Der Mensch ist ein Erfahrungstier. Gespräch mit Ducio Trombadori. Frankfurt a.M.: Suhrkamp.

Foucault, Michel (2004): Geschichte der Gouvernementalität. Bd.1, Frankfurt a.M.: Suhrkamp.

Foucault, Michel (2007a): Subjekt und Macht. In: Foucault, M. (2007): Ästhetik der Existenz (zuerst in: Dreyfus, H./Rabinow, P. (1982): Michel Foucault: Beyond Structuralism and Hermeneutics, Chicago, S. 208-226). Frankfurt a.M.: Suhrkamp, S. 81-104.

Foucault, Michel (2007b): Subjektivität und Wahrheit. In: Foucault, M. (2007): Ästhetik der Existenz (zuerst in: Annuaire du Collège der France, 81e année, Histoire des systèmes de pensée, année 1980-1981, Paris 1981, S. 385-389). Frankfurt a.M.: Suhrkamp, S. 74-80.

Foucault, Michel (2007c): Die Ethik der Sorge um sich als Praxis der Freiheit. In: Foucault, M. (2007): Ästhetik der Existenz (zuerst in: Concordia. Revista international de filosofia, Nr. 6, 1984, S. 99-116). Frankfurt a.M.: Suhrkamp, S. 253-279.

Foucault, Michel (2012): Die Regierung des Selbst und der anderen. Frankfurt a.M.: Suhrkamp.

Fourastié, Jean (1954): Die große Hoffnung des 20. Jahrhunderts. Köln: Bund.

Freudenschuss, Magdalena (2010): Kein eindeutiges Subjekt? Zur Verknüpfung von Geschlecht, Klasse und Erwerbsstatus in der diskursiven Konstruktion prekärer Subjekte. In: Manske, A./Pühl, K. (Hg.): Prekarisierung zwischen Anomie und Normalisierung. Geschlechtertheoretische Bestimmungen, Münster: Westfälisches Dampfboot, S. 252-271.

Frey, Michael (2009): Autonomie und Aneignung in der Arbeit. Eine soziologische Untersuchung zur Vermarktlichung und Subjektivierung von Arbeit. München/Mering: Hampp.

Frey, Michael (2010): Die Krise des Autonomiebegriffes und Ansätze zu seiner emanzipatorischen Reaktivierung. In: Frey, M. et al. (Hg.): Perspektiven auf Arbeit und Geschlecht. Transformationen, Reflexionen, Interventionen. München/Mering: Hampp, S. 191-226.

Friebe, Holm/Lobo, Sascha (2006): Die digitale Bohème oder intelligentes Leben jenseits der Festanstellung. München: Heyne.

Fueglistaller, Urs et al. (2012): Entrepreneurship. Modelle – Umsetzung – Perspektiven. Mit Fallbeispielen aus Deutschland, Österreich und der Schweiz. Lehrbuch. Wiesbaden: Springr Gabler.

Galda, Anna/Hillmann, Claudia/Knapp, Christopher (2011): Businessplan Co Raum. Der Coworking Space für raumbezogen arbeitende Menschen. Hausarbeit an der TU Berlin, Institut für Stadt- und Regionalplanung (unveröffentlicht).

Gather, Claudia/Schmidt, Tanja/Ulbricht, Susan (2010): Der Gender Income Gap bei Selbständigen – Empirische Befunde. In: Bührmann, A./Pongratz, H. (Hg.): Prekäres Unternehmertum. Wiesbaden: VS, S. 85-110.

Gather, Claudia et al. (2014): Einleitung: Sozialwissenschaftliche Perspektiven. In: Gather, C. et al. (Hg.): Die Vielfalt der Selbständigkeit. Sozialwissenschaftliche Beiträge zu einer Erwerbsform im Wandel. Berlin: edition sigma, S. 7-20.

Geiger, Theodor (1932): Die soziale Schichtung des deutschen Volkes. Stuttgart: Enke.

Geissler, Birgit (2000): Unabhängige Gründer oder neues Proletariat? Anmerkungen zu Ursachen und Folgen neuer selbständiger Erwerbsformen. Frankfurter Rundschau, Dokumentation, 20./21.04.2000.

Geißler, Rainer (2002/1996): Die Sozialstruktur Deutschlands. Die gesellschaftliche Entwicklung vor und nach der Vereinigung. Bundeszentrale für politische Bildung: Bonn.

Geppert, Kurt/Mundelius, Marco (2007): Berlin als Standort der Kreativwirtschaft immer bedeutender. In: DIW Wochenbericht 31, S. 485-491.

Giesecke, Johannes/Groß, Martin (2005): Arbeitsmarktreform und Ungleichheit. In: Aus Politik und Zeitgeschichte (APuZ) 16, S. 25-31.

Gill, Rosalind (2002): Cool, Creative and Egalitarian? Exploring Gender in Project-Based New Media Work in Europe. In: Information, Communication & Society 5 (1), S. 70-89.

Gill, Rosalind/Pratt, Andy (2008): In the Social factory? Immaterial Labour, Precariousness and Cultural Work. In: Theory, Culture and Society 25 (7/8), S. 1-30.

Gläser, Jochen/Laudel, Grit (2008): Experteninterviews und qualitative Inhaltsanalyse, 2., durchgesehene Auflage. Wiesbaden: VS.

Glauser, Andrea (2009): Verordnete Entgrenzung. Kulturpolitik, Artist-in-Residence-Programme und die Praxis der Kunst. Bielefeld: transcript.

Gleichstellungsbericht (2011): s. Bundesregierung 2011a.

Göschel, Albrecht (1997): kulturpolitik im konservativ-liberalen Staat. Das Modell Deutschland. In: Wagner, B./Zimmer, A. (Hg.): Krise des Wohlfahrtsstaats. Zukunft der Kulturpolitik. Essen: Klartext, S. 241-264.

Göschel, Albrecht (2007): The Rise of the Creative Class: Zur Karriere eines Buches. In: Kulturpolitische Mitteilungen (119), S. 41.

Gohr, Antonia/Seeleib-Kaiser, Martin (2003) (Hg.): Sozial- und Wirtschaftspolitik unter Rot-Grün. Wiesbaden: Westdeutscher Verlag.

Gottschall, Karin (1995): Geschlechterverhältnis und Arbeitsmarktsegregation. In: Becker-Schmidt, R./Knapp, G.-A. (Hg.): Das Geschlechterverhältnis als Gegenstand der Sozialwissenschaften. Frankfurt/New York: Campus, S. 125-162.

Gottschall, Karin (1999): Freie Mitarbeit im Journalismus. In: Kölner Zeitschrift für Soziologie und Sozialpsychologie 51 (4), S. 635-654.

Gottschall, Karin (2000): Soziale Ungleichheit und Geschlecht. Opladen: Leske+Budrich.

Gottschall, Karin (2010): Arbeit, Beschäftigung und Arbeitsmarkt aus der genderperspektive. In: Böhle, F./Voß, G. G./Wachtler, G. (Hg.): Handbuch Arbeitssoziologie. Wiesbaden: VS, S. 671-698.

Gottschall, Karin/Betzelt, Sigrid (2003): Zur Regulation neuer Arbeits- und Lebensformen. Eine erwerbssoziologische Analyse am Beispiel von Alleindienstleistern in Kulturberufen. In: Gottschall, K./Voß, G. G. (Hg.): Entgrenzung von Arbeit und Leben. Zum Wandel der Beziehung von Erwerbstätigkeit und Privatsphäre im Alltag. München und Mering: Hampp, S. 203-230.

Gottschall, Karin/Schnell, Christiane (2000): Alleindienstleister in Kulturberufen – Zwischen neuer Selbständigkeit und alten Abhängigkeiten. In: WSI-Mitteilungen 53 (12), S. 804-810.

Gottschall, Karin/Voß, G. Günter (2003): Entgrenzung von Arbeit und Leben. Zur Einleitung. In: Gottschall, K./Voß, G.G. (Hg.): Entgrenzung von Arbeit und Leben. Zum Wandel der Beziehung von Erwerbstätigkeit und Privatsphäre im Alltag. München/Mering: Hampp.

Grabka, Markus M./Frick, Joachim R. (2008): Schrumpfende Mittelschicht: Anzeichen einer dauerhaften Polarisierung der verfügbaren Einkommen? In: DIW-Wochenbericht (75) 10, S. 101-108.
Granovetter, Mark (1973): The Strength of Weak Ties. In: American Journal of Sociology (78) 6, S. 1360-1380.
Granovetter, Mark (1985): Economic Action and Social Structure: The Problem of Embeddedness. In: The American Journal of Sociology 91 (3), S. 481-510.
Graw, Isabelle (2008): Learning from Bourdieu. In: Bismarck, B. von/Kaufmann, T./Wuggenig, U. (Hg.): Nach Bourdieu: Visualität, Kunst, Politik. Wien: Turia und Kant, S. 303-318.
Graefe, Stefanie (2010): Effekt, Stützpunkt, Überzähliges? Subjektivität zwischen hegemonialer Rationalität und Eigensinn, in: Angermüller, J./van Dyk, S. (Hg.): Diskursanalyse meets Gouvernementalitätsforschung. Perspektiven auf das Verhältnis von Subjekt, Sprache, Macht und Wissen. Frankfurt/New York: Campus, S. 289-313.
Grinsted, Daniel (2010): Wer früher geht, ist schneller fort. Tagesspiegel vom: 03.01.2010. Unter: www.tagesspiegel.de/meinung/kommentare/wer-frueher-geht-ist-schneller-fort/1657254.html (zuletzt abgerufen am 31.03.2011).
Groh-Samberg, Olaf/Hertel, Florian R. (2010): Abstieg der Mitte? Zur langfristigen Mobilität von Armut und Wohlstand. In: Berger, P. A./Burzan, N. (Hg.): Dynamiken (in) der gesellschaftlichen Mitte. Wiesbaden: VS, S. 137-158.
Groh-Samberg, Olaf/Mau, Steffen/Schimank, Uwe (2014): Investieren in den Status: Der voraussetzungsvolle Lebensführungsmodus der Mittelschichten. In: Leviathan. Berliner Zeitschrift für Sozialwissenschaft 42 (2), S. 219-248.
Großegger, Beate (2010): Jugend zwischen Partizipation und Protest – Essay. In: Aus Politik und Zeitgeschichte (APuZ) 27, S. 8-12.
Groys, Boris (1999): Über das Neue. Versuch einer Kulturökonomie. Frankfurt a.M.: Fischer.
Grünbuch 2010: siehe: Europäische Kommission (2010).
Günther, Matthias (2012): Bedarf an Sozialwohnungen in Deutschland. Untersuchung im Auftrag der Wohnungsbauinitiative, erstellt vom pestel Institut (www.pestel-institut.de/images/18/Studie %20Sozialer-Wohnungsbau %2008-2012.pdf, 8.6.2014.
Gut, Gudrun (2013): Von alleine läuft gar nichts. In: Farkas, W./Seidl, S./Zwirner, H. (2013) (Hg.): Nachtleben Berlin. 1974 bis heute. Berlin: Metrolit, S. 72-75.
GWA – Gesamtverband Kommunikationsagenturen (2009): GWA HRM Studie 2009.

Haak, Carroll (2005): Künstler zwischen selbständiger und abhängiger Erwerbsarbeit. Discussion Paper SP I 2005-107, Wissenschaftszentrum Berlin für Sozialforschung.

Haak, Carroll (2008): Wirtschaftliche und soziale Risiken auf den Arbeitsmärkten von Künstlern. Wiesbaden: VS.

Haak, Carroll/Schmid, Günther (1999): Arbeitsmärkte für Künstler und Publizisten – Modelle einer zukünftigen Arbeitswelt? Discussion Paper P99-506. Wissenschaftszentrum Berlin für Sozialforschung.

Haak, Carroll/Schmid, Günter (2001): Arbeitsmärkte für Künstler und Publizisten: Modelle einer künftigen Arbeitswelt? In: Leviathan 29 (2), S. 156-178.

Haben und Brauchen (2012): Manifest. www.habenundbrauchen.de/wp-content/uploads/2012/03/hb_web_deutsch.pdf, 14.6.2014.

Hall, Peter A./Soskice, David (Hg.) (2001): Varieties of Capitalism. The Institutional Foundations of Comparative Advantage. Oxford: Oxford University Press.

Hammersley, Martyn/Atkinson, Paul (1995): Ethnography. Principles in Practice. Second Edition. London: Routledge.

Hark, Sabine (2005): Dissidente Partizipation. Eine Diskursgeschichte des Feminismus, Frankfurt a.M.: Suhrkamp.

Hark, Sabine/Völker, Susanne (2010): Feministische Perspektiven auf Prekarisierung: Ein »Aufstand auf der Ebene der Ontologie«. In: Manske, A./ Pühl, K. (Hg.): Prekarisierung zwischen Anomie und Normalisierung. Geschlechtertheoretische Bestimmungen, Münster: Westfälisches Dampfboot, S. 26-47.

Hartley, John (2007): Creative Industries. Malden, MA. Oxford: Blackwell.

Hassel, Anke (2006): Die politische Regulierung industrieller Beziehungen. In: Schmidt, M. G./Zohlnhöfer, R. (Hg.): Regieren in der Bundesrepublik Deutschland. Innen- und Außenpolitik seit 1949, Wiesbaden: VS, S. 315-332.

Haunschild, Axel (2004): Employment Rules in German Theatres: An Application and Evaluation of the Theory of Employment Systems, In: British Journal of Industrial Relations 42 (4), S. 685-703.

Hauskeller, Michael (1998): Was ist Kunst? Positionen der Ästhetik von Platon bis Danto. München: Beck.

Häußermann, Hartmut (1994): Die Stadt und die Stadtsoziologie. Urbane Lebensweise und die Integration des Fremden. Antrittsvorlesung an der Humboldt-Universität zu Berlin.

Häußermann, Hartmut/Kapphan, Andreas (2004): Berlin: Ausgrenzungsprozesse in einer europäischen Stadt. In: Häußermann, H./Kronauer, M./ Siebel, W. (Hg.): An den Rändern der Städte. Frankfurt a.M.: Suhrkamp, S. 203-234.

Häußermann, Hartmut/Kronauer, Martin/Siebel, Werner (2004): An den Rändern der Städte. Frankfurt a.m.: Suhrkamp.

Häußermann, Hartmut/Läpple, Dieter/Siebel, Werner (2008): Stadtpolitik. Frankfurt a.m.: Suhrkamp.

Häußermann, Hartmut/Siebel, Werner (1987): Neue Urbanität. Frankfurt a.m.: Suhrkamp.

Häußermann, Hartmut/Siebel, Werner (1995): Dienstleistungsgesellschaften. Frankfurt a.m.: Suhrkamp.

Hecktor, Mirko (2013): Okay, so this is Berlin. In: Farkas, W./Seidl, S./Zwirner, H. (Hg.): Nachtleben Berlin. 1974 bis heute. Berlin: Metrolit, S. 247-257.

Heidenreich, Martin/Töpsch, Karin (1998): Die Organisation von Arbeit in der Wissensgesellschaft. In: Industrielle Beziehungen, Zeitschrift für Arbeit, Organisation und Management 5 (1), S. 13-44.

Heil, Vanessa/Manske, Alexandra (2007): Wenn Arbeit arm macht – der Niedriglohnsektor als Boombranche. In: Blätter für deutsche und internationale Politik 52 (8), S. 995-1002.

Heiser, Jörg (2013): Anarchist des deutschen Humors. (www.sueddeutsche.de/kultur/werkschau-fuer-martin-kippenberger-in-berlin-anarchist-des-deutschen-humors-1.1607572), 9.6.2014.

Hellmann, Kai-Uwe (2003): Soziologie der Marke. Frankfurt a.m.: Suhrkamp.

Henninger, Annette (2004): Free Lancer in den Neuen Medien: Jenseits standardisierter Muster von Arbeit und Leben? In: Kahlert, H./Kajatin, C. (Hg.): Arbeit und Vernetzung im Informationszeitalter. Wie neue Technologien die Geschlechterverhältnisse verändern. Frankfurt/New York: Campus, S. 143-166.

Henninger, Annette/Gottschall, Karin (2005): Begrenzte Entgrenzung. Arrangements von Erwerbsarbeit und Privatleben bei Freelancern in den alten und neuen Medien. In: Journal für Psychologie 13 (1/2), S. 5-20.

Henninger, Annette/Mayer-Ahuja, Nicole (2005): Arbeit und Beschäftigung in den Hamburger »Creative Industries«: Presse/Verlagswesen, Film/Rundfunk, Design, Werbung/Multimedia und Software/IT-Dienstleistungen. Expertise für die Forschungs- und Beratungsstelle Arbeitswelt (FORBA). Wien.

Hessinger, Philipp (2008): Krise und Metamorphose des Protests: Die 68er Bewegung und der Übergang zum Netzwerkkapitalismus. In: Wagner, G./Hessinger, P. (2008) (Hg.): Ein »Neuer Geist des Kapitalismus«? Paradoxien und Ambivalenzen der Netzwerkökonomie. Wiesbaden: VS, S. 63-102.

Hillmert, Steffen (2010): ›Neue Flexibilität! und klassische Ungleichheiten: Ausbildungs- und Berufsverläufe in Deutschland. In: Bolder, A. et al. (Hg.): Neue Lebenslaufregimes, neue Konzepte der Bildung Erwachsener? Wiesbaden: VS, S. 43-56.

Hirsch-Kreinsen, Hartmut/Peter Ittermann (2013): Zur Analyse von Arbeitsbeziehungen – Eine Replik auf John W. Budd. In: WSI-Mitteilungen (66) 6, S. 452-459.

Hochschild, Arlie R. (2002): Keine Zeit. Wenn die Firma zum Zuhause wird und Zuhause nur Arbeit wartet. Opladen: Leske+Budrich.

Hodenius, Birgit (1997): Neue Leitbilder, alte Tugenden – oder: wie aus dem Unternehmer ein Gründer wurde. In: Thomas, M. (Hg.): Selbständige – Gründer – Unternehmer. Passagen und Passformen im Umbruch. Berlin: Berliner Debatte, S. 122-138.

Hörning, Karl H./Gerhardt, Anette/Michailow, Michael (1990): Zeitpioniere. Flexible Arbeitszeiten – neuer Lebensstil. Frankfurt a.M.: Suhrkamp.

Holm, Andrej (2011): Gentrification in Berlin: Neue Investitionsstrategien und lokale Konflikte. In: Herrmann, Heike et al. (Hg.): Die Besonderheit des Städtischen. Entwicklungslinien der Stadt(soziologie). Wiesbaden: VS, S. 213-234.

Holst, Hajo (2012): Gefahrenzone Absatzmarkt? Leiharbeit und die Temporalstrukturen der Flexibilisierung. In: Krause, A./Köhler, C. (Hg.): Arbeit als Ware – Bausteine einer Theorie flexibler Arbeitsmärkte. Bielefeld: transcript, S. 141-163.

Holst, Hajo/Matuschek, Ingo (2013): Krise, Kritik und blockierte Allianzen – pragmatische Alltagstheorien zu Arbeit und Gesellschaft. In: Nickel, H. M./Heilmann, A. (Hg.): Krise, Kritik, Allianzen. Arbeits- und geschlechtersoziologische Perspektiven. Weinheim: Beltz, S. 152-169.

Homann, Bettina (2012): Zitty Modebuch 2011/2012. Berlin: Tagesspiegel-Verlag.

Homann, Bettina/von Heyden, Alexa (2010): Who-is-who der Berliner Modeszene. In: Zitty Modebuch 2009/2010. Berlin: Zitty-Verlag, S. 24-29.

Honneth, Axel (1984): Die zerrissene Welt der symbolischen Formen. Zum kultursoziologischen Werk Pierre Bourdieus. In: Kölner Zeitschrift für Soziologie und Sozialpsychologie (36) 1, S. 147-164.

Honneth, Axel (Hg.) (2002): Befreiung aus der Mündigkeit. Paradoxien des gegenwärtigen Kapitalismus. Frankfurt/New York: Campus.

Honneth, Axel (2010): Organisierte Selbstverwirklichung. Paradoxien der Individualisierung. In: Menke, C./Rebentisch, J. (Hg.): Kreation und Depression. Freiheit im gegenwärtigen Kapitalismus. Berlin: Kadmos, S. 63-80.

Hopf, Christel (2000): Qualitative Interviews– ein Überblick. In: Flick, U./von Kardorff, E./Steinke, I. (Hg.): Qualitative Forschung: Ein Handbuch. Hamburg: Rowohlt, S. 349-360.

Horneber, Christian (2013): Der kreative Entrepreneur. Eine empirische Multimethoden- Studie. Wiesbaden: Springr Gabler.

Howkins, John (2001): The creative economy. How people make money from ideas. London: Penguin.

Hradil, Stefan (2001): Soziale Ungleichheit in Deutschland. Opladen: Leske+Budrich.
Hummel, Malies/Berger, Manfred (1988): Die volkswirtschaftliche Bedeutung von Kunst und Kultur. Gutachten im Auftrag des Bundesministeriums des Inneren. Schriftenreihe des ifo Instituts für Wirtschafsforschung Nr 122. Berlin/München: Duncker & Humblot.
IFSE (2011): Studio Berlin II, Institut für Strategieentwicklung. Berlin.
Illies, Florian (2012): 1913. Der Sommer des Jahrhunderts. Frankfurt a.M.: Fischer.
Inglehart, Ronald (1977): The Silent Revolution: Changing Values and Political Styles Among Western Publics. Princeton: Princeton University Press.
Itterman, Peter/Niewerth, Claudia (2004): Bleibt alles anders? Organisations- und Beteiligungsstrukturen in der digitalen Wirtschaft – Ergebnisse einer repräsentativen Befragung, Soaps-Papers, 3 (4), Bochum.
Ittermann, Peter (2009): Betriebliche Partizipation in Unternehmen der Neuen Medien. Innovative Formen der Beteiligung auf dem Prüfstand. Frankfurt/New York: Campus.
Irmer, Thomas/Schmidt, Matthias (2006): Die Bühnenrepublik. Bundeszentrale für politische Bildung, Schriftenreihe Band 603: Bonn.
Jacob, Doreen (2010): Constructing the creative neighborhood: hopes and limitations of creative city policies in Berlin. In: City, Culture and Society 1 (4), S. 193-198.
Jäger, Siegfried (2004): Kritische Diskursanalyse. Eine Einführung. Münster: Unrast.
Janowitz, Klaus (2006): Prekarisierung. In: Sozialwissenschaften und Berufspraxis (29) 2, S. 335-341.
Junghanns, Gisa/Morschhäuser, Martina (2013) (Hg.): Immer schneller, immer mehr. Psychische Belastung bei Wissens- und Dienstleistungsarbeit. Wiesbaden: Springer VS.Jurczyk, Karin/Schier, Michaela/Lange, Andreas/Szymenderski, Peggy/Voß, G. Günter (2009): Entgrenzte Arbeit – entgrenzte Familie. Grenzmanagement im Alltag als neue Herausforderung, Berlin: edition sigma.
Jürgens, Kerstin (2011): Prekäres Leben. In: WSI-Mitteilungen (64) 8, S. 379-385.
Jürgens, Kerstin/Voß, G. Günter (2007): Gesellschaftliche Arbeitsteilung als Leistung der Person. In: Aus Politik und Zeitgeschichte (APuZ) 34, S. 3-9.
Kaiser, Alfons (2014): Frisch erblüht. In: Stelzner, J. (Hg.): Fashion Berlin. Labels, Lifestyle. Looks. München/London/New York: Prestel, S. 19-21.
Kajetzke, Laura (2008): Ein Theorienvergleich von Bourdieu und Foucault. Wiesbaden: VS.
Kalandides, Ares/Fleig, Daniela/Ghioreanu, Daniel/Kalac, Gonca/Krone, Madlen/Versch, Tilman (2010): Forschungsbericht zum Projekt ›CIMON‹ (Clu-

sterinitiative Mode und Nähen). Zu Vernetzungsmöglichkeiten zwischen Schneiderinnen und Modedesignerinnen in Berlin-Neukölln. Berlin: IN-POLIS UCE GmbH (Hg.).

Kapphan, Andreas (2002): Das arme Berlin. Sozialräumliche Polarisierung, Armutskonzentration und Ausgrenzung in den 1990er Jahren. Opladen: Leske+Budrich.

Kaschuba, Wolfgang (1995): Deutsche Bürgerlichkeit nach 1800. Kultur als symbolische Praxis. In: Kocka, J. (Hg.): Bürgertum im 19. Jahrhundert. Deutschland im europäischen Vergleich, 2. Bd. Göttingen: Vandenhoek und Ruprecht, S. 92-127.

Kaufmann, Franz Xaver (1997): Herausforderungen des Sozialstaats. Frankfurt a.M.: Suhrkamp.

Kaufmann, Franz Xaver (2003): Varianten des Wohlfahrtsstaats. Der deutsche Sozialstaat im internationalen Vergleich. Frankfurt a.M.: Suhrkamp.

KEA- European Affairs (2006): The Economy of Culture in Europe. Study prepared for the European Commission (Directorate-Generale for Education and Culture).

Keller, Berndt/Seifert, Hartmut (2006): Atypische Beschäftigungsverhältnisse: Flexibilität, soziale Sicherheit und Prekarität. In: WSI-Mitteilungen (59) 5, S. 235-240.

Keller, Carsten/Ruhne, Renate (2011): Die Besonderheit des Städtischen. Entwicklungslinien der Stadt(soziologie) – Einleitung. In: Keller, C./Ruhne, R. (Hg.): Die Besonderheit des Städtischen. Entwicklungslinien der Stadt(soziologie). Wiesbaden: VS, S. 7-32.

Keller, Reiner/Hirseland, Andreas/Schneider, Werner/Viehöver, Willy (Hg.) (2006): Handbuch Sozialwissenschaftliche Diskursanalyse. Bd. 1: Theorien und Methoden. Wiesbaden: VS.

Kern, Thomas (2008): Soziale Bewegungen. Ursachen, Wirkungen, Mechanismen. Wiesbaden: VS.

Keuchel, Susanne (2009): Report Darstellende Künste. Ein erster Bericht zur Datenlage. In: kulturpolitische mitteilungen. Zeitschrift für Kulturpolitik der kulturpolitischen Gesellschaft, 125 (2), S. 28-29.

Keupp, Heiner/Dill, Helga (2010) (Hg.): Vorwort; Erschöpfende Arbeit. Gesundheit und Prävention in der flexiblen Arbeitswelt. Bielefeld: transcript, S. 7-18.

Kirchgässner, Gebhardt (2008): Homo Oeconomicus, 3. Aufl., Mohr Siebeck: Tübingen.

Klages, Helmut (1993): Traditionsbruch als Herausforderung. Perspektiven der Wertewandelsgesellschaft. Frankfurt/New York: Campus.

Kleemann, Frank/Matuschek, Ingo/Voß, G. Günter (2002): Subjektivierung von Arbeit. Ein Überblick zum Stand der Diskussion. In: Moldaschl, M./

Voß, G. G. (Hg.): Subjektivierung von Arbeit. München/Mering: Hampp 2002, S. 53-100.

Kleemann, Frank/Kränke, Uwe/Matuschek, Ingo (2009): Interpretative Sozialforschung. Eine Einführung. Lehrbuch. Wiesbaden: VS.

Kleemann, Frank/Voß, G. Günter (2010): Arbeit und Subjekt. In: Böhle, F./Voß, G. G./Wachtler, G. (Hg.): Handbuch Arbeitssoziologie. Wiesbaden: VS, S. 415-450.

Kleine, Helene (2009): Gründungen in der Kreativwirtschaft der Metropolregion aus sozialwissenschaftlicher Sicht. In: Grüner, H./Kleine, H./Puchta, D./Schulze, K. P. (Hg.): Kreative gründen anders! Existenzgründung in der Kulturwirtschaft. Ein Handbuch. Bielefeld: transcript, S. 203-217.

Klenner, Christina (2009): Wer ernährt die Familie? Erwerbs- und Einkommenskonstellationen in Ostdeutschland. In: WSI- Mitteilungen (62) 11, S. 619-626.

Klenner, Christina (2011): Prekarisierung der Arbeit – Prekarisierung im Lebenszusammenhng. In: WSI- Mitteilungen (64) 8, S. 378.

Klenner, Christine/Menke, Katrin/Pfahl, Svenja (2012): Flexible Familienernährerinnen. Moderne Geschlechterarrangements oder prekäre Konstellationen. Opladen/Berlin/Toronto: Budrich.

Klün, Franziska (2010): Alles heiße Luft? Auf der Fashion Week feiert sich Berlin als Modemetropole. Aber wie sieht die wirtschaftliche Realität aus? Ein Vorabdruck aus dem Zitty Modebuch. Zitty 14/2010, S. 26-37.

Klün, Franziksa (2014): Mehr Demut vor dem Handwerk. In: Stelzner, J. (Hg.): Fashion Berlin. Labels, Lifestyle, Looks. München/London/New York: Prestel, S. 84-87.

Knapp, Gudrun-Axel/Becker-Schmidt, Regina (2000): Feministische Theorien zur Einführung. Hamburg: Junius.

Knapp, Gudrun-Axeli (2001): Dezentriert und viel riskiert: Anmerkungen zur These vom Bedeutungsverlust der Kategorie Geschlecht. In: Knapp, G-A./Wetterer, A. (Hg.): Soziale Verortung der Geschlechter. Gesellschaftstheorie und feministische Kritik. Münster: Westfälisches Dampfboot, S. 15-62.

Knapp, Gudrun-Axeli/Klinger, Cornelia (2005): Achsen der Ungleichheit – Achsen der Differenz. Transit, Europäische Revue 29, S. 72-95.

Kobuss, Joachim/Bretz, Alexander (2009): Designrechte International Schützen und Managen. Reihe: Erfolgreich als Designer. Basel: Birkhäuser.

Kocka, Jürgen (1987): Bürger und Bürgerlichkeit im 19. Jahrhundert. Göttingen: Vandenhoek und Ruprecht.

Kocka, Jürgen (1995): Das europäische Muster und der deutsche Fall. In: Kocka, J. (Hg.): Bürgertum im 19. Jahrhundert. Deutschland im europäischen Vergleich, 1. Bd. Göttingen: Vandenhoek und Ruprecht, S. 9-84.

Kocka, Jürgen (2001): Thesen zur Geschichte und Zukunft der Arbeit. In: Aus Politik und Zeitgeschichte (APuZ) B21, S. 8-13.

Kocka, Jürgen (2013): Geschichte des Kapitalismus. München: Beck.
Kocyba, Herrmann/Voswinkel, Stephan (2008): Kritik (in) der Netzwerkökonomie. In: Wagner, G./Hessinger, P. (2008) (Hg.): Ein »Neuer Geist des Kapitalismus«? Paradoxien und Ambivalenzen der Netzwerkökonomie. Wiesbaden: VS, S. 41-62.
Kohli, Martin (1985). Die Institutionalisierung des Lebenslaufes. Historische Befunde und theoretische Argumente. Kölner Zeitschrift für Soziologie und Sozialpsychologie, 37 (1), S. 1-29.
Koppetsch, Cornelia (2004): Die Werbebranche im Wandel. Zur Neujustierung von Ökonomie und Kultur im neuen Kapitalismus. In: Hellmann, K.U./Schrage, D. (Hg.): Konsum der Werbung, Wiesbaden: VS, S. 147-161.
Koppetsch, Cornelia (2006a): Das Ethos der Kreativen. Eine Studie zum Wandel von Identität und Arbeit am Beispiel der Werbeberufe. Konstanz: UVK.
Koppetsch, Cornelia (2006b): Zwischen Disziplin und Expressivität. Zum Wandel beruflicher Identitäten im neuen Kapitalismus. Das Beispiel der Werbeberufe. In: Berliner Journal für Soziologie, 16 (2), S. 155-172.
Kotthoff, Hermann (2006): Mitbestimmungsphantasie am Ende? In: Artus, I./Böhm, S./Lücking, S./Trinczek, R. (Hg.): Betriebe ohne Betriebsrat. Informelle Interessenvertretung in Unternehmen. Frankfurt/New York: Campus, S. 439-446.
Kraemer, Klaus (2009): Prekarisierung – Jenseits von Stand und Klasse? In: Castel, R./Dörre, K. (Hg.): Prekarität, Abstieg, Ausgrenzung. Die soziale Frage am Beginn des 21. Jahrhunderts. Frankfurt/New York: Campus, S. 241-254.
Kraemer, Klaus (2010): Abstiegsängste in Wohlstandslagen. In: Burzan, N./Berger, P.A. (Hg.): Dynamiken (in) der gesellschaftlichen Mitte. Wiesbaden: VS, S. 210-230.
Krämer, Hannes (2012): Kreativarbeit in spätmodernen Ökonomien. In: Kubicek, B./Miglbauer, M./Muckenhuber, J./Schwarz, C. (Hg.): Arbeitswelten im Wandel. Interdisziplinäre Perspektiven der Arbeitsforschung. Wien: Facultas, S. 167-192.
Krämer, Hannes (2014): Die Praxis der Kreativität. Eine Ethnografie kreativer Arbeit. Bielefeld: transcript.
Kratzer, Nick/Sauer, Dieter (2003): Entgrenzung von Arbeit. Konzepte. Thesen. Befunde. In: Gottschall, K./Voß, G. G. (Hg.): Entgrenzung von Arbeit und Leben. Zum Wandel von Erwerbstätigkeit und Privatsphäre im Alltag. München und Mering: Hampp, S. 87-123.
Krais, Beate/Gebauer, Gunter (2002): Habitus. Bielefeld: transcript.
Krause, Henning (2010): Wir nennen es Armut. In: Politik und Kultur, Zeitung des deutschen Kulturrats, 2/10, S. 16.
Kraushaar, Wolfgang (2001): Denkmodelle der 68er-Bewegung. In: Aus Politik und Zeitgeschichte (APuZ) B 22-23, S. 14-27.

Krätke, Stefan (2002): Urbanität heute: Stadtkulturen, Lebensstile und Lifestyle-Produzenten im Kontext der Globalisierung. In: Mayr, A./Meurer, M./Vogt, J. [Hg.]: Stadt und Region, Dynamik von Lebenswelten (53. Deutscher Geogra-phentag Leipzig, Tagungsbericht und wissenschaftliche Abhandlungen, i.A. der Deutschen Gesellschaft für Geographie). Leipzig.

Kräuter, Maria (1998). Berufsfeld: Darstellende Kunst. Zur wirtschaftlichen Situation und sozialen Absicherung Darstellender Künstler in Deutschland. Eine Studie. Köln: Deutscher Ärzte-Verlag.

Kreativwirtschaftsbericht für Hamburg (2012), hg. von Hamburg Kreativ Gesellschaft mbH, Hamburg.

Kreckel, Reinhard (1992): Politische Soziologie der sozialen Ungleichheit. Frankfurt/New York: Campus.

Kris, Ernst/Kurz, Otto (1995/1934): Die Legende vom Künstler. Ein geschichtlicher Versuch. Frankfurt a.M.: Suhrkamp.

Kronauer, Martin (2002): Exklusion. Die Gefährdung des Sozialen im hoch entwickelten Kapitalismus. Frankfurt/New York: Campus.

Krüger, Helga (1995): Prozessuale Ungleichheit. Geschlecht und Institutionenverknüpfungen im Lebenslauf. In: Berger, P. A./Sopp, P. (Hg.): Sozialstruktur und Lebenslauf. Opladen: Leske+Budrich, S. 133-154.

Krüger, Helga (2001): Gesellschaftsanalyse: der Institutionenansatz in der Geschlechterforschung. In: Knapp, G.-A./Wetterer, A. (Hg.): Soziale Verortung der Geschlechter. Gesellschaftstheorie und feministische Kritik. Münster: Westfälisches Dampfboot, S. 63-90.

KSVG (1981): Gesetz über die Sozialversicherung der selbständigen Künstler und Publizisten (Künstlersozialversicherungsgesetz – KSVG) vom 27. Juli 1981, Stand 1.1.2009 (www.kuenstlersozialkasse.de/wDeutsch/gesetze_und_verordnungen/).

Kühnlein, Gertrud/Wohlfahrt, Norbert (2006): Soziale Träger auf Niedriglohnkurs? – Zur aktuellen Entwicklung der Arbeits- und Beschäftigungsbedingungen im Sozialsektor. WSI-Mitteilungen 59 (7), S. 389-396.

Kulturwirtschaftsbericht Berlin (2008): Entwicklungen und Potenziale. Berlin: Senatsverwaltung für Wirtschaft, Technologie und Frauen.

Kulturwirtschaftsbericht NRW (2002): s. Arbeitsgemeinschaft Kulturwirtschaft NRW (2002).

Kulturwirtschaftsbericht Sachsen (2008): s. Arbeitsgemeinschaft Kulturwirtschaft Sachsen (2008).

Kulturprojekte Berlin GmbH (2011) (Hg.): based in Berlin. Katalog zur Ausstellung. Berlin.

Lahusen, Christian/Stark, Carsten (2003): Integration: vom fördernden zum fordernden Wohlfahrtsstaat. In: Lessenich, S. (Hg.): Wohlfahrtsstaatliche Grundbegriffe. Historische und aktuelle Diskurse. Frankfurt/New York: Campus, S. 353-372.

Landeshauptstadt München, Referat für Arbeit und Wirtschaft (2010): Brancheninfo Designstadt München. Unter: www.wirtschaft-muenchen.de/publikationen/pdfs/Design_2010_d.pdf (zuletzt abgerufen 25.6.2011)

Lange, Bastian (2007): Die Räume der Kreativszenen: Culturepreneurs und ihre Orte in Berlin. Bielefeld: transcript.

Lange, Bastian/Bürkner, Hans-Joachim (2010): Wertschöpfungen in der Kreativwirtschaft: Der Fall der elektronischen Clubmusik. In: Zeitschrift für Wirtschaftsgeographie (54) 1, S. 46-68.

Lange, Bastian/Kalandides, Ares/Stöber, Birgit/Wellmann, Inga (2009): Governance der Kreativwirtschaft. Diagnosen und Handlungsoptionen. Bielefeld: transcript.

Lange, Nadine (2013): Danielle De Picciotto: In tausend Tagen um die Welt. In: Der Tagesspiegel, 23.4.2013 (www.tagesspiegel.de/kultur/danielle-de-picciotto-mit-dr-motte-organisierte-sie-die-erste-love-parade/8105086-2.html), 2.6.2014.

Lash, Scott/Urry, John (1994): Economies of Sign and Space. London: Sage.

Lazzarato, Maurizio (2007): Die Missgeschicke der ´Künstlerkritik´ und der kulturellen Beschäftigung. In: Raunig, G./Wuggenig, U. (Hg.): Kritik der Kreativität. Wien: Turia + Kant, S. 190-206.

Leadbeater, Charles/Oakley, Kate (1999): The Independents. Britain´s new cultural entrepeneurs. London: Demos.

Leicht, René (2003): Profil und Arbeitsgestaltung solo-selbständiger Frauen und Männer: Versuch einer empirischen Verortung von Ein-Personen-Unternehmer/innen. In: Gottschall, K./Voß, G. G. (Hg.): Entgrenzung von Arbeit und Leben. Zum Wandel von Erwerbstätigkeit und Privatsphäre im Alltag. München und Mering: Hampp, S. 231-260.

Leicht, René (2007): Selbständige Frauen im Kreativsektor – Arbeitsformen, Ressourcen und Entwicklungspotenziale. Vortragsmanuskript.

Leicht, René/Lauxen-Ulbrich (2002): Solo-selbständige Frauen in Deutschland: Entwicklung, wirtschaftliche Orientierung und Ressourcen. Download-Papier, Nr. 3, 2002; Institut für Mittelstandsforschung, Universität Mannheim.

Leicht, René/Luber, Silvia (2002): Berufliche Selbständigkeit im internationalen Vergleich. In: Eichmann, H./Kaupa, I./Steiner, K. (Hg.): Game Over? Neue Selbständigkeit und New Economy nach dem Hype. Wien: Falter, S. 61-94.

Leicht Scholten, Carmen (2000): Das Recht auf Gleichberechtigung im Grundgesetz. Die Entscheidungen des Bundesverfassungsgerichts von 1949 bis heute. Frankfurt/New York: Campus.

Leitner, Sigrid/Ostner, Ilona/Schratzenstaller, Margit (2004) (Hg.): Wohlfahrtsstaat und Geschlechterverhältnis im Umbruch. Was kommt nach dem Ernährermodell? Jahrbuch für Europa- und Nordamerika-Studien. Wiesbaden: VS.

Lemke, Thomas/Krasmann, Susanne/Bröckling, Ulrich (2000): Gouvernementalität, Neoliberalismus und Selbsttechnologien. Eine Einleitung. In: Bröckling, U./Krasmann, S./Lemke, T. (Hg.): Gouvernementalität der Gegenwart. Studien zur Ökonomisierung des Sozialen, Frankfurt a.M.: Suhrkamp, S. 7-40.

Lengfeld, Holger/Hirschle, Jochen (2010): Die Angst der Mittelschicht vor dem sozialen Abstieg. Eine Längsschnittanalyse 1984-2007. In: Burzan, N./Berger, P.A. (Hg.): Dynamiken (in) der gesellschaftlichen Mitte. Wiesbaden: VS, S. 181-200.

Lessenich, Stephan/Ostner, Ilona (1998) (Hg.): Welten des Wohlfahrtskapitalismus. Der Sozialstaat in vergleichender Perspektive. Frankfurt/New York: Campus.

Lessenich, Stephan (2003a): Soziale Subjektivität. Die neue Regierung der Gesellschaft. In: Mittelweg 36, 12 (4), S. 80-93.

Lessenich, Stephan (2003b): Dynamischer Immobilismus. Kontinuität und Wandel im deutschen Sozialmodell. Frankfurt/New York: Campus.

Lessenich, Stephan (2008): Die Neuerfindung des Sozialen. Der Sozialstaat im flexiblen Kapitalismus. Bielefeld: transcript.

Lessenich, Stephan (2009a): Mobilität und Kontrolle. Zur Dialektik der Aktivgesellschaft. In: Dörre, K./Lessenich, S./Rosa, H. (Hg.): Soziologie. Kapitalismus. Kritik. Eine Debatte. Frankfurt/M: Suhrkamp, S. 126-180.

Lessenich, Stephan (2009b): Künstler- oder Sozialkritik? Zur Problematisierung einer falschen Alternative. In: Dörre, K./Lessenich, S./Rosa, H. (Hg.): Soziologie. Kapitalismus. Kritik. Eine Debatte. Frankfurt/M: Suhrkamp, S. 224-244.

Lessenich, Stephan (2009c): Das System im/am Subjekt oder: Wenn drei sich streiten, freut sich die (kritische) Soziologie. In: Dörre, K./Lessenich, S./Rosa, H. (Hg.): Soziologie. Kapitalismus. Kritik. Eine Debatte. Frankfurt/M: Suhrkamp, S. 280-294.

Levi-Strauss, Claude (1978): Strukturale Anthropologie, Bd. 1. Frankfurt a.M.: Suhrkamp.

Lewis, Jane/Ostner, Ilona (1994): Gender and the Evolution of European Social Policy. Arbeitspapier des Zentrums für Sozialpolitik der Universität Bremen (ZeS).

Lindenberger, Thomas (2014): Eigen-Sinn, Herrschaft und kein Widerstand, Version: 1.0. In: Docupedia-Zeitgeschichte, 2.9.2014, URL: http://docupedia.de/zg/Eigensinn?oldid=106407 (11.11.2014).

Lippitz, Ulf (2014): Ein Berliner namens Bowie: Die David Bowie Ausstellung im Martin-Gropius-Bau. In: www.zitty.de/die-david-bowie-ausstellung-im-martin-gropius-bau.html, 28.05.2014.

Loacker, Bernadette (2010): kreativ prekär. Bielefeld: transcript.
Lohr, Karin (2003): Subjektivierung von Arbeit. Ausgangspunkt einer Neuorientierung der Industrie- und Arbeitssoziologie? In: Berliner Journal für Soziologie (13) 4, S. 511-530.
Lohr, Karin (2010): Eigensinn und Widerstand. Versuch einer konzeptionellen Annäherung im Kontext der Subjektivierungsdebatte. In: Frey, M. et al. (Hg.): Perspektiven auf Arbeit und Geschlecht. Transformationen, Reflexionen, Interventionen. München/Mering: Hampp, S. 247-276.
Lohr, Karin/Nickel, Hildegard Maria (Hg.) (2005): Subjektivierung von Arbeit. Riskante Chancen. Münster: Westfälisches Dampfboot.
Lorey, Isabel (2007): Vom immanenten Widerspruch zur hegemonialen Funktion. Biopoliitsche Gouvernementalität und Selbst-Prekarisierung von KulturproduzentInnen. In: Raunig, G./Wuggenig, U. (Hg.): Kritik der Kreativität, Wien: Turia+Kant, S. 121-136.
Lorey, Isabel (2010): Prekarisierung als Verunsicherung und Entsetzen. Immunisierung, Normalisierung und neue Furcht erregende Subjektivierungsweisen. In: Manske, A./Pühl, K. (Hg.): Prekarisierung zwischen Anomie und Normalisierung. Geschlechtertheoretische Bestimmungen, Münster: Westfälisches Dampfboot, S. 48-81.
Loy, Thomas (2002): Früher war alles dufte. In: Tagesspiegel, 2.11.2002, (www.tagesspiegel.de/berlin/frueher-war-alles-dufte/361610.html), 5.6.2014.
Lüdtke, Alf (1993): Eigen-Sinn. Fabrikalltag, Arbeitererfahrungen und Politik vom Kaiserreich bis in den Faschismus. Hamburg: Ergebnisse Verlag.
Luhmann, Niklas (1995): Die Kunst der Gesellschaft. Frankfurt a.M.: Suhrkamp.
Lutz, Burkart (1984): Der kurze Traum immerwährender Prosperität. Frankfurt/New York: Campus.
Malinowski, Stephan/Sedlmaier, Alexander (2006): »1968« als Katalysator der Konsumgesellschaft. Performative Regelverstöße, kommerzielle Adaptionen und ihre gegenseitige Durchdringung. In: Geschichte und Gesellschaft (32) 2, S. 238-267.
Mandel, Birgit (2007): Die neuen Kulturunternehmer. Ihre Motive, Visionen und Erfolgsstrategien. Bielefeld: transcript.
Mannheim, Karl (1964): Das Problem der Generation. In: Wolff, K. H. (Hg.): Mannheim: Wissenssoziologie. Auswahl aus dem Werk. Neuwied/Berlin: Luchterhand, S. 509-565.
Manske, Alexandra (2005): Eigenverantwortung statt wohlfahrtsstaatlicher Absicherung. Anmerkungen zum Gestaltwandel sozialer Absicherung. Berliner Journal für Soziologie 15 (2), S. 241-258.
Manske, Alexandra (2007a): Prekarisierung auf hohem Niveau: Eine Feldstudie über Alleinunternehmer in der IT-Branche. München/Mering: Hampp.

Manske, Alexandra (2007b): Zum ungleichen Wert von Sozialkapital. Netzwerke aus einer Perspektive sozialer Praxis. In: Lüdicke, J./Diewald, M. (Hg.): Soziale Ungleichheit durch soziale Netzwerke? Zur Bedeutung von Sozialkapital in modernen Gesellschaften, Reihe Sozialstrukturanalyse, Wiesbaden: VS, S. 135-162.

Manske, Alexandra (2008a): Das Ende der Eindeutigkeiten? Die Prekarisierung der Arbeitsgesellschaft aus genderpolitischer Perspektive, in: Manske, A./Geißel. B. (Hg.): Kritische Vernunft für demokratische Transformationen, Opladen: Budrich, S. 135-160.

Manske, Alexandra (2008b): Kreative Superstars. Zur sozialen Platzierungsstrategie der »Digitalen Bohème«. In: Polar. Zeitschrift für Politik, Theorie, Alltag 3 (1), S. 123-126.

Manske, Alexandra (2009): Unsicherheit und kreative Arbeit – Stellungskämpfe von Soloselbständigen in der Kulturwirtschaft. In: Castel, R./Dörre, K. (Hg.): Prekarität, Abstieg, Ausgrenzung. Die soziale Frage am Beginn des 21. Jahrhunderts, Frankfurt/New York: Campus, S. 283-296.

Manske, Alexandra (2010a): Metamorphosen von Männlichkeit. Die Prekarisierung der Arbeitsgesellschaft als Genderproblem am Beispiel männlicher Kreativarbeiter. In: Burzan, N./Berger, P. A. (Hg.): Dynamiken (in) der gesellschaftlichen Mitte. Wiesbaden: VS, S. 313-330.

Manske, Alexandra (2010b): Kreative als unternehmerisches Selbst? Subjektivierungspraxen zwischen Anpassung und Eigensinn. In: Frey, M. et al. (Hg.): Perspektiven auf Arbeit und Geschlecht. Transformationen, Reflexionen, Interventionen. München/Mering: Hampp, S. 277-296.

Manske, Alexandra (2011): Die ›Neu-Erfindung der Arbeitsgesellschaft‹. Wandel und Beharrung in den Geschlechterverhältnissen. Standpunkte 08/11. Berlin: Rosa-Luxemburg Stiftung.

Manske, Alexandra (2012): Die defizitären Unternehmer. Warum Kreative und Künstler sozialpolitisch abgesichert werden sollten. In: Berliner Republik. Das Debattenmagazin (13) 5, S. 77-79.

Manske, Alexandra (2013): Kreative als aktivierte Wirtschaftsbürger. Zur wohlfahrtsstaatlichen Rahmung von künstlerisch-kreativer Arbeit. In: Österreichische Zeitschrift für Soziologie (38) 3, S. 259-276.

Manske, Alexandra/Ludwig, Norman (2010): Bildung als Statusgarant? Über die lose Verbindung zwischen Qualifikation und Status bei Hochqualifizierten. In: Vorgänge. Zeitschrift für Bürgerrechte und Gesellschaftspolitik. Heft 3/2010, S. 92-101.

Manske, Alexandra/Merkel, Janet (2008): Kreative in Berlin. Eine Untersuchung zum Thema »GeisteswissenschaftlerInnen in der Kultur- und Kreativwirtschaft«. Discussion Paper SP III 2008-401. Berlin: Wissenschaftszentrum Berlin für Sozialforschung.

Manske, Alexandra/Merkel, Janet (2009): Prekäre Freiheit: Die Arbeit von Kreativen. WSI-Mitteilungen (62) 6, S. 295-301.

Manske, Alexandra/Piallat, Chris (2010): Unsicherheit als Geschäftsgrundlage. Von der Künstlerexistenz zum prekären Arbeitskraftunternehmer. In: Favoriten 2010. Beilage zu 20 Jahre Theaterzwang in NRW, S. 41-46.

Manske, Alexandra/Pühl, Katharina (Hg.) (2010): Zur Einführung. Prekarisierung zwischen Anomie und Normalisierung. Geschlechtertheoretische Bestimmungen. Münster: Westfälisches Dampfboot.

Manske, Alexandra/Schnell, Christiane (2010): Arbeit und Beschäftigung in der Kultur- und Kreativwirtschaft. In: Böhle, F./Voß, G. G./Wachtler, G. (Hg.): Handbuch Arbeitssoziologie. Wiesbaden: VS, S. 699-729.

Manske, Alexandra/Scheffelmeier, Tine (2014): Werkverträge, Leiharbeit, Solo-Selbstständigkeit – Eine Bestandsaufnahme. WSI-Diskussionspapier 10/2014. Wirtschafts- und Sozialwissenschaftliches Institut in der Hans-Böckler-Stiftung. Düsseldorf.

Marchart, Oliver (2007): Der koloniale Signifikant. Kulturelle ›Hybridität‹ und das Politische, oder: Homi Bhabha wiedergelesen. In: Kröncke, M./Mey, K./Spielmann, Y. (Hg.): Kultureller Umbau. Bielefeld: transcript, S. 77-98.

Marchart, Oliver (2010): Auf dem Weg in die Prekarsierungsgesellschaft. Zur Analyse des Definitionskampfs um die zunehmende Prekarisierung von Arbeit und Leben. In: Schweizerische Zeitschrift für Soziologie, 36 (3). S413-429.

Marchart, Oliver (Hg.) (2013a): Facetten der Prekarisierungsgesellschaft. Prekäre Verhältnisse. Sozialwissenschaftliche Perspektiven auf die Prekarisierung von Arbeit und Leben. Bielefeld: transcript.

Marchart, Oliver (2013b): Die Prekarisierungsgesellschaft. Prekäre Proteste. Politik und Ökonomie im Zeichen der Prekarisierung. Bielefeld: transcript.

Marrs, Kira (2007): Zwischen Leidenschaft und Lohnarbeit. Ein arbeitssoziologischer Blick hinter die Kulissen von Film und Fernsehen. Berlin: edition sigma.

Marrs, Kira (2010): Herrschaft und Kontrolle in der Arbeit. In: Böhle, F./Voß, G.G./Wachtler, G. (Hg.): Handbuch Arbeitssoziologie, Wiesbaden: VS, S. 331-359.

Marshall, Thomas (1992/1950): Bürgerrechte und soziale Klassen. Zur Soziologie des Wohlfahrtsstaats. Frankfurt/New York: Campus.

Mattes, Monika (2005): »Gastarbeiterinnen« in der Bundesrepublik. Anwerbepolitik, Migration und Geschlecht in den 50er bis 70er Jahren. Frankfurt/New York.

Matuschek, Ingo (2010): Konfliktfeld Leistung. Eine Literaturstudie zur betrieblichen Leistungspolitik. Berlin: edition sigma.

Mau, Steffen (2012): Lebenschancen. Wohin driftet die Mittelschicht? Frankfurt a.M.: Suhrkamp.

Mau, Steffen (2015): Die Rückkehr der sozialen Ungleichheit. In: Berliner Republik. Das Debattenmagazin (18) 3, www.b-republik.de/aktuelle-ausgabe/die-rueckkehr-der-sozialen-ungleichheit, 6.7.2015.
Mayer-Ahuja, Nicole (2003): Wieder dienen lernen? Vom westdeutschen »Normalarbeitsverhältnis« zu prekärer Beschäftigung seit 1973. Berlin: edition sigma.
Mayer-Ahuja, Nicole/Wolf, Harald (2005) (Hg.): Entfesselte Arbeit – neue Bindungen. Grenzen der Entgrenzung in der Medien- und Kulturindustrie. Berlin: edition sigma.
Mayerhofer, Elisabeth (2003): KünstlerInnen, die neuen HeldInnen der Arbeit. In: Kurswechsel. Zeitschrift für wirtschafts-, gesellschafts- und umweltpolitische Alternativen 9 (4), S. 39-46.
Mayring, Philipp (1996): Einführung in die qualitative Sozialforschung: eine Anleitung zu qualitativem Denken. Weinheim: Beltz.
McRobbie, Angela (1998): British Fashion Design. Rag Trade or Image Industry? London: Routledge.
McRobbie, Angela (2007): Die Los-Angelesierung von London. Drei kurze Wellen in den Kreativitäts- und Kultur-Mikroökonomien von jungen Menschen in Großbritannien. In: Raunig, G./Wuggenig, U. (Hg.), Kritik der Kreativität. Wien: Turia + Kant, S. 79-92.
McRobbie, Angela (2010): The Gender of Post-Fordism. Notes on Feminism and Immaterial Labour. In: Manske, A./Pühl, K. (Hg.): Prekarisierung zwischen Anomie und Normalisierung. Geschlechtertheoretische Bestimmungen. Münster: Westfälisches Dampfboot, S. 210-227.
McRobbie, Angela (2012): Key Concepts for Urban Creative Industry in the UK. In: Elam, Ingrid (Hg.): Konstnären och kulturnäringarna Artists and the Arts Industries, The Swedish Arts Grants Committee, S. 78-93.
Meadows, Toby (2009): Wie gründe ich ein Modelabel? Grundlagen und Insider-Tipps. Ludwigsburg: Aved.
Mecheels, Stefan (2010): Vom Nylonstrumpf zum Flugzeugrumpf. Erweiterte Fassung des Vortrags vom 2. März 2010. Parlamentarischer Abend der AiF Berlin, Forschungskuratorium Textil e.V.
Meixner, Christiane (2012): Neuer Investor – alte Probleme für C/O Berlin, Tagesspiegel, 24.8.2012 (www.tagesspiegel.de/kultur/c-o-berlin-neuer-investor-alte-probleme-fuer-c-o-berlin/7047666.html), 14.6.2014.
Menger, Pierre-Michel (2006): Kunst oder Brot? Die Metamorphosen des Arbeitnehmers. Konstanz: UVK.
Menger, Pierre-Michel (2007): Talent und Misere. Die Produktion und Inszenierung von sozialer Ungleichheit in der Kulturindustrie (E-Mail-Interview von Peter Scheifele). In: Raunig, G./Wuggenig, U. (Hg.): Kritik der Kreativität Wien: Turia + Kant, S. 181-189.

Mennel, Birgit/Nowotny, Stefan/Raunig, Gerald (Hg.) (2010): Kunst der Kritik. Wien – Berlin: Turia + Kant.

Merkel, Janet (2009): Kreativquartiere: Urbane Milieus zwischen Inspiration und Prekarität. Berlin: edition sigma.

Merkel, Janet/Oppen, Maria (2013): Coworking Spaces: Die (Re-)Organisation kreativer Arbeit. In: WZBrief Arbeit, Wissenschaftszentrum Berlin, Berlin.

Meuser, Dirk/Nagel, Ulrike (2005): ExpertInneninterviews – vielfach erprobt, wenig bedacht. In: Bogner, A./Littig, B./Menz, W. (Hg.): Das Experteninterview. Theorie, Methode, Anwendung. Wiesbaden: VS, S. 71-93.

Meschnig, Alexander/Stuhr, Matthias (2001): www.revolution.de. Die Kultur der New Economy. Hamburg: Rotbuch.

Middendorff, Elke et al. (2013): Die wirtschaftliche und soziale Lage der Studierenden in Deutschland 2012. 20. Sozialerhebung des Deutschen Studentenwerks, HIS, hg. Vom Bundesministerium für Bildung und Forschung (BMBF).

Moldaschl, Manfred (2001): Herrschaft durch Autonomie – Dezentralisierung und widersprüchliche Arbeitsanforderungen. In: Lutz, B. (Hg.): Entwicklungsperspektiven von Arbeit. Ergebnisse aus dem Sonderforschungsbereich 333 der Universität München. Berlin: Akademie Verlag, S. 132-164.

Moldaschl, Manfred/Voß, G. Günter (2002): Zur Einführung. In: Moldaschl, M./Voß, G. G. (Hg.): Subjektivierung von Arbeit. München/Mering: Hampp, S. 13-21.

Möller, Joachim/Tubadji, Annie (2009): The Creative Class, Bohemians and Local Labor Market Performance – A Micro-data Panel Study für Germany 1975 – 2004. In: ZEW discussion paper. Mannheim: Zentrum für Europäische Wirtschaftsforschung.

Valerie Moser (2013): Bildende Kunst als soziales Feld. Eine Studie über die Berliner Szene. Bielefeld: transcript.

Mückenberger, Ulrich (1985): Die Krise des Normalarbeitsverhältnis – hat das Arbeitsrecht noch eine Zukunft? Zeitschrift für Sozialreform 31 (7), S. 415-434.

Mühlberg, Dietrich (1994): Überlegungen zu einer Kulturgeschichte der DDR. In: Kaelble, H./Kocka, J./Zwahr, H. (Hg.): Sozialgeschichte der DDR, Stuttgart: Klett-Cotta, S. 62-94.

Mühlberg, Dietrich (2013): Linke und Kultur. Ein Rückblick aus aktuellem Anlass. Vortrag im »Gesprächskreis Kultur« bei der Rosa Luxemburg Stiftung, 8./9.11.2013, Vortragsmanuskript.

Müller, Hans-Peter (1992): Sozialstruktur und Lebensstile. Der neuere theoretische Diskurs über soziale Ungleichheit. Frankfurt a.M.: Suhrkamp.

Müller, Hans-Peter (2002): Die Einbettung des Handelns. Pierre Bourdieus Praxeologie. In: Berliner Journal für Soziologie 12 (2), S. 157-171.

Müller, Hans-Peter (2005): Lebensführung durch Arbeit? Max Weber und die Soziologie von Arbeit und Beruf heute. In: Lohr, K./Nickel, H. M. (Hg.): Subjektivierung von Arbeit. Riskante Chancen. Münster: Westfälisches Dampfboot, S. 17-33.

Müller, Hans-Peter (2012): Werte, Milieus und Lebensstile. Zum Kulturwandel unserer Gesellschaft. In: Hradil, S. (Hg.): Deutsche Verhältnisse. Eine Sozialkunde. Bundeszentrale für politische Bildung, Schriftenreihe Band 1260, Bonn, S. 189-212.

Müller, Walter (1998): Erwartete und unerwartete Folgen der Bildungsexpansion. In: Friedrichs, J./Lepsius, M. R./Mayer, K. U. (Hg.): Die Diagnosefähigkeit der Soziologie. Kölner Zeitschrift für Soziologie und Sozialpsychologie, Sonderheft, S. 81-112.

Müller, Wolfgang (2013): Szenen einer Stadt. In: Farkas, W./Seidl, S./Zwirner, H. (2013) (Hg.): Nachtleben Berlin. 1974 bis heute. Berlin: Metrolit, S. 56-61.

Müller, Wolfgang (2014): Subkultur Westberlin 1979-1989. Freizeit. Hamburg: Philo Fine Arts.

Müller-Jentsch, Walther (2005): Künstler und Künstlergruppen. Soziologische Ansichten einer prekären Profession. Berliner Journal für Soziologie 15 (2), S. 159-177.

Müller-Jentsch, Walther (2007): Strukturwandel der industriellen Beziehungen. ›Industrial Citizenship‹ zwischen Markt und Regulierung. Wiesbaden: VS.

Müller-Jentsch, Walther (2012a): Die Kunst in der Gesellschaft. Wiesbaden: VS.

Müller-Jentsch, Walther (2012b): Vom Gegenbild zum Vorbild. Der Künstler im Widerstreit soziologischer Diskurse. In: Soziologische Revue 35, S. 276-283.

Müller-Jentsch, Walther (2013): Zwanzig Jahre Industrielle Beziehungen – Rückblick und Bilanz. In: Industrielle Beziehungen, 20 (4), S. 258-284.

Mundelius, Marco (2006): Die Bedeutung der Kulturwirtschaft für den Wirtschaftsstandort Pankow. Endbericht Forschungsprojekt im Auftrag des Bezirks Pankow. Politikberatung kompakt, Nr. 21. Berlin: DIW.

Mundelius, Marco (2009): Kultur- und Kreativberufler und deren Erwerbsrealitäten. Berlin im regionalen Vergleich. Endbericht Forschungsprojekt im Auftrag der Berliner Senatsverwaltung für Wirtschaft, Technologie und Frauen. DIW Politikberatung kompakt. Nr. 48: Berlin.

Neckel, Sighard (2000): Die Macht der Unterscheidung. Essays zur Kultursoziologie der modernen Gesellschaft. Frankfurt a.M.: Campus.

Neckel, Sighard (2005): Die Marktgesellschaft als kultureller Kapitalismus. Zum neuen Synkretismus von Ökonomie und Lebensform. In: Imhof, K./Eberle, T. (Hg.): Triumph und Elend des Neoliberalismus. Zürich: Seismo, S. 198-211.

Neckel, Sighard (2006): Gewinner – Verlierer. In: Lessenich, S./Nullmeier, F. (Hg.): Deutschland – eine gespaltene Gesellschaft. Frankfurt/New York: Campus, S. 353-371.

Neckel, Sighard (2010): Vom Protest zum Projekt? Das Schicksal der künstlerischen Gesellschaftskritik, in: EMSCHERplayer. Kunst Kultur Kommunikation 11.

Neckel, Sighard/Wagner, Greta (Hg.) (2013): Leistung und Erschöpfung. Burnout in der Wettbewerbsgesellschaft. Frankfurt a.M.: Suhrkamp.

Negri, Antonio/Hardt, Michael (1997): Die Arbeit des Dionysos. Materialistische Staatskritik in der Postmoderne. Berlin: ID.

Negri, Antonio/Lazzarato, Maurice/Virno, Paolo (1998): Umherschweifende Produzenten. Immaterielle Arbeit und Subversion. Berlin: ID.

Negt, Oskar/Kluge, Alexander (1993): Geschichte und Eigensinn, Band 1-3, Frankfurt a.M.: Suhrkamp.

Neugebauer, Gero (2007): Politische Milieus in Deutschland. Die Studie der Friedrich-Ebert-Stiftung. Bonn: Dietz.

Nickel, Hildegard Maria (2009): Die ›Prekarier‹ – eine soziologische Kategorie? Anmerkungen aus einer geschlechtersoziologischen Perspektive. In: Castel, R./Dörre, K. (Hg.): Prekarität, Abstieg, Ausgrenzung. Die soziale Frage am Beginn des 21. Jahrhunderts. Frankfurt/New York: Campus, S. 209-218.

Nickel, Hildegard Maria/Hüning, Hasko/Frey, Michael/Braun, Susanne (2008): Subjektivierung, Verunsicherung, Eigensinn: Auf der Suche nach Gestal- tungspotenzialen für eine neue Arbeits- und Geschlechterpolitik. Berlin: edition sigma.

Nippe, Christine (2006): Kunst der Verbindung. Transnationale Netzwerke, Kunst und Globalisierung. Münster: LIT.

Oechsle, Mechthild (1995): Erwerbsorientierungen und Lebensplanung junger Frauen. In: Arbeit 84) 1, S. 7-23.

Öchsner, Thomas (2013): Soziale Absicherung für Kreative ist in Gefahr. In: Süddeutsche Zeitung, 14.07.2013, www.sueddeutsche.de/wirtschaft/kuenstlersozialkasse-ksk-soziale-absicherung-fuer-kreative-ist-in-gefahr-1.1690420 (3.11.2013).

Offe, Claus (2003): Perspektivloses Zappeln. Oder: Politik mit der Agenda 2010. Blätter für deutsche und internationale Politik 48 (7), S. 807-817.

Offe, Claus/Hinrichs, Karl (1984): Sozialökonomie des Arbeitsmarkts: primäres und sekundäres Machtgefälle. In: Offe, C. (Hg.): Arbeitsgesellschaft. Strukturprobleme und Zukunftsperspektiven. Frankfurt/New York: Campus, S. 44-86.

Ostner, Ilona (1995): Arm ohne Ehemann? Sozialpolitische Regulierung von Lebenschancen für Frauen im internationalen Vergleich. In: Aus Politik und Zeitgeschichte (APuZ) 36/37, S. 3-14.

Papilloud, Christian (2003): Bourdieu lesen. Einführung in eine Soziologie der Unterschiede. Bielefeld: transcript.
Paugam, Serge (2009): Die Herausforderung der organischen Solidarität durch die Prekarisierung von Arbeit und Beschäftigung. In: Castel, R./Dörre, K. (Hg.): Prekarität, Abstieg, Ausgrenzung. Die soziale Frage am Beginn des 21. Jahrhunderts. Frankfurt/New York: Campus, S. 175-196.
Paul, Franziska (2012): Subjektivierungsprozesse in der Modebranche: Die Berufe Modedesigner/in und Modenäher/in im Vergleich, unveröffentlichte Projektarbeit, Humboldt-Universität zu Berlin.
Peck, Jamie (2005): Struggling with the Creative Class. In: International Journal of Urban and Regional Research (29) 4, S. 740-770.
Peck, Jamie (2008): The cult of urban creativity. In: Heinrich-Böll-Stiftung (Hg.): Kreativen: Wirkung. Urbane Kultur, Wissensökonomie und Stadtpolitik (Schriften zu Bildung und Kultur, Bd. 2). Berlin: Heinrich-Böll-Stiftung, S. 36-41.
Peetz/Thorsten/Lohr, Karin/Hilbrich, Romy (2013): Die Kritik der Reform. Zur Konstruktion von Personen in deutschen Bildungsorganisationen. In: Schweizer Zeitschrift für Soziologie (39) 2, S. 293-313.
Pernicka, Susanne/Blaschke, Sabine (2006): Selbständige – (k)eine Klientel von Gewerkschaften? In: Österreichische Zeitschrift für Soziologie (31) 2, S. 29-53.
Pfau-Effinger, Birgit (2000): Kultur und Frauenerwerbstätigkeit in Europa. Theorie und Empirie des internationalen Vergleichs. Opladen: Leske + Budrich.
Pieper, Marianne (2013): Prekarität aus post-operaistischer Perspektive. In: Marchart, O. (Hg.): Facetten der Prekarisierungsgesellschaft. Prekäre Verhältnisse. Sozialwissenschaftliche Perspektiven auf Prekarisierung von Arbeit und Leben. Bielefeld: transcript, S. 109-135.
Pieper, Marianne/Panagiotidis, Efthimia/Tsianos, Vassilis (2009): Regime der Prekarität und verkörperte Subjektivierung. In: Herrlyn, G./Müske, J./Schönberger, K./Sutte, O. (Hg.): Arbeit und Nicht-Arbeit. Entgrenzungen und Begrenzungen von Lebensbereichen und Praxen. München/Mehring: Hampp, S. 341-357.
Piketty, Thomas (2014): Das Kapital im 21. Jahrhundert. München: Beck.
Pollesch, René (2010): Lob des alten litauischen Regieassistenten im grauen Kittel. In: In: Menke, C./Rebentisch, J. (Hg.): Kreation und Depression. Freiheit im gegenwärtigen Kapitalismus. Berlin: Kadmos, S. 243-248.
Pongratz, Hans J./Simon, Stefanie (2010): Prekaritätsrisiken unternehmerischen Handelns. In: Bührmann, A. D./Pongratz, H. J. (Hg.): Prekäres Unternehmertum. Unsicherheiten von selbständiger Erwerbstätigkeit und Unternehmensgründung. Wiesbaden: VS, S. 25-60.

Posny, Harald (1997): Die traditionsreiche Textilgewerkschaft gibt sich auf. 116 Jahre nach der Gründung werden 188. 000 GTB-Mitglieder von der schlagkräftigen IG Metall übernommen. In: Welt online vom 08.09.1997, Unter: www.welt.de/printwelt/article640994/Die_traditionsreiche_Textilgewerkschaft_gibt_sich_auf.html (zuletzt abgerufen am 01.03.2011).

Pratt, Andy C. (2004): The Cultural Economy: A Call for Spatialized ›Production of Culture‹ Perspectives. In: International Journal of Cultural Studies 7 (1), S. 117-128.

Pross, Helge (1984): Die Männer. Reinbek/Hamburg: Rowohlt.

Protokoll der 37. Sitzung des Bundestags-Kulturausschuss' (nicht-öffentliches Papier). Deutscher Bundestag. 17. Wahlperiode Protokoll 17/37, Mai 2011.

Przyborski, Aglaja/Wohlrab-Sahr, Monika (2010): Qualitative Sozialforschung: Ein Arbeitsbuch. München: Oldenbourg.

Pühl, Katharina (2008): Zur Ent-Sicherung von Geschlechterverhältnissen, Wohlfahrtsstaat und Sozialpolitik. Gouvernementalität der Entgarantierung und Prekarisierung. In: Purtschert, P./Meyer, K./Winter, Y. (Hg.): Gouvernementalität und Sicherheit. Zeitdiagnostische Beiträge im Anschluss an Foucault. Bielefeld: transcript, S. 103-126.

Rapp, Tobias (2009): Lost and Sound. Berlin, Techno und der Easyjetset. Frankfurt a.M.: Suhrkamp.

Raschke, Joachim (1988): Soziale Bewegungen. Ein historisch-systematischer Grundriss. Frankfurt/New York: Campus.

Raunig, Gerald (2007): Kreativindustrie als Massenbetrug. In: Raunig, G./Wuggenig, U. (Hg.): Kritik der Kreativität Wien: Turia + Kant, S. 67-79.

Raunig, Gerald/Wuggenig, Ulf (2007): Kritik der Kreativität. Vorbemerkungen zur erfolgreichen Wiederaufnahme des Stücks Kreativität. In: Raunig, G./Wuggenig, U. (Hg.): Kritik der Kreativität Wien: Turia + Kant, S. 190-206.

Rebentisch, Juliane (2010): Hegels Missverständnis der ästhetischen Freiheit. In: Menke, C./Rebentisch, J. (Hg.): Kreation und Depression. Freiheit im gegenwärtigen Kapitalismus. Berlin: Kadmos, S. 172-190.

Reckwitz, Andreas (2000): Die Transformation der Kulturtheorien. Zur Entwicklung eines Theorieprogramms, Weilerswist: Velbrück Wissenschaft.

Reckwitz, Andreas (2003): Grundelemente einer Theorie sozialer Praktiken Eine sozialtheoretische Perspektive. In: Zeitschrift für Soziologie (32) 4, S. 282-301.

Reckwitz, Andreas (2006): Das hybride Subjekt. Eine Theorie der Subjektkulturen von der bürgerlichen Moderne zur Postmoderne, Weilerswist: Velbrück Wissenschaft.

Reckwitz, Andreas (2010): Aspekte einer Theorie des Subjekts in der Kultur der Moderne: (Anti-)Bürgerlichkeit, soziale Inklusion und die Ethik der Ästhetik. In: Soeffner, Hans-Georg (Hg.): Herausforderungen gesellschaftlicher Transformationen. Verhandlungen des 34. Kongresses der Deutschen Gesellschaft für Soziologie in Jena 2008, S. 739-750.

Reckwitz, Andreas (2012): Die Erfindung der Kreativität. Zum Prozess gesellschaftlicher Ästhetisierung. Frankfurt a.M.: Suhrkamp.

Regener, Sven (2001): Herr Lehmann. München: Goldmann.

Rehder, Britta (2003): Betriebliche Bündnisse für Arbeit in Deutschland. Mitbestimmung und Flächentarif im Wandel. Frankfurt/New York: Campus.

Rehder, Britta/Streeck, Wolfgang (2003): Der Flächentarifvertrag: Krise, Stabilität und Wandel. In: Industrielle Beziehungen. Zeitschrift für Arbeit, Organisation und Mangement 10 (3), S. 341-362.

Reichertz, Jo (2007): Abduction: the logic of discovery of Grounded Theory. In: Bryant, A./Charmaz, K. C. (Hg.): The SAGE Handbook of Grounded Theory. London : Sage, S. 214-228.

Reindl, Josef (2000): Scheinselbständigkeit. Ein deutsches Phänomen und ein verkorkster Diskurs. Leviathan. In: Zeitschrift für Sozialwissenschaft 28 (4), S. 413-433.

Richter, Nikola (2010): Wo bin ich, wenn ich überall bin? taz.de vom 23.04.2010. Unter: www.taz.de/1/leben/alltag/artikel/1/wo-bin-ich-wenn-ich-ueberall-bin/(zuletzt abgerufen am 31.03.2011).

Rifkin, Jeremy (1997): Das Ende der Arbeit und ihre Zukunft. Frankfurt a.M.: Fischer.

Röbke, Thomas (2000): Kunst und Arbeit. Künstler zwischen Autonomie und sozialer Unsicherheit. Essen: Klartext.

Rommelspacher, Birgit (1995): Dominanzkultur. Berlin: Orlanda.

Rommelspacher, Birgit (2006): »Interdependenzen- Geschlecht, Klasse und Ethnizität« Beitrag zum virtuellen Seminar Mai 2006 (www.birgit-rommelspacher.de/intedependenzen.pdf, 8.6.2014).

Rosa, Hartmut (2009): Kapitalismus als Dynamisierungsspirale – Soziologie als Gesellschaftskritik. In: Dörre, K./Lessenich, S./Rosa, H. (Hg.): Soziologie.Kapitalismus.Kritik. Eine Debatte, Frankfurt a.M.: Suhrkamp, S. 87-125.

Rosa, Hartmut (2010): Einleitung zu Author meets Critics: Andreas Reckwitz: »das hybride Subjekt«. In: Soeffner, H.-G. (Hg.): Herausforderungen gesellschaftlicher Transformationen. Verhandlungen des 34. Kongresses der Deutschen Gesellschaft für Soziologie in Jena 2008, S. 737-738.

Rosemann, Martin/Koch, Andreas (2012): Zur Weiterentwicklung der sozialen Sicherungssysteme (Arbeitslosenversicherung) für Soloselbstständige in der Kreativwirtschaft. In: Soziale Sicherung für Soloselbstständige in der Kreativwirtschaft, Kurzexpertisen im Auftrag der Abteilung Wirtschafts- und Sozialpolitik der Friedrich-Ebert-Stiftung, Bonn, S. 5-26.

Rüther, Tobias (2008): Helden – David Bowie und Berlin. Berlin: Rogner und Bernhard.

Ruppert, Wolfgang (1998): Der moderne Künstler. Zur Sozial- und Kulturgeschichte der kreativen Individualität in der kulturellen Moderne im 19. und frühen 20. Jahrhundert. Frankfurt a.M.: Suhrkamp.

Saar, Martin (2007): Nachwort. In: Foucault, M.: Ästhetik der Existenz. Schriften zur Lebenskunst. Frankfurt a.M.: Suhrkamp, S. 319-343.

Sarasin, Philipp (2005): Michel Foucault zur Einführung. Hamburg: Junius.

Sauer, Dieter/Döhl, V. (1997): Die Auflösung des Unternehmens? – Entwicklungstendenzen der Unternehmensreorganisation in den 90er Jahren. In: ISF-München u.a. (Hg.): Jahrbuch Sozialwissenschaftliche Technikberichterstattung 1996 – Schwerpunkt: Reorganisation, Berlin, S. 19-76.

Sauer, Dieter (2010): Vermarktlichung und Vernetzung der Unternehmens- und Betriebsorganisation. In: Böhle, F./Voß, G.G./Wachtler, G. (Hg.): Handbuch Arbeitssoziologie, Wiesbaden: VS, S. 545-568.

Schäfer, Claus (2008): Anhaltende Verteilungsdramatik – WSI- Verteilungsbericht 2008 In: WSI-Mitteilungen (61) 11+12, S. 587-596.

Schaffrina, Achim (2014): Wie Designer arbeiten. Studie. www.designtagebuch.de, 6.7.2014.

Schayan, Janet (2009): Die Kreativ-Hauptstadt. www.magazin-deutschland.de, 26.09.2011.

Schelsky, Helmut (1953): Wandlungen der deutschen Familie in der Gegenwart. Stuttgart: Enke.

Schier, Michaela (2005): Münchner Modefrauen. Eine arbeitsgeografische Studie über biografische Erwerbsentscheidungen in der Bekleidungsindustrie. München/Mehring: Hampp.

Schier, Michaela/Jurczyk, Karin (2007): »Familie als Herstellungsleistung« in Zeiten der Entgrenzung. In: Aus Politik und Zeitgeschichte (APuZ) B 34, S. 10-17.

Schier, Michaela/Jurczyk, Karin/Szymenderski (2011): Entgrenzung von Arbeit und Familie – mehr als Prekarisierung. In: WSI-Mitteilungen (64) 8, S. 402-408.

Schimank, Uwe (2010): Die Moderne als immer noch bürgerliche Gesellschaft. In: Soeffner, Hans-Georg (Hg.): Herausforderungen gesellschaftlicher Transformationen. Verhandlungen des 34. Kongresses der Deutschen Gesellschaft für Soziologie in Jena 2008, S. 763-771.

Schimank, Uwe (2012): Sozialer Wandel. Wohin geht die Entwicklung? In: Hradil, S. (Hg.): Deutsche Verhältnisse. Eine Sozialkunde. Bundeszentrale für politische Bildung, Schriftenreihe Band 1260, Bonn, S. 17-40.

Schlagenwerth, Michaela (2013): Freie Kulturszene Berlin. Ruhm zum Dumpingpreis. In: Berliner Zeitung, 15.09.2013, www.berliner-zeitung.de/kultur/freie-kulturszene-berlin-ruhm-zum-dumpingpreis,10809150,24324100.html, 3.6.2014.

Schlagenwerth, Michaela (2013): Ruhm zum Dumpingpreis. In: Berliner Zeitung, 15.9.2013 (www.berliner-zeitung.de/kultur/freie-kulturszene-berlin-ruhm-zum-dumpingpreis,10809150,24324100.html, 3.6.2014).

Schmid, Wilhelm (1996): Wer war Michel Foucault? In: Foucault, M. (1996): Der Mensch ist ein Erfahrungstier. Gespräch mit Ducio Trombadori. Vorwort. Frankfurt a.M.: Suhrkamp, S. 6-22.

Schmidt, Dorothea (2014): Wiederkehr der Vergangenheit? Selbständige um 1900. In: Gather, C. et al. (Hg.): Die Vielfalt der Selbständigkeit. Sozialwissenschaftliche Beiträge zu einer Erwerbsform im Wandel. Berlin: edition sigma, S. 21-36.

Schmidt, Gert (2010): Arbeit und Gesellschaft. In: Böhle, F./Voß, G. G./Wachtler, G. (Hg.): Handbuch Arbeitssoziologie. Wiesbaden: VS, S. 127-150.

Schmierl, Klaus (2001): Hybridisierung der industriellen Beziehungen in der Bundesrepublik – Übergangsphänomen oder neuer Regulationsmodus? In: Soziale Welt 52 (4), S. 427-448.

Schmierl, Klaus (2006): Neue Muster der Interessendurchsetzung in der Wissens- und Dienstleistungsökonomie – Zur Hybridisierung industrieller Beziehungen. In: Artus, I./Böhm, S./Lücking, S./Trinczek, R. (Hg.): Betriebe ohne Betriebsrat – Informelle Interessenvertretung in Unternehmen. Frankfurt/New York: Campus, S. 171-194.

Schnell, Christiane (2007): Regulierung der Kulturberufe in Deutschland. Strukturen, Akteure, Strategien. Wiesbaden: Deutscher Universitätsverlag.

Schnell, Christiane (2008): Selbständige zwischen Professionalität, Prekarität und kollegialen Allianzen. Befunde aus dem Feld der Kulturberufe. In: Kock, K. (Hg.): Preis der Freiheit. Solo-Selbständige zwischen Vermarktung, Professionalisierung und Solidarisierung. Dortmund: Sozialforschungsstelle Dortmund, S. 8-17.

Solga, Heike/Berger, Peter A./Powell, Justin (2009): Soziale Ungleichheit – kein Schnee von gestern ! Eine Einführung. In: Solga, H./Berger, P.A./Powell, J. (Hg.): Soziale Ungleichheit. Klassische Texte zur Sozialstrukturanalyse. Frankfurt/New York: Campus, S. 11-46.

Scholz, Jana (2010): >'Kreuzkölln‹ wird zum Anziehungspunkt junger Designer. Tagesspiegel vom 24.02.2010. Unter: www.tagesspiegel.de/berlin/stadtleben/kreuzkoelln-wird-zum-anziehungspunkt-junger-designer/1689706.html (zuletzt abgerufen am 31.03.2011).

Scholz, Sylka (2009): Männer und Männlichkeiten im Spannungsfeld zwischen Erwerbs- und Familienarbeit. In: Aulenbacher, B./Wetterer, A. (Hg.): Arbeit. Perspektiven und Diagnosen der Geschlechterforschung. Münster: Westfälisches Dampfboot, S. 82-100.

Schultheis, Franz (2003): Reflexive Gesellschaftskritik: von der Identitätskrise zur historischen Selbstverortung. Vorwort. In: Boltanski, L./Chiapello, E.: »Ein neuer Geist des Kapitalismus«. Konstanz: UVK, S. i-v.

Schultheis, Franz/Vogel, Berthold/Gemperle, Christoph (Hg.): Ein halbes Leben. Biografische Zeugnisse aus einer Arbeitswelt im Umbruch. Konstanz: UVK.

Schulze Buschoff, Karin (2007): Neue Selbstständige im europäischen Vergleich – Struktur, Dynamik und soziale Sicherheit. Edition der Hans-Böckler-Stiftung, Band 201, Düsseldorf 2007 (unter Mitarbeit von Claudia Schmidt).

Schulze Buschoff, Karin (2010): Sozialpolitische Perspektiven der ›neuen Selbständigkeit‹. In: Bührmann, A. D./Pongratz, H. J. (Hg.): Prekäres Unternehmertum. Unsicherheiten von selbständiger Erwerbstätigkeit und Unternehmensgründung. Wiesbaden: VS, S. 167-192.

Schulz, Gabriele/Zimmermann, Olaf/Hufnagel, Rainer (2013): Arbeitsmarkt Kultur. Zur wirtschaftlichen und sozialen Lage in Kulturberufen, hg. von Deutscher Kulturrat e.V., Berlin.

Schumacher, Florian (2011): Bourdieus Kunstsoziologie. Konstanz: UVK.

Schumpeter, Joseph A. (2005/1947): Kapitalismus, Sozialismus und Demokratie. Tübingen und Basel: UTB.

Schumpeter, Joseph A. (2006/1912): Theorie der wirtschaftlichen Entwicklung. Berlin: Duncker und Humblot.

Schwab-Trapp, Michael (2006): Diskurs als soziologisches Konzept. In: Keller, R./Hirseland, A./Schneider, W./Viehöver, W. (Hg.): Handbuch Sozialwissenschaftliche Diskursanalyse. Wiesbaden: VS, S. 263-286.

Schwanhäußer, Anja (2010): Kosmonauten des Underground: Ethnografie einer Berliner Szene. Frankfurt/New York: Campus.

Schwingel, Markus (2000): Bourdieu zur Einführung. Hamburg: Junius.

Schulze, Gerhard (1992): Die Erlebnisgesellschaft: Kultursoziologie der Gegenwart. Frankfurt/New York: Campus.

Seeleib-Kaiser, Martin (2003): Politikwechsel nach Machtwechsel? In: Gohr, A./Seeleib-Kaiser, M. (Hg.): Sozial- und Wirtschaftspolitik unter Rot-Grün. Wiesbaden: westdeutscher Verlag, S. 11-28.

Senatsverwaltung für Wirtschaft, Arbeit und Frauen. Geschäftsstelle Projektzukunft (2006): Berlin – Stadt des Designs. Unter: www.berlin.de/projektzukunft/fileadmin/user_upload/pdf/magazine/design_broschuere_2006.pdf (zuletzt aufgerufen 25.6.2011).

Senatsverwaltung für Wirtschaft, Technologie und Frauen (2008): Fashion in Berlin: Locations. Messen. Kreative Unter: www.berlin.de/projektzukunft/fileadmin/user_upload/pdf/magazine/fashion_in_berlin_2009.pdf (zuletzt abgerufen am 25.6.2011).

Sennett, Richard (1991): Civitas. Die Großstadt und die Kultur des Unterschiedes. Frankfurt/M: Suhrkamp.

Sennett, Richard (2000): Der flexible Mensch. Die Kultur des neuen Kapitalismus. Berlin: Siedler.

Sennett, Richard (2005): Die Kultur des neuen Kapitalismus. Berlin: Berlin-Verlag.
Siebel, Walter (2013): Kolonialisierung durch das Ästhetische? Anmerkungen zur »Erfindung der Kreativität«. In: Kulturpolitische Mitteilungen 141 (2), S. 35-38.
Siebenhüter, Sandra (2013): Werkverträge in Bayern. Das neue Lohndumping-Instrument, hg. von Deutscher Gewerkschaftsbund Bezirk Bayern, München.
Siegert, Gabriele/Brecheis, Dieter (2010): Werbung in der Medien- und Informationsgesellschaft. Eine kommunikationswissenschaftliche Einführung. Lehrbuch. Wiesbaden: VS.
Siegfried, Detlef (2008): Sound der Revolte. Studien zur Kulturrevolution um 1968. Weinheim: Juventus.
Siegfried, Detlef (2010): John Lennons Tod und die Generationswerdung der »68er«. In: Aus Politik und Zeitgeschichte (APuZ) 27, S. 12-20.
Silberstein, Theresa (2011): Mode made in Berlin. Eine Feldstudie zum Berufseinstieg von Modedesignerinnen. Master-Arbeit an der Humboldt Universität Berlin, Phil. Fak. III, Institut für Sozialwissenschaften.
Sill, Heidi (2013): Berliner Widerstand. In: Politik und Kultur. Zeitung des Deutschen Kulturrates 6, S. 6.
Simmel, Georg (1983a/1895): Zur Psychologie der Mode. Soziologische Studien. In: Dahme, H.-J./Rammstedt, O. (Hg.): Schriften zur Soziologie. Eine Auswahl. Frankfurt a.M.: Suhrkamp, S. 131-139.
Simmel, Georg (1983b/1903): Soziologie der Konkurrenz. In: Dahme, H.-J./Rammstedt, O. (Hg.): Schriften zur Soziologie. Eine Auswahl. Frankfurt a.M.: Suhrkamp, S. 173-193.
Simmel, Georg (2006/1903): Die Großstädte und das Geistesleben. Frankfurt a.M.: Suhrkamp.
Simmel, Georg (1992/1907). Der Arme. In: Rammstedt, O. (Hg.): Soziologie. Untersuchungen über die Formen der Vergesellschaftung. Gesamtausgabe Band 11, Frankfurt a.M.: Suhrkamp, S. 512-555.
Skoda, Claudia (2013): Der Boden über Berlin. In: Farkas, W./Seidl, S./Zwirner, H. (2013) (Hg.): Nachtleben Berlin. 1974 bis heute. Berlin: Metrolit, S. 48-55.
Söndermann, Michael (2007): Kulturwirtschaft und Creative Industries 2007. Allgemeine empirische Trends und mit Schwerpunkt: Kleine Kulturwirtschaft. Im Auftrag der Bundestagsfraktion Bündnis 90/Die Grünen Juni 2007.
Söndermann, Michael (2009a): Kultur- und Kreativwirtschaft: Ermittlung der gemeinsamen charakteristischen Definitionselemente der heterogenen Teilbereiche der »Kulturwirtschaft« zur Bestimmung ihrer Perspektiven aus volkswirtschaftlicher Sicht; Endbericht.

Söndermann, Michael (2009b): Gesamtwirtschaftliche Perspektiven der Kultur- und Kreativwirtschaft in Deutschland Kurzfassung eines Forschungsgutachtens im Auftrag des Bundesministeriums für Wirtschaft und Technologie; Kurzbericht.

Söndermann, Michael (2010): Forschungsbericht Nr. 589. Monitoring zu ausgewählten wirtschaftlichen Eckdaten der Kultur- und Kreativwirtschaft 2009. Kurzfassung.

Söndermann, Michael (2012): Kultureller Beschäftigungsmarkt und Künstlerarbeitsmarkt. Kulturstatistische Analyse zum Anhang des Staatenberichts im Auftrag der Deutschen UNESCO-Kommission. Arbeitskreis Kulturstatistik e.V., Redaktionsstand 26.3.2012.

Sontheimer, Michael (2012): Sponti-Hauptstadt West-Berlin: Keine Macht für niemand. In: Spiegel Online. Berlin in den Sechzigern und Siebzigern: Erinnerungen eines Spontis (http://einestages.spiegel.de/external/ShowAuthorAlbumBackgroundXXL/a25681/lo/lo/F.html#Keine %20Macht %20 f %FCr %20niemand), 13.12.2013.

Statistisches Bundesamt (Hg.) (2006): Datenreport 2006 – Zahlen und Fakten über die Bundesrepublik. In Zusammenarbeit mit dem Wissenschaftszentrum Berlin für Sozialforschung (WZB) und dem Zentrum für Umfragen Methoden und Analysen Mannheim (ZUMA). Bonn: Bundeszentrale für politische Bildung.

Stehle, Verena (2012): Im Lala-Land. In: Süddeutsche Zeitung 14./15.01.2012, S. V2/5.

Steets, Silke (2008): »Wir sind die Stadt!«. Kulturelle Netzwerke und die Konstitution städtischer Räume in Leipzig. Frankfurt/New York: Campus.

Steets, Silke (2011): Die Stadt als Wohnzimmer und die Floridarisierung der Stadtpolitik. In: Hermann, Heike et al. (Hg.), Die Besonderheit des Städtischen. Entwicklungslinien der Stadt(soziologie). Wiesbaden: VS, S. 87-103.

Stegemann, Jana (2012): Sprungbrett unter der Siegessäule. Fashion Week in Berlin startet. In: Süddeutsche Zeitung, 3.7.2012 (www.sueddeutsche.de/stil/2.220/fashion-week-berlin-startet-sprungbrett-unter-der-siegessaeule-1.1399035), 28.11.2012.

Steiner, Lasse/Schneider, Lucian (2012): The happy artist? An empirical application of the work-preference model, hg. von DIW Berlin/SOEP, Paper 430/212.

Steinke, Ines (1999): Kriterien qualitativer Forschung. Weinheim: Juventa.

Stooß, Friedemann (1999): Arbeitsmarkt Kultur. Eingrenzung – Struktur – Entwicklung. In: Deutscher Kulturrat (Hg.): Weiterbildung in künstlerischen und kulturellen Berufen. Bonn: Deutscher Kulturrat, S 153-204.

Storper, Michael/Susan Christopherson (1987): Flexible specialization and regional industrial agglomerations: the case of the US motion picture industry. In: Annals of the Association of American Geographers 77 (1), S. 104-117.

Strauss, Anselm (1998): Grundlagen qualitativer Sozialforschung. Datenanalyse und Theoriebildung in der empirischen soziologischen Forschung. München: Fink, UTB.
Strauss, Anselm/Corbin, Juliet (1996): Grundlagen qualitativer Forschung. Weinheim: Beltz.
Struve, Karen (2013): Zur Aktualität von Homi K. Bhabha. Einleitung in sein Werk. Wiesbaden: Springer VS.
Strübing, Jörg (2002): Just do it? Zum Konzept der Herstellung und Sicherung von Qualität in grounded theory-basierten Forschungsarbeiten. In: Kölner Zeitschrift für Soziologie und Sozialpsychologie, 54 (2), S. 318-342.
Swedberg, Richard (1994): Markets as Social Structures. In: Smelser, P./Swedberg, R. (Hg.): The Handbook of Economic Sociology. New York: Princeton University Press/Sage Foundation, S. 255-282.
Swedberg, Richard (2007): Vorwort. In: Beckert, J./Diaz-Bone, R./Ganßmann, H. (Hg.): Märkte als soziale Strukturen. Frankfurt/New York: Campus, S. 11-18.
Swedberg, Richard (2008): Grundlagen der Wirtschaftssoziologie, hg. und eingeleitet von A. Maurer. Wiesbaden: VS.
Teipen, Christina (2006): Arbeit und Beschäftigung in kreativen Industrien – Entwicklungen in der Computerspielindustrie in Deutschland, Schweden und Polen. Discussion Paper SP III 2006-301. Berlin: Wissenschaftszentrum Berlin für Sozialforschung.
The Amsterdam Declaration (2010): siehe: EU Commission, DG Enterprise and Industry (2010).
The Economy of Culture in Europe (2006): siehe: KEA – European Affairs.
Thiel, Joachim (2005): Creativity and Space: Labour and the Restructuring of the German Advertising Industry. Aldershot: Ashgate.
Thomä, Dieter (2010): Ästhetische Freiheit zwischen Kreativität und Ekstase. Überlegungen zum Spannungsverhältnis zwischen Ästhetik und Ökonomik. In: Menke, C./Rebentisch, J. (Hg.): Kreation und Depression. Freiheit im gegenwärtigen Kapitalismus. Berlin: Kadmos, S. 149-171.
Thomas, Jens (2010): Kein Geld spielt keine Rolle. In: Denkanstöße, unter: www.denkanstoesse.de/Gesellschaft/151-Kein Geld spielt keine Rolle, 19.09.2012.
Töpsch, Karin/Menez, Raphael/Malanowski, Norbert (2001): Ist Wissensarbeit regulierbar? Arbeitsregulation und Arbeitsbeziehungen am Beispiel der IT-Branche. In: Industrielle Beziehungen. Zeitschrift für Organisation, Arbeit und Management, 8 (3), S. 306-332.
Trinczek, Rainer (2010): Betriebliche Regulierung von Arbeitsbeziehungen. In: Böhle, F./Voß, G. G./Wachtler, G. (Hg.): Handbuch Arbeitssoziologie. Wiesbaden: VS, S. 841-872.

Trube, Achim/Wohlfahrt, Norbert (2001): »Der aktivierende Sozialstaat« – Sozialpolitik zwischen Individualisierung und einer neuen politischen Ökonomie der inneren Sicherheit. WSI-Mitteilungen, 54 (1), S. 27-35.

Tücking, Ebbo (1999): Die deutsche Bekleidungsindustrie im Zeitalter der Globalisierung. Eine Marktanalyse unter besonderer Berücksichtigung außenwirtschaftlicher Rahmenbedingungen. Schriften zur Textilwirtschaft, Bd. 52, Münster.

Turner, Zeke (2014): Brooklyn on the Spree. Brooklyn Bohemians Invade Berlin's Techno Scene. In: New York Times, 23.2.2014, www.nytimes.com/2014/02/23/fashion/Brooklyn-Bohemians-Berlin-Techno-Scene.html?module=Search&mabReward=relbias %3Aw (14.3.2014).

Turowski, Jan (2010): Sozialdemokratische Reformdiskurse. Wiesbaden: VS.

Ulich, Eberhard (2013): Wandel der Arbeit – Wandel der Belastungen. In: Junghanns, G./Morschhäuser, M. (2013) (Hg.): Immer schneller, immer mehr. Psychische Belastung bei Wissens- und Dienstleistungsarbeit. Wiesbaden: Springer VS, S. 195-220.

Van Dülmen, Moritz (2011) (Hg.): Based in Berlin. Katalog zur Ausstellung. Kulturprojekte Berlin.

Van Dyk, Silke (2010): Grenzüberschreitung als Norm? Zur ›Vereinnahmung‹ von Gegenstrategien im Kapitalismus und den Konsequenzen für eine Soziologie des Widerständigen. In: Becker, K. et al. (Hg.): Grenzverschiebungen des. Kapitalismus. Umkämpfte Räume und Orte des Widerstands. Frankfurt/New York: Campus, S. 33-54.

Vanselow, Achim (2001): Wir Wirtschaftswunderkinder – neue Selbständige in der Internetökonomie. In: Institut Arbeit und Technik, Jahrbuch 2000/2001: Gelsenkirchen, S. 79-96.

Vester, Michael (2009): Arbeitsteilung, Arbeitsethos und die Ideologie der Entgrenzung. In: Herrlyn, G./Müske, J./Schönberger, K./Sutte, O. (Hg.): Arbeit und Nicht-Arbeit. Entgrenzungen und Begrenzungen von Lebensbereichen und Praxen. München/Mering: Hampp, S. 21-50.

Vester, Michael/Hofmann, Michael/Zierke, Irene (Hg.): Soziale Milieus in Ostdeutschland, Köln: Bund.

Vester, Michael/von Oertzen, Peter/Geiling, Heiko/Hermann, Thomas/Müller, Dagmar (2001): Soziale Milieus im gesellschaftlichen Strukturwandel. Zwischen Integration und Ausgrenzung. Frankfurt a.M.: Suhrkamp.

Vester, Michael/Teiwes-Klüger, Christel/Lange, Andrea (2007): Die neuen Arbeitnehmer. Zunehmende Kompetenzen – wachsende Unsicherheit. Hamburg: VSA.

Vester, Michael/Weber-Menges, Sonja (2011): Probleme einer integrierten Analyse in der Berufsgliederung, WSI Mitteilungen (64) 12, S. 667-676.

Vogel, Bertold (1999): Ohne Arbeit in den Kapitalismus. Der Verlust der Erwerbsarbeit im Umbruch der ostdeutschen Gesellschaft. Hamburg: VSA.

Vogel, Berthold (2009): Wohlstandskonflikte. Soziale Fragen, die aus der Mitte kommen. Hamburg: VSA.

Vogel, Berthold (2010): Staatliche Regulierung von Arbeit. In: Böhle, F./Voß, G.G./Wachtler, G. (Hg): Handbuch zur Arbeitssoziologie. Wiesbaden: VS, S. 913-930.

Vogl, Gerlinde (2008): Selbständige Medienschaffende in der Netzwerkgesellschaft. Boizenburg: Hülsbusch.

Völker, Susanne (2004): Hybride Geschlechterpraktiken. Erwerbsorientierungen und Lebensarrangements von Frauen im ostdeutschen Transformationsprozess. Wiesbaden: VS.

Völker, Susanne (2008): Soziologie und Geschlechterforschung in entsicherten Verhältnissen – Plädoyer für eine praxeologische Öffnung. In: Österreichische Zeitschrift für Soziologie (33) 4, S. 79-96.

Völker, Susanne (2009): ›Entsicherte Verhältnisse‹: Impulse des Prekarisierungsdiskurses für eine geschlechtersoziologische Zeitdiagnose. In: Aulenbacher, B./Wetterer, A. (Hg). ARBEIT. Perspektiven und Diagnosen der Geschlechterforschung. Band 25 des Forums Frauen- und Geschlechterforschung. Münster: Westfälisches Dampfboot, S. 268-286.

Völker, Susanne (2010): Der Wandel der Erwerbsarbeit praxeologisch in den Blick genommen. In: Frey, M. et al. (Hg.): Perspektiven auf Arbeit und Geschlecht. Transformationen, Reflexionen, Interventionen. München/Mering: Hampp, S. 297-314.

Völker, Susanne (2011): Praktiken sozialer Reproduktion von prekär beschäftigten Männern. In: WSI-Mitteilungen (64) 8, S. 423-429.

Völker, Susanne/Hark, Sabine (2010): Feministische Perspektiven auf Prekarisierung: Ein Aufstand auf der Ebene der »Ontologie. In: Manske, A./Pühl, K. (Hg.): Prekarisierung zwischen Anomie und Normalisierung. Münster: Westfälisches Dampfboot, S. 26-47.

von Osten/Marion (2007): Unberechenbare Ausgänge. In: Raunig, G./Wuggenig, U. (Hg.), Kritik der Kreativität. Wien: Turia + Kant, S. 103-117.

Voß, G. Günter (2001): Auf dem Wege zum Individualberuf? Zur Beruflichkeit des Arbeitskraftunternehmers. In: Kurtz, T. (Hg.), Aspekte des Berufs in der Moderne, Opladen: Leske+Budrich, S. 287-314.

Voß, G. Günter (2010): Was ist Arbeit? Zum Problem eines allgemeinen Arbeitsbegriffs. In: Böhle, F./Voß, G. G./Wachtler, G. (Hg.): Handbuch Arbeitssoziologie. Wiesbaden: VS, S. 23-79.

Voß, G. Günter/Rieder, Kerstin (2005): Der arbeitende Kunde. Wenn Konsumenten zu unbezahlten Mitarbeitern werden, Frankfurt/New York: Campus.

Voß, G. Günter/Handrich, Christoph/Koch-Falkenberg, Carolyn/Weiß, Cornelia (2013): Zeit- und Leistungsdruck in der Wahrnehmung supervisorischer Experten. In: Junghanns, G./Morschhäuser, M. (2013) (Hg.): Immer schneller, immer mehr. Psychische Belastung bei Wissens- und Dienstleistungsarbeit. Wiesbaden: Springer VS, S. 63-96.

Voß, Günter G./Pongratz, Hans J. (1998): Der Arbeitskraftunternehmer. Eine neue Grundform der Ware Arbeitskraft? In: Kölner Zeitschrift für Soziologie und Sozialpsychologie 50 (1), S. 131-158.

Voswinkel, Stephan (2000): Transformation des Marktes in marktorientierten Organisationen. In: Brose, H.-G. (Hg.): Die Reorganisation der Arbeitsgesellschaft. Frankfurt/New York: Campus, S. 239-274.

Voswinkel, Stephan (2002): Bewunderung ohne Würdigung? Paradoxien der Anerkennung doppelt subjektivierter Arbeit. In: Honneth, A. (Hg.): Befreiung aus der Mündigkeit. Paradoxien des gegenwärtigen Kapitalismus. Frankfurt/New York: Campus, S. 65-92.

Vötsch, Mario/Weißkopf, Richard (2009): Thank you for your creativity!«: »Arbeit« und »Kreativität« im Diskurs der Creative Industries. In: Diaz-Bone, R./Krell, G. (Hg.): Diskurs und Ökonomie: Diskursanalytische Perspektiven auf Märkte und Organisationen. Wiesbaden: VS, S. 293-316.

VS (2008): www.literaturuebersetzer.de/pages/uebersetzer-archiv/angriff-ksk.htm (letzter Zugriff 06.08.2011).

Wagner, Gabriele (2008): Vom Verstummen der Sozialkritik. In: Wagner, G./Hessinger, P. (Hg.): Ein »Neuer Geist des Kapitalismus«? Paradoxien und Ambivalenzen der Netzwerkökonomie. Wiesbaden: VS, S. 311-338.

Wagner, Gabriele/Hessinger, Philipp (2008) (Hg.): Ein »Neuer Geist des Kapitalismus«? Paradoxien und Ambivalenzen der Netzwerkökonomie. Wiesbaden: VS.

Waidenschlager, Christiane (2001): Aus den Anfängen der Berliner Konfektion. In: Berliner Chic. Mode aus den Jahren 1820-1990. Ausstellungskatalog. Berlin: Stiftung Stadtmuseum, S. 11-24.

Waquant, Loic (2003): Leben für den Ring. Boxen im amerikanischen Ghetto. Konstanz: UVK.

Warnke, Uwe/Quaas, Ingeborg (2009) (Hg.): Die Addition der Differenzen. Die Literaten- und Künstlerszene Ostberlin 1979 bis 1989. Berlin: Verbrecher Verlag.

Weber, Max (1988/1920): Gesammelte Aufsätze zur Religionssoziologie I. Tübingen: UTB.

Weber, Max (1972/1922): Wirtschaft und Gesellschaft. Grundriss der verstehenden Soziologie. 5. revidierte Ausgabe, besorgt von Johannes Winckelmann. Tübingen: Mohr Siebeck.

WeltOnline (2007): Deutsche Wirtschaft will Künstlersozialkasse abschaffen, 18.12.2007 (letzter Zugriff am 06.08.2011).

Wichterich, Christa (1998): Die globalisierte Frau. Berichte aus der Zukunft der Ungleichheit, Reinbek: Rowohlt.

Wiesand, Andreas J. (2006): Kultur- oder ›Kreativwirtschaft‹: Was ist das eigentlich? In: Aus Politik und Zeitgeschichte (APuZ) 34/35, S. 8-16.
Wiesand, Andreas J. (2008): Götterdämmerung der Kulturpolitik? Anmerkungen zur Karriere der »creative industries«. In: Institut für Kulturpolitik der Kulturpolitischen Gesellschaft (Hg.): Jahrbuch für Kulturpolitik 2008. Essen: Klartext, S. 61-72.
Willmann, Frank (2012) (Hg.): Leck mich am Leben. Punk im Osten. Berlin: Verlag Neues Leben.
Windeler, Arnold/Wirth, Carsten (2010): Netzwerke und Arbeit. In: Böhle, F./ Voß, G. G./Wachtler, G. (Hg.): Handbuch Arbeitssoziologie. Wiesbaden: VS, S. 569-596.
Wimbauer, Christine (2006): Frauen – Männer. In: Lessenich, S./Nullmeier, F. (Hg.): Deutschland. Eine gespaltene Gesellschaft. Frankfurt/New York: Campus, S. 136-157.
Wittel, Alexander (2001): Toward a network sociality. Theory, Culture and Society 18 (6), S. 51-76.
Wohlrab-Sahr, Monika (1997): Individualisierung: Differenzierungsprozeß und Zurechnungsmodus, in: Beck, U./Sopp, P. (Hg.): Individualisierung und Integration. Neue Konfliktlinien und neuer Integrationsmodus? Opladen: Leske+Budrich, S. 23-36.
Wolf, Harald (2008): Die duale Institution der Arbeit und der neue(ste) Geist des Kapitalismus. In: Wagner, G./Hessinger, P. (2008) (Hg.): Ein »Neuer Geist des Kapitalismus«? Paradoxien und Ambivalenzen der Netzwerkökonomie. Wiesbaden: VS, S. 219-232.
Wolle, Stefan (2008): Der Traum von der Revolte. Die DDR 1968. Bundeszentrale für politische Bildung, Schriftenreihe Band 728: Bonn.
Wortmann, Michael (2005): ›Globalisation of the German Apparel Value Chain: Retailers, Manufacturers and Agents‹. Paper for the Conference Organisational Configurations and Locational Choices of Firms: responses to globalisation in different industry and institutional environments. 14-15 April 2005, organised by the Centre for Business Research, University of Cambridge/UK.mec
Zierke, Irene (1995): Das politisch-alternative Sub-Milieu in Brandenburg. Zwischen Ausgrenzung und Emanzipation. In: Vester, M./Hofmann, M./ Zierke, I. (Hg.): Soziale Milieus in Ostdeutschland. Köln: Bund, S. 330-364.
Zimmer, Bernd (2013): Eine Zehntelsekunde vor der Warschauer Brücke. In: Farkas, W./Seidl, S./Zwirner, H. (2013) (Hg.): Nachtleben Berlin. 1974 bis heute. Berlin: Metrolit, S. 41-47.

# Internetquellen

http//beathaus.de/about, Zugriff 12.12.2011.
http://de.wikipedia.org/wiki/Coworking, Zugriff 31.5.2011.
http://nadelwald.de/co-sewing, Zugriff 18.02.2012.
www.acomode.at/de/acomode.php, Zugriff 30.3.2011.
www.agd.de/fachgebiete.html, Zugriff 17.12.2013.
www.agd.de/2006-03-20-vtv-erschienen.html, Zugriff 17.12.2013.
www.berlin.de/projektzukunft/themen/kreativwirtschaft/mode/, Zugriff 30.3.2011
www.bdg-designer.de/horizontales-menue/der-berufsverband.html, Zugriff 17.12.2010
www.bdg-designer.de/bdg-honorarrechner.html, Zugriff 17.12.2010.
www.creative.nrw.de/branchen-und-maerkte/modewirtschaft, Zugriff 27.4.2011.
www.designfragen.de/kosten/wieviel-kostet-ein-logo, Zugriff 17.12.2010.
www.destatis.de/jetspeed/portal/cms/Sites/destatis/Internet/DE/Content/Klassifikationen/GueterWirtschaftklassifikationen/Content75/KlassifikationWZ2003, Zugriff 30.3.2011.
www.feststoff-leipzig.de, Zugriff 30.3.2011.
www.freie-berufe.de, Zugriff 17.12.2010.
www.go-textile.de/ausbildung, Zugriff 30.3.2011.
www.designpool-berlin.de, Zugriff 1.3.2011.
www.designpool-berlin.de/news/news/modconnect-eingestellt.html, Zugriff 1.3.2011.
www.i-dd.org, Zugriff 17.12.2010.
www.igmetall.de/cps/rde/xbcr/internet/docs_ig_metall_xcms_26089__2.pdf, Zugriff 30.3.2011.
www.kuenstlersozialkasse.de/wDeutsch/kuenstlersozialkasse/umfangdesversicherungsschutzes.php, Zugriff 17.12.2010.
www.modekultur.info/index_de/modeschulen.htm, Zugriff 30.3.2011.
www.pressekatalog.de, Zugriff 31.5.2010.
www.textilwirtschaft.de/service/lexikon/, Zugriff 30.3.2011.
www.mediafon.net, Zugriff 20.08.12.
www.melt-media.biz/, Zugriff 31.5.2011.

www.spiegel.de/karriere/berufsleben/, Zugriff 18.01.2012.
www.vdid.de/Vdid/kooperation/kopartner/index.html, Zugriff 31.3.2014.
www.vdmd.de/en/about/history.php, Zugriff 30.3.2011.
www.vdmd.de/en/about/regions.php, Zugriff 30.3.2011.
http://haus-schwarzenberg.org/das-haus/, Zugriff 2.6.2014.
http://haus-schwarzenberg.org/kunstler-im-interview/danielle-de-picciotto/, Zugriff 2.6.2014.
www.volksbuehne-berlin.de/praxis/livekritik_und_dosenmusik/, Zugriff 3.6.2014.
www.kw-berlin.de/de/institution/profile/history, Zugriff 3.6.2014.
http://de.wikipedia.org/wiki/Klaus_Biesenbach, Zugriff 3.6.2014.
www.kuletheater.de/kuletheater.php, Zugriff 4.6.2014.
http://artbutfair.org/wer-wir-sind, Zugriff 11.6.2014.
www.morgenpost.de/berlin-aktuell/article125761956/Altes-Postfuhramt-in-Berlin-Mitte-kann-umgebaut-werden.html, Zugriff 12.6.2014.
www.spiegel.de/spiegel/print/d-78337 81.html, Zugriff 12.6.2014.
www.schlingensief.com/projekt.php?id=t014, Zugriff 12.6.2014.
www.berliner-zeitung.de/archiv/mit-dem-flugzeug-zum-cocktail-in-cookies-bar,10810590,9731420.html, Zugriff 12.6.2014.
www.rodeo-berlin.de/Home.html, Zugriff 14.6.2014.
www.bz-berlin.de/bezirk/prenzlauerberg/white-trash-hat-genug-von-prenzlauer-berg-article1601115.html, Zugriff 10.6.2014.
www.morgenpost.de/berlin-aktuell/article125761956/Altes-Postfuhramt-in-Berlin-Mitte-kann-umgebaut-werden.html, Zugriff 12.6.2014.
www.berliner-zeitung.de/archiv/mit-dem-flugzeug-zum-cocktail-in-cookies-bar,10810590,9731420.html, Zugriff 12.6.2014.
www.whitestboyalive.com, Zugriff 12.6.2014.
www.rodeo-berlin.de/Home.html, Zugriff 14.6.2014.

# Abbildungsverzeichnis

Abbildung 1: Anzahl der Erwerbstätigen in den Kulturberufen
Abbildung 2: Struktur der Erwerbstätigen in der Kultur- und Kreativwirtschaft
Abbildung 3: Anteil der sv-pflichtig und geringfügig Beschäftigten in der KuK
Abbildung 4: Unternehmensgrößen in der KuK
Abbildung 5: Produktionsprozess Mode als Phasenmodell
Abbildung 6: Positionierungsstrategien im Feld

# Gesellschaft der Unterschiede

*Projektgruppe »Neue Mitleidsökonomie« (Hg.)*
**Die neue Mitleidsökonomie**
Armutsbekämpfung jenseits
des Wohlfahrtsstaats?

Mai 2016, ca. 250 Seiten, kart., ca. 24,99 €,
ISBN 978-3-8376-3158-6

*Daniela Neumann*
**Das Ehrenamt nutzen**
Zur Entstehung einer staatlichen
Engagementpolitik in Deutschland

Januar 2016, ca. 500 Seiten, kart., ca. 39,99 €,
ISBN 978-3-8376-3278-1

*Verena Rothe, Gabriele Kreutzner,
Reimer Gronemeyer*
**Im Leben bleiben**
Unterwegs zu Demenzfreundlichen Kommunen

September 2015, 288 Seiten, kart., 24,99 €,
ISBN 978-3-8376-2996-5

Leseproben, weitere Informationen und Bestellmöglichkeiten
finden Sie unter www.transcript-verlag.de

# Gesellschaft der Unterschiede

*Tina Denninger, Silke van Dyk,
Stephan Lessenich, Anna Richter*
**Leben im Ruhestand**
Zur Neuverhandlung des Alters
in der Aktivgesellschaft

2014, 464 Seiten, kart., 29,99 €,
ISBN 978-3-8376-2277-5

*Oliver Marchart*
**Die Prekarisierungsgesellschaft**
Prekäre Proteste. Politik und Ökonomie
im Zeichen der Prekarisierung

2013, 248 Seiten, kart., 22,99 €,
ISBN 978-3-8376-2192-1

*Oliver Marchart (Hg.)*
**Facetten der Prekarisierungsgesellschaft**
Prekäre Verhältnisse.
Sozialwissenschaftliche Perspektiven
auf die Prekarisierung von Arbeit
und Leben

2013, 224 Seiten, kart., 24,99 €,
ISBN 978-3-8376-2193-8

Leseproben, weitere Informationen und Bestellmöglichkeiten
finden Sie unter www.transcript-verlag.de